国家出版基金项目
NATIONAL PUBLICATION FOUNDATION

"十三五"国家重点图书出版规划项目

民国时期
中国海军论集

马骏杰　编

山东画报出版社

济　南

图书在版编目（CIP）数据

民国时期中国海军论集/马骏杰编.—济南：山东画报出版社，2023.12
（中国近代海军史研究丛书/刘震，张军勇主编）
ISBN 978-7-5474-3175-7

Ⅰ.①民… Ⅱ.①马… Ⅲ.①海军－军事史－中国－民国 Ⅳ.①E296.53

中国国家版本馆CIP数据核字(2023)第223257号

MINGUO SHIQI ZHONGGUO HAIJUN LUNJI
民国时期中国海军论集
马骏杰　编

责任编辑　怀志霄
装帧设计　Pallaksch

主管单位　山东出版传媒股份有限公司
出版发行　山东画报出版社
　　社　　址　济南市市中区舜耕路517号　邮编 250003
　　电　　话　总编室（0531）82098472
　　　　　　　市场部（0531）82098479
　　网　　址　http://www.hbcbs.com.cn
　　电子信箱　hbcb@sdpress.com.cn
印　　刷　山东临沂新华印刷物流集团有限责任公司
规　　格　976毫米×1360毫米　1/32
　　　　　　　23印张　753千字
版　　次　2023年12月第1版
印　　次　2023年12月第1次印刷
书　　号　ISBN 978-7-5474-3175-7
定　　价　148.00元

如有印装质量问题，请与出版社总编室联系更换。

说　明

　　本文集着重收录民国时期主要期刊刊载的有关中国海军问题的论文，虽然文体、篇幅、语言风格等都有较大差别，但反映的主题却十分鲜明。为方便读者参考起见，所选文章原则上以发表时间顺序排列，连载文章为保持连续性，对顺序进行适当调整。

　　民国时期有千余种期刊面世，所刊载的与中国海军有关的文章数量庞大，本文集主要选录能直接反映中国海军建设理论与实践的论文，新闻报道、档案资料以及有关海军技术的文章不在选录之列。由于我们掌握的期刊数量有限，遗漏在所难免。

　　民国期刊林林总总，不仅风格不同，而且编辑水平、印刷质量、纸张成色等也有较大差异。同一报刊，不同年份的情况也不尽相同。有些报刊编排、文字等错误较多，有些报刊印刷质量较差，存放时间过久，字迹难以辨认。对此我们做了专门处理。对于一些文字中的明显错误，我们直接予以纠正；对于难以判断正误的用词，或明知有错误而对研究者有一定参考价值的词语，则用"（　）"标出。对于模糊、漏印或其他难以辨认的字，用"□"代替。

　　本文集所选文章均注明期刊名称及发表时间，文章内容所涉及的专业名词术语，我们尽量进行注释。对于文章作者，由于我们掌握的材料有限，有些进行或简或详的注释，有些则留待以后注释。

　　本文集所辑录的文章，绝大多数是全文登录，对于有些文章存在的观点和方法上的不妥，为保持原貌，不作处理；对于个别涉及敏感问题的文章，我们进行适当删节，用"……"标明；对于缺页而内容又必须收录的文章，也用"……"代替缺失内容。

由于我们掌握的资料不够充分，编辑能力有限，难免存在疏漏，敬请读者批评指正。

编者

2023年10月于山东威海

前　言

　　民国时期是中国海军发展的重要阶段。这一时期民族矛盾和阶级矛盾的交织，使国家建设卷入难以自拔的战争漩涡。作为民族斗争和阶级斗争重要工具之一的海军，本应在纷乱的时势中有所建树，但由于当政者错误地颠倒了民族矛盾和阶级矛盾的顺序，使海军处于欲用无力的尴尬境地，仅仅成为平衡国内各派政治势力的一颗微小砝码，不能承担卫国保民的重任，正所谓"我国岸线之长，合大小港湾出入计，不下万余里，非有强大海军力，断不足以敷分配而固疆圉。然而吾国海军，其足以负此重任否耶"（郑颖孚：《对于海军进行之管见》）。无数仁人志士目睹此情此状，急切地发出整饬和建设海军的呼声。本文集所收录的文章，正是这些呼声的反映。文中无论是经过深入思考的理性筹划，还是满怀情感的强烈呼吁，都饱含对国家和民族的深深忧虑。这些文章的汇集，集中反映了那个时代中国海军建设的概貌，为今日的海军史研究提供了较为系统和有价值的史料。更为重要的是，文中对中外海军的比较，足以引发人们对中西海军实力差距及因果的思考；文中对海军与政治、经济、文化相互关系的分析，使人们进一步认清了中国海军发展的客观规律，以及由此产生的对今日中国海军建设的鉴戒作用。

一

　　民国时期海军建设的恶劣环境，以及在这种环境下西方海军理论的广泛传播，是中国海军思想逐渐活跃的时代背景。

　　进入民国时期后，尽管腐败的晚清政府已不复存在，但半殖民地半封建的社会制度没有改变，新萌生的各派封建势力，为争夺国家控制权，争相在中国的政治舞台亮相。它们在烽烟如荼的中国大地上展开了连年混战，严重内耗了国防力量。由于混战的战场主要在陆地，因而海军仅仅作为辅助力量用于作战，军阀们谁也不肯投入人力和物力去建设海军。军阀混战平息后，国民党政府不顾民族危难，秉持"攘外必先安内"的反动政策，倾尽全力镇压刚刚兴起的革命运动，进行着旷日持久的国共战争，依然不给海军发展的机会。整个民国时期，海军"由统一的分做南北的，由南北的变为各省系的，完全寄生于各军阀之下以供人利用"（郭寿生：《中国海军状况及我们运动的方针》）。海军建设蓝图无从规划，更不可能上升为国家政策。

与内战相比，更为严重的是帝国主义对中国侵略的加深。美、英、法、意等帝国主义国家对中国的外海和内河权益大加践踏，更有从九一八事变到七七事变日本帝国主义妄图将中国变为殖民地的侵略战争，使中国彻底陷入民族危难之中，海军建设更无从谈起。在民族抵抗的强大洪流中，中国海军曾一度铁血激情，奋起抗击，但终因力量微弱，在长江和沿海抗战中，几乎全军覆没。战舰沉毁，军港遭占，海岸线被封锁，中国尝尽了无海军而带来的所有苦痛。

抗战胜利后，在美英等国的帮助下，国民党政府曾一度重建海军，但这支海军依然难逃内战的命运，在革命洪流滚滚向前、不可阻挡的大趋势下，其最终的命运是可想而知的。

一支海军，如果它不是为维护国家海上利益而生，那么它的生命一定不会长久；一个沿海国家，如果失去了海防，那么它的命运一定同海军的命运一样悲惨。这一结论，不但被中国海军建设实践及国家境遇反复证明，而且也被世界海军的蓬勃发展和大国兴衰的事实反复证明。如此残酷的现实，对中国海军界、学术界，乃至整个知识界的刺激一日甚于一日，从而推动了海军思想的日益活跃。

与中国海军的惨淡经营形成鲜明对照的是，西方列强为巩固海外殖民地、掠夺海外资源、保护海上贸易不遗余力地大力发展海军。中国的有识之士不仅听到了来自西方海上争夺的隆隆舰炮声，而且了解到了海军强国赖以发展的海权理论，于是，他们把二者紧密联系起来，勾勒出一幅幅西方海军发展壮大的轨迹图，向国内各界进行广泛展示，以此作为振兴中国海军的重要依据。这一时期，学术界分别在《东方杂志》《海事》《外交评论》《四海半月刊》《海军杂志》《海军期刊》《海军整建》等广受关注的期刊上发表大量文章，并出版著作，深入讨论近代以来中国海军衰败、西方海军发展的过程与原因，力求在比较中认清中国海军建设的实质。特别是对西方海权思想的介绍与研究，激发了人们从海权的视角探寻中国海军振兴道路的热望，形成了可贵的思想潮流。

二

国内各界以期刊为阵地对海军问题的讨论，是从吸取甲午年海军战败及其之后持续衰落的深刻教训开始的。张荫麟的《甲午战前中国之海军》、胡宗谦的《国防破碎中之中国海防与海军建设问题》、郭寿生的《"九二三"与甲午之战》、田汉的《关于中国海军的几个问题》等文章都是典型代表。这些文章，字里行间透显着作者"甲午之辱，固无日不在吾人心目中"（止涯：《论振兴我国海军宜注重精神基础》）的雪耻之心，对甲午海战诸细节的全面研究和对战败原因及影响进行的深刻探寻，是民国海军建设的先声。作者们鉴于"甲申、甲午两役，全师烬焉。自是以后，朝政日非，外侮日亟，沿海要港，多被租借"（《中国海军之过去与现在》）的惨状，提出一系列整饬海军的主张。尽管他们还理不清纷繁的政治头绪与海防建设相互交织形成的复杂矛盾，但依据世界海军建设理论和中国海防建设实际而提出的建设海军的主张，却顺应了历史发展的潮流。

然而，对战争失败反思的结论，无论如何都无法影响民国政府的决策决心，因为不管是袁世凯还是蒋介石，都不可能真正从甲午战败中汲取教训，他们的注意力始终集中于内战中如何巩固自己的政治权力上，对外反侵略战争的成败对他们来说远不如能否完成"内战大业"牵动心思，这就造成整个民国时期，中国海军发展的环境始终不能改观，有识之士所希望看到的海军振兴遥遥无期，民族危难越来越深重。正如陈绍宽所言：民国以后，"时局多故，政府实力，胥操于军阀掌握，排斥异己，视海军若仇敌，海军同人虽竭力疾呼，唇焦舌敝，终不能使若辈发生扩张海军，巩固国防之观念，甚至海军寻常饷糈，亦殆有不能维持之势"。直到日本再次发动侵华战争，海防建设依然在艰难中徘徊，海军不得不接受屈辱之战，被逼上覆亡的道路。

这种状况更加激发了社会各界建设海军的迫切愿望。民国伊始，就有海军人士强烈建议"整饬海军"，提出"军人心性的改造""海军学校教育的改良""水手兵士生活的改良""打破各省畛域的私念""打倒国内的军阀""保护国外的华侨"等一系列主张（郭寿生：《中国海军状况及我们运动的方针》）。紧接着，建设海军的各种观点纷纷出台，如"急筹飞行、潜艇、教育以图自存"（郑颖孚：《对于海军进行之管见》）、"振兴海军宜注重精神基础"（止涯：《论振兴我国海军宜注重精神基础》）、"严禁把持""整饬军纪""监督购械"（石竹：《整顿中国海军问题》）以及军令、军政、人才、教育、制舰、筑港、军需不能分离（玄楼：《海军统一论》）等等。它们从宏观到微观，全面规划了海军建设。特别是抗日战争时期，社会各界，尤其是海军界鉴于"中国的海军新建设，虽有待于抗战胜利的结束之后，然其计划与准备则不能不预为之谋"（陈绍宽：《海军抗战工作之回顾与前瞻》），便结合战争实际，为海军当前和长远建设出谋划策。有的提出，未来海军建设须重视"心理建设""人才建设"和"物质建设"（郭寿生：《保护华侨与促进海军建设》）；有的认为，加强海军建设"制度建设"最为重要（王师复：《海军制度之理论与实际》）；还有的主张，未来海军之建设，"集中力量""绵延学术""储备人才"必不可少（刘裹：《在抗战期间吾国之海军问题》）。此外，"精神之改造""生活之改进""智能之充实"（唐静海：《对海军之期望》）等也均被纳入海军建设规划中。

应该说，民国时期社会各界对海军建设的研究，层次丰富，涉及面广，勾勒出了海军建设理论的清晰轮廓。

三

从本文集所收录文章来看，民国时期的海军建设理论，大致包括以下内容：

海军建设与海防建设关系思想。论者从"有海岸必须有海军"的认识出发，有的把国防、海防、海军三者联系起来加以思考，认为"欲图国防，当先注重海防"，国人如不"转移视线齐目注海，力图海防，则亡国灭种"，"海军力弱"，则海防"未备"，"不创海军"是"自杀政策"（胡宏基：《军舰新界说与中国海防》）；"吾国海防之振备，似非有强大之舰队，无以固邦基而张海权"（胡宏基：《如何巩固中国之海防》）；"中国海防目的在防守，然防守亦须有相当之海军"（胡宗谦：《国防破碎中之中国海防与海军建设问题》）。有的从国防、经济、海运、海军四者相互依存、相互作用的统一中寻找答案，认为"立国的要素虽是很多，而其主要条件，厥为国民经济和国防两桩事情。有了经济，方可以固国防，无国防怎能保护经济。经济和国防，实相需相成。同时发展海运，既足以充实经济，复能够助长国防。海运进展就富强，反之就贫弱。可是要想海运发展，非有战舰潜艇，强劲的海军实力不行"（李一萍：《明日的中国海军》）。也有的从陆海空三军互相依存、互相协同的战略战术需求出发，认为海军在国防中的作用是"增强陆军和空军的作战能力""截断敌人的海上运输""阻截敌人舰队的进逼"（廖宗刚：《海军与国防及商业之关系》）等等。可见，论者始终把海军建设与国家利益紧密联系起来，突出海军建设的重要地位，为未来海军建设铺平道路。

海权思想。民国时期，马汉的海权理论以更加准确、更加易懂的翻译再度在中国传播，国人对海权的认识随之更进一步。早在1919年9月，孙中山就呼吁："何谓太平洋问题？即世界之海权问题也。……昔日之地中海问题、大西洋问题，我可付诸不知不问也；惟今后之太平洋问题，则实关于我中华民族之生存，中华国家之命运者也。盖太平洋之重心，即中国也；争太平洋之海权，即争中国之门户权耳。……人方以我为争，我岂能付之不知不问乎！"[1] 在知识界引起反响。1927年12月出版的《海军期刊》从第1卷第6期开始连载唐宝稿翻译的《海上权力之要素》，首次把马汉《海权对历史的影响1660—1783》一书核心部分完整地介绍给中国人。1940年，淳于质彬也以《海权因素之研究》为题，翻译了马汉的同一本书的相同部分，刊载在《海军整建月刊》第1卷第6期至第8期上。同时，该刊还刊载了王师复翻译的马汉的另一部重要著作《海军战略》。此外，介绍马汉及其著作的文章也不断见诸报端。马汉的海权理论，使中国社会各界，特别是海军界，仿佛找到了一把打开思想闸门的钥匙，人们不断用海权理论来阐释中国的海防、海军问题。

从20世纪30年代开始，学术界讨论海防、海军问题时使用"海权"概念

---

[1]《孙中山全集》第五卷，中华书局1985年4月版，第119页。

明显增多,对海军的理解也日益加深。有的把太平洋问题的实质看作海权的争夺问题,提醒国人"太平洋是世界海权的中心,假使世界上有一野心家能控制太平洋,即可以控制世界"(胡秋原:《中国的太平洋》)。有的把海军建设作为维护海权的重要基础,认为"吾国海防之振备,似非有强大之舰队,无以固邦基而张海权"(胡宏基:《如何巩固中国之海防》);"欲发展一国之海权,其唯一之要计,在拥有足以发挥此种权力之工具,换言之,即必须特有海军的实力以为之后盾也"(陈绍宽:《对于国防上之感想》)。有的从海权得失中总结历史经验教训,认为"古今民族之兴衰,大都基于海权之消长"(吕德元:《海军之与民族复兴》);"一部世界史,大部分是海权争夺的历史,只有海权确定之后,一个斗争才算确定"(胡秋原:《中国的太平洋》);"世界各国在三千年之历史中,凡属滨海国家其臻强盛者,无不系于海权,而海权之能发展与否,亦无不系于海军实力之强弱。中国系三面濒海之国,海权之得失,关乎国力,国防之趋势,尤重海疆"(陈绍宽:《我国海军之建设及演进》)。有的甚至提出"海权、海产、海运、海军""四海主义"救国的主张(沈鸿烈:《四海主义救国刍议》)。

特别是抗日战争时期,人们在丧失海疆的深痛中讨论海权问题,更加深了对海权理论的认识和感受。他们高度认同马汉的思想,认为海权"包括三个要素:一是海口,二是海上运输力,即船只,三是海上战斗力,即是保护或进攻前两者的"(胡秋原:《中国的太平洋》),进而认为"海军的基本原则是取得海权并行使之"(王师复:《海军制度之理论与实际》)。他们深感"我国之所以一再受到列强的侵略蹂躏,丧权辱国,主要的原因也在海权旁落'海禁大开'以后"(易克秉:《海军在中国国防上的重要性》),高呼:"我们立国于太平洋西岸,海岸线绵延一万三千余里,要保持国家领土主权之完整与促进世界之和平,必须要能保卫这辽阔的领海,维护关系国家命运的海权,而这一任务,必须要海军来达成它!"(巨公:《为什么我们需要一个海军》)最终得出的结论是:"中国抗战,必须恢复我国所有的海权与海上的自由,而后才可以说到最后的胜利。"(郭寿生:《保护华侨与促进海军建设》)对于未来,"建立海权,保障海运,必成为建国最重要工作之一,而建立海军以控制海权则更为天经地义的必需条件"(魏济民:《中国海军建设论》)。可见,抗战时期对海权的讨论，以马汉海权理论为依据，以战争实际为例证，更加深入，更有说服力，绝非现有些论者所说，"随着日本全面侵华战争的开始，中国海军主要在沿长江一线打击敌人。由于现实的制约，中国关于海权问题的探索再度销声匿迹。"[1]

抗战胜利后，由于国际国内形势的变化，人们建设强大海军以御侮的渴望受到遏制，社会上对于海权问题的讨论已没有先前那样热切，只有海军界还在进行着谋取"振兴海权"的努力，例如提出建立以华北、华中、闽台、华南四个海军区为范围的"海权中心区域"的设想。（郭寿生：《新海军建设计划的研讨》）不过，此时的呼吁已难以引起全社会的关注，民国时期的海权讨论就此接近尾声。

陆海空军平衡发展思想。自从飞机的作用在一战中一鸣惊人，国际军事家普遍认为，20世纪的战争已经成为由陆地、海面进到了天空的立体战争，飞机将成为未来战争的主角。新的战争理论对于始终找不到振兴军事良策的中国人来说，无疑又是一剂可资尝试的良药。于是，在国外舆论的影响下，"航空救国""航空万能"等论调开始在中国社会蔓延。主张航空救国的人们认为，"现代的武器，飞机要算最利（厉）害的了。空军的威力，已达到后来居上的地步，陆海两军，虽仍有它们存在的价值，可是来和空军较量已逊一筹了。危在旦夕的我国，要想挽救危亡，非政府与人民共下决心提倡航空不可"。[2]主张"航空万能"的人们认为，"自从有了空军，海军的重要一落千丈，尤其是在守土防敌方面，有了空军便不必再有海军"（陈西滢《海军与空军》）。这些观点，很快受到社会的追捧，一时间，"优空弃海"成为热门的名词，空军界甚至顺势提出海军仅维持潜艇用于防守海口，节约经费大力发展空军的主张。

毋庸置疑，飞机改变了20世纪的战争形态，其作用无可替代，但它作为空中兵器，不可能成为陆上和海上兵器的替代品而独立发挥威力。"航空救国论""航空万能论"在军种发展问题上的偏见，不可避免地引发了一场海空军孰优孰劣的争论。

---

〔1〕鞠海龙：《中国海权战略》，时事出版社2010年1月版，第5页。
〔2〕狄仇：《空军作战论》，《空军》1933年第15期，第12页。

在这场争论中，学术界思想活跃却不失理性。论者首先借用西方军事家的观点，如美国人蒲特因的飞机"为补助军队，是一种用度有限的武器"、苏联人斯洛温的"崇拜空军的人是太注视技术的成功而缺乏战略的思想……空军，还是一种次要于海军的力量"等观点，论证"优空弃海"的不可行性。其次，用一·二八事变的惨痛教训从反面论证空军对海军的依赖性。认为"现在的情势，空军固然要扩充，而海军之发展，也是刻不容缓的。瞧瞧此次淞沪之役，日本空军之强悍，实缘于海军之协力，盖空军飞机之能够超越海洋，远飞敌方者，实藉飞机母舰为之俵运，战舰为之掩护，然后可以翔翔于太空。这样看来，非海军无以显空军远征之威力，无以竟空军的全功"（李一萍：《明日的中国海军》）。再次，从技术上论证飞机作战能力的有限性。认为飞机"当其飞行之际，途程之远，有其一定数，超过其续航力之限度，危险立见"，"空军能炸毁敌之要塞，能攻击敌之军舰，使丧失其战斗力，然而空军不能占领战略要点，而使之为根据地"，"空军虽有公空之说，然无所谓根据地，空军虽一时据有制空权，而欲维持此既经夺获之制空权，则并其要塞即时占领之，在海应有海军，在陆应有陆军，而海军尤为重要，此空军之所不能"（戴占奎：《东南海防问题之研究》）。最终，论者得出了"近代战争，为立体之战争，陆海空军，必须协同一致，互相为用，方可御侮"（余秉钧：《海军与国防之关系》），"空军可以补充海陆军，但不能代替海陆军"（胡秋原：《中国的太平洋》）的结论。

这场集中爆发于抗战之前的争论意义重大，它使人们进一步加深了对海空军密切结合的理想平台——航空母舰的认识，建设"海空军"[1]的设想遂向现实迈进了一步。

设定假想敌思想。世界近代军事理论表明，一国的国防建设，往往需要设定一个或几个假想敌以确立方向和目标。假想敌一旦设定完成，在一个时期内不会轻易改变，假想敌国军事力量的发展状况和目标，便成为这一时期战略或战术的参照系。这一思想，充分体现在本文集的若干篇目中。

何为假想敌？胡宗谦认为，"所谓假想敌人，即依本国平日所处之国际环

---

[1] 即海军航空兵。

境，以与本国利害冲突最烈之国家"。在军阀混战时期，海军由于没有假想敌作为参照系，其战斗力无所谓强弱。但在民族危难之中，面对外国强大海军的进逼，中国海军弱态立现。因此，呼吁设定假想敌，是学术界确立海军建设目标的前提。同为海军史学者的著名作家田汉指出："我国过去海军建军的失败，完全因为没有坚定不移而且成为共信的目的——想定敌，其他一切缺点可以说都从这一缺点产生出来的。"由此，假想敌问题引起学术界的高度重视。

　　论者认为，设定假想敌的战略意义在于，不仅能建立国防建设的参照标准，而且也能建立海防建设和海军建设的参照标准。他们指出："建设国防的标准，那就是假想敌的确定。""有了假想敌，我们不仅找到了国防的重心，并且获得了建军的比例和数量。"（星德：《海军国防论》）"欲巩固我们的海防，必须先估计假想敌国的海军力量，以作我国建设新海军的标准。"（郭寿生：《中国要建设六十万吨海军之理论检讨》）这种看法，"不止中国如此，即以列强来说，也无不以其假想敌建立坚定的国策，再根据坚定的国策确定其海军政策"（君威：《恢复整建海军的领导机关——海军部》）。

　　然而，对于如何确定假想敌，论者的认识并不完全一致，有的认为，假想敌可为多个目标，"凡侵我犯我者，皆假想敌也"（胡宗谦：《国防破碎中之中国海防与海军建设问题》）；有的认为，假想敌应集中于一个主要目标，"美国的假想敌是日本"，英国的假想敌"就是有侵犯它殖民地可能性的国家"，"德国的假想敌始终是英国"，而"我们的假想敌是日本"（张达礼：《论国防商业与海军》）。后者是一种较普遍的认识，是根据各国民族矛盾状况作出的正确判断，对中国调动有限人力财力集中对敌，具有重要意义。

　　论者还认为，设定假想敌的战术意义在于明确海军实力对于假想敌国海军实力所占的比重。这个比重，因国际国内状况不同而各异，或者"对假想敌海军吨数至少应作八成计划，数量方面可有少量之相差，但在质的方面，应比假想敌更加精良"（戴占奎：《东南海防问题之研究》）；或者"我们的假想敌既为日本，则我们建设守势的海军对于日本攻势的海军，亦须在其五成以上"（郭寿生：《中国要建设六十万吨海军之理论检讨》）；或者"制舰计划，固当以敌国海军为标准，力有不逮，亦当筹划有以当其十之六七，或十之四五"（玄楼：《海军统一论》）。无论建设"八成""七成"，还是建设"五成""四成"，均是对中国海军现状的超越，对激发社会动力无疑具有积极作用。

海军建设思想。海军建设是海防建设的核心内容，对这一问题的探讨，贯穿于整个民国时期。尽管不同的阶段学术界会随国际国内形势的不同提出不同的方案，但这些方案不会偏离战略、战术、制度、人才、装备、基地等主要问题。

关于海军战略，王师复的论述颇有高度，他认为，"海军的基本原则是取得海权并行使之。其目的在保护自方海洋之交通与阻碍敌方对海洋之自由运用，以达到输送自方远征队与贸易及破坏敌方远征队与贸易之目的"。不过这一论断对中国海军没有什么意义，因为晚清以来，中国并没有"自方远征队与贸易"的"输送"，也就谈不上"保护自方海洋之交通与阻碍敌方对海洋之自由运用"，故中国的决策者把海军战略确定为防御的、消极的、保守的。这一状况违背了"海军的基本原则"，已使国家利益付出了沉重代价。所以对海军战略的探讨一度十分活跃。20世纪30年代中期，胡宗谦重提"攻势防御"的海军战略思想，主张建设三条防线，即"潜水艇防卫""海港军港建设""江河要塞和内陆要塞建设"，认为"三大防线，第一、第二两道防线，易为敌所摧破，而最后决胜负存亡者，厥为第三道防线。斯防线之得失，关系中国之存亡，于可能力量内，应全神经营之，以破釜沉舟之决心，以'置之死地而后生'之战略，来与侵我犯我者作殊死之持久战焉"。20世纪40年代初，吕超也提出"三道防线说"，但与上述含义大不相同，认为"一国的国防，军事学家向来把它划成三道防线，以敌人的领土领海为第一道防线，以本国国境为第二道防线，以本国内陆为第三道防线。所以就战略原则说，总以能在第一道防线发挥力量为上策，尤以获得制海权，使海上交通无阻，贸易自由，为特别重要"。两种"三道防线说"，虽然没有深刻的理论阐述，但强调的"攻势"战略，都与中国实际极其符合。

日本的全面侵华战争，再次证明中国消极防御海军战略的危害性，王师复迅速从海军战略的一般原则，回到解决中国的实际问题上。他强调，中国海军"是采取守势的战略，其目的在于保卫江阴封锁线的安全。但是在战略上，所谓守势并不是单纯的'守'，而应涵有相机进攻的意义"。对此曾万里解释说："关于独立之作战方面，应一扫从前防御的、被动的战略，尽量发机动性的运动战，要永远能够自立地乘敌人的弱点，在运动中予敌人海军以绝大（打）击，消耗它，阻碍它，不特使其舰艇不敢进犯我现在各战区之阵地，且不能在我阵地附近若干里内肆其活动。同时并切断其主要水上交通，以控制其军运与商运。"事实上，中国海军在经过了一系列消极的阻塞战、要塞战和水雷战之后，在抗战后期，开展了广泛的布雷游击战，而后者确实"涵有相机进攻的意义"，它的目的"是针对着敌人资力、军力双管齐下，使敌方在军事上、政治上、物资上、精神上均受重大影响，而促其早日溃败"（林遵：《关于今后我国海军游击战争问题之研究》），带有明显的进攻性。

民国时期学术界对海军战略的探讨，至今对我们都有启迪作用。抗战胜利后，由于各方面的原因，这些探讨逐渐冷淡下来。

对于海军战术，学术界也有不少讨论。一些专著和军事院校的教材主要讨论一般战术，引用战例大多来自西方。期刊的文章则有所不同，论者除了讨论一般战术外，还结合实际，提出中国海军特有的战术原则。例如，他们先是从西方海军理论中吸取营养，广泛介绍西方海战中的战术思想，如郑颖孚的《对于海军进行之管见》、朱中良的《今后中国的海防建设》、陈绍宽的《我国海军之建设及演进》等。但这些探讨仅限于用西方战例说明问题，在中国的社会环境中显得有些脱离实际。到了抗战时期，由于中国海军在长江和沿海积累了一定的作战经验，因而对中国海军战术的探讨有了更强的针对性，提出了要塞战、水雷战、阻塞战、袭击战、水上游击战等一系列战术思想。

田汉认为，"我沿江沿海'移动炮台'与'水雷游击队'之活动实为劣势海军革命战术之最高运用"。李秉正认为，"水雷战术，为水上交通破坏战中最有效的方法"。君威认为，"阻塞战术，正是根据我们军事技术落后所决定，也是和陆空军根据技术的落后，不得不以消耗战为主歼灭战为次的战术一样，而且是互为表里"。最后一删总结道：这些战术"是灵活的，是偷偷摸摸的，而且是最冒险壮烈的。它的战果，不只能够阻止敌人的猛进，还可以帮忙陆军、空军一部分不能达到的工作"。

总体看来，抗战时期由于中国海军的微弱力量、狭窄作战区域和单调作战手段，限制了海军战术的运用和发展，海军战术思想也就不可能在一般原则上有所发展。

关于海军制度，王师复用一篇《海军制度之理论与实际》进行专门论述，他首先认真研究了中外海军制度产生的多种模式，确定了海军制度产生的真正原因——社会需要，试图揭示海军制度产生与发展的规律。他说："海军制度是在社会生存的基础上，聚过去的经验而造成的一种适合的组织、政策、法度等之总和，以为建立新海军的准绳。它不是以现存军舰之多少为根据，反之，依社会需要所趋，还会改变现存军舰的组织。至现存的军舰不过是供应海军制度调节的资材而已。"接着，他论述了海军制度发展的三个条件：经济、技术和政治。认为经济活动对于海军制度有着伟大的促进力量，世界海军制度的扩充，是世界经济活动渐趋国际化的反映；技术推动了"海军教育之彻底的改变""海军部技术机关之增设""舰队组成之复杂化"，而这些都是海军制度发展的重要标志；政制不同，海军制度也有差异，从"海军最高统帅权""海军长官之名称与资格""军政与军令的关系"等方面，均可看出政治条件对海军制度的影响。最后，他得出结论："为民族生存，我们需要海军，因而需要扩大现有的海军制度，相应于经济与技术发展的程度，并且还要适应国情而决定海军制度的方式。"

王师复的观点未必全面、无误，但他从社会内在运行的角度观察海军制度的方法是可取的，表明民国时期海军制度研究已达到相当高度。

除王师复外，还有少数探讨海军制度的文章，也提出了一些观点，但均不如王师复系统和深刻。

关于海军人才培养，自始至终都是民国时期讨论的话题，论者的观点涉及人才培养的方方面面。一是强调人才对于海军建设的重要性。认为海军教育是兴复海军的基础，"欲兴复海军，则非预备人才不可。若欲预备人才，则非刷新教育不可"（玄楼：《海军统一论》）；"我国海军一向疲弱不振，主要原因，不在量少，而在质的欠优。过去固不乏忠勇壮烈的将士，为国家民族建立殊勋，留下光荣史迹，但亦有深受封建思想余毒的时代落伍者，存着军阀派系观念，排除异己，自倨自尊，甚且贪婪、腐败、颓废、堕落，以至上行下效，把整个海军界，弄得乌烟瘴气"（许功：《新军制与新海军》），主张一方面造就海军新人才，"鼓励全国的海军热，使每一个有为的青年，觉得效命于祖国的最前线，是最光荣的"，另一方面改造海军旧人才，"增加质的浓度"（兼

言：《育才第一》）。二是主张人才培养应借鉴西方经验。认为英美海军在教育
方面有许多值得借鉴的做法，我们应一如既往地学习。除了选派留学生外，还
可"筹设海军大学，聘请国外海军将官来华造就海军参谋人才"（张荫良：《海
军建设之研讨》）。三是梳理海军人才培养类型。认为海军是技术军种，人才
培养"必须经过相当的时间，培育训练足资担任制造、航海、轮机、航空、枪
炮、鱼雷、水雷、无线电、医务和其他各种专门技术的人才"，以创造建设海
军的先决条件（郭寿生：《保护华侨与促进海军建设》）。四是提倡海军人才的
精神教育。认为"海军教育，于学科、术科之外，应注重精神教育"（郑颖孚：
《对于海军进行之管见》）。五是根据实际情况提出人才培养的各种方案。抗战
前主要是增设海军学校、确定海军兵源、派人出国留学、培训旧有人员等。抗
战后主要是充实训练机构、考选特种学兵、征求海军耆宿等等。

　　关于海军装备建设，民国时期社会各界始终将其视为衡量海军实力的主要
标准，认为海军建设的物质基础除了人的因素之外，主要是"坚利之舰艇与完
美之兵器"。学术界对海军装备建设的讨论，往往与海防战略相联系，规划建
设何等规模的舰队，首先论述海防战略需要何等规模舰队与之相适应。由于对
海防战略的主张不同，对海军装备建设的意见自然也不相同。一种观点认为，
中国应以日本为参照系，建设一支与海洋大国相称的海军，这是从我国因战败
而衰败，西方强国因战胜而强盛的现实中得出的结论。论者指出，舰队理想的
规模是：战斗舰5艘、甲等巡洋舰6艘、乙等巡洋舰20艘、驱逐舰90艘、潜航
舰140艘、航空母舰1艘，57.5万吨（李一萍：《明日的中国海军》）。也有论
者提出更大规模的造舰计划，认为中国海军应该拥有包括主力舰、巡洋舰、驱
逐舰、潜水艇、航空母舰和海防炮舰等283艘共计77万吨舰艇组成的黄海、渤
海、东海、南海4个主力舰队和分驻于长江、松花江、珠江和黑龙江的4个江
防舰队（石竹：《整顿中国海军问题》）。特别是抗战期间，海军界深刻感受
到没有强大海军给国家造成的严重后果，强烈呼吁战后逐渐建设一支拥有战斗
舰、重巡洋舰、轻巡洋舰、驱逐舰、潜艇、航空母舰、鱼雷快艇等舰艇625艘、
最大规模260余万吨的海军。[1]这些观点，虽然"有理有据"，但与中国的财力

---

[1]陈绍宽：《海军建设》，《海军杂志》1943年第16卷第6期"专载"，第5—6页。

状况不符，很难引起国民政府的共鸣。

另一种观点认为，中国海军的初步建设，限于财力不可能"添置有力舰队，抗敌于外海"，应该"置六百吨小型潜艇十二艘，分为三队，以四艘为一队"，用于外海袭击。另置水雷敷设舰、高速鱼雷汽艇和牺牲小快艇用于海滨抗敌（郝培芸：《我国海防之商榷》）。按这种设置，中国海军的规模也仅仅只有几万吨，根本无法满足国家防卫的需要，因而受到很多人的质疑。

总而言之，民国时期论者在积极主张海军装备建设时，始终处于一种矛盾心态：海军建设规模规划小了，难以适应海防战略的需要；海军建设规模规划大了，又与国家财力状况不相符。所以，方家论述舰队规模，难以形成定数。

关于基地建设，学术界始终把它与舰队建设联系在一起，因为"舰队之须军港，犹鸟之有巢，兽之有穴，人之有宫室居处也"（玄楼：《海军统一论》）。论者指出："中国海防的重心固在海军（即舰队），但沿海岸及岛屿上一切物质的军事建设，亦不可忽视。因为这不特是防御的工具，而且也是海军出击或守御的根据。"（星德：《海军国防论》）这些军事建设的核心便是基地，而基地的主要组成部分是军港。所以，在论者的主张中，军港建设始终处于首要地位。

晚清时期，中国的军港多被西方列强所侵占，成为列强侵略远东的出发点，中国发展海军，找不到一个像样的港口。所以在民国时期学术界的讨论中提出两种解决方案：一是收回已失的军港，二是开辟新的军港。认为"今能肆坛坫之周旋，图收复之壮举，策之上也。如其不然，当就未开辟之港，从此开辟之，或就条约之可与商榷者改订之"（玄楼：《海军统一论》）。可是人们清醒地意识到，对于前者，在当前的国际形势及国力之下，断难实现，唯有在后者中寻找良策。

民国初年，孙中山就建筑海军根据地，在实业计划中的规划就是立足于开辟新港。他主张建筑位于大沽口和秦皇岛之间的北方大港、位于乍浦岬与澉浦岬之间的东方大港，和位于广州的南方大港，以及其他二等港和三等港。这一思路，得到学术界的认同，人们把"渤海军区"的葫芦岛、营口、龙口、烟台，"黄海军区"的胶州湾，"东海军区"的象山港，"南海军区"的榆林港、海南岛作为建设基地的首选（胡宗谦：《国防破碎中之中国海防与海军建设问题》），以此作为海军防卫东南沿海的大本营。

　　至于如何建设军港，胡宗谦的观点依然具有代表性。他说："就各国军港之防御设备而论，空防则有飞机、高射炮、探照灯、听音器等；地面防御则有大口径炮、暗炮台等；地下防御则有秘密战壕、军械库、秘密守备队等；以及海面、地下之水雷障碍物等。反观我国之军港，除有几支小口径高射炮外，其他尚付阙如！海岸炮虽有，然已朽旧不堪，大抵系逊清之遗物。近顷军事科学化，日益迈进，中国海港若不有近代军备科学之设置，实不足以御敌人，此中国今日所以急需建设军港也。"也就是说，要借鉴西方建设军港的经验，纠正中国军港建设中存在的问题。

<h2 style="text-align:center">四</h2>

　　民国时期海军思想通过期刊这一媒介在社会上的广泛传播，直接推动了社会各界关于海军问题的思想交流。甲午战败，海军一蹶不振，在此后的发展中艰难重重。进入民国后，社会各界对海军的兴趣表现得十分冷淡，广大民众甚至对海军漠不关心，更谈不上深入了解。然而，随着各类期刊把海军问题越来越多地推入公众视野，社会各界对海军的关注度逐渐升温，各种思想形成交流，以至于讨论海军问题和讨论其他社会问题一样，成为社会文化生活的一部分。特别是海军界的主导和若干社会名流的加入，不仅以巨大的影响力吸引了社会各界的目光，而且带来了研究海军问题的新视角。他们从军事理论到战争实践，为中国海军发展出谋划策，实现了海军内部以及海军界与社会各界之间的思想交流，使越来越多的人认识到，"海军是中国的海军，是全中国人民的海军，维护它，扶持它，乃是举国人民共同的责任"（庞挹苹：《国人对于海军应有的认识》）。

　　民国期刊对海军问题的传播，还丰富了海军建设理论。由于种种原因，中国近代的海军建设理论远远滞后于西方，这就使得近代中国不可能造就与西方并驾齐驱的海防力量。而此时，西方海军正值由近代化向现代化迈进的关键时期，两次世界大战对世界海军学术空前的推动，在中国学术界引起强烈共鸣，民国期刊为海军学术争鸣提供了重要平台。它开阔了中国人的视野，促使人们从时代特点和中国实际出发，摒弃过去思想上的陈腐因素，把思路向海军的现代化建设上靠拢，从而产生了若干新思想，把学术界尤其是海军界的理论研究向前推进了一步，海军建设与海防建设的关系、海权、陆海空军平衡发展、设定假想敌、海军战略、海军战术、海军制度、人才培养、装备建设、基地建设等一系列适合中国海军发展的思想应运而生，成为中国近代海军建设理论的主要内容。

总之，了解了上述这一切，本文集的价值也就不言而喻了。

马骏杰

2023 年 10 月于山东烟台

目　录

中国海军状况及我们运动的方针……………………………………………寿　生　1

对于海军进行之管见 ……………………………………………………郑颍孚　5

新海军与华侨 ………………………………………………………………石　郎　8

论振兴我国海军宜注重精神基础 …………………………………止　涯　14

我国国防与海军 …………………………………………………………晨　园　18

中国海军之过去与现在 ……………………………………………………23

军舰新界说与中国海防 ………………………………………………胡宏基　30

监察院与海军 ……………………………………………………………铁　夫　42

海军部呈政府究办监察委员高友唐文私议 …………………玄　楼　45

如何巩固中国之海防 …………………………………………………胡宏基　54

明日的中国海军 ………………………………………………………李一萍　58

东南海防问题之研究 …………………………………………………戴占奎　67

整顿中国海军问题 ……………………………………………………石　竹　84

中国海军与人才 ………………………………………………………允　文　91

日本海上新形势压迫下之我国 ……………………………………杞　贤　98

读上海《新闻报》梦蕉君《吾所望于海军当局者》之感言……玄　楼　105

海军统一论 ………………………………………………………………玄　楼　109

甲午战前中国之海军 …………………………………………………张荫麟　113

国防破碎中之中国海防与海军建设问题 ………………………胡宗谦　122

海军与空军 ………………………………………………………………陈西滢　134

海军与国防之关系 ································· 余秉钧　139

海军与国防之关系 ································· 陈绍宽　142

对于国防上之感想 ································· 陈绍宽　145

海军之与民族复兴 ································· 吕德元　148

民族抗战与海防建设 ······························ 金云峰　150

今后中国的海防建设 ······························ 朱中良　154

我国海军之建设及演进 ···························· 陈绍宽　159

我国海防之商榷 ·································· 郝培芸　170

中国要建设海军 ·································· 周黎庵　176

抗战期中海军的战绩 ······························ 翁仁元　182

海军抗战工作之回顾与前瞻 ························ 陈绍宽　187

关于中国海军的几个问题 ·························· 田　汉　191

中国海军的几个问题（续） ························ 田　汉　201

中国海军的几个问题（续） ························ 田　汉　214

抗战中对于敌国海军应有的认识 ···················· 郭寿生　232

中国社会与海军 ·································· 王师复　251

中国社会与海军（续） ···························· 王师复　267

论长江水道交通破坏战的价值 ······················ 李秉正　279

由海军抗战事迹说到现阶段海军军人的重大使命 ········ 曾万里　284

不要埋没了抗战期中活跃的海军 ···················· 一　删　292

整建海军的意义和几个军港的商榷 ·················· 袁　著　296

略论建设海军与设立海军部 ························ 许　文　300

"统一性"的国防论 ······························· 曾国晟　302

对周亚卫先生"中国的国防"之商榷 ················· 李世甲　306

恢复整建海军的领导机关——海军部 ················ 君　威　311

中国海军建设问题管见 ···························· 黄征夫　316

海军与国防及商业之关系 ·························· 廖宗刚　320

海军与中国国防 ·································· 欧阳炎　327

中国海军在抗战时期中之主要任务 ·················· 刘纯巽　332

空军是否可以代替海军? ……………………… 迪 肯 337

中国要建设六十万吨海军之理论检讨 …………… 郭寿生 341

海军制度之理论与实际 ………………………… 王师复 347

保护华侨与促进海军建设 ……………………… 郭寿生 370

空军能够代替海军吗? ………………………… 君 实 383

国人对于海军应有的认识 ……………………… 庞挹芊 391

中国的海军 ……………………………………… 徐 盈 395

纪念伟大的"九二三" ………………………… 陈绍宽 400

"九二三"战役的检讨 ………………………… 王师复 406

"九二三"与甲午之战 ………………………… 郭寿生 416

怎样发展我们的海军 …………………………… 吕 超 452

在抗战期间吾国之海军问题 …………………… 刘 襄 456

对海军之期望 …………………………………… 唐静海 459

为什么我们需要一个海军 ……………………… 巨 公 461

组织海军义勇队参加太平洋反侵略战争 ……… 佚 名 464

太平洋大战前夕我国海军军人应有之认识 …… 履 冰 467

海军改变国家历史 ……………………………… 静 海 471

陆海军协同作战在中国抗战上之重要性 ……… 张振育 478

海军国防论 ……………………………………… 星 德 482

海军之建设 ……………………………………… 陈绍宽 489

论国防商业与海军 ……………………………… 张达礼 494

我国海防建设着重点在哪里? ………………… 郭寿生 504

海军在中国国防上的重要性 …………………… 易克秉 516

中国海军的结胎时代 …………………………… 唐德纲 536

太平洋西岸初次的自卫武装 …………………… 唐德纲 544

关于今后我国海军游击战争问题之研究 ……… 林 遵 555

海军建设之研讨 ………………………………… 张荫良 568

大战中的海上封锁与海上自由问题 …………… 郭寿生 574

育才第一 ………………………………………… 兼 言 589

中国的太平洋 …………………………………………… 胡秋原　603

如何建设中国之海上国防 ……………………………… 陈绍宽　609

海军建设关系之重要 …………………………………… 陈绍宽　614

从开罗会议论恢复中国海疆 …………………………… 郭寿生　618

建设新国防问题的商榷 ………………………………… 叶可钰　623

海洋与中国的命运 ……………………………………… 何博元　628

论建设中国新海军 ……………………………………… 梁序昭　631

中国国防政策与海军建设 ……………………………… 郭寿生　635

中国海军建设论 ………………………………………… 魏济民　641

中国国防应采的政策与怎样建设新海军 ……………… 郭寿生　646

新海军建设计划的研讨 ………………………………… 郭寿生　655

新军制与新海军 ………………………………………… 许　功　671

要塞舰队观与中国海军 ………………………………… 金龙灵　677

论海军建设 ……………………………………………… 李　海　680

试论海军军官教育改制 ………………………………… 李　海　684

从美国拨船想到清末的戡乱海军 ……………………… 北　城　690

建设新中国与建设新海军 ……………………………… 陶涤亚　695

从海与中国说到未来中国海防发展应有的趋势 ……… 周望德　698

中国海防地理新观 ……………………………………… 孙道远　702

后记 …………………………………………………………………… 707

中国海军状况及我们运动的方针[1]　寿　生[2]

一、中国海军状况

中国从一八八五年和法国在安南打了败仗以后，便谋振兴海军。一八九一年有海军衙门的创设，计成北洋海军二十营，铁舰快舰二十余艘，鱼雷六营，鱼雷艇数艘，以旅顺、威海卫为军港，常游行南洋各岛及朝鲜、日本等处。一八九五年和日本打了败仗，旅顺、威海卫全失，军舰有被抢的，有打沉的，于是全军歼灭，海军衙门因此亦就废了。以后旅顺、大连租借于俄（一九〇四年因日本打胜了俄国，旅大复转借于日本），威海卫借于英，胶州湾借于德（现由日本归还，改为万国商埠），广州湾借于法，为各国屯驻海军的军港。又毁了吴淞口炮台，开做商埠，并废了天津大沽炮台，北京、天津、上海都有各国军队驻扎。弄到现在中国破烂不堪的军舰，反没有停泊的军港了。

残败无用的中国舰队，大小不满六十艘，现在变成四分五裂，各靠着一方的势力讨生活。兹将它分叙出来作为参考：

（一）北方的舰队属于北京政府的，归南京杜锡珪总司令节制。内分做练习舰队，第一舰队，第二舰队。

---

〔1〕此文发表于《中国青年》1924年第22期。

〔2〕即郭寿生（1900—1967），福建闽侯人，烟台海军学校第十六届毕业生，1923年加入中国共产党，在烟台海军学校中组织了烟台第一个党小组，发起"新海军运动"，创办新海军社。1926年与周恩来、罗亦农等中共领导人组织发动上海工人武装起义。大革命失败后与党失去联系，后在民国海军中任职，潜心研究海军建设问题，创办《海军整建月刊》《新海军》等，著述颇多。1948年底，与中共中央取得联系，策动国民政府海军海防第二舰队起义，又参与领导海军江南造船所护厂工作。华东军区海军成立后，担任华东军区海军司令部研究委员会副主任。

练习舰队（司令杨树庄）——"应瑞""通济"（训练舰），驻闽。

第一舰队（杨树庄兼管）——"海容"（巡洋舰）；"联鲸""海鸿""海鹄""海鸥""海凫"（炮舰）；"定安""普安""华乙"（运舰）驻闽。"永健"（炮舰），驻长江。

第二舰队（司令李景曦）——"建安""建威""楚泰""楚同""楚谦""江元""江利""江贞""甘泉"（炮舰）；"江鲲""江犀""拱辰""永安""建中""利通"（河炮）；"宿字""张字""湖鹰""湖雕""湖隼""湖鹗"（鱼雷艇），驻长江。

（二）由粤北归的舰队，属于北京政府的，归青岛温树德节制。

"海圻"（巡洋舰），驻烟台。

"海琛""肇和"（巡洋舰）；"同安""豫章"（驱逐舰）；"楚豫""永翔"（炮舰），驻青岛。

（三）驻沪独立的舰队属于浙江卢永祥的，归林建章节制。

"海筹"（巡洋舰）；"永绩"（炮舰）；"建康"（驱逐舰）；"靖安"（练运舰）；"辰字""列字"（鱼雷艇）。

（四）东三省江防的舰队属于奉天张作霖的，归江防司令毛钟才节制。

"江亨""利捷""利绥"……（炮舰），驻哈尔滨。

（五）在粤的舰队归孙中山调动。

"永丰""舞凤"（炮舰）；"飞鹰"（雷炮）；"福安"（运舰），驻广州。

其次再将海军教育、制造、练营、煤栈、医院、联欢社各机关，列之如左：

教育机关——烟台海军学校（航海），福州马江海军学校（轮机、制造、飞潜、艺术四校），南京海军鱼雷枪炮学校，奉天葫芦岛海军学校，黄埔海军学校（取消），天津海军医学校，吴淞海军测量局。

制造机关——江南造船所，福州马江船政局，天津造船所。

练营及火药库——烟台海军练营——火药库，南京海军鱼雷营——火药库，上海高昌庙海军军械局。

煤栈——福州、厦门、上海、江阴、南京、大通、湖口、武昌、岳州、烟台。

医院——吴淞、烟台、南京、福州、上海、湖口、武昌。

联欢社——上海、北京、烟台、福州、南京、武昌……

民国成立，海军帮助革命军打破南京。民国六年，因为北京政府强压解散国会，程璧光率一部分舰队，赴粤护法，这是海军对于民国的功绩。程璧光被刺，林葆怿不能坚守护法之业，林永模继起亦不能为革命出力，在粤海军渐失孙中山的信任；温树德等就乘这个机会演出排闽的大惨剧，海军内部的分裂，闽粤山东江苏人互相的倾挤，都从这一次发生而日趋于剧烈。在粤的舰队不久又分作在广州的拥护孙中山，在汕头归温树德的拥护陈炯明。中间在汕头"肇和"军舰的山东水手枪杀舰长盛延祺、江泽树，又是一幕山东人杀江苏人的惨剧。因为陈炯明依靠吴佩孚的接济以抵抗孙中山，吴乘这个机会运动粤舰北归，现在驻泊于青岛。二月十二号"海圻"军舰从青岛载陆战队来烟台，强占海军练营及煤栈，检查火药库及学校的枪械，洛吴从此势力可以达到山东一带，又可以藉着北归的海军以防御奉张。海军到处受军阀的利用，弄到自己不和，这真是海军的大不幸呀！

杜锡珪所管的北方舰队，在岳州及奉直两次的战争，帮助吴佩孚打了胜仗。以后有些军舰因为反对孙传芳带兵进闽，要达到闽省的自治，在沪宣布独立，依靠浙卢方面来了。驻在长江的"靖安"练运舰，"辰字"鱼雷艇，先后跑到上海来，因此驻在长江与在闽的舰队，被驻沪独立的舰队截做两段，不能联为一气。加以这次北归的海军在烟台强占练营，吴、杜大伤感情，北京派交通部吴毓麟南下调和杜、温的意见，苏齐又袒杜以拒吴。我们于此就可以证明北归的舰队与北方原有的舰队已不能合作，他们若是没有好法子来解决，恐怕终究难免要决裂呢。

东三省张作霖从奉直战争失败以后，积极的创设海军，近在奉筹款三百万，为兴办海军费，拟订购新式战舰八艘，兵船三十只，巡洋舰、运送舰二十只，改编海军八中队，以连山湾、葫芦岛两地为军港，除在葫芦岛已设一个海军学校外，又拟在哈尔滨再设一个。以我的推测，东三省的海军或且有振兴的希望。

我们观察中国海军过去的历史，现在的状况，可知它对外不足以抵抗列强的侵略，对内亦不足以改造中国的国家。它由统一的分做南北的，由南北的变为各省系的，完全寄生于各军阀之下以供人利用。北归的军舰，因为在粤数年没法修理，现在一点钟走不到三四海里，再过几年恐怕要走不动了。驻在各处的军舰，亦都是老朽腐败。然而军舰的老朽腐败，还可以修理增加起来，对于海军的军人，真是不容易改造。他们多半脑筋很简单，又缺乏思想，没有正当的宗旨，没有社会的知识，没有远大的计划，没有进取的精神，没有善良的教育。凡关于列强的侵略，军阀的压迫，世界的情形，社会的实况，他们完全置之不论不议。现在他们内部的分崩瓦解，各存畛域的私念，还不知闹到什么地步呢。

二、我们运动的方针

我们既已知道中国海军的状况，就应该想出种种运动的计划。运动的目标是什么？怎样着手？向什么地方着手？我把我的意见写出来，希望全国青年们——特别是海军中青年们——指教。

（一）运动的目标：是要求"军人心性的改造"；"海军学校教育的改良"；"水手兵士生活的改良"；"打破各省畛域的私念"；"打倒国内的军阀"；"保护国外的华侨"。——尤极注意的："谋建设足以自卫，防御列强侵略的海军，达到中华民族完全的独立"。

（二）怎样着手：先联合较有思想、有毅力、有进取精神的学校学生，船上见习生、练习员、下级候补官，练营的练勇，船上的炮首、头目、水手，陆战队的下级军官与士兵等，作积极的文字与口头的直接宣传。使他们变做有主义的、有思想的、有教育的、知道进取的军人。——尤极注意的是打破畛域的私念，因为有畛域之分，只有分裂与排挤而不能联合团结起来。这最是我们一切运动的大障碍。

（三）向什么地方着手：各个海军学校、练营、舰队、陆战队、医院并他们常聚会的地方。我们必须向那里边努力，同志愈加多，收效愈大。——尤极注意的就是：各个学校与练营。

新进有希望的海军青年们呀！你们不要看那腐败的海军而失望。只怕你们自己仍不自振作，那就没有法子了。你们要想振兴中国的海军，要把从前已失去的军港收回来，要想抵抗列强的侵略与掠夺，求中华民族的完全独立，除非你们努力来运动，把海军改造起来，再没有别的好计策了。眼前最可怕的就是国内的军阀要想利用你们，与你们内部自己的分裂。改造中国的责任，在你们的身上，你们千万要团结起来，向前奋斗呀！

对于海军进行之管见[1]　郑颖孚

一宜急筹飞行、潜艇、教育以图自存也。按军事上原则，向有攻击而无防御，盖闻以攻击为防御，决无以防御为防御也。我国岸线之长，合大小港湾出入计，不下万余里，非有强大海军力，断不足以敷分配而固疆圉。然而吾国海军，其足以负此重任否耶。欧战之后，各国海军政策，渐有改巨舰而倾向于飞潜之趋势。我国军储支绌，添造巨舰，力固有所未逮，无可讳言。鄙意目前宜先购制飞机、潜艇，需费较廉，似尚不难办到。万一有事于海，即令分防各口。飞机翱翔于上，潜艇出没于下。再以新式水雷，密布要道。辅以旧有各舰，与沿海岸旧式之要道相策应。庶以防御为防御，虽属下策，然有此三道防线，敌人尚不能长驱直进，较之一无防备者稍胜也。惟飞行潜航人才，现尚缺乏，明知实施此项教育，事属创举，费必不赀，然三年之疾，七年之艾，苟为不蓄，终身不得。我国不欲图存则已，苟欲图存，非从注重飞潜人才入手不可。倘有是我言者乎，盍亟图之。

一海军教育，于学科、术科之外，应注重精神教育也。孙子曰："知兵之将，民之司令，国家安危之主也。"盖言贤良军官，为军队之主干，国家民族倚赖之，有如长城柱石也。海军教育，以造就海军完全军人为主眼，则其教育之良窳，与军之强弱，国之盛衰，均有密切之关系也。其所占之位置，岂不重且要与？然而我军各校学术，以航海、雷炮、轮机为主要，固为必须之科目，一旦海疆有事，无勇敢强毅之精神以辅之，吾恐惊涛骇浪之中，硝烟弹雨之

---

〔1〕此文发表于《海军期刊》1928年第1卷第5期。

下，将全失其效用。盖有形之学术，不敌无形之精神也。不观夫欧洲古代之斯巴达乎，其能称雄一时者，军（均）国民教育之精神也。至于蕞尔三岛之日本，其能一战胜我，再战胜俄，遂霸东亚者，亦"武士道""大和魂"精神之结晶也。近如国民革命军，北伐胜利，奠定北平，常能以少击多，所向披靡，揆厥由来，亦莫不因我军精神焕发了解主义所致。由是观之，军无分陆海，若无强固不挠之精神，则战略虽巧，技术虽精，器械虽利，粮糈虽多，适足以赍盗粮而借寇兵耳，乌能达到战争之目的耶？然则精神教育者，实吾海军唯一最大之要素，与学科、术科相并重，或更出乎其右而必要矣。拿破仑之言曰："战争之成功，其四分之三依精神而决。"马加洛夫之言曰："精神之要素，海战更重于陆战。"盖海战常起于倏忽间，所争仅数秒钟。譬诸两舰冲突，我先轻舵五秒钟，则破彼舰必矣。旨哉言乎。征诸我国历史，乘长风破万里浪，此非宗悫自励之精神乎！撼山易撼岳家军难，此非岳武穆治兵之精神乎！他如枕戈待旦，击楫渡江，其精神之壮锐，诚我军人所当砥砺自勉者也。更近而言之，精神云者，即吾人浩然之气也，盖视养之者如何耳。养之不得其法，则喑呜叱咤，不免外强中干。唯善养之者，卷之则藏乎方寸，放之则弥于六合。此孟施舍之守气，所以不如曾子之守约也。鄙人向来服膺精神教育之说，窃抱无穷愿望，思欲变化普通常人之性质，而成完全高尚军人之资格，庶他日堪膺捍国御侮之重任。故时以志节、武勇、信义、礼仪、质素、牺牲诸端，旁及甲午两役[1]之失败、历年所蒙之国耻、军人与党国之关系，乃至于古今中外英雄豪杰之嘉言懿行，足以鼓舞其精神者采为资料，细加讲演，耳提面命，冀以默化潜移于不知不觉之中。而为长官者，尤宜躬行实践，以身作则。如是浸渍日久，则可改造其性情习尚，养成第二天性。夫然后出而任国干城，自有敌忾同仇，百折不挠之气概，富贵不淫，威武不屈之精神。不然，学术虽□，道德无存，一遇威胁利诱，便不失节，更何贵有此军人也。此语虽迂，关系实大。

一海军学生，宜于全国中学学生中招选也。按欧战以后，各国教育，均有改进。盖以平时科学之研究，适应于战场上之运用所得之教训，而加以改良也。例如战后各国中学教育，均行提高程度，是其明证。而军学方面变革尤

---

〔1〕1884年爆发的中法战争和1894年爆发的中日甲午战争。

多，即以海战论，以舰炮威力之增加，而冲角之战术，已不复适用于今日矣。我军教育，历年限于经费，未免固步自封，以五十余年前之办法，而施于当今列强竞进之世界，不啻夏裘冬葛，其不能适应目前之需要。诚属百喙莫辨。夫我军教育，科目繁多，其实除航轮、天象、雷炮、船艺等等外，其余几尽属普通范围。明知普通学为专门学之阶梯，不可不讲，然俄将马加洛夫（Admiral S. O. Nakaroff）海军战术论尝曰："将校士卒之教育，以养成适用于战争为主，其他问题咸次之。"盖普通教育，固为人人所必需，特恐偏重于此，而忽于军人本来之目的也。诚能招收全国中学毕业生，则普通程度大都已具，入学后，只需专力于海军专门学术，并趋重于军事训练、各战略战术、兵器战史、兵要地理、陆海军协同动作、作战演习，以及体操、兵操、游泳、荡艇、马术、剑术、柔术等，即第一年加授辅助普通功课，如弧三角、微积分之类，以资衔接。每周有三四小时足矣。如此计划，利用国内各中学，以为我军预备，省时节费，收效必宏。只于招考时，严求程度体格适合于我军而已。则军事教育之提高与补充，必能易于推行矣。

新海军与华侨[1]　石　郎

1.居首的布露

沉沉的大地，布满着高贵骄傲的阶梯，这阶梯的高贵，是在骄傲着弱者的无能。呵！我们也要知道，高贵总有高贵的来由，骄傲也自有骄傲的工具！

我们的中国，在闭关的时代，号曰"天朝"这何尝不高贵？邻有不入贡者，则兴问罪之师，这又何尝不高傲？可是阿芙蓉一役[2]，因为海军失败，给人知道有凭藉——工具，遂不单没有高贵，不敢骄傲；并且一坠千寻地而居于第三等国的地位，那素居于臣妾立场的列强，则反以布满着高贵骄傲的堦梯，我们华侨也都受其影响而成为无告之民。但，这盛衰的原动力，我们实不能不明白知道。

2.新福建必须新海军

我居前已经说过，阿芙蓉一役，因为海军的失败，而至居于第三等国的地位，这就可以知道海军关系于国家的盛衰，实在重而且大呵——尤其是我们的福建！

福建全省，虽然山岭齿立，可是沿海的三都澳、闽江口、泉州港、厦门港……等，乃闽省水道的咽喉！试问咽喉有伤，肠患其能免乎？如要知其肠患难免，竟不思有以补救之，若而人，我不单要号之曰饭囊酒桶，且要呼之曰该

---

〔1〕此文发表于《福建评论》1929年第6期。

〔2〕第一次鸦片战争。

死的奴隶！因为人而致桑梓的福利于不谋，祸害而不顾，则其人已成为凉血动物了，已失去其为人的资格了，谓非奴隶而何呢？所以我说："凡是福建人，都应负改新福建的责任；而改新了福建，又须创设新海军！"不然，如腐败不堪的旧海军的驻营陆地，将何以御外侮而安民众及侨胞哩？

3.新海军须有三民主义化的新人才

谁也都知，我们先总理所手创的三民主义，是集中外古今的大成，以救民救国救世界！所以无论是要破坏要建设，都应以主义为立场。能以主义为立场，那末，我敢相信就是作何事体，也不至为人所弃！因为三民主义既是救民救国救世界的主义，则三民主义化的新人才，自必以救民救国救世界为职志。所以我主张闽省的海军，都应用了这等的新人才，才能表现出新海军的精神来，才能尽着海军的责任，以维持国民及世界的治安！

4.要新人才必须设立海军学校

海军的责任，原所以守边防而卫国家，其关系于国家的盛衰，实在非常的重大！是以列强，无一不视之为活命饮、回春丹。然而我们中国则反是，所谓海军，可无需乎相当的人才，外表只需有一套的制服，那就够了。其内容呢？我可不用多说，且将老袁问程璧光的一段话，介绍出来给阅者看看，那就可以知道了。袁问："我们海军的彻底办法，应以何者为良？"程答："以我的意见，可将战舰改为渔船，给海军以捕鱼的职业，则可以免掉了一笔的花费，也免军人之游手好闲。"在袁氏骤闻之下，意大不满，以为堂哉皇哉的中国海军，而与以捕鱼的事务，于其脸上，未免丢尽，乃再问道："除此而外，还有别的办法吗？"程氏即不停留而又很诙谐地答道："有，可以送给友邦做'标把'的材料！"

唉，"标把"！"标把"乃是军人用以射击其开放的枪准确与否的东西，今而我国的所谓海军也者，仅可做"标把"的料材。那末，这样的鸟海军，是要留起来做饭桶吗？造粪器吗？抑或是要占据地盘哩？如果是要占据地盘，则民众们也不难自占其地盘，又何用无赖般的鸟海军费神？如果是要做饭桶，造粪器，那真"泻尽中国人的三代"！所以我于前段，乃主张要用三民主义化的新人才哪。

可是，这三民主义化的新人才的造就，我以为非有海军学校不为功！怎样呢？这也没有别的理论，就是：要放那样的花，方得那样的果！换着话儿说：没有相当的质，难得相当的量！盖海军而有主义的学校培养之，训练之，则其学识、经验才有可为，且能为主义以卫国安民而保旅外的华侨！

5.海军学校须由华侨自办请求政府监督

我们中国的海军人才，既如前说那样的腐败，而海军舰，亦破坏不堪，所以，有谓我们中国的战舰，是纸扎的老虎，徒有其表而已。诚然！我们中国的战舰，它的铁板可以钉下铁钉，给军人架衣帽。但是阅者诸君，不要惊奇，以为战舰既是铁造的，其铁板怎样可以钉下铁钉呢？然而其中不无原委，请诸君静听无燥。——外人的战舰，它经过了十五年以后，即改为邮船或商船，我们贫困的中国的战舰，它不单过了十五年没有更改，就是过了七十五年也还是加油着漆，驶行于防线以内耀武扬威！这其中的一段故事，且说出来给大家看一看，以知道我们中国战舰的成绩：

我们中国的革命巨子李烈钧氏，他于民十一年由厦要到汕头时，海军总长杨树宗[1]，就开了某号战舰欢迎他。在他的意想中，以为乘了战舰，既快捷而又威风凛凛，是以不客气地走下了船。可是——可是他落了船，开驶足有三天，还不能达到其所欲达的目的地。他很惊疑地想：由厦到汕，只有一天的水路，怎末驶行了三天，尤在海中荡漾呢？出外一观，船的舱底，安着抽水机四具，以抽漏入的水。而驶行的速度呢？每日只有"六迈"。诸君：观乎此，那就可以相信我们中国的战舰的好歹，以之为纸老虎，实非过论之谈呵！

然而推其原委，都无非是政府的经济困乏，难于造置新舰，才有了纸老虎的名称。——我们平心而论，政府既穷到保卫国的战舰，尚难造置，试问：将何以设立海军学校呢？最好是由吾侨自办，而后请政府监督。吾侨诸君！我们切要知道，世界上无论哪一个国家，其国民侨居于他人的国内，如果其国家的保护力不能达到，则侨居他人的国内的侨民，终难享受自由平等的幸福，这是

---

〔1〕此时的海军总长为李鼎新。

个经过的事实呀！所以吾侨自办海军学校，虽则为国家强壮声色，实则为自己追求幸福！至于请求政府监督的一层梯堦，那又系借助之道，实所必经之途，谅可无须乎我的赘述哪。

6.海军学校应尽量吸收华侨学生

海军学校的创立，实欲以之训练富有革命性的新人才，以保民而卫国的，那末，我侨出而自办海军学校，求卫之道，其的鹄也当然是首在华侨！可是，我侨要求自卫以自办海军学校，而学校中的训练学生随便收集了人才可以吗？我窃以为不可！因为随便收集了人才到校训练，纵然练习得宜人，有可以做了海军的资格，然而华侨一切一切的苦痛的解脱，华侨一切一切的幸福的追求，究都能彻底明瞭吗？不！绝对不可能吧！既是不能彻底明瞭，试问将何从而为侨民解脱去苦痛呢？又将何从而侨民追求了幸福呢？所以以我的意思，实宜尽量吸收华侨学生。盖华侨学生，生长南溟，我侨寄人篱下所受的一切压迫滋味，他们都能知道，明瞭。苟吸收而培养之，训练之，使之站于党的立场，则将来成材，对于我侨的苦痛，应如何解脱？我侨的幸福，应如何追求？当能一一以达到我侨的希望。换言之，始能切实保护华侨。何况南岛四面环海，侨童尤知水性而识地理，以之练习海军人才，益可以收事半功全的效果哪！

7.校址应设立在厦港之嵩屿

我们切要知道，"天时"，"地利"，"人和"，这三者乃是成事之基。得之，则事之成也易如反掌；失之，则工倍而成少！嵩屿，乃位于厦埠的对面，其水陆的交通，皆已完成；而又是福建与南洋往来的枢纽，此取乎"地利"哪。质是之故，我是以主张我侨所应创办的海军学校，其校址实不能离乎此——嵩屿！

8.筹备邮船

诸君：我华侨诸君：这筹备邮船的提倡，正是欲我侨脱离了第一层的苦痛，而这苦痛呢？我想我华侨至少至少得限度，总有一回的隐忍！——就是作者，也不能算是个例外。而今，我且把一己的经过，拿出来描写一下，给我侨众一咀嚼从前所尝过的黄连般样的味儿，借作兴奋良剂：

当我自"石龟头"搭了小火船过"红凉伞"而到厦门时，其时间不过是十数点钟，原不见受人的虐，实亦无从而施其虐；可是在厦门到星洲，那就痛不胜言了！所以当时心弦里也就自然而然弹出了悲痛的声音以自问道："人"，到底有没有"格"！怎样要受了"猪""狗"一样的待遇？抑或这待遇是我们中国人所应受的特权？不，那就是自己的不长进了！我自问了一回，嗟叹了一回，因为人们是"人"，我们也是"人"；而我们落船时，也有钱去买了船票，怎末落了船，吃，竟同猪狗一样，睡则还比猪狗之不若？有时触了绿眼爷爷的怒，还要尝他熊掌和狗腿的味儿！更有一般的走狗——水手，为着一己的饭碗，竟以不顾元气地自虐自己的同胞，在分粥分饭的时候，一不如意，即把铁杓拿起来对着搭客的头乱打，不管你受伤受烫。如是的表现，在前者当然是恃强以凌弱，在后者则系失却学识和主义！所以我当时触目心伤，也有一点的意思，拟于登岸后出而提倡，鼓吹吾侨开设一所航海学校，以亲亲而仁民为主旨，藉解南渡的华侨的痛苦，并提高华侨的人格。

今而，既有这华侨自办海军学校的声调，那吗，那航海学校的呼声似可不必高唱，而主张以海军的战舰，于国际没有发生事故的时期，用之以为邮船，则有如下所列的种种利益：

（一）解除南渡华侨的苦楚——我们华侨南渡时，既有如上列那样的苦楚，则应以战舰改为邮船，因为以有主义的海军而任船中的职务，当能本着爱国爱民之心，以保护南渡的华侨。如是，又何至受人的虐待呢？

（二）挽回航海的利权——华侨南渡，单从往返的船票计算，每年已不知其有几万万！我们的战舰，如果能于国故没有发生时用之为邮船，则不单可以实际保护华侨，且可以挽回了这一笔的利权哪。

（三）省却海军费的负担——战舰改为邮船以后，既可以挽回了这一笔的航利，则此航利，已够作海军的费用，对于海军费的负担，也可以省却。

（四）联络情感——华侨与祖国，因为相隔太远护力莫及的缘故，情感也不见得浓厚。倘若海军学校设立之后，以战舰为邮船，实际以保护华侨，卖力以宣传主义，使华侨了解其与祖国的密切关系而丰生情感，联络一气，那末，"一盘散沙"的讥诮，自可从而离异啦！

9.最后的贡言

我侨诸君：上列的建设，大家切勿误会，以为海军学校既是设立在嵩屿，就是闽侨的事，应当知道这海军学校的设立，乃是为国家筹谋御外侮，为全华侨解除不平约，大家从速协力，奋斗！奋斗！不要做个不长进的东西！致一举而诸善具备的事业而不为，那末，党国的前途自必无量啊！

论振兴我国海军宜注重精神基础[1]　　止　涯

　　吾尝闻西将有言，曰有坚利之舰艇，须有完美之兵器；有完美之兵器，须有善用此兵器之员兵。嗟乎，善哉言乎。盖知此始有国家海陆军振兴之可言矣。

　　盖又尝思之，国家之有其海陆军，犹御盗者之有其徒众然也。御盗而无徒众，盗固弗克御。然使御盗而徒有其徒众，抑岂己足尽御盗之能事。盗非易御者也，御盗亦有其道也。御盗之道维何？曰御盗须有其御盗之能。能矣则须具御盗之决心。既能且决，盗无不御。否则未有不赍盗以粮，非惟无益，而又害之，其为祸，乃有不可言状也。

　　寻常御盗如此，以推之一国海军，则复可准西将之言，而更为进一步的解释。曰，既有善用兵器之员兵，尤须有善用兵器之勇气。无其勇气，而徒有其善用兵器之员兵，则员兵亦良不可恃。盖所谓勇气，即决也。若善用兵器，则徒能而已矣。勇与能相济，已具有胜敌之本，而后益之以胜敌之具，则即西将之所为坚利之舰艇，完美之兵器者是。藉而乘之，百战百胜。亦即我国兵法之所谓节制之师，以攻则克，以守则固者也。岂徒然哉。

　　坚舰利艇与完善兵器之不可徒恃，而为须求其本于员兵之能与勇，能之既具，则尤须力求其勇，试更以往事征之。则犹忆昔者日俄之役，日力扼俄舰于旅顺。尔时两方相搏，以其舰力言之，俄固未尝有以远逊于日。而其舰队，卒为日所败。又波罗的海舰队之东来，俄舰队声势之盛大，直欲压倒日舰队。乃

　　────────────
　　〔1〕此文发表于《海事》1930年第3卷第8期。

其结果，俄复败绩。坚舰利器不足恃，而所贵在乎员兵之勇锐。斯为俄见败于日之根本原因，此一事也。

欧战之役，德意志以四面受敌，内外隔绝，悬其远东舰队于海外，以势孤终全体见覆于英舰。第其可洛奈尔（Coronel）一战，德远东舰队亦曾与英国海军以重大打击。又德之既败，举其剩余舰队，见虏于司加伯弗罗（Scapa Flow）。困兽之囚，殆无能为力矣。而德舰员兵以为爱国心所迫，率不愿以其舰队为敌所俘有，因悲壮慷慨，举以自沉。至今谭者壮之。是员兵之勇，虽败亦有克尽其爱国之忱者，此又一事也。

乃若我国之与日本甲午一役。其时日舰之精之利，其弗如我国远甚。论其胜败之数，固将谓灭此朝食。第其终局，竟有不然。甫两军之交绥，已伤我舰之弗能军。仓皇失措，舟覆樯倾。语其贻祸，割地辱国。夫如此者，亦岂有他故哉。平心论之，盖亦我国海军员兵弗克致果以克敌之所致也。斯则海军员兵无勇之贻祸之事例也。

故处今而言振兴我国海军，养勇实为第一要义。舍此而徒言造舰增器，亟亟焉惟门面之是务。实将招皮之不存，毛将安附之讥。此非言舰之不当利，器之不当精，并员兵之能之不足尚也。特恐夫徒事造舰增器者，私心自逞，置振兴海军基础于不顾也。盖图振兴一国之海军，其应具有之基础有二。一、物质方面之基础。二、精神方面之基础。物质方面之基础者何，即坚利之舰艇与完美之兵器是。精神方面之基础者何，即养成海军员兵之致果克敌之勇气是。徒有精神方面基础而无物质方面基础，则勇无从施，其弊也将失之陋。然徒有物质方面基础，而无精神方面基础，其失也将益甚。盖精神方面之基础，则尤振兴海军基础之基础也。昔者我国，固尝有海军矣，如上述，其所收获，则为甲午之一败也。其故岂有他哉，实缘当时创建海军者，为徒知购舰选械，于物质方面，注重为多，于精神方面，注意为少也。弊之所中，乃并当时之所为舰利、械精，恐亦为必名副其实，则安得不败哉。处今日而言重振海军，宁可复蹈其覆辙。

抑当国家匮乏之秋，财政困难，百政方待举，而必责国人以年投数千万元或一二万万元之巨款，以为振兴海军之资。此亦为近日国家财力所不许。逮天之未阴雨，固以绸缪振兴海军所必需之精神基础为尚耳。或谓海军终不可不振，则造舰选械，亦惟着着进行耳。曰，此其事，如上述，既为国家财力所不许。然即使为国家财力所许，亦岂可漫然从事哉。酌宜求当，此中固大有事在。若于未获有完善方法以前，固以力筑精神方面基础，为当急之务。植其干而树之桢，固所以为异日海军用也。

尝谓筑振兴海军精神方面基础之事，非一朝夕所可奏事。必也历之久而持之力，将有以振其惰而祛其茸，士有以鼓其气而毅其志。心存祖国，志效宗邦。解国家之所以养海军者维何，国民之所期望于我者不薄。责任綦重，付托匪轻。苟所任之不胜，即为国家隐受其累。若因循以玩愒，宁胜国家干城。一往直前，不如有身。如是者举以一一，注之于心，而复体以行之，养成习惯，始为有海军精神基础之可言。夫所谓精神基础者固非独海军需之为亟亟也。即凡他军队，亦莫不然也。顾独于今之海军，其需要为尤急。需之急者成特迟，则从事于兹者，有不得不预为之注意矣。事功之渐，稽昔之越王勾践之图雪耻于吴，以求事之必遂，殆经十年生聚十年教训之过程，而后出于最后之一奋。又普法世所称为世仇者也。普之败法，必经长时期之淬励。法之挫普，亦必历若干时之卧薪尝胆，乃仅仅焉得见故土之复返。然世人之论之者，固已谓法之克复仇，非为由于法之军力能胜敌。一、为得力于各强国之出其全力以为之援助。二、即其国民精神之力求振奋，以树其胜敌之本，于兹以操必胜之枢纽，其着眼为独远，有非肤浅者比，而后其仇克复也。夫求雪耻，乃至举国人民，而悉树其胜敌之精神基础，则如国家将士之直接以卫国自任者，其自奋当何如哉。卫国而自任国防先驱，其资任有独重如海军者，其自奋更当何如哉。则又窃以为我国如不欲雪国耻则已，如欲雪国耻，则海军将士之处今日，万不可不有其死敌之决心。否则甲午之败可重演，非可谓时至今日，其胜敌有可幸邀也。若欲有死敌之决心，则非养之于预，何由得之哉。

军队将士，万不可有其恃有械精器良之依赖心。有其恃有械精器良之依赖心，则其气已馁。如无精良之械与器，将弗克以战。即战而畏葸怯弱，望风而逃，势所不免。此又非言械不当精，而器不当良也。惟械良器精，而再附以敢死之决心，而后械良器精之效以收，乃为精神作用与物质效力，相互以用，而后其械乃真良，其器乃真精。此即西将有完美之兵器，须有善用此兵器之员兵之言之所由来也。凡若此者，非独于海军为然，复特于海军征之。

　　抑世界各国之竞胜于海军剧矣。使必以舰利器良为尚，则我国海军将永无成军之一日。以必求舰之利，求器之良，则青固难期必出于蓝，彼海军先进国者，固将有以制我之死命耳。重洋茫茫，制胜何由。万劫不复，为可伤心。对此精神上已先失败，而为根本的不可救药。盖又尝譬之，我国之言振兴海军，犹复仇者之必事操刀。操刀为复仇万不可免之动作。然必先有操刀之勇气，而后以言购刀，以言复仇，则其仇终有克复之一日。乃若无其勇气复仇而惟刀之求。益以所购之刀，又无以利于仇者之所有者，则将有以刀之不利，而仇终不克复者矣。夫当此世界盛倡和平之日，复仇操刀之喻，或为拟不于伦。然其理有相通，则又安能禁其不取譬以相喻哉。此吾人之所以哓哓不惮烦也。

　　统以上所言，皆为吾人力主张今日我国振兴海军首宜注重精神基础之所由。顾以之反征之近日之言振兴我国海军者，以与相衡，其违顺为何如。

　　简言之，则我国之言振兴我国海军者，大半皆主张注重物质方面基础，而于精神方面基础蔑如也。夫以国人之恫于我国屡败之余，本其力求国家地位提高之本怀，以渴望我国海军之振兴，自属出于爱国之至诚。此其为心，宁有可訾。惟或有以欺世为怀，盛张海军不可不兴之说。不切实际，不应急需，而惟往日覆辙之是蹈，则诚有不敢妄为赞成者矣。

　　盖以言振兴海军精神方面基础之事，往者之失，吾人雅不欲多所论列。即谁为司其咎者，吾人亦不欲有所指明。要之振兴海军者，吾人认为不可缓之举。而值兹改革之会，精神方面基础，自宜事重新筑建。

　　切言之，吾人之所深恐，乃为言振兴海军，而不注重精神方面基础，将物质方面基础，亦无可观。更恐筑建物质基础，不克达其目的，而精神方面基础，转因以事有偏重，莫改旧习。则事为两失之。关系重要，匪云等闲。甲午之辱，固无日不在吾人心目中也。若夫于注重精神基础之余，在适当条件之下，而为造舰购械之进行，则固亦吾人之所切望，而匪云有所不赞同。幸国之知言者其鉴诸。

我国国防与海军[1]　晨　园

吾国位于亚洲大陆，数千年来，治世少而乱世多，而其致乱之因，一由于外族之侵凌，一由于一部分人民之反侧。是以历年治国治军者，除于腹地之重要区域，布置相当军备，藉以镇遏乱源外，至对于外族之国防，大抵注重西北陆地方面。如黄帝之于獯鬻，殷高宗之于鬼方，周宣王之于玁狁，秦之于胡，汉之于匈奴，唐之于吐蕃、突厥，宋之于辽夏，明之于蒙古，无不以西北为国防之重镇。夫疆场之事，一彼一此，历代以来，对于此项国防之经营，间亦得失互见，此则缘于措施之良否，与政治上之关系，容有不同。要之其国防上之着眼点，固适于当时之形势，而无可訾议者。诚以当时之边患在西北，土地毗连，互相接壤，苟不注重陆军以资防卫，国家岂尚有安宁之一日。若夫东南方面之海，则可视为天然境界，且外寇亦无有由海道来侵者，其不注重，理固宜然。

虽然，由历史上所诏示于吾人者观之，亦有一事焉，为吾人所不可不注意者。即与我仅隔一衣带水之高丽、越南等国，人情风俗，与我略同，非有如前述西北方面外族所处土地之辽远，人民之凶悍，士马之精强也。然亦时服时叛，历代帝王，仅予名号相羁摩绊，以期相安无事，其土地不能登之版图，其人民不能列入编氓者何耶？则以此等诸国，僻处海外，当国家开创之世，武力方张，动勤远略，大兵压境，忍痛屈降。终以无海军之故，连络交通。于是远隔重洋，运输不便，久驻师老，瓜代为艰，势不得不于彼族稍稍就范后，撤兵

<hr />

〔1〕此文发表于《海事》1930年第3卷第11期。

而归。兵撤则叛随之矣。如有明仁宣之世，经营越南，历十数寒暑，既已大告成功，列为郡县，视同行省矣。嗣因大兵撤退，叛旗立举，反覆用兵，又恐劳民伤财，无有纪极。迫不得已，乃放弃之。而前此苦心惨淡经营之劳力，遂虚掷于无何有之乡。假使当时备有海军，驰驱海上，平时周历梭巡，有事扼要镇慑，如现今列强之管制其殖民地者然。则于用兵之后，一劳即可永逸，何至任彼叛服无常，优游化外哉。卒之名分未定，窥伺者环立其旁，致被强有力者攫之以去。此后若欲光复旧物，又不知累吾人之子若孙以几许心血矣。

如上所述，在当时固以为征服为国家之武功，而放弃亦未始非国家之宽大，其失也尚无关于国家之根本大计。今则事变境迁，国防之重心，早由西北方面之陆，而移于东南方面之海矣。盖自有明之世，逐蒙古于塞北，三百年间，一蹶不振，遂日以式微。其后清代康熙、乾隆两朝之戡定准噶尔、青海、西藏，光绪年间之削平新疆，是前日之与我为敌者，皆已俯首帖耳，不敢稍贰。民国改革以还，同隶于共和政体之下，彼此尤无猜疑。是西北方面，与我土地接壤，可视为敌国外患者，仅一俄国耳。在彼帝政时代，舞爪张牙，喔喔逼人，西伯利亚铁路告成后，几置我东三省于其掌握之下。经日俄战役，其锋稍挫。洎欧战勃发，帝制崩溃，国体变更，而国力亦日趋微弱。何者？近世国际战争，国民全体总力量之强弱，即为战争胜负所关。以彼国多数人民，宛转呻吟于少数暴民专制之下，愿与偕亡，不惟无向外发展之心，且甚望外力之侵入，乘机以解其倒悬。……

由是观之，纵不能谓西北国防，无关紧要，可漠然置之，而以之与东南方面之海，相提并论，其轻重缓急，诚有不可同日而语者。夫国防之设，本以豫想敌为标准，无敌国外患，则国防可以不设，有敌国外患，而不量其地形，权其先后，犹之等于不设。吾人于此，亦曾忆及我国数十年来屈处于外人暴力之下之事实否。如中英鸦片之役，非英国海军攻破虎门，入我广州，掳我疆臣，再北进扬子江向我沿江都邑炮击，以逞其凶焰乎？英法联军之役，非英法海军攻下大沽口，直抵都城，焚毁我圆明园乎？甲申中法之役，非法国海军蹂躏我闽浙两省之沿海城镇乎？甲午中日之役，非日本海军击破我北洋舰队，然后输送陆军上陆，以夺我旅顺、威海乎？庚子八国联军之役，非各国海军攻破海口要塞，以陷我京津乎？要而论之，我国今日之所以伏处于外人势力束缚之下，而无术以自拔者。盖无役不从海上而来，即无役不受其海上武力之赐。鉴已往之事实，则此后之敌，可无需豫想而知。外人之所以侵略我者在此，即我之所以自卫者当亦在此，自不待烦言而决。审如是，则吾国国防与海军之关系，从可知矣。

而论者谓我国为大陆国，吾于沿海扼要之区，布置重兵，并于各海口建筑要塞，敌之海军虽能纵横海上，可由陆上随处截堵，防其上陆，然则即无海军，亦未必不可保吾疆圉者。则应之曰，此实似是而非之论也。我国海岸万余里，岂能处处设防，即处处设防矣，而其海军向我沿岸城镇任意炮击，所糜烂者非我之地乎，所损伤者非我之人民财产乎。彼即不上陆，我已不胜其荼毒矣。且我之领海，被其占领，我之海口，被其封锁，通商杜绝，产业衰颓，于是经济日蹙，人心恐慌，即不战亦将屈伏于人，又岂能与之持久乎。有明中叶，倭寇猖狂，为东南大患，当其时何尝不以陆军随地截堵之。然顾此失彼，防不胜防，不仅沿海郡县，残破不堪。而运兵筹饷，疲于奔命，国家元气，亦因以耗散尽净。其后流寇纷起，未始非酝酿于此。夫当时之倭寇，不过乌合之海盗耳。非有国家为之后盾及健全之组织也。其为祸之烈，尚至于此，而谓现世精锐之海军，可由陆上抵御之，宁非呓语。至海岸要塞之建筑，虽于国防上必不可少，然若专恃要塞以与敌之海军战，则未有不失败者。溯之欧洲战史，此等实例，不一而足。吾人一为翻览，当能得其梗概。此其故由于陆上局部的防御，为固定之要塞。而海军军舰上之炮台，则为活动之要塞。固定之要塞，常为地域所拘束，不能运用自如。而活动之要塞，纵横来往，惟意所之，揆之军事上机动力之原则，其胜负之数，可一言而决。然则建筑要塞之目的何在？曰，要塞者，……（以下缺）

……是炸药务求其多，而弹壳必欲其薄。炸药多破坏力虽大，而弹壳薄则穿撤力小。即命中矣，亦只能为一部之破坏，决不能致全舰之死命，此其三。且也，我有飞机，敌亦有飞机，由其飞机母舰积载，附随舰队而至。当我放出飞机，于未抵敌舰上空之先，敌亦由其飞机母舰放出飞机，来相驱逐。我之飞机，一方须与敌之飞机在空中相持，一方又须达到敌舰之上空，抛掷炸弹。是敌之作业专，而我之作用分。换言之，我之飞机，应先将敌之飞机扫荡尽净，而后始能达到炸毁敌舰之目的地，此岂可必得之数耶。由是言之，现代之飞机仍附属于陆海军而作战。其主要任务，在占领空间，侦察敌情。抛掷炸弹，不过为其副业，对于敌之政治中心地，或工商业之繁盛区域，与以威胁，以资扰乱而已。

论者得毋谓飞机之制造，比之建造军舰为费较廉，于国防上轻而易举乎。是亦未实际考究其内容也。据飞机专家之所言，飞机于每一年中须为四度之代换，始近理想。故以二万五千吨之军舰，可保存二十六年者。而飞机一架，须为百有四度之代换。以建造费言，飞机一架，约计六万元，则百有四架之飞机，需六千〇二十四万元。而二万五千吨战舰之建造费，为六千二百五十万元。是战舰一艘之建造费，适与飞机十架之费用相等。然战舰一艘之威力，比之飞机十架，则不啻大巫与小巫之别矣。

夫海上之事，须由海上了之，亦如陆上之事，须由陆上了之，空中之事，须由空中了之，而不可相假借者也。稽之欧洲战役，德国陆军，运其精锐，东西并举，铁蹄所至，城市为墟，几于战无不胜，攻无不克，震动全欧矣。而卒之城下乞盟，屈伏于敌者何哉？无他，海上之事不能由海上了之也。彼之大海舰队，鉴于英国海军之优强，蛰处港内，不与争锋，于是北海方面，为英海军所封锁，海上交通，完全断绝。战争持久，举凡军用之原料，人民之食品，皆无以自给。遂至举国骚然，全军崩溃，而不可收拾。推其致败之由，何莫非德之当局者自信其陆军精强，以为由陆军足以解决战局，无待于海军之冒险出动乎？此外如中日之役及日俄之役，中俄之所以败，皆其海军，不能自振，制海权为日人所独得，遂无术以挽回颓局。即当年拿破仑雄欧洲，震耀一时，而不能得志于英伦三岛者，亦以其平时不注重海上武力，无由飞渡英法海峡耳。覆辙相仍，循环不已，历史上之教训，彰彰明甚。是以欧战以还，各国于大创之余，喘息未定，独于海军，竞争仍烈，十余年来，成为国际间一大问题。虽经华盛顿、日内瓦、伦敦三次会议[1]，于各国之造舰标的及吨位，略示准绳。然一舰一炮之微，必彼此比较其得失优劣，无或稍懈者。彼岂徒为意气之争哉。

---

〔1〕指1921年11月12日至1922年2月6日在美国华盛顿召开的，有美、英、日、法、意、葡、比、荷、中九国参加的"华盛顿会议"、1927年2月10日在瑞士日内瓦召开的，有美、英、日参加的"日内瓦第二次裁军会议"、1930年1月21日至4月22日在英国伦敦召开的，有美、英、日、法、意参加的"伦敦海军会议"。

诚以平时之设施，关于战时者甚大，国运所关，不敢等闲视之也。

于此得一简单之结论焉。即吾国非有海军，决无国防之可言是也。惟欲建造海军，非一手一足之烈所能为力，必全国人民，群了然于海军之需要，视为身家性命所托，举全力以赴之，乃克有济。非然者，表面虽似，实质全非，其不蹈甲午以前北洋海军之覆辙者几希。且此事亦非一蹴所能成也。是在国家有一定之方针，悬一的以相赴，限年代以期成。必使力量得与侵犯我者相抗衡，然后始克语乎国防之义。若夫蛮触相争，内乱不息，则国家凡百事业，皆将颓败，宁独海军无望，即陆军空中亦岂能独强盛者。循斯以往，惟有任人宰割，束手待毙而已，尚何可言。

中国海军之过去与现在^[1]

（哈尔滨通信）中国乃大陆国家，国人于海上知识，向极缺乏，故于海军问题，亦不甚重视。自民国肇建，内战频仍，政治上每有重大变故，海军中辄挟其废舰朽船以自重，往复投机，往往随利益势力为转移，因有"商业性质的海军"之诮。国府成立，年来海军颇有振作之表现，时载各报，意者事穷则变，理有宜然乎。记者近晤海军中人，为述中国海军新旧史实，直可抵一部"海军志"读，爰笔而出之，当为留心军事政治者所乐闻欤。

吾国历史上水师之名甚古，然仅能运用近海河内，未足以言海战也。自前清道光年间，筹设海防，即有向外洋定购军舰以辅水师之议，同治初，曾国藩、左宗棠诸氏当国，鉴于中外大势，建议设船铁等厂，以实国防，于是李鸿章筑船坞于旅顺，沈葆桢设船政局于闽江，先后成立南北洋舰队，中国之有近世海军自此始，然以当时清廷昏昧，政令不修，董其事者又无专门人才，以致甲申、甲午两役，全师烬焉。自是以后，朝政日非，外侮日亟，沿海要港，多被租借，西太后复将海军经费移建颐和园，国防大计，无人过问，惟长江一带督抚为清盗保境计，自向外人定购浅水炮艇，如鄂之"四湖"^[2]、"六楚"，江南之"四江"等舰艇而已。宣统初年，昌言立宪，设责任内阁，置海军部，任载洵为大臣，首从事于全国舰艇之统一，于是将"四江""六楚""四湖"等收归中央，合以"海天""海地"（"海天"沉没后"海地"改名"海圻"）、"海

---

〔1〕此文发表于《励志社季刊》1931年第1期，无作者署名。
〔2〕指湖广总督张之洞从日本订购的"湖鹏""湖鹗""湖鹰""湖隼"四艘鱼雷艇。

容""海琛""海筹"等巡洋舰，统由闽侯萨镇冰氏节制，载氏旋出游各国，考察海军。外国官私工厂，群以承造军舰为请，载氏出身亲贵，于造舰漫无计划，乃分向各国工厂平均订购，故造成各舰，绝无整齐划一之可言。计当时之定造者，有英之"肇和""应瑞"，日之"永丰""永翔"，美之"飞鸿"，意之"鲸波"，德之"同安""豫章""建康"等舰，内除"飞鸿""鲸波"二舰中途变卖外，余均陆续造成来华，编入舰队。

辛亥革命，各舰散泊长江，分附鄂之黄陂及赣皖宁沪诸民军领袖。迨袁项城为总统，以闽侯刘冠雄为海军总长，刘复附项城而转击民军。初刘本"海天"舰长，于吴淞口外将"海天"坐礁而沉，吾国军舰本以"海天""海地"为最强，事闻于朝廷，议大辟，刘乃昏夜向项城哀泣求救，时袁坐镇北洋，正以海军尚乏心腹缓急之人，乃乘机寝其事，及袁当国，刘因藉袁力而出。当时全国军分为第一、第二、练习三舰队，统辖于上海之海军总司令，刘既得为总长，内而总长以至员司，外而总司令以迄厮养，率以闽侯人员充任。更以国家多故，海军中人每每伺隙投机，从前凡政治势力及于扬子江流域者，咸得以金钱收买海军，而彼曹又复常以金钱多寡为迎拒，甚至两方对垒之时，彼此各置一人，互通声气，无论战事谁胜谁败，海军权利可以丝毫不受影响。此种过去事实，凡非海军中人而稍习政闻者类能言之。方袁项城之殂谢也，黎元洪继任总统，黎氏宿习海军，深知其弊，乃以香山之程璧光长部，适张勋谋复辟，程氏奉黎命赴沪躬率第一舰队最精锐之十一舰南下，至粤加入护法政府。张勋既败，段祺瑞出组内阁，仍以刘冠雄为海长，益重用乡人，从此非闽者去，外省人在海军署愈无立足之地。当吾国海军创设之初，船政局及海军学校均设闽江，地方人士，熟见习闻，观感自易，外省风气未开，多视海军为畏途，以故海军员兵自以闽侯出身者为众，彼时经办人员本非有私意存于其间，乃历时稍久，展转援引请托，成为风气，至刘益变本加厉，然中华民国海军之分裂，亦自兹始矣。民国八年，欧战既终，俄人因内乱无暇东顾，政府拟乘机收回松黑等江航权，乃由第二舰队拨调"江亨""利捷""利绥""利川"等炮舰取道黑龙江口驶赴哈尔滨，就该地设立海军吉黑江防司令部，以王崇文为司令。旋由王氏呈购戊通公司商船三艘，改配武装，用东路炮船一艘，分别命名为"江平""江安""江通""利济"，与南来之"江亨"等四舰合计八艘。吉黑江防舰队之成立，王氏之力为多。十一年春，东三省巡阅使张作霖以江海防务重要，就公署内组织航警处，管理东省江海政令事宜，同时在葫芦岛设立航警学校，培植海军专门人才，任命沈鸿烈为航警处长，整理边防，收回航权，数年间外轮在松黑各江之势力扫除净尽。嗣因北京政变，江防舰队拨归东北指挥。又一年，王氏因故去职，毛钟才继任后年余，以事免，张乃命沈鸿烈兼领江防。民国十三年，张作霖因海疆多故，复命沈鸿烈筹办海防舰队，先后购置"镇海""威海""飞鹏"等舰，以凌霄为"镇海"舰长，宋式善为"威海"舰长，方念祖为"飞鹏"舰长，组织东北江海防总指挥处于奉垣，沈兼任总指挥，是为东北江海防舰队成立之始。十五年春，东北江海防总指挥处，复奉令改组为东北海军司令部，统辖江海防两舰队，擢沈鸿烈为司令。十一月"海圻"官兵不堪该队司令毕庶澄之虐待，吁请奉张直接管理，张乃令鲁督张宗昌将该舰改隶东北海防舰队。当时东北舰艇计有海防五艘，江防八艘。方程璧光率第一舰队赴粤而被刺也，舰队中闽籍与非闽籍员兵发生争哄，外省员兵得粤政府之助，卒将该舰队完全改编。乃十三年又受吴佩孚之命，除较小之"飞鹰"、"永丰"（即"中山"舰）、"舞凤"三舰外，其优秀之"海圻""海琛""肇和""永翔""楚豫""同安""华甲"等七舰，均由该队司令温树德率领投北，驻扎青岛，是为渤海舰队。但该队自北来后，各兵士以夺舰有功，日渐横恣，其司令温树德非但不能制裁，反迎合其心理，以固个人禄位，于是太阿倒持，凡百政令均操诸士兵之手，平时则骄奢淫逸，有事则因缘投机，以致纲纪荡然，腐败不减于昔，吴佩孚既败，温树德即率所部归奉。十四年夏，张作霖命公子学良前往检阅，学良时任师长，江海防总指挥沈鸿烈则为之副焉，张沈自奉垣乘坐水面飞机赴秦皇岛，逾时飞抵该处，东北海防舰队及渤队较大各舰均参与典礼，是为渤海舰队附奉之始，亦即东北飞行界长途飞行之始，该队旋改隶毕庶澄。毕出身行伍，不悉海军，自接管该队，对于温之重用士兵政策，益变本加厉，凡士兵之狡黠者，均特给津贴，月辄数百金，毕有芙蓉癖，士兵首领又与之并榻横陈，笑语白事，同时海军官长则须鹄立于旁，唯唯惟谨。渤队各舰，自程璧光带赴广东，迄温树德率领北归以后，十余年间，未曾修理，船底蛎壳盈尺，航行困难。毕庶澄复滥黜海军军官而替以亲信之士兵，此辈无识，将完整机器亦复破坏净尽，舰队人员船械之摧毁，于斯为极。

至十六年，渤海舰队复经一度改编，沈鸿烈实主其事，司令则易为沈之部将凌霄。训练期月，军容一变，又以各舰腐朽不堪应战，乃先后设法大加修理，其战斗航海能力，始渐次恢复原状，当时之编制及舰艇如左：

海军总司令部公署编制表[1]

第一舰队	第一战队	海圻
		镇海
		威海
		定海
		江利
	第二战队	江亨
		利捷
		利绥
		利济
		江泰
		江平
		江安
		江清
		江通
		利川
第二舰队		海琛
		肇和
		永翔
		楚豫
		同安
		华甲

〔1〕此表根据文中附图制。

东北海军皆为新进气锐之士，痛心于从前海军之腐败，故训练异常认真，常抱改革澄清之志。民国十年三月以后，东北舰队奉命南下者凡十四次，进入长江亦不止一度，实际皆不过海军内部问题，欲以表现改造后的海军之实力，初与政治问题，毫无关系。盖据闻旧日海军不但在政治上有许多贻人口实之处，即其贩烟运土，亦久成公开事实，是以新兴之海军人物，时欲对旧人加以惩戒也。又民国十六年广东大鹏湾附近海盗猖獗，外侨迭被劫掠，英国香港当局，曾提议邀同列强共组巡缉舰队以自卫，沈鸿烈当时陈明张作霖特遣司令凌霄率"海圻"于同年十二月十八日由青岛出发南下，沿途巡弋浙之舟山，闽之厦门，粤之汕头，以及香港、澳门等处，海盗敛迹，列强组织舰队之举亦因之打销。此事外人极赞许之，于时英海军与东北舰往还交际，甚为亲密，曾见报载。民国十七年七月，日本出兵胶澳，东北之海军总司令部，奉命自青岛暂移奉垣，定名东北江海防总司令部。未几由东三省保安委员会委托张学良氏兼海军总司令，仍以沈鸿烈副之，舰艇编制内容，随之略有变更，其指挥系统及军舰要目如左，至今大致未有变动。此东北海军之大要也。

东北江海防总司令部编制表[1]

	海圻军舰
	海琛军舰
	肇和军舰
东北海防第一舰队	镇海军舰
	威海军舰
	同安军舰
	华甲军舰
	定海军舰
东北海防第二舰队	永翔军舰
	江利军舰
	楚豫军舰

---

〔1〕此表根据文中附图制。

27

（续表）

东北海防第二舰队	海骏炮艇
	海蓬炮艇
	海燕炮艇
	海鹤炮艇
	海鸥炮艇
东北江防舰队及附属机关	江亨军舰
	利绥军舰
	利捷军舰
	江平军舰
	江安军舰
	利济军舰
	江泰军舰
	江通军舰
	利川拖船
	飞鹰滑艇
	飞鹄汽艇
	飞燕汽艇
	船坞
	煤柴栈
	养病所
附属机关	海防陆战队
	江防陆战队
	海军水兵补充队
	海军枪炮教练所
	海军鱼雷教练所
	海军修理工厂
	海军驻营办工处
	水路测量班
	海军养病所
	海事编译局

　　以上所叙为全国海军之沿革概要，最可太息者，从前海军多反覆游泳于政治潮流中，只图苟存，无海防国防之可言，一面则货盐贩烟以牟私人之利者大有人在，名为海军，实则不出海一步。据闻民十六东北舰进入长江，曾扼驻浏河一日夜，出入口时，一再经过狮子林、吴淞等炮台，各炮台虽探灯四照，乃一无所觉，假令系国际战争，则如此海军，如此要塞诚至危矣。国民政府今对于海军，非以前之军阀政府比，造舰兴学，迭有所闻，以理测之，今后海军，自必改革孟晋，一洗前者污点，此固国民所希望者。此外广东方面除旧日水上警察之浅水炮艇数艘外，尚有"永丰""飞鹰""舞凤"等三舰，暨改装商船数艘，虽舰艇较小，设备未周，然该省以多盗称，每赖之以资捕剿，在职多系青年有志之士，又非从前腐化的海军所可同日而语云。

军舰新界说与中国海防^[1]　　胡宏基

沪战^[2]以后国人深痛海军之未能为国宣力,以致浏河失守,忍辱退师。不知我海军实力,值等于零,实不足以当人之一击。况海军作战,非两国正式宣战不可,沪战乃自卫之战也,乃惟宣战之战也。海军照例,碍难参与,况萌芽之海军乎?此种隐情,国人多有未知者,不得不为我海军一诉痛苦也。顾中国海军实力,军舰大小虽近百艘,而总吨数,不足十万吨。且所有之种类,多偏重于内争,适用剿匪,适宜自杀之军舰(如中国多造炮舰,河川炮舰浅水小舰是),而乘风破浪宣扬国威之横海楼船,殆百无一见。是非当局者之别有用心,而人才经济之不逮,实有以致之也。今日世界海军力强盛之国家,其军舰之种类,多而复杂,界说之淅,亦难确定。而就事实之可能分别者,约而淅之。以为国人海军常识之一助,兼为中国海防择去取焉。

(1)战斗舰

战斗舰为今日海军军舰之巨擘,可左右海军势力,所谓横海无畏者是也,其吨位多在三万吨以上五万吨以下。装甲之最厚处,达十六吋,主炮口径之巨,由十六吋—十八吋,副炮机炮多至四十门。鱼雷炮(又称鱼雷发射管)约七八门。高射炮约在十门左右,速力每小时在二十浬以上。长达八百呎,乘风破浪,远航大洋,耐航力约在三周以外,进则出击敌国海岸,决战沧海;退则腰击舰队,巩卫海疆,殆攻守自如之巨舰也。惟造价颇大,一舰之微,动辄数

---

〔1〕此文发表于《自强》1932年第1卷第2期。
〔2〕"一·二八"淞沪抗战。

千万（如日本之长门、陆奥，每艘耗洋八千万元）。贫困之中国，尚谈不到有此。横强之日本，亦不过六艘。英美亦各七八，法意只仅一二而已。

（2）战斗巡洋舰

本舰大致与战斗舰同，惟速力较快。吨位稍小，多在一万五千吨以上，三万吨以下，盖在战斗舰——巡洋舰之中间者也，世俗称为快速战斗舰，或曰小战舰，英有二十，美十六，日本四，法意各五六艘，其主炮口径多在十四时以上，速力每小时约二十四浬左右。惟装甲较薄，最厚处亦不过八时左右而已。中国如能有此一二，海疆防御，不致受人蹂躏如此。舰队士气，能因之而壮也。尚何有吴淞要塞被毁之耻，浏河兵败之辱耶。

（3）巡洋舰

巡洋舰者，乃顾名思义之称，以其平时能巡航大洋保商护航之谓也，其实颇不尽然。因此舰战斗力颇大，亦能决战大洋，腰击舰队，其数量之多寡，关系海战之胜败者甚大。通常装甲之厚（多在四五时左右）与主炮口径之巨（多在八时以上），虽不及战斗舰、战巡舰，而因其速力超过二者，代价（一等者不过二千万元）亦较二者远逊，故为今日海军之主要舰。欧战中此种舰颇奏伟绩，如德舰"爱姆斯敦"号，自青岛陷落逃出后，出没于印度洋面，袭击协约国兵舰商船不下二十万吨，世人称为海中魔王。乃以一舰之微纵横海上，至劳七十二只军舰之跟踪追迹。后虽被歼于澳洲海岸，而其威名已震于殊俗，实开海战史上之新纪元。通常每小时速力多在二十五浬以上，防御力与攻击力则远在战斗舰——战巡舰之下。一般以七千吨级以上——一万吨以下为一等（甲午中日海战时北洋舰队之"镇远""定远"二铁甲即为一等者），四千吨级以上者为二等，二千吨级以上者为三等。中国现有者，有旧式英造之"海圻"二等巡洋舰一只（四五五〇吨），在日本新建造之新式三等"宁海"巡洋舰一只，建造中之"平海"（与"宁海"为姊妹舰）巡洋舰一只与旧式德造之三等巡洋舰"海容""海筹""海琛"（各二九五〇吨）而已（"宁海""平海"各三〇〇〇吨）。

（4）轻巡洋舰

此种军舰，吨位虽小于巡洋舰，炮数虽少于巡洋舰，而主炮口径，亦多在六时以上，殆全不装甲舰体轻便运动敏捷之小巡洋舰也。舰炮多为快射式，无鱼雷发射管，能在近海决战，腰袭敌舰队，攻击力亦甚强。惟缺乏防御力与耐航力，是其缺点。舰队群在海洋作战时，多用为战斗舰之手足爪牙。其吨位多在一千五百吨以上，如去年江南造船所承造之"逸仙"号，即属于此类者也。

（5）海防舰

海防舰者，以舰龄老大之巡洋舰，不胜攻击之任务，或坚固之商船改造，专用以防守海岸者也。通常多速力不良，炮械陈旧，言战不足，言守乃能。乃财政困难，海军力弱，海防吃紧之国家，不得已而用此海军政策中产生之军舰也。现今世界各海军国，巡洋舰多用二十年即退入第二线为防守用。中国海岸辽阔，军舰太少，而各舰年龄大半老大，只能作为防守海口用。如"超武"警舰虽属老大，而舰体坚固，炮械尚可，宜大修作为海防舰之用，若"靖安""福安""自由"三运舰，尚称坚固，倘加修缮，加配军械，亦能胜任，而加厚海上武力也。东北舰队之"威海"（二一六八吨）舰，属于此种。

（6）练习舰

练习舰，顾名思义可知其用途故无特制者，系以巡洋舰之设备完全者任之，依海军学生士兵练习之用者也。普通吾国海军学生毕业后，或海军练营士兵毕业后，须在练习舰练习海事六月，故此种舰上必须设备完全。是要者，如航海器械、各种炮械、新式兵器、军用物品、气象仪器、电机汽机等，各国恒用以周游世界，考察沿海要隘，或作探险之用，故练习舰多为新颖而坚利之大巡洋舰。中国海军暂以"肇和""应瑞"（各二六〇〇吨）二英造之比较新式三等巡洋舰及闽造之旧式"通济"（二〇〇〇吨）三等巡洋舰并假装巡洋舰"镇海"号（东北舰队属隶），作为练习之用也，且设练习舰队司令以统辖之。

（7）炮舰

炮舰者，乃吾国海军之真面目也。吾国海军造潜艇则乏操纵驾驶人才，造巨舰则经济困难，故自清季建设海军以来，所建造者多属此种。其长处在浅水海岸能深入，长江大河畅行无阻，速力虽不及巡洋舰、驱逐舰，而多在十七浬内外（每小时），炮力多至十门以上，主炮口径大者四时以上，小者亦在三时左右，最适于海军与要塞战海军与陆军战之舰，在强袭敌国海岸时，本舰可为急先锋。九百吨以上一千二百吨以下者为一等，如"永绥"、"永丰"（"中山"）、"永翔"、"永绩"、"永健"、"自强"、"大同"、"海瑞"（第四舰队）

等；五百吨以上者为二等，如"楚豫"、"楚泰"、"楚有"、"楚谦"、"楚同"、"楚观"、"民权"、"民生"、"咸宁"、"江元"、"江亨"（十八年中俄战役，在松花江富锦县境自沉，现已打捞出水）、"江利"、"江贞"、"广金"、"海虎"、"广庚"（大修可用）（第四舰队所属）等；三百吨以上者为三等，如方建造中之"江宁""海宁"，浙警舰之"泰安"（大修可用）与广东之"平南""安北"（大修换炮械可用）等是。以上各舰均能出海活动，而内江最为适用，凡大战舰不能进入之场合，彼则可以飞突猛进，纵横驰击，如入无人之境。扬子江一带之外舰，多属此类，惟其缺点，因舰身钢板太薄，有攻击无防御力也。民国二十一年来，内争鼎沸，国事嚣凌，"六楚""四江"，疲于奔命也。

（8）驱逐舰

驱逐舰者，乃用于潜航艇或鱼雷艇来强袭肉搏时，彼则出而追击或毁灭之，实行驱逐之任务也，又在敌国海岸多布水雷。此种军舰可任搜索扫海之勤务，使海面危险品或障碍物消灭，便商船之通过及利我军之攻击也。在昔海军利器，以鱼雷艇为最，因其艇身小而目标减，常利用惊涛黑夜浓雾之际，出而袭击。且鱼雷之威力速力，为大炮所不及，巨舰遇之，常受其窘。自驱逐舰发明后，雷艇政策完全失败，即今日锐利猛烈之潜水艇对之，亦非其敌手，以其速力倍于潜艇、鱼雷艇，且快射炮足以制其死命，故通常遇之，未有不遭其毁灭者。一般速力最大，每小时约行三十哩以上，炮皆用速射式，一分钟能二三十发，主炮口径多在三吋以上，备鱼雷发射管数具。一等者，一千吨以上一千四百吨以下，备四吋七口径大炮乃至五吋炮三四门，鱼雷炮四五门，高射炮三四门，能随战斗舰在大洋中作战，如我国之"飞鹰"是（本舰于今年牺牲于二陈意气斗争之下，现在打捞）；二等者，六百吨以上，速射炮鱼雷炮较少，中国无此；三百吨以上者为三等，备三吋速射炮四门，鱼雷炮二门，能在近海作战。如中国之"同安"、"豫章"（在通州沉没，已打捞）、"建康"是。此种舰在海战时又用为坯堞舰，行进时为先头舰，为今日海军中之主要舰，且需费较省，三百万元即可得一大舰，轻而易举也。又曰"毁灭鱼雷艇"，或曰"灭鱼雷艇"，俗名"大鱼雷艇"。欧美及日本各海军国，多编成驱逐队，其数量之多，亦非如中国之寥寥数四，如美利坚有一百八十九只之多，日本有八十四只之众，其一例也。欧美驱逐舰最少之国家亦在二十只以上，且设司令以统辖之，在人才经济两缺之中国，驱逐舰实为中国目前救急之利器也（因中国造战斗舰无资财，驾潜航艇无人才）。

（9）水雷母舰

在昔舰队出本国领海攻击敌国舰队时，多带鱼雷艇随行，而雷艇艇身太小，不能航行大洋，多以巨舰载之，所载雷艇之舰，名曰鱼雷母舰。又或在本国海岸埋伏水雷之时，亦多以水雷母舰运水雷、雷兵前往工作。通常舰体宽大，有鱼水雷室，备水雷、鱼雷之贮藏，有修机厂供鱼雷艇之修缮。有海员室，备大风浪时，鱼雷艇上员不能安眠之际，可栖息于此。另备鱼雷炮数具，大炮数门以警备非常。中国尚无特制者，可以"定海"舰（东北舰队属隶，初为俄国破冰船，现改为炮舰）修缮代之。

（10）潜水母舰

每队潜航艇，当有母舰一只，以便接济各艇之用物，有时且为艇员之休息所，及各艇之修理船。此种母舰，大致与水雷母舰同，舰身宽大，仅有空气贮藏室，供潜艇人员之取扱。汽油、电气、鱼雷贮藏室，供潜艇各部机关之需要，修机厂、大起重机等，一应具备，能载小型潜艇十只以上，如舰队在大洋作战时有此一舰随行，小型潜艇可以在洋面活动也。日本有四只，中国尚谈不到也。

（11）飞机母舰

航空母舰，乃近世军舰中最新之利器也。因飞机效力足以慑服海陆军，海军作战，恒畏飞机之凌空投弹。苟有此种船舰载飞机多数，侵袭敌国海岸，则飞机群能由空凌下轰毁军舰或城市也。沪战之际，日本仅开航空母舰一只来申，足使闸北、吴淞、江湾毁烬无余。其用途之伟大，可想而知。此种军舰吨位较大，多在三万吨以上，有宽大之出发坪，供海面飞机之出发归来，有贮机舱能贮飞机六十架以上。有修机室，能供飞机之修理。有舒畅之航员室，供航空将士之栖止，并装有鱼雷炮、大炮，可代战斗舰以行海战。自此种军舰发明后，竟使海洋天险，完全失败焉。英美法意甚多，日本以空军尚在幼稚，故仅有四只，中国尚无此种。十九年政府将吴子玉将军座舰"决川""浚蜀"改为"德胜""威胜"，供中山先生迎榇之用。建有广大厂坪，足容载飞机二架，另配阿摩士庄四时七口径大炮一门，三磅小炮二门，机枪二挺作为长江之飞机运舰。而为中国航空母舰之滥觞云。

（12）轻炮舰

所谓轻炮舰者，以其船体运动敏捷，炮械快利，速力亦良，航行轻便之小炮舰也，凡内海、内河、内湖均为活动之场所，此种船舰虽不大（多在二三百吨左右），而船首甚高，堪耐风涛之打击，可在海口剿匪靖海者也，如"舞凤""诚胜""勇胜""公胜""义胜""仁胜""正胜"属于此类。

（13）河用炮舰

河炮（舰）者，不能出海，专航行江、河、湖、泊以供保商让航者也，若河流接壤强邻（如松花江、黑龙江、乌苏里江、珠江），亦易诱起战争，如十八年中俄三江口之役，即明证也。故此种军舰亦须备相当武力，以备万一。其吨位由数十吨乃至二百吨，应当地河流情况，及敌我之情形而建设之。一方在求攻击力强大，故须有良好之速力，与相当之炮力（多用三时以上口径主炮），一方在求自身之防御力（如护炮壁甲，制命部之防御钢板是）坚固。若珠江之"江大""江汉""江巩""江固"虽木镶铁制，而亦能适于剿匪之用。粤省新建之"仲恺""仲元""执信""坚如"，亦能适于内河之战。松花江中之"江清""江通""江安""利济"现于大修后，战斗力亦甚良焉。

（14）鱼雷工作舰

鱼雷艇小，不能供雷兵之教练与工作，故有此舰之产生，其性质与潜水母舰同，惟无特殊之大规模，仅备宽大之工作室、教练室，备鱼雷、燃料等一切用物。且有加电机以加电于潜艇、雷艇之贮电箱，备有最新新式之无线电机，以便通报。船内最重要部分为工作室，室中有各种机械，以便修理潜艇、雷艇各部分，使其不至小有损伤，即须入坞修理。又雷兵之教育练习，亦多在此。此种工作舰为节省经费起见，可以旧式大炮舰改造而代之，如中国之"宝璧"（第四舰队属隶）充之，虽不十分合宜，尚可应用，又其船之水手，恒为最良之泅泳家，以使教练雷兵之用故也。

（15）谍报舰

无线电传信，有时泄漏机密，故有时用谍报舰以传达命令通报敌情也。一般以速力佳良，船龄极小新式小舰任之，如中国之警舰"安丰"，足以当之。

（16）浅水河炮舰

此种军舰，不仅形式与其他炮舰有别，且吃水特别之浅，在任何军舰不能驶入之浅滩河岸，或川河上湖汉，水深在二呎以上之地，皆能深入进击者也。自来陆战之地，多在交通不便之区，有此浅水舰，足佐陆军之攻取也。扬子江外舰中，此种舰颇不少。大者由五百吨至九百吨，恒备四呎七乃至六呎主炮一二门，机炮十余门，惟速力多不良，每小时最多不到十四浬，以吃水太浅故也。外人用以保侨，我则用以剿匪，亦无不可。一等者（九百吨以下），我国无之；二等者多在三百吨以上，如长江中之"江鲲""江犀"，松花江中之"利捷""利绥"，珠江中"龙骧"等是；三等者不满百吨，如珠江中之"东江""北江"是也。

（17）鱼雷艇

鱼雷艇之效验，大显著于日俄海战之时，现虽有潜水艇出，鱼雷艇之价值固因之大落，而列强并未废除鱼雷艇也，不过在保存时代耳。欧战之际，德国鱼雷艇曾辅佐潜航艇袭击俄国波罗的海，在海军幼稚之中国，更谈不到不用鱼雷艇也。鱼雷艇唯一之妙用，在于本身微小，速力佳良，代价甚小，若承黑夜浓雾或敌人不备之时逆袭，大有功效。即不幸而牺牲于敌人火炮之下，亦不过损失十万元上下，二三十员兵而已。一旦奏效，一鱼雷之命中，可使巨大之无畏舰，立成粉碎，是在艇员之训练与攻击精神如何耳。鱼雷艇之武器，厥维鱼雷。鱼雷也者，以钢制成二十呎长鱼形壳，内实爆发药头装撞针，尾有定向舵，以维持偏差。填于发射管（鱼雷炮）内，用空气压力，压迫放射，以自行而轰击敌舰者也。此发射管在战舰多装于水中，在雷艇多装于水面艇首。一等者首一具，两舷各一具，多在百吨以上，中国无之；二等者艇首一具，两舷各一具，吨位在八十吨以上，如中国之"辰""宿""列""张""湖鹰""湖隼""湖鹗""湖鹏""飞鹏"（东北海军）等是；三等者六十吨上下，仅于艇首有发射管一具，如中国之"雷震""雷乾""雷坤""雷兑"等是（第四舰队）。一二等者备鱼雷五六乃至七八具，三等仅二三具而已。鱼雷之旧式者，用赤铜制成，广东雷艇所用者，多旧式，另于首尾备机炮一二门自卫而已。中国现将鱼雷艇编队，且设司令以指挥之，为便教练计也。

（18）潜航艇

潜航艇为海军最新之利器，分为纯潜艇（Submarine）与可潜艇（Submersible）二种。纯潜艇之优点，其体形似鱼雷，故潜行时水阻力较他式为小，且其横断面为圆形，抵抗水压力甚佳。可潜艇之优点，以其体形似雷艇，水面速力较大，航程较远，凌波性较优，惜其潜航时之稳度，不如纯潜艇，斯为缺点。通常纯潜艇为小型，适于防守港湾之用，其吨位在百吨以上二百吨以下。可潜艇为大型，适于远洋腰击，其吨位在八百吨以上一千六百吨以下。然皆为水中之鱼雷艇则一也，其潜水法，多用注水法，与操纵利用横舵之动作，变迁艇之浮度，艇上备有潜水装置，进击敌人时，使艇下沉以蔽敌眼，赖潜望镜（Periscopl）可于水下窥见敌舰之行动，放鱼雷以攻击敌舰者也。英国大潜艇有装二十一英寸发射管十门者。武装除鱼雷之外，大潜艇常备三时径—四时径炮，以备攻击商船或抵抗飞机之用，而炮之装置，可隐可现，不必固定。小型纯潜艇，亦备鱼雷发射管二门，速射炮一二门。欧战时德国用潜艇腰击英国北海之商船不少，及用潜艇辅助土耳其防守大屯（Dardanelles）。英国常利用潜艇时时偷偷过大屯海峡，攻毁土耳其战舰，及用潜艇辅助俄人防守波罗的海。潜艇之功绩伟矣。中国港湾极多，海防线又长，财政又复困难，苟能备可潜艇十只，用以出击敌人于大洋，备小型纯潜艇四十只，防守本国海岸，吾恐日本不敢似今日之目无中国矣。要而论之，潜水艇之威力，大都尽人皆知，而不知潜水艇最大缺点，乃在速力不良。最快之潜艇，水中航行，每小时难行十二海里以上，欲使追逐战斗舰、巡洋舰而图歼灭，殊非易易。故潜艇之攻击，是在操纵者之用得其时，用得其地耳。故中国海军之欲建造潜艇，当先培养潜艇人才，而后精练之潜航艇队，乃能拒人于千里之外也。（潜水艇之速力迟缓，因其在水中受水之抵抗力太大，现正在研究中。）

（19）炮艇

炮艇云者，最小之炮舰也。多用于江海之沿岸，或河湖港汊之中，任巡逻缉捕之任务也，通常数十吨最大。中国海军此种小艇颇占多数。对外宣战时，可用以分段担任长江内河水上戒严之任务，平时用以维持水上治安，如长江中之"顺胜""长风""金瓯"，海岸之"海凫"、"海鸥"、"海鹏"、"海鸿"（苏、浙、闽）、"海鹤"、"海靖"（东北海军），松花江中之"江允""江吉""飞英"，广东之"江安""智利""安南""海防""广乾""广亨""湖山"等是也。此种小艇多备快射炮、机枪数门，甚有小至三十吨者。

（20）扫海艇

此种多以旧式军舰或渔船充之，惟装有各种扫灭水雷之机械于此种艇上，以供扫海作业之用，至若特制之扫海艇，须长一百五十呎，速力须在十五海里以上，方能适用。中国尚无此种。

（21）救生舰

往昔潜艇遭遇意外，沉溺海底，虽明知其沉没所在，而所有之救生船俱束手无法拖之上水，近世特制救生舰，以备不时之需，而以法国所制之救生船为最良，其船底中间一部分可以移动，潜艇即由此以入船上，中国无此。

（22）测量舰

用特制之巨舰或小艇或以轻巡洋舰及炮艇代用亦可，舰上周备航海仪器，测量器械，供测量员生测量海道江道面积及深浅险恶者也。此测量工作，关系引港之前途甚大，如"甘露""曦日"乃出海之测量船，且备速射快炮各在八九门以上，能代军舰之任务，"青天""景星""庆云"乃测量河道之测艇也，武装不全。

（23）运送舰

海军之运舰，不啻陆军之辎重队，辎重队练于平日，战时则可指挥募来输卒，运舰备于平时，战时则可指挥征来之船只。故运舰之在海军中，乃不可少之舰也。中国所有者，"华甲""普安""华安""定安""靖安""福安""吉安"等，其著名者也。此种运舰，由二千吨乃至一万吨，备炮数门以自卫，平时代军舰运输煤水，战时则运粮秫弹药、军械、军需，及战斗员、负伤官兵也。有时战事吃紧，军舰不敷派遣时，常有以运舰改装配炮作为防守之用。

（24）卫生舰

卫生舰者，备战时员兵之负伤者临时治疗之所，使伤者不至须待上陆入院医治减少痛苦也。故卫生舰须大船，设备宜富，医员、药品、器械尤宜充足。殆一海洋中之临时病院也，中国无此。

（25）工作舰

工作舰，内容设备有修机厂，备丰富之工作材料、器械、工人，以防舰队在大洋中长途航行失事临时而代修缮者也。在战时军舰如远离国境作战，不幸为炮丸所伤，工作舰上工人，可代而修理，不使因伤而沉没，故工作舰不啻一临时船坞焉，中国无之。

中国海防问题之研究

今日明了中国国势国情者，对于中国"国防问题"多主张"航空政策"。而政府中人，亦多有赞成是说者。国人震于沪战及中俄战争所受飞机之惨祸，至今谈虎色变，极多赞成航空救国，"国防应以空防为前提"。立法院最近且将海军经费移作航空之用，教育部通令全国将儿童袖珍军舰贮金之盛举，改为儿童飞机贮金。监察院委员高友唐之弹劾海军，报章所播之痛咒海军，种种提倡航空之热烈与忽视海防之心理，不一而足。航空之足以救国诚然矣，而使徒有飞机而无海军，仅足拒敌仇之来缠绕，或威胁敌人之后方，然不能占领敌国海疆或防守本国海岸。海洋门户之藩篱未撤，战争之命运难期。为飞机之说者，不过欲孤注之一掷耳，而非所以策万全也。盖今日大势，趋重海疆，内地防御，要非所急。国人受沪战之戟刺也，不免流露偏袒意气之见，殊不知沪战吾人所受飞机之惨祸，正海军缺乏之教训也。吴淞、江湾、闸北、虹口，日本陆军何由而来也，众人皆知其非由天降。吴淞要塞，何以任敌舰之长驱直入，熟视敌军之登陆也，众人亦当想知吾海军力弱海防之未备也。明乎此，则吾人所受飞机之惨祸，正缺乏海军之故也。故虽有十九路军之殊死作战，而喋血数月，终不能驱敌人出国境一步。海军耶，空军耶，孰能驱敌人出国门，而复能拒敌之再来也。故今日不欲图则已，苟欲图国防，当先注重海防。移全国人之视线而注意于海。诚以海者，国之门圻也，国之屏藩也，譬如人家，门户藩篱不完，盗贼必乘隙而入，家人欲于盗贼入门后与之抵拒，其不危殆者几希，安敢驱贼出门耶，国之如家，亦犹是也。国无海军，则敌人之舰队飞突直入，到处踏破海疆门户助陆军之登陆。飞机之凌空，以大肆其破坏蹂躏手段，而国焉不亡者乎。故无论飞机如何猛烈，陆军如何精练，苟无海军为之前驱，"白川""多门"能飞渡黄海之间耶？轻便飞车，能跨太平洋而过耶？反之，我当时果有相当之海军力，倭奴陆队，必望洋而叹。大和空艇，御风为艰（海面飞机必藉航空母舰输送，无跨海远航力量）。虽欲侵略，乌得而略之？我国人苟不转移视线齐目注海，力图海防，则亡国灭种，丧无日矣。安得妄议自杀政策，不创海军耶？

海军之不可废，亦有人认识矣，高友唐之弹劾海军案曰，废现在之海军，而代以潜航艇。潜艇为海防之利器，吾人早已知之矣，至其劣点，不得不为国人陈之。潜艇之攻击力，以其速度大小，不能追逐大舰一也；潜航行程太短，久必为敌发见二也；潜望过近不能远见敌舰三也；舰员操作劳苦，攻击精神难以持久四也；近世毁灭潜艇之器械发明，能用极速小艇与飞机，抛射炸弹使其立沉五也；凡水面发见浮泡，用一按时而炸之小鱼雷投入水中可使全毁六也；筑长网于海峡，潜艇触网，则网上之火药立炸，军舰可随捕而歼之七也；用网缆拖住其首尾，上下收纵，使失其纵稳度而下沉八也；埋水雷于潜艇出没之所，使触雷而没九也；用烟幕障蔽潜望镜使其不能发见目标十也；有时贮电告罄发生危险十一也；内部骤坏自己危殆十二也；舵轮失其操纵，易致沉没十三也；艇中毒气骤生生命难保十四也；潜望镜若为炮毁，迫而上浮，因而遇敌舰击沉十五也。

据右以观，潜航艇有如许劣点，而在研究尚未十分完美之际，乌可用一以废什哉。且中国潜航人才峡乏，专门潜艇，亦非咄嗟所能立办。况潜艇作战，尤需他种舰艇之协助。故中国海军，专用潜艇，事实上万不可能，即各国亦无专用潜艇之海军也。

然则如之何而可也？曰，要择经济人才二者易得之策而行。驱逐舰之效用，能歼灭巨舰与潜艇，费价廉而操纵易，深适中国海军之情形。航空母舰一艘之威力，能使飞机布满天空，炸毁舻舳。飞航人才之辈出，华侨捐助易成母舰，一旦有事，驱逐舰决战于下，飞机翱翔于上，更佐以现有及舰及潜艇，海面天空，无恐怖之象矣。故中国不此之图，而于财政困难之际，造此多数攻守两难之炮舰耶？谨将中国应备之海军力，作表如左，愿与爱国志士、海军同胞研究焉。

中国海军救急设备表[1]

驱逐舰	一等者二十艘（一千吨级） 二等者四十艘（六百吨） 三等者四十艘（三百吨）	以此二者为体。 附海面飞机三百架——海军航空教练所一千人。
航空母舰	三万吨级者二艘 四万吨级者二艘 商船一万吨以下改造者二艘	
海军烟幕队	一百人	
炮术队	二百人	
水鱼雷营	另行训练一千人，另购新式水鱼雷一千具	
炮舰	维持现有各级炮舰，停造新舰	以此四者为用。
鱼雷艇	维持现状停造新舰	
巡洋舰	另建一万吨巡洋舰二艘 现有各巡洋舰维持现状	
潜航艇	可潜艇八只（八百吨级另造） 纯潜艇二十只（一百五十吨另造）	

----

〔1〕此表根据文中附图制。

监察院与海军[1]　　铁　夫

　　国民政府监察院成立以来，只闻几个倒霉的县知事因受监察而去职，此外未闻监察院半点工作，但最近监察委员似乎有些儿起劲。先有于院长弹劾汪院长金订丧权辱国的停战协定的重大案件，闹得满城风雨，笑话百出。被弹劾者的汪院长，虽认为弹劾的理由不能成立，但"却极愿意接受弹劾案而引咎辞职"，弹劾者则以弹劾案经中央监察委员会否决，"自愿引退，以让贤能"，好在他们都是党国要人，两者都不好受亏，于是国民政府只好一方面慰藉汪，一方面嘉奖于，认为"被弹劾的理由不能成立，但弹劾的提出也非常正当"，于是对于辞呈再加个挽留的批示，大家仍旧入院视事了，真滑天下之大稽！汪这样既不受亏，于已得到一些好的称誉，目的达到，自可无形妥协，管他丧权与辱国。谈到监察院，这一件重大的功绩，不得不先记他一笔。

　　于弹劾汪以后，继有监察委员高友唐在济南对新闻记者发表弹劾海军要件的谈话，这也是另一件值得记载的监察案件。但是此时弹劾者与被弹劾者不是如汪于一样势均力敌的两个对象，而是握有军权的海军与无名的监察委员，因此事情弄糟了，高友唐虽有弹劾海军的提案，可是未得监察院通过，但海军却要以"破坏军誉，摇惑人心，淆乱院章，干犯功令"的大罪名呈请究办高友唐。假如高监察委员没有党国要人及有枪阶级做靠山，此后行动真要当心些。

　　现在就事论断，究竟海军应受弹劾应行撤废呢？还是高友唐应加究办呢？要答覆此问，先要问海军对日进攻淞沪，是否如高委员所说"坐视十九路军抗

---

〔1〕此文发表于《循环》1932年第1卷第43期。

日，袖手旁观"。然此为铁铸事实，安可诡辩，海军部长对此虽加默认，但声明"查中日未经实行正式宣战，海军非奉政府明令，安敢擅自行动"，将不抵抗的责任全部卸给政府。中日未经正式宣战，真合日本军阀口吻，所异者，日本海军当时曾协同陆空军猛攻淞沪，而我们中国海军，却因"中日未经正式宣战"，而可以"袖手旁观"不给陆军丝毫帮助。我们殊为不解，究竟海军之设立，政府曾否付托以防守海防的责任，如其有之，则敌人进攻我国海防要塞——淞沪，我国海军既放弃此要塞，又伏处旁观陆军之作战，这种重大罪过，可以藉口未得政府命令而卸责吗？

海军部长对于不借高射炮及钢板与十九路军一事，仅以如下之含糊词意答辩："至海军购置军械军火，历经呈报有案，有无高射炮暨钢板可以拨借，早在政府洞鉴之中，即使有之，亦不得私相授受"。海军未有高射炮的话，似系陈部长当面撒谎。试看此次广东海军与空军激战，海军高射炮的运用如何忙碌，何以说"有无高射炮暨钢板之拨借，早在政府洞鉴之中"。如说那是陈总司令的海军，与蒋委员长的海军部无关，他们购买的高射炮未经"呈报有案"，那我们还有个疑问，难道蒋委员长的海军不设备些高炮以预防陈总司令空军的袭击吗？至于说"即使有之，亦不得私相授受"，更为荒谬，难道将高射炮借与十九路军巩固国防，可谓之"私相授受"吗？陈部长若坦白些，倒好说怕得罪了日本帝国主义。

海军部长又对"与日本盐泽订立条约，相约炮弹不落海军舰上"一事，加以否认更是狡辩，果与日方未订条约，何以两方海军互不相犯呢？纵使海军未与日方订立条约，但与之已有互不攻击的默契，是再不能否认了。当本国陆军与敌人在海防要塞剧战之际，海军竟与敌人有互不攻击的默契，其罪实等于通敌卖国。要此海军，究有何用？

至于海军平日之腐败实在是"说不胜说"，以军舰作为运输鸦片的工具，陆战队所在防地，逼种烟苗，勒捐勒税，欺压人民，惨杀群众（即今年二月间，在福建长乐一次杀害人民已属不少，焚烧房屋竟达四五千家，流离失所之难民几达万人），此皆众目共睹。陈绍宽谓"陆队驻闽，于地方人民感情尚洽"，"不审何所据而云然"？此种海军，即全部撤废，有何可惜！

高友唐弹劾海军的谈话，既理由充分而有据，那么高友唐应否究办的问题可无容解答了。然则高友唐及一般监察委员，可告无罪于国人了吗？实亦不然，请看于院长为此事大着其慌，电质高友唐，及唐复电所云"车过济，记者多人，谈两分钟即开……外间不无误会"等语，可见这般所谓监察委员，一点"硬气"都没有，实不能尽监察之责，监察院之设立，亦仅为敷衍门面而已，此种虚设机关，要之何用！监察院经费虽不及海军耗费数目之巨，但亦为民脂民膏，用人民脂膏，以畜此辈，实无丝毫必要。此种腐败无用之监察院与海军均应实行撤废，此为我们大众之逼切要求啊！

然而我们亦不是说根本不要人民监督政府之机关，根本不要海防。我们的愿望在于组织可以代表人民大众的有力的监察政府机关，在于人民自己武装起来，组织健全可以御侮，能够反抗帝国主义侵略的海军。我们要达到此种目的，必须要有代表人民大众利益的政府之成立。

海军部呈政府究办监察委员高友唐文私议[1]

玄 楼

民元以来，举国上下，坐而论者，作而行者，曾无一人焉，以海军为意。即海军中总长、总司令、军官，能以海军为意者，亦恐寥若晨星，而此寥若晨星者，往往不能竟行其意，浸假乃为环境所消灭焉。故二十年来，举夫国家命脉与存与亡之海军，一以委之少数闽系海军军阀（以下简称闽系海阀）之手，莫之或问。及大权既集，一意孤行，视中华民国全国之国防海军，为少数闽系海阀之专利品，更莫之敢问。遂酿成海军误国之罪，变此国难危局，至于不可收拾。彼举国上下，坐而论者，作而行者，且无有知其罪在海军者，不亦大可哀耶。

国难而后，地坼天崩，如丧考妣，国人始以国难之痛，研讨国防，又以国防之危，责及海军。海军二十年来之主持军令军政者，就民国历史及现今政治言之，自不能不谓为闽系海阀所包办。包办不得其法，贻误海军，坏我国防，于是薄则斥海军之无用，主张裁废；厚则诋将帅之失当，责备贤者，展转推求，互相印证，闽系海阀所负海军误国之罪，遂昭然暴露于天下。此监察院监察委员高友唐之所以弹劾海军部长陈绍宽也。

自孙中山先生倡五权宪法之说，于此训政时期，乃有监察院之设，比于古之谏台，其权为重，其法为新，固国民之所奉为圭臬，政治之所赖以澄清，意至善也。顾监察院成立以还，颇有仗马寒蝉之讥，幸高友唐不畏强御，敢于铁甲船保护之金陵城中，发闽系海阀之覆而抉其私，正色立朝，鼎铸神奸，虽铁

---

〔1〕此文发表于《海事》1932年第6卷第1期。

面御史，何以加之。不图闽系海阀，时至今日，不知引咎辞职，静候公判，而乃奋其封建思想之余威，以向所恫吓钳制外省海军军人者，更以加诸堂堂监察院监察委员之身，呈请政府究办。观于津沪各报所载监察院院长于右任与监察委员高友唐往来各电，似乎于右任深悔高友唐多事，高友唐谓外间误会，不复多言者然，何其前勇而后怯也。诚恐社会因高君之不复置辩，以为真个"全属伪造""诬蔑海军"（海部呈文中语），不平则鸣，窃窃私议，愚虑一得，幸共察之。海部呈文云：

> 一谓此次沪战，海军袖手旁观，高射炮及钢板亦不借。查中日未经实行正式宣战，海军非奉政府正式命令，安敢擅自行动。至海军购置军械军火，历经呈报有案，有无高射炮暨钢板可以拨借，早在政府监察之中。即使有之，亦不得私相授受。

按西史自一七〇〇年至一八七〇年，其间战事，正式宣战者，惟一八七〇年普法之役而已。如欧战之宣而后战者，其例殆鲜。至于日本，更心目中无所谓国际公法，中日之役，俄日之役，日军皆先战而后宣。方十九路军抵抗日军之时，东省已失，彼又海陆空进兵上海，是已构成战争行为，毫无疑义，复何待于宣战，何待于正式宣战，何待于实行正式宣战，然后乃能谓之战争哉。我国与敌国既已开战，既已失地，则凡在荷戈环甲之伦，在相当范围内，苟有寸尺之力，足以援助友军者，即当守将在外君命有所不受之义，赴汤蹈火，以致其命。何况掌海军军令军政之大权者，为贵海军部长陈绍宽，奉海军军令军政之命令者，亦为贵第二舰队司令陈绍宽。内外上下，以一人之身，兼而据之，更何待于命令，然后乃敢行动；又何以海军部长，不肯命令海军司令行动乎！至于高射炮及钢板，宜为军舰最低限度之所常备，常备之物，而云无有，则平时岁耗国帑千余万元，将何为者。所云"即或有之，亦不得私相授受"，则更属荒谬绝伦。揣其语气，不啻对于十九路军如古时秦人之视越人，膜不相关。夫十九路军正正堂堂，与敌战争，乃谓之私，岂同胞自相斫杀，始谓之公乎？闻沪战之方酣也，十九路军征求汽车，汽车夫之自致其车于前敌者，顷刻而千乘焉。海军纵不肖，未尝学问，不知爱国，岂彼汽车夫之不若耶。此时何时，此事何事，救兵如救火，即细民之微，犹解急其邻里乡党之急，何国难之重，陆海同袍，乃于危急存亡之秋，不加援手，并求借高炮钢板，而犹从容不迫，以等因奉此手段应付之，一何居心之悖戾也。呈文又云：

> 二谓与日本盐泽订立条件，相约炮弹不落海军舰上，决不发一弹。查国际之条件，须经政府许可，不能由任何机关，私行签订。稍具常识者亦能知之。所谓本军与盐泽订立条件之说，不审何所据而云然。

按上海各报，当时载有贵部长兼司令陈君谈话，略谓"敌若不攻我舰，我自不攻敌舰，此次我军各舰，由吴淞上驶，敌舰并未我攻。"云云（语意大概如此，详见《上海新闻报》《时事新报》），此与高委员所云订立条件，具有事实证明，而证明又出之陈部长之口，不然敌军何恶于淞沪陆军，攻之不遗余力，何爱于长江海军，挥避不加一矢耶？且淞沪血战，我舰中立，首都北迁，我舰匿迹，尤为万目睽睽所共睹，不必更求其他事实证明。至其条件之果否订立，或系口头订立，此为我国人被日本人所欺骗者不少，而国际间局部的密订条件，或口头条件，世所常有，未必一一经过政府许可。海军事件之不经政府许可者多矣，海军当此偷生不暇之际，宁复计及政府许可与不许可耶？似此謇言，不攻自破，何谓常识，所不解矣。又云：

> 三谓海军平日腐败，说不胜说。查本军比岁努力工作，夙夜匪懈，而对于各项要政，尤各励精以图，未敢或弛，所有工作，俱有报告可核，该委员目为腐败，请令其指出确证。

按中国海军腐败（指闽系海军言），达于极点，三尺童子皆知之，贵部必欲自护其短，请高委员指出确证。高委员或者知其然，而不知其所以然，有不能尽举以确证海军之腐败者。请略为胪列其卓卓显著者言之，夫海军者所与陆军、空军协同动作以固国防者也。今贵部掌握海军最高军政军令之权，于国防大计，毫无筹划施设，一惟依阿取容，保全禄位之是务，上行下效，相习成风。此其腐败者一。贵部既掌握海军最高军令军政之权，对于全国舰队，四分五裂，任其自生自灭，久不过问，既不能统一，复不愿统一，致使国家区区海军，兵力不能集中一点以同赴国难，为舆论所诟病。此其腐败者二。我国舰艇，近年所增无几，其实在力量，犹是清末之北洋舰队、长江舰队，民初之第一舰队、第二舰队、练习舰队已耳。自闽系海阀排挤外省员兵，于是第一舰队全队及练习舰队之一部，脱离压迫，实行改造（此为民国十一年五月事乃孙总理密令驻粤海军被闽系排挤之外省军官以革命的行动出之者也），渐分离为今日之广东舰队、东北舰队，其闽系海阀所把持之中央舰队，不过全军总数之半。全军月饷，曩仅四五十万元，今乃增至百万元之多，而广东、东北舰队，未尝分与毫厘，其浮报没销，不言而喻。此其腐败者三。海军军事教育，当有整个计划，趋重科学，与并世海军国，取同一步调，方不至使造就人才，有落伍之弊，此则与财政经济，无大关系也。今所立马尾海军学校，不过供给驾驶轮机之用，其于海军专门大学学术，如炮术、鱼雷、飞机、潜舰、电学、光学、化学、兵器学、造舰学等各种学术之关乎战术战略，并战术战略之关乎国防用兵者，则不独无此设施，抑且无此梦想。仍旧用英人、日人二十余年前把持我国海军之教育权，以教育新海军人才，不亦贼夫人之子，而自破其军，自误其国乎？若夫水兵训练，舰队演习，则更属十八世纪化，而军事精神教育，尤凤所弗讲。此其腐败者四。教育也，军需也，军政军令也，其腐败有如此者。他若用人必闽，舞武乱法，军纪废弛，女性不勇，诚哉说不胜说，宜从可知矣。岂以藉口党化，有工作，有报告，一种腐化的具文，便足以证明其不腐败耶？又云：

> 四谓陆战队不在舰上，而在福建种鸦片。查各国海军陆战队，平时均不驻扎舰上。该委员于海军情形，世界状况，茫若罔睹，故有此怪诞之言论。况陆队驻闽，于地方人民感情尚洽，其所驻在地之烟禁，业经三令五申。该委员捏词诬蔑，毫无证据，军誉所关，全军袍泽，深为愤激。

按海军责任，本在海上，初无陆战队之可言，亦何陆战队之有，有之始于侵占殖民地之国家。盖军舰抵岸，不能登陆，则就舰中水兵，分派二分之一或三分之一，武装先登，已足恫喝野蛮民族而有余。如昔之西荷，今之英法，其殖民欲愈大则抵抗力愈强，水兵不足为用，始有特别编制之陆战队。然野心国家如日本，以无悬远殖民地，故海军别无陆战队，此次上海之役，其陆战队纯由水兵组织，其明证也。我国婴退自守之不暇，毫无侵占殖民地野心，区区海军，不知编用成师成旅之陆战队（闽陆队共两独立旅实两师也），有何用处。若资为剿匪之助，则效法日本，用水兵组织偏师，已足引护陆军登岸，其平时当然服务舰上，无驻扎陆上之必要。是陆战队云者，本由舰上发生，何谓各国海军陆战队，均不驻扎舰上乎。贵部责高委员于海军情形，世界状况，茫若罔睹，言论怪诞，乃为之部长者，亦不一察海军情形，世界状况，竟武断的以为各国海军陆战队，均不驻扎舰上，反责人言论怪诞乎？就令现在中国海军陆战队，系采英国制度，特别编成。然陆战队之为物，要以与军舰协同御侮为前提，何以不将陆战队驻扎长江一带军舰集中之地，协同抵御外侮，而乃远驻福建，其宗旨果安在者。岂军队之驻扎，必如贵部所云与地方人民感情尚洽者，方能驻扎，其感情不洽者，即不能驻扎耶。得毋陆战队均是福建人，故驻扎福建，感情尚洽，使驻扎他省，将语言不通，嗜欲不同，与地方人民发生冲突耶。我诚百思而不得其解也。至若种烟一节，高委员亦非捏词诬蔑，他无论矣，即如贵部呈文所云，其驻在地之烟禁，业经三令五申，此当然是陆战队队长之三令五申，不然即海军司令或部长之三令五申也。试问烟若未种，何来此禁？烟禁，地方官之所有事也。若非陆战队种烟，何来此队长或司令部长三令五申之禁乎？部属作奸犯科，忍于袒护到底，至托词全军愤激，恐吓书生，亦所不惜，岂国难当前，闽系海阀犹欲逞其传统的军阀故技哉？又云：

> 五谓无用之海军，根本取消，将舰售与商家，以售舰所得，并海军经费，购潜水艇二百只，防守海口。查军舰与商船配置不同，以军舰改充商船，自难适用。至潜艇购费，其小者每艘亦须数百万元，如按二百艘估计，需款甚巨，即将军舰所售之费，及海军经费，尽数拨用，究竟能购若干。该委员既无海军常识，其计划殊与事实相反。

按高委员非海军出身，所云卖旧军舰以购潜艇一层，事属专门的造舰政策及造舰计划，自非召集国防会议，具体研究，精密计划，莫能举其端倪，恐贵部之以操体操坐办公室为努力工作者（闻陈部长若到部，该部员无论文武上下老少，均绝早即督率赴操场体操如舰课水兵然。坐办公室无所事事，小便亦须请假，其不识大体如此），此时亦无圆满方案，足以答复国民质问，何可责之素人之高委员。且高委员之根本取消无用海军，与购潜艇防守海口之策，前者因我国军舰，完全超过超退废舰龄，已成无用之物，为巩固国防计，早当替换新舰，根本取消，谁曰不宜。后者为弱国对强国之小海军政策，乃欧战后新趋势。日之对美，法之对英，已有强大海军，犹复恃潜艇为舍命卫国之具。我海军之当注重潜艇，实为今日海军救国之不二法门。是高委员所主张者，不独有海军常识，并且具海军特识。不过弹劾旧海军为一事，建设新海军，又一事，此属于建设新海军范围以内之事，弹劾旧海军案中，自不能详细计划，何谓与事实相反乎？又云：

> 况国家之设海军，不止对外宣战时，负防守之责，而平时绥靖江海，捍卫地方，亦为当务之急，潜水艇外，应否需用其他舰艇，分任巡防之责，稍明事理者，当能辨识。本军各舰艇，历来剿匪，异常勤奋，一闻盗警，星夜赴援，其经过情形，均有详细报告，不难覆按。该委员乃谓坐视海盗猖獗，未闻海军有剿除计划，其颠倒黑白，任意狂吠，尤为可恨。

按海军根本责任，纯在对外，而对外责任，无论平时战时，均应可守可战，不仅宣战之时，始负防守之责任也。贵部长素无国防观念，海军远略，故有宣战时始负防守之责之说，抑知军事行动，能战然后能守，海军战略战术，数十年前之李鸿章，已知"海军有攻无守"（见李奏稿），何海军进步，有如今日。贵部犹云对外宣战时，始负防守之责，避重就轻，规规乎剿匪之末耶。夫剿匪任务，不过临时附带问题，因各处海口港湾，但有军舰驻扎游弋，值此二十世纪时代，当然无复海贼发生之理。其内地江河，么魔水寇，自有水上警察负其全责，无劳海军越俎代庖。然今之长江海军，又只能办理水上警察之事，事实如此，由来已久，贵部遂于不知不觉之间，以为剿匪乃其要务，立言失体，曾未尝计及海军根本责任所在，无惑乎《时代公论》之主张改海军为江军。而二十年来海军之消费国帑以万万元计，犹毫无寸进也。今即以剿匪论，沪报时载商轮被劫，且多在吴淞口外，所谓异常勤奋，星夜赴援者，其效果果安在哉。……白螺矶者，洞庭口外之临江小镇也，亦在舰炮势力范围之下，今年往来商轮过此者，多为所枪击，至以钢板自卫，何以海军曾无一舰与匪周旋。太湖之盗，则江苏编四艘舰队游击之；浙海匪氛，亦浙江自置炮舰二艘防守之。此皆闽系海军之所自负剿匪责任地带，乃其猖獗不靖若此，安得斥高委员为颠倒黑白，任意狂吠耶。又云：

> 再就法律之观察，按本年六月二十五日国民政府公布之修正弹劾法第十条，内载监察院人员对于任何弹劾案，在未经移付惩戒机关前，不得对外宣泄等语。盖以保院制之尊严，防请托之流弊，该委员躬任监察重则，自应切实遵守，乃竟不知自检，擅先宣泄要案，不特毁本军之名誉，抑且弁髦命令，蔑视院章，于一案如此，其于他案亦可知。

按自法律言之，姑无论贵部所据上海《申报》所载高委员在济南谈话，是否属实，有无误会，即高委员所有谈话，一切属实，毫无误会，高委员对于院内，不无违法之处，而负有责备高委员之责者，自当属之监察院院长，或其他委员，院外之人，固不能以此责高委员。贵部处于被弹劾地位，尤不能以此责高委员，即使高委员因违背弹劾法第十条之规定而受处分，亦不能因监察委员违法受处分，便将所弹劾之案，作为无效。并且因此一案之稍有宣泄，遂推翻其他各案也。贵部既以武力吓人，又以法律绳人，巧则巧矣，其如真相毕露何。总而言之，监察院委员违背院法，当由院法处理之，其事小。海军部部长失职，当由国法处理之，其事大。彼仅关乎一人之微，生之杀之，无关大局，此则系乎海军兴废之大，为国家强弱存亡之机，万不能以宣泄违法之微罪，遂轻轻巧巧，将本案一笔抹煞也。于院长幸注意，高委员幸注意。又云：

> 该委员又谓于院长常谓何苦以全国人民血汗金钱，保持福建人饭碗，因现在之海军，已成世袭罔替之福建人之天下也。云云，……可见该委员所言全属伪造。……

按中国海军之成为"世袭罔替之福建人之天下",不徒于院长能言之,即国民之稍明时事者,亦莫不能言之。于院长之所以哑哑声辩,或不欲代高委员受过,或有所畏而避之耳。其实国民对于海军此种论调,不自今日始,民国元年,已有言之者。元年上海《民立报》社论引谚语有云,"好铁不打钉,好汉不当兵,当兵切莫当海军,海军都是福建人",是其明证。彼时无人措意海军,今以国难之故,推厥因由,故群起而攻之,不必出之于院长之口,方为真凭实据,即出之高委员之口,或任何同胞之口,皆为言人人之所欲言,同一真凭实据也。至于院长谓"余当时即以为不应以海军一部分事,开罪于福建全省人士",此则于院长过于小心,过于顾虑之词。须知现今海军之为福建人势力,即吾所谓少数闽系海阀所盘踞,早有历史事实证明,初无所用其讳言。亦不能谓海军为福建人之天下,即是骂福建全省人。因福建人之盘踞海军者,确为福建人之少数分子,以军国大事,骂福建人少数分子,断断乎不至于开罪福建全省人士也。福建人士,或亦有骂此少数同乡分子,以爱桑梓者爱海军,爱海军者爱国家也。况海军一部分事,即是国家全部大事,果有不当,摘其罪状,予以弹劾,即开罪福建全省人士,宜亦所弗惜。昔孙总理主张革命,以全国陆军为北洋少数分子所把持,凡有演说,莫不大声疾呼曰,"北洋系陆军","北洋系军阀",北洋云者,直鲁豫晋皖等省之谓也,较之福建一省人士,不知若干万倍。敢于不畏强御,直言不讳,于院长固孙总理之信徒也,又为当代伟人,何昔日追随孙总理革命,不畏庞大之北洋系,今身居高位,乃畏及少数闽系海阀耶。吾有以知于院长决不出此言,必闽系海阀之驾词以挫高委员者。呜呼,可以休矣。

语有之曰,"千夫所指,无病而死",言众怒之难犯也。德意志欲以军国主义,独霸欧洲,协约国环而攻之,一败涂地。北洋系欲以局部团体,主宰中国,孙总理起而抗之,卒致溃散。此皆近事之显而易见者也。何闽系海阀,不引为殷鉴,翻尤而效之,欲以一手掩尽全国耳目,藉海军之力,雄踞中央,压制一切,挟而不令,包而不办,其不为德意志北洋系之续,岂可得哉。夫以我国国难,至于此极,即竭全国人士之才智义勇编练海军,以御外侮,犹惧不克,乌可以少数闽系海阀,而能举办国防海军,对付凶狼倭奴者。此次海部呈请究办高委员之意,无非根据封建思想,谋挫辱高委员一人以塞全国民众之口，仍然运用社鼠城狐之故智，以维持其"传统的海军天下"，此岂非使海军误国之局，将一演再演而不已耶。汪院长既以打破军阀割据相号召，张主任已因此引退，吾幸愿汪院长本此大无畏之精神，敢以施诸陆军者，更以施诸海军，勿为陈绍宽"婉婉幕中画"所惑，不但不过问海军，又复传令嘉奖海军（淞沪战时行政院有传令嘉奖海军之事故云），则幸甚矣。须知陆军虽力加整顿，可以侮御，若海军犹腐败葺阘如故，则仍不能完成对日作战，必北方之战甫开，而首都之危又急，事之关系国家存亡者至巨，非徒为高案鸣不平而已。汪院长无论去职与否，幸勿河汉吾言，更愿国人之能以海军为意者，三复吾言，相与起而督责海军也。

如何巩固中国之海防[1]　胡宏基

按：胡君宏基，当于中央所办军事杂志，多所论著，语切时弊。此稿寄自九江，论海军卓有远识，而于中国现在海军，加以褒贬，毫无顾忌，公正之言，大可诵也。因揭载本志，以见人心对于现在海军之趋向若此。编者识。

英吉利、美利坚之欲握海上霸权，镇压殖民地也，不得不竭力以经营海军；法兰西、意大利之欲扩张领土也，不得不经营海军；日本之欲执东亚牛耳威胁中国也，亦不得不注重海军。然则海军者，乃海疆国之门圻，壁垒，存亡盛衰之所系也。吾国海岸辽阔，海防线延长数千里，欲图海防，势不能十里为台，百里为塞。无已，唯有海军尚焉。中国经营海军，亦数十年矣，何以中国积弱如故，且藩篱尽撤，沿海要港如旅顺、大连、广州湾等相继为人攘夺，国势日益不振耶？其故由于中国之海军，自来皆一党一系所把持，非全国人众志成城之海军。在前者为李鸿章一系私人所先占，在后者为某省一系人所据有。今试将中国海军现形记，分三部言之。

中国海军，在甲午以前，分北洋－南洋－粤洋三段。在今日分为"东北""中央""广东"三队。军舰合计中小舰约百艘，总吨数，不到十万吨。以言海防，则微乎其微，势等于零，然不无优劣事迹之足述也。

（A）东北舰队

东北海军，则始于沈鸿烈，初仅"镇海""威海""定海""飞鹏"四艘商船改装之军舰，民十二年温树德率"海圻""海琛""肇和""永翔""楚豫""同

---

[1] 此文发表于《海事》1932年第6卷第1期。

安"六舰北归，称渤海舰队，后以"肇和"等舰水兵屡起风潮，酿成巨变，始由沈氏收归统率。十八年中俄战役[1]，沈氏欲率青岛舰队，出攻海参崴，卒以扼于政府之令，遂致壮志未酬。而松花江舰队，以十一比之斤力与苏俄海军相敌，沉其舰三，伤其飞机二，毙其主将一，开世界海战史上之新纪元，以视某系舰队之滞迹沪滨，坐视浏河失守而不救，为国人之唾骂鄙弃，尚图巧辩以未奉中央命令，欺人自欺者，何啻天壤耶。所以然者，以某系舰队乃一省人所把持，事事以同乡观念相结合，不以人才为依归。东北海军则不然，故能出类拔萃，他日宣扬国威，昭雪国耻，吾不能不厚望于东北舰队焉。

（B）中央舰队

此即某系一手把持之舰队也，论其势力，在全国中占第一位，有大小军舰四十六，总吨数约六万余，有船坞三（沪、闽、厦），考其罪状则尽笔难书。二十年来，内战相寻，生灵涂炭者，皆此系海军助纣为虐所致，甚至陆战队公然种烟，遗害全国。沪战方酣，十九路军正喋血黄歇浦头，此系海军竟视若无睹，致使神州内陆，一任日本之猖獗，无怪乎监察委员高友唐之弹劾海军也。

（C）广东舰队

广东舰队，历史甚长，甲午以前，实力殊有可观。今所有者，只江防小舰二十余艘，及护法南下之北洋舰"中山""飞鹰""福安""舞凤"，与粤省旧有之"海虎""广金"等六艘海防舰而已。斤力虽居最弱，而能征惯战之士，独出其门，惜其用非所当。本年二陈之争[2]，开海空大战，致使吾国最速之"飞鹰"舰，竟牺牲于意气斗争之下，不能不为中国前途哭也。"飞鹰"为驱逐舰，系德造，排水量七八〇吨，速力每小时二三.五浬，合华里约百里，舰体坚固，与前"飞霆"为姊妹舰，四烟突，为吾国军舰之翘楚。清季戊戌政变，慈禧太后指令"飞鹰"追逐康南海逃舰。民六程海长璧光护法，率"飞鹰""海圻""海琛""永丰""永翔""楚豫""同安""豫章""舞凤""福安"南下（"肇和"系在厦门后加入）赴粤，"飞鹰"一日夜先抵广州，致将轮机损坏，寸步难

---

〔1〕1929年10月中苏之间因中东铁路问题爆发的武装冲突，中国东北海军江防舰队与苏联海军曾在三江口、同江展开激战。

〔2〕1932年7月，第四舰队（广东海军）司令陈策与粤军第一集团军司令陈济棠因派系矛盾发生海空战，导致第四舰队炮舰"飞鹰"号被炸沉。

行，滞留粤省者，十年，民十五方小修，始能勉强开行。去年陈策复命大修耗洋二十万，不幸今年二陈相争，为飞机投弹炸沉，竟遭无谓之牺牲，惜哉。今日中央政府，亦甚注重海军矣，于百忙之中，财政千疮百孔之际，尚不惜巨资建造"宁海"（在日本订造，轻巡洋舰，排水量三千五百吨）、"平海"（江南造，一切相同于"宁海"）、"逸仙"（轻巡洋舰，江南造，排水量一千五百五十吨）、"永绥"（七八〇吨，江南造）、"民权"（六〇〇吨，江南造）、"民生"（与"民权"为姊妹舰）、"咸宁"（五五〇吨）、"江宁"（五〇〇吨）、"海宁"（皆江南造，五〇〇吨）等九艘，修造"大同"（系"建安"改造，排水量七五〇吨，耗洋四十万）、"自强"（系"建威"改造，与"建安"为姊妹舰，工程时间、金钱，仅及"建安"之半）、"德胜"（系吴佩孚坐舰，初为商船，日本航行川江者也，后改为"决川"，二十年改造为飞机运舰，能载水面飞机二架，排水量九〇〇吨，装有四时七快炮一门，小炮四门，速力亦良，堪供内战、捕盗、剿匪）、"威胜"（亦吴氏所置，原名"浚蜀"，与"德胜"为姊妹舰）等数艘（另有"仁胜""正胜""顺胜"等小舰亦系改造）之军舰，未始不足以增进海军实力，实则之数舰者，乃皮相之类，非骨干之谋。今日世界海军大势，端赖"潜艇""飞机"。潜艇乃防守利器，飞机为攻击要具，二者各致其用，不可偏废。况值国库艰难，司农仰屋国难未已之秋，不为飞潜急要之是务，乃造此进不能战退不能守之区区炮舰，以堂皇炫耀，乌足以欺大敌哉，是非真心爱国者之所为，尤非干练海军者之所齿也。

近世海军家，有谓巨舰已失其固有之效用，潜艇、飞机可掌握海权者。有反是说者，论议纷纭，莫衷一是。然证诸大战经验，及列强参谋本部之定议，则知巨舰利掌海权，潜艇利守海疆。惟国际间强弱之轩轻，海防上权力之消长，则仍在乎巨舰而非潜艇、飞机。据此则吾国海防之振备，似非有强大之舰队，无以固邦基而张海权。顾中国今日灾浸遍地，凶荒叠告，建造巨舰，力有不能，废除海军，情所不可。且实业未兴，教育未振，徒有利器，适以资敌。是以内审国情，外度邦交，窃以中国今日不欲图海防则已，防则暂救目前之军械，除潜艇、飞机外，似无有优于此者。基不敏，目睹国家海防之废弛，无异开门揖盗，不忍再见倭寇之横行。淞沪之失陷，吴淞国门要塞之被踞，东北四省之沦亡，神州大陆之化为异域，黄帝子孙为人牛马，敬与当道一陈潜艇、飞机之救亡策也。

今大声疾呼于四百兆父老昆弟之前曰，此后中国之欲图海防，应以潜艇、飞机为体，以战舰为用，谨按中国海疆形势，与海岸之长度，当有下之海防设备，以为一时救急计焉。

（A）潜航艇一百艘

（1）纯潜艇（Submarine）　美国Holland式五百吨者三十艘，德国Germania式二百吨者六十艘。

（2）可潜艇（Sumbmersible）　意国Laurentitype式一千吨者十艘（此种大型潜艇，备有六吋径大炮二门，四吋径大炮四门，可在水面代斗舰行海战）。

（B）航空机三百架（水面用）

（1）航空母舰四只（五千吨者二只，一万吨者二只）。

（2）侦察机（Breguet）　XIX A2座位二，一百五十匹马力，时速在高五千米，二〇〇基罗，高度六七〇〇米，续航四小时，Lewis式机关枪一支，五十架。

（3）驱逐机（Dewoitine）　座位二，二百五十匹马力，时速在高五千米，二二〇基罗，高度八〇〇〇米，续航四小时零三十分，备Wickers式机关枪四挺，一百架。

（4）爆击机（Breguet）　XVIBN234座位四，三百二十匹马力，时速在高五千米，一五〇基罗，高度六五〇米，续航五小时，载二百磅炸弹四个，一百五十架。

有此多数之"潜艇""飞机"，再佐以原有各舰，海上防御，高枕无忧矣。何必将此有用有限之金钱，造此战斗力微之小巡洋舰——小炮舰哉，亦足见中国海军之乏人才矣。某系之徒为扩势力，位置私人，图为内战时军阀之走狗也。呜呼！噫嘻！

明日的中国海军[1]　　李一萍

（一）

当着腥风膻雨，铁马金戈，外患洊迫，山河破碎，仓皇万状的中国现阶段，好像国家胥沦的丧钟，民族湮灭的哀乐，快要响彻云霄，奏在我们的目前。危机的尖锐化，险象的深刻化，突破了空前的纪录。然而试想想：中国的丧权辱国，割地赔款，和种种不平等条约，弄成仇深似海，耻重如山的这般悲惨田地，是从哪里诞生出来呢？追原祸始，虽是异常庞杂，但归纳起来，制海权力的没落，实是一重大原因。西谚说得好："制海洋的，制世界。"换句话说，就是有制海洋的权力便可以称雄于世界。试举出几个例证罢：像上古时代的腓尼基、阿特尔、萨拉逊，中古时代的诺尔曼、汉杂，近古时代的葡萄牙、荷兰，现代的法兰西、英吉利、德意志、美利坚、日本等国，都能够先后称雄于世界，哪个不是靠有坚舰利炮，强劲的海军，雄厚的制海权力，使他们底政策，得以按步推进，一帆风顺，畅行无阻，而卓然成为强盛的国家呢？反面说来，倘若某一个国家，它的海军，不能活跃于怒涛骇浪的当中，那就马上会颓弱起来，饱受陵铄，甚而至于灭亡的了。我国的海军，一向都是腐败脆弱，毫无制海的权力，所以海权丧失殆尽。海口的禁令，等于废纸具文：良好的港湾，割让的割让，租借的租借，门户洞开，险隘尽失；外国的战舰、潜艇、飞机、军队，都能够随时随地，向我国驱长直进，横冲直撞，如入无人之境，我国呢！只有敛手坐视其蹂躏。然以饱经侵略之余，因而政治愈俶扰，内争愈剧烈，文化愈落

---

[1] 此文发表于《先导》1933年第1卷第8期。

后，经济愈破产，民生愈凋敝，元气愈沮丧，国际地位的水平线，降下到于终极，无日不在惊涛怒浪的漩涡中，而受人生宰活剥。这样，可以知道，我国积弱之源，有关于海军的脆弱，制海权力的没落了。我们要想拯救这垂亡的国家，应扩张制海的权力，那末发展海军，也就是救亡的重要途径了。

我们再推考一下，立国的要素虽是很多，而其主要条件，厥为国民经济和国防两桩事情。有了经济，方可以固国防，无国防怎能保护经济。经济和国防，实相需相成。同时发展海运，既足以充实经济，复能够助长国防。海运进展就富强，反之就贫弱。可是要想海运发展，非有战舰潜艇，强劲的海军实力不行。历史告诉我们是这样，不容我们凭空来武断的。试看看现在的帝国主义者，无不萃精会神，钩心斗角，费尽全力，以图海军之进展。什么无敌巡洋舰、驱逐舰、袖珍装甲舰、潜航母舰和关于海战的一切武器，不断地匠心钻研，巧工经营，而以充实他们制海的权力，使他们的海运，得以风行无阻，他们的国防，得以高枕无忧，而他们的国家，皆跻于超越的优胜地位。

（二）

讲到我国的海军，毕竟是怎么样呢？我国的海军，是受中英战争的影响才开始的，也是帝国主义者侵入以后所引起的结果。当满清同治的时候，鉴于海战的重要，和海军力量的脆弱，于是左宗棠、曾国藩等，先后成立南北舰队，并且在福建和旅顺等处，创设船政局和船坞，着手进行。到了李鸿章执政的时候，对于海军的进展，愈加努力。那时候，丁汝昌为水师提督，以威海卫为根据地，以旅顺为修船所，以北洋舰队为中心骨干，计有七千五百吨级战斗舰二艘，二千九百吨巡洋舰二艘，这四艘编为主力舰队；又以二千三百吨级巡洋舰四艘，一千三百吨级巡洋舰和炮舰六艘，编为防守舰队；和其他练习舰二艘，辅助舰四艘，并水雷艇六艘，总称北洋舰队，总吨数为四万三千吨。除此之外，还有长江水师有二（千）吨级巡洋舰四艘，一千吨级巡洋舰一艘，和其他不满一千吨级的十多艘。福建有一千五百吨级巡洋舰三艘，一千吨级三艘，小舰不计。广东方面则有更大的巡洋舰三艘，各为五千吨级。总计全国战舰，除了内河舰不计外，其能在海上作战的军舰，已经有八十多艘，总吨数约八万五千吨。比较当时日本所有的舰队的总吨数五万九千吨，还要超过二万六千吨，即超过日本海军百分之四十，这就是在中国海军史的黄金时代。那时候，满清政府，得到暂时的成功，踌躇满志，以为从此可以摧坚挫强，巩固我圉。谁料甲午之役，竟惨遭败衄，可怜未经战阵的海军领袖，俘的俘，降的降，溺的溺，殉难的殉难。所有的舰队，沉没的沉没，被虏的被虏，过半覆灭，幸免的寥寥无几。然而当时执政者李鸿章中兴海军的决心，未尝稍杀，复不惜大举外债，努力更张。可恨张罗得来的经费，竟被祸国的慈禧太后一笔挪作建设颐和园之需，和李氏之计划相左，于是种种复兴的设施，顿成画饼，从此中国海军，一败涂地。后来，沿海沿江各岸，匪盗如毛，骚乱不堪，于是在德和日订造内河炮舰十多艘，像"六楚"——"楚泰""楚有""楚同""楚谦""楚豫""楚观"和"四江"——"江元""江亨""江利""江贞"等舰，都成为现在江防队的基础。到宣统年间，又实行第二次复兴海军的计划，大规模向外国订造大战舰，如"海天""海地"——即现在的"海圻""海琛""海容""肇和""豫章"等舰，都是当时的成绩品。民国以还，当局者仍未见有什么扩充海军的实施，且大有江河日下之势。而海军人员的内部，更有什么系别的暗斗，互相排挤，无合作互助的精神。而执政者对于国防、海防，更抛诸无何有之乡，可真不禁令人太息痛恨！

现在有人说：中国的救亡上策，要审情度势，知彼知己，才可决操胜券。别要急其所缓，而缓其所急。若扩充海军呢？像建造一艘军舰，非需费千万元，需时十年不行，这样需费巨，历时久的偌大经营，当着危急到千钧一发的时候，才着手去做，只怕海军建设未具，而敌兵已临境，国族已沦亡了。曷若发展空军，以航空救国，且需费廉，时间少，而奏效易，像从前立法院会议决议，将拨归海军每年建设经费一千一百三十一万余元，划出一千一百万元，移作扩充空军之用，仅余三十一万元归海军。又像杭州市各小学发起中华儿童储金造舰救国协会，以求实行储金造舰，这么白热到起劲的爱国心，和美国从前有一艘战舰，叫"亚美利加的幼童"号，是由小学生醵资建造成功的，同一用意，很是美善的一回事，乃竟被教育部指令改为中华儿童储金建造救国飞机。这样，便可明白当局者的漠视海军。舍海军而图空军，不过是一时治标之方，终究非长久治本之法。实际讲来，现在的情势，空军固然要扩充，而海军之发展，也是刻不容缓的。瞧瞧此次淞沪之役，日本空军之强悍，实缘于海军之协力，盖空军飞机之能够超越海洋，远飞敌方者，实藉飞机母舰为之傲运，战舰为之掩护，然后可以翱翔于太空。这样看来，非海军无以显空军远征之威力，无以竟空军的全功。海军和空军，又何能有什么轩轾呢？

（三）

处在海国，或半海国，它的国防，比较纯粹的大陆国，尤为复杂。因为纯粹的大陆国，只是和它界连相接的邻国，才可以直接向它施行侵略，即使受了侵略，也不像从海洋方面来得迅速。至于海国或半海国呢？那就世界许多强国，都可以直接向它侵袭掠夺。诚以茫茫海洋，无远弗通，只要他们的战舰所能直达的，他们即可以冲破人家的国防，实施侵略政策。像广州一地，英舰可到，美舰可到，法意等舰可到，日舰更不在话下了。其他沿海各岸，莫不都是这样。像这次淞沪的战争，我方的援军未集，而敌人已三次渡师增援。又如庚子之役，八国联军陷我北京。均可为明证确验。

美国的马洪[1]氏说："国家有水深的港湾，若不能够施行相当防御的方法，倒反容易为敌国所乘，成为国家危弱的一个因原。"这样，可以知道海上防御的重要了。若果没有强大底海军，以保护良好的港湾，一切的危险，就从此而孽生哩。深究现阶段世界列强实行的国防三线主义——第一线在敌国的领海，第二线在公海，第三线在本国领海。更可知道海上竞争的恶趋势，和海防的不可稍懈了。我国是大陆国，同时也是一半海国，海岸线曲折，延袤万有五千余哩，不少天然的良港，如海参崴、旅顺、大连、威海卫、胶州湾、香港和广州湾等处，哪处不是海军发展的天然根据地。可是除了收回的胶州湾和威海卫外，所剩的不是割让便是租借，成为列强侵略远东的出发点。今后我国要想发展海军，而处在四方八面，重重受着压迫的环境，那海军的根据地，又成了一个很难解决的问题了。我以为今日我国海军如欲重建，必须解决先决问题：第一，要就现在的情势，择一个适当的军港，做发展的根据地（最好能脱了列强势力范围之外的，但恐怕没有这么相当呢），决定计划，逐步实施。第二，要用外交的手段，收回已失的港湾，使海军建设的重重障碍，摒除净尽。

---

〔1〕即美国海军战略家艾尔弗雷德·塞耶·马汉。

（四）

有天然良好的港湾，做扩充海军的根据地，固然是很需要的，然而战舰，尤为海军建设的要素。现在且谈谈战舰。战舰之于海洋上，有人比拟之为陆地上底要塞的。可是陆地上的要塞，只固定于一个地方，不能够随意移动。至于战舰呢？那就得依计划的所至，临时活跃，进退自如。帝国主义者视战舰为海上的浮城，抑且目之为活跃的要塞。他们的国防，不大注重海岸的要塞，而偏重战舰，大概都是因为这一点吧。换句话讲，就是要塞，只是适应于消极的守势作战，不符国防的"国防三线主义"和"殄灭敌舰于领海之外，勿使登跂步"的用兵意义。那战舰则以战以守，克进克攻，可制机先，可殄敌谋，可御坚摧强，可为空战之助，可奏运输之功。

回顾我国的战舰是怎样的呢？因为物质幼稚，经济落后的缘故，对于建造战舰的种种因素，全付阙如。既然没有造舰的工具，哪里会弄得精锐的出品？其势不能不向外采办。因此我国现存的战舰，几乎都是从日本或其他强国定造得来的。像崭新的"宁海"舰，就是由日本新造成功。向帝国主义者来订造战舰，或其他武器，非特不经济，抑且没有得到海军真正的基础。他们果可恃吗？果肯把最新式、最凶锐、最超越的战舰，或其他武器，卖给你来和他们对敌吗？自然是绝对没有的事。不过他们的卖荒货主义，把你的金钱抓过来了，就东拉西扯，以他们残剩的旧货来换你的金钱罢了。似此情形，于实力毫无增益，国防毫无弥补，且徒暴露自己的无能。试检阅我国的海军，真不禁悚然而惧，中国的战舰除江防所用的外，巡洋舰和驱逐舰，不满十艘，潜水舰和飞机母舰，那就更不必提起了。统计大洋舰的总吨数，不满三万吨，不及日本海军总吨数的三十分之一，不及英美总吨数的四十分之一，不过相当于外国之一艘主力舰之三分之二罢了。帝国主义者只一艘主力舰，已有排水量五万吨之大，而我国全数可以行走海中的战舰，还不满三万吨。这样，怎能说中国有海军呢？况且这些军舰，除"平海""宁海"和几艘新造的内河舰外，都是满清的遗物，有的已有四十多岁，甲板霉到像豆腐一般，固然失却了战斗能力，恐怕连太平洋的怒浪也敌不过，哪里敌得住列强二十寸口径的大炮一响呢？这般战舰，老早该在废弃之列，还哪里说得以战以守，捍卫国防？我们且把列强的海军实力看看：

列强海军力量统计表（一九三一年）

		英	美	日	法	意
主力舰	艘数	一五	一八	九	九	四
	吨数	四三七，六五〇	四七八，〇七一	二九八，四〇〇	一九五，〇四一	八六，五二七
甲种巡洋舰	艘数	一九	九	八	五	四
	吨数	一八六，二二六	八六，六〇〇	六八，四〇〇	五〇，〇〇〇	四〇，〇〇〇
乙种巡洋舰	艘数	三四	一〇	一九	八	九
	吨数	一五四，七七〇	七〇，五〇〇	九〇，二五五	四八，三三六	三二，五二四
驱逐舰	艘数	一五一	二四四	一〇八	六一	七四
	吨数	一五七，〇〇一	二五九，〇六八	一一六，九九五	七九，二八二	七四，七四八
航空母舰	艘数	六	三	三	一	〇
	吨数	一一五，三五〇	七七，五〇〇	六一，二七〇	二二，一四五	〇
潜航舰	艘数	五九	一一六	六七	五七	四二
	吨数	五九，六二九	七六，八八〇	七〇，九九三	四二，二三八	二九，三二四
总吨数		一，二五〇，二四七	一，二五一，八四一	八五〇，三二八	六二八，六〇三	四〇四，〇〇五

附记：总吨数内包括其他补助舰

这个统计，委实令我们感觉到"万事不如人"，"望尘莫及"之慨！

然而现阶段海军的新趋势，像有急激的变幻，需费巨，历时久，收效微。不合理化的呆笨的四五万吨级的主力母舰，它的权威，行将被后起的袖珍装甲舰取而代之。像德国新造成功的袖珍战斗舰"德意志兰特"号，只一万吨级，炮径不过十一寸，而驶程却一万八千英里，每小时行走二十八海里，打破世界惊人的新纪录。小小的大炮，无坚不摧，甲板轻而厚，全舰保护周到，不怕炮击，不怕炸弹，甚至鱼雷潜艇也不怕。恐怕那海上霸王的英国最头号的牛魔王"荷得"号，四万一千二百吨级，十五寸炮八门，而驶程不过一万英里，每小时行走也只十一多海里，也感觉着"相形见绌"，"年耄体弱"，"大而无当"，敌不过那位"后来居上"，强健矫捷的好青年吧。德国自从这只破天荒的袖舰成功后，现在正努力继续建造第二艘，第三艘又已兴工了。法国为着报复起见，又成功了一艘军甲巡洋舰，二万六千五百吨级，每小时速度三十海里。以号称世界无落日的英国，自然不肯甘落人后，最近更招工建造同样的战舰，以应这崭新的趋势。美国的拼命扩张，自更不消说了。

（五）

我国的海军，新芽也未萌发，将来建设的新计划，应该吻合新的趋势，尤应该针对我们的假想敌。我们别要作冀图争霸海上的梦想，只要在自己的领海内足以自卫，已经够了。这样，我们应该努力于消极方面的守势力量，同时也要准备将来的攻势力量。我们的假想敌，是残暴的日本，可是敌人有八十多万吨的战舰，海军占世界第三位。而我们海军底力量，竟等于零，实力悬殊，怎能和强敌相颉颃？我们海军建设的理想，固然要把领海外，自北迤南，建筑一伟大的海堤，才能把敌舰拦搁得住，使它不能驶进我们的海岸来。然而所谓伟大的海堤，不消说不是那固定的防堤，而是那攻守全能的战舰，尤其是潜航舰，最能够适应情势的所需。故此现在许多人提议海军的建设，要侧重潜航舰。诚以潜舰的成功易，需费少，历时暂，而毁灭之力大，所收之效巨。在第一次大战的时候，德国潜舰大显神威，英国的舰队，曾被封锁，受猛烈的攻击，它实为海上战争唯一的战具。而我们以经济的没落，人才的恐慌，对于偌大的主力母舰，当然非能力所及，也非时间的许可，为迎合现阶段的新潮，自然要跑向成功易、收效速的捷径，才可以得到应付危机弥漫的恶局面。因此，我们明日的海军，应以潜舰为骨干，而辅以巡洋舰和驱逐舰，为之掩护。至于主力母舰和航空母舰，得到相当时机，才来建造，也属未迟。我们假想敌的海军力量虽有八十余万吨级，但不能扫数倾来，我海军的准备只要及敌人三分之二，已足应付裕如。兹将我们应该准备的海军力量，列表如下：

舰别	艘数	吨数	经费	分配
战斗舰	五	一二〇,〇〇〇	一五〇,〇〇〇,〇〇〇	渤海一艘，黄海二艘，东海一艘，南海一艘
甲巡舰	六	五五,〇〇〇	六〇,〇〇〇,〇〇〇	渤海一艘，黄海二艘，东海二艘，南海一艘
乙巡舰	二〇	一〇〇,〇〇〇	一六〇,〇〇〇,〇〇〇	渤海三艘，黄海八艘，东海六艘，南海三艘
驱逐舰	九〇	一二〇,〇〇〇	二七〇,〇〇〇,〇〇〇	渤海十三艘，黄海卅五艘，东海卅艘，南海十二艘

（续表）

舰别	艘数	吨数	经费	分配
潜航舰	一四〇	一六〇，〇〇〇	四二〇，〇〇〇，〇〇〇	渤海二十艘，黄海五十艘，东海五十艘，南海廿艘
航空母舰	一	二〇，〇〇〇	二〇，〇〇〇，〇〇〇	黄海
合计		五七五，〇〇〇	一，一八〇，〇〇〇，〇〇〇	

附记：一、本计划分三步实施，共计十年，每年建设常费一万零八百万元整。
二、把现存舰艇，大加整顿，使成现代化，而作江防之用，其可作海防用者，就用作补助舰。

这个理想的数字，自然是国家真正有能力的时候才行的。倘若长此情形，纵使更有完善的计划，救国的良药，也必终成泡影，而无成功的希望。然而，这脆薄的力量，虽然不敢说在积极的攻势方面，可以踌躇满志，但是在消极的防守方面来说，总可以得到以逸待劳，因利乘便，把敌人迎头痛击，而不敢轻于尝试。至于我们海军建设的实质，应把海军的新潮，迎头赶上去，站在最高峰，彻底憬悟海军进化的过程，深究各国海军建设的计划，和他们造舰的原则。以为我国海军建设的计划，应该以法意为楷模，专注力于防御的守势。而造舰的原则，应该以德为导师，务求达到合理化、科学化、经济化。其原则如下：

一、要很经济化，而效率很大。

二、要劳力很小，而效果很大。

三、要规模很小，而战斗力很大。

四、要体质很轻，而抵抗力很大。

五、要机器很轻，用料省，而速力很大。

惟有这样，才可以得到"费力小而效率大"的实际成绩，踏上"以小破大"，"以寡胜众"的捷径。

现在凶暴的强敌，占据我们的东北，攻陷我们的热河，进窥我们的堂奥，完整的河山，已成破碎，势且濒于亡国灭种的末日。危机的尖锐化，大足寒人心胆。深愿当局者，憧憬过去，警惕将来，奋发起来，拼命赶前，整顿现成的陆军，补充坚利的武器，雄厚空防的实力，研究毒气的防御，求化学战具的迈进。对于海军的新建设，尤必须加紧注重，以固海防，决定适于实际的计划，实施易于收效的方案，务求完成我们最低限的海军力量，庶几使敌舰不得遨游我们的领海，飞机不得翱翔我们的领空，使我们的国防，跻于磐石，我们的民族，得有深重保障。

附志：作者并没有多大的学识和经验，这不过是一种热情的理想，取材容有未周，论断容或未当，希望识者指正！

二十二年二月十日于广州

东南海防问题之研究[1]

——国防建设问题之一　　戴占奎

立吾于中原，面东南而观焉，见乎波涛万顷，汪洋无际者，则太平洋也。乘长风，破万里浪，行乎斯洋之上，而顾盼其极西焉，见乎气象万千，巍然屹立者，则吾之大中华民国之大陆也。

立乎洋上，而论其西之中国，与在中国，而论其东之大洋，其为义则一，然而终以东南海防问题命为标题者，则亦有故焉。

大洋之上，他人之力，已早雄视一切，吾并领海之权，亦无之。洋上霸权，焉能一蹴而得，大言欺人，吾人不忍言也。

就现状立论，只能小其范围，吾人并不作西太平洋霸权之梦想。唯是东南海疆一万五千里，百十年来吾国家所受祸患皆在此方。然而国人方秉其传统政策以为历代边患均在西北，是以备边西北即足以措国家于磐石之安者；又以为西北地藏煤铁之量丰，农产之物盛，是以开发西北，即足以致国家于富强之域者。于是乎习焉不察，相与唱和曰：“向西北去，向西北去。”吁！有几人焉，曾亦思及东南病状之深且重耶！吁！又有几人焉，相与唱和曰：“航海去！航海去！”

吁！吾欲不作东南海防问题之研究，又乌能已！

抑有进者曩日之畿疆要隘在平津渤海之门户固，是平津隐然在堂奥之中矣。

今日者畿疆要隘在东南而财赋之区亦在东南，试问东南之防如何，则国无大计，士夫昏迷而民不问闻，欲国无危，不可得也！

---

[1] 此文发表于《大陆》1933年第1卷第9期。

夫何以畿疆要隘必在东南？吁！是又一传统之政策也。诸葛武侯谓钟山龙蟠，石城虎踞；宋濂又谓金陵为帝王之洲；东交民巷之不在南京，学士大夫安于故常，群焉和之；民又习焉不察。是定都于此，成为"国是"孰能非之。然吾窃有言焉。

方戈登之解甲归国时，曾进言李合肥曰："必将贵国都城迁离北京而后始能与外人一战⋯⋯"合肥虽深是其言而终不奏请实行者，以合肥另有规划也。合肥以为筹黄海之防者，即所以固渤海，渤海门户若有深固不摇之势，则津沽隐然在堂奥之中，而畿疆乃有磐石之安。

今渤海门户已早洞穿，而东海尤甚。东北有事则平津受惊，淞沪有事则金陵不安，是都北平与都金陵等耳。使吾有海军之力百万吨，都北平可，都金陵更无不可。且在势亦必以金陵为首选，可无疑也。

今吾仅有海军之力四万吨，而又三分其力，都北平固不可，而都金陵亦未见其可也。

夫何以见其"不可"？以吾见夫他人之舰，他人之艇，往往出入吾之领海，出入吾之堂奥自由已极。彼之飞机母舰，载飞机以俱来，不足二小时彼之飞机即可飞跃吾之都城之上，任其抛弹轰炸乎，抑迁而避之耶，威慑之下，都城乃迁往西北深山而去。是都金陵依现今形势而论诚未见其可也。

然则将奈何？曰：有一原质焉。夫国家必有政治，而政治必有重心，是为政治重心；又国家必有军事，而军事必有重心，是为军略重心。政治重心与军略重心是否应在一处，此乃另一问题。然军略常由政治而生，政治指挥军略，且也政治重心所在必赖军力保护。是故此两重心若能在同一地点，则于理于势，似均称可。

吾问东南有一要隘可为全国军略重心者乎？若果金陵有此资格，则海军之力百万吨可以雄霸西太平洋。吾于东南之国是，则取海主陆从策略。如不然者，军略重心必不能于东南求之。无已必将求之于武汉三镇，而金陵则非其选也。

国家一旦有事，全国总动员，则武汉三镇者，全国军事之总根据地也。而政治又往往指挥军事，若以军略重心寄存于政治重心中，则武汉三镇者又将为政治之重心矣。武汉形势比之洛阳、西安如何，弃武汉而入洛阳、西安则非势也。返故乡入苗山则非进化之象迹也。为国家筹百年大计者，自不得不重思之。

武汉何以能为全国军略重心，此为别一问题，当另为文论之。

李合肥乃吾国家近代史上大英雄，其眼光之远大，谋划之深沉，吾人迄今犹崇拜之。合肥于同治十三年十一月十二日在其筹议海防折内有云：

"……历代备边多在西北，其强弱之势，主客之形皆适相埒，且犹有中外之界限。今则东南海疆万余里，各国通商传教，来往自如，麋集京师及各省腹地，阳托和好之名阴怀吞噬之计，一国生事，诸国搆煽，实为数千年来未有之变局。……"

合肥明言其为数千年来未有之变局，故不能不力破成见，以求实际。实际者何？合肥有言：

"……如欲杜夷船北犯之路，必须船炮相当，以铁舰御敌之铁舰，以快船御敌之快船，再以鱼雷艇数十艘密布各岛伺便狙击，方可制胜……"（光绪十年十二月初二日覆陈海岸不能遏敌折）

振海军，防东南，即所以固国基。斯诚国是，全合肥之志趣者，有几人欤？合肥亡，海军政策与之俱亡，而东南尤岌岌乎可危。吾哭合肥，而尤嫉夫罗斯福氏海军政策之成功焉。

然说者必曰：使合肥生此时，必倡空军之政策焉。空军万能，临时救国之道舍空军别无他法可由，学士大夫又群焉和之。即吾亦重其言。吾尝不自避谬妄，亦作空军之计划矣。然间尝思之，以为凡事之有益于国家者皆可救国，岂独航空事业！航空虽万能，然尚有其不能者在。是必附具相当条件，而后航空之效能乃显，进而乃能更尽其万能救国之道。

曷言乎航空军之有所不能也？空军具有破毁力，其飞行也海阔天空，任其所至，无山川之阻，此吾人之所知也。然当其飞行之际，途程之远，有其一定数，超过其续航力之限度，危险立见，一也；空军能炸毁敌之要塞，能攻击敌之军舰，使丧失其战斗力，然而空军不能占领战略要点，而使之为根据地，二也；空军虽有公空之说，然无所谓根据地，空军虽一时据有制空权，而欲维持此既经夺获之制空权，则并其要塞即时占领之，在海应有海军，在陆应有陆军，而海军尤为重要，此空军之所不能，三也。

以空军之航续力弱（至多不过四五千里），载重量微（至多不过二十吨），抵抗力小，而欲使之历程途数万里，载重数万人，军需若干吨，抗飓风，抵暴雨，非谓空军之必不能，唯以现况立言，空军实难胜任愉快。

且如敌舰在其飞机保护下前进袭我海防要塞，吾亦应如法炮制。依东南情形论，空军只能在第一防线，而所以巩固东南防务者，则责在海军。故论东南防务者必论海军。

海洋之面，大于陆地之面，二倍有半，我有海岸线一万五千余里。海上有黄金，而我无公海之利焉；东望太平洋，汪洋无际，吾之领海也，而我无制海之权焉；西南起安南，东北迄满洲，海岸线绵延一万五千余里，而我无海防焉。使吾立于中原面东南而背西北，于东南，则我无面目；于东北，则吾之左臂已断；于西北，则吾之右臂已干枯；于北，则吾之脊背已得脊骨髓炎矣。

今之谈救国者，曰："开发西北，向西北去，向北方去；收回东北，开发东北，向东北去……"是皆荣其干枯，医其脊髓炎，接合其已断之臂，谓非谋国要图固不可得，然而其于面目，则忽而不言，存而勿论，得使吾面目争吾生存而问鼎世界，是岂计之得哉！滨太平洋岸而立者吾与美与日与俄，太平洋上有鼎力三焉曰美曰英曰日。西向而夺我之西太平洋海权者日本也。东向太平洋，日人侧目而视，苦心焦虑，智诚知不能与美英周旋洋上争一日之短长。西顾其老兄中国，曾不惨然，曰："此奇货可居也，此可取而代之也……"假使吾有公海之利，制海之权，吾之海上之力足与日本有十七之比，意者日本必将折节事吾，再揖而进其说曰："彼英美白人唇吾甚矣，吾辈黄帝苗裔同其文复同其种，吾之族类，甚为彼所贱视，平等大义，唯使君与吾始能伸之于天下；东太平洋海权，唯使君与我始得享而有之，彼英美白人强夺豪取，残人以逞，阨人自私，不仁孰甚，若不一雪此耻，将何面目立于天壤间乎！此中日亲善之真谛也……"嗟呼事变时异，吾唯中日自戕，贫血不能自活，所谓其老兄中国者，曾不能自爱以图自存，复有何力助日而争东太平洋之霸权乎？际斯时也，日本东当美国之富且强，复有英国争衡其间，西不能释我之宿怨，而用我联我以折美。于是变其方略，结欧之英法而缓和东边之美乃毅然决然远交其友而进攻其邻。以我之政乱国弱可假而取之也，出其偏师而兼弱攻昧，此亦势之所必然而亦千载一时之机，日本亦必不失之交臂者也。其参谋部定其国防线曰"国防外海防线"，二曰"国防内海防线"，三曰"国防陆地防线"。其第一外海防线，北由冈扎得加半岛[1]起，经千岛群岛折而向西南，经琉球群岛迄石（台）湾止，为一大外海国防线。其第二内海防线，则北起鞑靼海峡迤南至对马海峡，为一大内海国防线。其第三线则由桦太半岛[2]南下渡海，取满洲由高丽西向而略取河北、山东、河南以迄武汉三镇西，成其国防第三陆地防线。彼日本既不能西连中国而东当美国争太平洋上霸权，彼乃折而西向，取西太平洋海权而独揽之，占满洲顺势南下而取天津、山东，再展其威力而向西北，则其于吾之煤，于吾之铁，于吾之油，于吾之粮，将无尽限焉，囊括而并吞之。原料供给之量既充且裕，复无西顾之忧。一旦太平洋上风波大起，彼于欧于美，资源既断绝，则其于西方持有丰富资料之供给，更藏其后备兵力，夫然后乃能安心致力，控制太平洋上风波，以其东亚主人翁之资格驰骋海上，与美利坚一试好身手，以美之强恐亦莫奈之何也。

日本固天之骄子也。然而造成此种局势而我自为鱼肉者则亦我自己也，非日本也。彼欧美白人亦尝压迫欺凌日本矣，曾不能禁日本之奋发有为。人若寇我，我不责人，我唯自责。夫灭六国者，六国也，非秦也；灭秦者，秦也，非折木揭竿之徒也。彼日本岂真能侮我而取我哉！

六国及秦之亡也，既亡矣，吾人哀之。夫吾人固未届于亡也，吾人当哀而鉴之。鉴之之道则奈何？曰决不自亡也，不自亡之道在不忘海而谈陆，忘海则弃海权，谈陆则入山必深，夫弃海洋文明而入苗猺者，是自趋于野蛮，被宰治之民族也。是岂国人之所甘心哉！我国形势，被山襟海，与美相仿佛。滨海之国，国防策略则海主而陆从，英日是矣。我与美均为半海国，滨海之处，虽不能海主而陆从，则亦应海陆并重。

重海之道，应分四步骤筹划而进行之，保守现有之海岸线一也；筹海防二也；创造制海权三也；争公海之利四也。其法固如是，然其势其量其质又如何，是又必先详知他人，再体察己情而后乃能有应付之道，实施之方。

---

[1]即堪察加半岛。
[2]即库页岛。

他人者即所谓英美日再加地中海旁两强之意及法，国人所习知者所谓五强国是也。彼五强由华盛顿而日内瓦，由日内瓦而伦敦，由伦敦而又往日内瓦，会议至再至三至四，其结果则曰五五三之比，曰均等原则，而最后则曰："毫无头绪"。所谓军缩者专注意于缩他人而毫不自缩也：美日意见之参差，法意均等原则之互相责难，英人愿消除潜艇政策，皆此类也。

他人之量。兹由伦敦会议录内将五强国之军舰类别及吨数列表陈述于后。

五强国海军各舰之吨数表（一九三〇年伦敦会议调查将已建造及计划各吨数均加入）

国别 / 舰别	英	美	日	法	意
主力舰	五五六，三六〇	五〇六，一九八	二九二，四〇〇	一九四，五四七	八六，五二八
飞机母舰	一二〇，三五〇	九〇，〇八六	六八，八七〇	三二，一四五	五，三一五
大型巡洋舰（备有八时炮）	一七六，八〇〇	二三〇，〇〇〇	一〇八，〇〇〇	七〇，〇〇〇	六〇，〇〇〇
轻巡洋舰	二一七，一一一	七〇，五〇〇	九八，四一五	四九，四〇二	七〇，五七〇
驱逐舰	一九六，七六一	二九〇，三〇四	一二九，三七五	一三一，〇二九	八九，〇一九
潜水艇	六六，三六四	八七，二三二	七七，八四二	九二，九八八	三七，六六四
补助舰（飞船在外）	六五七，〇三六	六七八，〇三六	四一三，六三二	三四三，四一九	二五七，二五三

观此表之数字，岂不足以惊骇吾国人，此他人之量也。

他人之质。举例一二，以概其余：

战斗舰。

（A）英国。"纳尔逊"（Nelson）及"Rodney"两号排水量三万四千吨，其速率为每小时廿三海里又半。舰之构造至为完密，吃水部分尤极富抵抗力，四尊鱼雷之爆炸，彼固视若无睹也。十六时口径大炮计九尊，分装于三炮塔中，巍然耸立。每炮计长六十七英尺，每弹之重亦有二千四百六十一磅，射达程途为二万余码，其力则能举千吨之重于十一英丈之高，外另有六时炮计十二尊。

（B）美国。"过罗呀多"（Colorado）号三万二千六百吨，速率每小时廿一浬，吃水部分至为坚固，不易为鱼雷或水雷所害，护甲之厚由八时至十六吋。而其炮塔上四周护甲厚则为十八吋，其余则为十三吋半、十吋、五吋等等。十六吋径口炮计八尊，其长为六十呎，每尊重一百零五吨，每弹之重为二千一百磅，射达距离为三万二千码，其力则能举千吨之重于得十英丈之高也。又有五吋炮十二尊，高射炮八尊。

其次如战斗巡洋舰、驱逐舰、潜水艇等等，固各有其特质，各精心斗角，于此不能细述，举此一例，聊知他人之特质耳。

他人之势。英国本身之海岸线总长计二万四千五百余里［九〇七五哩（见《中外地理大全》）］，外殖民地之海岸线总长约十八万五千一百里，两者共计二十万九千六百余里，海岸线全长计六万五千五百海里（杜锡珪报告书）。美国本身海岸线计总延长三万三千七百五十里（一二，五〇〇英里），外殖民地海岸总延长四万七千九百五十里，两共八一，六〇〇里（二五，五〇〇海里）。日本本身海岸线总长二七，七〇〇里，殖民地海岸线长计三，〇二〇里，两者共计三〇，七二〇里（即九，六〇〇浬）。法国本身海岸线约四，〇五〇里，殖民地海岸线四五，五五〇里，两共计四九，六〇〇里（即一五，五〇〇浬）。意之本身海岸线一〇，二〇五里，殖民地计海岸线约二千里，两共计一二，一六〇里（即三，八〇〇浬）。上之所言，依各该国本身海岸线之总长言之。若概括仅就其直处而除其湾曲计之则英日之本身各有海岸线不足一万五千里，与吾国大致同其长。乃英有军舰吨数一百卅余万吨，而日亦有七十八万吨。如法如意其海岸线长不及吾国远甚，法从四千余里而拥海军力五十七万余吨，意有五千余里，亦有卅五万吨。至于美利坚，形势与我相若，唯彼拥有一百廿七万余吨大海军，而我仅有支离破碎几条破船而已，不独不能为海防，且亦不能为江防也。

既言他人之量，他人之质，他人之势矣，是属于他人者已知，知他人必效法他人，吾无所谓假想敌，吾唯求学之而已矣，学之为言效也。美与我情势相仿，效法乎美可也。

如何保守现有之海岸线乎？吾请先言其情势而后再陈其方略。中国海岸线总长一万五千里，虽无极深曲之海湾而要塞及海口则固甚多也。海岸炮台乃固守海岸及防敌之必要设备，沿岸必筹筑炮台数百千座，而于比亚士湾、大鹏湾、福州、厦门、象山港、吴淞、青岛、威海卫、烟台、秦皇岛、庙岛等处之大小军港应予筹备建筑之，尤以象山湾、胶州湾、青岛、秦皇岛为最重要。

中国沿海有四海名称，即所谓渤海、黄海、东海、南海是也。

曩日吾国创办海军有南北洋之别称，北洋大致包括渤海、黄海，而南洋包括东海、南海而言。李鸿章主办北洋海军，其论海防形势，足令吾人追怀前贤之宏谋硕划，益叹吾辈后来者之不肖不足以继前贤之志，国势较前尤为凌弱，合肥有知，当不瞑目。而吾人对此长眠英雄，自问于心能不抱愧乎？

曩日之海防情形吾人可得约略言其梗概。朝鲜吾之属国也，为障于黄海；安南吾之属国也，为障于南海；琉球群岛，吾之岛屿也，为障于东海；而台湾、澎湖群岛又为屏藩于东南。形势天然，乃吾国海军在东太平洋前进之根据地。五十年来国势日益衰弱，今请只就现状而言已。

渤海方面。昔李鸿章论北洋海防形势曰：

"……窃维旅顺威海两处并为北洋屯泊水师口岸，旅顺缩毂渤海，办防最先，十余年来逐渐经划，已成重镇，近日船坞造成，尤为海军归宿根本。大连湾、威海卫则自光绪十三年始创议分设炮台，移军填扎……"（见光绪十七年四月十五日出洋巡阅折）

又旅顺、烟台间之防务，李鸿章之计划为：

"如欲杜夷船北犯之路，必须船炮相当，以铁舰御敌之铁舰，以快船御敌之快船，再以鱼雷艇数十艘，密布各岛，伺便狙击，方可制胜。臣昔年创议订购铁甲，近复经营旅顺，修浚船澳。原以该处为北洋首冲，私冀铁甲回华，即可在彼停泊，练习水军，逐渐扩充，使渤海有重门叠户之势，津沽隐然在堂奥之中，夷船万一北犯，必顾后瞻前，不遽长驱直入，窃谓北门锁钥，计无逾于此者……"（光绪十年十二月二日覆陈海岸不能遏敌折）

李鸿章着手创议建造旅顺大石船坞及船澳厂库各项工程，合肥惨淡经营约十年始于光绪十六年九月廿七日，即一八九〇年十一月九日完工，计有大石船坞坞边修船各厂九座，计锅炉厂、机器厂、吸水锅炉厂、吸水机器厂、木作厂、铜匠厂、铸铁厂、打铁厂、电灯厂，又澳之南岸大库四座，东岸大库一座，厂库皆系铁梁铁瓦，坞澳四周联以铁道，大小起重机五座，大小码头，又于十数里外山泉中引用自来水。各种机器大致俱全，共用银一百卅一万五千四百廿两，由建议创造至成功之日止计十年，李鸿章在验收旅顺各要工折内曾云："……臣查旅顺海口居奉直东三省洋面之间，口内山围沙瓦，东西澳可泊兵船多只，三省海内设有战事，策应均极便捷，间为北洋紧要门户，……嗣后北洋海军战舰遇有损坏均可就近入坞修理，无庸借助日本香港诸石坞，洵为缓急可恃，无须糜费巨赏，从此量力筹划，逐渐扩充，将见北洋海军规模，足以雄视一切，渤海门户深固不摇，其裨益于海防大局，诚非浅鲜……"（光绪十六年十一月三日）

威海卫前者见租于英，现已收回，旅顺大连为日强租，为完全渤海门户计，自应设法努力收回。嗟呼合全国之力使东三省完璧归来，则旅顺烟台间之渤海口可以封锁，渤海内吾之舰队可保安全，而各海港湾又可自全，不受敌之直接袭击，是华北真隐然处堂奥之中矣。

唯渤海门户已伤其左臂，为今之计，当不得已而思其次。渤海沿岸可作军港及海口要塞，当然有之，如秦皇岛、大沽、龙口湾，而尤以秦皇岛、龙口湾堪称渤海之第二重要门户，修筑炮台军港以为船队及潜艇活动根据地。其次则大沽，北塘应将原有炮台修理之，并增设新炮，以为天津最后之屏藩。由北塘至山海关之蛏头沽、蒲河口、金沙嘴、老龙头等处水势较深，兵船可泊以登岸，径达华北沿海重要城市，故筑炮台以资防守，亦属必要之图，如此因由海道而图谋华北者无长驱直入之机缘矣。秦皇岛为渤海内河北省海防之根据地，系于华北安全者至重且大。龙口港居山东半岛之北，渤海口岸最重要港湾之一。保山东半岛及渤海之安全，在黄海方面为威海卫为烟台，其次则当推龙口湾为首屈一指矣。龙口湾深藏潜队，山上可筑大口径之炮台，与东边之烟台及北边之秦皇岛互相策应。又烟台沿岸西行百五十里至登州，登州至旅顺为最短之途径，约二百四十余里，有岛屿十四，星罗棋布。若能尽量利用以为防卫，则亦可以掣制旅顺之敌势，尤以近登州之庙岛群岛为最占形势，若能投以大量金钱经营军港设备，则必可控制旅顺而卫秦皇岛焉。

黄海方面。渤海者，小海也，昔有少海之称。由辽东半岛、山东半岛交抱而成，黄海为其外藩。故黄海能据守无碍，则渤海更安然无事矣。黄海之海军根据地及海口之防御地之最擅形势者为胶州湾。昔者李鸿章论胶州湾形势曰：

"……胶州地居南北洋之中，为北来第一重深水船澳，自应设法屯守以期周密……拟俟威大两处措置完密腾出饷力……次第经营……"（光绪十七年四月十五日出洋巡阅折）

胶州湾辗转仍归于吾国所有，是天仍不绝吾中华之生存也。依现今海防情势而论，若再因循坐误，而不为之经营斯诚自杀。总论胶州湾利于海防者得有六端：胶州湾为深水港一利也；德人已先为我经营早具规模二利也；有胶济路与全国干线，相连运至接陇海线而至"西北"，接平浦线而至"东南""东北"均感便利，利三也；接近于产煤区域利四也；天成险要足资屏藩，敌舰难于直接攻击利五也；至其附近去处堪作航空站，一出海口，又少商船来往，风浪鲜有，而气候又温适，利六也。凡军港应具有之必要条件，胶州湾尽有之。窃谓中国海军之大本营当在此，北向则与威海卫相呼应，以拱卫吾之小海；南向则与东海之象山湾相连而固吴淞。东望太平洋汪洋无际，使吾国家幸而能分东太平洋一杯羹者，吾必以胶州湾为发祥之地矣。嗟呼胶州湾汝之本能岂仅能卫山东半岛，与夫为北来第一重深水船澳而已哉！天之惠吾中华不可谓不厚，而我犹自暴弃，劣性民族诚可羞矣！

东海方面。东海海岸线东起江苏属之吴淞，西迄福建属之厦门，沿岸港湾有吴淞、乍浦、象山、三都澳、马尾、厦门等处，而尤以象山湾为占形势，港口两山交抱，口外诸山环立，而舟山群岛又在其前棋布于海中。其港湾本身又深入内陆约八十里，此其势形之固足资防守，自不待言。曩日李合肥创议海军以北洋水师拱卫畿辅要隘，而以南洋海军保护财赋区域，均在南方沿海四省，而尤以江浙为首要，欲措江浙于磐石之安者，必使象山港有深固不摇之势。欲使象山港有深固不摇之势，必使舟山群岛三门湾为外口之分港，福建之马尾、厦门，江苏之吴淞亦为分港，象山港与胶州港互相策应。关于吴淞之防御者至重且大，吴淞安全则沿长江流域诸省又隐然处堂奥之中矣，然而国难日急，而象山湾仍天真如故，毫无人事之修饰。谓其港口太窄，大军舰不能出入，因而置之不问耶？吾无大舰，或不凿其窄而使之宽，然若谓终民国之世而吾终无大舰其谁信之。炮台可修筑也，以防敌舰之攻入；单简港工可修筑也，以为小型舰及潜艇活动之根据地。陆上运输设备宜即计划实习，港外群岛之防御工程之亟宜进行，若不投以巨资，象山湾决不能成一良军港可断言也。吾国家若以费奢而吝惜之，则东海方面防御俱无，保江浙之安全且不可，更遑论乎控制太平洋之海权。

南海方面。沿海七省，以广东之海岸线为最长，沿海港湾颇多，而亦最占形势。其中以香港为极佳，广州湾次之，虎门为内海之次要门户，又次之，榆林港在外海方面若无多资经营则又次之矣。香港握珠江之海口，被割于英，虎门只能握珠江入海之第二重门户，而又受扼于香港。故虎门要塞之能成为内海小港，当为不得已之下策也。广州湾被租于法，彼法人曾声明若英还威海卫，则彼还广州湾。今威海卫归来矣，则吾应立即设法收回广州湾。广州湾者南海中之深水船澳而形势又极险要，实即黄海方面之胶州湾，为由西来第一重门户，南可控制琼州海峡，东可与广东湾相呼应。此而不谋，则布置南海海防情事，似感若干不便。护卫珠江，虎门当自有其负责之处。然而在南海中扩充海势，使前可控制西来之路，右可监视东京湾，后可阻塞琼州海峡，左可制香港，而护珠江海口之前锋者则榆林港也。吾人不欲兴海军则已，如不然者则南洋海军当以榆林港为锁钥焉。至于南海方面之分港，则有汕头、大德港、独厓山、海口、防城及白龙尾港等处，所以与主要港成掎角之势。沿岸形势既不能处处设防，则唯有择极占形势者数处，使整个之力分之则各能成其用。合之则尤能抗强敌，兵法所谓以长击短者是也。由印度洋来之风云或足以控制之乎，吾将以榆林港之成功与否卜之也。

吾于上文既历述吾东南四海之情势，复又指出军港要塞之所在。在吾领海廿余里内，将何以固吾领有之权，吾请得述其梗概。

自合肥李先生创办中国海军略有成就后，载洵曾复继续努力为大清帝国在十年内造成海军六十万吨之力。当时期以十年完成（预计由宣统元年起至民国七年止）。已着手实行矣，乃辛亥革命兴，此项计划大受打击，欧洲大战起乃更流产矣。自此以后，内乱纷纭。读玄楼先生责海军一文（见《海事》第五卷第八期）所序，民国之海军史则一部龌龊史也。廿年来，建树毫无，毁伤实多，言之至堪痛心。彼海军中人自亦有所谓计划矣。刘冠雄主张向美国购买战争巡洋驱逐等舰各若干艘，小型军舰各若干艘，以为购来后立即成立舰队。稍有详细规划者则为杜锡珪氏。杜氏海军计划，一面从海军教育入手，以储造人才，一面主张在十年内，建筑案分二期进行，其程序如下：

第一期五年^[1]

舰种	数量（美金）	费用	总计（美金）
巡洋舰（六千吨）	三艘（七百万）	二千一百万元	
驱逐舰（六百吨）	六艘（一百万）	六百万元	
潜水舰（四百九十吨）	六艘（百万元）	六百万元	总计四一，七六〇，〇〇〇元
飞船	十二艘（十八万元）	二百十六万元	
飞机飞雷	若干具	五百万元	

第二期五年^[2]

舰种	数量（美金）	费用	总计（美金）
巡洋舰（一万吨）（六千吨）	三艘（千万）三艘（七百万）	三千万元 二千一百万元	
驱逐舰（一千五百吨）	六艘（二百万）	一千二百万元	总计九一，〇〇〇，〇〇〇元
潜水艇（一千五百吨）	六艘（三百万）	一千八百万元	
飞机母舰	一艘	五百万元	
航空经费		五百万元	

　　杜氏之十年海军建筑计划连经常各费两共需一万万九千五百七十六万美金。若以国币计算则在八万万元以上矣。

　　陈绍宽氏在编遣会议中所提最低限度之建设计划内，除规定教育建设经费百五十万元外，其海军建筑案预算费为：

驱逐舰四艘　　　千二百万元

潜水艇二艘　　　六百万元

巡洋舰三艘　　　三千万元

飞机母舰一艘　　二千万元

　　以上总计六千九百五十万元，于两年内分期构造，每年只须筹付三千四百七十五万元，按月摊付每月不及二百九十万元。

---

〔1〕据文中数字所列。
〔2〕据文中数字所列。

自首都建立于南京，海部重设后，其训政时期之海军建设计划大致为装甲巡洋舰二艘，运舰二艘，大型驱逐舰十六艘，小型驱逐舰八艘，大型潜水艇八艘，小型潜水艇四艘，大型炮艇二艘，大型扫雷舰四艘，飞机母舰一艘，飞机五十架，其他小型军舰约不足廿艘。以后海部是否如此进行，吾人不得而知，唯依其每年所出刊物观之，决未发现其照预定年表实行。间有建造工作亦为最小之小型军舰，或有益于江防。驰骋海上，力所不逮，可断言也。

上述诸计划皆出之专家之手，吾人何敢妄参末议，至遗笑柄。然卑之无甚高论，亦不问其见笑于大雅。窃唯法意之于英美，其海军势力可谓不敌矣。法意之对策则何如？曰补助舰之增造，飞潜策略之实施，宁可与强梁者为敌，不能牺牲既定国策，伦敦海缩会议之几致破裂者以此。

中国有海盗，亦吾人所不能不承认者，若以剿海盗为建海军之对策，吾人窃敢不以为然。海上有盗与陆上多土匪，皆国家政治不安之小小不良现象。吾国陆军之多甲于他人，而土匪之不绝迹者，岂以无陆军之故欤？

夫国家建设军备，首要在能自防，而不为他人所攻，既能以守为防，夫然后乃能以攻为守。

近数年来吾国所建海军，其为力也进既不能战，即退亦不能守。而其所希剿灭水盗之功效，亦不仅见。敌人之猖獗于吾之领域，日益加甚。吁受祸之源，乃领海之权操之于敌，而守海之具丝毫不备也！去岁当淞沪受难之际，议者或以封锁长江于江阴，则上游诸城即可不受敌人威慑。吾窃广其义，若能封闭吴淞口岸则岂有浏河之失！更进而言之，若有守卫之具以防吾之全海疆，则吾之大陆仍完整也。

守卫之具如何？一言以蔽之曰潜水艇是矣。

彼海缩会议一议于华盛顿，再议于日内瓦，三议于伦敦，而决不能使会议完满实行海缩者，以日法意三国坚持潜艇防卫策略对英美毫不让步故也。

夫有大海军力者，其为势，利于攻的作战，大型军舰主义是矣。

若海军力小者，其为势，利于守的抵抗，而以奇兵胜之，潜水艇之策略是矣。归与先生论潜水艇之功效曰：

"……然潜水舰之特质则在凭藉天然水层，以为隐蔽。浮驶潜航，进攻退守，自若也；可秘密迫近敌军主力，予以有效之雷击；可深藏水中以避敌军之炮火。敌来则攻之，敌逸则待之，犹之蛛之网于天空，以捕飞虫者然。欧战当时，英之威惧法潜艇如蛇蝎者，良有以也。换言之，驱此项舰型藉为待机作战，效用綦宏。盖自敌军方面观察之，借令该海区域，而有此项舰艇潜伏之惧，无论如何警戒，俱难免于冒险，鱼雷何时袭来，殊难逆料，一舰被沉，均衡局破，影响于胜败者至著。其足以威胁主队，沮丧士气，不亦宜乎？……"（见《海事》第五卷第十一期《潜水舰之于吾国国防》）

又吾国海军专家杜锡珪先生在其考察海军报告书中述德国某海军官对吾国复兴海军之建议，亦侧重于潜艇防卫策略，兹录其言如左（二〇八页）：

"中国之海军，宜以潜水艇为主要军舰，自有海军以来，国防上之别器，无一得与潜水艇比眉者。据吾国大多数海军人员之议论，以为吾国政府于欧战前若少造价值甚巨之战斗舰，移其费用以造多数之潜水艇，则欧战之结果，吾国当不致受此奇辱……终欧战期内，吾国潜水艇击沉敌国商舰一千六百万吨，占全世界商船吨位三分之一。……中国如有潜水艇以防守各海口，吾敢谓各国决不敢再以海军示威于中国港湾之中，更不敢输送陆军登陆，凡与中国通商各国，亦断不敢轻与中国启衅，盖惧其军舰商船为潜水艇所击故也。……中国宜造潜水巡洋舰一艘……如不能多造潜水巡洋舰则莫如购置五百吨小潜水艇数十艘，小潜水艇利益甚多，举其要者如下：（一）潜水艇愈多，则毁坏敌国商舰之效力亦愈大，分布港口，防御亦愈固；（二）如为敌军所毁，小者损失较少；（三）小潜水艇，不论海水深浅皆能用之，而大潜水艇只能限于水深之海中；（四）小潜水艇，制造较速；（五）购置小潜水艇不易惹起国际间之注意。……中国海岸线甚长，而沿海可资为军舰之保护者则甚少。故潜水艇之体重，不能少于五百吨，如此虽海上风浪猛烈，亦能免于危险。潜水巡洋舰之重要武器在炮，而小潜水艇之武器在鱼雷……余以为中国向外国购造潜水艇，宜式样最新，设备最佳，使人知中国国防武器为不可侮，先声足以夺人也。……"

以上系杜氏述德国海军要员之建议，而杜氏论断亦谓：

"……其结果则认定潜水艇之为物，在国防上实为无上利器，而尤以经济能力薄弱，不能建设大规模海军之国家如吾国者更属相宜……"

一九三零年伦敦海缩会议，潜水艇之存废问题亦为该会议中主要争点之一。英美主全废，以其拥有强大海军，执掌海权，且利于攻势作战，唯惧奇兵之暗袭故耳。海上奇兵之能暗袭者，潜水艇也。日法意反对废除之议，所持理由：

日本方面："反对全废潜水艇，因其为次等海军国最重要之武器。按本国情势，须保有八万吨之现有势力。其艇型主张以二千吨为标准，反对再行减缩其型。……"

法兰西方面："反对废除潜水艇案，法国不允限制潜水艇之大小或总量，因法须备有十三万吨以为用……"

意大利方面："赞成废除潜水艇案，且有全废潜水艇之意，唯有两条件：（甲）他国须共同全废；（乙）各国须全废主力舰……"

（以上见《伦敦海军会议》五五页）

所谓全废主力舰者系墨首相之意旨，则不啻与英美海军国大开玩笑也。

吾不惮烦列举他人对潜水艇之言论者，正为今之谈国防者供给参考之材料也。

吾国家对东南防务及海军策略所取之方针如何，此种生死存亡关系，乌可忽而勿论哉？在国防建设过程中，潜艇防卫政策，应绝对成为国是，窃不揣其谬妄，略为规划之如下：

对假想敌作八成计划，拟应在念年内完成之。前十年应完成潜艇防卫计划，其纲目为：

（甲）潜水舰队之总根据地暂定为六个：

（子）渤海方面：秦皇岛。

（丑）黄海方面：威海卫、胶州湾。

（寅）东海方面：象山湾、厦门。

（卯）南海方面：虎门（或榆林港）。

（乙）舰队组织：

巡洋舰二艘，驱逐舰二艘，潜水巡洋舰一艘，潜水艇卅艘，其他。

附件

第一期五年造舰计划应造成下列各件：

六千吨级巡洋舰（六艘每艘造价约二千五百万元），计一万五千万元

六百吨级（速率应甚大）驱逐舰（六艘每艘造价四百万元），计二千四百万元

二千五百吨级巡洋潜水艇（三艘每艘造价二千万元），计六千万元

五百吨级潜水艇（一百廿艘每艘造价四百万元），计四万万八千万元

以上总计七万万一千四百万元。

以五年平均分配每年应支一万四千二百八十万元，每月应支出一千二百万元，至五年末各潜水舰队之组织大致为六千吨级巡洋舰，六百吨级驱逐舰，二千五百吨潜水舰各一艘，五百吨级潜水艇廿艘。

第二期五年造舰计划应造成下列各件：

一万吨级巡洋舰（六艘每艘造价三千五百万元），计二万万一千万元

二千吨级驱逐舰（六艘每艘造价八百万元），计一千八百万元

三千五百吨级巡洋潜水舰（三艘每艘造价三千万元），计九千万元

七百五十吨级潜水舰（卅艘每艘造价五百万元），计一万万五千万元

一千吨级潜水艇（卅艘每艘造价六百万元），计一万万八千万元

以上总计六万万四千六百万元。

以五年平均分配，每年应支一万万二千九百万元，每月应支出约千万元。至第十年末，其各潜水舰队之组织大致如上之（乙）项所订。

由第十一年起至廿年止之十年内，对假想敌海军吨数至少应作八成计划，数量方面可有少量之相差，但在质的方面，应比假想敌更加精良，或攻或守，期在必胜而后已。

吾既谬妄作此简略规划，详细办法，究如何而后可，是有待于专家之教正。大意云云，不过以国家海军策略似应如此规定而已。

海防方针既经确定，则海军建筑案之如何实施，以及材料之如何供给，吾当另为专篇述之。

吾于此篇将写完时，尚有赘语一二，请声述之，藉促国人之注意。

总理在其实业计划中除在陆地规划铁路系统之大建筑案外，又复注其全力为吾国家策划海洋事业之进行方略。

其纲目大致为：头等港三个，二等港四个，三等港九个，四等港十五个，又至少约有航行海外及沿岸商船一千万吨。建造商船应在发展实业计划中占一位置。其等级之分配：如内河之浅水舰以吃水量分级（二尺，五尺，十尺等）；鱼拖船以日期分级（一日，五日，十日等）；沿海船以载重量分级（二千吨，四千吨，六千吨）；航海船则当以一万二千吨，二万四千吨，三万六千吨以上者为分级。而吾国尤需即创立大造船场，东南防务之建设，固为国防之紧急需

要，亦即为收回海权之唯一方法。总理孙先生言之谆谆，并不如今人之片面见解，而偏重西北之开发。由海运海产二者得来之利益，并不在小。有创四海主义（海权，海产，海运，海军）救国论调者，亦不为无见也（见沈鸿烈之《四海主义救国刍议》）。抑吾更有进者，吾国文化之进展由渭河而黄河而扬子江而珠江，吾人不幸而尽止息于此"河江文化"之上，再不前进一步而建设"海洋文化"。

东南沿海七省是应定为"沿海省"，其教育方针立身训条，防务策略，皆以海洋精神贯注之。

沿海人民均应习惯海上生活，全国士大夫一致提倡海洋思想，其口号则为"航海去，航海去。"以航海而去为荣耀，以安于故常为耻辱。

或谓东南人口太密，应创移民西北之议，吁！吾所领之海上权利，将交于何人？是故航海主义应与移民西北之策略相并重，而在东南七省尤应重航海主义。

北有万里长城，南有海疆万余里，将谓胡人不来中原牧马耶？长城之藩篱已早撤，而海性之压力之迫我已百十年矣。敌人今仍海上来，吾将何往？吾往西北而去耶？曰"否，否……吾航海而东耳"。海性压力愈大，则吾之海性抗力亦愈大。因吾富有海性文化故也。海性文化之谓何？政府提倡海洋事业，沿海人民习于海洋生活，士大夫精于海洋科学。吾国人之知识力量且能征服海洋，开发海洋而有余，区区海性压力，岂有不能抗之之理！是故吾于讨论东南防务之余，对海洋文化特为附言一二，希全国有心人一致提倡之。

整顿中国海军问题[1]　　石　竹

一

现在的世界，早已由"大西洋时代"，进而为"太平洋时代"，所以和太平洋发生关系的列强，如英美日全都积极于海军的扩展，以维护它本国的利益。海军扩展的情况，就舰种说，有主力舰、巡洋舰、潜水艇和航空母舰等的分别；就吨数说，大舰排水量达三万数千吨，总吨数全在百万左右。

反观我国，立国在太平洋西岸，海岸线长约一万二千余里，而太平洋中，没有军舰的只影，实在是二十世纪的极怪现象！

我国海军，创始于前清末年，当时，军力之大，寇于日本。甲午之战，海军舰队在北洋的，全部覆灭。嗣向英德补购，稍见起色。民国以来，国家多故，坐观列强海军之互争雄长，而无力扩充。时至今日，海军军舰仅乃六七万吨，尚不及后我建设海军国——日本十分之一，言之汗颜！

海军以战斗舰为主力，以万吨和五六千吨以上巡洋舰为中坚，至潜水舰和驱逐舰，则专为防范敌人攻击之用。我国区区六七万吨之军舰，仅有小型巡洋舰、驱逐舰及炮艇，潜水舰一只不备，主力舰和航空母舰更谈不到。以排水量言，"海圻"最大，仅四千三百吨，其次，为"海容""海筹""海琛"，各二千九百吨。新建的"平海""宁海"，也不过各三千吨。再就舰龄讲，除"平海""宁海"等舰外，"海圻"等均已下水三十余年。似此养朽而排水量又小的五六十只军舰，其战斗力，较敌人之外遣舰队，犹有逊色，何足以言海防？

---

[1] 此文发表于《行健月刊》1933年第2卷第1期。

　　海军的编制和指挥，最贵统一。我国海军，独大谬不然，军舰只数虽少，但系统异常复杂。概括别之，为（一）中央系舰队内分：第一舰队，第二舰队，练习舰队，及游击舰队；（二）东北系舰队；（三）广东系舰队。挟省界的私见，门户各立，所以从未统一指挥。

　　以上系就隶属立论，更就海军将佐派别言之，可以分闽、粤、鲁三系，闽粤两系，虽互有兴仆，但目下实权，则操之闽系。社会传说，该系对于海军把持甚力，凡异己者，多被排挤以去。目前，上自部长，下迄士兵，福建人占百分之八十以上，致使一般人呼海军部为福建同乡会，言之可耻！

　　于把持以外，平日之腐败，又多有传说，据传说其著者如陆战队不驻舰上，而在福安、宁海、福鼎、霞浦、长乐、连江等县种鸦片烟，烟毒余利，要人明分。因此，稍有气节者，忿其贪鄙，羞与为伍，多洁身远引。

　　惟其腐败如此，故以偷安为能事。"一·二八"战役，十九路军前仆后继，而海军袖手旁观，且与日本舰队司令相约：炮弹不落海军舰上，决不发炮。十九路军向之借高射炮及铁板，均被拒绝！外机评论，讥我海军为收藏家。又有人说："海军，除偶有功内战外，实则坐糜巨饷，与国防毫不相关。"话虽过激，但空谷来风亦必无因！

　　至于造舰情形，尤令人百思不得其解！我国因无大规模之造船工厂，海军大部分舰艇，均购自外人，尤以购自暴日为多。近闻日人为我所造的"宁海"舰，内部构造，上重下轻，开快时，震播极甚，大小炮须用日弹，火舱须用日煤，开京一次，较他舰，耗费独多。报章传闻，虽难尽信，但日人阴险狡黠，不顾信义，诈口损害，亦在情理之中。又闻：向日本定造之舰，除"宁海"外，尚有两艘。以巨额金钱，换来脆弱窳劣的旧械废舰。果所传属实，则当局用心所在，使人如堕五里雾中，非昏聩无知，谋国不忠，即有不可告人之秘！

　　因海军腐劣，无自卫能力，加之有条约束缚，所以军港要塞，外舰均可自由出入，内河也能任意航行。扬子江中，外国军舰不下四五十艘，陆战队可以随时登陆。此种情势愈促海军效能消失，一旦有事，敌人立有制我死命的可能。

二

海军腐劣，无战斗力，已如上述，兹试进一步，研究整顿问题。近年忧国之士，蒿目时艰，整顿海军的计划，所在多有见地不同，说法互有出入。兹论述二三主要派别如下：

第一派主张：我国是大陆国家，对于国防，应采陆主海从政策，只求能维持现状，或就旧有各舰，略加整理，不必另造新舰。

第二派鉴于：我国海岸线，自黄海鸭绿江口起，至东京湾马仑河口止，长凡一万二千余里，海军在整个国防上，实占很重要的位置，以为为巩固国防计，非加大海军力不可。作这种主张的，因为他们加大海军力的方案不同，又可分为三说：

（1）董麟阁在所著《列强军备竞争与中国国防》文中，说道：以四周环境观之，国防应采三权并重政策，即使陆海空军为平均之扩展。他主张：建造海军，应以英日两国为假想敌人，英之海军实力为百十万吨，日为七十万吨，中国海军数量，最低限度，亦须与日本相等，方足敷国防之配置。以数字言，须造成下列海军力：

舰别	艘数	吨数
主力舰	一〇	三〇〇,〇〇〇
巡洋舰	二〇	一二〇,〇〇〇
驱逐舰	一〇〇	一〇〇,〇〇〇
潜水艇	一二〇	一二〇,〇〇〇
航空母舰	三	四〇,〇〇〇
海防炮舰	三〇	九〇,〇〇〇
共计七七〇,〇〇〇吨		

全国二八三艘，分为黄海、渤海、东海、南海四个主力舰队，此外，以相当配置，组成四个江防舰队，分驻于长江、松花江、珠江和黑龙江，则江海巩固无虞，沿海七省，安如泰山。

（2）何应钦认为海军对于国防，虽极重要，然自甲午以后，一蹶不振，欲起而与列强抗争，因财力之穷困，与造舰之不及，决非目前可能之事，惟有就原有军舰大加整理，并须多造轻而易举的潜艇，以资拱卫。

（3）陈绍宽在海军建设计划书中，拟确：添造驱逐舰四艘，潜水艇二艘，巡洋舰三艘，飞机母舰一艘。曾请准中央拨海军建设费，年为一千一百三十一万余元，嗣经立法院权衡缓急，由该数划出一千一百万，作建设空军之用，海军部力持异议，经财政部允在设法补救，始告妥协。海军部现正依照所拟计划，制购小舰。

第三派认为：中国海军，不希望去打人，以能供国防上防御侵略之用为已足。所以主张废除旧舰或停止制造小型舰，专造潜艇，以资防守：

（1）监察委员高友唐，今年七月，过济谈话，海军年费数百万，等于无海军，何若胜出此数，再加以售舰所得，购潜水艇二百只，二百只小艇，防守海口，胜于无用军舰多多。嗣监察院提出弹劾海军部案，亦作同样主张，略谓：国家年糜千万巨款，养此纸糊海军何用？请毅然废除无用海军，将各舰改作商船，驶行外洋，以运货载客，即胜出此项饷糈，改建潜水艇，以固国防。

（2）三中全会，中委孙科单所提"只中国力，拯救危亡"一案，关于海军，主张：注力于潜水艇、鱼雷艇之建造，不适于国防之军艇应停止建造，酌量改为商船。

上述各种意见，综括起来说：第一派是采主陆海从政策，主张维持现状，加以整顿；第二派里，董说为三权并进政策，何说为潜艇防护政策，陈说为小型舰艇政策，全是主张增大实力，添造新舰；第三派则主张：废除旧舰，改弦更张。何的潜艇防护政策与陈之小型艇政策，见解虽有不同，但不愿废除旧舰和建造主力舰，是一致的。就前者言，与高友唐和孙科等意见相违，就后者言，与董麟阁的说法也不同。至高孙等的建购潜水艇的意见，就置重潜艇说，当然与何应钦的主张是相同的。

三

海军应当整顿，毫无疑义，惟办法既各执一词，究应采用哪个，或另外能想出更好的办法，实应加以审密研究。

海军的腐败情形，如果属实，则剔除积弊，刻不容缓！为海军毫无战斗力，舰艇之缺乏窳劣，固然是主要原因，但海军将士，确也不知振作。甲午战后，假如能发奋图强，迄今三十余年，至少可以养成相当实力，何至像目前之虚糜饷款，海盗亦且不能制服！剔除积弊，举其要者言之，约有三端：

（1）严禁把持。海军用人行政，不容一人一系把持，视为私产，应集中人才，努力筹划一切改善方略；

（2）整饬军纪。严禁陆战队登陆种植鸦片和保护私迟烟土；

（3）监督购械。目前我国国防的对象，就是侵略我国最急者，厥为暴日。日人对于我国之军实和一切军事设备，无时不在侦查或阴谋破坏中，向其购置军实，无异与虎谋皮！以同数款项，自造或向他国订造，精锐必能过之。此外，报载：海军部向日本制舰购炮，每有浮报价值情事；又往往以旧涂新，混充新炮，滥支经费。故此后对于购械，应加以监督，严禁向日订购和徇私中饱。

小型舰艇政策，是在模仿法国，想以小型舰艇，牵制大型舰艇，扰乱敌人领海，使大舰首尾不能相顾。但小型舰艇，吨位小，炮力弱，战斗力有限，不能发挥威力。前项计划，无由实现。况攻既不能，守亦不济，使用期短，空耗国帑，实非上策。

大型舰艇之制造，费时久而需款多，实在是财政时间两有不及。所以最低限度，须造与日本相等海军数量，大非易事。惟国防计划，乃百年大计，非一朝一夕之谋，眼光应远，着手当快，现虽财政支绌外患紧迫，但国防基础，不可不早日确立，也就是大规模的国防舰队，不能不设法着手筹划建造。

惟一的两全之策，一方能应急需同时并容缓筹经费，是逐步建造的计划，这个计划，分应急和治本两种步骤，应急的，是从速建造潜艇；治本的，是分期建造全部军舰。以下更详加说明：

（1）从速建造潜艇。欧战时，德国每只潜艇，平均轰沉协约国军舰及商船一二六七八吨之多，效力至为伟大。建造潜艇一只，需款约三百万元，一年即可完成，时间经济，两皆合算。一只以三百万元计，建造一百只，不过需款三万万元。目前，全国军费年在二万万元以上，假令裁减陆军四十万人，每年可省饷款一万万元，一百只潜艇，三年便可完成建造。列强已造成的潜艇：英为五四只，美为一二一只，日为六八只。我造潜艇一百只，初步已敷应用，二次大战即于一九三六年以前发生，亦无所惧。况已造成之潜艇，将来可为整个舰队的一部，不致为用期短，空耗国帑。

（2）分期建造全部军舰。建造全部军舰，需款极多，实非短时期内，所能为力，不得不假以时日。又我国国防，既以自卫为方针，第一步，自应依据正在侵略或即将侵略我国的敌人之海军力，作建造计划之标准；第二步，始能预想将来的敌人，而为之备。作战一事，攻守易势，守者，以逸待劳，因利乘便，攻者，既不能罄所有舰队出发，而中途劳倾，更灭杀实力。所以我防敌人海军来攻，建陆大成以上的舰艇便可。日本海军总吨数为七〇三,七八三吨，以六成计，我应建造四二二,〇〇〇吨，兹按舰别分配如下：

舰别	只数	吨数
主力舰	三	九四,〇〇〇
巡洋舰	二六	五九,二〇〇
驱逐舰	五五	六〇,〇〇〇
航空母舰	二	一〇二,八〇〇
海防炮舰	一六	六,〇〇〇
潜水艇	一〇〇	一〇〇,〇〇〇
共计四二二,〇〇〇吨		

前表除潜水艇不必另造外，计主力舰三只，需款六千万元，巡洋舰二六只，需款二万六千万元，驱逐舰五五只，需款一万六千五百万元，航空母舰二只，需款四千万元，海防炮舰一六只，需款四百万元，总计五万二千九百万元，就中海防炮舰，因我国现有的，或可勉强使用，所余应筹之款，为五万二千九百万元，此数虽巨，若分十年凑足，每年不过负担五千二百五十万元，实非难事。第二步计划，为期尚远兹从略。

最后，有尤应注意，并努力筹划者两事：

（1）建设大规模造船工厂。我国从亡清末造，以至今日，数十年间，大部分舰艇，均购自异国，漏巵过巨，俯仰依人，且军事秘密，不克保持，为计之拙，最过如此。为补救计，此后自必自行设厂建造。查造船工厂，已往所设的，有马尾船政局，江南造船所和黄埔造船厂等，惜规模狭小，设备简陋。兹既决计造成强大海军，当须先设大规模海军造船工厂，而为一劳永逸之计。

（2）创立海军学校。海军现无正式教育机关，所有海军人才，一部分是留学归来，其余多为前清水师学堂出身，前者，人数有限，后者，日就衰老。为养老成多数海军人才，效命将来计，不可不立即创立海军学校。至于海防的应急办法，既采潜艇防护政策，专门人才也必须设法养成，所以潜航训练所，更有从速尽先创立的必要。

中国海军与人才[1]　允　文

　　我国以五千英里延长的海岸线，而海军实力不及四万吨，较之英、美、日本、法、德、意诸大海军国，有百数十万吨的舰队，固瞠乎人后，即西班牙、土耳其、希腊、荷兰、瑞典、阿根廷等小海军国，尚有十余万吨的舰艇，亦望尘莫及，言念及此，我国何有海军之可言？更遑论乎海军的人才？

　　研究我国海军不振的原因，自由于内乱频仍，政治不能统一，财政困难，更无希望有建设新海军的可能。甚至社会民众，亦无海军兴衰，关系国运隆替的认识。故我国自清同治丙寅左宗棠、李鸿章奏请议兴海政以来，有七十年的历史，此七十年间，在甲午以前，曾有过七千余吨巨大的巡洋舰，及有七八万吨的小舰艇，不幸中日之役，全部被歼，而甲午以后，虽有购置，亦属有限。尤可痛心的，民元以后，至国民政府成立以前，不曾有过一艘的新建造。国民政府以建都南京的关系，及鉴于一次拒孙，两次西征的成绩，始渐次有建造海军的认识，并经现在海军当局的惨淡经营，始有"咸宁""永绥""民生""民权""逸仙""宁海"的建造，但每年海军经费的支出，亦不过四百余万元，仅及陆军一师的经常费，环境如斯，按能使海军有伟大的成就呢？

　　海军不振的原因，虽由客观条件之不许可，然海军人才的短绌，亦为社会所公认。而自甲午以后，主持海军的都是海军学校出身的学生，更须负有相当的责任。惟社会方面因海军与社会的隔膜，故对于海军的内容及海军人才的认识，不甚明了，而海军中人亦因生活于舰艇之上，与社会接触交涉自少，亦自

---

　　〔1〕此文发表于《中华周报》1933年第82、83期。

外于社会。比如"一·二八"淞沪战役，社会不知现代海军战的趋势，及审度我国海军的无力，对于海军的不战，攻击得体无完肤，而海军亦不甚求社会的谅解，大有笑骂任他笑骂之概。海军与国家关系如斯之大，而社会与海军隔膜若是之深，海军复兴之难，不是无因的了。

我国海军虽不足有为，然海岸线延长如我国，总不能无海军，而谋复兴我国的海军，总不能又从整顿目前的海军着手，而我国过去与现在的海军的人才，亦大有探讨的必要。

我们于叙述海军人才之先，有需特别声明的，就是社会方面多数认为海军为闽人所把持，海军的不振，闽人应负其责任；益以非闽人的海军系，又极其抨击的能事，使社会感觉非去闽人，海军无复兴的希望。但我们如平心静气来观察，就晓得事实不是这件简单，闽人之于海军，功罪自当另论，而其历史的发达，则为不可掩的事实。左李议兴海政之时，即以沈葆桢主持福州马尾船政学校，这是历史的事实。益以硁硁自守的闽人特有的性质，于是形成了今日海军的闽系势力。壬戌广州温树德之变，以至于今日的东北舰队，我国海军遂有所谓闽系以外的海军势力，而其成就，试问胜于闽系者何在？

民国以前的海政，因满人统治的关系，故光绪乙酉海军衙门成立，派醇亲王总理海军事宜，庆郡王、李鸿章为会办，善庆、曾纪泽为帮办，以李鸿章的远识，始有甲午以前的海军建设，不幸中日之役，全军尽覆，当时统率海军的丁汝昌提督，虽死难威海，忠勇可嘉，惟据海军界中人谈，谓丁汝昌自三山岛败后，退至威海之时，尚有"靖远""镇海"二十余艘的舰艇，苦丁为保存海军实力计，尚可冲出重围，兼程南下，何至于全部俱歼了。战后廷议有毁除废舰之论，幸李鸿章力持不可，并复渐次购置，始有今日的海军，不然吾国早成了无海军之国。故论海军往事，我们终不能不认李鸿章尚识大体。

当时海军衙门虽由醇亲王主持，而总理南北洋海军广东水师提督，由己亥至乙巳，仍由海军出身之叶祖珪负责。辛丑和议告成之时，议和大臣又一度建议出售"海天""海圻""海容""海筹""海琛"等五巡洋舰，经叶以去就力争，始作罢论。叶又积极建设新海军如"四江""六楚"，及各鱼雷艇，均于是时向外国订购。后叶以积劳病故，由帮办萨镇冰升任，总理南北洋海军广东水师提督，另升沈寿堃为帮办。萨氏在职垂十年，至辛亥革命后，始解职，民国以后，又复一度充任海军部长，并摄阁揆。当萨在清末总理海军时代，清廷曾一度设立海军处及海军大臣，但均为期甚暂，无可叙述，而戊申廷议筹办海军办事处萨镇冰仍与贝勒载洵，同为筹办海军大臣，故海军界资望之隆，无出萨氏之右。兹考其在总理海军提督任内所设施之可纪者，为先后奏请添置军舰，向英订造"应瑞""肇和"，向法[1]订造"建康""豫章""同安""江鲲""江犀"，向日订造"永丰""永翔"，在江南造船所自行建造"永绩""永健"等舰，此系继续叶祖珪未竟之志。其他为派送学生赴欧美各国学习驾驶、轮机、制造，先后有二百余人之多，并建议派舰巡阅南洋，宣慰华侨，及改订海军编制，分为巡洋与长江两舰队，以程璧光、沈寿堃分任司令。并拟在浙江象山建筑海军军港，亲自与贝勒载洵分赴各国考察海军，以期复兴中国的海军，其个性复能以廉价介自持，以树今日海军清廉的风气，可惜他无勇敢豪迈之气，致虽有复兴海军的可能与趋势，而终于错过了机会且其个性唯唯诺诺，易被群小所包围，致其措施有许多不满人意之处。论者谓海军萎靡之风，与淫奢之习，系萨氏所养成，可谓责备贤者之论了。

辛亥革命，萨镇冰以政治关系，自不能维持海军领袖的地位，而程璧光又奉命游弋海外，一时无中心领导的人物，致毛仲芳树沪江海军舰队于上海，吴振南设海军处于镇江都督府内，而九江马毓宝都督又将留在皖、鄂、赣之各舰艇，编为一二两舰队，以黄钟瑛为第一舰队司令，汤芗铭为第二舰队司令，陷海军于四分五裂之局。时海军各舰长杜锡珪等以海军无统一机关，饷糈无着，派遣代表集议于上海，筹组海军最高机关，并选举程璧光为总司令，黄钟瑛为副司令，黄裳治、毛仲芳为总副参谋长，其他机关，一律取消，使指挥得以统一。时程璧光率舰在英，尚未返国，遂由黄钟瑛代理。后孙中山先生返国，南京政府成立，海军部长亦由黄兼充。黄在海军界颇孚众望，又复干练有为，故海军统一之局，能由他一手造成。不幸孙中山先生退位，由袁世凯另任刘冠雄为海军部长，而黄未竟其志而殁。

民元统一以后，国民政府成立以前，海军领袖的变迁，于未叙述前当先将海军系统介绍一下。

---

〔1〕应为德国。

（一）海军部隶属于国务院，为海军最高的行政机关，民国元年三月十日袁世凯任大总统后，即由刘冠雄任海军部长，至袁氏死后始解职。民五黎元洪继任，改任程璧光长海军，民六国会解散，程率舰赴粤，冯国璋为总统，又令刘冠雄复职。民七徐世昌任总统，萨镇冰入长海军。民九奉直战起，李鼎新入靳云鹏内阁任海军部部长，至民十之执政府成立，李始去职，由林建章继。民十四执政失败，奉直联军入京，由杜锡珪长海部，至吴佩孚失败，杜亦去职。张作霖元帅府成立，北京海军部遂取消。

（二）海军总司令部为海军最高的军令机关。民元黄钟瑛代程璧光为第一任总司令，民二黄因病去职，由李鼎新继任。民四因"肇和"案件发生，裁撤海军总司令处，另设海军总轮机处于南京。民五李鼎新以争复国会事，复以海军总司令名义宣布独立。民六六月程璧光解海军总长职后，调为海军总司令，时值孙中山先生赴粤倡组护法政府于广东。程璧光遂率第一队司令林葆怿及"海圻""海琛""飞鹰""永丰""永翔""豫章""同安""舞凤""楚豫""福安"等舰赴粤，北京政府遂以饶怀文署海军总司令，移司令部于南京，其后蓝建枢、蒋拯、杜锡珪相继任总司令，至民十三杜以执政府取消辞职，由杨树庄代理，至总司令制废除而止。

（三）程璧光所统率林葆怿等赴粤的护法海军，因海珠之变，程氏被刺，由林葆怿代程为广东海军领袖，旋七总裁的广东政学会政府解体，林葆怿亦随之去职，由"肇和"舰长林永谟升代。民十一温树德树仇闽旗帜，林等被逐，而闽人在广东舰队的势力，完全被其扫除净尽。然温以北人亦不堪粤人的排挤，率舰北上，形成渤海舰队，不料温以水手专横，不能统率所部，由凌霄降服奉系，始有沈鸿烈领袖的东北海军出现。至残留广东的舰队"中山""飞鹰"等舰由陈策组成广东舰队，民廿一被陈济棠飞机炸毁，亦归消灭。

故民元以后的海军人才的叙述，当先由刘冠雄说起。刘在清时，累迁至"海天"舰长，于光绪甲辰奉命赶赴江阴，至吴淞口的鼎星岛，过雾触礁而沉没，按法应当绞死，时袁世凯为北洋大臣，宥之，仅革职处分。及民国元年南北和议之际，刘冠雄从南京政府所得海军代表的资格，始被袁世凯擢为海军部长，前后任六年久，刘在海军界虽以驾驶失慎而触礁，但颇有干才，在其部长任内，关于海军各项法规的订定，颇为完备。并设海军编史处，聘严复编辑海军实纪，他如应付癸丑的革命，裁撤卫队，改编海军陆战队等，勇于任事，且颇得体，可惜刘氏贪墨成性，忘却海军前途及国家的利益，不然刘在任时，适值袁世凯大借款成功，如欲建设新海军，当不至经费之无者，国防也不至荏弱至是。

程璧光在海军界的资望，仅逊萨镇冰一筹，而勇敢善战，则为萨镇冰所不及。清末程氏率海军游弋海外，倡议护商保侨，在英美各国考察期间，尤努力于研究海军复兴的计划，并颇明了国际的现势，认非扩张海军不足以图强。可惜他在海军部长任内，期间极为短促，且值国内纷乱之时，不足以言建设新海军，致程氏虽有复兴海军的志愿，而不能达。而护法之役，肇海军分裂之基，使中国积弱的海军，至今仍无统一之望，程氏实负有重责。我们并不反对程氏的护法，不过那时程氏身任海军总司令，全军均在其领导之下，原有统率全部舰队南下的可能，那时如全部南下，何至有今日海军的分裂呢？

李鼎新于民国五年，曾以恢复国会，统率海军独立，在海军军人中，似有新颖的脑筋，殊不知李氏此举实有所为而发。因为李在海军总司令任内，曾因"肇和"案件，而被裁撤，时值一队司令林葆怿资望尚浅，不敢有所表示，李氏遂得领衔发表独立的宣言。旋以国会恢复，海军独立的目的已达，李始取消独立，调充将军府将军。民九靳阁成立，萨因事去职，李遂继任海军总长。李氏为人平庸，又值北方军阀内讧剧烈之时，故尸位四年，毫无成绩之可言。

林建章在海军资望尚浅，徒以安福派曾毓隽的关系，与段颇为接近。当段孙张三角联盟成立之时，林率第一舰队司令周兆瑞独立于上海，虽肇海军再度分裂的事实，但是时安福派除浙江的卢永祥外，无适当的地盘，因是独立各舰艇，仍能安驻上海，复以闽人之故，始能相安无事。段氏入京执政，林遂被任为海军部长。林才虽平庸，而野心殊大，海军不至再度分裂总算是侥幸的了。

杜锡珪在海军界中负有干才之名，颇为一般所赏识。民初任第二舰队司令时，即崭露头角，孙中山先生曾目之为海军杰出之才。癸丑二次革命，民六护法之役，孙中山先生曾亲自邀杜加入革命团体，杜均婉辞拒绝，并示中国海军不可分裂之意。民九始继蒋拯为海军总司令，颇能严厉治军，以挽海军萎靡的风尚，惜其与北方军阀吴佩孚相结纳，故段氏的执政府成立，杜不得不卸去总司令职务。民十四吴张联合的摄阁成立，杜以海长并摄阁揆，惟是时国内军阀尚在混战中，财政困竭，达于极点，海军行政及经常费用，尚难维持，何论乎建设新海军？惟杜选拔贤才，颇能得力，如现今海军当局陈绍宽、陈季良辈，均系杜在海军领袖任内所识拔，而加以提挈。国民政府时代，曾令其前往欧美、日本考察海军，经年始还。其所著考察列强海军报告书，关于中国今后复兴海军的策划，论列颇为周详，足为惟一的参考资料。

其他饶怀文、蓝建枢、蒋拯三总司令，均未充任海军部长，且在总司令任内，为期太短，毫无建白。

林葆怿、林永谟均曾一度为西南的海军领袖，而其不能有所作为，环境所限，是重大的原因。而林葆怿处事蹰跚，永谟则荒庸老朽，更无应付环境的能力，遂肇广州海军之变，而形成今日不统一之局。

温树德自壬戌在粤驱逐闽籍海军军人后，始露头角，且以能改造海军新环境自负，所惜有目的而无办法，有改造海军的宏愿，而无统制海军的能力，个人挥金如土，又不能与士卒同共甘苦，既不能创造环境，又不能应付环境，卒以上受制于地方政府，下被水手军官所弄权（因闽人军官被逐以后，一时无法添补，只得以资深之水手代理），不得不率舰去粤，最后竟溜之大吉，其一手造成之渤海舰队，无条件奉送与奉天军阀，为人作嫁，温氏可以当之了。

杨树庄之卸去海军领袖责任，仅及年余，而晚近海军在国民政府有今日的地位，未始非杨氏一手所造成。在国民革命军底定武汉之先，少壮海军军官曾有加入革命的意向，杨能见风转舵，以迅速的手段宣告易帜，使海军不至再兆分裂的事实，全是杨氏之力。杨数年来即藉海军领袖的资格，与蒋冯阎李各集团军总司令立于同等的地位，并取得国民政府委员、中央委员，成为国民党的元勋，且复兼理闽政有年，实足造成大有作为的时势。惜其庸懦无能，致着着失败，使海军前途一线的希望，到头又没有着落，这实在是海军近年最大的一椿憾事。

现在海军领袖为少壮的海军军人陈绍宽。陈在晚近海军司令中资望尚浅，惟以第二舰队司令之故，抗孙，西征，颇著殊功，且复代部有年，始能继杨而为海军领袖。陈氏鸡鸣而起，孳孳为军，终日不倦，毫不懈怠。数年以来于困竭财政中，努力筹划，先后建造"咸宁""永绩""民生""民权""逸仙""宁海"各舰，及"海宁""抚宁"十艘小炮艇，实开民元以后海军建设的纪录。惟距海军复兴策划，及现代海军的轮廓尚远。陈氏断片地建造海军，虽不无予人以可议之处，但这是为国家财力所限，并非陈氏之过，而其精勤奋发之处，不失为新都松懈政象中，一线光明，则殊值得称道的了。

东北舰队司令沈鸿烈以前清生员，而留学日本海军，毕业返国以后，虽始终未赴舰队服务，而对海军的军权，却抱莫大野心。自任东北舰队司令后，负隅青岛，始终为海军统一的阻碍，可见其野心所在。日前为部下所刺，喧传原因为克扣军饷，故部下提出的要求中，有发清三个月欠饷一项，并要求免沈之职，改任参谋长为司令，就此次变化观之，沈氏的操守与治军，可以不言而喻了。

我国海军的过去与现在略如上述，惟记者非海军中人，姑就所闻所见拉什写出，并切盼海军当局懔责任之重，全国上下共谋海军复兴计划，以固国防，以雪国耻，这是我们对于今后海军的一种期望了。

日本海上新形势压迫下之我国[1]　杞　贤

　　呜呼，我国其恁矣，以日本一岛国，越海而侵我，我之与周旋，不与之战于上海，而与之相搏斗于长城险砦之间。近且险阻失凭，昔日之郊畿累卵，入寇之凶烽在望。又我之与日战，不以舰，不以舰炮，不以其他之海军兵器，以及沿岸要塞之炮火等，而乃以白刃，兼其他之杀敌力微之兵械，以御敌之飞机、坦克车，以及装甲车等，是之谓人多方以乘我，而我以单弱应之，人自远来攻，而我近保亦不能。噫，此其故何哉。曰此我国之外防既失，而内守有莫能自巩之势，则有以致之，其远因有不可不深长思也。

　　则窃以为一国之外防，其在海国与有海岸线国，每当以所谓海者当之。盖海者，其效用在战略上言之，积极的可循之以攻人，消极的则亦易设防以防人之来攻。故海非惟为富源，抑亦为天险。海因其险而防之，人每攻之不易克。此其原因，无待烦言。惟反之，脱海之天险，而如或被人所制，则即可谓国之外防已失。故自来欲由海上攻人之陆者，未有不先劫其海。因之欲防之人由海上攻我陆者，亦未有不先防其海。海失则陆及，陆及而日蹙千里，盖至是而海非复为我用，转为敌攻我之通途，循是以效其后继联络之用。斯其事例，又无待举。惟有一事，吾人不妨略及之，以征海陆相关之切。即上次世界大战之既爆发，德之与英以海军相持于北海方面，英军势力，实有以凌驾德军。顾英以恐德之袭人其本土，运兵上陆，每慎重以将事，未敢稍疏于防范。夫如此，则亦足证失海而涉及陆，其危险性之重大为何如矣。

―――――――

〔1〕此文发表于《四海半月刊》1933年第4卷第4期。

顷者吾人如环顾我国海岸，盖无处不呈海全失而陆已及之现象。所异者其之所有切、弛、程度，稍有不同。要之外防尽弛。嗟蚕食之频来，实鲸吞为之始。而考之日本之在我国，早已臻舍海就陆之程度。盖所谓日之舍海者，非云其之侵我，不须再须利用海，为其通途。第谓其对我，其之以其全力竞海之时期已过。至今者且凭其就陆已厚之基础，大逞其吞噬。譬之于盗，盖如日者，非第为入夺门之獍，而业为袪箧之雄。且其袪箧，非云先入自室外，而早已在室内。此证之日之历来早有其驻兵于南满铁道区域以内者可见。设曰不然，吾人试思设日之为其"九一八"案之暴变，而必须借兵于其本邦，其济事宁能如彼其易。再者，吾人夙夕恒思，倘日而果欲进犯平津者，其所循之途或且由海。良以我国于平津，向海之门户大敞。日舰如来，其兵登陆匪难。此为共知之事，毋庸讳言。顾乃揆之近日形势，彼倭如再西侵，则循陆而进，虽当遇抵抗较多，但其亦非不能达。此又户晓，不待阐知。呜呼，日之踞陆已深，故我国之有海，转觉防敌无用。因以可云我国在今日，已无事于防海。转不如弃之，倒为直截痛快。此为自"九一八事变"以还，我国人士戒于海之无可防，且防之亦无其方，因以盛倡弃沿海岸各地之说，乃吾人仍哓哓于海防之当重，且欲借国难日急之机，以向国人申其当头棒喝之警，诚窃自嗤其执，而滋为达者所笑。吁，宁不痛哉，宁不痛哉。盖窃尝谓日本在我国，其所有制海权，除在我国南部（台湾海峡以南），其巩固程度之如何，仍成为问题外，其在我国北部，则确已达到极巩固之地位。此其为说，吾人申之至再，兹不赘详。综之则曰，若中日战役，若日俄战役，为其在高丽于满洲两地，争其上陆权之战。同时，亦即为其争环此二大陆之海之战。迭战而胜，陆海均得。自此以还，日本于我国北部，于海顾虑盖寡（尤以自德退出胶州湾，英返还威海卫后为然）。盖虽中日战后，辽东半岛，曾还中国，一时日本在满洲陆上基础动摇。然我国之海军固已丧败无遗，此为日本于我国海上，仍收全胜之效，有以斩我国海军之命脉，使我国海上实力无存。次之败俄，俄之远东舰队，至今未能再复，致俄不能再控制远东。斯为日之在我国北部，乃至在西太平洋北部，有其独霸自雄基础之所由。其结果，是惟日有以制亚东之海，故有以攘亚东之陆。尤惟有以制我国之海，故有以攘我国之陆。自非然者，使我国而存有力之海军，乃至或使俄国在远东，而存相当力量之海军，吾敢决定日之在亚东，其凶焰决不致若今日之张。乃即使日本在满洲陆上有相当力量之陆军，其侵我必不能若今日之甚。盖彼诚恐难得逞于陆，或有以见阨于海。见阨于海则陆绝，虽得而仍复失。吁，以我国海之既被彼制，故彼遂肆行无忌于陆。然则宁非失陆自失海始，而我国今日陆之相继被攘，其远因远种于数十年前海上覆军之役。曰，我国外防之既失，则内守有莫能自巩之势，斯就海陆相关之势言，亦宁非其切不磨之至理哉。亦宁非暴日西犯，而我国不能战于海，无力战于海，因以白刃与杀敌力微之兵器，与敌之飞机、坦克车，以及装甲车等相周旋于长城巉岩间之所由哉。盖我方张皇于外，而彼已长驱于内。若此亦宁非陆失而海在相当情形下，已无可为御，而陆之失，实由于失海在先哉。

吁，为祸益烈，其患方张。日之凌人，势其迫矣。虽然，亦讵能如目前之局面，而即足止其贪心哉。席卷宇内，为日人所抱无厌之求。夷我为县，惟三岛伸张之的。虽其进行，或当有阶段停顿。要其野心大欲，非经一次世界大惩创，似不足警其冥顽。而其所谓海上新形势者，近且垂垂以成矣。盖日人近者尝申言停止进攻，似犹猫之对鼠笑慰曰，吾不欲噬尔，尔毋恐，其可信哉。日人之心忍，忍则遇事之无论如何艰难挫折，辗转莫前，亦必竭其所能，务求遂其所望而后已。且其心警，警则善于应变，每有以乘各方之弱。日人具有此二长，故其在国际局面，每能于迂回百折中，求出其一条奔赴目之途。此可征之于日本对外攘地往事而可见。尤征之于满洲问题之有无数变更往事，以及此次利用世界各国，莫如彼何之机会，以全力困我，而因以踌躇满志，为更可见。嗣后我国如不认明日人之具有此二性，则其受害，将终无已。兹者吾人请申论日人之改造海上新形势问题，即吾人以为日本在我国，其多得陆固矣。且更有唾手可得的大陆，无穷尽的展布在彼之面前，以供其攘取。其或取之无已矣乎，此固彼之所大愿。然同时彼于海之方面，顿发生有新问题者。即日本随最近在亚东大陆所得陆地之增大，其在亚东之海上势力，乃至在西太平洋上，以至在全太平洋上之海上势力，非重行增厚不可。良以自昔由海以得陆，而自今则渐入巩海以保陆之时期。至少亦为海陆兼张至时期。盖巩海所以保陆，张海亦所以张陆。此后日本在最近之将来期间内，或采取保陆主义，或采取张陆主义，吾人暂不予断定。要之张海则兼足以收巩海之效。此为日本在满洲事变发生后，其国人之主张增厚海军势力者，日见增盛之由。且已多见之事征。谓余不信，请征之如下二例。庶立论之有证，非徒托之空言而止。

一

自来在日内瓦裁军会议，各大海军国多有提案，对于海军裁减，关于质，虽多有意见之相出入。但关于量，则多半主张从减。其著者，可以胡佛提案为例。至如日本，以所处地理特殊为理由，主张其国之海军，关于量亦须从增。独自外于众议，申自利之偏见。此征之日本所提出于日内瓦裁军会议之裁军案可见。斯非张海，其义云何。日本迤逦以至最近，其国代表之将应美邀以赴美，日前海军当局，有往访代表石井者，商谈关于华盛顿会议日本海军之立场，申述下列三点。曰，一，日海军对于世界和平事业，虽愿予以赞助，但对于以欧洲为本位之裁军案，则碍难赞同。二，因是日海军方面，现特根据伦敦条约第二十三条关于保留权利之规定，主张在一九三五年之世界海军会议中，立于完全自由之立场，并将提出新主张。三，关于空军问题，因日本方面之发展，较列强为晚，故碍难接受以欧洲为本位之军缩方针。如是云云，固益见日本主张张海之说，甚为积极。反世界之趋势，以遂其独尊之愿。其所云日本海军，碍难赞同以欧洲为本位之裁军案，则其所主以为日本裁军案之本位者维何，曰，亚洲。亚洲者维何，曰，亚洲者日本之亚洲。日本海军之裁军案，以是为本位。而方今之亚洲，正图以尽括入日本之贪囊中。依情度势，应此雄图，日之海军，固惟愈张愈好，云何其裁。盖照此解说，实为日本对于海军裁军案之真确见解。但此非曰裁军案，实可曰日本海军张军案。而顾日本辄自付以理由，曰，此以亚洲为本位，而成立日本之海军裁军之对案者也。虽曰非裁，本位则宜。吾人今问日本之欲以亚洲为其张海军单位，则其土将谁荐食。而遭其荐食者，其在海上，尚有对日存在之余地哉，抑此语非当，吾人宜问，日本之欲以亚洲为其张海军单位，则凡在亚洲与日本在海上对立者，其尚有余海哉。夫凡若此，为世界各国之与亚洲有其利害关系者之所大忌，而我国首当其冲。而顾日本不顾，曰，主张在一九三五年世界海军会议中，立于完全自由之立场，并将提出新主张。是征日本观察，谓目前裁军会议，必无所成。故以远推想夫在一九三五年世界海军会议中，其之所宜主张者维何。使其所观察而中，吾人固将见一九三五年之世界海军会议，将呈一种不可思议之现象。总之，日本因主张张海，兼主张张其海军，斯其事势，万无可免，为今日可预知之事。

二

近者日本既于满洲国设立海军部，以司指挥满洲国海军事宜。而满洲国从事创兴海军之说，又时有所闻。是皆征日本在满洲方面关于海军有乘机动作之象（近按东京通信，日本政府有以其旧战舰，拨归满洲国，为其国防之用。而自行造新战舰以替代之之说。其事尚待证实，故暂略之不论）。夫按事理言，日本之是否欲满洲国自有其海军，系一疑问。盖臣藩之有其军力，初非属宗主者之利。是故最近日本设法消灭满洲国陆军之说，亦已有所闻。推之海军，宁非同例。故吾人窃疑日本或不许满洲国自身有海军。惟有另解者，即日本自身，以亚洲为单位，欲张海，兼张其海军，其在伦敦海缩条约效期未满以前，则固不能破约以张军。因托满洲国兴海军之名，以谋遂其自身张军之实，亦未可知。盖日对满洲国，固有以指挥一切。满洲国之有其海军，初无异于日本之自有之，之自张之。至夫满洲国与日本之经济力，能否胜此，系属另一问题。因忆前者伦敦报纸有为论者，曰，如满洲国为一独立国家，如日本所要求者，则应有权编练陆海军。如日本在伦敦条约限度之外，以军舰供给受彼保护之国家，将发生极严重之情势。若斯云云，有以符吾人之观点，亦即为日本海军，托满洲国名义以张之之说。夫托满洲国之名义以张日本海军，则日本海军，在当前与将来，宁尚有限制可言。故云情势严重。显言之，即日本在实际上与精神上，系无限度的破坏海军限制。宁尚须待至一九三五年举行世界海军会议时，日本始有机立于完全自由之立场，并提出新主张以张其海军哉。盖至彼时，为时已晚，且其法亦拙。而日本之图谋托满洲名义，以张其海军，此其为祸之烈，吾人在本刊，亦曾已论及之。所冀伦敦海缩条约签字国速加注意。否恐《日满议定书》[1]之存在，将使海缩各约，失其效力，顿成废纸。而据日来外电所传，称因日本恢复旅顺港，已引起国际注意。英国拟向九国签字国咨询

---

〔1〕1932年9月15日由日本国与伪满洲国签订的出卖中国东北主权的非法议定书。

意见，并料国联十九国委员会，亦将调查日本举动。尤以英国海军界，对于此事，深切注意等语。吁，如此事朕，露之极早。各国至今始见张皇，颇觉见事之晚，日已狡辩有词。尤异者，各国胡不据《日满议定书》，而切实责日以精神上破坏海缩条约之罪，而乃仅着眼于旅顺恢复为要港之一节，宁非以旅顺恢复要港，其事为日方所公布，故或责之有据。而满洲国兴海军，其事为尚未现实，故不妨缓之。若然吾人诚望签字海缩条约各国，有以注目察其后。至于日之恢复旅顺港，其关于我国海上利害最大，自亦兼含有威胁世界和平之议，故各国注意及之。日之恢复旅顺要港部公告，其理由有曰，"为保护满洲及华北沿岸居留民及拥护通商航海之权，……一方且鉴于位置于满洲国之发展与增进日满贸易之门户之旅顺大连之重要性，故于旅顺设置要港部，以任关东州沿岸之防卫。"纵如其所言，对我似甚和缓。然项庄剑意所在，谁则不知。其理由又云，"此乃确立维持极东治安与和平之进一步之表现"。吁，此和平威胁进一步之表现耳。是其张海张海军之方法，其语复得谁欺。盖综论之，日本今日之在海上，自其大者远者言之，其所营逐者，已遍在太平洋之各处。故欲扣印度洋之门户，攫取战略上有重要性之各岛，而犹逐逐不已，如鹰四瞻。至就其近者切者言之，则欲就其势力所已奠之处，而益加厚力量，以益锐利其力爪，以之攫人，使莫能免。其之方法，是在扩其海军，而益缮其海军根据地。南于南洋委任统治地，北于旅顺皆然。是可总名之曰张海，而其志自在霸西太平洋岸上之泱泱大陆。亦可称之曰张海以张陆。乃若此种决心有，日本早。惟自占有满洲后，明目张胆，言之不讳。故敢当此世界竞言裁军之日，而彼敢公然主张增加海军力，以亚洲为单位。其增海军之途，自身为之，或兼促满洲国从事。双方并进，其祸为足以破坏世界和平之前途，而所谓世界之裁军运动，为之根本无效。循此不变，纵太平洋上之大海战，不致一时爆发。而英美顾瞻，触目警心。波涛犹是，激荡则增。此之谓日本最近在海上所造成之新形势。

因乃终谓，吾人前云日本对我之竞海时期已过者，此仅就其谋攫满洲大陆之时期而言。至今而目的已转进，其竞海之一新时期又生。盖我国至今对日，其关于海，其所谓日之远大之谋，其成足以覆我全国。以日在海上远大之谋如告成，则世界列强，莫奈彼何，将听其沿我海沉我陆而无能为之救之故。如若不然，则如日之关于海之切近之谋，其成功尤足以困我，使我在海上无稍转动之余地。有如旅顺要港部之恢复，有如著一铁爪于我国海军，使之逃遁不得。而更或培植伪国海军以掣我，则彼力益厚，而我应付更难。俨长围之既合，诚水泄之不通。以云更筑我国外防，其事宁再易易。若或日在海上，兼远大切近，交以困我，则我国失海，万劫不复，我国之失土，亦复万劫不复。吁，我国至今日，其关于海，远须肩承甲午一战而败之遗祸，而近须抵抗日本所改造垂成之海上之新形势。重重压迫，前后相望。盖所谓日本之海上新形势者，其大之固在反抗全世界，而究之则实所以加紧压迫覆亡我国。换言之，即曰日本曩之竞海其对于陆，其之重要目的在满洲。今之张海，其对陆之重要目的，延张至我全国，乃至全亚洲，而为其亚洲本位说之所由来。我国于疆土日蹙之余，如不认明此新形势，而关于海，仍是放弃不顾。或苟陋以从事，而无深澈力奋之图谋，以抗视昔有增之高压，作大奋斗，挽大劫运，吾恐失土无已，我之与日周旋者，永不能战于海，永不能以舰，以舰炮，以及其他海军，兵器等，以与日作争海以保陆之战。宁第如今日之嗟寇之已深，为无可抵御而已哉。盖我国今日处势之危，遇于甲午之役万倍。失地无限，海患之增更无限。日本海上新形势压迫下之我国，所愿国人鉴之，有以救亡，斯为我国海幸，且为我国陆幸，既泐甲午之耻，更复"九一八"以来版图所已变之颜色。吁，海哉，吁，日本海上新形势压迫下之我国，之我国之海。

二二，四，二六。

读上海《新闻报》梦蕉君
《吾所望于海军当局者》之感言[1]   玄 楼

    读今年二月七日上海《新闻报》社论中所载梦蕉君《吾所望于海军当局者》一文，不禁色然而喜。以为我国舆论界向不语及海军国防者，今《新闻报》乃以虚公平恕之诚，著为社论，以海军国防之重，致其希望于海军当局，且愿各界之注重国防者郑重考虑，谓非此次国难有以促吾国睡狮之猛省，得乎。

    自蒙国难以来，侈谈国防者亦已多矣。不曰整饬陆军，即曰扩充空军，刍荛之言也如是，廊庙之计也亦如是，一若中华民国但有领土领空而无领海者然，又若陆防空防既固，则海可以不防者然。故一年有半以来，督促陆军抵抗之声，与夫筹练空军之声，几于弥漫全国，而于万有五千余里之海岸线，当如何策其安全，如何防范敌舰，乃莫有一加研究，与民效死为守者。岂江海之门户洞开，敌舰侵我领海，入我内江，压我首都，毁我城市，我犹能防守空陆，与敌周旋哉，稍识近代战争者，宜莫不知其有所不能，其势固甚明，奈之何刍荛之言，廊庙之计，举不出此也。

    今也幸梦蕉君因海军部长陈绍宽辞职，感怀及此，发为谠议，所以指导舆论，教诲当局者，良非浅鲜。吾人提倡海防，数载于兹，当力竭声嘶之余，闻空谷足音之响，大喜过望，不觉悲从中来，喜者喜友声之大有人在，悲者悲临阵之不及磨枪也。虽然，吾不能不如梦蕉君所教，屏除意气感情，相与商榷，其言而是，吾固赞之，其言而非，吾当辨之，是又切磋琢磨之谊，念贤者亦有乐乎此也。

---

    〔1〕此文发表于《海事》1933年第6卷第9期。

国人以海军局内中立，不肯抵抗，责难今之海军当局者众矣。而海军当局之自辩，不外乎"敌强我弱"四字。即梦蕉君所云，"海军当局最痛心者，以现有舰队除三数（艘）轻巡洋舰及若干炮舰外，所谓战舰巡洋战舰装甲巡洋舰以及大型之驱逐舰潜水舰航空母舰，均无一艘，实不足厕于近代海军之列，一旦有事，安能与敌相见"是也。此其为说，梦蕉君既已词而辟之。其言曰："回顾吾国所倚为惟一国防之陆军，亦曷尝有完备之组织，非特所谓战车队飞行队化学队重炮队近代之战具，缺焉未备，甚至每师之山炮野炮，亦不能如前清之编制充实设备，多数均为步兵师，其较为完备者，亦惟附有炮兵一营，或一连耳，故今日军备之不充实，海陆两军，大致相同，然敌果已侵凌已甚，则亦只有决死一拼，如今日之热榆是也。"记者亦尝屡以斯义，策励海军，盖必欲就彼此之兵力，较器械之良窳，核数字之多寡，料决战之胜负，然后出于用兵自卫，则任敌蚕食鲸吞，禹城悉亡，亦不能起而抗敌，宜乎海军当局之无计更作遁词矣。

然而世人抑或有为海军恕者，以为"陆军实力虽不若敌，尚有地形险要，可谓凭藉，万一失利，复有第二第三防线可守，海军驰驱汪洋，舰与舰斗，波如平陆，了无障碍，势均力敌者，决胜尚不过数十分钟，其武力悬绝者，不待一回合，即灰飞烟渺耳，复何累败累战之有。"梦蕉君又词严义正而非之曰："此事当分别论之，吾国舰队，欲其独立与敌决战于大洋，万万无此能力，若在炮台掩护之下，或与陆军协同动作，则实力虽殊，亦足以使敌受相当之惩创，往年中俄同江之役，已有先例。"此论亦与本刊六卷三期记者所作，"海军御侮之短见"见解略同，即吾国先哲孟轲氏凿池筑城与民死守之[1]扩大精神也。无论古今中外，弱国之御强国，有此精神则存，无此精神则亡，成败利钝，非所计也。

上所论列，乃海军当局者对于国难应有之觉悟，应取之态度，应尽之义务，此吾所谓梦蕉君之言而是，吾固赞之者也。至于所言得寸则寸之设施，内有二项，则属乎国防问题，当切实计划行之，与国难性质，迥乎不同，万不能

---

〔1〕见焦循著：《孟子正义》卷二，《梁惠王章句下》。原文是：滕文公问曰："滕，小国也，间于齐楚。事齐乎？事楚乎？"孟子对曰："是谋，非吾所能及也。无已，则有一焉：凿斯池也，筑斯城也，与民守之，效死而民弗去，则是可为也。"

因陋就简，潦草塞责，复蹈李鸿章兴办海军覆辙，为敌所快，又吾之所为吾当辨之者也。

第一项云，"应尽量充实海军教育。海军士卒之养成，须两三年，若将校则需时尤久，故以今日之方针，育才尤急于制舰，因军舰缺乏，如能临时筹集大批款项，尚有现成者可以立时购用，如日俄之战，日人巡洋舰缺少，于阿庭根购进'春日'、'日进'两舰，是也。至于舰员之缺乏则非仓猝所能养成。况充实海军教育之经费，其数额亦较之制舰为轻，比较易于筹措，故今日海军之设施，应以育才为急，而制舰次之。"

夫育才先乎制舰，其说似是矣，而其实不然，何则？今之海军教育，舰课重于堂课，而人才之需要多寡，又随制舰计划为之伸缩也。假使不规定制舰计划，而贸贸然养成若干海军将校士卒，过多过寡，均非所宜。就校中营中，取海上课程，养成若干海军将校士卒，而无现代新舰，以验其实，以资其用，则纵有若干海军将校士卒，亦未能移其大陆之习，驯为海洋之民。本其纸上所得，运诸水上而妙，前清末造，谋兴海军，国内外教成海军将校，前后不下数百人。卒以无新舰继续服务之故，昔之英俊少年，今成臃肿父老，如良骥之困枥，如利刃之积锈。值兹国难，相向失声，大有文帝好老而臣尚少，武帝喜少而臣已老之感，虽有热心爱国之忧，且未能得一当从海军以报国，比比皆是。岂今日兴海军，而犹欲循先育才后制舰之失策耶？故为今之计，宜育才制舰，同时并进，即稍分缓急，亦不过相距一二年，庶于事有济，要知制舰固亦分期如育才也。至于经费一节，则属于海军应兴不应兴问题，非多寡难易问题。如其应兴，则当排万难以赴之，如其不应兴，则教育海军人才有何用处。且梦蕉君主张教育海军人才，而不明中国海军教育黑幕，闽系海阀之把持海军教育权者数十年，于今尤烈，海军人才之不振拔，此其一大原因，安可更以此事期诸今之海军当局者。

第二项云，"衡量吾国今日海军力量，只能于炮台掩护之下，与陆军协同作战，其保持之兵力，亦只能以日本驻在长江之第一外遣队为衡。则此后添舰方针，仍继续民国十六年以来之计划，以炮舰为主，而辅之以少数轻巡洋舰，尚为比较易于办到之事。"夫以我国现在海军力量，于炮台掩护之下，与陆军协同作战，乃国难不得已时无策之策，非国防根本计划也。国防根本计划，就广义言，当以敌之海岸为第一防线，即我之海军可炮击敌之海岸也。就狭义言，当以能自保领海为度，最少亦须巩固我之沿海海岸，拒敌内闯，断未有防之内江河者，何得只以日本驻在长江之第一外遣舰队为衡乎。夫沿岸不守，则一旦有事，敌舰不难源源而来，又岂止一第一外遣舰队而已。且炮舰之为物，仅内江内河梭巡捕匪之具，何可作为长江主力，而辅之以轻巡洋舰？长江主力，正赖轻巡洋舰耳。日本第一遣外舰队，即有轻巡舰，是其明证。梦蕉君见不及此，而反引民十六以来之计划，继续行之，是为闽系海阀烟幕所迷误无疑。须知民十六以来之计划，注重添制炮舰，乃陈绍宽任第二舰队时自丰羽毛之计划，并非对于敌之第一遣外舰队作战设想也。计所增制，已耗国帑不赀，乃去岁"一·二八"之难，不敢背城借一，今后宁能一误再误耶。

此二项者，关乎我国将来海军国防至巨，权轻重，计缓急，义不敢苟同于梦蕉君，故不惮词费商榷之，他日幸以刍荛之言，有所纠正于廊庙之计，则梦蕉君言人之所不言以发其端者，其为功于中华民国之海军，正未可限量。要之，国难应付为一事，国防计划又为一事，前者为临时的，后者为长久的，其性质虽同，其事功则异。晋文公所谓舅犯言一时之权，雍季言万世之利，不可不辨也。

海军统一论[1] 玄 楼

　　自来谈军国大计者，莫不持中央集权之说，以收身使臂臂使指之效。故孔子作春秋，鉴周室衰微，列国争霸，张大一统之法，托王于鲁。近世立宪各国，亦往往革故鼎新，而奉大权归之中央。明乎势分则力弱，势集则力强，强则能御侮，弱则必受侮也。吾国事关军国之四分五剖者多矣。或省自为政，或军拥其帅，或阳奉阴违，或瓯脱自喜，或政帜立异，或党内树派，举凡兵农、财刑、工商、交通、教育、军事，虽同一覆载青天白日旗帜之下，举无足语其统一者。然犹曰时有未至也，化有未洽也，地有偏远也，民之顽者有未革也，殊不足引以为怪，吾独怪夫文明先觉单纯易治之海军。国民政府已成立七年，外难并逼，时至今日，而犹维持三分鼎峙之局，各不相谋，亦不相下，一若长此可以终古者然，斯诚所大惑不解者也。然探源索本，自有因由。吾固数言负其责任者为闽系海阀，今无暇更言之，且言海军必须统一之道，计有六事焉。夫谋定而后动，兵家之要也。云何为定，军令是也。云何为动，军政是也。在治平之世，或者军政先于军令。当据乱之世，势必军令先乎军政。此又事宜经权之所不同，而我国训政时期之宜先军令而后军政也。自民元以来，我国行使海军军政职权机关之海军部，为闽系海阀盘踞把持，积重难返，任何政变而海军部不变，任何革命而海军部不革，所谓乱国海军也。如毒蛇之噬腕，如宿疽之在背，势非断之刲之，则生命必濒于危。今国人亦已知其非，而谋断之刲之矣，乃彼自有其娇啼婉转之术以驭国人，国人终莫得而断之刲之，故惟有立一

---

　　〔1〕此文发表于《海事》1933年第6卷第11期。

最高海军军令机关，以命令指挥海军一切事宜，裁汰腐旧，建设新猷，一令之下，全军森然，根本既固，其余不难迎刃而解，然后乃有新海军之可言。不然，由闽系海阀诡随之道，毋变闽系海阀传统之策，虽百世犹今日也。此宜先统一海军军令以统一海军军政者一。

昔人有言，大厦之材，非一邱之木，千金之裘，非一狐之腋，太平之功，非一人之力。此虽老生常谈，实至言也。自闽系海阀主持海军，将之非闽者去，兵之客籍者逐，清末民初，游学国内外海军学生不下数百人，莫不被其摧残抑勒，豕交兽畜，甚或屏除排斥，永不录用，内而海部，外而舰队，其位置略重者，悉用闽人充之，不问其才不才称不称也。压力过重，反动遂生。驻粤海军之改造，东北海军之特起，以致酿成今日分崩离析之局。国难当前，而未能合衷共济者，闽系海阀驱除外省海军人才使之然也。昔之海军人才，为闽系海阀所视为无用，所认为不轨，今皆南北分驰，各有树立矣。然若任其各自树立，愈趋愈远，迨其结果，必互相雄长，无所适从，势分力散，徒事阋墙，夫何外御其侮之有。故为今之计，允宜集中广东东北海军人才，冶于一炉，量能器使，以承此海军过渡时代之巨艰，庶乎前仆后继，人存政举，兴复海军之业，虽不能立竿见影于今日，犹可望梅止渴于来兹。此现有海军人才之宜统一者二。

海军教育者，兴复海军之基础也。夫不欲兴复海军则已，若欲兴复海军，则非预备人才不可。若欲预备人才，则非刷新教育不可。因现在之海军人才，只能作为海军过渡时代之用，年事日长，学识日旧，将来之新海军，非造就多数崭新人才，不足为用。故刷新教育尚焉。前此海军教育之错误无论已，今海军三分之局，其教育亦随之而异。马尾一校，威海一校，黄埔又一校，纯以供给现有舰队，而一切教法课程，参差不一，即使海军统一，亦必分门别户，令之者无以齐其勇，受令者无以尽其力，流弊所滋，何可胜言，是海军终于一盘散沙也。稍能高瞻远瞩，宁忍一误再误。故此时宜将三校各生，分别程度，调集甄别，另由中央海军军令机关，创设有系统之各种海军学校，收容教育，以期如五官百骸之各具机关，蔚为干城之选。又水兵训练，我国向不注重，且募兵之制，积久易玩军法，宜改用征兵制。而军官士兵，均宜各省兼取，不得如闽阀故智，以闽人近水为口实，专用闽人。昔岳武穆用北人习水战，或有以北人不习水性为言者，武穆曰，兵何常之有，顾用之何如耳，兵家机妙，一语破的。我国海军受闽阀之祸不浅，国人幸留意焉。此宜刷新海军教育以期统一者三。

海军武力，悉在海上，故制舰计划与海军教育，同时并重。盖舰队者，机力也。教育者，人力也。以人力乘机力，然后海军武力乃得一数目之实。若人力为零，而机力百万，或机力为零，而人力百万，彼此相乘，仍等于零。夫海军武力而等于零，则何所贵乎海军哉？统一海军教育，吾既言之矣，而统一制舰计划，亦为不可须臾或缓之事。吾国旧有舰艇，勿论其弱小无力，型式落伍，即以舰龄言，譬如加长马齿，虽昔尝日行千里，今已成伏枥老骥，其不足作战，固毋庸讳言。即近年南京海军部所购制改造各舰，舰型异趣，速力异致，炮力异度，或以旧饰新，或人弃我取。购自日本之"宁海"，号称三千吨，翘然独异矣，然曾不足与敌之二等巡洋舰"球磨""龙田"同年而较。夫制舰计划，固当以敌国海军为标准，力有不逮，亦当筹划有以当其十之六七，或十之四五，似此枝枝节节为之，毫无战略战术观念，是徒耗国帑而肥私，藉宪兵而资盗粮耳，安得谓之国防海军。故今欲制造舰艇，必须除故布新，而布新之法，又非统一计划不可。如舰种之应如何配备，舰型之应如何选择，舰能之应如何趋向，艘数吨位之应如何支配等等问题，均须通盘筹算，切实计划。然后于以见诸实施，斯一舰有一舰之效，一艇有一艇之用，纵不十全，决不尽败。此制舰计划之宜统一者四。

舰队之须军港，犹鸟之有巢，兽之有穴，人之有宫室居处也。我国海岸线万有五千余里，其港湾之足资为军港用者，固南北皆有之。乃自甲午败后，非为敌人所割据，即受条约所缚束。今能肆坛坫之周旋，图收复之壮举，策之上也。如其不然，当就未开辟之港，从此开辟之，或就条约之可与商榷者改订之。如象山如三都如海坛如南澳，此可自我开辟者也。如青岛如刘公岛，此可与人商订者也。然既着手商订开辟，则当先有建筑军港之具体的统一计划，以何者为主港，何者为要港，何者利于海军游动半径，何者可以扼敌要害，何者后方交通便利，何者宜于陆海空协同防守，面面算到，然后取法现代化之军港建筑之。彼此首尾相顾，进可以攻，退可以守，我之舰队，庶乎得尽其海上要塞之伟力于万一。此军港建筑之宜统一者五。

　　语有之曰，未曾打战先筹饷，言兵无食则不能战也。今推广筹饷之义，谓之军需，则被服粮秣等等均属之，又以军需之不能事事关白请求于财政部也，于是各国有军需独立之事，兵贵神速，期免掣肘之虞也。我国海军，虽有海部，而仅以一司掌其事，受制于海长，海长因缘为奸，不计远大，及舰队三分，又各就食陆军首领以自活，益无由语其振兴。鼎革二十余年，而海军故步自封，了无建设，未尝非军需不独立有以致之。今当切实预算行政费若干，饷费若干，教育费若干，制舰费若干，养舰费若干，筑港费若干，水雷飞机之费又若干，一一列之表册，要求议会表决，指定的款。然后设一海军军需本部，直隶海陆空军领袖麾下，掌管全国海军军需事宜，规定划一之制。是不徒战时可利戎机，即平时亦指挥豫如矣。此海军军需之宜独立以资统一者六。

　　军令军政也，人才也，教育也，制舰也，筑港也，军需也，无一焉而能分离者也。军需分离，则海军为人作嫁，筑港分离，则海军隐若敌国，制舰分离，则海军虽多如寡，教育分离，则海军党派弗泯，人才分离，则海军各走极端，军令军政分离，则政令出于多门，而海军根本的不能成立。故无一焉而能分离者，即无一焉而非统一不可。虽然，中央果欲统一现有海军以蕲新海军之实现，则舍彻底觉悟闽系海阀二十余年来贻误海军之罪，而有以放逐之处分之，其道莫由。明乎社鼠城狐之不足与共军国大事，方可振兴中华民国之海军。不然，空言整顿，掩天下耳目以盗欺世之名，妄事扩充，竭吾民膏肌以填无底之壑，岂不谬哉。

甲午战前中国之海军[1]　　张荫麟[2]

一、沈葆桢之经营

当同治末年（一八七四）日人之借故进兵台湾也，朝命沈葆桢率福建水师赴台，观动静而备守御，葆桢是时方以前江西巡抚之资格，督办船政于福州。其人既廉正有能，于海军在国防上之重要复知之切；创立造船厂及水师学堂，延用西洋技士教习，遣派留学生，七年之间，成绩灿然。此后奋勇殉身，及临难苟免之著名海军将校，与乎折樯裂舷，沉沦海底之败舰中，颇有为福州船政之产者焉。葆桢既至台，亲诣日本司令官西乡从道，并巡行其营垒，语之曰，两国海军方始萌芽，同种间遽构战，令西人尽见底蕴，益启窥伺之心，不如各归大治海陆军，二十年后相见，庶彼此具有规模，不为人藐视。西乡颇受感动，旋亦不得大逞于台，遂罢兵归。甲午战后，葆桢孙翊清奉派赴日观操，西乡犹健在，亲款宴之，出妻见子，备谈前事，曰，"日本海军之粗有成绩，不敢忘令祖之赠言。"

西乡归后十年而有甲申中法之役，以考验我国海军之造诣。时葆桢已前卒，然其于海事，亦既尽心矣。初，光绪元年（一八七五）六月总理衙门会同户部奏准由关税厘金项内每年分拨南北洋大臣各二百万两，专为海军之用。会葆桢移督两江，兼领南洋大臣，鉴于畿辅海防重要，以为海军宜先尽北洋创办，分

〔1〕此文发表于《国防论坛》1935年第3卷第4期。

〔2〕张荫麟（1905—1942），号素痴，广东东莞人。著名学者、历史学家。毕业于清华大学，后在清华大学、西南联大等大学任教，曾任国防设计委员会研究员、中央研究院社会科学研究所《中国社会经济史集刊》主编，发行《时代与思想》月刊，并创立"时代与思想社"。

之则为力薄而成功缓，因奏请暂将四百万两尽给解北洋海军，俟其兴办稍有端绪乃已。无何，晋豫告饥，北洋大臣徇朝士请，提海军款以赈，葆桢以为大戚，贻书争之，谓"国家安危所系，某老病不及见，必为我公异日之悔"。然鸿章终不省，旋复移用。四年二月，葆桢奏将前项协款仍分解南北洋。六年冬，葆桢正力疾调集款项，拟派学生出洋监造新舰，适日本夷琉球为冲绳县。庶子王先谦请兴师问罪，诏交南北洋大臣会议。葆桢遗疏言，"天下事多坏于因循，但纠因循之弊，继之以卤莽，则其祸更烈于因循。日本自台湾去后，君臣上下，早作夜思，其意安在？若我海军全无基础，冒昧一试，后患方长"。葆桢卒后，以迄甲午，海军之发展，仅限于北洋，而其规划组织之任，则专属于李鸿章。李乃于天津设水师营务处（初以马建忠主之），及水师学堂（始终以严复主之），造大沽口船坞，筑旅顺炮台，奏调准军宿将陆路提督丁汝昌统领北洋海军，延聘英人琅威理为总查司训练事，益订购军舰于外国。

（本节参考书：沈瑜庆新译《帝国海军之危机》序，《沈文肃公政书》，池仲祐《海军大事记》。）

二、甲申闽海之战

光绪十年（一八八四）夏在德国订造之"定远""镇远"二巨铁甲舰及"济远"巡洋舰已告竣工，尚未驶来，而中法在安南之冲突日益烈。朝旨严戒海防。五月，李鸿章出海巡阅，值张之洞、吴大微、张佩纶诸大名士，各奉朝命，联翩出京。道过天津，鸿章邀之，共预盛典。一时纶巾羽扇，掩映于汹涛飞浪间。意气之壮，可想见焉。鸿章归后奏报巡阅情形，略曰"臣先……檄天津镇总兵丁汝昌所统超勇、扬威两快船，康济、威远两练船，齐集大沽口外。镇东、镇西、镇南、镇北、镇中、镇边等炮船齐集烟台。五月二十九日……督率各船放洋操演雁行鱼贯各阵式，帆缆灯旗各号令，及枪炮施放之法，尚能整齐灵变。闰五月初一日驶抵金州之旅顺口，察勘新筑炮台营垒，全放洋式，坚致曲折，颇具形胜。道员袁保龄督挖船汉船池，修建军械库屋，工程已及大半；操演水雷旱雷，均渐熟习。该处……现有提督宋庆等陆军，与丁汝昌水师互相犄角，布置已就绪。设遇海上有事，冀可凭险固守，牵制敌船，使不遽深入。初二日，过烟台，会操各船，声势略壮。……初三日，抵威海，阅看所延德国副将哈孙教演鱼雷，员弁兵匠齐力操作，射放有准，驾驶雷艇，快捷如风，洵为制敌利器。道员刘含芳会同哈孙督操布置，诸务甚有条理。惟该处海濒，南北西口，地阔水深，若筑台设守，需费极巨，一时不易措办耳。"

是时我国海军显然以北洋一支为较强，其所属船舰，什九造于外国。（"超勇""扬威"及"六镇"[1]皆造于英。"威远"轮机由英厂承办，铁协由法厂承办，运归闽厂镶配。惟"康济"全为闽制）南洋及福建两舰队，则大部分以马尾船厂及江南制造局之出品充数。而南洋诸舰，拖船载勇，迎送官吏，习以为常。训练既荒，战备更阙。福建水师之脆弱，则于马江一战而尽见。法人之不向北洋进攻者，殆有见避坚击瑕之义欤？而恶运遂首先降临于侍讲学士、会办福建军务、挟积年清望与盖世英明、而自告奋勇之张佩纶身上。

六月，法舰十三艘陆续抵马江口，于是张佩纶出驻马尾，督"扬武""福胜""建胜"等十一舰及其他较小之兵船八号，炮船十号拒守。先是闽督何璟自以书生不谙兵事，屡请解职，朝令杨昌浚代之；旋命大学士左宗棠督闽师，皆未至，军事皆主于张佩纶。彼实不知兵，而意气极盛。何璟及巡抚张兆栋，皆曲意事之。彼狃于李鸿章之议，谓和约旦夕可成，戒军士勿妄战，听法船入口，而又蕾然无备。我方主舰密迩而泊，或言此险势也，敌若先开炮，则我军立烬。佩纶以为怯，置不理。敌既照会开战时刻，起碇换帜矣，我方诸舰犹矻然住碇如故。及敌弹丛至，乃始斩锚链而还炮。是役，闽海军全部覆灭，造船厂复被毁。而奉命赴援之南洋五舰中，复有二艘为敌袭沉于浙江海面。

（本节参考书：罗惇曧《中法兵事本末》，池仲祐《海军实纪》述战篇，《李文忠公奏稿》，《清季外交史料》光绪十年部分。）

三、北洋海军之经营

经此役后，朝中自帝后王大臣以下，咸知以兴海军为号召。十一年九月，诏设海军衙于京师，以醇亲王为总理，庆郡王与李鸿章为会办。李负办事之责而不驻衙门，醇亲王等驻衙门而无事可办，惟司经费之出纳而已。李于海军，非不尽瘁，然既未之学，复窘于财，荏苒九年，以迄甲午，北洋海军，质量上皆大

---

[1] 即蚊子船"镇东""镇西""镇南""镇北""镇中""镇边"。

体仍旧。其诸南洋及闽粤舰队，则更自郐以下，而又不预甲午之役，可无述焉。

是年十一月鸿章致书醇亲王陈述北洋海军现状，及其之初步发展计划，略曰："北洋现有船只惟定远、镇远铁甲二艘最称精美，价值亦巨，济远虽有穹甲及炮台甲，船身较小，尚不得为铁甲船，只可作钢快船之用。此外则惟昔在英厂订造之超勇、扬威两快船，船身较小，更炮巨机巧，可备巡防。至康济威远等木船，专作练船，海镜仅可装运兵丁。以上三艘皆闽厂所造，旧式也。镇北等蚊船仅可守口不便在大洋备战。……鸿章前在京师舰面陈侯英德续购四船（按：时已定造致远、靖远两穹甲于英国，经远、来远两穹甲舰于德国）到后应归并操练，庶气势较厚，将来饷力稍充须添购浅钢快船三艘，鱼雷小艇五六只，合之原有铁舰雷艇，庶可自成一军矣。……前在英厂购到蚊船数只……吃水仅八尺，故先在大沽建坞修理……此坞本底无石，为费颇省。嗣购到超勇、扬威吃水十五尺，不能进大沽，每年赴上海洋商船坞修理已形不便。今又添定远、镇远、济远吃水至二十尺、十六尺……非借英之香港大石坞、日本之长崎大石坞不能修理。……今年始聘到德国监工名善威者，相度旅顺口内地基堪以创建船池石坞，其口门有导海机器挖沙船随时浚深，铁舰可入内停泊修洗，估计坞厂库房各工……约需银百三十万两，限三年竣工。"以上之计划，除添购浅水快船一项始终未办外，其余部分，逐渐实现。十二年购"福龙"鱼雷艇于德，十三年购"左一"出海鱼雷艇于英，购"左二""左三""右一""右二""右三"五鱼雷艇于德。十八年八月旅顺船坞告成，距甲午衅起才两年耳。

此外北洋海军之新建设则有威海、大连及胶诸军港之经营，威海、大连以及旅顺之布置情形详各该地战事之记述中。胶澳军港之完成在甲午战役后而又不在战役范围，今不之及。（此文为拙作《甲午战史》之一部分故云耳）

（本节参考书：《海军大事记》，《李文忠公海军函稿》。）

四、北洋海军发展之停顿

自十四年春"致""靖""经""来"四舰驶到后，北洋无复添购外舰之事，船之增者惟十五年闽厂所成之"平远"一艘而已，盖朝廷于发展海军初无诚意，吝给巨款。十七年四月，户部尚书翁同龢甚且提议南北洋购买外洋枪炮船只机器暂停两年，丁汝昌等以我国海军战力远逊日本，添船，不容少缓，力陈于李鸿章。李据以入奏，终以饷力匮绌，户部之议得行。然如李鸿章后来解嘲之言，"倭人心计谲深，乘我力难添购之际，逐年增置。"甲午战时日本新旧快船推为可用共二十艘，其中有九艘自光绪十五年后二年购造，最快者每点钟行二十三海里，次亦分十海里上下。我国诸船定购在先，当时西人船机之学，据说尚未精造至此。"致远""靖远"二船定造时号称一点钟行十八海里，后因行用日久，仅十五海里。此外各船则愈旧愈缓，黄海战前李鸿章"覆奏海军统将摺"中有云："海上交战，能否趋避，应以船行之迟速为准，速率快者，胜则易于追逐，败亦易于引避。若迟速悬殊则利钝立判。"此事实鸿章盖早已见及之也。然当户部议兴之日，鸿章何不痛陈利害，反覆力争，以求贯彻己之主见？

周馥者，鸿章幕府旧僚，是时方任直隶臬司，一日密告鸿章曰："北洋用海军费已千余万。只购此数舰，军事不能再添，照外国海军例，不成一队也。倘一旦有事，安能与之敌？朝官皆书生出身，少见多怪。若请扩充海军，必谓劳费无功。迨至势穷力绌，必归过北洋，彼时有口难诉。不如趁此闲时，痛陈海军宜扩充，经费不可省，时事不可料，各国交谊不可恃，请饬部枢通筹速办。言之而行，此乃国之大计幸事也。万一不行，我亦可站地步。"鸿章曰："此大政须朝廷决行。我力止于此。今奏上必交部议，仍不能行，奈何？"周馥复力言之，鸿章嗟叹而已。

果也，甲午战起，朝野皆以海军不振归咎于鸿章。是年七月初七日上谕："自光绪十年越南用兵之后，创办海军，已及十载，所有购船制械，选将练兵诸事，均李鸿章一手经理。乃倭人自上次朝鲜变乱，经我军勘定，该军败而归。从此蓄谋报复，加意练兵，此次突犯朝鲜，一切兵备，居然可恃。而我之海军，船械不足，训练无实。李鸿章未能远虑及此，预为防范，疏慢之咎，实所难辞。"不知鸿章读此作何感想也。而周馥亦可谓有先见之明矣。

（本节参考书：《周慎慤公（馥）自撰年谱》，《李文忠公奏稿》，《海军大事记》，《光绪朝中日交涉史料》卷十六。）

五、西后与海军

世之谈海军掌故者每致憾于西后移海军费修颐和园，使海军发展中辍，为甲午致败之一大原因。王照于德宗遗事，罗惇曧在《中日兵事本末》，沈瑜庆于中译日本《帝国海军之危机》序，池仲祐于《海军大事记》中均有此说。至移用海军经费之数目，罗氏云三千万余两，沈氏云二千余万，颇有出入，王罗皆曾广交朝中缙绅，而沈池皆海军界耆旧，其言宜非齐东野语可比。惜予寡学至今尚未能详细迹溯此事之第一手的文籍证据。按李鸿章海军函稿光绪十二年五月二十四日有"内提要款请指拨解还"一函，致醇亲王者，中云"奉宸苑承修三海工程款不敷用，奏准于发存汇丰银行生息船款内吗，暂提银三十万两。"夫自京师海军衙门成立后，海军经费已入于醇亲王等之手，鸿章凡有所需，只能向该衙门请领。此所挪用之款乃早已发交鸿章者也。夫既已发出之款，尚可提借，则其未发出者更当何如？为三海之工程可如此，则为颐和园之工程更当何如？又按于式枚所编《李文忠公尺牍》，有致西江总督曾国荃一函，商请拨海防经费为西后筑颐和园者。以予所知此为王等传说之唯一确证，然其于移用款数，无明文也。

据《李鸿章海军函稿》北洋海军经常费，在"致""靖"等四舰下水之前，岁不过百二三十万两，其后当亦不过百四五十万两。此外临时之大宗支出，在海署成立后者，不外旅顺船坞建筑费百四十万，威海、大连军港建筑费各四百万。盖自光绪十一年九月（海署成立）至二十年八月（甲午战起），凡八年间，北洋海军支出平均每年至多不过二百六七十万左右。而每年收入，则各省从前分解南北洋之款，拨归海署，名四百万，实可得二百万内外，海防新捐可得二三百万。自十三年后鸦片加税解海署年可二百余万。出入相比，大有赢余。惟海署供给东三省练饷为数亦颇巨，即报效园工，当不至有二三千万之多耳。关于本问题，在海署报销册（如其有之）发现以前，吾人所得而推论者大略如上。

六、琅威理之就聘与去职

光绪十六年我国海军界发生一重要变迁，即英员琅威理（Captain Lang）去职是也。泰乐尔（W. P. Tyler）曰，"当时不知此为关系全世界之大事，实则然也。琅去而（中国）海军衰坏日本之敢藉高丽事与中国挑战者以此，其后能获胜者以此。因日本谋占高丽，故有日俄之战；因俄国战败衰弱，故启德国席卷世界之心。"斯言虽夸，非无根也。琅威理者，故英国海军大佐，于光绪八年始加入北洋海军，主持教练。彼精于所业精而勤于任事，为僚佐所敬惮；一时军容顿为整肃，中外交称之。先是我军与驻防外舰向无交际，海上相遇，不通闻讯，自琅任事，始讲迎送庆弔往来之礼。十年中法事起，琅回避去职。越二年乃复职。是岁丁汝昌率"定远""镇远""济远""威远""超勇""扬威"等赴朝鲜海面巡操，既毕，前四舰入长崎船坞修理。我水兵因恋妓与日捕口角。次日水兵休假登岸，日捕堵塞街巷，聚而攻之，街民亦持刀追杀，死伤甚惨。时琅威理从行，力请汝昌，即日宣战。汝昌不敢从，终受赔款了事。初北洋之用琅也，升以提督衔，以示优崇，本非实职。而军中上下公牍则时有丁琅两提督之语。故自琅及诸西人视之，中国海军显有中英二提督，而自海军奏定章程言，只有一提督。十六年春北洋舰队巡泊香港（冬季北洋封冻海军倒巡南洋），丁汝昌以事离船。依例提督外出，则下提督旗而升总兵旗。总兵刘步蟾令照办，琅威理争之，以为丁去我固在也何得遽升总兵旗？不决，则电质于北洋大臣，复电以刘为是，琅遂怫然告去。或谓闽籍将校恶琅督操綦严，而刘（闽人）与琅有违言，不相能，乃以计逐之。琅去，海军纪律大弛。自左右翼总兵以下争挈眷陆居，军士去船以嬉，每巡南洋则相率淫赌于上海香港。

然琅去职后，对北洋海军始终保持良好之印象。"高升"事件之后，黄海之战以前，琅尝著论刊于英报，曰，"中国海军实有不能轻视者，其操阵也甚精，其演炮也极准，营规亦殊严肃，士卒亦皆用命，倘与日本海军较，中国未尝或逊……至中国考试海军之道，较诸英国，则似稍滥。所尤惜者，文官每藐视海军将弁……世禄之家不屑隶名军籍，日本则视武员为甚重，常有亲王子弟，宗室近支投入水陆军营愿效微力者。以此相较，中国信有不及日本之处。虽然中国海军之力，四年前已称充足，时予正握大权曾于深夜，与其中军官猝鸣警号以试之，诸将无不披衣而起，各司所事，从容不迫，镇静无哗。而华人聪颖异常，海军虽练习未久，然于运用炮位，施放水雷等事，无不异常纯熟。即如日前英国兵舰操时不幸域多利亚铁甲座船偶被他船误触，遂至沉溺。中国海军操演极熟，断不致有此意外之忧。……其沿海各炮台，亦均精整。前听鄙人筹划，在威海卫炮台安置克虏伯巨炮三十六门，其炮架皆用活机，便于升降，鄙意此处堪称金城之固，日舰断不能敢于此一逞其能也。"证以后来之事实琅氏之印象，盖非夸诞。然孰使其善意之寓言，终于不验哉？

自琅氏去职后，先后加入舰队之洋员至少有六人：在"定远"旗舰者为英国退伍水兵尼格路士（Nichololls其后死于黄海之战），德国工程师亚尔伯利希特（Albrecht）。在"镇远"者有德国炮术家赫克曼（Heckmann）及美国航术教师麦吉芬（Philo.M.Giffin）。在"致远"者有英国工程师普菲士（Purvis大东沟之战与邓世昌同沉）。在"济远"者有德国工程师哈高门（Hoffmam）皆位望甚低不预机要。其后战时加入之洋员中有德国陆军工程师汉纳根（Vou Hannecken）及英国海军后备少尉泰乐尔（W.P.Tyler）位望较崇，然亦无实权，只备顾问。丁提督自知于海军技术为门外汉遇事撝谦，然既不能完全信任洋员，复与之有言语隔阂，大权遂尽落于其部下最高官佐、英国海军留学生（出身马尾水师学堂）、右翼总兵、旗舰管带刘步蟾手。凡战略之决定，号令之发施，皆彼主之。此事实上之提督。北洋海军之存亡所系者，不幸如后来历史所展现，乃一变态之懦夫也。

（本节参考书：W.P.Tyler, *Pulling Strings in China*，《李文忠公尺牍》第二册，《海军大事记》，《东方兵事纪略》，林乐知、蔡尔康《中东战纪本末》卷七。）

七、甲午战前之大阅

今于本文终结为前，当略述甲午海军大战之序幕，即是年四月北洋海军大阅之壮观而与甲午战前之大阅遥遥相对者。此本循例之举，盖先是十二年丙戌醇亲王等巡阅归后奏定，继此每四年巡阅一次也。然是时东学党之乱已起，日本将侵高丽之流言已兴，备战之需要，朝鲜盖多感觉之矣。大阅起初三迄二十一，绵亘十九日。李鸿章以年逾七十之老叟，久犯风波，可云健者。惜乎关于是役之报告，吾人所得，惟官样文章，只记外表。而李鸿章之出巡，亦只能奉行故事，其所得而阅见者，亦只外表而已。兹参据李公奏报及蔡尔康所辑日记（见《中东战纪本末》卷一），略表一时之感。

初三日，傅相自天津节署出，首冠凉帽，缀以头品顶戴，身穿马褂，乘紫舆，至紫竹林招商局，集诸随员，共登"海晏"轮船。旋鼓轮起行，各营站队两旁，炮声隆隆。

初六日，"海晏"自大沽口出海。诸兵舰左右随行，帅节巍坐船头而远眺之。随船海军员弁，日间以旗帜为讯号，夜间以灯光为号。各舰均站桅班，掌军乐，炮声隆隆。

初七日，入旅顺口，接见守将宋庆。李所信任洋员天津税务司德璀琳（Detring）亦乘官艇来谒。抵码头，会海军帮办定安，旋答拜。

初十日，帅节乘小舢板出海口，先看演放水雷，次看炮台营打靶，旋往视水师学堂。是日，英兵船两艘，日兵船一艘来观操。

十一日，看军演阵。凡演一阵，各舰放炮三次；演至犄角攻敌阵炮声不绝。是日美兵船两艘，日兵船一艘同到。

十三日，帅节在大连湾。申正赴美国兵船，拜会其舰长。入夜众舰悉张电灯，而诸铁甲舰悬灯桅顶，其光旋转，四面可射三十里许。鱼雷六艇演偷营法，黑暗中驶入重地，各兵舰疾开枪炮拒敌，山巅炮台，亦张电灯，其光更巨。

十四日，上午"定""镇"等七大舰演放鱼雷均能命中。午后各舰次演习打靶，于驶行之际，击窎远之靶，发速而中多。"经远"一船发十六炮，中十五；广东三船，中的亦在七成以上。是晨日、法、俄海军官来谒，款以茶点。

十七日，帅节在威海卫。挑选各水兵兵枪队二十名打靶，每名三出均能全中。夜间合探水师全军，万炮齐发，起止如一。英、法、俄、日海军官来观者，皆称为节制精严。

十九至二十一日，帅节经青岛、烟台、山海关以返天津，到处检阅炮台及防营。

鸿章于巡视结果，深为满意，至少在其奏报中，对北洋海军，只有褒誉之词，绝无指摘之点。却然鸿章忽略一命运所关之事。彼曷不一查问各舰中子弹之储备。最可异者，当时军械局长张士珩，及以俾斯麦自命之德璀琳均在左右，皆无提醒之者。盖"定远"及"镇远"之十吋口炮，为本军最巨之炮，而日舰各炮所莫敌者，其战时所用之开花巨弹通共只有三枚，"定远"旗舰存一枚而"镇远"则存一双也。即其练习用之小弹亦奇绌。其后开仗时欲求添补竟已无及，是为黄海大败之一主因。此事自一九二九年泰乐尔之自传发表后，世始得知其详。据云，前此一年鸿章已从汉纳根之议，令制巨弹，备二主力舰用，为军械局总办所尼，未得实行。此时汉纳根已不在场，然鸿章奚竟忘之？

国防破碎中之中国海防
与海军建设问题[1] 胡宗谦

一、导言

一国海岸线之长短，足以判一国政治经济之兴衰隆替，而捍卫海岸，则有赖乎强固之海防。中国今日拥有一万三千五百里之海岸线，然海防废弛，不仅军舰凋零，即海岸要塞，亦破败陈旧。益以不平等条约之结果，沿海良港，大抵被租；通商口岸，外舰纷屯，所谓海防，殆已破碎，一旦有事，立受威胁。际兹国际风云瞬息万变之秋，中国虽酷爱和平，然为自卫起见，亦不得不从事海防建设，以维护民族之生存，领土之完整。然海防应如何谋建设，如何策安全，如何于死里求生，作者不敏，谬陈固陋。

二、中国经营海军之今昔

甲、甲午战前之黄金时代。鸦片战争后清廷朝野，怵于西人之坚船利炮，恍然始悟建设海军之重要。迨同治间，曾国藩、左宗棠等遂先后创立南北舰队，并在福建之马尾，辽东之旅顺建立船政局及船坞，是为中国海防之发端，亦即创设海军之雏形也。及李鸿章掌北洋大臣时，乃锐意经营海军，购船舰，立水师学校，筑海军根据地于威海卫、旅顺，北洋舰队，遂浸成为全国海军之中心。截至甲午战前，计有七千五百吨级战斗舰二艘——"定远""镇远"，二千九百吨级巡洋舰二艘——"经远""来远"，以此四舰，编为主力舰队。又以二千三百吨级巡洋舰四艘——"致远""靖远""济远""平远"，

---

〔1〕此文发表于《前途》1935年第3卷第8期。

一千三百五十吨级巡洋舰二艘——"超勇""扬威"，炮舰六艘——"镇东""镇西""镇南""镇北""镇中""镇边"，编为防守舰队。及其他练习舰二艘——"康济""威远"，辅助舰四艘——"泰安""镇海""操江""湄云"，并水雷艇六艘，号称北洋舰队，总吨数为四万二十吨。此外，长江水师，有二千吨级巡洋舰二艘，一千二百吨级巡洋舰一艘，及其他不满一千吨者十余艘。福建则有一千五百吨级巡洋舰三艘，一千吨级三艘。广东则有更大之巡洋舰三艘，各为五千吨级，即"广甲""广乙""广丙"三艘是也。甲午战役，曾与北洋舰队参加战争，全师被歼。总计甲午战前，全国正式海军吨数，亦在八万五千吨左右，以视当日日本之五万九千吨，相去固有间矣。是为中国海军之黄金时代。

乙、甲午战后之衰败时代。中日甲午一战，李鸿章独手经营之北洋舰队，全师被歼。中国海军之弱点，至是暴露无遗。李鸿章虽于创巨痛深之余，然雄心未死，依然大举外债，拟作再度之经营。惜债款全为慈禧修筑颐和园所费，老臣谋国之诚，至是悉成泡影。

降及光绪三十年，以长江水盗猖獗，乃向德日定购内河炮舰十余艘，即今之"六楚"——"楚泰""楚有""楚同""楚谦""楚豫""楚观"，及"四江"——"江元""江利""江贞""江亨"是也。即至今日，犹为中国江防舰队之基础。

及宣统年间，以预备立宪萌芽，乃设海军部，以载洵为大臣，拟定中国二次海军复兴计划，分向各国定造军舰，今之"海圻""海琛""海容""肇和""应瑞""豫章"等，均为当日向外国定造者。洎后，革命运动起，计划遂中断，重以民三以后，欧战爆发，昔所定造之军舰而未竣工者，各国均先后扣用。本此二因，第二次复兴计划，又复流产。

入民国来，干戈扰攘，蜩唐沸羹，曾无宁日。益以历任海军当局又复抱残守阙，不事创业，故只株守逊清之微弱军舰而已！

丙、今日之凋零时代。已往之情势，吾人已加回溯，请试一叙今日之情形。中国今日之海军力量究若何？请观下表：

"海圻"	巡洋舰	四,三〇〇吨
"平海"	同上	三,〇〇〇吨
"宁海"	同上	三,〇〇〇吨
"海容"	同上	二,九五〇吨
"海琛"	同上	二,九五〇吨
"海筹"	同上	二,九五〇吨
"肇和"	同上	二,九五〇吨
"应瑞"	练习舰	二,六〇〇吨
"通济"	同上	一,九〇〇吨
"中山"	炮舰	一,六〇〇吨
"逸仙"	同上	一,五〇〇吨
"自强"	同上	一,五〇〇吨
"永健"	同上	一,〇六〇吨
"永翔"	同上	一,〇六〇吨
"永绩"	同上	一,〇〇〇吨
"德胜"	同上	一,〇〇〇吨
"诚胜"	同上	一,〇〇〇吨
"大同"	同上	一,〇〇〇吨
"建安"	同上	八〇〇吨
"楚豫"	同上	七〇〇吨
"楚有"	同上	七〇〇吨
"楚泰"	同上	七〇〇吨
"楚同"	同上	七〇〇吨
"楚谦"	同上	七〇〇吨
"楚观"	同上	七〇〇吨
"永绥"	同上	七〇〇吨
"民权"	同上	六〇〇吨
"咸宁"	同上	六〇〇吨

"江元"	同上	五五〇吨
"江亨"	同上	五五〇吨
"江利"	同上	五五〇吨
"江贞"	同上	五五〇吨
"同安"	驱逐舰	七〇〇吨
"飞鹰"	同上	三九〇吨
"建康"	同上	三九〇吨
"豫章"	同上	三九〇吨
总计	三十六艘	四八,三五〇吨

（表采黎天才《中国国防问题》）

此为中国今日海军总吨量。若吾人除去仅供江防之用之炮舰，则我国海军真能在海上作战者，惟巡洋舰八艘与驱逐舰四艘而已。合计两种舰之总吨数仅二万六千吨，不及日本总吨数三十分之一，英美总吨数四十分之一。列强只一艘战斗舰，已有排水量三万三千吨以上，而中国全数亦只二万六千吨，是中国今日海军力量只不过相当于外国之一艘主力舰之三分之二耳。夫如斯，尚何国防之可言？且各舰年龄，均在三四十岁左右，已甚朽败，不堪再战矣。

三、中国海军没落原因及今后建设海防原则

何以中国海军不能振兴？而陆军反形膨胀，其故无他：内战之频仍一也，海军派别之分歧二也，海军编制之不统一三也，请分述之：

甲、内战之频仍。以中国之山川地理，若生内战，则利于陆战而不利于海战。民国以来，频年内战，故陆军之发展甚速，而海军反形落后，不为当局注目。加以政府财政之支绌，仅支陆军费，已觉筹措艰难，更奚暇建设海防耶？是以历年中央预算，陆军费恒占全部预算额百分之四十余，而海军费特百分之二耳。此盖由内战使然，未足为海军当局责也。

乙、海军当局派别之分歧。亦为发展海防之障碍。民国二十一年三月十八日天津《大公报》曾发表署名李玄楼之《责海军》一文，详叙民国以来中国海军门户派别之成见，语颇中肯，节录如下：

125

"南北议和，闽人刘冠雄因缘机会，假海军代表之名，北谒项城。项城遂于统一政府之时，宠以海军总长之任。承势趋附，罔所忌惮。将之非闽者去，兵之客籍者逐。其余毕业海内外海军学校之青年军官，而非闽籍者，悉投闲置散。……冠雄当权最久，政局统一，国无大难，民犹富庶……竟不能为海军建一奇，出一策，筑一港，购一舰。日惟借款回扣之是图，摧残人才之是务，坐视国无海防之线。——自冠雄以后，国事日非，内战纷起，然海部舰队，固自无恙。总长司令如萨镇冰、李鼎新、蓝建枢、林建章、杜锡珪、杨树庄之徒，咸以闽籍海阀，承袭罔替。其传统的排斥外省，以及垂拱无为之政策，既一成而不少变。……拥兵不治，风纪弥坏。中间差强人意者，惟民国六年程璧光以海军总长率第一舰队"海圻"等八舰，南下护法之举。则璧光非闽人而粤人也。——中华建国以来，二十一年，海军总长非闽籍者，惟程璧光一人，于护法之役，就广东建设新海军，功业未就，旋为仇家所杀。闽人林永谟、毛仲芳、魏自浩等把持其事，又逐外省将士。温树德等去，闽人取而代之，因循推移，遂分广东渤海舰队而为二，渤海东北又合为一。全国海军从此而为三分之局，莫能统一。各谋自给之不暇，更何由语及建设。……党军既下江南，取淞沪，海军观变依附，而拥总司令杨树庄为魁。树庄于闽籍海阀，号称晚出。自十三年杜锡珪入长海军，即与之分立门户，用陈绍宽、陈季良，为其羽翼，狼贪无厌，兼取福建省主席。绍宽因长江之便，又夺树庄实权，假中央之威以凌之……当十八年中央召集海军编遣会议时，本欲谋海军统一——是以广东舰队及东北舰队，均派重员参加，不为绍宽所谅，百计排抑，视同化外，不得已卷舌裹足，各回原防。"是可见派别门户之深矣。

丙、海军编制之不统一。中国今日海军分为四大舰队：第一舰队为中央海防舰队，第二舰队则为中央江防舰队，第三舰队昔为东北舰队，分为海防江防二队，今归中央指挥矣，第四舰队则为广东舰队。以中国今日海军孱弱既如彼，而编制又不划一如此，则更何海防之足言！

中国海军，由于上述三因，其不能发展也固矣，虽然，吾人所望今后建设海防者又如何？

中国为酷爱和平之国家，素抱人不犯我，我不犯人之观念。惟是，中国政府建设海防之原则，必为防守目的而非进攻或侵略目的。申言之，中国海防目的乃为捍卫整个中华民族之生存，与夫领土之完整，而非欲整军经武，扩张军备，以侵略其他国家者也。征之年来中央之政策，灼然可见。间尝闻英帝国之国防目的曰："除保全自己疆土外，还须维持英帝国在海外之特权。"至我中国，不但今日无此野心，且异日亦断无此野心。故吾人今后之海防任务乃为自卫之建设，而非进攻或侵略之建设也。

抑尚有言者，即中国海防建设之"假设敌人"问题。于列强国防计划中，恒有假想敌人之设拟。所谓假想敌人，即依本国平日所处之国际环境，以与本国利害冲突最烈之国家，视为假想敌人，其海防设备，亦以此为目标。如日之以美为假想敌，美之以日为假想敌，皆是也。各国既如此，中国海防之假想敌又谁乎？窃以中国今日海防建设，非对某一国而设，亦非对某一国泄愤，乃为准备保卫中国民族之生存，领土之完整而建设者也。惟是，中国他日之海防建设，并无假想敌人，凡侵我犯我者，皆假想敌也。此为中国海防建设应异于他国之处。

四、中国海防建设之方策

前既言之矣，中国海防目的在防守，然防守亦须有相当之海军。以中国今日硕果仅存之二万六千吨军舰，配置一万三千五百海里之海岸线，其为不足，更何待言！世之论者，以为防守中国之海岸，至少须购造六十六万吨军舰，即须将现有军舰扩大至二十五倍（见黎天才《海军建设问题》）。然以中国今日之人才物力，与夫国家财政，自难办到。况乃建设海军，需时颇久，而国际风云已有时不我待之势乎？无已，惟努力左列三策之完成耳。第一策为潜水艇防卫政策，假定为第一道防线；第二策为海港建设政策，假定为第二道防线；第三策为江河要塞及内陆要塞建设政策，假定为第三道防线。兹分述其要略：

甲、潜水艇防卫政策（第一道防线）。此策之建立，盖以中国今日既无建设作战海舰之财政，而海防又不得不巩固。无已，惟购置潜水鱼雷艇，专为防御海岸，较轻而易举。夫潜水艇之作用，利于防御，且能袭击敌人之战斗舰，而战斗舰对之防御，则甚困难，是以我国今日若购潜水艇一百艘，所费亦不过二万万元而已，似觉轻而易办。惟吾人还须注意者，即潜艇防御政策，仍有赖乎坚固之海军根据地。而此种根据地，一方固须巩固之要塞，他方亦须有相当之战舰为之掩护。故若沿海建设潜水艇根据地，每一根据地，最好亦应配置大型巡洋舰一二艘，藉资保护。

至于艇雷人才，中国今日极形贫乏，创办之初，不妨聘用外人教练之，或派学生赴英美日实习，及国内人才已足，则宜全部起用国人，盖国防设置，事极机密，非国人无以守秘密也。

第一道防线若已建设完成，则须努力于第二道防线之完成，斯即：

乙、海港军港建设政策（第二道防线）。中国沿海各省，实为人文荟萃之区，财富集中之地，故防御海岸，实为重要。惟以海军力量太弱，他日纵能采潜艇政策，以防御海岸，然亦未必确有把握，故非退求第二步之补救办法不可。斯即所谓海港军港建设政策也。中国沿海计有辽宁、河北、山东、江苏、浙江、福建、广东等七省，分属于黄海、东海、南海等三大海，渤海已包于黄海中，成为中国之内海。此种天然形势，形成中国海防形势之自然区划，而海港之建设亦依次而定之。

（一）渤海军区。以葫芦岛为主要军港，为渤海水雷艇之根据地。而以营口、秦皇岛、龙口、烟台为分军港。渤海为华北国防门户，其根据地本为旅顺，自旅顺被租后，河北及山东半岛遂受威胁。于此情形下，在渤海之潜水艇，务以防止日本旅顺舰队为任务。营口为辽宁门户，秦皇岛为保护北宁路之要津，烟台、龙口为防御渤海之前哨，亟宜先后建设之。

（二）黄海军区。以胶州湾为根据地，自海防责任论，黄海区比渤海区尤重要。自海防形势论，北则与渤海舰队连紧，南下则与东海军区呼应，故地极险要，胶州湾应速建为军港，配以潜水艇。

（三）东海军区。以浙江之象山港为其总根据地，并于此建成全国海军主力之基础。象山位于浙东，港口两山挟抱，水深能容巨舰，形势与胶州湾相仿，攻守兼优，以此为根据地，而以舟山、三门湾为浙江海岸之分军港；以沙埕港、三都澳、马尾、厦门为福建海岸之分军港。象山港所以必须建立全国之海军中心者，一则因象山港本身具有天然海港之形势，二则因象山港据全国腹部之中心，负有捍卫江浙海面之任务也。

（四）南海军区。包含广东全省之海面，惟主要海港，已为人夺，如英之占香港，香港扼珠江入海之口，为广东全省门户。其次之广州湾，亦为法所租，成为法国远东海军根据地。不得已，只宜以榆林港、海南岛为根据地。榆林港位于海南岛南端，左右群山环抱，且地当西洋舰队入南洋之冲，亟宜建设之。今南海以虎门为根据地，然其重要，不及榆林港。此外，还须建设汕头、海口、防城、白龙尾港。汕头当韩江入海之口，关系粤东之安危；海口在海南岛北岸，建设为海港，足以保琼州海峡。防城及白龙尾港，为中国海岸线之终点，且与安南交界，实为中法国防之最前线也。

总观以上海港形势，均极优良，处今日中国海军凋零之秋，欲防止敌舰之进攻，惟有建设军港，构置防御工事，以为退步之准备。就各国军港之防御设备而论，空防则有飞机、高射炮、探照灯、听音器等；地面防御则有大口径炮、暗炮台等；地下防御则有秘密战壕、军械库、秘密守备队等；以及海面、地下之水雷障碍物等。反观我国之军港，除有几支小口径高射炮外，其他尚付阙如！海岸炮虽有，然已朽旧不堪，大抵系逊清之遗物。近顷军事科学化，日益迈进，中国海港若不有近代军备科学之设置，实不足以御敌人，此中国今日所以急需建设军港也。

丙、江河要塞及内陆要塞建设政策（第三道防线）。如前所言，中国海防以潜艇为第一道防线，海港为第二道防线，而江河及内陆要塞则为第三道防线。际此中国海战力弱之时，第一道及第二道防线最易为敌冲破，而准备决战者，则为江河及内陆要塞之第三道防线，此防线宜以陆军为主，以要塞为根据，以与敌人之军队作持久之战焉。同时，当敌军进攻国境以内时，须迅速予以迎头痛击，采取所谓攻势防御战略，不必固塞以守；惟沿江要塞，仍须固塞以守，使敌军费最大之力，以取要塞；亦足以挫其锐气，阻其进取也。兹胪列中国本部之要塞如下：

（一）天津要塞。天津为华北门户，自《辛丑条约》后，大沽口撤废军事设备，天津之地位，遂见危险。虽然，天津当白河、永定河、大清河、滹沱河、运河五河交汇之冲，扼北宁路之中部，又为津浦路之起点，故于保全华北交通上，至为重要。

（二）北平要塞。天津自《辛丑条约》后，已陷于无保护状态，故北平遂成要塞。北平虽非首都，然于军事政治上，仍为华北统治中心，其一面为山东、山西、河南之北方屏藩，他面又为中国对东北交通之枢纽。故防守北平，即所以保华北也。

（三）沧州要塞。位于天津之南，为沧石路之终点。此要塞为防守津浦路为敌人中断之要扼。

（四）保定要塞。此要塞具有三种意义：为天津之第二道防线一也；为北平防御之掎角二也；为平汉路交通之保护三也。

（五）正定要塞。正定及石家庄，为沧州及保定之后方根据，且为正太、平汉两路之交点，关系山西之安危。

（六）潍县要塞。敌人若取山东省会之济南，其路途有二：一为突破胶州湾而沿胶济路前进，二为击破烟台或龙口，而沿烟潍铁路前进。不论由于何路，潍县均为必经之军事要隘，且为济南之屏障，不可不建设也。

（七）济南要塞。潍县建立要塞后，济南仍须构作工事。盖济南一方为本省军事政治之中心，他方又与河北安危有关也。

（八）东海要塞。江苏陆路要津为徐州，然欲守徐州，则必防敌人东海之登陆，故东海建立要塞，急不可缓。

（九）徐州要塞。徐州为中国腹部陆路之军事要隘，又为津浦、陇海两路交会之点，关系山东、河南、江苏、安徽四省之安危，故不可不守也。

（一〇）吴淞口要塞。为中国江防第一道门户。吴淞当长江入海之口，且为中国经济中心上海之屏藩。现有设备，似觉薄弱，亟宜扩充，以备战时可以封锁长江口岸。

（一一）江阴要塞。吴淞以内，江阴为长江第一重门户。自狼山、福山以迄江阴、靖江两岸，应多置大炮，以阻敌人攻入吴淞后之长驱。

（一二）镇江要塞。江阴以内，则为镇江，地当运河，长江交会之点，京沪铁路亦由此经过，实为南京之水陆屏藩。

（一三）杭州要塞。地为浙江军事政治之中心，且为江苏军事之后方，至浙赣路，杭芜通车后，其地位更要。

（一四）福州要塞。地近海岸，且为本省政治中心，易受敌攻，急宜建立要塞以防御之。

（一五）南平要塞。居福州上游，乃福州之后方军事重镇，且可代福州而握全闽之政权。

（一六）漳州要塞。地为闽南统治中心，与厦门距台湾最近，易受威胁。

（一七）潮州要塞。汕头军港之后方，则为潮州，为粤东重镇。

（一八）广州要塞。地为本省省会，且为华南经济、政治、军事之中心，是为国防上必须死守之所在。

（一九）惠州要塞。地居东江之西，为广东侧方之屏藩。

（二〇）钦县要塞。中国海岸最终海港则为白龙尾港，而白龙尾港之后方，则为钦县。钦县不仅扼敌人攻广西邕宁之路，且为防守粤西之安全也。

（二一）镇南关要塞。广西与安南毗连，法政府曾展铁道至镇南关外，故镇南关急宜设要塞。

（二二）龙州要塞。镇南关为安南入桂之第一重门户，而龙州在此关内，为第二道门户。

（二三）邕宁要塞。镇南关、龙州虽均为邕宁前哨，然邕宁亦为桂省政治中心，离海亦不过数十英里，故亦应设要塞。

（二四）河口要塞。地当法国滇越铁道入云南之口，急应设要塞，毋使过时而后悔也。

上列要塞，信能将未建者建立之，已建者扩充之，则中国虽无强有力之海防，然以视今日之束手待毙相去固有间矣。

总上三大防线，第一、第二两道防线，易为敌所摧破，而最后决胜负存亡者，厥为第三道防线。斯防线之得失，关系中国之存亡，于可能力量内，应全神经营之，以破釜沉舟之决心，以"置之死地而后生"之战略，来与侵我犯我者作殊死之持久战焉。

五、不平等条约与中国建设海防问题

凭上所述，中国海防之建设，应以自卫为基础，由于自卫权之行使，乃企求三大海防线之建设。虽然，惟中国之自卫权并不能自由行使，恒受不平等条约之拘束，所谓国际公法上之自卫权，于中国今日，殆难完全行通。中国自五口通商以来，颇受帝国主义者之威胁而签订不平等条约，以致沿海商埠，内河津要，帝国主义者之军舰，星罗棋布，所在多有。此种情势，于中国海防上形成空前之危机。试举数例，明其究竟：

甲、以割让地为侵略中国之海军根据地。鸦片战争失败后，中国割香港与英，英遂锐意经营香港，泊军舰，计有大号一万吨巡洋舰五艘，较小巡洋舰一艘，驱逐舰八艘，小航空母舰一艘，及潜水艇若干艘。一旦有事于南海，则广州立受威胁，此一例也。甲午战败后，中国割台湾与日，台湾遂浸成为日本第一外遣队之根据地，并建淡水军港，距厦门、福州不过百余海里，数小时可达。此种情形，谓福州、厦门不受威胁可乎？此又一例也。

乙、租借地亦变为列强远东海军根据地。中国之有租借地，乃始于一八九八年德之租胶州湾，其后，俄租旅顺、大连（日俄战后，俄让与日），英租九龙、威海卫，法租广州湾。凡此租借地，要皆含有海军根据地之性质。今虽胶州湾、威海卫业已收回，然英之于九龙，法之于广州，日之于旅顺、大连，依然租借。此为中国海防上之损失，其为害实至深且巨。

丙、《辛丑条约》之结果，拆毁大沽炮台，禁止天津驻兵，不啻解除华北海防之武装。大沽为沽河入口门户，为平津屏藩，其地位与上海之吴淞口，同其重要，今既撤废，尚何海防之足言。

丁、通商口岸之军舰护侨权。《辛丑条约》后，逊清不仅允许诸国有派兵留守北宁路沿线之权，且允准诸国，得派舰常川留驻各通商口岸，实行保侨之权。依国际公法之规定，各国军舰只能为友谊之巡弋，不能常川驻守，自由往来。而我国今日，海防洞开，外舰得自由出入，名为护侨，而实行侵略，于此情形，我海防之第一、第二两道防线殆已冲破矣。

上列四点，为不平等条约影响于海防者。于此情形，若谓中国海防建设，等于无用，则又非也。中国海防建设应在不平等条约未废除前，尽可能之力量而为自卫之建设，有一分之力量，建设一分之海防；费一分之工夫，必能收一分之效果。哀莫大于心死，心不死，海防必有可为。方今国际风云，已有时不我待之势，望国人速起直追！

六、结论

读以上诸节，可知中国海军自甲午战后，以迄今日，凋零已极，海港要塞，破旧已极。际兹国际风云瞬息万变之秋，中国为自卫起见，势不得不从事海防建设，以捍卫中华民族之生存，领土之完整。惟建设海防，须有偌大海军，以中国今日之人才物力，政府财政，势难胜此重肩，不得不另开蹊径，以讲求适应时宜之海防，斯即潜艇建设政策、军港建设政策、要塞建设政策是也。潜艇政策应为第一道防线，军港建设政策应为第二道防线，要塞应为第三道防线。最后防线，推为最要。盖以中国今日海军之弱，第一、第二两道防线，最易为敌突破，而海防死守之线，则为第三道，其得失关系中国之存亡。其配置应以陆军为主，海军为副。以破釜沉舟之心，以"置之死地而后生"之战略，来与侵我犯我者作殊死之持久决斗焉。惟中国受不平等条约之拘束，沿海良港，大多出租，通商口岸，外舰棋布，殊为建设巩固海防前途之障碍。虽然，吾人当于不平等条约未废除前，尽可能之力量，求建设之完备，有一分之力量，建设一分之海防，自信费一分之力，必能收一分之果。古人云："哀莫大于心死"，不然，今日纵困于财源，束于条约，然总有一日观其成也。

海军与空军[1]　　陈西滢[2]

　　战争的利器，在二十世纪内，几乎没有一年没有惊人的猛进，没有一天不在产生新鲜的花样。可是因为人们的观念，不容易脱去平常的窠臼，所以战争的方法，常常追踪不上利器，而把它们充分的来利用。例如欧洲大战开始时，各国军部还没有明白机关枪在现代战争中的重要。英国军队，每一个步兵大队只有机关枪二架，当时德国也好不了许多。可是到了一九一七年的年底，德军每一师有一百四十二架机关枪了。又如坦克车的发明，使英法给予德国军队一种致命的打击，可是起先英国陆军部认为坦克车无用，而搁置了好久。

　　未来的世界大战，因为利器比起一九一四年来又大有进展，在方法方面一定也要大不相同。欧美各国的军事学者曾经有许多推测及提议，门外汉的我们当然不敢参加末议。可是有些事实，如日月之食，有眼睛的人都能看到，不必要是专家方能来讨论。

　　空军在将来战争中的重要，人人都知道的了。我国朝野上下，近来在这方面也已经在异常的注意。然而有一个事实是一般人所熟视无睹的：行政院的各部中，有军政部，海军部，而没有航空部——航空署只是军政部里面的一署。我们觉得，国防自成一部，不论陆军，海军，或空军都隶属在它的下面，是最理想的组织。如要各部独立，那么，航空部的设置，实在比海军部重要得多。

---

　　〔1〕此文发表于《独立评论》1935年第200号。
　　〔2〕陈西滢（1896—1970），名源，字通伯，笔名西滢。1912年赴英留学，回国后任北京大学外文系教授。1924年在胡适支持下与徐志摩等人创办《现代评论》杂志，任文艺部主编。1929年任武汉大学教授兼文化院院长。1946年出任国民政府驻巴黎联合国教科文组织首任常驻代表。退休后侨居伦敦。

我们的海军实在没有设置一部的必要。因为我们的海军，在平时巡逻海面，充水上警察也许还有用处，一旦发生战争，在国防方面是不会有什么用的。为什么呢？现代战争，交战国赌的是三种力量：哪一方面的人力、财力及军火力比另一方面大，哪一方面便可以操胜算。这军火力的伟大与精良，无论在陆海空哪一部分都是非常的重要，而在海军方面，尤其是特殊的显著。人们常常拿交战来比下棋，再没有比海军战事更像下棋的了。多一个棋子，少一个棋子，就常常可以断定全局的运命。当然在能力不相等者的手中，多几个棋子不一定便赢，可是要是两方面都是国手，那么，多一个棋子的便可以掌生杀之权了。至于下棋者本来能力已低，棋子要是再少，上场去少不了有白白送死之感了。

在欧战开始时，德国虽然曾经努力的造舰在前，在数量上还没有赶上英国。英国有主力舰二十艘，德国只有十三艘，英德的巡洋舰也是四与三之比。所以欧战四年余，德国的海军主力永远的藏在港里，不肯与英国海军主力交锋。德国知道在势不均力不等的局面下，交战一次，德国必有重大的损失，结果将势更不均，力更不等了。所以德方的计划，是想用潜水艇、水雷等等攻击英国的军舰，等双方的力量相等，然后一战。英国为避免这样的结果，它的主力舰队也深居简出，以保全自己优胜的实力。

怀疑者也许要举德国的东方舰队来作反证。德国驻在中国的舰队，大小五舰，先后击沉了战舰五艘，商船四五十艘，是欧战中引起全世界人民注意及称道的大伟绩。尤其是三千五百吨的"爱姆顿"（Emden）往来横行印度洋上将近三月，弄得行旅震惊。可是它所以能如此，就在它能避实就虚，行踪飘忽。最后遇到了比它排水量多二千吨，速度快三海里，炮口径大一时八分的"Sydney"时，英武多智的牟劳（Muller）舰长也就无所施其技了。施贝司令（Von Spee）自己所率领的舰队，更可以证明在海军战事中，力量的多寡强弱，可以决定胜败的全权。他领的有装甲巡洋舰二艘，轻快巡洋舰三艘。他在南美洲西岸遇见英国克拉独克司令所率领的舰队，只有装甲巡洋舰二艘，轻快舰一艘，而且在重炮方面，英国舰队不如德国。所以交战不过一小时，英国的两只装甲巡洋舰都被击沉，船上的一千四百余人都死在水中，而德国的舰队差不多没有受损伤，兵士只伤了两个人。四十天后，施贝的舰队在南美洲的东方遇见英国司都地司令所率领的舰队。这一次英国方面有战斗巡洋舰三艘，装甲巡洋舰一大二小，轻快巡洋舰二艘，交战的结果，德国舰队除了跑走一小舰外，全军覆没，死了一千八百人。英国舰队的船只几乎丝毫无损，死伤也只有三十人。这可以指示我们，在海军战事中，无论司令如何足智多谋，士兵如何英雄善战，遇到数量较多，设备较精的对方，便逃不了覆亡的命运。最近的伦敦海军会议中，英美必要对日本维持五五三的比率。日本又必要得到相等的比率，要求不遂，甚至退出，都无非是为了这个原因。

看见了上述的例证，我们不难明白中国海军的国防力量实在是等于零。试以我们的东邻作比。日本海军的排水量总数是一百十九万四千余吨，我们的只有七万三千吨。日本有二万九千吨以上的主力舰十艘，我们一艘也没有。日本有七千吨以上的一等巡洋舰十二艘，我们又是一艘也没有。日本有二千八百吨以上的二等巡洋舰二十三艘。但是以我国仅有的最重要的九只巡洋舰来比较，就可以知道它们中间相去不可以道里计了。

（一）排水量

日本：二九八〇吨一艘，三二三〇吨二艘，四四〇〇吨二艘，五一〇〇吨五艘，五一七〇吨六艘，五一九五吨三艘，八五〇〇吨四艘。

中国：一九〇〇吨一艘，一九九〇吨一艘，二四〇〇吨一艘，二六〇〇吨一艘，二七五〇吨一艘，二九五〇吨三艘，四三〇〇吨一艘。

（二）速力

日本：二十六海哩二艘，三十一海哩二艘，三十三海哩十五艘。

中国：十二海哩二艘，十九.五海哩三艘，二十海哩二艘，二十二海哩二艘。

（三）最大备炮口径及门数

日本：十四厘四门二艘，六门一艘，七门十四艘，十五厘八门二艘。

中国：十四厘六门二艘，十五厘二门三艘，三门三艘，二〇厘二门一艘。

（四）造成年岁

日本：一九一二年二艘，一九一九年一艘，一九二〇年一艘，一九二一年四艘，一九二二年三艘，一九二三年三艘，一九二四年二艘，一九二五年二艘，一九三二年后四艘。

中国：一八九四年一艘，一八九八年三艘，一八九九年一艘，一九一三年二艘，一九三二年一艘，一九三二年后一艘。

所以以排水量而论，中国只有四艘可以勉强列入日本的二等巡洋舰；以速力而论，没有一舰够得上资格；以造成的年岁而论，则十九世纪所造成的战舰，在他国早已视为废铁，应当可以送进古物陈列馆了。

"一·二八"之役，国人责备中国的海军，眼望着日本兵舰轰击我吴淞炮台而不发一弹。他们不知道中国的海军如发一弹，结果必至全体沉在江心。在那样的情形之下，就是德国的施贝司令，牟劳舰长来做统带，也不免要有一筹莫展之叹罢？

要是国防必须有海军，没有海军便够不上讲国防的话，那么我们自然只有排除一切困难，急起直追的一法。可是事实是自从有了空军，海军的重要一落千丈，尤其是在守土防敌方面，有了空军便不必再有海军。

十余年前英美两国都已经做过试验。英国在一九二三年的试验是从八千尺的高度向一无线电驾驶的兵舰投弹，直接投中船身的有百分之二，投中离舰身十五尺以内的有百分之十七。可是炸弹下落在船身十五尺以内所给予船只的损伤，与直接投中船身，可以说是完全相同。一九二三年以来，投弹瞄准的正确性大有进步。一九三五年英国空军又有掷弹试验，其结果未经公布，但是知道就是从一万五千尺的高度掷弹，命中的比率还是很高。

美国在一九二一年曾经以废弃的德国军舰做过试验，一枚六百磅的炸弹落在一艘五千吨的巡洋舰的舷外水中，便炸了一个大孔，将船沉没。又以二万三千吨的Ostfriesland主力舰为目标，做了不少试验。先以二百三十磅至六百磅重的炸弹投下五十枚，十三枚击中，没有大损伤。再投下一千磅重的炸弹四枚，三枚命中，船仍没有沉。最后二枚二千磅的炸弹落在船外水中，二十五分钟内便将船沉了。所以美国调查委员会的报告说："即使不是不可能，也是很难造成一种海军船舰，有充分的力量，可以抵抗最大的炸弹的破坏力。"委员会的结论是，"在海岸线防御作战中，飞机有重要的战术上及战略上的特长，如数量充足，它们可以在这种作战中成为决胜的因素。"

本年一月的英国《旁观者》周报中，曾有航空专家与海军专家的争辩。海军专家有几句话，特别值得我们注意。他是为海军辩护的，但是他承认："从前那样的入侵变成困难得多，而且要是对方有强大的空军，几乎是不可能了。实在可以说，有充分的飞行机所防御的海岸线是没有敌军登岸的弱点的。"他又说："我们得承认，一个在敌军飞机所容易飞到的海军根据地是难守的。""很少疑问，要是一个海军根据地在一大队飞机的五百英里范围以内，它里面的船舰是很危险的。"

海军当然不是完全没有用的。在大海里争霸权，它是不可少的。保护运输，维持航业，它是不可少的。殖民地东一块，西一片，遍于全球，它更是不可少的。所以海军会议中英美日本之争，并不是无意义的。但是在注重全力以防侵犯的中国，海军是毫无所用，而且一个小小的海军，徒然供给敌人的海军及空军以一个练习轰击试验的目标。

海军不要便罢，如要维持，就得造可以与人对敌的战舰。一艘三万五千吨的主力舰，造价当在六百万磅，就是说九千六百万元左右。我们有此财力吗？而且普通的轰炸机以四十万元一架计算，造一舰的经费便可以造轰炸机二百四十架了。

苏俄是一个很好的榜样。它看到了它的海军是不能与敌国抗衡的；它看到了在它的地位，空军的力量比海军大得多，所以尽管嘴里说要造舰，却是一舰都没有造。而它的空军，经过非常的努力，现在已占世界上最强的地位。它有二百四十二个航空中队，比之法国的一百五十六中队，意大利的一百二十三中队，英国的八十八中队，美国的五十三中队，都相去甚远；比之日本的二十六中队，几乎是十与一之比了。一旦日俄发生战事，日本三岛恐怕不免要受空军的威胁，日本与高丽、满洲间的运输联络，不免要有破坏的危险罢。苏俄是新兴国家，一切打破传统的习惯，所以能够如此。就是西欧诸国，如德国在国防部之外再设航空部，以希忒拉的右手戈林为之长；英国是最强的海军国，在海军部、陆军部之外也设航空部；法国、意大利也是如此。我们应该怎样的选择，不是很明白了么？

海军与国防之关系[1]　余秉钧

我国外患，无代无之，周有猃狁，汉有匈奴，晋唐以迄宋明，其间有氐羌、鲜卑、突厥、契丹、蒙古，莫不强横桀骜。降至清朝，始尽隶版图，表面似乎外患荡平，而不料为外患者，更有欧亚诸邦也，外托辑和，立约通商，内藏祸心，得陇望蜀。中国海疆，袤延数万里，列强兵舶，飙驰轮转，络绎往来，海口要港，天生险阻，足以固吾圉而控远人者，皆成外人驻泊之所。关河之要害，海道之情形，较之我国兵民，尤为熟悉，直不啻寝我卧榻，据我户庭，在中国几无可守之区，更无可守之具矣。迩来强邻暴戾，无异嬴秦，恃其兵强，恣其蚕食，为今计国防之措置，不可或忽也，妇孺皆知。至于巩固国防之急务，论者辄云：陆军空军之军备，经济物质之建设，坑道堡垒之构筑，文化教育之发展等是也，余独以为居今之势，处今之时，海军对于国防，诚有不可思议之重要性。兹特撮述数点：

一、无海军即无国防

昔拿破仑第一，精于制造轮船，世界莫强，惟英海军，能与颉颃。其后欧亚各国，竞相仿效，极深研究，日新月盛，经多年之革新与进步，以迄于今，海军均建有战舰、巡洋战舰、装甲海防舰、驱逐舰、水雷艇、潜水艇、海岸警备舰、炮舰，及河用炮舰等舰艇，船坚且速，炮大而准，诚远攻近守之凶物也。

我国海军，原不发达，今又乏补充发展之举，纵有精兵守险，地利先资，

---

[1] 此文发表于《黄埔》1936年第6卷第5期。

善政宜人，人和足恃，然无舰队以资其战守，无兵舰以击其往来，无水雷以锁其海口，无铁舰以防其攻冲，窃虑敌由水道来袭，则长期抵抗之重任，空军不能负，陆军岂能独负耶？试观普法之战，普人何以能突巴黎都城，法岂漫无守备哉？实海军之有以制胜也。

二、海军在国防上与陆军之关系

列强船炮之坚利，干部之精锐，武器之新奇，装备之完善，诚非金融艰窘，科学落后之中国，所能企及。然我陆军刚毅勇敢，刻苦耐劳之精神，甲于全球。虽兵器窳败，如得海军为助，严为防守，一旦有警，海陆夹攻，倘敌登岸，则先以陆军挫其前锋，后以海军捣其归路，即幸而胜我，彼亦不敢久留，败则只轮片帆不返。

中国过去战争之失败，与近年来外患之牺牲，其中原因，固有关陆军军械之不逮，然海军能力之薄弱，海防之疏弛，实为致命伤也。此事证之道光年间，海上交兵之事，即甚显著。当时中国制炮不得其法，船式不合其宜，驾驶不得其人，施炮不得其准，结果沿海炮台，以及兵舰，悉遭毁坏。摧挫国威，损失经济，致外人妄思蠢动，乘衅侵略。倘若当时有精炼之海军，绵密布防，复以陆军劲旅以济之，恐敌不致冒昧深入，今日华北亦不致受其零星宰割而至于此也。

三、巩固国防应设海军于各重镇

中国沿海以及长江，在在堪虞，务期设大量之海军，因地制宜，分据要害，以静制动，以逸待劳，敌自不敢窥我矣。今就其最紧要地区，分四镇述之：

1.江浙长江为一镇——江浙虽设内防，长江虽设炮台，如无强大海军，作冲突控驭之具，是内部之防未固也，应竭力训练水兵，补充各种新式战舰，以备临事应猝之用，以免敌人觊觎之心，则内部之防固矣。

2.福建为一镇——闽省海口可守，应以驱逐舰为主，以潜水艇为辅，与炮台相表里，更择善地，以立舰队，庶国防有以抵制也。

3.粤省为一镇——粤省华夷逼处，洋船纷屯，较他省似难为力，究不能因噎废食，使环而相伺者之得狡然以逞也。况粤省财赋充裕，人物精强，苟使精练海军，密布海防，多筑炮台，扼其要害，如古人所谓："王公设险，以守其国"，则南部之防固矣。

4.辽宁以东为一镇——辽宁以东，乃要口所在，务创设海军于威海卫之中，使敌先不敢屯兵于登郡各岛，我则北连津郡，东络牛庄，水程易通，首尾相应，彼既不能赴此而北，又不便舍此而东。诚如是，则渤海为雷池，而威海成堂奥，北部之防固矣。

此四镇，处常则声势相联，缉私捕盗，遇变则指臂相助，扼险环攻，如此敌人犹敢轻犯者鲜矣。

四、海军在国防上与陆空军之比较

我国陆军，已树根基，仅稍加整理，即可御敌于地面，是陆战未足畏也。除陆战外，敌如利用运动神速之空军入境，轰炸都市，搜索军情，施放毒气，射杀军民，威力固甚猛烈，倘我防空机械发达，防毒面具改良，即难奏效。尤其夜间及浓雾时，更失效用，是敌角胜利于空中，亦未足为顾虑也。

至以海军进袭，则无相当之物，可以防制而歼灭之，只能以海军抗海军！就国情言，列强主攻，攻则非有铁甲轮船，配用大炮，断不能与人争衡。我国重防，防则艇舢板、潜水艇、小兵轮已为利器，能涉浅，能埋伏，能更迭出没。敌至，或分抄，或合击，得机则进，失机则退，彼欲袭以大炮，取准较难，欲冲以水雷，躲闪颇易。纵敌破我一船，损失不过十余万，设破敌一大船，其损失，辄以数十万至百万计。且近代战争，为立体之战争，陆海空军，必须协同一致，互相为用，方可御侮。譬之人身，陆军人体也，空军两手也，海军两足也。苟有足不健全者，与人格斗，人以足踢，彼须以手防，则效果无多，此中国之所以当致力于海军军备之充实也。

综合上述，一言以蔽之曰，海军为国防之要，立国之基也，所翼当道诸公，其注意及之。

于十期二总队交通队

海军与国防之关系[1]　　陈绍宽[2]

　　位于沿海界域之国家，国防之巩固与否，胥系乎海军实力之强弱，而处海权争衡之世界，则海军实力，尤与国际地位有密切之关系。况吾国海线绵长，门户洞辟，外国船舶，往来于我江海领域之间，甚且藉词护商，遣派军舰，任意游弋，或称为亚洲舰队，或称为扬子江舰队，藩篱久撤，堂奥堪虞。今则外侮纷乘，国防益亟，所资以自卫者，舍振兴海军不为功。

　　总理于民权主义第一讲，曾云：无论是个人，或团体，或国家，要有自卫的能力，才能够生存，生存基于自卫之能力，吾国所恃为自卫能力，果何若乎。又民族主义第五讲，总理对世界各国海陆军备，探讨綦详，并云：我国的海陆军，和各险要地方，没有预备国防，外国随时可以侵入，篇中除演讲陆军实力外，关于海军战斗力之比较，尤多反复申论，认为任举一强国之海军力，皆足以破吾防而亡吾国，凡此遗教谆谆，沉痛深切，直已明示吾人以非有相当之海军力，将无以求存于今日也，无如吾国之具有世界眼光与海军常识者，寥寥罕觏。溯自前清末季，移海军专款以供娱乐之建筑，坐令军力耗损，国防空虚，爱国志士，今至犹扼腕太息。民国成立之始，军阀弄柄，竞逞私图，靡特无扩张海军巩固国防之观念，即寻常海军饷糈，亦且积欠累

---

〔1〕此文发表于《教育与国防》1936年第1卷第1期。
〔2〕陈绍宽（1989—1969），字厚甫，福建闽县人，毕业于南洋水师学堂。历任二副、大副、副舰长、艇长、海军总司令部副官、舰长、舰队司令、海军署署长、海军部政务次长、海军部部长、海军总司令等职。曾赴美国学习飞机和潜艇技术，赴英国潜艇部队参战。建国后历任华东军政委员会委员、福建省人民政府副主席、副省长、中华人民共和国国防委员会委员等职。

累。废都一举，直欲并海军垂绝之生机，蠲灭殆尽。迨革命军兴，北政府及军阀相继颠覆，海军一方致力革命奋斗，一方注意建设事业。海部复兴以来，外察列强之趋势，内审国防之吃紧，尤以发展海军为当务，迭经拟具建设计划，并于训政时期分年工作中，举凡舰队扩展、军港设备、军械补充、海政进行、人才培植、仓库营造等项，靡不缜密筹划，乃政府以财力不逮，迄未获允实施，只得于军费竭蹶之中，勉图搏节，冀海军有几微之建设，俾国防收尺寸之效果，以物质建设言："咸宁""永绥""民权""逸仙""民生""宁海"及"江""海""抚""绥""威""肃""崇""义""正""长""十宁"各舰艇，先后造成，"平海"亦在赶造之中。此外设立海军航空处，制购军用飞机，兴筑制造飞机厂，改造水鱼雷营，筹筑鱼雷等厂，建筑闽沪造船所新坞、宁沪海军医院、南京海军体育场、扩充海军练营等，均为海军物质建设之见端。以精神建设言，整理海军学校，添招新生，延聘洋员教练，派遣员生赴东西各国留学，创立陆战队军官研究班，分设枪炮雷电各班，训练各项练兵，并按时会操校阅，胥与海军精神建设之事项有关。以吾国国防之情形，固不能恃此区区建设，遂足以厚军力而固吾圉，第为环境所牵制，财力所制限，略树基础，徐谋发展，非敢以此自囿也。吾国朝野上下，自国难发生以来，一致倡言国防，而对于为国防主力之海军，转不注意，高调空谈，于国何补。岂知滨海之国，海军乃国防前锋，平时宽筹经费，促海军实力之增进，一旦有事，国防始可无虞。是以竞争海权之国家，其海军每年经费，为数至巨，如英美日之海军费，皆数百倍吾国之海军费，而吾国海军，则仅占军费全数百分之一有奇，较之土耳其、阿根廷、希腊诸小邦，尚属有逊。重国防而不重海军，是何异欲行而踬其足，欲言而钳其口，盖居今日而论国事，必具有世界之新知识。吾国人昧于国际之大势，向以陆军为主，海军为从。故陆军兵额，较世界各强国有过之，而海军则相去远甚。洎经"九一八""一·二八"之变，一般论调，又趋向于航空救国，然国家军队之组织，与地势有特殊关系，沿海国家，陆海军均属主力，而海军则立于国防之前锋，其责任极为重要。航空固目下作战利器，但载装飞机母舰，则固属于海军。且海上战争，海面防御，以及远洋运输，非赖海军实力，何以收捍外御侮之效。厚陆薄海，既非全策，舍海言空，亦属左计。巴华德论欧战之得失，谓联盟国致败，以欧战为主因。英哲有言，勃列颠帝国，得以国富民安，惟海军是赖。欧美各国国力之消长，莫非以海军强弱为主要关键。最近军缩会议，军舰限制，竞争甚烈，各国钩心斗角，方出全力以谋海军之繁荣，吾国国防之紧急若此，而海军之实力薄弱又如斯，独可漠然置之耶！顾或谓海军建设，需费较巨，不若空军之轻而易举，然因噎废食，古训所戒。吾国舍海军无以救亡图存，安得以财力为推诿。美国史汀生氏前在参议院外交委员会发表意见，谓国家即使贫困，亦不能不力加振作，起而建造军舰。以美国海军之强盛，犹欲惨淡经营，不计财力之赢绌。矧吾国海军较美国远逊，又值国防吃紧之秋，海军负中国安危的重大使命，无论财力若何困难，断不容不努力进行。所愿举国人士，憬然于海军与国防关系之密切，相与宣扬鼓吹，促进政府对于海军实力，逐渐扩充，蔚成规模伟大之海军，则不特国防可固，而国际之地位，亦将随而增高，党国前途，实利赖之。

对于国防上之感想^[1] 陈绍宽

我国具有数千年之文化，领土辽阔，物产丰饶，滨海之区，绵亘七省，固一极可有为之国家。然以曩时民众狃于大陆的国民性之故，遂养成远适异域游子所悲，乘风万里，视为畏途的积习。一般人士，不惟于海上事业，未能发生兴趣，而对于海权为立国之最重要元素，亦无相当的认识。在昔海禁未开，尚可闭关自守。今则舳舻相望，天涯咫尺，藩篱不固，强邻逼处，及今不图，恐将噬脐无及矣。夫欲发展一国之海权，其唯一之要计，在拥有足以发挥此种权力之工具，换言之，即必须恃有海军的实力以为之后盾也。一部之海上权力发达史，对于古今各民族之兴衰，其昭示吾人者，无一不足资为殷鉴。古代民族，如腓尼基、波斯、希腊、迦太基、罗马等之此兴彼替，莫不决定于其海上权力之消长。三千年前，腓尼基人远渡重洋，经营海外，更恃海军为之保障，遂为世界历史中拓地殖民之鼻祖。迨后波斯崛起，希腊继兴。波斯当纵横无敌之时，卒以海军败于希腊，乃一蹶而不振。希腊战胜波斯后，执地中海之霸权，乃以败于迦太基，而国势衰落。迦太基以三战于浦立克，而亡于罗马。盱衡往迹，其兴衰起伏，诚非偶然。自中古以来，其尤彰彰可考者则西班牙以居欧洲强国之领袖地位，因无敌舰队之摧毁，而国势亦遂日即衰弱。拿破仑以席卷全欧之雄威，而于特拉伐加一役，败于隔一衣带水之英伦三岛，而前功尽弃。在近代史中，英国之所以称雄于世界者，即基乎此。英国视海军为命脉，凡工商业之推广，海上航轮之维护，以及殖民地之保卫，悉惟海军力是赖，而

---

〔1〕此文发表于《东方杂志》1936年第33卷第1号。

海军亦即以此所获之财富，而助其本身之发展。全国上下，持此观念，付之实施，永久不衰，故能掌握世界海权以至今日。以上诸端，不过举其荦荦大者而已。要之，国际关系，错综复杂，至晚近为尤甚。由商业之竞争，而兵力随之，商业发展，则其国内之工业农业，皆呈欣欣向荣之象。若被压迫之民族，则徒供其牺牲而已。总理有言："列强压迫我们的民族，不单在政治上的压迫，尤以经济力压迫十分厉害。"我国之受列强压迫至于此极者，固非一朝一夕之故。自明嘉靖十四年，葡人租借澳门，遂启各国觊觎之渐；而自清道光二十二年，《南京条约》成立，一切不平等条约，均自此开其端。影响所及，卒造成今日之工商凋敝，农村破产，几成为不可收拾之局势。夫葡人之得以占据澳门者，则以当时都指挥黄庆贪其厚贿，而不明开门揖盗，海防破坏之危，坐令养痈遗患。《南京条约》之得以缔结者，则以当时除林则徐严修战备外，其他沿海沿江各地，一无防范，因而连失重镇，坐令英舰直达南京。我国叠经挫折，尚未觉悟，究其症结所在，实因全国人士，对于海权之观念，过于薄弱。吾人当兹极力救亡图存之际，固以恢复农村经济，发展民族资本，为当务之急。要知农业的生产，尤须以发达工业为尾闾；而工业的推销，更在以推广海外贸易为出路。我国在此外力压迫之下，外货倾销于国内，抵制无从；侨民受逐于海外，拯救乏术。即领海内之各种权利，亦皆横受外人之剥夺。于此而欲排除一切，而求民族的解放，非有相当力量，以拥护我应有之海权不可。一言以蔽之，即非有相当之海军实力，不足以达兹目的。欧战以后，德国之穷，视我不啻倍蓰，然能于短期间，尽条约之准许量，而完成其新海军之建设。迨袖珍战斗舰告成，举世震撼。是固由于德国之上下一心，共同努力，始克臻此。但其得力于全国人才之杰出，关系尤大。兹再就世界各国海军之一般现状约略言之。其疆界完全囿于大陆之中，除瑞士、捷克、欧战后之奥匈，以及阿富汗、玻利非亚等国，无从建设海军者外，其余大小国家，莫不积极进行，以扩充其海军实力。海军经费，岁有增加，且绝不使之移作他用。英、美、法、意等国，每岁海军支出，皆在数万万元以上，无论已。即蕞尔小邦，如葡萄牙、芬兰、暹罗等亦且增造舰艇，锐意经营，不遗余力。更观之东邻日本，以原属闭关自守，采行封建制度的岛国，自经美国海军司令培雷氏，率舰扣击门户而后，发愤图强，一跃而居于世界一等国的地位。谓其得力于海军，固无人能加以否认也。然而日本于数十年前，其海军范围，亦未能超过我国今日之现状。但因其朝野上下，认定目标，共同奋斗，卒能跻于世界海强之列。兹且于伦敦海会中，力争不已，而求与英美平等也。反观我国，则日夕呻吟挣扎于帝国主义者威胁之下，而海军全军之经费，尚不逮他国一艘战斗舰经常费之半数。虽不受海缩条约所束缚，而不能进展；虽具有多数之良好港湾，而不能利用；虽拥有世界最长之海岸线，而任其暴露。语云：天助自助。我国苟不欲提高国际地位，保疆土之安全，并谋民族之发展则已；否则必须全国上下，对于海上权力之重要，有明确的认识，效法欧美日本，对于此种国防上必要之建设，协赞进行，尤须广育人才，以为群策群力之助。政府方面，更须兼筹并顾，而予以有可为之机能。巩固疆圉，维系和平，发扬国光，繁荣民族，舍此无他道也。

海军之与民族复兴[1]　　吕德元[2]

　　我国地大物博，人口众多，海岸线绵延万余里，文化绵亘五千年，所谓天府之邦，文明先进上国也。只以曩昔民众，昧于世界大势，狃闭关自守之政策，不知海权为立国之本，利用之以表扬国家之文化，发展民族之利益，对于海防建设，漠不关心，遂致养成大陆国民之惰性，好逸恶劳，日趋文弱，徒尚退让，不求进取，受不平等条约之束缚，主权丧失殆尽，以致农村破产，民不聊生，东北沦亡，领土日蹙，国势阽危，有如累卵。我革命民众，有鉴乎此，卧薪尝胆，锐意图强，从事各种建设，以谋复兴，进步之速，有一日千里之势。近则航空救国之声浪，更甚嚣尘上，乃对于立国要素之海权，似尚无相当认识，鼓吹海防建设者，寥若晨星，窃有惑焉。夫任何民族生存之关键，虽随时代而递变，然莫不赖国防之巩固，工商业之发达，及海外贸易之扩展者。而欲巩固国防，发达工商业，扩展海外贸易，非藉海上权力以捍卫而保护之不为功。故古今民族之兴衰，大都基于海权之消长。旷观世界贸易史，实即一部之海军兴替史也。如腓尼基、希腊、波斯、迦太基、罗马、西班牙、英、美各国之兴衰起伏，无一不随其海军之盛衰强弱为转移。即如东邻日本，亦因四十年前英美各国商业，逐渐向太平洋发展，与我国同受极度之压迫，遂乃发愤图

----

〔1〕此文发表于1936年《海军年报》。
〔2〕吕德元（1885—?），字芸僧，安徽休宁人。毕业于南京江南水师学堂第五届驾驶班。曾赴美国、日本等国留学。历任南京临时政府海军总司令部经理局局长、海军部专员、北京政府海军部军需司司长、海军部视察、"楚泰"炮舰舰长、海军部副官处副官、烟台海军练营营长、驻美海军武官、国民革命军海军总司令部编译委员会主任委员、军政部海军署教育司司长、海军部编译处处长、海军总司令部高级参谋等职。

强，维新政治，竭其全力，振兴海军，以保护工商业，民族资本，得以步步实现。经日俄战争之胜利，乃完成其民族发展之基础，由被支配之地位，一跃而为支配之民族矣。盖拥有海岸线，而无海军，则任何民族，均不易图存。无强大之海军，则其民族永无复兴之望。我国当时国力，较之日本，有过之无不及，惜乎未能猛省，坐失时机，以致贫弱程度，日甚一日，及今不图，必至噬脐莫及也。他且勿论，试观列强之钩心斗角，以尽量充实海军，倾其全力以赴之概况，即可了然。法国海军经费，逐年增加几及两倍；德国尽条约之许可量，以制造袖珍战斗舰；意国不顾经济之困窘，建造三万五千吨战斗舰两艘。而伦敦海会，列强对于舰种之量与质之争，各不相让。日本且以坚持平等，而退出海会。由此观之，海军重要之程度，为何如耶！盖实力者，乃排除万难，保障和平最有效之工具，欲图和平，而无保障，则只有任人蚕食鲸吞，束手待毙而已。所谓《国联盟约》《九国公约》《非战公约》等等，几皆等于废纸。而太平洋问题、远东问题，因之连带而生。欧洲局势，更现杌陧不安之象。我国海岸辽阔，港汊纷歧，门户洞开，藩篱不固，倘不力图建设，随时均有受人侵略之危险。况欲废除不平等条约，发展民族资本，实现我总理之伟大建设方略，以图民族之复兴乎！我海军力量，虽甚薄弱，然自海部成立于兹七稔，朝乾夕惕，励精图治，凡百庶政，焕然一新，上下一体，精神团结，一俟经费较充，更不难兼程孟晋，充实力量，捍卫国家，以作民族复兴之基础。尚望国人，群策群力，协赞进行，以免长此受不平等之压迫，而挽垂危之国运，则幸甚矣。

民族抗战与海防建设[1] 金云峰

从"九一八事变"以来，日帝国主义在中国明火执仗地进行侵略，我们失掉了东四省[2]和半壁华北，这种不战而失掉的土地，敌人是不是会因为我们的和平的要求而还给我们呢？不！帝国主义强盗固然决不会这样的傻，而我们更绝对不应该这样的幻想。如果不用战争，我们决不能收复一寸失地；不用战争，决难拯救千千万万处于牛马地位的同胞。目前的全国国民们，都已认清了这一点，企图集中全国的人力和武力，进行抗战的准备。

至于说到抗战，我们必须注意到海防问题，我国海岸线长达一万三千五百里，一旦战事发生，沿海各省势必受敌人封锁，即使不能封锁长达万余里之海岸线，然沿海各省没有抵抗能力，后方亦有扰乱之忧。目前敌人不断在厦门生事滋扰，实为一例。而敌人对于我国有两大政策，所谓"大陆政策"与"南进政策"。"大陆政策"即以倾向北方大陆扩张，企图囊括苏联远东的渔业区域，及大量出产大豆、棉花、羊毛与蕴藏煤、铁、石油的满洲、内外蒙古和整个华北。"南进政策"则以夺取销售市场和军需原料的华中、华南、印度及南洋群岛、菲律宾等地为目的。敌人政策虽是两方面，然其侵略倾向都不外是使"日本独霸亚洲"。当"九一八事变"发生，敌人的"大陆政策"开始进展起来，"一·二八"上海之役，则表现敌人企图向南进展，即所谓"南北并进"了。故此两大相互为用的日本侵略政策——大陆和南进——时刻在威胁着我们。当去

---

〔1〕此文发表于《中国公论》1937年第1卷第10期。
〔2〕指奉天省、吉林省、黑龙江省和热河省。

年敌人所造成的成都事件[1]和北海事件[2]，日本海军曾派多量兵舰来华，藉口保护侨民，以实现它的阴谋。在这种情形之下，对于我国陆海空军之实力培养，以及建设最低限度之海防，自刻不容缓。

我国海军最为落后，总吨数为二五，九八〇吨，计十一艘，内A级巡舰一艘，四，三〇〇吨，B级巡舰八艘，二〇，九〇〇吨，驱逐舰二艘，七八〇吨。回顾我国之海岸线长达万余里，而此区区之十一艘军舰，是否能对付侵略者而能防御海岸？事实上实难防御如此长大之海岸线。吾人虽不求与敌人谋海军力量的平等，然为我国自卫计，为求国家独立自由平等计，谋世界弱小民族之共同解放计，在今日之环境下，实不容吾人对海军从容布置。而在我国财力限制下，难以添置有力舰队，抗敌于海外，然最短期间内中国急应设备潜水艇。这种潜水艇作用，利于防御，并能袭击敌人之战斗舰，在精神物质上，实可予敌人以无穷的威胁，如能与空军合作应战，更可收上下夹攻之效。另应设置水雷、敷设舰、高速鱼雷汽艇、牺牲小快艇。用之巡防海滨，则能防御敌人军舰所派遣划艇任意靠岸。而此种武器之唯一特点在速率快，吃水浅，然而敌人的巨舰吃水深，在海滨上之行动实有不灵敏之困难。故我国用以轻速敏捷之小型艇船，取避实击虚之游击战争方法，抗敌于海滨，实有意想不到之效力。

然潜水艇、牺牲小快艇等防卫之实施，亦须有必要之条件，始能应用余裕，此等政策之实施须要坚固之海军根据地，另要相当的军舰为之掩护，停泊于每一潜水艇根据地，使能保护不受敌人暗算。

我国沿海区域有：辽宁、河北、山东、江苏、浙江、福建、广东等七省，以海岸分之为：渤海海岸、黄海海岸、东海海岸、南海海岸四大区域，而海军之根据地之建设，亦须以海岸情形配置潜艇力量。渤海方面原有葫芦岛、营口、秦皇岛、龙口、烟台等，可为我国抗战军港根据地，须以最大力量驱逐外力，配置潜水艇队一队，辅以巡洋舰二三艘，监视敌国之舰队。在渤海海岸，

---

〔1〕1936年8月日本强行在成都设置领事馆，引发成都各界抗议。24日，数百民众包围日人下榻的大川饭店，与警察发生冲突。群众放火焚烧饭店，致日本人渡边洸三郎、深川经二死亡。此事件亦称"大川饭店事件"。

〔2〕1936年9月3日，广西北海"丸一药行"老板、日本人中野顺三因以开药行和药房作掩护，秘密收集我国情报提供给日军，被举行反日示威的北海军民打死在药店内，此事件称为"北海事件"。

我们可不能忘掉敌人最近在塘沽筑港。今年一月廿五六日，关内外两军部及满铁三方面共同召开华北经济开发协会，对于开发华北程序中，所注重挖深海河，使大船军舰可直泊天津计划，暂行放弃，改筑塘沽为正港，大沽为副港。日本不惜殚精竭虑，急于谋此早日完成，究竟用意何在？我们单从军事方面来说，塘沽与大沽共扼平津的咽喉，为水陆交通的要枢。日本要想征服华北，故在华北布置适当的交通设备，使军队调遣迅速，给养方便，联络敏捷。记得日本侵略南满的基础是大连港与南满铁路联成的一线一港；日本进攻东三省的途径是：大连港与南满铁路、清津港与吉会铁路所组成的二线二港。现在塘沽由其开筑，而联络津石、津浦、平汉、平绥、北宁诸线，如是成为一港多线，这不就是吞并华北、进取华中华南的途径吗？故我们对于渤海潜水队之实力，亦较为重要，为防御华北之前哨线，非配置重要兵力不可。黄海则可以胶州港为军事根据地，其配置潜水艇力量，比较渤海方面稍可减轻，不过应与渤海及东海取得联络，互通声气。东海海军区域则以浙江的象山港为主要根据地，而象山港水深能容驱逐舰，攻守均可占优势。另有沙埕港、马尾、三都澳、厦门为辅助，则其力量与气势更加雄厚。不过福建方面，我们亦须特别注意，敌人南侵之主要对象为福建，而从地理上之形势观察，厦门已成为日本南侵中的门户。故当华北和绥远之紧张局势中，敌人对于福建的企图攫取，非但不能忘怀，而对南侵门户的厦门，加紧侵略，不断地将台湾浪人遣送至厦门，使至闽南秘密运动，组织所谓"闽南救国会"并设立"包讨债务公司"，而闽南方面之走私，亦不亚于华北。上月间日本舰队二十余艘，在闽粤海面演习，目的以汕头至厦门中间各海岸为对象。以上种种之主动，更使我们感觉厦门的重要性，所以东海方面潜水艇力量较重，而厦门亦须配置重兵，以防浪人扰乱。以上三区，攻势成分较重于守势，不过为顾全我国兵力财力起见，均应以逸代劳，保持守势。最后南海军区，必须竭力采取守势，实因我国之生命线在西南。广州有粤汉铁路可直达华中，向西则至广西之邕宁，沿南龙公路以入法属安南，邕宁再西行，达云南之昆明，又有滇越铁路到安南，及滇缅公路到缅甸，故吾人亦可从安南、缅甸，获取战时之需要品。而广州到香港之广九铁路更须尽力保护，不使敌人破坏，海外物资可从此登陆，由粤汉、平汉及长江等路分发各地。南海中之最重要者为建设海南岛及榆林港，吾人对于海南岛实不能忽视。日本认为海南岛不仅对华南有关系，即在"南进政策"中，尤其负有重大使命。故日人石丸藤太曾著一文说："若日本能以海南岛之榆林港为一大军港，可由日军使用，短期内以优秀之舰队集中于该港，则颇有牵制中国南海，减去香港之军事价值，并可折服萨伊港之法国舰队，控制美国优秀舰队的航程。能如此，则南洋之海权可落于我日本之手，日本即为南洋之主人翁矣。……否则，若忘却海南岛，则一般南进论，不啻为'空中楼阁'。"去年北海事件发生，日本曾要求"长江各埠及海南岛设驻军队之权"。由此，我们不难知道海南岛在军事上的重要。吾人要保持南海的安全，及国防生存线的广州，则对海南岛的榆林港军事建设是刻不容缓的了。所以我们认识海南岛的危机，即是整个中国的危机，我们要强化海南岛的国防，使保卫我们的南中国，也就是全中国国防的最前线。除掉海南岛之外，我们还不可忽视北海。北海位于广东伸入广西的西南角海边，南西北三面都临东京湾，为我国西南部最佳良港之一，位置在三汊湾内，水量深广而无暗礁。故对北海亦须设置巡洋舰及潜水艇，以防敌人利用此深广的海港，作为南海上海军根据地之一，增强其"南进政策"与华南之威胁。

除以上各军港外，尚有吴淞、镇海、钦县三要塞，敌人均可从此登陆，而吴淞距首都仅五百六十里，敌人登岸即可沿京沪铁路直达首都，镇海登陆亦使敌人沿沪杭甬铁路以迫杭州或由京杭国道而达首都，或沿钱塘江而下建德，绕杭州之背，则全浙战事，陷于不定矣。钦县临法之安南，面临东京湾，若敌人迂绕南海而袭此处，即可直趋邕宁，以中断粤桂交通路线，故北海港之建设实不容缓。而吴淞要塞亦须将海门、崇明岛包括在内，使能巩固长江。镇海要塞完成则可庇护杭甬路。至于通达海面之河流，战争发生时，亦须用巨石舰船或铁栅，沉埋水底，以横断航路，使敌人军舰不能飞越。

以上所说乃限于财力而放弃大舰队政策，如此海上交通，势必为敌人所控制，一切军事上之运输，则非借重汽车运输不可。故吾人对沿海区域，速于造林，以备隐蔽防军，使敌舰虑岸之危险。这种方法不过是亡羊补牢，聊胜于无的不得已的办法，如真正与敌抗战，更非海陆空军同时发展不可。

今后中国的海防建设[1]　朱中良

年前，予曾于海防问题稍作研究，曾著文发表，题曰《我国海防建设的研究》。一年以来，我国朝野，对于海防建设，虽未若陆空之重视，然以我国海岸线之长达一万三千五百里，一旦战事发生，沿海各省，没有抵抗能力，因之，政府虽在财政万分困难之中，于海军陈旧之防御设施，莫不设法令其改进，对于造舰则莫不设有计划，促其实现。吾人当国际危机日深之际，谨愿稍贡刍荛之见，俾有补于国防，而为留心国是者告。

一、陆主乎？海主乎？

陆海空军组成之原则，不外大陆国则注重陆军，岛国则注重海军，半岛国则海陆二军并重。然无背于国土组织，而又可适乎应付敌国，则又为原则之原则焉。苏俄采陆主海从政策，盖以其疆土广袤，达八百一十八万六千余方哩，且偏于内陆，不濒海滨，无良好之海港。西比利亚多平原而少险要，其地理之弱点，亦置俄国于非重陆军不可。英国则为采海主陆从政策者，盖英伦三岛，立于大西洋中，面积狭小，其历史上传统之国防政策，即为维持海上之优越权，其所建海军，占世界海军总量百分之三十以上，且英本殖民帝国，谚谓"英国无落日"者，形容其领土之遍于全球也，故其国防要在能连络各处领土，使之不成孤立；保持海上霸权，获得兵力运用之自由。况英为工业革命策源地，商业之盛，冠于全球，然原料缺乏，亟待海外补充，设被封

---

[1] 此文发表于《时论》1937年第44号。

锁，即有倒溃之虞，为其经济组织及生存源泉着想，海主陆从，实为英国万世不易的长久之计。

反顾吾国，论陆则与俄英二国领属接壤，论海则海岸线长达万余里，国军建立，果陆主海从乎？抑海从陆从乎？夫我国军事落后，武力尚待革新，重此轻彼，或重彼轻此，兵力难免有愈大或愈弱之危，欲同时兼顾，则利害各殊，况又为国力所限制。吾国今日实无资格以言陆海军力之配备，盖今日吾国陆海空军之形模，殊为幼稚，对外作战，必重加编制，或加以实力培养，方克有成。我今日之国是及政策，在于自力更生，在自力更生之目标下，更须顾及敌我之情况，攻敌之弱，急起直追，然后胜券可操。

陆主欤？海主欤？标准虽如上述，然亦非立时可得结论者，依个人之私见，今日我国之情势判断之，则陆要于海而……

（以下缺）

三、军港建设政策

沿海之城市或海港，可受海陆空三方面之威胁，设遇此种境地，除配置充分之海陆空兵力，以待援兵之到达外，决无他法。新式军器之运用，已引起若干对于海防之错误观念，有以为远射快炮足以击退企图迫近海岸之敌舰，而忽略其目标甚远为不易命中者，况又系以铁甲掩护也。亦有以为飞机足以单独代替重炮及军舰之任务，彼不知飞机之轰炸，亦有其一定之势力圈也。故惟潜水艇之战术，方可单独破坏敌方舰队，然欲实施潜艇防卫政策，则为潜水艇根据地之军港建设，实不可缓。如谓潜水艇防卫为海防第一道防线，则军港建设即为海防第二道防线也。

我国海军，以行政区域分划之，则为辽宁、河北、山东、江苏、浙江、福建、广东七省，以天然形势分划之，则为渤海海岸、黄海海岸（渤海虽包括于黄海，然为军区之便利计，另列之）、东海海岸、南海海岸四大区，即为中国海防形势之自然分划，海港建设亦当依次而定也。

鄙意以为渤海军区中以葫芦岛、营口、秦皇岛、龙口、烟台等为良好军港，可配置渤海潜水艇队一队，并辅巡洋舰二三艘，监视敌国舰队之活动。营口为辽宁尾闾，秦皇岛为衔接北宁路要津，烟台、龙口均为防御华北之前哨。

黄海军区，可以胶州港为根据地，配置潜艇力量，可较渤海军区稍轻。盖后者地迎敌国，尤在旅顺附近，非配此重量兵力不可。至黄海则上下呼应，足与东海、渤海通声气。东海军区则以浙江之象山港为主要根据地，益之以三门港，则形势既优，复不似胶州湾之易攻难守。象山港水深能容区舰，攻守并优，再辅以沙埕港、马尾、三都澳、厦门，则其气势更雄矣。原夫福建为全国海军人士之主要产地，马尾为海军历来之主要根据地，故东海军区之设防较易。然此军区应负全国海军之中心，而马尾与象山港之形势，通成连贯，呼应甚易，以马尾之力量，补充象山港，则象山港以其地位之优越——适当全国腹部之中心，当不难建设成一发号施令之海军中心港也。南海军区之地位最占重要，前三者为攻势之成分较多，而此军区则应竭力取守势。盖西南者，我国防之生存线也，自广东之广州起，蜿蜒而西，始广西之邕宁，再西向而入云南之昆明，其在广州者，沿广九铁路而达香港，其在邕宁者，沿南龙公路以入法属安南，其在昆明者，一沿滇越铁路以至安南之河口，一沿滇缅公路以至缅甸之新街，是吾之生存线，其首吸于海，其尾纳于陆，其腹陆海二方均可吐纳，如对敌战争，敌之海军，必封锁吾之沿岸，吾之交通断矣。故于本区海防，宜特加注意。香港扼珠江口入海之口，为广东全省门户，虽为英占，然以近年来中英交谊之敦睦，于我整个海防计划当无影响。至广州湾，为法所租，成为法国远东海军之根据地，在"九一八"后之国际形势观之，因法日之默契，我西南似受威胁，最近则因德日同盟之故，法当无助日抑华之事实，故此层尚无足虑。所可虑者，海面受敌之封锁耳。海南岛及榆林港之建设，实为我保存西南生存线之急务也。盖我生存线之重点位于南海之广州，战时吾人能尽力以固广九铁路，不为敌人登陆而破坏，则吾可尽得海外之物资。然欲防止敌之登陆，亦只有以适当运用之潜艇防卫政策固守之也。我所得之海外物资，自粤汉、平汉二铁路转运而移注于各方，是为至捷之道，设万一广州亦只能放弃，则此线之中点邕宁，可直通于法之安南，以获得战时之主要用品，再运之分配各地；如敌从北海上陆沿钦邕公路以截断南韶之线（注意！此实为最有可能者），或胁迫粤桂交通路线以断吾之交通，则此线之终点昆明，一沿滇越铁路入法之安南，一由滇缅公路入英之缅甸，吸收英法二国之物资，自滇湘公路移注于全国军事中心点之武汉，亦为可能。主要者，即对于西南海岸之固守，当虑及敌人之偷袭。榆林港位于海南岛南端，左右群山环抱，地当敌国南进政策之冲，若能建设成稍完备之军港，即足以扼制敌军南下也。他若汕头、海口、防城、白龙尾港，亦均可作潜水艇之分驻地。因此区特重防御，故于防御工程，亦不可不有设计。全国炮台亟应改建成一海陆炮垒系统。盖今日最新式之重炮的射程，可至四万码以外，天空轰炸与毒瓦斯战争，已开辟二种破坏之新途径，故吾国之旧式炮台，必须彻底改造与扩充，以谋保障最大安全与发扬最强火力。在欧战中，德国军队在长约七十五基罗米突（公里）之比利时海岸，所敷设的炮台，至少共有大炮三百尊，其中一百三十六尊为十五生的口径，三十一尊为二十八生的口径，四尊为三十点五生的口径，六尊为四十生的口径，若以同样比例建用于吾国海岸，则吾国所需大炮，约三十万尊，六倍于德国在欧战终结时所有，惟此数自非吾国力所能及，但全国配备一千尊十八吋口径以下之大炮，当非难事，在南海军区内，至少须占有此数之四分之一。

至江防方面之配备，因外舰内河航行权之束缚，吾人除设置种种防御物，以增加江河之阻塞外，实无他法。阻塞之法有数种：一为浮游阻塞，即以缆索、浮筏、链锁等遮断航路；二为潜藏阻塞，即因江河之自然性，敷设种种水雷，以炸击敌舰；三为沉埋阻塞，即以巨石舰船，沉埋水底，或设铁栅，以横断航路。然此三者，要皆以要塞设备为前提，要塞为长江大河之门户，可限制敌舰之飞越，而不能予其中途以种种损失。若然，则阻塞之法，实为吾国目前江防之无上妙策。

四、要塞建设政策

要塞为战时之静的状态，有永久临时二种，其建筑纯供战略之运用，兵力形势优越所恃者即为要塞，有要塞而后兵力方尽其运用之妙。要塞之运用，不外藉以限制敌人之行动，分散敌人之兵力，改变战时之形势，保护交通线而已。

要塞多设在国境线之要冲处，然为适于战略要求起见，不妨稍加变通，大致要塞位置之确定，系括交通线者多，而陆地要塞与海岸要塞及军港，亦均保有互相维持之义务。我国陆地要塞如北平、天津、沧县、南县、济南、徐州、东海、镇江、杭县、闽侯、龙溪、南平、广州、惠州等均是。论海防时，则吾国之海防形势已尽非，北部最具形势之渤海海峡，目下已全中伤，势将无用。沿海东南部之台湾海峡，亦具形势，惟一面亦扼于敌，且海洋交通性及军事性，均为人所利用。论日军之形势，则佐世保、横滨、横须贺，有朝鲜为其屏障，前进一百六十余里，即达旅顺。如在黄海作战，朝鲜与旅顺即为其前进之根据地；如在东海、南海、太平洋之间作战，则琉球、台湾为其前进之根据地，且澎湖之马公军港，更逼近吾海岸，直接攻击，亦甚便利。返顾吾国，此半圆形之海岸线，当为最易防守者，盖海军兵力既易集中，海岸含接复易于巡察，况作战时又易于呼应。

吾国沿岸湾港，可作为军港用者，已详上节，其不能作为军港之湾港，所在多有此湾港中有为军事之要点，敌人可从此袭击以登陆者，则有吴淞、镇海、钦县三要塞。吴淞当长江之口，为由黄海入口必经之道，乃长江第一重要门户，淞沪战时，曾加防守，视为要隘。盖镇江距吴淞四百卅里，首都距吴淞亦仅五百六十里，敌由此登岸，即可沿京沪铁路直下南京，故吴淞要塞之扩大，实为必要。而海门及江中之崇明岛等形胜险要之地，亦必须划入要塞区域，与吴淞成唇齿相依之势，使长江天堑，永保巩固，东南半壁，藉此屏障。镇海当甬江之口，与吴淞居上海之上，形势相等，实为全浙之保障。盖敌由镇海登陆，沿沪杭甬铁路以迫杭州或沿钱塘江而下建德，绕杭州之背，则全浙战事，陷于不定矣。镇海要塞之完成，则杭甬路可受庇护，亦所以庇护全浙，如在舟山群岛以至三门湾，多设防御工程，再在定海建筑炮垒，则镇海亦有屏藩，呼应更易。钦县邻法之安南，面临东京湾，若敌人迂绕南海而袭此处，即可直趋邕宁，以中断粤桂交通路线，我之生存线断矣。故钦县要塞，实为最不可缓者也。

总之，潜艇防卫与军港建设最易为敌冲破，准备决战者，实为江河及内陆要塞，况要塞非全恃海军者，陆海空军之辅翼，实较海军之防守为更有力，即欲持久战，亦非以要塞为根据不可也。

我国海军之建设及演进[1]　　陈绍宽

　　世界各国在三千年之历史中，凡属滨海国家其臻强盛者，无不系于海权，而海权之能发展与否，亦无不系于海军实力之强弱。中国系三面濒海之国，海权之得失，关乎国力，国防之趋势，尤重海疆。我国从前对于此种重要之点，漠然视之，寝至国势危殆，岌岌不可终日，失可为之机，肇积弱之象，抚今思昔，良深痛惜！查我国海军基础，肇造于前清中叶，其时左、沈、曾、李诸公鉴于海禁大开，列强舰坚炮利，虎视鹰瞵，极威胁之能事，国防日亟，无海军不足御侮，力主造舰育才。同治五年，左宗棠任闽浙总督，以福建马江一带，水深土实，开漕浚渠，可为建厂之地，建议兴办船政，卒邀清廷允准，是为中国海军萌芽之始。同治六年，沈葆桢总理船政，购机器，筑厂坞，设前后两学堂，招致髫年聪颖子弟，肄习驾驶制造诸科，由是而海军舰船之建造，人才之培植，皆发源于此。同治八年，"万年青"兵船成，为福州船政第一次所创造者，九年复造成"湄云""福星"两兵船，其后陆续添造，船政渐次推扩，同时两江总督曾国藩在同治四年间，赁洋厂于上海虹口，创设制造局，兼造船炮，嗣以地场狭窄，华洋杂处，亦多不便。同治六年，江苏巡抚李鸿章迁移局址于高昌庙，名曰"江南制造局"，营建新厂，建筑船坞，计长三百二十五英尺，坞成后，即从事造船。同治七年初，造成"惠吉"兵船，翌年造成"测海""操江"两兵船，嗣后历岁均有建造。在此期间，并分向各国添购新舰，派遣学生陆续出洋留学。洎光绪六年，在天津设立水师学堂，七年在大沽海口选

---

〔1〕此文发表于《军事杂志》1937年第100期。

购民地，建造船坞一所，光绪十六年，北洋则设水师学堂于刘公岛，南洋则设水师学堂于南京，一时人才辈出，海军规模略具。由此简略之情形观之，中国海军在发轫之初，经左、沈、曾、李及海军诸先进之苦心孤诣，惨淡经营，甫树基础，苟朝议能一致鼓吹，则中国海军之发展，正未可量，无如清廷中间有暗汶无识之辈，昧于国际潮流，动持异议。同治十一年间，有宋晋者竟以妖言惑众，谓制造轮船糜费多而成功少，请饬停办，幸沈葆桢、李鸿章两公，联词力争，船政始不至动摇。然自是而海军经费有挪充晋省赈款之议，沈又商李劝阻，谓此举为国家安危所系，清室漠不觉悟，未几将海军北洋专款二千余万，移供"颐和园"土木之需，南洋数百万，亦被提办朱家山河工之用。此种举动，蹙海军之生机，坏国家之大计，贻害何穷，故甲午之役，非败于两军抗战之时，实早败于庙算失计之日矣。

甲午之战，我海军将士均极忠勇，战术亦复不弱，如"镇远""定远"两舰深受数百弹，而屹然不动，"来远"舰受炮累百，船尾发火，烈焰飞腾，该舰管带帮带，一面设法扑灭，一面仍率众与敌猛战，卒能于伤势沉重之下，安然返施。当驶回时，中西人士，无不诧为神勇！"致远"舰虽受重伤，鼓轮进驶，连续发炮，直冲日队，而作壮烈之牺牲。日军方面"赤城""比睿"二舰，经此激战，将次就歼。"赤城"前桅与"比睿"后桅，均被击断，乘隙逃脱。"西京丸"受伤尤重，其后部为火所焚。"松岛"一舰，与我舰酣战，由弹舱运弹，适为我"镇远"舰炮弹击中，堕于炮弹堆中，遂合原有之弹，一齐爆烈，情形极为狼狈。依此情况，当日中日战局，原未定鹿死谁手，无如日本舰队快炮远胜于我，射程之远，较我为优，日舰大小略同，新旧亦相埒，我舰则吨量既多参差，速度亦形错杂，不逮日舰之整齐。日舰速度超过我舰约三海里，驶行加紧之际，竟超过五海里，利钝迟速，形势悬殊。军力本难均衡，但我军士气甚锐，鸭绿江一役，战至药弹馨尽始罢。清廷如能宽筹军费，巩固后方，授海军以战守之全权，何至一败涂地。乃中日两军甫在相持，丁汝昌提督遽遭逮治，经李鸿章力保，乃缓起解。迨我舰队在威海卫死力拒敌，存亡呼吸之际，炮台友军竟又遇事牵掣，相率弃险，致使海军四面受敌。而受伤各舰，须加修理，既无他舰来助，药弹告匮，又接济不及，军力竭蹶，戎机不免坐失。东抚李秉衡奉命来援，乃竟逗留不进，迁延日久，纵海军将士奋不顾身，前仆后继，终难挽回危局，殊堪扼腕太息！当中日国交未破裂之前，清户部折拟筹饷办法，请将南北洋购买外洋枪炮船只机器，暂停两年。海军右翼总兵刘步蟾，屡向提督丁汝昌力陈我国海军战斗力远逊日本，添船换炮，刻不容缓。丁汝昌据以上陈，李鸿章亦抗疏力争，然清廷以饷力支绌为词，卒不果行，铸成大错。

甲午以后，海军势力几至一蹶不振，虽陆续略有补充，究无裨于大计。当此之际，列强野心勃勃，接踵而至。光绪二十三年间，山东教案迭出，交涉无效，德国军舰三艘，突入胶州湾，以登岸操演为名，夺我炮台据之，于是各国藉词抵制，利益均沾。法租广州湾，英租威海卫，俄租旅顺、大连，我以海军实力薄弱，乃至无以为御。然尚幸于光绪二十五年间，向德厂订购之"海容""海筹""海琛"三巡洋舰，并雷艇四艘，向英厂订造之"海天""海圻"二巡洋舰，均经先后来华。是时意国援各国租借港湾先例，索租三门湾，派军舰六艘来华恫吓，清廷忧之，我海军将领，以意人远涉重洋，主客异势，劳逸殊形，且我有"海容""海筹""海琛""海天""海圻"等舰，足以周旋，陈请政府，严词驳拒，其事遂寝。

清廷惩甲午之败，亦知吾国海军，不足与列强争衡，为国际上之弱点。光绪三十三年，派遣"海容""海筹"二舰，赴西贡、星加坡等处巡视。抵西贡时，西贡长官欢迎，举三事以表优待：一、不问华侨刑事十日；二、兵舰员兵得以随处游玩；三、兵舰员兵登岸，不谙禁俗者，为之指引。中外商民来舰参观者，日以千计。三江、闽粤之商，额手相庆，分日欢迎，金谓中国军舰，自光绪元年"建威"练轮抵埠后，久无继至者，兹复睹祖国兵船，甚为欣庆，此亦可见侨民倾心祖国，与海军之密切关系。其后澳门葡人浚海越界，我国屡与交涉，乃派"容""筹"两舰，驻泊澳门边界以资镇慑。斯时海军事务日繁，管理机关亟待扩设，乃于光绪三十三年，创立海军处，翌年改为筹办海军事务处，设军制、军学、军枢、军储、军防、军政、军医、军法八司，将南北洋海军实行统一，分为"巡洋""长江"两舰队，并决定以象山为军港。宣统二年，改海军事务处为海军部，定官制凡九级。又于宣统元二年间，派筹办海军大臣载洵、萨镇冰，带领随员赴英、法、意、奥、德、俄、日、美各国考察海军，历阅各国海军学校、船厂、炮厂及军港各处，分向各国订造新舰，并遴遣学生出洋留学。翌年又派"海琛"舰巡视南洋，宣慰华侨。就形式上观察，一时海军气象，似有蒸蒸日上之望。但以积弱不振之国势，而遽荷千钧之重任，固非合于逻辑的观念，兼以亲贵用事，务虚声而不重实际，其大规模的计划，自难期其实现，不过为敷衍门面之计。国事日棘，外侮纷乘。辛亥武昌起义，各省景从，清社随屋，前此海军设计，亦随之作一结束。

民国肇造，海军于奔走赞助之下，方幸光复告成。建设伊始，海军前途，当有无涯之希望。乃自元年四月间，海军部正式成立以来，时局多故，政府实力，胥操于军阀掌握，排斥异己，视海军若仇敌，海军同人虽竭力疾呼，唇焦舌敝，终不能使若辈发生扩张海军，巩固国防之观念，甚至海军寻常饷糈，亦殆有不能维持之势。顾海军同人，虽受军阀压迫，仍复努力奋斗，除"肇和""应瑞""永丰""永翔""同安""建康""豫章""江犀""江鲲"等新舰在清末订造，由海军方面促进完成外，其由海军各造船机关自行造成者，有"永健""永绩""海凫""海鸥""海鹤""海燕""海鸿""海鹄"等舰艇。而海道测量局、海岸巡防处，及海军陆战队、海军飞机制造处等，则均先后组成，不可谓非海军奋斗之结果。卒以多方牵掣，进展维艰，海军经费日趋枯窘。益以粤舰渤舰[1]，又各自成一队，军力益趋薄弱，至北政府奄奄一息之年，竟悍然将前海军部撤销，海军一线之生机，逐步剪灭殆尽，诚为吾国海军最痛心之历史。

国民革命军兴，北政府及军阀相继颠覆，海军致力革命事业，累经战役。民国十六年四月十八日，国府奠都南京以来，海军尤尽力拱卫，镇压乱萌，而政府亦于此时提倡海军新建设，海军署乃于十七年间成立，所有海军要政，益更励精以图，翌年复扩署为部，国运方新，百政具举。海部适际复兴之始，外察列强乏军备竞争，内审国防之危机现象，昕夕刻励，遵照总理遗教，及蒋委员长训言，力谋海军之发展。总理于民权主义第一讲中曾云："无论是个人或团体或国家，要有自卫的能力，才能够生存。"又于民族主义第五讲中曾云："因我们的海军，和各险要地方，没有预备国防，外国随时可以冲入。"其海军战斗力之比较，尤多反复申论，认为任举一强国之海军力，皆足破吾防而亡吾国，寻绎此旨，诚足使吾人惊心动魄！回忆在民国十七年八月十六日，"咸

〔1〕指渤海舰队。

宁"军舰举行下水典礼时，中央党政军各方代表，均谆谆以海军建设为勖，蒋总司令即今日之蒋委员长训词，则云："我们要挽回国家的权力，建设很大的海军，使我们中华民国成为世界上一等海军国，全在海军将士身上，我们预计十年后，就有六十万吨的军舰，希望海军将官士兵，都以今日建设的精神，不断地向前奋斗，以达到这种的希望"等语，就上列训词而体认之，实寓振兴海军之深意，可见在国民政府成立未久的时候，已深觉积极建设海军的必要。但以年来国家财政竭蹶，对于此种建设，目的迄未能达，而时移势易，世界大局已非昔比。八九年以前，各国鉴于欧战兵祸之惨烈，又以经济凋残，人民痛苦，达于极点，不容不力求苏息。乃一方面协谋救济，一方面设法互相钳制，因有《凯洛格非战公约》[1]之缔订，及世界军缩会议之召集。然不旋踵而抱有野心者，依旧肆其侵略，世界之军缩转易为军争，日本对于《华盛顿条约》，已宣告作废。一九三〇年《伦敦条约》满期，亦不继续，嗣后各国竞争造舰，日新月异，或竟漫无限制。德国则又毁弃《凡尔赛条约》，另与英国成立协定，得造至英国全海军百分之三十五的吨量，其原定限制，所列总额不得超过十万吨，主力舰不得超过一万吨，并不得造潜水艇等各条款，皆已失效。现时德国海军，除已造成一万吨之袖珍战斗舰三艘外，又续造二万六千吨之战斗舰两艘，潜水艇三十余艘，更将进而造三万五千吨之主力舰。法国对此未能坐视，故亦添造二万六千吨者两艘，一为战斗舰，一为战斗巡洋舰，犹恐实力未足，复造三万五千吨之战斗舰两艘。意大利海军向以与法平等为准则，遂亦新造三万五千吨之战斗舰两艘。在欧陆列强对于海军军备如此勾心斗角，热烈竞争的状态中，素以海军称雄之英美，绝不能漠视而甘于让步。其欲握太平洋霸权的日本，亦更急起直追，未肯落后。是则今日之世界情势，较之八九年前已不可同日而语。我国政府纵能准照十七年的计划如期造成六十万吨的海军，实际上且恐不敷。而况仅此范围尚属渺茫而迄无成就，匪特列强环峙，相形见

---

〔1〕即《白里安—凯洛格公约》，亦称《非战公约》或"巴黎公约"。1927年12月由法国外交部长白里安和美国国务卿凯洛格发起，1928年8月27日由法、美、英、德、意、日、印度等15个国家在巴黎签订。主要内容：公约参加国谴责使用武力解决国际争端，并且在它们的相互关系中，决不把战争作为推行本国政策的工具。在处理各国之间的争端或冲突时，只能用和平方法来解决。但在签订的同时，美、英、法等国都先后发表备忘录、声明和保留条件，以所谓"合法的防卫权"为借口，声称各国有权根据情况决定是否"诉诸战争"。

绌，一旦有事，更将何以自卫。用是我海军将士疾首蹙额，寝食难安。

兹再就各国情况而分析论之，英国本系岛国，而属地遍全球，当以"英国无日落"自豪，故其霸海政策持久不易，其自昔相沿之两强标准的主义，即欲使舰队实力足应付两强国之海军力。追忆一九〇〇年至一九一四年间欧战酝酿之始，德国造船厂之造舰狂热，达于极度，希图击败英国海军。究其结果，德国所定之海军计划未成，而战事已爆发，英国即用海军封锁政策，断德接济，胜败遂判。自欧战后，各国均承认海军与国力有重大关系：美国海军已不甘屈居第二；日本则力求与英美平等，而不愿受五五三之比例的限制；法国则必使其实力等于德意联合之舰队；意国则坚持与法平等而不稍退让。推而至于苏俄，一方急求海军与德国相等，以保护其波罗的海之根据地，一方又增进其远东实力，而黑海方面亦有相当之海军战斗力，以固其海防。再降至其他弱小国家，凡拥有海岸线者，经济能力虽属有限，要无不对海军力谋发展。欧洲之荷兰、瑞典、波兰、芬兰、葡萄牙、西班牙，以及希腊、土耳其等国，各自努力经营，扩充舰艇。南美各国亦皆有相当之进步，即伏处亚洲一隅之暹罗小国，年来亦建造舰艇不遗余力。但列强在角胜争雄之中，仍思利用虚伪而具，限制他人实力。是以欧战后如一九二二年之华府会议，一九二七年之日内瓦会议，一九三〇年之伦敦会议，一九三五至一九三六年之第二次伦敦会议，无一非为海军问题而奋斗于坛坫之间。即一九三二年之世界军缩会议，亦以讨论海军问题竞争最为热烈。诚以近代国家军力之竞争方烈，我虽主持和平，遇有强国侵入领海时，须有相当之防守工具，方足捍外侮而固疆围，是海军之关系重要，又岂待智者而后知。

我国疆土之广，人口之众，足与欧洲全部相埒；海岸线极为绵长，长江大河，横贯内部。一般人士以昧于世界大势之故，徒恃地大物博，人口众多，而自以为足，据有地利而不知用，拥有良好港湾而不言守。在昔闭关时代，尚未感觉严重的影响，然自海禁大开，门户洞辟，受条约之束缚，外国舰船任意往来于我江海内地，以致神州禹城，藩篱尽撤，次殖民地一语，总理诚痛乎其言之也！今则外患纷乘，国防日亟，其情势较总理发言时为尤急逼，政府犹不以振兴海军为当务，其将何以副总理之遗教，而求存于列强角峙之世界耶？

世界大局的关键，在于欧陆，而太平洋方面亦为各国所注视。中国为列强的远东唯一大市场，列强欲向太平洋发展，其主针所向，即在求入中国的道路，且可利用不平等条约，为所欲为。现时我国犹能苟安旦夕者，不过以利益均沾互相牵制之故，一旦均势失其平衡，强者尽量攫肉而食，而我国于海防上又不早为布置，至是时捍卫无资，噬脐奚及！故我国欲脱不平等条约之羁束，恢复固有之海权，第一步须先充足海军实力，不必俟谈及海上作战问题，而海军之需要已为不可掩之事实。再退一步言，凡拥有领水的国家，平时之维护水上公安，保持江海主权，为海军重大之权责，所有鱼盐、水利、通商事业，以及海外侨民，无不赖以保护。然而釜无粒粟，巧妇固难以为炊，手无利器，强暴又如何而御？我海军历来当局，惕励筹维，关于海军应有之重要建设，固未尝一日或忘。在北平政府时代，早已屡有提案，但在军阀把持之下，自无实施希望。迨国民政府成立，凡百废政，力事革新，我海军际此时会，尤为振奋，对于海防要计通盘擘划，叠有建设。惜在国难时间，政府皆以财政困难为辞，未允实施。而海军部鉴于国防之紧要，仍秉承行政院及军事委员会方针，切实进行。惟我国海军建设，当以发展至如何程度为标准，自不能不观察国际情势。而对于各国现有海军实力，首须详加探讨。兹就列强所有军舰及现在建造或拨款准备建造者而言：英国主力舰十七艘，计五十四万七百五十吨；飞机母舰九艘，计十七万一千四百五十吨；重巡洋舰十九艘，计十八万三千三百九十六吨；轻巡洋舰五十四艘，计三十二万八十吨；驱逐舰二百二十一艘，计二十八万八百五十四吨；潜水艇六十九艘，计七万三千一百零五吨。共计军舰三百八十九艘，一百五十六万九千六百三十五吨。美国主力舰十五艘，计四十六万四千三百吨；飞机母舰七艘，计十四万六千五百吨；重巡洋舰十九艘，计十七万九千一百五十吨；轻巡洋舰十九艘，计十六万五百吨；驱逐舰二百四十四艘，计三十万六千八百六十五吨；潜水艇九十七艘，计九万三千七百七十五吨。共计军舰四百零一艘，一百三十五万一千九百吨。日本主力舰九艘，计二十七万二千七十吨；飞机母舰六艘，计八万八千一百吨；重巡洋舰十四艘，计十二万三千五百二十吨；轻巡洋舰二十六艘，计十四万四千三百二十五吨；驱逐舰一百二十六艘，计十五万五千八百七十吨；潜水艇七十艘，计八万六千四十九吨。共计军舰二百五十一艘，八十七万三百零四吨。法国主力舰十三艘，计三十万八千九百二十五吨；飞机母舰一艘，计二万二千一百四十六吨；重巡洋舰十艘，计十万五千九百二十三吨；轻巡洋舰十三艘，计八万九千二百二十五吨；驱逐舰九十一艘，计十四万二千五百二十吨；潜水艇八十九艘，计八万三千八百十一吨。共计军舰二百十七艘，七十五万二千五百五十吨。意国主力舰六艘，计十五万六千五百三十二吨；重巡洋舰十艘，计九万四千二百九十一吨；轻巡洋舰十九艘，计九万三千七百二十二吨；驱逐舰一百一十艘，计十一万零九百四十四吨；潜水艇八十八艘，计六万七百二十吨。共计军舰二百三十三艘，五十一万六千二百零九吨。德国主力舰八艘，计十二万一千一百二十吨；飞机母舰二艘，吨数未详；重巡洋舰二艘，二万吨；轻巡洋舰七艘，计四万二千九百吨；驱逐舰三十五艘，计四万四百三十八吨；潜水艇三十六艘，计一万二千五百吨。除飞机母舰外，共计军舰九十艘，二十三万六千九百五十八吨。此列强舰队实力之比较，足资吾国振兴海军之借镜。更就列强海军经费论：去年度英国计六千零五万镑，美国计五亿七千二百二十九万三千六百余金元，日本计五亿二千九百七十八万三千四百余元，法国计三十五亿三千三百七十一万九千六百法郎，意国计十六亿七千二十万五百里拉，德国计二亿三千三百万五千一百五十马克。反观我国海军经费，则仅占全国军费百分之一有奇，合全年综计不过四五百万元，尚不及列强主力舰一艘之经常费，亦可慨矣！且海军建设费与陆空军不同，其舰身及大炮、鱼雷、装甲暨机器等代价之昂，远非陆空军之武器所可比拟。比年海军战术日新，需款尤巨，兹略举一二言之：如英国战斗舰"纳尔逊"号，排水量三万三千五百吨，其造价达六百四十一万七十一镑；美国欧战前所造"朋夕文尼亚"号战斗舰，排水量三万三千一百吨，其造价只一百四十八万五千镑。而新造之德国一万吨袖珍战斗舰，其造价竟达三百七十五万镑。一万四千吨左右之飞机母舰一艘，造价约需一千九百万金元，一万吨巡洋舰一艘，约需一千七百万金元，二千吨驱逐舰一艘，约需五百万金元，一千七百吨潜水艇一艘，约需五百万金元。由以上之价格观之，可知潜艇每吨之价较任何军舰为贵。我国上等社会人士中竟有谓二千元之代价，即可造潜艇一艘者，并藉此妄唱高调，以为潜艇可代表海军全部之实力，持斯说者，非属昏昧，即系滑稽，然亦足见国人对于海军常识之缺乏，良可悲叹！盖一般人心理，不知海军内容，拾道听之谰语，误为潜艇造价甚廉，且能出没无常，破坏敌方海上运输，威胁敌方主力舰等，为国防上之万能利器，遂有主张我国海防可单纯采用潜艇政策者，此实根本错误。潜艇造价不廉，已经述及，至在我国海军的实力现况之下，欲徒恃潜艇当海防之冲，绝对难期其奏效，试更就海军作战之情势言之，此说可不攻而自破矣！海军作战之基本的原则，要能控制海洋，此不但在于梗阻敌人的运输，制止敌人的活动，并须防御敌人的攻击，破坏敌方的封锁，而便利我方的交通，此种重大工作，岂能一一尽责诸潜艇。夫潜艇固可使敌方运输不便，封锁固难，但亦只在某种情况下，方能达此目的。而在实际上岂易适合吾辈之希望，譬如敌人实行攻我的计划时，不但欲封锁吾国的海口，且欲从吾之海口而进入内地，以侵占吾领土，如果我之海上防御力全由潜艇所构成，则敌方尽可采用破潜政策，而我固有之军舰，既不堪与匹敌，将无术可以制止其破潜工作之进行，即我之潜艇，亦恐独立莫御，终归于尽。盖潜艇战术，仅能对小海军国而利用之，其有伟大海军实力之国家，即非仅潜艇所能制胜。欧战时德国利用潜艇战略，而英国海军强盛，封锁政策，卒不因之变更。且潜艇之唯一利器，系在鱼雷，但求其鱼雷之能发射准备，即不能入水太深，敌方既知我海军专恃潜艇，则必尽量利用飞机驱逐舰，驱潜舰听音机，以及深水炸弹，从事侦察，设法破获。苟一见有形迹可疑者，即取包围形势，当此之时，潜艇命运已完全在其掌握中，虽欲脱出重围，已为环境所不许。是此种孤立无援的潜艇，不待遇其目的物如敌方的主力舰者，而自身难免先归消灭。然亦非谓潜艇不足为海军之利器，实以海军舰艇种类綦繁，潜艇仅居其一，未能单独作战，且其造费甚昂，亦非轻而易举。吾辈须知海军各种舰艇各有其特种机能与效用，犹陆军之步骑炮工辎，缺一不可。亦犹军备充足的国家，海陆空任何一项，不能偏废。是以强国海军，莫不具有各种军舰，而使之各尽其用，此可见海军建设事业之艰巨，即列强亦非一蹴而几也。

海军建设，造端宏大，我国处兹现状之下，固未能计日图功，然亦不可因噎废食。自海军部复兴以来，在训政时期分年工作中，举凡舰队扩张、军港设备、军械补充、海政设施、人才培植、员兵训练、仓库营造，靡不缜密筹划。虽为财力所阻，未能依固定之规划，逐一进展，但于时会艰窘之际，力排万难，黾勉奋进。新者则力求补充，旧者则力加整顿。以物质建设言：历年新造舰艇，计有"咸宁""永绥""民权""逸仙""民生""宁海"及"江宁""海宁""抚宁""绥宁""威宁""肃宁""崇宁""义宁""正宁""长宁"等。而最新式之"平海"巡洋舰，亦由本军造船所造成，日内即将正式编队。此外则设立海军航空处，兴建海军制造飞机厂，制购各种军用飞机，改造水鱼雷营，筹造水鱼雷厂，及无线电料厂，建筑宁沪湖口海军医院、南京海军体操场、海军码头，扩充海军练营及海军军械处，添造药弹库，并造成海军江南造船所第三船坞，及海军马尾造船所第二船坞等。沪所新坞规模宏敞，在吾国实属首屈一指，完成后，不特我军舰艇大有裨益，而其他各处轮只，亦可随时修造，尤足促我国造船事业之进步，而树发展实业之先声。以精神建设言：如整理海军学校，严格招收新生，延聘洋员教练，选派员生分赴各国留学，并在外国舰队练习，分设枪炮雷电各班队长训练班、校官海军战术及公法班、军官训练班、陆战队军官研究班、航海练生各练习班，又设士兵学习枪炮、水鱼雷、电信、内燃机，暨电机各班派遣陆队军官分赴各专校附习，其余如舰队按时会操校阅，促进全军新生活运动，提倡体育，召集全军联合运动会等，凡有裨于海军员兵之学业，及可以增强舰队力量的工作，无不竭能力之所逮，而积极进行。

以现时舰队之组织言之：分第一、第二、练习各队，并海岸巡防、测量等队。第一舰队，各巡洋舰、巡洋炮舰、驱逐舰及运送舰属之；第二舰队，航江航海之大小各炮舰属之；练习舰队，则练习舰属之；海岸巡防队，以各海防艇组成，各测量舰艇，则属之测量队。第以我国领水辽阔，各舰艇或用于剿匪，或用于护渔，或用于各处游弋与驻防，或用于海上救难，故终年驰逐，时有不敷调遣之苦。吾国人士亦知倡言国防，然或则囿于闭关时代之陈言，以为有强盛的陆军，即足以固我疆圉；或则醉于航空救国之高调，以为有充量的飞机，即可恃为坚城。要知强大国家，海陆空军固无一不宜兼筹并顾。尤其强邻压境，外患逼迫，海防为第一线，更难忽视，安得谓门户尽可洞开，只须拒之堂奥？如坚持此见，则祸迫眉睫之日，即追悔无及之时。故居今日而言救亡图存，必须从国防第一道门户做起，始可有从容自卫之余地。厚陆薄海既非全策，舍海言空亦属左计。果使国家军力但恃陆空两军，即足自卫，各国对于海军，何以并力扩展，惟恐不足，而军缩会议，又何独于海军问题，竞争最烈，岂各国军备计划，均不及吾国之见解独到。世之言国防而忽海军者可以废然返矣！第以吾国现时之财政状况，对于大规模海军之建设，固未能旦夕图功。然权衡情势，择要进展，实为刻不容缓之图。列强海军之跻于强盛，亦皆由积渐而进，而其事权统一，组织完全，在整个国家政策与政府领导之下，一切海军要政，悉由海部主张。尤足取法，所望举国能认识海军与国防关系之切要，同心协力，一致赞助，使海军建设，依固定的计划，逐渐奋进，壁垒日新，获跻于伟大光荣之域，则岂特海军之幸，党国前途，实所利赖。想明达诸君当不以斯言为河汉也。

我国海防之商榷^{〔1〕}　　郝培芸^{〔2〕}

一、近年国人对于海防之争论

甲、添置军舰

我国创办海军，在甲午以前，系聘英人琅威理为教练，历年海军出洋学生，亦以留学英美居多，所以海军界论及海防问题，动比英美。然大舰队政策，目下限于国家财力，势所难办。

乙、废除海军

主是说者，以为我国海军，与敌有霄壤之差，虽努力造舰，亦难与人抗敌，不如废除海军，以空军代替军舰，需价较廉，成效易著。然敌人乘暴风猝雨之际，靠近海岸，则空军将束手无策，且空中投炸弹，命中率不及舰艇武器十分之一，加以载重力小，不能多带炸弹，偶不如意，有牵动全局危险。

丙、岸上设防

沿岸要塞，固为急需。然我国海岸线有一万三千余里之长，仅在岸上设防，实有防不胜防之困难。过去辽海之战，敌人不由牛庄登陆，而由附近之金盖登陆；威海卫之战，敌人不由威海卫登陆，而由荣成、牟平登陆，一处疏忽，全局瓦解，此实误于李鸿章之"择要设防"四字。最近二月四日，英海相贺尔谓："海上威力，如减少其流动性，即等于无用。"可见岸上设防，难以周密，与不防实相等也。

---

〔1〕此文发表于《军事杂志》1937年第100期。
〔2〕郝培芸，烟台海军学校第十六届毕业生，著有《中国海军史》。

丁、飞潜海防

笔者于民国十一年冬，首创另建水面飞机、潜艇、水雷、鱼雷新式海防之说（见拙著《中国海军史附录》，国府路武学书馆出版），为时已十有五年。历年来以深水炸弹与防潜艇各种武器之进步，论者有谓潜艇水面应战力薄弱，倘无军舰掩护，不能单独应战，有谓我国海滨水浅，不宜潜航。然近年来，俄意等国，极力注意海空军切实合作，潜艇于出入军港水上航行之际，尽可借空军以掩护。我国沿海，每年有英美日各国潜艇之停泊，何以人能潜航而我不能？要知以科学日日进步之今日，防具与攻具，均系同时进步。欧战后，固有攻击潜艇之深水炸弹发明，而潜艇潜航之深度，亦已由八十呎进步为一百五十呎。即以鱼雷而论，鱼雷网发明后，论者有谓已可致鱼雷于无用，不知又有鱼雷刀之发明，破网直进，而鱼雷仍不失为现代海上主要武器。世界海军家谓："潜水艇为海岸线湾曲的贫弱国家必备之武器。"又谓："潜水艇能穿破敌人海上霸权，而不能控海权为己有。"二说实为潜艇功用之定论。历察世界凡有海岸线之独立国家，无一国无潜艇之设置，而我国独无一艘。在我国财力束缚下，我认为在原则上，海防初步建设，仍以潜水艇、水面飞机、鱼雷汽艇、水雷、鱼雷为首先必备之武器。

戊、潜艇价并不廉

潜艇一吨造价，约等军舰一吨造价之三倍，论者谓造二千八百吨最大潜水舰一艘，即可造八千四百吨一等巡洋舰一艘（军舰每吨造价二千五百元至三千元）。要知在海战术方面，潜水艇有潜袭功用，有神秘效力，以一艘小型潜艇，有击沉敌人三万吨以上主力舰之可能，而一等巡洋舰则不能。盖潜艇结队互相作战，为海战术所未有，所以潜艇无论多寡，均可发生抗敌力量，而军舰则非有与敌相当实力，难以应战。且我国目下最急需者，系六百吨以下的小型海防潜艇，对巨型潜水巡洋舰之需要，尚系次要，以列强三万八千吨主力舰一艘之造价，即可造六百吨小型潜艇二十一艘。

二、现在三种的海防设施

甲、世界海权的争霸

这一种海防设施，是以巨舰政策为标准，无疑的以英美两国为代表。英国为维护其数百年血战所得的世界海上霸权，且以殖民地遍全球，所以需要航续力远的大型军舰（军舰愈大，航续力亦愈大）。美国于欧战后，乘英国战疲之余，有取代英国世界海上霸权之势，故亦取大舰队政策。美人谓："新式鱼雷汽艇，虽为海上利器，而美国并不需要。"盖以与敌人作战地点，并不在自己的沿海，所以用不着这种微小的艇船。一九二七年日内瓦裁军会议时，英美对补助舰限制之争执，英国主张以六吋口径炮为限度，美国则主张八吋，而终致会议决裂，世之谮者，谓："这次决裂的原因，争执不过二吋，微小得很！"而英美所以争执那样坚决，就是因为八吋口径炮，可装于一万吨的巡洋舰，而六吋则只能装于七千五百吨的巡洋舰。英国以海军根据地遍于全球，补充容易，而美国无之，故美国更需要较大的军舰。

以这样看来，英美海军造舰政策，同以巨型舰为标准，而尤以美国为甚，这种以世界海防为海防的设施方法，均有数百年历史的基础，兼有富裕的财力，诚非我国今日所能侈言仿效也。

乙、一洲一隅的海权争霸

这种海防设施，是以巨型舰及潜水艇并重为标准，当以日法意为代表。历届海军会议，英美主张限制潜艇，日法则坚决反对，这是大家所知道的。良以潜艇虽续航力小，机件易于损坏，而其性能与价廉，实为劣势海军国必要之武器。以日法意与英美海军相比，仍居劣势地位，故对潜艇之需要，亦比英美为甚。

1.日本的立场是：只限于在太平洋上与英美争霸，所以要求英美在太平洋上，不再增设可容三万吨以上主力舰之军港为条件，而允许主力舰与英美作五、五、三之比率。而补助舰与潜艇则不在限制之内，这是使英美的主力舰，在太平洋上发生补充困难，不能全力用武，而以自己的主力舰及优势补助舰、潜水艇以制敌，所以日本的海防政策，是军舰与潜艇并重。

2.法国在大西洋方面，以英国为对手，在地中海方面，以意国为对手，历年造舰设计，是以巨型潜水艇四只，对英国主力舰一艘，而以强大的空军，补主力舰不足之遗憾，以图抗敌于远洋，并以全力添置小型海防潜艇，以作近海海防之武器，故法国在世界上，居潜水艇吨数第一位。

3.意大利之海防，仅限于地中海，其历年所造军舰，无逾一万吨者，而注意添造高速率巡洋舰、驱逐舰、鱼雷汽艇及潜水艇等。其造舰设计，以轻速为惟一要求。墨索里尼曾谓："有敌侵入地中海者，将如探首入蜂房。"盖欲以多数的快舰、潜艇与飞机，以迅雷不及掩耳的手段，予敌人以立体的打击也。在未征服阿比西尼亚以前，极注意海空之切实合作，最近墨氏有染指世界舞台的野心，已渐渐注意于巨型舰之添置。

日法意这种海防设施，在欧战前，已有基础，须有数十年之经营，方可比拟。

丙、抗敌自卫

这种海防设施，是首先努力于潜水艇、水雷艇之设置，以空军作掩护，同时注意于岸上防御，当以苏俄、德国及新土耳其为代表。俄国海军，自日俄战后，精锐已失；德国欧战失败，海军亦已瓦解；旧土耳其过去与我国同号病夫，现在均努力自强。我国欲建设海防，对欧战后俄德土三国之海防设计与程序，当特别留意，借作参考，不应妄谈五大海军强国也。

1.苏俄对海军并无特殊表现，而已有潜水艇七十余艘。一九三六年一月，苏俄国防副委员长杜嘉契夫斯基于讨论预算案时，曾宣称："我等现正努力建设强大海军，尽先注意于潜水艇之发展，并要求海空军之合作，但在将来，除建潜水艇外，亦将迅速发展海面舰队，以期与潜艇平行。"至其近年在海参崴沿海建筑要塞，亦为举世所知。观此可知苏俄海防建设程序，首先注意潜艇与要塞，不过她具有赤化世界的野心，在将来亦必发展巨型军舰也。

2.德国历年限于条约，不能添造潜艇与巨舰，而以炼钢制械之优良，设计一万吨巡洋袖珍舰，在防御与攻击力方面，有与三万吨以上主力舰相抗能力。最近并发明单人鱼雷，以一人驾驶，可以自由变换方向，命中十分准确，上用潜望镜筒，实为在条约许可内的一种变形单人潜艇。并发明极小之快艇，名为牺牲船（Vedetts Sarifins），或名自杀船（Swicide Ships），系重油发动机，速率四十海里，此种小艇，速率最大，命中准确，既可击破敌舰，又以逃遁迅速，不易被敌射中，且虽沉而损失亦微。这种设计，实系条约财力双重束缚下的巧妙设计，在战略方面，仍系欧战避实击虚的传统游击海战战略。

3.新土耳其、旧土耳其之军舰，素有海上皇宫别名，所有海军，只讲外表，专供鸣炮敬礼之用，而不求海防实效。大战后，自一九二七年起，新土耳其添置水雷艇四艘，潜水艇五艘，及水上飞机等。自一九二八年选定Gulf of Ismit为水上飞机及潜水艇根据地，内建各种军需工厂，于一九三二年秋，正式迁入，作为军港。一九三五年罗京巴尔干同盟国会议时，并要求：

（1）有设若干海岸移动炮台权；

（2）欧洲方面通过海峡大道，有设移动大炮台防御权；

（3）有在海岸建设地下发射鱼雷掩护所之权；

（4）有在捷克加里设潜水艇根据地权；

（5）有建设水面飞机根据地权。

于去年一九三六年二月，国民大会，又通过二百十万镑（土金）之巨额海防建设经费，观此可知新土耳其建设海防之程序，第一步添置雷艇、潜艇与飞机，第二步设置岸上防御工程，而对舰队之设施，尚未提及也。

三、我国海防初步建设应有之设置

在我国财力限制之下，添置有力舰队，抗敌于外海，无疑的是不可能，只设岸上防御，则有防不胜防困难，所以海防初步建设应有下列各种设施：

甲、外海袭击

当置六百吨小型潜艇十二艘，分为三队，以四艘为一队：

1.以一队在闽南海墰岛一带，截击台湾、马公北来航路；

2.以一队在庙岛长山岛一线，截击旅顺、大连南来航路；

3.以一队游击长江口外。

这种设置，不论有否抗敌实效，而在精神物质方面，实可予敌人以无形打击，且潜艇有神秘效能，倘指挥得宜，可收意外成效，与空军合作应战，更可收上下夹攻之效。

乙、海滨抗敌

应设置以下各种武器：

1.水雷敷设舰；

2.高速鱼雷汽艇，欧战时意国用之曾击沉奥国主力舰两艘；

3.牺牲小快艇。

以吃水浅，速率快，为惟一要求，因为敌人巨舰吃水太深，在海滨反有行动不灵之困难，我以轻速敏捷的小型艇船，取避实击虚方法，海滨应敌，反见便宜，以之巡防海滨，则敌人军舰，不敢派遣划艇任意靠岸。

丙、岸上防御

应有下列各种设备：

1.整理旧有各炮台；

2.移动炮台；

3.鱼雷发射暗室。在可容敌舰之各要港，应择要设防外，于靠近航路要道处，应有水雷及鱼雷暗室之设置，对沿海渔户壮丁，应有特备海防的组织与海防训练，因可随时随地，作瞭望敌舰，阻敌登岸，以与各要塞通消息，且敌舰以划艇登陆，在未靠岸以前，是易于抵抗的。

4.沿海筑路与造林。我国目下既放弃大舰队政策，则海上交通，完全被敌控制，一切军事输送，非借汽车不可，这是不可不注意的。此外沿海造林，以作防军隐蔽，可使敌舰顾虑岸上之危险。欧战时，德军通过比利时，最怕的是森林区。

5.注意沿岸岛屿。近年列强对海中小小荒岛均视为拱璧，以其可作飞机、潜艇物质补充之用。沿海岛屿，对我劣势的海空军，更可作隐蔽休息停足地，所有接近航路岛屿，更可密设鱼雷发射暗室。南澳、海壇两岛，可截断台湾、马公北来航路，长山岛、庙岛群岛，可截断旅顺、大连南来航路，更应早为设防，作为飞机、潜艇游击停泊所。

这种自卫的最低限度海防设施，乃限于财力，不得已的办法。如欲控制海权，与敌争强，自非军舰与潜艇同时发展不可。

中国要建设海军^[1]

——关于海军的一些浅薄知识　周黎庵^[2]

中国是个没有海军的国家，中国人民大多数又没有海军的知识，然而中国却有一万二千里长的海岸线。一到了作战的时候，海水会成了中国的敌人；我们对于浩浩海水一点不能利用，而人家却把倾国之师搬上我们的土地，这是何等不幸。

但中国的海军却并不是没有历史的。"红羊战争"^[3]时曾国藩部下彭玉麟、杨岳斌的长江水师，那是中国几千年来旧式海军的结束；而开始中国现代化海军者，也是同光间的几位中兴人物。那中间的人物如曾国藩、胡林翼、李鸿章、左宗棠、沈葆桢，都早已看明白世界的大势，觉得中国要图国际上的生存，就非得建设一个庞大的海军不可。那时见识最远大的要算是胡林翼，他在统军和太平天国作战的时候，有一次在长江旁边一座山上察看军事地势，忽见一只洋商小轮，鼓浪上溯，中国旧式的帆船，一概都被它抛在后面，他就立刻呕血昏倒在地。随员们不知道他的胸襟，以为是太平的军势强盛，才急得他如此，然而他却说"红羊不足为患，平之甚易，百十年后为中国心腹之患者，乃适间所见之洋轮耳。"这种远大眼光，实足令后人钦佩。于是他就和曾李诸人讨论这事。虽然胡林翼死得很早，但一俟红羊平定后，曾国藩和沈葆桢便在江南、福建两处开建船坞，李鸿章更从之购船练兵。在甲午战争前，中国海军有

---

〔1〕此文发表于《众生半月刊》1938年第3号。

〔2〕周黎庵（1916—2003），名劭，浙江镇海人，东吴大学学士。十九世纪三十年代末先后任《宇宙风》等杂志编辑，出版有《吴钩集》《华发集》等。四十年代中期在上海执业律师。建国后长期供职出版界。

〔3〕指太平天国革命。

十五万吨之多（而日本只有六万吨），已浸浸成为世界第三四位的海军国家。然而在质的方面，却仍旧是保持着长江水师窳败的形式。于是甲午初试，即败于日本，全师瓦解。在甲午迄今六十年来，在外来经济压迫的重累中，内部割据纷争的局势下，更无一些复兴的朕兆，中国成为一个没有海军的国家了。

夷考国人对于海军的心理，得分两个时期。在甲午战前为"自大心理"时期，那时纸上谈兵的书生和旧式的水师将领，根本就不知海军为何物。甲午之战，海军的主持人北洋大臣、直隶总督李鸿章，深知训练海军尚未成熟，不足和日本抗衡，然而廷臣交章，多自夸船只众多，藐视日本，逼李鸿章不得不出诸一战，遂至于一败涂地，不可收拾。而尤有可笑者，那时的中兴名臣长江水师提督彭玉麟，竟欲于中法战争时，上疏清廷，欲率领"长龙""快蟹"那些窳败的船只，到海外和法国的铁甲舰队作战。幸亏那时枢臣如李鸿章略有常识，深知彭玉麟的胡闹，不曾真的闹出笑话，否则真不堪设想了。

第二期的心理在甲午失败之后，为"自卑心理"。经过甲午那么大的一个实际教训，把他们战前"自大心理"击个粉碎，他们约略看到外国军舰的宏伟，数量的众多，员兵的学识，经费的庞大，遂自顾形惭，以为中国要缔造一个足和外国抗衡的海军，像登天一样。于是自暴自弃，畏难苟安，遂长此迁延下去。民国肇建之后，军阀十几年来的内战，海军虽不甚参与，但握权者都自顾不暇，哪有整理海军的伟大计划？更加以海军人物之属地主义（非闽人不能跻位将校），更是奄奄一息了。

北伐完成，国民政府成立之后，全国渐趋统一之势，该是复兴海军的好机会。民国十八年六月一日，海军部正式成立，即发表一个所谓"海军建议"的六年计划。鉴于中国的物力，其计划是采渐进主义的，虽没有立即要建造三四万吨大战舰的雄图，但一看其计划的内容，确足以奠定复兴中国海军的基础。六年中所要添建的主力舰，达七十余艘，约十万余吨。其他辅助舰队，也要达三十余艘，五万余吨。这样的计划，倘然能按步实施，则今日之海军，虽不足和人家抗衡，然安定沿海，补助陆军，至少能发挥海军的力量。"一·二八"和"八一三"两役，不至坐视敌人履水而渡，而沿海岸线的城市，都有把海水当作敌人之忧了。然而我们这个六年计划，连第一年的希冀都达不到，那理由当然很多。

第一，海军过去的历史，给国人的印象太劣，国人的眼中，始终没有海军这东西。第二，国人还是认承过去的传统观念，虽然不乏明达之士，明白海军对于国防的重要性，然一看中国财政支绌的数字和各国建造军舰经费的数字，就非连忙摇头默然无言不可。第三，是近二十年来空军的勃兴，世界一段论调的转变，使海军更无人过问。那三种理由其实都是错误的。

第一，当然用不着说，复兴的海军，当然不能用现在幸存的一些船舰作为骨干，连人员都是需要崭新的，过去印象自然与将来无涉，而且国民决不能以私人的爱憎去忽视国家生命线的海军。

第二，财政的支绌，更不足为不能缔造庞大海军的理由。弹丸三岛的日军，居然占着世界第三位海军国的地位，而战后财政濒于破产的德意志，也匆匆于二十年中重兴其海军，在今天又立于与英国抗手的地位。其他如意大利也决不是一个富有的国家。那些都是给自诩为地大物博的中国一个好榜样。中国哪有不能成为海军国的理由？

以上两种的理由，都不是海军的致命伤。那近代的空军代替海军论者，才给中国复兴海军一个最大的打击。近几年来高唱入云的"航空救国"，正是那论调的结果。在报章杂志上，我们时常看到"我国不需要海军"而主张"航空万能"那种论调。固然二十世纪的空军力量日见扩大，是不可抹煞的事实，但决不可因之而否认海军的价值。这在革命之后，民穷财尽的苏联，也曾由托洛斯基喊出过"大空军主义"的口号，然而今日苏联的国防方针，却并没忘记扩充黑海舰队。

美国是那种空军代替海军论调的来源地，但经过一九三〇年英国空军与战舰对抗演习及一九三一年美国的攻防演习证明之后，也确定那种论调的不切实了。最近美国海军作战局的技术主任，更明显地从实验的根据中把那种论调推翻，确实地向全美人民宣布，发达到现阶段的空军，决不能代替海军的位置。因而忠告国人，厉行推进政府的造舰计划。即鉴于近来英、美、日、法、意造舰程序，已给那种论调下一个强有力的反证。

中国在民穷财尽，对造舰经费正在望洋兴叹之时，那种论调当然是适投所好，于是便立刻被采取而付诸实行。缔造一个伟大空军的力量，和建设海军的力量比起来，真有天壤之别。一只巨大如日本"长门""陆奥"级的主力战斗舰建造的经费，以之缔造一国的空军，以楚楚可观了。于是近几年来"航空救国"高唱入云，而沿海国防的灵魂——海军，却无一次听人提起。老实说，在抗战现阶段的空军，虽然劳苦功高，不负国人提倡的期望，但和倘使中国有同样力量的海军一比，那就差得很远了。欲仅仅靠一个庞大的空军，来"救"有一万二千里海岸线的中国，真是"所持者狭，而研求者奢"了。

我这里所说的，当然不是反对提倡空军主义者，而是愤慨于国人之唾弃海军。除非中国就此被征服，除非海洋可以化为平地，新中国的复兴，一定是要建筑在强大海军上面的！但是痛心的消息是今日的中国已不复有海军部的存在，而缩小并为军政部的一署——海军署了。那当然是抗战时权宜的办法，希望他不会永久的如此。但全中国民众心理中，经过这次浩大现实的教训，无论如何，是不应忽略海军和唾弃海军。中国的人民，应当随时把复兴海军、建设海军引为一己的责任，我在这里不妨引证一两件故实，作为中国人民是没有海军知识的人民的证据，而以之为讨论一些对于现代海军浅薄常识的资料。

大多数中国的国民，没有海军的浅薄知识，决不是我凭空捏造的话，不但普通的国民如此，连有着军事知识的陆军将校也是如此。是在"八一三"抗战前一年的夏天，政府对于抗战，早已有深切的筹备，特派几位陆军大学的学生去测量衡度浙东一带的情形，回到上海来的时候，恰和我同轮。我们闲谈起关于中日战争的预测，他也是个唯空军主义论者。他说：最可怕的是航空母舰，日本共有四艘（这在他倒是清楚的，根据一九三七年日本海军年鉴所载，日本共有"赤城""加贺""凤翔""龙骧"四艘，约合计八万吨。而抗战发生后的通讯社记者，就弄不清楚，东也发现航空母舰，西也发现航空母舰，其实大都是航空运输舰之误，这两者是截然不同的东西，效用和价值真差得太远了）。有人以为倘若预备牺牲两百架飞机去轰炸它们，每五十架一艘，一同轰沉了它们，我们便不怕日本了。这位陆军少将真在那里打如意算盘，他简直连用陆军的知识来估量海军都不会。试想航空母舰那样笨重而没有战斗力的东西，它的速率又并不快，怎会孤单单的一个儿在太平洋中踱方步而听你五十架飞机肆意轰炸呢？我们要知道用飞机炸沉航空母舰几乎是极少可能的事：一只航空母舰的出动，随着它的护卫，是立体形的，前面有万吨巡洋舰的"搜索列"，后有水雷战队，还有驱逐舰担任前哨，在天空则有飞机随时的翱翔，而母舰的本身，更装有最精良的高射炮，以防护其易为目标的飞行甲板，五十架飞机当未飞到它的前哨，恐怕已有船上的飞机飞上截击。要是敌机可以随意飞近母舰，则五十架飞机的代价，真真是太便宜的事。抗战之后，事实证明中国人民对于海军的知识是何等的缺乏！

另一件事，便是喧传一时的日本主力舰"长门"号（一说是"陆奥"号）在江阴要塞被我国空军轰炸。关于此事，人言言殊，大致相同的乃是中国空军根据意国教练所授的暗号，致"长门"舰上人员误认华机为日机，听其降落，因而遭华机轰沉云云。这里我应该一述日本海军的主力舰。根据一九三七年日本海军年鉴所载，"长门"与"陆奥"为姊妹舰，乃日本最大的战舰，为日本联合舰队的旗舰，排水量三万二千余吨，速力达二三海里，主炮四十生的（相当十六英寸）大炮八门，载飞机三架，造价达七千万美元以上，为日本对于世界维持其海军权威的军舰。我们假使抛开主观不说，且以客观的观察来推测这件事的有无。若日本损失了"长门""陆奥"任何一艘，日本便立刻会从海军王国的宝座上跌下来。江阴战时，尽多外国的新闻记者，如此重大而对于本国有利的事，焉有不大事宣传之理。何以至今我们尚未见到关于这件事的一些记载。外报记者多富于海军知识，对于那种谣言，想是付之一笑的。

再就主观的看来，用一些浅薄的海军知识，就可以明白那事的无稽。

（一）日本决不会派遣"长门"级的战舰去攻击江阴要塞，因为江阴不过是一个江防要塞，至多备有吴淞要塞一样的海岸大炮。而"一·二八"之后，担任攻毁吴淞要塞任务的，根据日本海军的报告，却是第三舰队的一艘二等巡洋舰"夕张"号（二，八九〇吨），可见"长门"号去江阴担任攻打要塞任务是不会有的事。那些主力舰，决不是以中国为作战对象，其对象是太平洋对岸和大西洋上的国家，或许到现在还不曾出动，因为它是属于联合舰队的。

（二）飞机可以降落在战舰上，那是一种没有知识的笑话，要是战舰可以起降飞机，则航空母舰便成为赘物，没有它的用途了。我们知道，航空母舰惟一的设备是降落甲板，而战舰决不能有降落甲板的存在。而并"长门"级的战舰上也不过装飞机三架。其起降的方法是这样的：用飞行机发射机（Catapult）射出，而降落时则停于海面上，然后用起重机举起之，故船上飞机必须为水上机，而且也是一种辅助海军作战用的侦察机，决不是能携几吨炸药的大轰炸机。要是像传说那么，把网一张开，让自己的飞机飞入舰内去，那不是每一次都要人机俱毁了吗？

（三）一艘三四万吨的主力战舰，决不是一架飞机所携的炸弹所能轰沉的，最好的例子是一九二四年美国海军的秋操，将废弃战舰"华盛顿"号（三二,五〇〇吨）击沉的试验。计施放二千磅炸弹三枚，千五百磅炸弹一枚，鱼雷二枚，三六糎炮弹十四枚，方始击沉。那是废弃军舰任人轰炸的。若谓仅仅几架飞机炸沉一艘主力舰，是不可能的事。

以上两个例证，似乎太估高日本的力量，似乎我是"恐海军病"的患者，或者是"败战主义"者的说教。其实是仅仅想告诉读者一些浅薄的海军知识，使大家不致太看轻海军。更进一步，即鼓励我们要有重建海军的认识。

照各国对于海军的造船经常费用（如日本每年为五亿二千余万元，略逊于中国每年财政的总收入），在中国的财政状况看起来，欲废百举而专务一事，虽是绝不可能的事实，但中国如不建造一个强有力的庞大海军，就非时常受人家侵略不可。无论如何，中国人民是要贡献所有的力量去缔造国家生命线之海军。

经费庞大的数字，在昨日看来虽然困难，但一到了今日或明日看来，则决不是难事；以中国的土地富源，人民的物力来缔造一个庞大的海军，照比例的看法，一定是可能的事。抗战之后，一切新的力量在蕴藏中发挥出来，以前视为绝不可能的事，后将为极易举的事，缔造海军虽然没有缔造空军那么容易，但全国的人才物力一致以赴的将来，一个庞大的海军来防护一万二千里长的海岸线，是再生的新中国必然的事业！

五月二十四日

抗战期中海军的战绩[1]　　翁仁元[2]

（关于中国的海军，一直被人忽视、漠视和轻视着，有的人甚至提倡废弃海军的理论，殊不知我们的外患，都从海上而来，我们物质和金钱的漏溢，都由海上而去，我们拥有一千三百三十余座海岛，和沿海七省的海岸线，都需要海军的保护。我们更从建国的历史上去找证明，许多民族都因海军装备强大而获到其国家强盛的一页。可是我们更要知道，中国的海军，在"甲午战争"之前，也是赫赫一时的，中国海军名将林泰曾成将敌人最畏忌的人物，"镇远""定远"二舰比起日本的"松岛"旗舰来吨位大至三倍，同口径的海军炮多至七倍，中国海军访问东京时，欺弱怕强的日本朝野感到了死一样的恐怖，充当镇守府参谋长的东乡平八郎，也对自己对华作战必胜的信念重新加以估价。

说起来事情是很有趣味的，当日本的海军大佐东乡平八郎参观中国海军的时候，在炮身上发现了士兵的裤子，他就立下了对华作战的决心，以为中国的海军在技术和精神训练上是失败的，直到中国海军在李鸿章统率之下演习，日本又派佐藤铁太郎参观。从实弹射击中，发现中国陆战队的射击，不求命中，只求枪声一致的这一点，便决定对华作战的计划了。由于甲午之战，海军以主力战的惨败而造成几十年的国耻史，一直弄到"八一三"的前夜，我们又是以海防空虚而让敌国海军作为犯我的急先锋。溯往追今，我们对于海军问题有重

---

〔1〕此文发表于《抗战军人》1938年第4期。

〔2〕翁仁元，曾任海军部总务司文书科中尉译电员，著有《抗战中的海军问题》。

加注意的必要，翁君对海军问题甚有研究，著有《抗战中的海军问题》一书，本文不过专对战绩一方面的介绍而已。——适存）

一、战前的布置

我们海军实力，处于完全劣势，我们没有军火工厂，没有长江口内的军港与造船所，没有海空军作舰队上空的护卫，甚至军火方面，平时因受经费限制，旧存的不足应战，若以临时增领的若干万参战费，全部向外洋购买军火，也有远水不济近火之感。而海军部长陈绍宽先生，其时正为着参加英皇加冕礼方出洋未回，代行海军部务的，乃是第一舰队司令陈季良先生。幸赖其统率有方，故我全军将士，不管在如何险恶环境下，均抱杀敌之心，准备以最后的一发炮弹或鱼雷，换取敌方相当代价。陈季良氏，是一位我们海军在当年曾对外抗战的唯一宿将，足智多谋，勇敢善战，年虽花甲，唯其英名仍不减海参崴抗倭的时代。此次抗战之前，他早知非抗战不足以自救，而个人之生死，亦早置之度外。所以一待政府发动抗战，立即编定海军应战步骤，除命上海海军造船所赶修"永绩"军舰外，并把第一、二暨练习等三舰队，赶速集中长江，以资防守。不久，陈部长绍宽由欧洲搭机返国，我海军突又奉到最高军事当局命令，叫我们实施堵塞长江黄浦江，并协同江阴要塞及沪南陆上部队，镇守长江黄浦江两堵塞堰。其时陈绍宽先生行装甫卸，目击局势危殆，虽苦于无水雷及其他防材以堵江阴，惟为抗战前途计，遂不惜牺牲国家之重价武力，将大部军舰，暂充长江防材的代用品，以补江阴堵塞材料之不足。一面令××舰冲入黄浦江十六铺江面，开海底门下沉，一面令练习舰队司令王寿廷，监督黄浦江堵塞堰及破坏上海海军造船所。而江阴的堵塞工程，由陈氏亲自主持，他把预先集中于江阴附近，而价值数千万的××、××、××、××、××、××、××等×舰，连同政府征集的许多商轮，分别配置于江阴水道下锚，用最迅速的手段，命各舰船同时开海底门，同时入水下沉，而各舰轮乃于陈氏挥泪下，完成了名闻全球的江阴堵塞。又令"曦日""青天"两测量舰，为防制敌方优势舰队的冲击，冒险在大批敌方驱逐舰炮火控制下，潜航江阴与崇明一带，施用敏捷技术，破坏江阴口外，尤其是白茆沙附近长江下流的水道标志。令"逸仙"与两鱼雷艇，泊驻江阴封锁线的最前线，担任水面哨戒。"平海""宁

海""应瑞""海容""海筹"五巡洋舰，及"楚有"炮舰、"建康"驱逐舰及两
鱼雷艇等，分列江右江左两鱼贯阵，协同江阴要塞，镇守江阴堵塞堰（此为海
军第一道防线），其他各舰艇镇守镇江与南京间（此为海军第二道防线）。嗣
后，陈绍宽先生认为海军战机已迫，为完成海军任务，肃然离京，赶赴前方，
并宣誓于前线官兵，决与江阴堵塞堰共存亡，我海军决不先友军而退却。但陈
季良氏以我海军作战，不可缺主将坐镇后方，策动一切，故亦赶至江阴，力劝
陈绍宽先生务以主持后方，及建设未来海军为重，赶返南京。江阴防务虽重
要，似可由渠负责，倘有贻误，深愿葬身鱼腹，决不返京。而第二舰队司令曾
以鼎氏，却不以陈季良氏身当海军第一线为然，亦愿代陈而负最前线之责任，
其后终因陈季良氏之意坚词正，乃任以镇守江阴堵塞堰，而以曾氏担任第二道
防线，陈绍宽氏则坐镇南京，策动一切。惟我全军将士，闻及此讯，亦莫不以
争先杀敌成仁为荣，并将散居沿江沿海之家属，纷纷送回原籍，以示愿与军舰
共存亡之决心。其能虏获敌舰一艘，及保持江阴堵塞堰之后友军而放弃，此乃
海军将领筹维得策，与海军官兵用命之力也。

二、"永健"舰的奋斗

淞沪战事爆发后，敌军的中央突破战略，迭次被我强韧陆军摧毁，改在浦
东登岸，又不成功。如是，乃想在敌舰掩护下，企图破坏黄浦江堵塞堰后，再
向沪南求发展。不过我们那条堵塞堰两岸，配有重兵，筑有居高临下的炮兵
阵地和机关枪巢，水面又有"永健"巡弋防守，在敌军的观察，此路攻击，恃
依他们舰队的优势炮火，破坏我们两岸的炮兵阵地机关枪巢却不难，那巡弋
堵塞堰中区的"永健"舰，运动固然自由，又凭着两岸炮兵阵地作掩护，却很
容易发挥有效的火力。敌人若以事实上在江面不堪运动的许多驱逐舰队来攻，
我"永健"舰即使为敌人击沉，但我舰据着水面的优势，必可以分散敌人的火
力，并给我们陆上部队与本舰获得更多击沉敌舰的机会，以粉碎敌人的计划，
使之得不偿失。就是敌人欲实行全公亭登陆的夹击计划，也不容易成功，因为
我"永健"舰，随时可以溯江南航，援助陆军进击，或牵制敌军过河，所以我
"永健"舰，在淞沪战争的初期，已被敌人看作眼中钉，每日派遣水上飞机，
轮流的来轰炸该舰。我"永健"官兵，明知该舰早晚必被炸沉，惟绝对不因敌

机之狂炸而稍现慌张，每当敌机来袭，全舰官兵，无不奋勇沉着，操特种航行以避敌弹，操高射武器以射敌机，经血战三昼夜，最后以我高射武器火力之不足，以及官兵过于疲劳，船身过旧，机器损坏，靠岸待修之际，被炸中要害，沉没黄浦江中，死官兵数十人，然该舰残余官兵，尚要求海军部收编为海军炮队，协同陆军，与敌人再决雌雄。

三、"青天"舰的奋斗

江阴方面的破坏长江水道标志诸工作，于战初即告完成，我"青天"测量舰，于航行归途，突遇敌机一队追逐，该舰因武装不全，无力抵抗，只好消极的操Z字航行法，以图脱离敌机追逐，不料该时长江水道，突然发生变化，乃至搁入浅滩，不得脱险，被敌炸毁，死损甚众。

四、"皦日"舰之诱敌战

"皦日"测量舰，为了担任破坏长江水道标志，航近敌舰，而被敌人发觉，开炮追击。但该舰亦不示弱，毅然还炮，如是即展开海军对抗战，约半小时，终以敌众我寡，火力不敌，势难对抗。该舰乃利用江面难航的水道，作特种航法，拟诱敌舰搁入浅滩，一举而击沉之。敌果中计，其二驱逐舰即搁入浅滩，但我舰以速力不敌，已被敌击中甚多，甲板火起，无法施救，瞬息沉没，致不能直接击沉二敌舰。惟该二敌舰，趁我舰已沉无力还击之际，极力施救，冀出浅滩，幸为我路过空军发觉，施展轰炸技巧，掷投数弹，皆告命中，霎时水柱万丈，火光荣荣，二敌舰也与我"皦日"舰先后沉没于江底。

五、海军在江阴与敌的对抗战

敌军自受此损失后，恼羞成怒，由九月二十二日起，逐日遣飞机百架，分队临我江阴舰队上空，轮流狂炸，以图报复。那时我江阴舰队，舰多江窄，不能操持特种航法，以避敌炸，而各舰所备的少数高射炮，也不够布置舰队防空火网，当时形势，确很危险。幸赖我海军宿将陈季良司令，不畏弹雨，矗立舰首甲板，沉着指挥，全体官兵，断头折臂，愈战愈勇，卒把敌机迭次击退，并先后击落敌机六架，击杀而摇荡欲坠者若干架。惟我舰队，终因无"海空军"

在舰队上空保护，暨因高射炮弹来源断绝诸关系，亦受很大损失，死伤精锐官兵五六百人。然我全线将士，并不因之气馁，并欲将残舰开赴吴淞，作冲击战之举。

其后我海军奉最高军事当局之命，改变战略，以一部忠勇将士，编作炮队，依任原来防务，各该官兵犹秉牺牲之精神，演壮烈之战绩，故敌终未敢越我江阴堵塞堰的雷池一步。最后大场被攻破，我陆军忍痛向西转进，敌即联合海陆空军，会攻江阴，期得如欧战中德将兴登堡在坦伦堡一战之收获。幸赖我海军炮队，奋勇作战，将士用命，并有海军少校卢文祥君等三人，确实击沉敌方驱逐舰三艘，敌势顿挫，不再以其海军为攻江阴之主力，我海军亦因而完成防守江阴堵塞堰后友军退出之使命。

海军抗战工作之回顾与前瞻[1]　陈绍宽

一、前言

自"七七事变"以来，迄将三载。敌人挟其海陆空军优势军力，首先掠我平津，次则扰我东南海岸，进攻上海，企图一举攻陷南京，逼我作城下之盟。更进又以飞机轰炸我后方城市，屠杀无辜人民。我政府深知敌寇之必欲灭亡我国家，奴役我人民，故即奋起领导全国民众，作持久的、全面的抗战。时绍宽适以春间奉命赴英参加英皇加冕礼，原拟在欧小作勾留，一以考察各国军备，一以筹划充实我海军实力。及闻警后，赶即飞航回国，于"八一三"淞沪战事发生之日前夕，率部参加作战。两年半以来，在第一期抗战军事进程中，我海军将士于江阴之役，马当、湖口之役及田家镇、葛店之役，均曾先后奏功。至武汉撤退之后，当时以我军前线距海岸更远，长江一带又均为敌人所控制，更加以前所仅具吨位较大之军舰，辗转于作战中为敌空军所炸毁，于是乃将在艰苦支撑中所保全之一小部分军舰，亦即所仅存之军舰，随政府溯江西上，而大部分工作，则扩大制造水雷。图利用我内地江河之复杂综错，于各处水道敷设水雷，冀以增强并协助陆军之防守力量，全体海军同人，均一心一德循此工作方针以进。计自抗战以来，其成效之表现，实有出诸一般意料之外者。兹特就过去抗战之事迹及吾人今后之希望，分别加以说明与阐述，以飨我全国同胞。

---

[1] 此文发表于《整建月刊》1940 年第 1 卷第 1 期。

二、海军抗战事实

自海军实地作战之日起，至今日为止，全部工作之进行，大致可以分作三个阶段叙述。第一阶段系以我海军保有全部军舰与敌对抗而言，即自"八一三"起迄江阴陷落为止。第二阶段即自江阴陷落起，至武汉撤退为止。此第一、第二两阶段在全面的抗战军事中，同属于抗战军事第一期，在此期中，海军所取战略亦纯以抗战军事第一期战略为准则，即为防御的、保守的，期以最低限度的牺牲，换取敌人最大可能的代价。第三阶段为自武汉撤退起及至今日尚在持续进行，在战略上除仍为防御的、保守的之外，并随时争取有利之机会以作有效的、机动的进攻。

第一阶段中海军的工作，主要为加入淞沪作战，并在江阴江面施行封锁，使敌人无法利用长江水道进逼南京。其在于淞沪作战中，除在八月十四日自沉"普安"运输舰于黄浦江董家渡，并敷设水雷以阻塞敌军进路外，并于九月八日，将浦东敌之新三井之第三、第四两号码头全部炸毁。又于九月二十九日晨，秘密使用水雷，轰炸敌"出云"旗舰，虽该舰幸免被毁，然其围护舰体左右之防御物全部被炸，舰躯亦因受震动而致损伤。此项工作之进行，直接延长了沪战时日，打破了敌人速战速决之梦想，奠定了最后胜利的基础。其后敌人乃不得不迂回至金山卫登陆，而我陆军遂亦能从容退出上海，此则完全海军阻塞黄浦江的计划有以致之。

在江阴方面，第一步工作为毁除长江下游各种航路标识，然后进而于八月十二日对江阴港道加以封锁，工作仅费时一日即告完成。综计先后自沉舰龄较大之军舰十二艘，招商局及各轮船公司船只共二十三艘，又将敌在汉口、九江、芜湖、镇江等地之趸船八艘，先后拖来沉塞。更为加强封锁力量起见，又沉了一百八十五艘船驳及万余吨石块。初步封锁工作，即此告一段落。其于防卫上，海军各舰队，均先后调集前来。较大之军舰如"平海""宁海""应瑞""海容""海筹""逸仙"等，均列第一线巩卫，更辅以江岸要塞炮台，以故在长江中尚堪一战。自"八一三"以至南京失陷，敌舰始终不敢进窥江阴，其彻底破灭敌人直逼南京之迷梦，于此可见。在此期间，敌人曾不断利用其优势空军，轮流轰炸，其中尤以九月二十三日敌人动员空军几达七十架以上，致我"平海""宁海"等舰，均先后为其炸沉，于是我海军军舰吨位在二千以上者，均失作战能力。本军以江中既失作战凭藉，将舰炮全部卸下，移至江岸要塞，继续作战，并将各炮兵组编成队，派至长江及太湖沿岸各地，随同陆军作战。而大部海军抗战工作，遂亦于此时转入第二阶段，即由水上转移至于陆地了。

第二阶段工作的进行，除在长江两岸分设要塞担任防御以外，另有可以特别提出记述者，即为江海水雷封锁工作。在南京失陷后，本军即在马当、芜湖间散布水雷，并从事建成马当封锁线，严密敷布水雷，于东流、汉口间之水道，并精密配置马当、湖口、田家镇、葛店等处要塞炮队。从二十七年六月开始之大武汉保卫战，马当水雷封锁及湖口、田家镇、葛店各地炮兵作战成绩，早已为国人所深悉，并博得各方的嘉评与赞佩，而同时水雷工作亦扩至闽浙桂之江海。

迨十月二十六日我军由武汉撤退，本军一部分炮舰与快艇随政府西行入川，而对于水雷之敷布工作，则转而侧重于鄱阳湖与洞庭湖两方面。至此时，由于岳阳的失陷，整个抗战军事进入第二期——即我敌相持阶段。海军乃依此全面战争战略与战术上的需要，决定于防御的、保守的作战外，更作进一步相机进攻的作战准备。

现阶段的海军作战即在防御与进攻兼备的条件下进行。就目前的情势说，在封锁方面，由于湘江封锁绝对有力的明证，水雷已公认为目前最有效的水中武器。在进攻方面，海军已成批训练员兵布雷技术，大量漂雷已经在长江下游水里活动，并且时常得到有炸毁敌舰的效果。

配合着二期抗战军事的进行，我们海军已经把握着最主要、最有力的一环，而在加紧工作，努力工作，并且表现出相当美满的成绩了。

三、今后展望

决定今日海军工作的前途，首先我们必须认清今日整个军事形势，然后方能与各战区军队密切配合而收到预期的效果。湘北大捷证明我军力量之增强，与敌人力量的衰竭，尤其最近的粤北大捷、桂南大捷，更说明我军一步一步接近胜利的全面反攻时期。证明我军作局部的反攻已经绰有余裕。我们海军将以何种方法与技术与陆军携手作战，将如何更加增强自己的工作效率，俾能于此关系民族存续的战争中，发挥更伟大的力量，这便是现在我所要说明的问题。

抗战既是胜利的踏入反攻时期，海军于此时亦必有从事反攻的准备。故于执行既定的封锁政策之外，更进而将大量水雷由我布雷游击队送入长江，以扰乱并破坏其水上交通与运输，然由于布雷工作实施上之种种困难，故加强布雷游击队之组织并提高工作效率，实为目前亟待进行之事。在此次欧战中，德国能将水雷用飞机输送至英国领海，使之降落，今吾人或则纯粹利用人力将水雷运至敌后方，然后再乘间敷布，或则与陆军游击队取得密切联系，于攻占一段水道之后，即迅速敷布水雷。由此两端，可见工作进行之困苦与艰难，尤非训练有素及敏捷熟练之官兵莫办。今后吾人当更积极训练此项工作人员，并严密其组织，此为今日工作之第一项。

第二，海军舰炮有其远大之射程，用以巩卫江岸，实为最优良之武器。自在江阴巫山击沉敌驱逐舰后，其效能如何，早为国人所公认。武汉撤退后，炮队即移充战时首都之防御，今后于努力防御工作之外，更当寻求相机进攻的时机与方策。

第三，中国的海军新建设，虽有待于抗战胜利的结束之后，然其计划与准备则不能不预为之谋。以中国幅员之大，海岸线之长，非有强大之海军不足以言国防，此尽人皆知之者。故今日吾人必须更作坚定恒远之努力，图于抗战结束之后，新海军建立之时，不致有临渴掘井之感。

以上为适应目前及远瞩将来之需要，实为本军此后一切设施之基础。最后胜利之必属于我，国人早具信念，吾人当更加积极努力以加速胜利的来临。

四、结论

敌寇今日对我国之侵凌，无论其交通联络运输，纯惟海军是赖。我国以仅有不足五万吨之军舰，对抗其几乎超过三十倍于我之海军兵力，故不能拒之于海外，以守护我国之领土与人民。顾在我海军同人痛定思痛之余，深愿全国人民从此憬悟我海军对于国防上之重要，急起直追，努力于国防海军之建设。须知我国之安全与和平，即系太平洋上之安全与和平。全国人民于此时不仅应努力于民族之复兴大业，更当在我最高统帅领导之下，更积极的奠立太平洋上永久和平之基础。

关于中国海军的几个问题[1]　　田　汉[2]

一、要不要海军的问题

自抗战开始以来常听得前方将士们这样高兴地说："将来抗战胜利以后，中国陆军可要算世界第一的了。因为我们现在几乎是以陆军——特别是步兵的力量单独与敌人海陆空军联合兵力作战。"这话在某些情形之下也是非常实在的，因为我们新兴空军虽建了不少惊人战绩，但数量上太少，不够与广大地上部队配合使用。我们的海军更是微弱得可怜，似不能期望它有多大的协力。抗战的光荣责任落在我们陆军肩上为独多，这是不容否认的。

然而每一个现实的革命战士，不应忘记只有健全发展的力量，才能对"准备齐全"的敌人，获得决定的胜利。就海军方面说，我们既不能抹煞二年来海军将士们在艰苦条件对抗战的各种尽力，同时若不能从抗战的实践中渐次建设我们新的海军，还是难于保证圆满地完成我们伟大的民族任务。因为我们不仅要能把敌人踢出大陆，更要能把敌人踢出中国海。

但我国近年来，直至抗战爆发前，还存在着对于海军的轻视，甚至有人倡海军无用论。这一缘甲午战争中北洋舰队之轻易的败绩，与南洋舰队之旁观。领袖也曾经说过："在甲午年与日本开战时北洋舰队已被日军战败，南洋舰队依然袖手旁观，而且宣告中立。这显然表示中国人无民族思想与国家观念，使

[1] 此文发表于《整建月刊》1940年第1卷第1期。
[2] 田汉（1898—1968），原名寿昌，湖南长沙人。话剧作家、戏曲作家、小说家、诗人、文艺评论家、社会活动家，中华人民共和国国歌《义勇军进行曲》词作者，中国现代戏剧奠基人。早年赴日本初学海军，后改学教育，对中国近代海军有相当研究。

外人视（我）中国人无团结一致的精神，在此种情形之下，如何能不受人欺侮？"（廿年十月十二日在南京讲演）[1]自甲午战后我海军奄奄无生气，甚至被国人视为无用之长物。其间非无复兴之企图，格于主客观种种条件，迄未能充分实现。直至"八一三"神圣的民族战争开始，忍辱负重的我海军将士始表现其自有海军以来最善之活跃。淞沪作战中黄浦江之封锁，以及其后江阴、马当、湖口、田家镇、葛店诸役，直至长沙会战中洞庭、湘江各要口之闭塞，在皆以艰苦周到之阻塞战，迟滞或阻止了敌人之继续前进，使我陆军得有充分时间，从事各种准备。其勇烈情形使人仿佛当年日海军之封锁旅顺。又不仅阻塞战而已，我沿江沿海"移动炮台"与"水雷游击队"之活动实为劣势海军革命战术之最高运用。其战果之佳，直使我游击区之敌寇为之发抖。当我们尚保有若干舰艇时，敌人嗤中国海军以鼻。及至今日可用舰艇殆已大部丧失，海军将士改换其全部工作方式时，敌人反不能不感中国海军之依然存在。这没有别的，中国海军将士在艰苦卓绝的抗战工作中已把握了建军的目的，唤醒了海国中华的灵魂，觉悟了自身的伟大力量。尚忆抗战前在南京江面参观我"海圻""海琛"诸舰时，遇一青年士官，我问他司令塔究竟高低孰便时，他说低则较为安全而不便瞭望，高则便于观测指挥而较为危险。这是一种矛盾，但若观测正确指挥便利，因而取得胜利，则危险亦自解消。——这位青年士官的积极的精神，使我生无限的欢喜与希望，仿佛看见了中国新海军的伟大的将来。在抗战三年的今日，我在前方又遇见许多参加水雷游击队的青年将校，其见解之卓越，精神之积极与前述的青年士官无异。当我们尚有若干舰艇时常若自惭形秽，不敢有战胜敌人的自信，今者在抗战实践中，反觉斗志横溢，不肯与民族敌人共戴天日。因此在战略上一反从前退婴怯懦之故态，处处表现着积极进攻的精神，中国海军之指导者陈绍宽上将不云乎："抗战既是胜利的踏入反攻时期，海军于此时亦必有从事反攻之准备。"——此种攻击精神之复活，实为新中国海军建军之最好基础，也就是主张其存在之最好理由。

因此海军要不要我想已经不成问题了。

---

[1] 秦孝仪编：《总统蒋公思想言论总集》，卷十，台湾国民党党史委员会1984年10月版，第469—470页。

二、挨打主义

中国海军在过去的民族战争中为什么失败的呢？当然原因很多，但就军事上说：主要的由于高级指挥官不懂得建军的目的，甚至不懂得军舰的灵魂是在战斗，而战斗的要着是先发制人。因此他们在必须战斗时竭力避免战斗，自缚其手足以待敌之狙击。这种"挨打主义"真是中国海军最可耻的传统！试先翻光绪十年之闽海战史吧！是年六月下旬，法海军提督孤拔率军舰五艘，投锚于福州闽江口，清廷以钦差大臣张佩纶为南洋舰队指挥。闽安炮台副将张成兼领"扬武"军舰等十余艘，驻守马江，闽浙总督何璟及张佩纶等恐得罪法人致启边衅，乃号令各舰，只准防御不准攻击，于是我军遂立于待毙之地。当时南洋舰队遂被全部歼灭于根据地。这便是挨打主义最高的表现。

光绪帝鉴于闽海战之失败，发愤建设新式海军，先从北洋舰队办起，这也应该是有目的的建军了。但朝鲜风云紧急，战机一触即发，海陆有识将领，如林泰曾辈请从速备战，时李鸿章反加切责，力图外交解决。卒让敌人制我机先。东乡平八郎毫无踌躇地放了中日海战的第一炮。在"高升"被击沉，平壤军事失败后，鸿章予丁汝昌之训令尚谆谆以保存实力为事，自划其活动范围，以黄海制海权拱手让人，终则旅顺被攻亦不能救，丁乃集中残余舰队于刘公岛以待敌人之袭击歼灭。使四十余年来我海军舰旗黯然无色，以至今日倭寇横海而来，也都是挨打主义在那儿作祟。

这种挨打主义直至此次对日抗战的第二期才渐次肃清。

三、敌与友的批判

由来一切国家建军，必有其想定敌。因而孜孜屹屹以求从质与量上压倒此想定敌，如此则不战而威和平可保。我北洋舰队赴日示威的时候提督丁汝昌于横滨招待日本朝野人士参观，他们看到了我们"镇远""定远"各主力七千七百吨以上屹立如山之雄姿（当时日旗舰"松岛"号仅四千余吨），十时主炮前后四门之多（"松岛"三十一生的主炮只一门），炮塔与主要部分装甲之厚，乃至我一部海军将士之优秀，莫不惶骇妒羡，有的人甚至在报纸上发出"国难来"的警告。于是日本海军界绞尽脑汁以谋我——窥察我海军的弱点，计算我海军的实力。举两样事以见他们用心之细微，观国之深刻。当北洋舰队回航关西时，"济远"舰略有损坏，于横次贺军港入出。当时任横次贺镇守府参谋长的东乡平八郎曾微服观察我"济远"一周，归来于其海部建议"中国海军可以击灭"。后来在中日战事将启之际于丰岛海面击沉"高升"号运船，影响我牙山陆军接济的便是此公（那时他是巡舰"浪速"的舰长），人家问他怎样成立那样观察呢？他说：当他视察"济远"时，对于该舰威力虽亦颇低首，可是细看舰上各处殊不清洁，甚至主炮上晾着水兵的短裤。主炮者军舰之灵魂。对于军舰灵魂如此亵渎，况在访问邻国之时，可以窥见全军之纪律与士气，他虽于"镇远"舰长林泰曾等颇致钦仰，而以为如此的纪律与士气虽有二名将何能为力。因此他的结论是中国海军不足畏。

战斗舰主炮之可贵如此，但主炮的真正可贵处在能发弹破敌，若无子弹则十时也好，十六时也好，任何大口径主炮，亦不过废铁一堆而已。依当时"定远"号副司令洋员泰莱氏（W. F. Tyler）的历史的记述则竟有这样的情形：

"他——汉纳根——和我同时加入舰队出大沽口向旅顺进发，在旅顺查看军械清单，乃得知一可悲之事实。战舰中十时口径主炮之大炮弹只有三颗。其练习用之小弹亦少得非常。只有其他各舰弹储尚足。我们立刻电告总督，说中国的运命完全要靠兵工厂日夜赶制炮弹。事关如此之大机要，请他万万不要信托别人——即兵工厂总办亦不可托，——必须亲往督察。此事当然做不到。几个礼拜之后，一条运送舰载来了炮弹若干，并总办一缄。大意说四口径的炮弹不能制，二口径半的炮弹兹供给若干，依例的补充，只此已足。我们所能期望于他的亦尽于此。……"

"这一机构（指当时整个军事机构）运行的情形请举例以明之。两战斗舰的十时口径主炮其战时使用的炮弹是猛烈的四口径弹，其练习用弹是二口径半的，后者库藏尚多，前者则旗舰上只有一颗，其姊妹舰（'镇远'号）上只有两颗。我们可以断言，当战斗开始的时候两舰的炮术长（他们都是好人）一定很关心此事而告诉两总兵，他们应当去告诉丁提督。丁提督则要兵工厂接济。但当无事的时候，却没有听得人家说起。若以此事直接向李总督（他的女婿张佩纶即工厂总办，至少一定是向日本卖弄觱笑，只是当时无人知道罢了）陈诉，则违反中国一切成规，而将全部机构推翻了。……"

"……可是照我看这次战事中最不可解的是：当一八九三年（光绪十九年）

大阅海陆军时战争之说已起。前一年李鸿章已采汉纳根的建议，命令兵工厂制造大炮弹以备战斗舰用。而以张佩纶的阻碍，命令并未实行。但当战云弥漫而举行大检阅的时候，为什么没有人以子弹的缺乏，警告李鸿章呢？纵然说丁提督不晓得，难道在场的德狄灵（鸿章顾问，德人，原海关驻津委员）与汉纳根也不晓得么？……德狄灵实为镜所误（他的容貌像俾斯麦），彼采用一种俾斯麦式的举止自负不凡，但于战争一类的事他显然缺乏判断及执行的初步技能，他是以战争为儿戏。……正当战云四布之时，他随李鸿章阅兵，虽以三尺童子处此，也会立刻想到军械和弹。可是这第一步的需要他竟没有顾到！"

"……因此，中国舰队就枪炮及铁甲而论，至少与日本相埒。炮术甚佳，训练虽稍有遗憾，惟水兵可称善战。极严重之事因实为子弹之缺乏。这一缺乏我们有理由相信其咎不仅在疏忽，而在兵工厂总办之通敌卖国。子弹之短绌，日本人一定晓得，且为其挑战之原因。……"

这可以知道敌人是怎样在那儿精密地算计我们，而我们于自己最要紧的事亦茫无所知。孙子曰："多算胜，少算不胜，而况于无算乎。"日本可以说是以多算胜无算。试看以赌中国国运的这样的民族战争，中国两大主力舰其主炮炮弹只有三颗，虽或未尝无人注意，但皆以敷衍延宕，竟无法补充。中国当时军事政治机构之腐败不已经登峰造极了么？

这仅有的三颗十时口径弹所划的历史痕迹却也应该一提。即旗舰"定远"上的一颗，以刘步蟾的命令发出时，丁汝昌与英员泰莱方并立于炮上的飞桥。发炮，巨声如雷，丁与泰莱随之而飞。罗惇曧著《中日兵事本末》称："汝昌立'定远'敌楼督战，中弹，伤腰仆。"即指此，惟非中敌弹，实为旗舰舰炮所震耳。其姊妹舰"镇远"号上两颗巨弹之一颗，则当该舰于敌旗舰"松岛"接近之三千米时由舰长林总兵泰曾发令，射中"松岛"舰炮第四炮。其炮塔下适置有无数弹壳，中此皆炸裂，铁火四溅，硝烟满舰，敌官兵死伤者达百余人。一日亲王时方在该舰为海军练习生亦负重伤。当时海军军歌有咏此者，敌海军中将小笠原长生男爵所著《黄海海战史》及《圣将东乡平八郎传》，关此皆有极生动之描写。据泰莱氏之记载，当时负责发此十时主炮者，为"镇远"舰洋员赫克曼（Heckman）德炮术专家，亦洋员中最富能力之人。是为黄海海战中，中国聊快人意之一炮。《海军纪实》中称此炮为"定远"所发，《中日兵事本末》称"'定远'轰其'松岛'舰几沉之，日海军中将伊东祐亨坐船也。"云云，皆误"镇远"为"定远"，实则"定远"号上此时已无十时巨弹可发。

四、自我批判的必要

此种血的教训，当时皆未暇仔细研讨，舞文弄墨之士，但凭传闻，较可靠的只能求之于敌人与我国际友人们的记录。但现在是我们民族自我批判的时代了，我们应该极客观地来认识我民族习性中所存在的许多缺点。这些缺点许至今还在作祟，成为抗战建国之障碍。但我们现在有勇气去克服它，因为现在我们最有勇气面向敌人，也最有勇气面向自己。

五、海军的近代性

在过去存在至今依然存在的缺点中，便是关于海事知识宣传教育的不够。正因为"知识是威力"，所以朝野人士对于海军的无知便会招致海军的失败。中国过去海军的失败首先由于忽视了海军的近代性。近代海军与过去的"水师"作用虽同为防江防海，其间实有本质上的不同。恩格斯氏论统治国家的"暴力"时说得好：

"……就是最幼稚的学生也明了暴力不是简单随意的举动。它的实现需要非常真实的先决条件，就是说需要某种工具。在这些工具中更完美的工具战胜完美程度较次的工具；他也一定明了这些工具是应该生产出来的，完美的暴力工具（武器）生产者，战胜不完美的武器生产者，换句话说，胜利根据于武器的生产，而武器的生产则又根据于一般的生产，……"

"在现时，暴力是军队和舰队。任何东西没有像军队和舰队那样厉害地依靠于经济条件之上。军装、人才、组织、战术、战略等等首先要依靠目前所有的生产和交通发展的程度。这上面起革命作用的不是天才指挥官的'自由理智的创造'，而是更好的武器的发明，及活的士兵成分的变更，天才指挥官的影响最多只能使争斗的性质适合于新的武器与新的战士。"

恩格斯这一见解不和东乡平八郎大将对中国海军的批评深为吻合么？没有产业的发达，及新的士兵成分的养成，虽有一二天才指挥官也无能为力，何况有他们而不能用？

恩格斯更论到近代战舰与工业的关系。他说：

"近代的战舰不仅是大工业的产物，而且同时是大工业的模型，水上的工厂。而拥有最发达的大工业的国家差不多获得了建造这种船只的独占权。全部土耳其的战舰，差不多全部的俄国战舰以及大部分德国的战舰，都是在英国建造的；称为可用的铁甲的是由英国雪费尔特地方制造的，欧洲能够制造最大最重的大炮的三个制铁厂有两个在英国（一在立赤，一在爱尔斯维克），第三个在德国。……不只这一海上武力——战舰的建造，连这一工具应用本身都成为近代大工业的部门。……"（见恩格斯《反杜林论》*Anti-Duhring* 吴译 P219）

恩格斯的论文写于距今六十二年前，即左宗棠平定新疆那年，其中的情形已有若干变迁，比如俄德的军舰已不必请英国制了。但已充分说明近代海军实为近代产业文明的产物，其应用本身"亦成为大工业的一部门"。清代自平定太平军后国内获得相当稳定。在国际帝国主义者诱导下，土著资本主义已开始初步的发展，如铁路之修筑，矿产的开发，织维工业之振兴，都有一些规模。重工业方面如江南造船厂甚至已可以自制商船和军舰（如"扬武"等），假使当时能自上而下彻底"变法自强"，中国未尝不可以先日本而成为现代国家。无如封建的桎梏过强的中国，内外条件妨碍着它的整个的彻底的近代化，而幻想它仅须变其形体之一部不必变其精神，即可自致于富强之域，这就是所谓"中学为体，西学为用"的理论。所谓"中学"者，又被腐败、笼统、死硬的方面所代表。比如李鸿章可谓当时最大的新人物了吧，然而依泰莱的观察则谓："李为世界著名之外交家，其在本国，在战前则以伟大之海陆军组织者著称。其实他不如此，也不能为此。因为腐败中饱，及援结亲私诸症所以使其手下各组织无复完肤者，其病源皆在鸿章自身，他之染此诸症甚至比普通中国官吏更甚。他已受钳掣于顽钝的全国大机构中，且亦习为故常，即算有人替他指陈，他也瞢然不悟（见前述《中日海战见闻记》）。"因为在这一指导精神下，中国的近代海军遂被毒辣的观国者批评为"镀金的锈刀"，"衰翁的镶金牙"。甚至国际友人英员泰莱也评为"中世纪东方军士戴以吓敌之可怕的面具"。又当时死硬的中国朝廷既不认识海军的近代性，因而不认其近代性之一面的进步性。近代科学文明说："使现时正在建造中的战舰往往已经不能应付需要，它在未下水以前已经变成太陈旧了。"因为不认识这一近代性的特点，所以北洋舰队自成军后各惜库款，十年不添新舰，亦不求弹械之补充改进，反将海军经费数千万两大建颐和园，结果甲午战败不仅北割辽东，南割台湾，且赔款三万万六千五百万日元之多，成就了日本资本主义之飞速的发展，造成了今日中国艰辛颠沛的局面。

六、近代海军之专门性

因为海军是大工业的产物，因此也是近代科学文明的集大成。它的应用"成为大工业"的一部门，也需要甚高的科学素养。何况其活跃范围非我们日常生息之陆地而为广大无垠，气象万千的海洋。这儿就规定了海军的专门性。凡蔑视了这一专门性的无不败。拿一个普通海军官兵来说，养成一可用的海军士兵至少得五六年，越是较高的士官，需要年力学力越深越厚。至于国家存亡所系全军生死所关的大舰队的指挥官，起码得有廿年以上专门的学识经验。昔者西班牙无敌舰队败于英吉利海峡，不仅将士与舰艇损失绝大，同时西班牙的世界霸权也随它的海军旗没落于夕阳澹漾的海面。考其失败的主要原因之一，盖即因西王腓立甫第二蔑视了海军的专门性，使锡德涅做了舰队总司令。锡德涅虽是有名的陆将，但他对于海军，既无指挥舰队之能力，又缺乏航海经验，此种对海军的无知，便断送了无敌舰队，也断送了西班牙的海上霸权。我们北洋舰队的覆没，也由于同一理由。丁汝昌虽是淮军骑兵名将，而于海事一无所知，但李鸿章让他做了统率全舰队的大提督。丁都督尝骂一误放水雷的洋员某君云："我所最不喜欢的是你之冒充专家，我是舰队的提督，但我可曾有所伪冒么？我可曾自夸懂得航海术么？你知道我不曾这样。"这虽足见丁氏为人之诚恳坦白，但海军建军之目的在克敌致果，单纯之诚恳坦白不能救他的无知，更不能救中国海军之覆灭与海权之没落。自顾问琅威理去职后，中国海军界占高位之洋员首推德人汉纳根，他被任为海军副提督，然其人实一陆军防御工事之工程师，于海军之无知与丁汝昌等。这样便决定了中国海军的运命。从刘公岛北洋舰队之投降起，到今日中国便不曾有过像样的海军，同时也因为没有像样的海军才使中国遭受不断的国权的损失与国土的沦陷！

但我之强调海军的专门性是想唤起我海军当局注意海事知识之宣传，与海军人才之培养。所谓海军建军决不能如当日清廷仅花钱到外国买些舰艇大炮使我陆军军人或过去水师员弁乘之而已足。新时代的武装需要新时代的战士。新时代的海军战士，不仅要求他是一个"专家"，更要求他是一个有充分精神武装的专家。刘步蟾是留英海军学生，任总兵兼"定远"舰长。为一事实上之提督，丁汝昌倚之如左右手，可谓"专家"矣，而其人怯懦无能，战前于弹械既无周密计划，及大敌当前竟以其一切机智企图避免个人危险（如大东沟之役变更管带会议所定之阵形），彼实为北洋舰队事实上之断送者。因此今日必需政府在以绝大力量复兴海军之先，以绝大决心养成忠勇聪明的海军战士。

七、我们的精神遗产

特别像中国这样困难的物质条件，复兴海军比清代更为困难。我们必须真能以旺盛的革命海军的新精神补物质的不足。此种新的海军精神，主要的从我们立国的精神引申出来，一方也当求之于世界和本国的优秀的海军传统。纳尔逊的"英国要每一人民尽责"，和东乡平八郎的"日本兴亡在此一举"，令员兵努力的攻击精神，不仅是英日海军的宝贵的遗产，也是中国新兴海军的宝贵的遗产。就中国说，过去水师时代俞大猷、戚继光之平倭伟业半赖水师完成，即胡宗宪其主张"海防必御之于海"，都是我海军积极精神之一例，正未可以人废言。至于郑和之三下南洋，宣扬中国威德，郑成功之活跃闽海，开辟台湾，出师长江，企图恢复故物，都是我海军军人人格修养之最好楷模。就拿甲午战争说，我海军军人中不乏忠节之士，足使千载以下闻风兴起者。"致远"舰长忠节公邓世昌以炮弹不继开足速力向敌舰"吉野"急驶，欲与同尽，不幸触鱼雷沉没，虽被救起，以守"舰长与舰共存亡"之义终于自沉殉职。他自然已足千古。还有"镇远"舰长林泰曾生前即已为敌人所敬畏，朝鲜事变起首主先发制人，惜未被鸿章采纳。使敌海军史家事后感一种颤栗云："当时鸿章若听泰曾建议，我日本海军亦必陷于苦战。"（见小笠原长生男爵著《东乡传》）大东沟之役两军既合，泰曾保护"定远"，与敌奋战，其十时巨炮给了敌旗舰"松岛"甚大的损失，伤亡百余人，已如前述。后"镇远"舰在威海外触礁，平时悲愤颇深，又感于责任，乃在舰上自裁，敌将东乡闻之亦落同情之泪。在甲午战争四十年纪念时，日海军界尚称道泰曾不置与丁汝昌并称"支那海军两名将"而不及刘步蟾。不图以如此人物而在故国甚至在故国的海军界知之者甚少，理解其真价者更少而又少，殆亦我海军之耻辱。至甲午战争中我海军高级将领虽可称道者不多，而士兵作战之英勇却使敌人低首，友人爱敬。"高升"号被敌舰"浪速"邀截，逼其降服时，英舰长已许可，而我官兵不许，至被击沉为止，全体九百余人，以步枪还击至死不屈。全舰沉没后豪壮之军歌犹残留海面，激成澎湃之波涛。此亦数见于敌方记载而为我方所忽视者。"济远"被敌舰追击时，方伯谦躲在装甲最厚处，赖一伙夫开尾炮击伤敌舰，乃得脱险。鸭绿江口外战斗开始时，当时目击者，亦一指导者英人泰莱是这样记载中国的水兵：

"当此九月清朗的早晨，定远旗舰中欣欣之气最为充溢，这不是说前途希望甚佳。即我们中最抱乐观之人亦不能这样说。炮弹不是奇缺么？刘步蟾怯懦素著，什么做不出？什么事不敢做？……呈欣欣之色者大部分是水手。他们举动活泼机敏，以种种方式装饰其炮座，若不胜其爱护者，其向往之情，盎然可觉。"

可知当时旗舰上的水兵并不怯战，而是那样地欢喜他们有了为国效力的机会。及大战既酣，泰莱记他身旁许多悲壮剧云：

"……于是我见了旗尉伍君。他是勇士之一，他本可以避入瞭望塔，却不去而出现于甲板上。正当此时，其身边一人中弹倒血染其四周甲板，伍君说：'这就是所谓文明。你们外国人巧于教导我们的。'……"

"炮台上巨炮继续喷出烟焰和练习用的小弹。众士兵均狞厉振奋，毫无恐惧之态。当我巡视的时候，一兵员重伤，同伴嘱他入内休养。及至我再到这炮座，见他虽已残废，仍裹创工作如常。"

"在中部甲板上子弹屯聚以供小炮之用，我经过此处时一飞弹贯其中，子弹四散，在此间工作诸人仓皇奔避，惧其爆发。那时有管炮弹的两童子运一颗六时炮弹过此，一童逃避，另一童子怒目而立。他赶忙用一切力量让我知道船尾的六时炮正缺乏子弹。我乃代他的同伴执役，他高兴得不得了，报我以巧笑。其后使我惊讶者，这孩童的故事竟采入诗歌。"（前述《中日海战见闻记》）

这一些史实平时虽不甚邀人注意，却是我海军精神建设的最可靠的基础。

中国海军的几个问题（续）[1]　　田 汉

八、局部与全面

在拙文前半发表以后，我由长沙辗转来渝，最近才读到《海军整建》第三期上程孟藩先生对拙文的意见。本来我们海军外行讨论这比较专门的问题没有不错误百出的。然而我又常常觉得任何事物的革新每每先由"外行"发难。要重整国防必须重建海军，但建军需要大量人才物力，故必须先唤起舆论。中国关于海事思想本来就不发达，近年来废海军说或以空军代海军说又随欧战发展而极盛一时，所以一定要向这些妨害海军整建的理论做斗争。同时海军军人又必须从抗战实践中作各种献身的努力，以争取现在及将来的发言权。这是一定不易之理。我们外行的话如果能够对于这一重要的国防问题有多少的贡献，或是多少能引起同胞们注意这个问题那就非常满足了。

但"前事不忘后事之师"，我们讨论海军整建问题常常容易使人回顾到以前的事。有人说："过去的事让它过去吧。"也有人说："我们太不注意历史教训了，常常会重复历史上重大错误。"但今日既要从至艰极苦之中重建海军，就不可不仔细研究海军史上的教训。程孟藩先生认为中国自有史以来，现在在艰苦卓绝的领袖下的对日抗战是"空前绝后"（？）的民族战争，至于清代对外战争都是以局部的力量来对付敌人的全面的侵略，其失败好像是应该的。他说："甲午之役海军孤军应战，战意不立，用局部来应付全面，犯军家之大忌，不败将何待呢？"这看法我们虽不能完全同意，但这"用局部应付全面"就是

---

〔1〕 此文发表于《海军整建月刊》1940年第1卷第9期。

重大的历史教训。

过去的民族战争为什么是"局部应付全面"呢？这因人家的改革是比较整个的，而我们则仅为局部的改革。整个政治与经济在内外的桎梏下留滞于腐败落后的阶段，海陆军的彻底现代化殆不可能，甲午战前总税务司赫德曾告海军学校总教习严几道[1]先生说：

> 海军之于人国，譬犹树之有花，必其根干枝条坚实繁茂，与风日水土有相得之宜而后花见焉。由花而实，树之年寿得以称长。今日贵国海军其不满于吾子之意者亦众矣，然必当于根本求之，徒苟于海军未见其益也。（见严序《海军大事记》）

所谓"当于根本求之"者，也就是说，海军之健全发展当求之于中国政治社会之全面改造。当威海受日寇海陆围攻，北洋舰队末运日近，日联合舰队司令官伊东佑亨致丁提督汝昌的劝降书中也曾批评到中国军事失败之故，他说："……贵国海陆两军连战连败之真因所在，凡虚心平气之观察者不难洞知，以阁下之英明岂有不能熟察之理？贵国之所以至今日原非君臣一二人之罪，实从来墨守旧制度之弊有以致之也。……三十年前我日本帝国（伊东称）曾阅历何等辛酸之境遇，逃脱何等危殆之灾祸，亦既为阁下所深知。当时敝国实以除旧弊布新政为完成其独立之唯一要件。今日贵国亦当以此为图存之道。贵国遵此道则存，否则早晚难免灭亡，盖势理所必至。虽其惨祸以此次战争而发现，否塞之运殆前定已久。……"

敌将的这一不客气的批评也就是说中国海陆军的失败实由于整个政治的失败，而讽劝我们从全面的改造去救亡图存，否则早晚难免灭亡。可惜四十多年来这一血腥的警号还不曾获得我全国国民深刻而普遍的注意。

话虽如此，假使我们以为甲午战争既是以部应全面，不能算是"民族抗争"，而把这一大错的铸成完全归之于整个政治的腐败而不从事于深刻的个别的反省，则历史的教训仍然无裨于来兹。最近杨松先生在《群众》（四卷十八期）

---

[1] 严复，字又陵，又字几道。

上论"第一次中日战争"（甲午战争）分析这一战争的性质，不妨在这里引用一下。他说："日本资本主义在战前已经发展相当阶段，必然向外争夺市场和殖民地。明治维新后曾确定所谓大陆政策，在战前，日本已征服我国藩属琉球，后来又企图征服台湾、朝鲜。第一次中日战争正是这个政策第一次的大暴露。这是一；二，日本作战之目的，表面上为了朝鲜自主，实际上是为了把它变成日本的殖民地，在战后的适当时机（一九一〇），果然就把朝鲜正式吞并了。三，日本不仅是把朝鲜，并且还把台湾和辽东半岛变成了日本殖民地作为进攻我东北、华北及华南之军事根据地。因而就日本方面说是进行了掠夺性的，强夺殖民地的战争。就中国方面说，因为：一，中国已经是三次对外战争失败的国家，不仅失去了缅甸、安南等属地，连本国政治经济上的独立，领土的完整也已不能自保，踏上了殖民地的道路。二，中国系因满清政府腐败，经济落后，军事国防上无准备，文化教育不发达，引起了日本向大陆发展的野心，因而被迫作战。三，中国不是要保持朝鲜以威胁日本，而是同意不干涉朝鲜内政，把军队从朝鲜撤退，保持朝鲜为中日缓（冲）区域。因此中国以当时的主客观条件虽不能展开像目前进行的这样真正人民的民族解放战争，但也不能说中国同日本进行了为重新分割殖民地的侵略战争。"其说颇为恰当，但不仅因为朝鲜是中国的藩属，而且因其陆则逼近辽藩，水则直临畿辅，朝鲜不保直接威胁我东北、华北以及全中国之安全，敌人认为"朝鲜之向北立即于我帝国（日本）之存立上有重大关系。"而在我则唇亡齿寒，影响国家之存亡远在日本之上。可知甲午战争实在不折不扣地是抵抗侵略的"民族战争"。甚至今日进行的民族解放战争虽则规模不同，领导者不同，性质上遥为伟大，但在抵抗日寇大陆侵略的意义上，仍为甲午战争的继续。因而在那一"民族抗争"中所犯的每一错误，也都有其民族的后果，甚至即由于我国朝野忽视海防的缘故也就成了今天日寇进行的新侵略的有利条件之一。如樱井忠温便说："他们海里没有军舰，沿岸给谁夺了也没有办法，也许他们以为反正内地还宽的很。"同样，在那一次"民族抗争"中所流的每一滴血也都有它的伟大的民族意义而成为今天我们民族战士的无上的精神遗产。

九、"先求敌而后练兵者其兵强"！

我们也常想把甲午战争中所犯的错误作一个较近真实的考察，以资今日的借鉴。偶阅程演生先生所作甲午战争失败之总检讨（见《中国内乱外祸》丛书第三十三册序），凡分十二项：一曰党派之钳制，二曰军备之不修，三曰军队不统一，四曰统帅之无人，五曰海陆军无纪律，六曰战事之失机，七曰陆海器械之不利，八曰将帅之畏葸不任战，九曰将领之捏报军情，十曰将领之贪污及克扣军饷，十一曰行军运输之滞钝，十二曰汉奸间谍之活动。大抵就当时中外人士所撰述关于这一战事的论著，著录几达一百多条，言多有据，已经足够我们痛自反省的了。但若以笔者的考察也可以总括为一点就是：

我国过去海军建军的失败，完全因为没有坚定不移而且成为共信的目的——想定敌，其他一切缺点可以说都从这一缺点产生出来的。

蒋百里先生在他二十年前的《国防论》里说得好："练兵将以求敌，先求敌而后练兵者其兵强，先练兵而后求敌者其兵弱。……"日本今之所谓强国也，明治七八年（我光绪初年）兵不满万（海军更无足道），而处心积虑以中国为敌，二十年而后济。（明治二十七八年而有"日清战争"）这就是说日本建军能先求敌，也就是有他一贯的上下共信的目的。我国海军建军以谁为敌呢？曾国藩、彭玉麟之练水师目的在对内，他们处心积虑以太平军，就是他们所谓"发逆"者为敌。"诸将一心万家一气"十数年不懈之努力终以书生勘定"大乱"，这也可见有目的的建军是这样的易于收效。但当"彭郎"的水师张帆鼓桨蔽江而下的时候，西洋轮舶已吐着黑烟蹴长江的白浪往来如飞，这曾经使他们惊惧羡（慕），使他们伤脑筋，于是他们开始想运用这一近代武器达其维持封建统治的政治目的。他们通过海关总税务司李泰国向英国订购"金台""一统""广万""得胜"等大小军舰七艘，以备协剿沿江"贼"垒之用。及至"贼"垒次第平毁，这些兵船目的已达，无所用了，他们便将该七舰退回英国廉价发卖，洋员兵勇也都给资遣散了。那时候我国海军几乎可以说没有什么国防观念可言，刘冠雄将军所谓"吾国水师旧规，意在肃清内匪，本无宏远之略"，实在一点也不假。

其后同治三年（一八六四）左宗棠做闽浙总督，看到"我国三面濒海，各国火轮兵船直达津沽，藩篱几同虚设……"便议兴船政，此时目的已经不同了。但也不过模模糊糊地感觉着火轮兵船的威胁，想自固其圉罢了。江督沈葆桢总理船政，此公目光如炬，购机器，筑船坞，设前后两学堂造就人才最多。

同治十一年为当时短视士大夫请停办船政，沈老和李鸿章极力奏辩说："揆以列强形势，造舰培才万不可缓"。此时之敌盖为"列强"，但列强之中最为后起而侵我最急的却是日本。十三年日本以狼乔港事件派西乡从道率兵三千赴台湾直接讨伐生番，侵我主权。沈葆桢奉命巡台，一面调淮勇七千抵御，一面命海军在澎湖演习，相持八月之久，日本才不逞而退。这是中国海军在国际关系上起作用之始。于是沈李两老更兴办海军不遗余力。"台湾役后，国防议起，朝臣以为日本以岛立国，我有军舰运输军队（他们当然辨不清军舰与运输舰的性能）即可致其死命，李鸿章奏请每年筹银四百万两作为海防经费，购置军舰。初则各省尚有报解，一二年后不足十分之二。"（见陈恭禄《中国近世史》三六二页）海军协款及至连这一点点也开始被挪用的时候，沈老写信给鸿章力争，说此乃"国家安危所系，葆桢老病不及见，必为我公异日之悔。"光绪五年，日本竟改我琉球为冲绳县，廷臣纷纷奏请讨伐日本。沈老那时已经病危，在病榻上写了一封遗疏说道："天下事多坏于因循，但纠因循之弊继之以卤莽，其祸更烈。日本自台湾归君臣上下，早作夜思，其意安在？若我海军全无能力，冒昧一试，后悔方长。"这时沈老盖已亲感日本处心积虑以中国为敌，以为中国海军也应急起备日而不容有一天的因循。他这见解是非常正确的，无如当时满洲朝廷昏聩苟安，沈老的孤忠卓见未能成为举国的共信。其后五年继沈老之后办理船政的何如璋在越南风云紧张之际，不懂国际礼仪见海难不救，触怒法人，一面又不作戒备，遂有马江的惨败。以马江之败稍稍引起了朝野对海军的注意，承认海防之不可缓。"中法战时，大臣益知海军之重要，筹设海军衙门，醇亲王奕譞尝书告军机大臣曰：'将来水军果成，元气充足，宜以此事为发硎之具'，所谓此事者指废琉而言。"（见陈恭禄前书同页）可知奕譞之主持"水军"建军也隐隐以日本为发硎的对象。于是议定先从北洋精练水师一枝以为之倡，此外分年兴办。光绪十一年向德厂定购之"定""镇""济"三铁舰来华编队。光绪十二年（一八八六）丁汝昌率北洋精锐在朝鲜海面操演完毕，折到日本长崎入坞修理。自光绪八年七月汉城事件后，日谋朝鲜益急，明治帝发布告海陆军人诏敕，一般人民对中国敌忾已深，是时偶尔因我水兵与日警口角，日警堵住街巷，逢人便斫，长崎市民也持刀追杀。我水兵死者五人，重伤六人，微伤三十八人，不知下落者五人，日警亦有伤亡。那时我海军总查英员琅威理极力主张即对日本宣战。丁汝昌当时未敢冒昧，结果诉于法律，日方赔我五万余元了事。在这样紧张的情势下，我海军应该加紧备战的了。然而恰恰相反，光绪十三年，慈禧后以帝年长，将归政，帝为"皇太后忧劳国事，宜加颐养"，命于万寿山大报恩廷寿寺修葺殿宇，改清漪园为颐和园，经费不足便由奕譞提用海军协款先后达二千余万两之多。再加部议停购船械，从光绪十四年起，我海军便不曾添购过一条军舰。原有军舰因为舰龄渐大，速力战斗力渐渐落后了。而这一年（明治廿年）日本方面却怎样呢？那年三月十四日明治帝为着向大陆与南洋的侵略发布"海防整备"的敕语，同时赐其私帑三十万日元以充海防费。这样引起了他们国民海军热，一时海防献金达二百一十三万八千五百十四元二十二钱一厘之多，锐意地购舰修械。明治二十一年八月，移海军兵学校于广岛，设海军大学于东京，悉力养成海军专门人才。明治二十一年废海陆军参谋本部，而设参谋本部与海军参谋本部以求事权之统一，庙算之精微。两国皇室与政府其智愚贤不肖盖相差如此之远！

当时北洋海军右翼总兵刘步蟾也并非全无眼光，见日本武备突飞猛进，我反有停购外洋枪炮船只机器之议，心里着急非常，曾向李鸿章建言，应按年添购像"定""镇"一样的军舰两条，以防万一。各船炮位应更换。鸿章说：

"你的话不错，怎奈我的计划不见用。"

"以傅相的地位怎能说这样的话！平时不做准备，万一误事，谁负责任？"

"唔……"鸿章虽颇感动，却又无可如何。（大意见《海军纪实》刘子香传）

是年秋间，他虽上奏力陈："北洋畿辅环带大洋"有严整海防之必要，而现有新旧大小船舰共廿五艘，仍应续购多艘方能成队，"本年五月钦奉上谕，方蒙激励之恩，忽有汰除之令，惧非所以慎重海防兴作士气之意"。尽管他这样大声疾呼，清廷仍以饷力极绌，毫无结果。甚至丁汝昌请添换"镇""定""经""济""来""威"六舰新式快炮大小二十一尊，还是说巨款难筹，只肯先换十二尊。鸿章当时的抑郁悲愤可以在他复王文韶的信里充分看出。他说：

"……现在筹办胶州澳，已见部中裁勇及停购船械之议，适与诏书整饬海军之意相违，枢密方议增兵，三司已云节饷，军国大事岂真如此各行其是，而不相谋！"

　　这可见中国海军建军最初目的在对内，即助"剿"太平军，及太平运动被内外力量镇压下去，而外侮已来，日本帝国主义图我最急，于是我海军隐隐以日本为想定敌，正和日本海军以我为想定敌一样。但我们的建军目的仅在少数有识者的心里，没有成为举朝的信念，所以在清帝整饬海防的招谕之后，忽然又有停购船械之议，也没有成为动员全国军民的中心口号。所以"非中国与日本战，实李鸿章与日本战，大多数中国人于战争尚曹然不知。"（见英人泰莱《海军见闻记》）而我敌国日本就"乘此时机，上下协力，造舰修械，发奋图强，侵蚀朝鲜，迤及神州，致使海军计划，左沈诸臣数十年积铢累寸之功一朝而尽。"（《海军大事记》）从来目的不以全力贯彻等于无目的。就海军本身说，假使我海军建军有目的，就应当像日本将常备、西海两舰队组成联合舰（队）一样，将我南北洋、闽广四支舰队团结"成一大军"，统一指挥，然后舰数（军舰我六十三只，敌二十八只，雷艇数各二十四只）总吨数（我八万四千吨，敌五万六千〇六十八吨）才占优势，而不会让北洋舰队单独作战，致优势反成劣势（我加广甲乙丙三舰共止二十五只对敌之二十八只，雷艇数我十三只对敌之二十四只，总吨我五万余吨对敌之五万六千余吨）。假使有目的当"兵随将转"在建军之初就应该精心求将，决心任将，而不会以国家盛衰存亡所系的大舰队仅以资望关系排斥青年，使不谙海战的淮军骑兵丁汝昌统率于前（《海军纪实》丁军门事略称："初时海军军官皆青年，资望不足以统驭全军，文忠不得已而用公。"），又使陆军工程师汉纳根，商船船长马格禄统率于后；假使有目的，我主力舰的购置不会从七千四百吨到一千三百吨，大小参差，迟速错杂，远逊于日本舰队之匀称（见英国东洋舰队司令官斐利曼特尔报告）。也不会主力舰速力与敌人相差至七八海里（我"致""靖"两快速舰原定每小时行十八海里，后龄大只行十五浬，而日舰最快者达二十三浬，次者亦二十浬上下），还不想急起直追，非等到战衅已开，虽极力筹购而阻碍重重不能应手。（大战开始，至七月初五李鸿章转电伦敦龚使始云："奉旨海军定须多备快船，方能得力，现拨银二百万两，即着李鸿章迅速定购克期来华以应急需。"李图购智利快船，卒以中立国禁运不果）；假如有目的，就该尊海军提督的统率权，事事制人机先，不会把朝鲜海面制海权拱手让人，而雌伏于狭小的根据地待人狙击；假如有目的，就该严守军事秘密，不会在朝鲜风云紧急，举

207

行海军大演习之际，反招待敌国军舰参观，使敌将佐藤铁太郎得窥中国海军虚实（见佐藤报告），更不会在开战之初让敌海军武官井上敏夫等展开间谍活动，嘱日人石川五一买通我已革书吏刘棻私卖中国海军炮械兵数清单，更不会让天津军械所老书手以军情输日本，致令敌人得"高升"号出发的准确时间加以截击，使中国在开战之初已遭败辱。凡此种种都证明中国海军建军怎样不能贯彻其最初目的，而无目的（不求敌）的海军与有目的（求敌）的海军相遇怎样必遭失败！太平军镇压时代的水师因为有确定的目的，而且上下悉力以赴，虽是对内，也得了绝大的成功——这可以做我们今日海军整建的绝大参考。我们应该重诵蒋百里先生的名言："先求敌而后练兵者其兵强，先练兵而后求敌者其兵弱。"练兵而不求敌者，兵既不必精，而失败乃可计日而待！

十、关于林泰曾（上）

在甲午战争中，海军方面最不易确定其评价的，也可以说敌我之间大异其评价的莫如林泰曾。林泰曾究竟是怎样的人物呢？我久想提出这个问题来请求我国史家与海军界前辈给以确定的回答。林公字凯仕，福建闽县人，系沈文肃公长船政时培植的人才，与刘步蟾、蒋伯英、方伯谦、严宗光（复）、何心川、林永升、叶祖珪、萨镇冰、黄建勋、江懋祉、林颖启等同为船政第一届出洋学生。据《海军纪实》关于林凯仕军门事略，泰曾于同治五年（一八六四）考选入船政后学堂肄业，同治六年江抚沈葆桢总理船政，设前后两学堂，招髫龄聪颖子弟肄习制造、驾驶诸术，以法员日意格、德克碑为正副监督［严几道先生（宗光）在《海军大事记》弁言中曾回忆那时的学生生活，他说"不佞年十有五，则应募为海军生，当是时马江船司空草创未就，借城南定光寺为学舍，同学仅百人，学旁行书算，其中晨夜伊毗之声与梵呗相答，距今五十许年。当时同学略尽，屈指殆无一二存者。回首前尘，塔影山光时犹呈现吾梦寐间也。已而移居马江之后学堂"云］，历考优等。同治十年（一八六九）调赴"建威"练习舰遍历南北洋海港。十二年（一八七一，明治四年）随船赴新加坡、吕宋、槟榔屿各海口练习风涛沙线。十三年派台湾后山测量海道，旋充"安澜"军舰枪械教习，是年冬调充"建威"练习舰大副。光绪元年（一八七五）随同洋监督日意格赴英国采办军用器物，并研究船政。沈文肃公奏保守备加都司衔。是年冬，复保以都司留闽补用。光绪二年回国，调赴台湾会办翻译事务。三年调赴英国派入铁甲船，熟练驾驶、枪炮、战阵诸法。五年（一八七九）艺成回华，充"飞霆"炮舰舰长。六年南北洋大臣会同闽督奏以公："沉毅朴诚，学有实得"，保游击并戴花翎，调带"镇西"炮船。是年冬又被派带同弁勇赴英国接带新购"超勇"快船，七年回华，升将，并给果勇巴图鲁都鲁名号。光绪八年（一八八二）七月二十三日有朝鲜汉城之事，被派防护定乱，旋升副将。光绪十一年兼办北洋水师营务处。十三年文肃公保以"深通西学，性行忠谨"，奉旨交军机处存记。十四年（一八八八）北洋新设海军员缺，特授左翼总兵，管带"镇远"铁舰。十五年加提督衔。二十年（一八九四）中日有违言，八月两军战于大东沟，"镇远"军舰中炮甚夥，公督同在舰各员鼓勇御敌，开炮敏捷。敌弹到舱，火花迸裂，赖士卒用命随处扑灭，放出开花弹四百余颗，小炮之弹业已垂尽，舱面被扫一空，收阵驶回旅顺。……十月诏令各舰驶回威海。进口时，水涸，雷标漂出范围，"镇远"以避标致触暗礁，底板裂缝二尺有余，进水甚急，设法堵塞，乃驶进港。公忧愤填膺，服毒自尽，时年四十有四。这便是林泰曾的略历。

关于林泰曾在甲午战争中，中国官书或客卿的记载，于他并不有利。如李鸿章于朝鲜风云紧急的五月二十日（旧历）复丁提督转泰曾请战竟斥泰曾为"胆怯张皇"；又七月初六日鸿章奉旨察看丁汝昌有无畏葸纵寇情事，其致汝昌训电中谓："参折甚多，谕旨极严，汝当振刷精神，调励将士，放胆出力。"

至洋员方面的观察更无褒词。汉纳根的报告涉及一般将领：

"中国取败之道，一曰无名帅，提督各未谙韬略，愚而不能明职，此断难一战。"

但最不可置信而且显系存心诬蔑中国士气的殆无过于"镇远"洋员麦吉芬（或译马吉芬）的报导。他说："鸭绿江之战，华舰鸣炮击日舰，远而未能及。继闻本舰炮声不能如连珠之相接，余急下桥而至舱面，将助炮手以速轰也，乃见总兵林泰曾匍匐而口求佛佑。林官也，全船之司命也；乃胆小如鼠，效乳臭小儿之啼哭，偾事必矣。不觉浩叹。"这一段话的真实性，乃是非常可怀疑的。林泰曾身为总兵而兼舰长，开战之时，断无离开舰桥与装甲最厚、全舰最安全所在之护身塔，而投身于毫无掩蔽之敌我炮弹横飞的舱面（即甲板），稍明舰体组织之人，其孰能信。即令退一万步承认麦吉芬目击确有其事，也断为外人不谙中国习惯，尤其是他绝不了解泰曾的心情：

假使泰曾在敌炮如雨下的时候真会匍匐甲板，以泰曾的为人沈老既保他"沉毅朴诚"，又荐他"性行忠谨"，又兼从小就受欧洲教育，"深通西学"，想来决不"口求佛佑"，而是可能的是北向再拜，表示殉国的决心。麦吉芬以外国人的理解，又在硝烟弥漫，仓猝万分的时候，不必听的直切，可能是凭着瞬间的印象作了错误的判断。因为沈文肃公所誉为"沉毅朴诚""性行忠谨"的人决不会"胆小如鼠效乳臭小儿的啼哭"，假使他是那样一个贪生怕死之徒，那么在两月后"镇远"归威海以避水雷触礁，他决不会忽然又"忧愤填膺，服毒自杀"，因为他那次可以不死。泰曾死后鸿章的奏折上已不再说他"胆怯张皇"了（《海军大事记》云："李鸿章初谓其胆怯张皇，嗣知事机急迫，电询林泰曾已否离仁，饬派快船或雷艇速往梭巡。"），他痛惜地说："林泰曾由闽厂学生，出洋肄业西学优长，曾经船政大臣沈葆桢等迭次保荐，回华后历充师船管驾。及北洋设立海军，简放左翼总兵，管带'镇远'铁舰，频年巡历重洋，驾驶操练，均极勤奋。日前大东沟一役苦战多时，坚忍不拔，方冀从此历练可成海军将才，乃因所带铁舰被伤，引义轻生，知耻之勇，良可悯惜。"

一个可以"因所带铁舰被伤"而"引义轻生"有"知耻之勇"的男子决无在临阵之际"胆小如鼠，效乳臭小儿之啼哭"之理！假使泰曾真如麦吉芬所形容的一流人，他早可以驾舰而逃，何能"苦战多时，坚忍不拔"？何况虽"沉默寡言笑"，而（心）中自蕴蓄着无限忧时之感，报国之诚，决不是麦吉芬乃至因我战败而抹煞一切的一般浅薄的观察者所想象的那样人物。两军相斗，晓得我们斤两的莫如敌手。试听听当时正面敌人日本海军方面关于林泰曾的批评罢。

"丁汝昌的部下很有些人物，而可算是第一的是林泰曾吧。这是一个很果毅的男子。这样的人物若是多有几个，支那很容易地成为世界的一大强国。他体格也好，风采也俊伟非常，又以方正谨严自处，很获得人们的敬重。而且素重大义名分，负着凛然的气节（注意他们的评语恰是沈文肃公的注脚），任从哪一方面看，都是个了不起的大丈夫，将来代丁汝昌而为北洋海军提督的一定是此人，说不定他还是超出丁汝昌的人物呢。"（见东乡平八郎《爱国读本》

二二九页）

这是大战之前日本联合舰队司令长官伊东佑亨中将评我林泰曾的话。而这人物在中国，如前面所称引，是不甚被人注意甚至被人们骂得半文不值的。这是观察者之罪呢？还是人物之罪呢？

说到林泰曾在他的敌人中间的观感，主要的还要接触到被称为日本海军"圣将"的东乡平八郎。东乡在日本近代史上的大战役中几乎是无役不与，而中日、日俄两战役是他最露头角的时代，特别是日本海大海战成就了他无可动摇的赫赫的勋名。他对于当时成为他的敌手的俄国海军名将玛卡洛夫曾经这样批评过：

"被称为世界名提督的玛卡洛夫的战术，在实战上是否能得预想的效果尚属疑问，但他一到旅顺指挥舰队，全军士气登时振作起来，大大的使人感服。他毕竟是伟大的人物。"

日本海海战后，他评波罗的海舰队总司令罗哲斯妥文斯奇提督也很有见地，他说："罗提督总算非凡的人物。统率那样的大舰队迢迢航破一万五千海里的长途，其伎俩与苦心可想而知。但他不思勇往迈进，早一日到达海参崴目的地，而中途颇示逡巡狐疑之态，这是我们难表同意的。……又彼我道德根本上有不同之点，一般地这样要求他也许多是不对的，但若许我陈述对于他的不客气的希望，那么在日本海海战的时候，最好能继续奋斗，作勇敢战死。那样一来，他真是世界武人的精华，留万世不朽之名，不此之图而苟且偷生，成为俘虏，这对于他真是万分可惜的事。"

由来东乡为人好称许敌人的长处，以资修省。甲午战争时他见我海军提督丁汝昌殉节威海卫，马上寄书给他国内友人说："丁汝昌壮烈地殉国了。"但无论对丁汝昌或对俄将玛、罗两督，都不及他称许我林泰曾的挚切。小笠原长生子爵编纂《日清海战史》的时候，东乡元帅曾谈起泰曾，他说：

"在日清战役的北洋舰队中，我觉得这个人了不起的便是林泰曾。他也许是丁汝昌以上的人物。我和他在战役前有一面之雅。那就是明治二十四年，北洋舰队访问我国（日本）的时候，我任吴镇守府参谋长，不意地和他晤面。及至日清战争一开，我任浪速舰长，他任镇远管带，我们又兵戎相见。特别是黄海海战的时候，他那种英勇的奋战，虽是敌人亦不能不为之惊叹。"（东乡著

《爱国读本》二一七页）

这位使世界名海将东乡元帅称为"了不起"的人物，在中国甚至在海军界的他的福建同乡中，也不易晓得关于他的幼年时代的故事，而日本海军界却耳熟能详：

"林家这小孩到底是蠢货呢？还是英雄呢？"福建省侯官县的人们这样议论着，而且以奇怪的眼光注视着这个孩子。这孩子自幼不轻易啼笑，可也不大生气，只是空空寂寂地过着。到了十岁上的某一天，独自一个人夜深由山路回家。依然是一副痴痴呆呆的脸色。家里人问他："你害怕么？"他说："唔。"又问："不怕么？"他依然答道："唔。"再问他："怕不怕到底是哪一样对呢？"他率然答道："都对。"因此人们慢慢觉得他有点不平凡。邻舍有一位很信神的人，常常上附近关帝庙里去求神去。林家这孩子有一天对这位信仰家说：

"老伯伯你这样求关老爷有什么用，还不如求我吧。"

这么一来可了不得，那位信仰家登时大怒，骂他"这欺神灭像的家伙！"搂了他两三下。他依然也不生气，也不哭，只是嘻嘻地笑着。不用说这孩子便是林泰曾，他便是后来我北洋海军左翼总兵，"镇远"铁舰管带，也就是后来被东乡称为"了不起"的中国海军名将！

在甲午战前三年，我军精锐一度访日，很值得注意的是林泰曾先声夺人，他的英锐的眼光给了敌人以巨舰以上的深刻印象。我们且听听小笠原子爵的描写：

"东乡元帅以明治十五年（光绪八年）朝鲜事件赴仁川之际，访问过在当地的中国英杰袁世凯。听了他的谈话，看破了中日两国终不免一战，而中国军舰并无压迫日本海军的实力。但其后清国政府锐意扩张海军，终于建设了优势的北洋舰队。也许是特来我国示威的吧（依《海军大事记》谓"是时日本请我军舰往巡，藉敦邻好。"）。北洋海军提督丁汝昌乘坐旗舰定远并率镇远外主力舰数艘（大事记作"定、镇、致、靖、经、来六舰"，但照日方记载有"平远"舰），于明治二十四年（光绪十七年）七月由长崎经濑户内海来访横滨。"

"七月十一日，提督丁汝昌招待我（日本）朝野贵绅、名士、两院议员、新闻记者等，于定远举行盛大的宴会。被招待的许多名士们，望着这简直像浮城一样，带同数舰碇泊在横滨湾头的定镇两大舰的威容，一边惊叹，一边不能自禁其忧国之情。在现今日本国民的眼里，虽则看惯了长门陆奥那样三万吨以上世界有数的巨舰，但当时日本首屈一指的高千穗、浪速诸舰，都不过三千五百吨级，一旦望那一倍以上的七千五百吨的大军舰，自然不免寒心。何况是项军舰前后各装口径三十生半巨炮二门（陈恭禄近代史谓："定远、镇远大炮口径三十生的半，彼松岛等四舰则三十四生的大炮"云云，实则日只松岛装有三十一生的大炮一门，因该舰只四千余吨，装炮不能过重）。要部装甲原达一尺二寸。其他任何方面都有最新科学设备，使参观的人不能不感到一种压迫。在极尽豪奢的宴会席上，丁提督得意满面地和蔼地接待客人，见到被招待的日本朝鲜人士、朝野人士那种惊叹畏怖的表情，心里禁不住会心微笑。他此行的目的——中国海军的对日示威算是完全达成任务了。"

"在这宴会席上，丁提督邻近坐着白皙长身的伟丈夫，悠然地守着沉没。其眼光炯炯，使来宾的任何人都奇异地为之牵引。

'那位是谁呀？'

'这个人放着清国人里面不容易见到的异彩嘛！'

'瞧他那眼光的英锐吧！'

'这家伙不是凡物！'

来宾们交头接耳地这样私语一番之后，便向一来宾我（日本）海军某参谋去打听。某参谋说：

'你问他吗？这才是中国海军中可怕的人物。他叫林泰曾，现任北洋左翼总兵，和我国（日本）的海军少将相当。他可算现在清国海军的宝刀哩。'

'这人怎样算是清国海军的宝刀呢？'来宾又问。

'第一'某参谋低声地说。'清国全海军的士兵对林总兵的信仰比谁都深，都道林是岳飞再生，他可算是一位智勇兼备的名将。'"

（未完）

中国海军的几个问题（续）[1]　　田　汉

编者按：本文前段刊载于创刊号及第九期。田先生对于海军史的考订用力甚勤，他又从"知我莫如敌"这一个观点出发，便尽量收集敌方的记载以资对照。本文系为表扬林军门泰曾，而其着重点却仍在战史的考订，所以引用敌方材料不厌其多，而笔法亦不类普通的传记。

十一、林泰曾（中）

"若问我（日本）海军某参谋怎么会这样详细地知道林泰曾呢？原来我（日本）海军参谋照着孙子说的'知己知彼，百战不殆'的话，平时对于支那海军有着深刻的研究，所以对于林泰曾这人物，也明如指掌。中国巨舰的来访与林泰曾的英锐的眼光，都给我（日本）国国民以足够的威胁了。"（见小笠原子爵著《圣将东乡平八郎传》一六五——一六八页）

"像这样他充分达成示威的目的，由这一港移到另一港，终于投锚在安艺的宫岛。又照例招待我朝野的名士于定远舰，其中有当时吴镇守府司令长官中牟田仓之助中将以下的许多将校。只因排水量七千余吨三十生的半备炮四门的二大舰的雄姿毕竟拔群超伦，来宾们都极口称赞。其中只有一位将校默默然不加半语批评，且以假面般无表情的脸色很精细地视察舰内的各要部，很敏锐地注意到。这样林泰曾许是有些不悦吧，迈步走到那将校的身旁，用流利的英语说道：'我是镇远管带总兵林泰曾。今天承您光临，感谢得很。舰内不管什么

---

〔1〕此文发表于《海军整建月刊》1941年第1卷第12期。

地方都请自由参观指教。'说完他伸出右手，请求握手。对方回过巨眼来注视着林总兵的脸，用有些土音的英语，回答他说：'谢谢，我是吴镇守府参谋长，东乡大佐。'"

"依然不多讲话。这便是后来在种种场合演出使人捏一把汗的对面的两雄初次相见的机会，真是多么意味深长的史的情景。"（见东乡著《爱国读本》二二〇—二二一）

接着小笠原描写到东乡与林泰曾第二次的见面，那是以国际礼仪为形式而以尖锐的民族斗争为内容的见面：时间是一八九四年六月二十九日（我光绪二十年甲午五月），地点在朝鲜仁川港。这时朝鲜东学党之乱，中日两国谈判濒于决裂，日本派兵遣舰极力备战。这时东乡依然是大佐官阶，由吴镇守府参谋长转任"浪速"舰长。

"军舰浪速奉命护送第三次运送船赴仁川。于是东乡舰长即由横须贺驶门司护送运船八只，载混成旅团之一部出港。这时是明治二十七年六月二十五日，两国风云日紧，国交断绝的日子迫在眉睫。"

"海路安稳，是月二十七日驶抵仁川，将士、兵器、军马、粮食等悉于两日间起卸完毕，浪速乃于二十九日离仁川归国。刚驶出港外，不想从前方的海上有堂堂两艘大军舰朝仁川方面开来。东乡舰长站在舰桥上取远镜一看，舰尾是揭着黄龙模样的清国海军旗。及渐渐接近，乃知是北洋舰队的镇远与平远二艘。这镇远排水量七千三百一十吨，与定远同为中国最大的军舰（当时日本最大军舰松岛只四千二百七十八吨）。其同行平远系装甲炮舰，二千一百吨。浪速是二等巡洋舰，三千七百〇九吨，速力十八海里，乘员约三百五十名，是日本军舰的中坚。因为国交断绝迫在眉睫之际，东乡舰长没有忘记周到的准备，况镇远舰长又是英杰林泰曾，更加不能大意。"

"双方舰影一刻刻地接近了。东乡舰长心中大有所决，对航海长有马良橘大尉（今升至大将）低嘱了数语，即会兵员各就战斗部署伏在备炮的侧背。林泰曾系从北洋舰队根据地威海卫出发，经牙山来视察仁川形势的。他看见由仁川港出口的日本军舰，也非常意外，况且又是以他平日私心敬畏的东乡大佐为舰长的浪速。为着防备万一，和浪速一样也下令员兵埋伏在炮塔附近作战斗准备。"

"双方的兵舰更接近了。站在镇远舰桥上对浪速的行动加以微细注意的白皙长身的林泰曾总兵那种飒爽的丰姿已经肉眼都可以看得见了。一方浪速的舰长也系军神出现一样站在舰桥上，以其炯炯的眼光注视镇远。"

　　林泰曾的初意原想与日本和平谈判使朝鲜案圆满解决。其后见了仁川的形势，知道战争终不能免（甲午战事电报录上卷载有旧历五月二十一日泰曾由仁川致鸿章报告军情两电，已刻电云"昨晚有现在船倭兵登岸，往探领事，据云'在船在仁倭兵定今夜进汉。'飞虎船主并税务司来称：'倭因闻中国派兵六千日内到汉可往探阻以免启端。'泰约同刘理事翻译官甡泰，探询倭领事，兵因何乘夜入汉，称'闻我派兵六千由倭使电调进汉'云。泰告以此信不确，故来说阻，如兵乘夜进汉，倘生事端，责归汝。倭领事将此情形电禀倭使，但倭兵仍进汉，闻倭兵拟驻汉城外七里。同一已刻电云'倭领事覆泰曾电云倭陆提称昨晚阻进兵函六款：一、兵不聚汉城；二、兵驻汉江上流水便之处；三、因仁川水少不敷兵马之用；四、恐仁川水少发生瘟疫蔓延于各国商民；五、此次进兵绝非有他意，故一半犹留在仁；六、两国退兵之议成，即当立刻退回'云，然诡辞难凭，慎防如故。"可知当时形势的紧张与泰曾的警惕）。便打电给北洋大臣直隶总督李鸿章说：

　　"事至今日已无可闪避，不如制敌机先，予日本以迎头一击，挫其锐锋，使战势有利展开。"（《海军大事记》云："左翼总兵林泰曾以日本迭增兵队军舰，意在寻衅，我军舶船仁港，战守均不适宜，拟回威海或驻牙山以备战守。"）并等待他的训令。但李鸿章以日本蕞尔小国可以外交手段屈服（陈恭禄《中国近代史》云："时局趋于严重，李鸿章益知中国陆海军实力不敌日本，对于日本亦无应付之策略，初则拒绝协商一切建议，继则惟赖俄国之干涉。"），反而斥责了泰曾一顿。说：

　　"某国于我有好感，日本必能就范，我外交上胜算历然，遽尔请战，皆因汝之胆怯。"（原电云："倭虽添军，谣言四起，并未与我开衅，何必请战？林镇等胆怯张皇，应令静守，相继进止，岂可遽调回威示弱？现俄国出为调处或渐就范。传语在外各船，威海水陆各将勤操严防。"）

　　但林泰曾不是因此就生气或消极的那种浮薄的男子。在他死后发现的日记里面关于此事，他这样的写着：

　　"呜乎泰曾一介武弁耳，才拙识浅，但忧国家知无不言。既傅相（原注李赠太子太傅）已有成算，何敢再言战？惟有谨待傅相之命而已。"

切切的忧国至情横溢在毫无藻饰的文字中间，使天下真勇儿有不胜同情者在。

话回到原处，"浪速"与"镇远"的距离已经近到指顾之间了。这时东乡舰长照对外国将官的礼式，令吹奏少将礼号。号音嘹亮，响彻海上。泰曾肃然受礼，但两雄心中皆战意横溢，血涌肉跃。东乡舰长瞥见"镇远"炮塔后亦隐伏炮手，不觉浮一种异样的笑，鼓起双颊，长长的吹了一口气。双方的军舰在礼号吹奏中悠然驶过，但这时已交过无形的兵刃了。

那天林总兵的复命书是这样地写着：

"驾镇远率平远，由牙山赴仁川途中，与日本军舰浪速相遇。对我宾礼虽如平日，而炮侧密置兵弁，态度从容，使职不胜愤懑。"

"炮侧伏兵弁，不仅浪速如此，林泰曾似乎薄于责已了。"（见《东乡传》二二一—二一六页）

东乡与林泰曾第三次的关系是"高升"号击沉事件。这事件的发生是距他们仁川海上见面不到一月光景的七月二十五日（照阴历是光绪廿年甲午六月廿三日。杨松写《第一次中日战争》作一八九四年六月二十三日，阴阳历不分，误）。这就是有名的牙山之役，也就是中日海战的第一炮。但因我国战史从来缺少准确详细的叙述，又兼捏报军情者多，遂致以讹传讹，直至今日。前述杨松论文述牙山附近海战云：

"当中日关系紧张，两国尚未正式宣战以前，李鸿章为援助在朝鲜牙山中国陆军叶志超部曾命方伯谦带济远、威远、广乙三兵船送爱仁、飞鲸运兵往朝鲜牙山……六月二十三日（阴历）晨出港，遇了三日舰，一名吉野，二名浪速，三名不详，中日双方发生海战……中国旗舰济远号死十八人，受伤者四十余人。日方浪速号亦受伤，旗舰吉野则否。两军正战时，在南方忽然烟起，中国操江号护送商船高升号又至，高升载华军九百五十人，日方亦有两兵船在后尾追，再战的结果，中国商船高升号被击沉。……广乙号搁浅，被焚烧了，操江号被日本俘虏。在中日尚未正式宣战以前，日本海军即不顾公法，首先向我商船进攻，我国初次海军亦失利，特别高升号被击沉，既使牙山驻军处于孤军无援之苦境，又在战争之初在精神上即与我海陆军以打击。"

这段史实大体上是根据《海军纪实》而来的。该书成于民国十五年，而甲午海战绪战的敌舰群曰"一吉野，一浪速，一不知名"，致使民国二十九年七月发表的这一论文上依然是"三，名不详"，其实稍检敌我纪载，就知道这"不知名""名不详"的是属于第一游击队的"秋津洲"号，三千一百七十二吨，具有十九海里速力的巡洋舰。"高升"号更不是"中国商船"，假使"中国商船"则以载陆军被敌击沉，也不致引起国际问题了。此船为英商船，《海军纪实》上也明明说："高升者英国怡和公司之商船也。"鸿章由天津怡和公司雇英轮爱仁、飞鲸、高升三艘由大沽运兵赴牙山，此即其一。

"七月二十五日（旧历六月二十三日）早晨，军舰浪速与僚舰吉野、秋津洲正航行牙山近海，忽发见从丰岛方面有两只轮船吐着黑烟鼓浪而前，但也分不清是商船还是军舰。坪井司令官命各舰速力增加到十五海里，作万一的准备，等到稍近，却像是中国的军舰。"

——"有点像是济远、广乙。"

——"来得好！"

——"再不开仗，膀子真有些痒了。"

"结果，果然是济、乙两舰。济远是巡洋舰，二千三百吨。广乙也是巡洋舰，一千二百吨（鸿章称"闽厂所造铁皮小船"）。在远镜里看去都做着严重的战斗准备（纪实谓"日船三艘旋转取势而来，遂令广乙备战"）。午前七时五十二分，相隔三千米突时（纪实称"日舰驶进约一万码"），济远的炮口一闪，巨弹发着怒鸣，从我舰队上面飞过［照这是中国先开炮，纪实作"其督船（吉野）陡发号炮一声，三舰亦并发炮，向济远轰击。经远亦将前后大炮及左右哈乞开司炮径捣日之旗舰。"照这又是日本先开炮，而我国还击。即鸿章电署所谓："查华倭现未宣战，倭船大队遽来攻扑我巡护之船，彼先开炮，实违公法。"其实两国将战应制机先，问题原不在谁先开炮，而在谁能奋战不屈。］这样一来我三舰一齐加以猛射，敌舰大为狼狈，不知所逃。广乙遭受浪速命中正确的射击，不能支，驶向陆岸方面去了（《东方兵事纪略》海军篇云：广乙虽出险，而受伤已重，遂驶撞朝鲜海岸浅滩，渡残卒登陆，遗火火药库自焚）。济远趁纷乱中向北方遁走。浪速追着逃走的济远，以全速力进行中。又见清国军舰操江（炮舰，九百五十吨，速力九海里）和悬英国商船旗的汽船向朝鲜方面前进。济远一面逃，一面挂起什么信号，操江号忽转换方向，加强速力逃走，只商船依旧坦然向浪速这边前进。操江号旋即被我秋津洲追及，惨被捕获。——该舰速力不过九海里，而秋津洲有十九海里的快速力，其一会儿便被追及，盖属当然。（李鸿章折云："丁汝昌及各将领屡求添购新式快船，臣仰体时难款绌，未敢奏咨渎请，臣当躬任其咎。倭人心计谲深，乘我力难添购之际，逐年增置，臣于像筹战备折内奏称：海上交锋，恐非胜算，即因决船不敌而言。"鸿章因无快船足恃，便只好靠洋人挂洋旗。二十五日电云："前派津队二千余，雇英商轮三艘，分运牙山，因英轮，挂英旗，当可进口。"所以高升号坦然前进，而不知千余将士终遭惨祸，谋国不臧，可胜戒惧！）特别是以秋津洲的三千一百七十二吨对操江的九百五十吨，真如黄鹭捕小鸟一般。由操江之捕获，我军于敌状侦察上所得不少，也是事实（高升号出口时间，闻系汉奸刘某泄露，又因操江被掳泄露更多军情，其损失盖在几艘老朽船之上）。"

"浪速追逐拼命逃走的济远号到了适当距离时正以其得意的射击加以猛轰，却见刚才挂英国国旗的怪商船，通过浪速的右舷，向仁川方面前进。东乡舰长取远镜注视着这商船，忽然一抹紧张味掠其颜而过，他说：

'那船别让他逃过！'

原来船上搭乘着多数清国陆军。于是东乡舰长即命信号兵，用英国信号，通知该轮：

'立即停船！'接着又命令它：'立即投锚！'商船如命投了锚。他想这么一来不要紧了，依然追击着逃走的济远。但坪井司令官，用信号发令：

'浪速应即检查停了船的英轮。'

于是浪速丢了济远，回过头来检查高升。"

以下是高升轮从被检查到击沉的经过：

"午前十时四十分浪速分队长海军大尉人见善五郎奉命乘坐端艇赴英船检查。

该船虽悬挂英国商船旗，明明是做着清军运兵船的活动，船内搭载着一千多名的清国陆军和多数的军器。清军一见人见大尉们憎恨非常，有的至欲加以危害，但以有浪速的巨眼瞪着只得任其检查。大尉先晤船长英人葛尔斯·华斯威，检阅了船籍证书，知该船为伦敦印度支那轮船公司代理店怡和洋行的所有船高升号。人见大尉因以流畅的英语问船长：

'中国兵是从哪儿运来的？'

'从大沽。'

'运到哪儿去？'

'运到牙山。'

'和清国政府什么关系？'

'被雇。'

'趁船的中国兵有若干名？'

'官长士兵全部一千一百名。'（纪实云："载华军九百五十人"）

'大炮多少门？'

'十四门。瞧，决无虚报。'华斯威船长说着便出示簿据。果与簿面符合。

'这船得跟着浪速走。'大尉以严毅的态度说。

'自然，跟着走。'船长毫无反抗。

人见大尉归舰以检查经过报告东乡舰长。东乡舰长预备即使高升随行，揭起'立即起锚，不可迟疑'的信号。但高升无拔锚状，而代之以'有要事相商'的信号。接着是'请派小艇来'的信号。于是东乡舰长，再派人见大尉去并与以训令：

'清兵若有抗命情状，可先问欧籍船员有何要事。船长以下的非战斗员如愿移乘本舰，就带他们坐小艇来。'

人见大尉再乘小艇赴高升号。熟练的水兵们所划的小艇像滑走似的渡过波心，仲夏的阳光闪闪烁烁地照着桨板上，两方担心着事情怎样归结，大家的视线都集中在小艇上。

人见大尉会见船长想听他的申诉，而中国将校们聚在船长身边，说出许多胁迫的话，无论如何不让他服从日方命令。他们说：

'你既受中国政府雇佣当然应该服从中国将校的命令。假使定要服从日军命令只有按照军法处死。'

'这船是英国船，不管日军怎样横暴也不敢危害中立国的商船。'也有人这样煽动着。

总之，船内骚然，形势甚为不稳。人见大尉便把这情形报告给东乡舰长。舰长对船长悬挂'立即放弃该船'的信号。答信是：'请派小艇。'本来高升号上原有小艇，船长放下即得，但那么一来，激昂的中国兵也许真要枪毙他。因此他想借日方的小艇逃走。但这时形势险恶，本舰若派小艇去，不分皂白的中国兵不知干出什么来。东乡舰长发出'不能派小艇'的信号。于是高升的桅上只揭起'不许'的简单的信号。这两字中可明白地看出船长为难的立场。

经过一些时候，高升船内清兵喧闹更甚，胁迫舰长之状历历可见。东乡舰长慎重考虑其处置之后，再对高升号发信号：'立即放弃该船。'浪速樯头并高挂危险信号的红旗促中国兵的反省。……但千余中国兵际此危机一发，依然胁迫船长，不许服从浪速的命令。停船命令下了之后经过两小时半，站在舰桥上交叉着手注视着高升的东乡舰长，好似下了很大的决心。他毫不踌躇地叫着：

'击沉！'

将士们仰望着舰桥上神色自若的舰长，立即发出'预备放'的口令。鱼雷和炮弹向高升号猛射。清兵们出其不意，狼狈之至，纷纷跳入海中，游泳的，淹毙的，海上像流着藻屑一样。但少数中国兵最后还死守在船上，很英勇地用步枪向我抵抗。因为浪速的炮弹给船体以大破坏，到午后一时十五分从后部起次第沉没。于是东乡舰长命令终止发炮，放下小艇，救助落水的人们。

高升号从开始沉没起，经三十一分钟，到午后一时四十六分船体完全没入波间，仅仅桅尖还露出少许在水面，船长华斯威及其他大部船员，经我小艇救起送至佐世保军港。船长对佐世保镇守府职员陈述击沉前后的情形之后，这样说：

中国将军见我将让高升号跟浪速走，都拒绝我这一企图，我说：'浪速的一发炮弹就足以使高升号沉没，抵抗无益。'他们说：'与其跟着浪速走不如死了的好。何况我有一千多精兵，浪速水兵不到四百人，和他打也不会输的。'其人的愚蠢真不可以言语形容（按：此事不说明中国人的愚蠢，而说明英国人的狡懦），他们完全缺乏对军舰的知识。我对清将说：'你们若始终要和日本军舰抗战的话，我便和我的职员及机关士上陆。'他们听了非常激昂，说：'你若离此让高升跟浪速走，我马上枪毙你。'"

"高升"号被击沉后，因为是中立国而且是海军先进国英国的商船，在敌我两方以及国际上引起了绝大的影响。首先在英国，一般舆论痛责浪速的行动，英外务大臣金伯莱伯爵向青木公使提出警告，英国东洋舰队司令长官斐利曼特尔中将亲对日联合舰队总司令伊东中将严重抗议。在日本当时首相伊藤博文恐得罪大国，致以拳击桌大骂海军当局。街谈巷议多谓："东乡将其蛮勇累及国家，应自杀以谢天下。"在中国首先表现在旧历六月二十五日李鸿章的对总署报告中，希望因此引起英国的干涉。他说：

"……至高升系怡和商船，租与我用，上挂英旗，倭敢无故击沉，英人必不答应。"

接着二十六日总署复电："倭先开衅，并击毁英船，事已决裂，英使已电本国。"对英国也存了很大的希望。其后七月初六日，鸿章电伦敦龚使照瑷云：

"……倭兵船击沉高升一案，闻倭向英谢罪，议赔船货。惟华人搭船者原赖有英国旗保护，乃倭于未战之先，忽轰此船，致毙千余人性命，并器物等件。死者家属冤哭，应请向倭索赔抚恤。汉纳根（高升号上兵员系汉纳根率之赴朝，被击后汉跳海遇救）亲供明白电呈，凶残如绘。望与格里商聘名状师询此案，中国照理，照例应索赔，即交其核办，再与外部商订。名虽向英索，仍应由英向倭索。……"

但鸿章对此案过高的希望是失败了。第一，近代国家和战问题不决于任何偶发事件，而决于其主要的国家利害。当时英国在远东主要的竞争者是俄国，为着防俄，最初想多少扶翊平定太平军后的中国，及至看见中国在整个政治改革上遭了几次的顿挫，海陆军的整建也无甚成绩，对于这"吴下旧阿蒙"它也不感甚大兴趣。而开始以其"东方警犬"的责任瞩望于新兴的日本了。大英帝国这一东方政策的改变也不在甲午战争以后，而在其以前。如琅威理的离职就是这一征候。《海军大事记》记光绪十六年（一八九○）琅的去职这样说："……先是北洋之用琅，畀以提督衔，此在吾国不过虚号崇优，而军中上下公牍时有丁琅两提督之语。故自琅威理及诸西人言之，中国海军显有中英二提督，而自奏定章程言之，则海军只有一提督，两总兵。时值各舰巡泊香港，丁汝昌以事离船，在法宜下提督旗而升总兵旗，刘步蟾照办，而琅威理争之，以为丁去我固在，何得遽升镇旗。不决，则以电就质北洋，北洋复电以刘为是，由是琅拂然告去，至终不悟争执之理。归而怀愤，向人辄谓受我侮辱，英政府信之，有来质问者。厥后我拟派学生赴英就学，竟不容纳。盖惑于琅威理之一言，而中英亲睦之情亦从是锐减，惜哉！"这当然也是一个直接原因。但从来客卿常常是他所属国家高等政策的代表。我们不能相信大英帝国对中国海军建军的帮助可因客卿个人的小愤而中止。但看在同一时期英政府竭力援助日本海军建军，教育日本海军人才，日本主力舰自"金刚""比睿""扶桑"以下多由英厂制造就可以窥知它的意向，以琅威理在中国之久，又参与海军机要，于中国军事政治之积弊，中日两国海军力量的对比，及两国国运的前途，知之必深，胜负之数不必疆场想见而后判然。"中英亲睦之情"应该是这种原因而"锐减"。因之希望英国以"高升"号之击沉而膺惩日本，就和"八一三"对日抗战后因"巴纳"号之被敌机炸沉希望美国之出面平涉一样，只是一种空想。第二，战争既为政略的延长，则战争的目的性原在以一切暴力迅速地消灭敌人的反抗及其反抗力量，以达成其政略目的。因此宣战与否与战争开始与否无关，在现代只有书呆子才必须宣而后战。因此当时亲日的公法学者贺兰博士、东湖博士等更在《太晤士报》撰文替浪速及日本辩护："战争不待宣告而开始并不违法。此在英美法庭已经数次确定。高升船员在日舰士官登船时应知中日战争已经开始。此时该船是否悬挂英国国旗不足重视。高升号既搭载以攻击日军而派遣的中国远征军之一部，日军为防止其达成目的，予以击沉，实乃正当行为。故日本政府对英国无义务，船主及遭难欧人家属无向日本要求损害之权利。"为了有权威报纸上的这些论文，主要的为了英国观望大势，有意支持日本，所以一时甚嚣尘上的英国干涉的风说随即归于平静。阴历七月二十九日，龚使自英伦电鸿章云："英国外部侍郎喀黎云：'现拟不派兵船前赴高丽。'"同时英国在维持严正中立的假面下，反而限制中国，暗助日本。当时路透社七月廿日（旧）伦敦电，"中国在英定购鱼雷快船，英不准出口。"廿五日（旧）鸿章复总署云："英禁购船甚严。其外部虽云不禁军火出口，而港督仍禁出口，沪津各洋商皆不敢往运。"而七月卅日，龚使电鸿章云："日本与英定购伊士兰轮船，顷闻已准该船出口，因日使向英廷云：'是船断不敢作为兵船之用。'"凡此皆大足窥见大英帝国对中国战争的真实态度。

但在"高升"号事件刚发生，英国态度相当激昂的时候，不免有过高估计英国的态度的。甚至以为今后中英可以联合对日。他们一会面就很热烈地把这当为话题，几乎忘了"自力更生"的教训，和日益迫近的危险。

"……特别是管带（舰长）们耸着鼻子欢喜着，他们说：

'鲁莽无知的东乡终于误国了。照最近伦敦的舆论看，英国一定要和日本为敌，这时多么有趣的事啊。'

但是其中独有一个以怅然的脸色望着同伴的长大俊伟的将校，这就是林泰曾。他问丁提督说：

'职认为东乡所取的措置是不错的。职若与东乡异地相处，也只有采取同样的手段。冷静而老滑的英国政府决不会因此敌视日本。管带们高兴得好像可与英国联合作战一样，实在不免有些浅薄，回头不过是空欢喜一场吧了。我们与其靠那些靠不住的，还不如尽我们所应尽的更为紧要。'丁提督对于林总兵的话很表赞意，再三点头。真的，假使中国将领都是这样的英杰，对于我国（日本）真是了不起的大敌国吧。"（《东乡传》二一九一二三八页）

十二，林泰曾（下）

第四次泰曾与东乡的交涉便是黄海大海战，也就是他们最后的相见。大约作为一海军战术家东乡平八郎之可敬爱，就在他的积极精神，也就是他的沉勇果敢。民国四年末，日佐藤铁太郎少将任海大校长向东乡请益的时候，东乡给他的训示是这样的："纵令敌人炮力大，我炮力小，也不必危惧。我的刀短了，赶进去砍之即可。因敌弹达我，我弹不达彼而避敌是谓之无勇、无智。如此觉悟决难制胜。如我炮弹不能达敌，可进至有效距离加以猛射。胜败观念是未交锋以前的事，一旦白刃相见，决不可以胜败为念，惟恐战败的，其败无疑！"

当然李鸿章既知中国海陆军不及日本（其实海军也有胜过的地方如"炮大甲坚"），自当忍辱负重，急谋补充实力，但至战争已无可避免，又当极力激励士气，唤起每一战斗员的积极精神，替国家民族尽其岗位以内最善，却不宜随时顾虑胜负得失，使我海军在未战之先，士气已非常沮丧，物质装备既已落后，今又削弱自己的精神力，真所谓"惟恐战败的，其败无疑！"试看鸿章六月廿四日给汝昌的训令是："汝即带九船开往汉江洋面游巡迎剿，惟须相继进退，能保全坚船为要。"两军相见既叫他"游巡迎剿"，又谆谆以"保全坚船"为嘱，便削弱了将士们破釜沉舟死中求活的勇气。这影响了丁汝昌的精神，他复叶志超也说："我军精锐只定、镇、致、靖、经、来七舰，不可稍有疏失，轻于一掷。"七月初五鸿章电总署谓："西人金谓我只八舰可用，北洋千里全资屏蔽，实未敢轻于一掷，致近畿门户洞开。牙山军覆，何堪海军被摧折？臣与丁汝昌不敢不加意慎重，局外责备，恐未深知局中苦心。"局中苦心当为举世识者所知。但鸿章却未知过度慎重，流于消极，影响士气，更不能救海军之摧折。七月初八他给汝昌的训令更乃限制了海军的活动范围。具体地叮嘱汝昌说："兵船赴大同江遇敌船势将接仗，无论胜负，不必再往鸭绿江口，日本大队船，尾追入北洋。"与敌人白刃相见，而过度以胜败为念，这样的指导精神应该永从我海军清算。因此我们想仍以敌方的描写回顾一下黄海大海战的经验。由这我们可以知道整个战役的失败虽有种种原因，而李鸿章消极的指导精神，亦为要因之一，而林泰曾们在战斗上使敌人低首，就在他的坚定、积极、遇敌不退。

以下是日方的记载：

"黄海大海战以明治二十七年九月十七日（光绪二十年八月十八日）午从零时五十分开始。

先是，清国总理衙门在同年八月十日我（日本）舰队向敌舰队根据地威海卫挑战之后，曾严厉地训令北洋舰队，说：

'任何情形不得出从山东灯塔到鸭绿江所划一线之外。'（原电未见，当与鸿章前电'不必再往鸭绿江口'相表里。）"

"不仅这样，还命令商船民船都不得离开各港，北洋舰队士气因之沮丧非常，朝鲜海面的制海权也完全抛弃了。一方面清国朝廷见了这种状态，大骂北洋舰队何其畏葸无能。主张该舰队重要的司令权不应交给狡猾而怯懦的丁汝昌之手。（清廷初三日电饬李鸿章'察看丁汝昌有无畏葸纵寇情事'，当时参折甚多廷旨极严）在丁提督未尝不想由其本身之作战充分活动，但这样左右都逢着绝对不可抗的命令，手脚都完全伸展不出来。中国舰队大败的原因，实在这统帅权的不一致，敌我将校盖已明若观火。林泰曾提议制我机先，予日本海军以一击，反遭李鸿章斥责，也足以证明此点。"

"这实在是当局者应该牢记的问题！"

"其后，清国政府为输送陆军到鸭绿江沿岸，由大连湾以五只运船（招商局新裕、图南、镇东、利运、海定）载兵（总兵刘盛休铭军八营）而以北洋舰任护送。（纪实称'十三日自大沽出口，以巡海船六艘，雷艇五艘护之赴大东沟，十七日至大连湾又以铁甲战舰等偕行。')许是鉴于运船高升号被击沉的事实吧，此次是巡洋舰队总动员的状态，平安地使陆军于大东沟登陆。至九月十七日（旧历八月十八日）早晨，不图与日本舰队在黄海遭遇，于是在这儿演出了一幕大海战。"

"且看看两国的阵容：主力舰队是第一游击队吉野（坪井司令官旗舰）、高千穗、秋津洲、浪速。本队松岛（伊东司令长官旗舰）、千代田（纪实作'清田'非是，日音'千代田'Chiyota'清田'Kyota亦异。）、严岛、桥立、比睿、扶桑，此外尚有炮舰赤城，假装巡洋舰西京丸（商船改制）跟着。西京丸是大本营海军参谋桦山中将由东京乘坐来视察战况来的。（纪实云：'日本舰计有十二艘以双鱼贯阵迎头而来。'）"

"午后十一时三十分，先发舰吉野的樯头突然挂起'东方发现敌舰队'的信号。"

"敌人也发现我舰队，为着与我一战，刻刻地肉迫而来。看它的阵形是布着后翼单梯阵（中国所谓'双翼阵'），以坚舰定远（丁提督旗舰）、镇远（林总兵乘舰）居中央，左翼来远、致远、广甲、济远，右翼经远、靖远、超勇、扬威，排列如两翼，又其左方遥遥地控制着平远、广丙和数只雷艇，形势状绝！（纪实云：'十八日午初，遥见西南黑烟丛起，知是日船，即令各舰起锚迎敌。列两翼阵势而前。定镇两舰在前为领队之首，各舰以次分列左右。'）"

"浪速舰长东乡大佐石像一般站在舰桥上，望着以快速力突进的敌舰，徐命石井副舰长集合全员，东乡舰长静静地向着舰桥下的三百五十名将士，指着渐次接近的敌舰说："

'看吧，精锐的敌舰队已经近接了，壮快的战争马上就要开始。本官用不着再向忠勤的诸君重覆地说，但你们应该知道一舰的奋战由一人的奋战而来，一队的奋斗，由一舰的奋战而来。你们可充分体会此意，各尽本分，粉碎敌人。'"

"辞气壮烈鼓励着全员的士气，训示着对战争的觉悟。"

"彼□距离接近约六千米突时，先由敌旗舰定远发出两发巨弹。接着其他各舰一齐向我军舰猛射。但我舰奋然不顾，前□三千米突时，当时敌炮以此为有效射程（如日俄海战时俄舰从一万米突距离开炮，日舰等至六千米突时才开始猛击）。以游击队旗舰吉野向敌右翼端扬威发炮为始，（纪实林少谷事略云：

'我军十舰作双翼阵，超勇、扬威殿其左，敌舰取势抄袭，适居上风。致超扬同时中炮发火。'）诸舰跟着开始片刻不停地猛击。"

"浪速主要的以经、靖、超、扬的顺序炮击敌右翼诸舰，其得意的巨弹频频使敌舰苦恼。忽一敌弹落离右舷一米突的海中，水柱猛冲甲板，东乡舰长的征衣都打得透湿了。浪速更突进至距敌舰二千五百米突依然与右翼之敌交战中。超勇（千三百五十吨）中我炮弹，右舷倾侧，看着看着就深深的沉向海底去了（管带黄建勋与各兵员随船焚溺）。接着扬威（一千三百五十吨管带林履中）也中弹起火退出列外，向大鹿岛方面遁走，带着火冲上浅滩，终于被焚毁了。"

"我（日本）舰队也有相当损害。速力较慢的赤城，在敌炮包围中陷于非常的苦战，舰长坂本八郎太少佐终于战死，其他也有多数之死伤者。（纪实云：'比睿赤城两舰亦中弹甚酷，是日其官兵死者百五十四，伤者官二十六，兵三百八十一。'）"

"西京丸舵机受损，失去自由。敌水雷艇福龙号乘虚而入，很英勇地挺进至四十米突的近距离发射鱼雷，桦山中将以下将士都准备战死。幸亏武运极佳，鱼雷从船底入水过，大家重庆平安。"（《圣将东乡传》二四三—二四七页）

"浪速位于第一游击队之尾端，见激战中舵机受损的西京丸将横过其前，不得已停止进行，让西京丸通过。因此它不仅与前续舰相离，陷于孤立，很不碰巧地其近旁又有定远镇远靖远，巨舰饿鹰待食地等着，猛然间镇远像大山崩落般的袭来了。又是东乡与林泰曾的对面，而这一回真乃电火相击，是他们比赛腕力的绝好机会！"

"'镇远来了。林不是好惹的，大家小心。'东乡舰长这样说。"

"'浪速的管带还是东乡吧，此人勇毅不可轻敌。'林总兵也环顾左右说。"

"舰桥上彼此遥遥注视着的勇将和勇将，真有龙虎相搏之概。（可知不是麦吉芬说的：'口求佛佑，学乳臭小鬼啼哭'之辈）看到战机已熟的林泰曾，望了炮术长（枪炮官曹嘉祥）一眼，接连地发巨弹挑战。弹丸劈开火气，在浪速的四周围，矗矗地涌起小柱，虽则腾跳起来又碎下去的水沫使东乡舰长的衣服不用说，连须发都濡湿了，但他威严更加，屹立如神，满舰将士望见了莫不勇气百倍。号音一响，备炮一齐吐出火焰，巨弹如霰都迸裂在镇远的舰桥附近，使人们无法正视，虽以镇远之勇，也难于应战，有点逡巡了。林泰曾一时气红了脸，'愤然'激励着各炮台长，舍死奋战。"

"接着定远靖远两舰也加入了，四舰纠成一团，正混战中，浪速所放的二十六生的巨弹怒向定远飞去，正爆发在舰桥附近，立见黑烟上腾——正当此时敌雷艇也来参加，三舰一艇围住浪速。好容易于恶战苦斗之后，浪速才杀开一条血路……至今元帅还忘不了林泰曾的英勇，时时对编者们谈起当时的事。"（东乡著小笠原注《爱国读本》二二六—二二八页）

"但到了晚边，敌的损害更加大了。挂着提督旗的定远和林总兵乘舰镇远的樯杆都中了我们炮弹从腰中折断了，信号旗也都烧毁了，对各舰不能发号令，现在各舰只好取自由行动了。（纪实云：'靖远随军酣战，……旋见督船樯折后无旗宣令变阵，为敌所乘，全军罔知所措。帮带大副刘冠雄曰，此而不从权发令，全军覆矣。急请管带叶祖珪悬旗，董帅余舰，绕击日舰，并号召港内诸船艇出口助战。'）"

"其间，受我前后夹击的致远（二千三百吨，纪实云：'忽日军全队驶向东北占上风，将阵化为太极形，华军阵势被冲，致、经、济三舰划出圈外，两面受击。'）被轰得像蜂巢一样，沉没海底，乘员都与舰共了命运了。（纪实云：'致远骤受重伤，管带邓世昌正欲冲锋陷敌，乃猝为敌雷所中，转舵入队，随即沉没。邓世昌及大副陈金揆以次全舰员勇暨西员余锡尔等二百五十人均阵亡。'）最后死战不退的只有定远和守护它的镇远及一只雷艇。"

"游击队的吉野、浪速等四舰赶追逃去的敌舰，都予以大损害。广甲（千二百九十六吨）在大连湾口坐礁，自行爆沉。（丁汝昌报告：'广甲管带吴敬荣随济远逃去三山岛东搁礁，连日派船往拖，难以出险，现用驳船先取炮位，再不浮起，只得用药轰毁。'）经远（二千九百吨）被我击沉。［汝昌报告：'经远同致远一样奋勇摧敌，闻自该管带（林永升）等中炮阵亡，船方离队。如仍紧随不散，火亦可救'］"

"被我本队五舰所包围陷于非常苦战的定远与镇远，都留了两百发以上的弹痕，像丁提督那样终至负伤，（面部受伤，足亦为铁器所损）但仍毫不怯退，继续着恶战苦斗，与我相持。特别是镇远舰长林总兵实为中国海军首屈的名将。他把那发着凄厉的啸声在身边飞过的炮弹满不当作一回事，屹然站立在舰桥（望台）上，护卫着弹痕累累的定远，英勇地战斗着。（纪实云：'镇远中炮甚夥，管带林泰曾副管带杨用霖，枪炮官曹嘉祥等开炮极灵捷，杨曹尤能鼓勇率兵弁恪从号令。'）后来他渐向我舰队这边接近，我舰队也向前猛进，及至和我旗舰松岛的距离只有二千米达的时候，林总兵回顾炮术长，命他以镇边得意的三十生（的）半的巨炮两门，向松岛发炮。镇边的瞄准精确，巨大的两个钢铁榴弹发出可怕的鸣动。一弹命中松岛的下甲板，没有炸，落到舷外去了；另一弹命中第四炮的炮楯上，轰然炸裂，把炮身炸成弓形又给碰回去了。恰巧炮楯旁边堆积着很多的药荚，随着巨弹的落下，这些药荚也同时炸裂，一时呈出喷火山般的状态。因此松岛的甲板上给血和肉都弄得一塌糊涂了。海军大尉志摩清直以下将士二十八名立死，六十八名负伤者中二十二名旋即毙命，余四十六名也非常严重。松岛舰内腾起炎炎的黑烟，一时濒于危险。以防火队敏捷的活动，约经三十分钟完全扑灭，才得无事。"（纪实云：'松岛受一开花弹，适坠于弹堆，各弹随之炸飞，四出激射，立时伤毙百十有一人。'应即指此。）林琴南译日作家德富芦花《不如归》序谓：'我谓渤海之战师船望敌而遁，予向欲著甲午海军覆盆录未及竟其事，然海上之恶战吾历历知之，顾欲言而人亦莫信，今得是书则出日本名士之手笔，其言镇定二舰，当敌如铁山，松岛旗船死者如积。大战竟日而吾二舰卒获全不毁于敌，此尚言其临敌而逃乎？吾国史家好放言，若文明国则不然，观战者多，防为所讥，措语不能不出于记实，果记实矣，则日本名士所云中国二舰如是能战，则非决然遁逃可知矣。果当时因大败之后收其败余之残卒，加以豢养，俾为新卒之导，又广设水师将弁学校，以教育英俊之士，水师即未成军而后来之秀固人人可为水师将弁。须知不经败衄亦不知军中所以致败之道，知其所以致败而更革之，仍可自立于不败。当时普奥二国大将皆曾败于拿破仑者，惟其屡败亦习知拿破仑用兵之奥妙，避其所长，攻其所短，而拿破仑败矣。果能为国，即败亦复何伤？！勾践之于吴，汉高之于楚，非屡败而终收一胜之效耶？'德富芦花的著作固足以纠正我国史家不负责任的放言，但究是小说家言，至小笠原子则为其官书《日清海战史》的著者，当更足以作琴南翁观点的佐证。（琴南翁系甲午黄海战死难的扬威舰长林少谷的令亲，其于战败后海军整建也有正确而沉痛的见解，因为介绍于此。）

　　现在我们应该迅速地接触到林泰曾之死，也就是北洋舰队的最后了。自九月十七日（阳历）黄海大战后，我海军只剩六舰，收队回镇旅大，力谋补充力量。十一月六日金州陷落，旅顺危急。鸿章电汝昌云："事已至此，仍当于无可设法之中，为挽回桑榆之计。应如何补救，望急筹，未可坐视溃裂。"时德员汉纳根到津谒李献议云："海军六船只镇定可恃，倭现据金州湾，其快船雷艇必聚大连湾海澳，时在旅口游弋，我舰挟弋运往旅必有大战，以寡敌众，定镇难保，运船必毁。定镇若失，后难复振。"劝李勿轻一掷，仍回威海与炮台相依。此种消极战略自是无可如何，当时海军将士仍希望能调南洋闽广各舰北来，军势犹可复振。十一月十四日汝昌电鸿章云："奉旨调南洋师船来北会剿，据覆称'须向北洋借才。'查南洋所缺何项人才，未能悬揣，且往返亦须时日。诸舰历年操练已久，亦非不能驾驶出洋。应请电致香帅（张之洞）速饬行速炮快四船，迅将领配一切赶紧备齐，并子药军火多储速配，径驶来威，昌即予酌添得力员弁，再筹会剿。又广东有四大雷艇，两艘已练齐弁勇，两艇尚未配人；并祈请筱帅（粤李督）迅饬雷局，配齐弁兵赶驶上海，与南洋船整队北来，庶于军务裨益。"恐他们害怕日舰，特意补充几句说："倘船艇来时尚虞半路要截，则订期约会何处，昌可率队途中迎护。"鸿章即将此意分电张李。并云："查倭舰毕集金州岛各口，威海以南近无游弋。"要他们从速办理。但他们的回答是使人失望的。一者因为当时中枢权力太弱，一任督抚私顾封疆，不能联各军为一大军，对于整个国家民族的盛衰存亡如秦人视越人之肥瘠。二者也因"南洋船队之战斗力远非北洋可比，一旦驶出长江，日舰可得全数毁灭之"。（见陈恭禄《中国近世史》三七五）因此"张香帅"的覆电说得那么可怜，文曰："旨调南洋兵轮四艘，查此四轮既系木壳，且管带皆不得力，炮手水勇皆不精练。毫无用处，不过徒供一击，全归糜烂而已。甚至故意凿沉搁浅皆难预料。"在这样的内外情势之下，当时我海军当局的处境可谓万分艰难。敌人着着准备进攻威海的时候，清廷飞饬李鸿章严防说："海军战舰数已无多，岂可稍有疏失？若遇敌船逼近，株守口内转致进退不得自由。应如何设调度，相机迎击，以免坐困。"鸿章便指示了一个"水陆相依"之法，经汝昌与海军诸将再三筹酌，回覆鸿章说："若远出接战，我力太单，彼船艇快而多，顾此失彼，即伤敌数船，倘彼以大队急驶，封阻威口，我船在外，进退无路，不免全失，若在口内株守，如两岸炮台有失，我船亦束手待毙，均未妥慎。窃谓水师力强，无难远近迎剿，今则战舰无多，惟有依辅炮台以收夹击之效。……即使敌陆路包抄南北两岸，师船尚可支撑，攻击彼船。若两岸全失，台上之炮反资敌用，则我军师船与刘公岛陆军，惟有誓死拼战船沉人尽而已。"盖此时政府只想保全余舰，以图复振，而补充断绝，军火不足，士气不振，陆海不相协同，他们也实在想不出两全的法子了。这种情形泰曾早已看破，他知道专守防御未有不败。一腔忧愤无可发泄，在奉诏回威以前，曾"带镇远一舰出港，远向北方作大胆的巡航"，（见东乡《爱国读本》二二九）及至率舰回威，船将进港的时候严冬水涸，港口敷设水雷的标识，给飘走了。"镇远"为着避开水雷，不幸误触鸟嘴暗礁，船底裂缝，海水大入，经泰曾饬兵弁极力堵塞，才勉强进港。"这是明治二十七年十一月十八日，在我方（日本）是伊东联合舰队司令长官接到攻略威海命令的前一日，战局上彼我那是最紧要的时候，而演出这样失策的林泰曾，受着责任心的重压乃遗书丁汝昌，谢疏忽之罪，以手枪自杀。"（依《爱国读本》小笠原注，纪实作"忧愤填膺服毒自尽"。）

关于林泰曾之死，小笠原长生在《东乡传》中有这样的评述，就拿来结束关于林泰曾的研究吧："黄海海战后三个多月全灭了的北洋舰队的末路是很悲惨的。军舰的大部分，或被击沉，或自行炸破，残余的多破损不堪一战，而受打击最大的是林泰曾之死。他是提督丁汝昌的左右手，又是中国海军众望所归的名将，黄海海战中，虽给我军包围仍能给松岛以大损害的也是他。他虽是我们敌人，当时伊东司令长官也极口称赞他说：

'了不起，林泰曾！'

'毕竟是他！'

后来接了他自杀的消息的时候，也说：

'林是昔日英杰关云长一般的男子。论人物恐在丁汝昌以上。负职责而自杀固然也是应该的事，但在北洋舰队却是失去了柱石一样打击吧。'

东乡元帅到今日（原书日本昭和九年出版，时东乡尚健在）还说：

'林泰曾是一个了不得的人。'

在敌国反而有这样的知己，他也可以瞑目吧。"（见小笠原著《东乡传》二五二一二五四页）

抗战中对于敌国海军应有的认识^[1]　　郭寿生

一、前言

在中日战争爆发以前，国人对于世界各国海军的实况，是没有人注意的，即对于敌国海军的动态，也很少人去理会它。到了抗战以后，敌国海军由侵占华北，又进攻上海和长江流域，以至珠江流域，北起秦皇岛，南迄北海，即自北纬三十四度三十分，东经一一九度五十分起，至北纬二十一度三十三分，东经一〇八度〇三分止的中国全部海岸，完全封锁，并且深入到了中国内地。而海南岛和斯巴特莱群岛的占领，更把敌方的军事行动，扩张到中国的领海以外。现在中国抗战已超过两年又半了，在这长期抗战中，中国在军事上、政治上、交通上和其他方面，所受日寇海军直接的或间接的损害，是难以估计。国人得了这一次抗战的血的教训，对于海军与中国国防的关系，应该有很深切的认识了。

但是，事实上并不如此，日寇海军在这次侵略战争中所给予我们的打击，并不曾使我们觉悟过来，生活在大陆上的我国人民，只仅能见到敌人飞机、大炮、坦克车的活动，完全忽视了敌人海军的力量。所以有很多人到今日还在忽视建设海军，认为大海军只是来点缀国家的体面，小海军只是牺牲品。因为这样不认识海军对于国防的重要性，自然不会去留心研究各国海军的状况和敌国海军的动态。反过来说，就是因为不认识各国和敌国海军的实况，所以便不知道海军对于中国国防上的关系。因为没有人知道这种关系，所以

---

〔1〕此文发表于《整建月刊》1940年第1卷第1期。

就没有人去注意中国的海防。因为不注意海防，所以没有人去促进建设海军。因为中国没有海军，所以到了抗战的时候，敌人乘我海防空虚，就敢来侵犯我们的土地，封锁我们的沿海，长驱直入我们的内河腹地，而造成今日的种种困难。

为什么今日还有许多人作中国不需要海军的谬论呢？这是什么道理呢？简单地说，就是因为没有真正认识海军的需要。若是这样糊涂下去，恐怕就让中国抗战最后胜利之后，敌国因我没有海防，还会引起它再度向我进攻，或其他帝国主义国家的侵略，这对于中国抗战建国前途和民族生存实有莫大的危险。我认为中国在抗战中，国人必须去推进海军，得了胜利之后，必须有海防建设。就是说要建设足以自卫的新海军，而后才能避免敌人再度的进攻，和其他帝国主义者的侵略，以保持我们永久的胜利，中华民族永久的生存。因为中国需要自卫的海军，所以对于足以危害中国的敌国海军，不能不先加以认识的。

总理遗教民族主义第五讲里面，已经指示我们："……中国天天都可以亡，因为我们的海陆军和各险要的地方没有预备国防，外国随时可以冲入，随时可以亡中国。最近可以亡中国的是日本，他们的陆军平常可出一百万，战时可加到三百万。海军也是很强的，几乎可以和英美争雄，经过华盛顿会议之后，战斗舰才限制到三十万吨。日本的大战船，像巡洋舰、潜水艇、驱逐舰，都是很坚固，战斗力都是很大的。……日本如果用这种战舰来和我们打仗，随时便可以破我们的国防，制我们的死命。而且我们沿海各险要地方，又没有很大的炮台可以巩固国防，所以日本近在东邻，他们的海陆军随时可以长驱直入。日本或者因为时机未至，暂不动手，如果要动手，便天天可以亡中国。……"

蒋总裁亦早已料到中国一与日本抗战，中国海岸是要丧失的，所以我们的领袖在开战以前，即说："敌人的武力是准备有素，在沿海、沿江的重要军事地带都有它的兵舰，它可以占领中国的任何地方。"反过来说，就是中国的海上武力若准备有素，在沿海、沿江的重要军事地带都有我们的兵舰，敌国的海军就不能占领中国任何地方。这是根据了总理遗教和总裁的训话，来提醒国人对于海军的注意，和加强国人对于敌国海军的认识。以下我就作简单的介绍敌

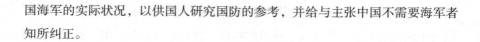

国海军的实际状况，以供国人研究国防的参考，并给与主张中国不需要海军者知所纠正。

二、敌国大陆政策与海洋政策

我们要认识敌国海军的实况，不能不先研究敌国向外发展的政策。日本自明治维新以后，已走上了资本主义的途径，它为了欲获得商品市场而向外发展，为获得生产原料而对外侵略，为采取低廉劳动力而争夺殖民地。因为欲达这种目的，就决定了"北进"和"南进"的两种政策。

北进的政策是以亚洲大陆为目标，利用陆军的力量，先向中国开刀，而以朝鲜、满蒙、华北、新疆及苏联为侵略对象，因而也叫做"大陆政策"或"北进政策"。这种政策是陆军军阀所主持的。

南进的政策是以海洋为目标，利用海军的力量，也是先向中国进攻，向华南及南洋群岛等地扩张，而以台湾、福建、海南岛、安南、斐律宾、荷属印度、暹罗、海峡殖民地、印度、澳洲、新西兰等地为侵略对象，因而也叫做"海洋政策"或"南洋政策"。这种政策是海军军阀所主持的。

大陆政策，不但是敌国陆军对外侵略的具体目标，同时也是它对内政治力量的推进工具，所以数十年来成为陆军的一贯政策。它为保持其特殊地位，就造成三种理由：

（一）陆军为保持日本在东亚的尊严，不能不完成大陆政策。

（二）要保持日本的安全，须将邻近各国的欧美势力驱逐之，这也是必须实现大陆政策的一种理由。

（三）日本的产业必须向海外发展，但向海洋发展，必至四面受敌，结果使兵力分散，故不如先占据大陆，以减少各方摩擦。

然而敌国海军对于陆军的主张是很反对，而大资本家也不赞成，因为陆军在它国内有优越的政治地位，所以得孤意断行。海军派军人所主张的海洋政策，也有它的三种理由：

（一）那块冰天雪地的大陆气候与风土，确不宜于日本人，以过去移民满洲的失败，已可以明白。反之，在南洋方面，除适宜于日人居住外，人口的包容力也比较的大，对于日本的移民具备着前途有望的条件。

（二）从经济的观点，日本亦应向南洋发展，因为南洋富有各种的资源，适宜于做日本工业原料的供给地。再从贸易上看来，日本的经济力不能单靠满洲中国及西北利亚方面，而对于南洋诸国贸易的促进更为必要。日人石丸藤泰在《被包围的日本》一书中，曾指出日本由海外输入的重要资源，与其制造品向海外的输出，必须经五条的海上交通线。第一，由中国满洲、西北利亚方面的贸易，输入品以米、豆、铁、油等为主；从日本的输出品，以棉织物、机械类、纸类、轻工业制造品为主，须过日本海、黄海、东中国海。第二，与香港、安南、暹罗、海峡殖民地及英属印度的贸易，输入品的棉、米、树胶及其他原料品；输出品以棉织物、丝织物等为主，须经过南中国海及印度洋。第三，与斐律宾、荷属印度、澳洲及新西兰的贸易，输入品为石油、羊毛、砂糖、小麦等；输入品以棉织物、人造丝织物为主，须经过斐律宾及南太平洋。第四，与南北美洲的贸易，输入品为棉花、木材、铁其他金属、机械及其附属物；输出品为生丝、陶瓷器、罐头、棉织物等，须经过北太平洋及美洲大陆的西岸。第五，与欧洲及非洲方面的贸易，输入品为铁、机械、毛织物、棉花等；输出品为豆类、棉织物、生丝、人造丝织物等，须经过南中国海、印度洋、红海、地中海、大西洋的一部及北海。上述这几条资源要道，除第一及第四外，都非经过南中国海、南太平洋、印度洋不可。简单地说，南洋各地不特是日本资源取给和人口移殖的最优良所在，而且也是日本对外贸易最好的市场。

（三）从军事的观点看来。日本若要存在，必先要确保它的三条生命线。第一是满洲，是陆上正面的生命线；第二是日本的委任统治地，即内南洋；第三是从暹罗起，经过东印度群岛的外南洋一带，此三者为日本海上正面的生命线。满洲自然是日本国防上必要的生命线，但是日本单靠满洲还是立脚不住的，正对着海洋的日本委任统治的南洋群岛，为对自东太平洋而来的任何敌人的海上国防的第一线，在军略上非常重要，有了这样的生命线，可以减少敌人的进攻力，便可使日本的国防安全。以上所述的两条生命线，对于日本都是非常重要而不可或缺的。然而单有这两条还嫌不够，如果这最后的第三条生命线不能确保，那就等于一具不健全的残废身体。有了第三条的生命线，就可以抗拒从欧洲来的敌国舰队。况且把握着这一方面的海权，则新加坡、澳洲、新西兰都成为日本的掌中物，所以确保第三条生命线，无异确保日本的安全。

依上述的理由，不但敌国海军军阀力主南进，即资本家也同样的赞成这种主张。因为敌国顾忌英美法的势力，所以没有积极地进行。

我们既已知道日本向外侵略政策的内容，更要认识中国所受敌国政策的祸害。日本自丰臣秀吉以后，日人认为侵略朝鲜和中国是他们自强的大道。中日、日俄战后，北进攻政策更得到长足的进展。在北方侵占了朝鲜、旅顺、大连，奠定了推进大陆政策的基础。在南方侵占了台湾，就做它展发海洋政策的根据地。自"九一八事变"以到现在，它的陆军囊括了东北四省，侵占察绥，更侵略华北、华中而至华南，表面上的北进已变成实质上的南进了。敌人固推动北进政策，不遗余力，且已逐渐实现。可是近年来因苏联红军屡次予侵略者以打击，所以日本的大陆政策，暂时不能再向前进，乃转而西进、南进。这并不是说敌人已放弃了北进的野心，它为便于前进计，先要侵夺中国，后再进攻苏联。凡满蒙、华北及贝加尔湖以东的西比利亚地带，都是它攻取的目标。它急于侵占满蒙、华北，是要建立攻俄之战略的包围线。由占领满蒙、华北、华中、华南，而又想并吞整个的中国，是要奠定征服全世界的根据地。石丸藤泰说："日本国防的第一线，必须越过乌拉山，直到莫斯科，才算安全。"田中奏折说："按明治大帝之遗策，第一期征服台湾，第二期征服朝鲜等，皆既实现；惟第三期之灭亡满蒙，以便征服支那全土，……尚未实现。惟征服支那，必先征服满蒙。欲征服世界，必先征服支那。"这就是敌国大陆政策最露骨的表示。

日本的海洋政策，过去即以台湾为根据地，到了现在已日渐具体化，当广田内阁时代，即已成立"新南进政策"，该案重要内容如左：

（一）改革统制台湾方针，置经济中心于台南的高雄，以为对南太平洋的经济参谋本部。

（二）以高雄为中心，大规模设置南洋委任统治诸岛与台湾间的定期航空线，使密切联络。

（三）设立台湾拓殖公司，为南洋经济拓殖政策的指导机关。

（四）设立台拓的姊妹公司，以为南洋经济侵略的协助机关。

此外并在外务省内新设"南洋课"，以掌理南进政策的一切设施。又扩大台湾总督的权力，决以海军省人员督台。自海军大将小林跻造就任台督后，除将台省外事课扩充为"外事部"，以为南进政策全部方案的控制机关。并在福州、广州设置外事部办事处，与当地日领署或武官取密切联络，以促进经济贸易的统制。同时在厦门、汕头等地设特派员，以完成新闻情报网。又如组织各种经济考察团、科学调查团、华南考察团、居留民公会，或藉私人游历名义，在两广和福建进行侦察工作，企图夺取华南的经济命脉。再看在中国抗战以前，敌人在华南的工作，如贩毒、走私、浪人活动、收买汉奸酝酿自治、刺探军情、造成事件，以为发动占领土地的藉口。这些事实，都是敌人南进政策具体化的表现。

自"八一三"敌方海军发动了上海的战事以来，它的海军，即开始封锁我国全部的海岸，随后又深入到长江腹地。敌人为要在太平洋上建树立脚点，并先后占据了华南沿海的主要军略据点。最先是东沙群岛，其次是金门，接着便是厦门、南澳、广州、湄州岛、海南岛、斯巴特莱群岛，最后又占据了我国最南端海口的北海，于是华南完全入于敌方海军势力范围之内。

我们在表面上看敌国的大陆政策与海洋政策，好像分道扬镳，其实呢是相辅而行。敌人在目前的形势之下，是只有以中国为侵略的对象，对中国取双重包围策略。在这两种政策间，委实看不出有什么分别。若强其说真有异点，则其手段一在华北工作，一从华南着手。其目的，一以满蒙、华北为进取苏联的根据地，一以台湾、华南、海南岛、斯巴特莱岛取得南洋的霸权，迫令英美法荷等国放弃在远东的权益。它这种南北并进的政策是非常毒辣的，而其最终的目的，是要实现"先征服中国，再进征服全世界"。

三、敌国海军的实力

日本海军于德川时代还没有大舰的制造，从明治三年起，才仿照英国，大兴海军。经过中日、日俄两次的战争，掠夺得军舰很多，再加上几次的扩张，到了第一次世界大战的时候，它的海军力已站在世界的第五位。华盛顿会议结果，将它的主力舰、航空母舰的实力加以限制，等于英美百分之六十，它的海军力就占世界的第三位了。一九三〇年伦敦条约，复将其巡洋舰、驱逐舰的势力加以限制，等于英美百分之七十，但潜水艇的势力则与英美相等。日本因不满这次会议，即努力完成当时条约限制内的第一次补充计划。一九三四年后进行第二次的补充计划，定期四年完成。到了一九三六年伦敦海军会议，日本因要求与英美海军均等不遂，退出会议，更进而实施第三次的补充计划。惟因日本严守秘密，无从探知详情。据《大美晚报》称：日本草拟海军第三次补充计划，定十年完成，自昭和十二年（一九三七年）起至二十一年止，每年必须建造主力舰和其他的替换舰，共五万三千三百六十六吨。

再据一九三八年美国海军部的消息：日本正在建造四万六千吨战斗舰三艘、飞机母舰五艘、一万六千吨至一万八千吨的超级巡洋舰三艘、轻巡洋舰七艘、驱逐舰四十二艘、潜水艇八艘。又据他方面的消息：日本自废弃华盛顿条约后，即于一九三五年着手建造三万五千吨战斗舰两艘，装备十六吋炮八门，速率二十九哩，定名"德川"与"家康"。并传一九三七年开始建造四万六千吨战斗舰一艘、二万四千吨战斗舰二艘。

第三次补充计划尚未完成，而一九三九年的第四次补充计划又在进行。这个计划全部费用由三部组成，造舰占百分之六十三，航空队设备费占百分之十六，水陆整备费占百分之十。据伦敦《每日捷报》称：日本六年建舰计划，包括主力舰五艘、巡洋舰二十四艘、航空母舰二艘、驱逐舰三十二艘及潜艇十二艘。依照每吨五千日元计算，可新造二十四万一千吨的舰艇。但是，据日人山下一二调查，到了一九三四年，英美两国海军的总吨数当完成二百万吨，当日本海军计划完成的时候，对英美的比例不是五：五：五，也不是十比七，而是降低到十比五的悲惨境地了。

现在据我们的观察，自华盛顿会议之后，敌国扩充海军固有惊人的进步，可是它的扩充实力，原以对抗英美，今竟移用以侵略我国。除了历次受我海陆军炮队攻击，水雷炸毁，和空军轰炸的损失外，还把扩充海军的财力，也消耗于这次侵略战。到了我国最后的胜利，可断定它必无余力再和英美竞争了。兹将敌国海军的实力，分别舰种，列表如左：

舰种	艘数	总吨位数	备考
战斗舰	一〇	二九一,五七〇	
航空母舰	七	九八,五二〇	
一等巡洋舰	一二	一〇七,八〇〇	
二等巡洋舰	二五	一四一,二五五	
水上机母舰	四	五一,〇五〇	据报"能登吕"一舰被我飞机炸毁
潜水母舰	五	三一,〇一五	
布雷舰	六	一九,六三〇	据报"八重山"一舰被我水雷炸毁
海防舰	七	五五,四五〇	
炮舰	三	二,七三〇	"嵯峨"一舰被我水雷炸沉
浅水炮舰	七	一,四七〇	"势多"一舰被我水雷炸伤
一等驱逐舰	七九	一一二,七〇八	"文月"一舰被我水雷炸沉
二等驱逐舰	三〇	二三,三九〇	
一等潜水艇	三七	五八,六五七	
二等潜水艇	二五	二一,七二七	
鱼雷艇	一二	六,八六八	内有一艇被我水雷炸沉
扫雷艇	一二	六,六四二	第二号被我水雷炸沉
特务舰	二一	二四三,九三五	布网舰一艘、运输舰两艘被我水雷炸沉
共计	三〇二	一,二七四,四一七	

四、敌国海军组织与编制

敌国海军的最高统帅权属于天皇,平时海军的指挥权由海军大臣、海军军令部长、教育总监及教育局长实施之。战时天皇对于海军行动的指挥权,由总司令部以海军军令部长为首脑的海军部,与参谋总长为首脑的陆军部,组成大本营实施之。其他属于军的最高统帅部为元帅府、军事参议院。

海军大臣统制舰队人员的补充、教育、装备以及一切给养,并检阅海军政治状况;海军的军令部为指挥海军的作战与动员,统辖关于一切战备的诸问题;教育总监与教育局长,掌管海军教育上的诸问题,与海军各学校的典例、教令、教程等的发行。兹将日本海军省的组织系统,列表如左:

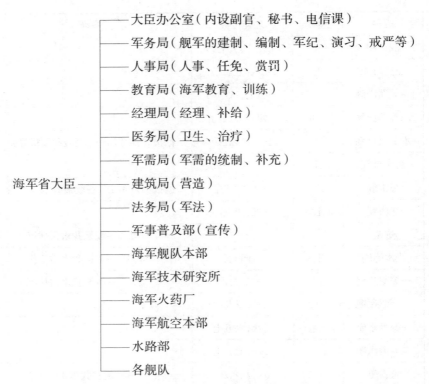

大臣办公室（内设副官、秘书、电信课）

军务局（舰军的建制、编制、军纪、演习、戒严等）

人事局（人事、任免、赏罚）

教育局（海军教育、训练）

经理局（经理、补给）

医务局（卫生、治疗）

军需局（军需的统制、补充）

海军省大臣 —— 建筑局（营造）

法务局（军法）

军事普及部（宣传）

海军舰队本部

海军技术研究所

海军火药厂

海军航空本部

水路部

各舰队

日本海军的编制，以舰队为单位，每舰队至少有主力舰两艘，还有驱逐舰、潜水艇、扫雷艇等。又因其战斗能力的不同，分为在役舰与预备舰，其给养经理与兵力的维持，均由镇守府统辖。有的时候，更附设有港务队、防务队、航空队、特务舰等。较大的舰队，则更分为若干战队，其编制如左：

（一）战队　由战斗舰与巡洋舰编成。

（二）鱼雷战队　以巡洋舰为旗舰，与驱逐舰数队编成。

（三）潜水战队　以巡洋舰为旗舰，与潜水艇母舰、潜水艇二队以上编成之。

（四）航空战队　由航空母舰与其所载飞机，及驱逐舰队编成之。

必要的时候，得联合二个以上的舰队，组织"联合舰队"，以供作战。现在的敌方海军则分做三个舰队：第一舰队设司令长官一人，司令官五人，统辖第一、第三、第八战队、第一鱼雷战队、第一潜水战队和第一航空战队；第二舰队设司令长官一人，司令官四人，统辖第四、第五战队、第二鱼雷战队、第二潜水战队、第二航空战队与分遣战队之第十二战队；第三舰队设司令长官一人，司令官三人，统辖第十、第十一战队、第五鱼雷战队与附属该队的舰船。此外又增加了两队遣外舰队，内有巡洋舰、海防舰、炮舰、驱逐舰很多。第一遣外舰队，藉口保护日侨与贸易，专进出于我国南部的沿海及内河。第二遣外舰队为练习舰队，与第一遣外舰队使用的目的相同，专进出于我华北方面。

日寇海军依它的战术关系，以战斗舰与巡洋舰四艘为一战队，驱逐舰与潜水艇数艘为一小舰队，其他的军舰作为预备队。各海军镇守府下设海岸警备队，每一个警备队以巡洋舰二至四艘，驱逐舰与潜水艇四艘编成之，老朽的修理的军舰编入预备队。

又因战略的关系，将第一、第二两舰队编成联合舰队，以英美两国海军为对象，驻于国内洋面。第一舰队的任务，是彻底给敌人以很大的打击；第二舰队的任务，是侦察敌军情况并以诱敌，在决战时拘束敌舰的活动，使第一舰队可得优势的攻击。

当敌军侵占我东北四省以后，即积极于军事的布置，除调遣大部敌军常驻于东北外，又成立了"驻满海军部"，警备伪国沿海及内河，伪国的海军舰队及江防舰队都受它的统制。前因欲向苏联进攻，故在松花江、黑龙江、乌苏里江等处驻有敌舰三十余艘，均配有防空装置。此外并设有"旅顺要港部"，整顿旅顺要塞，将第二遣外舰队归它指挥。

"一·二八"上海事变，为敌方第一遣外舰队司令长官盐泽幸一所发动，因屡次失败，乃由野村吉三郎出马，战事结束，敌方海军毫无所得。到了我国抗战，"八一三"上海战事，由敌方联合舰队兼第一舰队司令长官永野修身来主持。后来更扩大其侵华海军的组织，先由第三舰队司令长官长谷川清来计划，一面封锁我国海岸，控制我一切军事的、商业的交通；一面更辅助它的陆军向我进攻。故长谷川清在这次侵华战争中是一个首要的敌首。后来由及川古志郎继任，更将全部的侵华舰队分做华北、华中、华南三大部队。华北海军部队的最高指挥官，前任为丰田副武，现任为日比野正治；华中的最高指挥官为杉山大藏；华南的最高指挥官，前任为盐泽幸二、近藤信竹，现任为植田。这三大部队各统辖有海军舰艇航空队与陆战队。简单这次日寇对我侵略战争爆发以来，在役的敌舰已增加了不少，还调它的第二舰队控制我华北的海岸，而以大部分的第三舰队在华中、华南沿海江一带肆虐，可知敌方已将其大部分的海军力向我侵犯了。兹再将敌军平时舰队的编制（一九三七年度）列表如左，使读者更易明白。

联合舰队：

第一舰队：

第一战队　"长门""陆奥""日向"。

第三战队　"榛名""雾岛"。

第八战队　"鬼怒""名取""由良"。

第一鱼雷战队　"川内"、第九驱逐队、第十驱逐队、第二十一驱逐队。

第一潜水战队　"五十铃"、第七潜水队、第八潜水队、第二十八潜水队。

第一航空战队　"凤翔"、"龙骧"、第三十驱逐队。

第二舰队：

第四战队　"高雄""摩耶"。

第五战队　"那智""羽黑""足柄"。

第二鱼雷战队　"神通"、第七驱逐队、第八驱逐队、第十九驱逐队。

第二潜水战队　"迅鲸"、第十二潜水队、第二十九潜水队、第三十潜水队。

第二航空战队　"加贺"、第二十二驱逐队。

第十二战队　"冲岛"、"神威"、第二十八驱逐队。

联合舰队附属舰船　"间宫""鸣户"。

第三舰队：

第十战队　"出云""天龙""龙田"。

第十一战队　"安宅""鸟羽""势多""坚田""比良""保津""热海""二见""栗""栂""莲"。

第五鱼雷战队　"夕张"、第十三驱逐队、第十六驱逐队。

第三舰队附属舰船　"嵯峨"。

练习舰队："八云""磐手"。

五、敌国海军根据地与其海防警备

日本是一个岛国，它的领土包括本岛及属岛。如北海道、本州、四国、九州是属于本岛的范围，而千岛群岛、库页岛、琉球群岛、台湾、小笠原群岛以及南洋委任统治群岛，则都属于属岛的范围。这北起常有冰雪的千岛群岛，而本岛，南迄于台湾，全长约二千五百哩的沿岸，敌人认为是它的主要生命线。在这生命线内的主要军港，有本州北角的大凑、东南的横须贺、西南的果港、西北角的舞鹤，及九州西北角的佐世保，还有台湾北角的基隆，西南澎湖群岛的马公。横须贺港是日本舰队东南方面的主要的作战根据地，指挥南太平洋中各岛从事防御与进攻的斗争。大凑、舞鹤、佐世保是证明日本舰队在日本海、黄海与东海上的支配权，保护日本与亚洲大陆的海上交通，进行其吞并大陆的侵略政策。基隆、马公是敌方海军用以控制中国南部的海岸，并作为南进政策与抗拒英美进攻舰队的军事要地。所以以本岛为中枢，左抱千岛群岛，右拥琉球、台湾，便是敌国在太平洋上的内防线。

日本看朝鲜半岛是它进行侵略亚洲大陆的桥梁，又是它吞并中国和准备进攻苏联的军事根据地。远在中日之战时，军事行动即在朝鲜境内进行着；当日俄之战时，也是同样的情形。一九三一年，敌方经由朝鲜派遣了军队来吞并满洲，即在目前大部分的敌军和它的军需，还是从日本海经由朝鲜而运来。日俄之战，它既占我旅顺、大连为侵略华北的海军根据地；"九一八"之后，它除了加强鲜南的镇海军港外，又在朝鲜东北岸赶筑了一个新的海军根据地，其中共包括三个海港：雄基、罗津、清津。罗津是一军港而兼商港，能容纳日本联合全舰队数的舰艇，日本设立这个根据地，实际上是用以威胁苏联，减削海参崴的军事价值。先烈宋渔父先生曾经说过："日本国防以南北二海而为最急，而北面之日本海，左控三韩，右望崴埠，与俄人共有险要。尤其为存亡安危之所系，使不经营朝鲜为屏蔽，则日本海不能高枕而卧，而俄人直可抚其背而抗其吭。"这是很明白的指示日本侵略朝鲜的目的，是在保护日本海的安全。

从军事地理来看，日本海有五大门户，自北而南有鞑靼海峡、宗谷海峡、津轻海峡、下关及丰豫海峡、对马海峡，皆为苏联潜水艇能力所及的地方，足以破坏日本与大陆的交通。从守势言，敌舰可由纪伊水道与丰豫水道冲出太平洋；若离了下关海峡，北进可达日本海、朝鲜或海参崴，西进可达满洲、渤海或黄海，南进可达东中国海及南中国海并太平洋。且事实上在日本海、黄海、东海、中国海沿岸的国家，海军力量都不足，则这三海几成为敌国海军独占的运动场。从攻势言，在西太平洋上作战，日本海还未见得有什么价值；但就内海作战论，则可称为十足有用的海军根据地。

至于本岛东南的小笠原群岛，与南洋委任统治群岛，另外又形成了两道防线。其一是以小笠原群岛为核心为中央防线，已在父岛进行军事设备，它若与千岛群岛北端的军港，及台湾南端的空军根据地，取协同的动作，就足以拒敌于东京七百哩之外，更增强了敌国内防线的安全。其次为委任统治群岛中单独构成的一道防线，敌人在塞班岛、帛琉群岛和罗泰上，也早在那里进行秘密的军事建设，担任着日本外防线的任务。

我国抗战之后，敌方海军先封锁我国全部海岸，又进取海南岛与斯巴特莱岛，这无异在它南部又添了两只右翼。它可以利用海南岛榆林港，再设立一个新海军根据地，以威胁法属的安南，截断英帝国的新加坡与香港的交通，包围美属的斐律宾，控制荷属的东印度。

日本既拥有这许多良好的海军根据地，自然很便于舰队的分布。因为地理上的关系，各舰队都是配置在西太平洋的日本领土上。至于它的海防警备，是北起于北海道，南迄赤道直下的南洋，共分五个海军区：

（一）第一海军区　以横须贺为军港，管辖的区域，包括青森、岩手、福岛、千叶、东京、神奈川、爱知、北海道及库页岛，就是东日本北海道、南库页岛的海岸线。

（二）第二海军区　以吴为军港，管辖的区域，为大阪、兵库、冈山、广岛、京都、福川、富山、新潟、秋田、香川、宫崎、福冈、贸宗、像东，就是濑户内海以至东九州的海岸线。

（三）第三海军区　以佐世保为军港，管辖的区域为佐贺、长崎、熊本、鹿儿岛、台湾、朝鲜，就是西九州、台湾全部、朝鲜半岛的海岸线。

（四）关东州海军区　南满洲、关东州的海面。

（五）南洋海军区　南洋群岛一带的海岸线。

在各海军区各置一镇守府，为战时海军作战的根据地。至如日本沿岸的炮台及要塞，亦可表示如左：

（一）本州东海岸线，包括横须贺、横滨、二见港、父岛、霞浦、馆山等。

（二）津轻海峡线，包括津轻、大凑、函馆等。

（三）丰豫海峡线，包括奥港、滨田、广岛等。

（四）朝鲜海峡线，包括对马岛、下关、壹歧、佐世保、长崎、镇海、釜山镇、马山浦等。

（五）关东半岛，包括旅顺、大连等。

（六）台湾海峡线，包括澎湖群岛、基隆、高雄等。

此外还有歌山、金泽、木更津、舞鹤、元山津、永兴、和奄、美大岛等的各要塞。

六、敌国海军的航空

日本有空军的历史，不过二十余年，自一九一一年（大正元年）以后，在自欧美回国的飞行将校指导之下，开始将校、士官的训练，所用的飞机全是外国舶来的。同时命横须贺海军工厂，从事制造的研究，不半年有国产飞机出厂，至欧战期间，日德开战时，其全国共有飞机十二架，飞行将校十五名，搭载"若宫"母舰，参加青岛战争。一九一五年，新设海军航空队三队的预算成立，逐渐着手充实航空军备。一九二〇年，新设临时海军航空讲习部，由英国聘单皮尔上校以下三十名为教官，将参加世界大战有经验的士兵，在霞浦及横须贺两地训练航空战术。现在日本海军并无特设的航空学校，只在各航空部队里面附设航空教育机关，教授关于海军航空的学术。一九三四年，创设海军航空学生预备制度，亦为养成海军航空飞行人员的机关。

日本的海军航空组织，与它的陆军航空组织相同，即在海军省内附设海军航空本部，指挥全国的海军航空部队，从事种种航空的研究、管理、制造、购买飞机等事务。海军航空部队，又分为陆上部队与海上部队，陆上部队大概与军港、要塞配合，以各海岸为根据地。其配置地点，在关东有霞浦、横须贺、馆山、千叶、木更津、横滨、八丈岛等；关西有吴、舞鹤、金泽、大阪；在四国有佐伯；在九州有佐世保、门司、大村、鹿屋；在东北有大凑；在朝鲜则有镇海；最近又增设了铃鹿、大分、筑波鹿岛等三处。观敌方海军陆上航空队，大抵分为东西两集团，然后星散一部分力量于各主要地点。

现在各处航空根据地已全部完工，以横须贺、霞浦为练习航空队，养成驾驶人员。馆山、佐伯、千叶、大村、金泽、大凑、鹿屋、镇海、木更津、舞鹤等航空队为实施部队，容纳航空队的毕业人员，从事实地训练。每处所驻的航空队，有战斗、轰炸、侦察等队。战斗队统辖二分队，每分队二小队，每小队飞机三架。轰炸队统辖三分队，每分队三小队，每小队飞机三架。侦察队只辖一分队，飞机二架。

日本从一九一五年创设海军航空队三队之后，于一九一八年增至五队，一九二〇年增至七队，此次战争发生前不过有二十余队，现在已扩张至三十余队了，将来更欲向它所期望完成的五十队锐进，以求超列强海军航空兵力之上。统计敌方海上航空势力，约有飞机一千架，将来还要扩张到一千三百架。

敌方除在本岛有海军航空设备外，又在千岛、北海道、小笠原群岛与南洋委任统治群岛上，加紧设立海军航空根据地。最堪注意的，就是敌方积极强化台湾的海军航空力量，俾成为日本全国最完备的海军航空根据地，用以控制中国南部的海岸，并作为对南太平洋的航空军事要地。说到这里，不禁要联想到海南岛敌海军机场，一旦成功，将要更增加它的海军侵略华南的力量了。

日本的海上航空部队，则分驻于航空母舰"凤翔""赤城""加贺""龙骧""苍龙""飞龙""青龙"，及水上机母舰"能登吕""神威""千岁""千代田"之上，编为航空战队，隶属于各舰队。其余大部分的战斗舰及巡洋舰亦搭载着飞机，因此更增加了敌人在海上空军的力量。

敌方航空母舰所载的飞机，与海军陆上航空部队相同，有战斗机与轰炸机，水上机母舰则仅载侦察机。航空母舰搭载飞机的数量，在英国以上，在美国之下，约五六十架；水上机母舰的搭载量大约可载二十架左右。兹将日本海军各种飞机的型式与性能，据调查所得，列表如左：

| 机种 | 名称 | 型式 | 座席 | 发动机 | | | 最高速力（浬） | 耐航时间（小时） |
				名称	马力	数		
战斗机	三式舰上战斗机	双翼（舰）	一	旧不脱	四二〇	一	一三〇	二.五
	九〇式舰上战斗机	双翼（舰）	一	寿二型	四六〇	一	一五五	三.五
	九五式舰上战斗机	双翼（舰）	一		五五〇		二〇〇	
	九六式舰上战斗机	单翼（舰）	一	寿型	七五〇		二一六	四.〇
轰炸机	一三式二号舰上轰炸机	双翼（舰）	三	衣斯拨诺	四五〇		一〇一	四.七
	一三式三号舰上轰炸机	双翼（舰）	三	衣斯拨诺	四五〇		一〇五	四.七

（续表）

机种	名称	型式	座席	发动机			最高速力（浬）	耐航时间（小时）
				名称	马力	数		
轰炸机	八九式一号舰上轰炸机	双翼（舰）	三	衣斯拨诺	六五〇	一	一〇八	三.〇
	八九式二号舰上轰炸机	双翼（舰）	三	衣斯拨诺	六五〇	一	一一五	三.〇
	九二式舰上轰炸机	双翼（舰）	三	九一式	六〇〇	一	一一八	四.五
	九六式舰上轰炸机	单翼（陆）		金星二型	六五〇	二	一七七	一三—一五
侦察机	九〇式号侦察机三型	双翼（舰）	二	寿二型	四六〇		一四五	六.五
	一四式二号水上侦察机	双翼（双浮筒）	三	罗尔莱	五五〇	三	九四	六.五
	一四式三号水上侦察机	双翼（双浮筒）	三	罗尔莱	五五〇		一〇二	七.〇
	九〇式二号侦察机二型	双翼（单浮筒）	二	寿二型	四六〇		一四二	六.五
	九〇式三号水上侦察机	双翼（双浮筒）	三	旧丕脱	四六〇		九九	六.五
	九一式水上侦察机	双翼（双浮筒）	一	神风	一三〇		九一	四.〇
飞艇	一五式二号飞艇	双翼（艇）	五	罗尔莱	四五〇	二	九二	一一.〇
	八九式飞艇	双翼（艇）	七	九〇式	六〇〇	二	一〇六	一三.〇
	九〇式二号飞艇	双翼（艇）	六一八	罗尔莱 罗衣斯	八二五	三	一一五	一四.五
	九一式飞艇	双翼（艇）	六		三六〇	六	七五	八.〇
	九二式飞艇	双翼（艇）			八五〇	三	二二〇 启罗米突	二〇.〇
练习机	三式二号陆上练习机	双翼（陆）	二	神风	一三〇	一	七七	
	九三式陆上中型机	双翼（陆）	二	天风	三〇〇		一一八	
	九〇式陆上作业机	双翼（陆）	四	天风	三〇〇	一	九二	五.〇
	九〇式水上练习机	双翼（双浮筒）	二	神风	一三〇		八〇	
	九三式水上中型机	双翼（双浮筒）	二	天风	三〇〇		一〇八	
	九〇式舰上练习战斗机	双翼（陆）	二	寿二型	四六〇	一	一五五	三.〇

敌方的海军飞机比陆军飞机更加新锐，因一九三三年它将所有海军飞机可废的材料，完全改换。对于实验型飞机的选择，多数以外国基本的型式为标准，依据本国独特的立场，从事模仿制造。至于生产飞机的工厂，以广镇海军

飞机制造场为最大，其次的为横须贺、佐世保、舞鹤的海军造兵场，也都对于制飞机方面加以注意与扩充。

最后我要把日寇侵华海军航空的力量来说一说。敌方不但把它的大部分海军舰队来侵犯我们，封锁我们，同时还把它的大部分的海上空军力量，来向我们肆意轰炸。据调查所得，敌方侵华海军航空力量，共有航空母舰三艘，水上机母舰三艘，及特别海军航空队三队，指挥官为小野少将，设司令部于"神威"舰上。至于分配情形，以长江下游及沿海一带为主，计在长江口外的为"龙骧"号，配有重轰炸机四十架；在镇江至南京的江面为"凤翔"号，配有重轰炸机三十架；在杭州湾方面的为"苍龙"号，配有军用机四十架；在海州海面的为"千岁"号，配有水上机十六架；在广州海面的为"能登吕"号，配有轻轰炸机十二架。"神威"号配有轻轰炸机十六架。还有分布于粤海占据各小岛的，有海军航空队二队，一队配有远航的轰炸机二十四架，一队配有驱逐机十二架。至于第三航空队，则驻于上海敌机场内，配有远航的轰炸机二十四架。

七、抗战中的教训

上面所述，我已将敌国侵略政策与海军实况，给与国人一个概括的认识，还有更详细的叙述，容待另编专书，再求贡献国人。现在要把日寇海军侵犯中国的经过，与我们给予敌人的惩罚，检讨一下，用来作为民族血肉的教训。

当中日战事发生后，日本在国内与由远洋调回的船舶，都集中于近海，约近四百万吨，即集中全国五分之四的船舶，为运送军需与军队之用。这时候敌方的船舶，已经仗着敌舰护送，在中国海及长江内横行无忌了。倘使我国有优势的海军，或是有相当的潜水艇队，就可以使它半途粉碎，至少也可以阻断它的交通，或在敌军没有登陆以前，予打击者以重大的打击。

上海战事，为日寇海军所发动，继以陆空军来犯。我海军协助陆军防御，先封锁了黄浦江，再图炸"出云"舰，并划黄浦江为三道防线，分别敷布水雷。敌军进路被阻，沪战因而延长，粉碎了敌人速战速决的政策，使它不得不迂回金山卫登陆。在我固收海军沉船布雷封锁的效果，在敌又藉海军绕道向我侧面进攻。倘使金山卫有筑成坚固要塞，杭州湾有守卫舰队，在大戢山、小戢山、马鞍列岛附近一带，有潜水艇监视，请问敌军从什么地方上陆？更有什么策略来控制苏沪？进占吴兴、长兴、宜兴、无锡、镇江、宣城，而包围我首都的南京呢？

上海战事爆发，海军在长江方面，第一步的工作即实行破除航路标志，先使敌舰在江阴下游失去目标，不易活动。再在江阴附近，一日之间，造成抗战中最坚强的封锁线。既能阻止敌舰深入，巩固江防，又能拱卫首都。这种封锁，对于敌军当然显不出什么威力，然而消极的作用，却是很大。否则，吴淞口的敌舰，不要一天工夫，就可直驶下关，南京决不会在抗战四个月之后才被攻下。

当敌军右翼进攻镇江，袭击龙潭，企图截断京镇间我军的联络；左翼进攻宣城、芜湖，企图截断我军的退路；中路军向南京西南方及南方实施中路突击，企图两翼包围的战略，将我军在南京的主力歼灭。这在敌军固不失为参谋上的优良策略，但它的海军不能与陆军同时动作，而陆军又急于围攻，致使我军能渡长江，向浦口转进，脱离敌军的包围。这一次的战事，在我固无优势海军以御敌，但有坚固的海军封锁线，使我陆军脱险；在敌虽有强大的海军，而不能与陆军及时合作，致误了戎机。这样看来，海军与陆军能否合作，对于战局的得失，是有很大的关系。

从"八一三"封锁江阴，到了"九二三"我们海军的壮烈牺牲，在这四十天当中，有二十倍于我海军的敌舰竟没有直接向我劣势的海军决战，只能利用它的海军飞机队，不断地向我舰队轰炸。它的战略，是要先毁灭我守卫封锁线的军舰，不至妨碍它的海军前进雷扫与突破封锁的工作，以便它的大小军舰和商船都可以溯江而上，它的大量粮食和无数的枪炮子弹得由水路运到前线。这种溯江作战的重要性，是敌人欲收水陆两路进攻与海陆军前后夹击的战果。可惜这一次我海军在江阴单独对敌大队空军苦战，我们既没有海军飞机队，又没有陆上的空军助战，以致寥寥几艘仅堪封锁的军舰，也都牺牲了。

由江阴失守至首都沦陷，战事移转到了长江上游，敌舰因我水雷层层封锁，不敢急进，我陆军既得作有利的防御，海军亦得于上游各重要地点，从容布置新水雷防线，在大江两岸多配有海军炮队，以求达到步步设防，节节抗战的目的，并以粉碎敌人由水道锐进的策略。

敌舰既受困于我马当新封锁线，无法冲入，故一面利用它的空军暴力，来搜索轰炸我们的布雷舰艇，同时又利用海军迫近马当，掩护陆军向我两岸炮台进攻。最后马当、湖口相继失守，九江方面也展开了武汉的前哨战，沿江两岸战事愈趋激烈，我海军乃采用更进一步的积极办法，即除专布固定水雷外，再散布浮雷，予敌舰以致命的打击。

九江陷落之后，敌军采用沿着长江和江南岸的锥状进攻战略，一面攻取两岸堡垒炮台，一面向前推进，突破田家镇的封锁线。最后因葛店不保，武汉亦于同日沦陷。论这次战事，倘非海军沿江层层阻塞，不断布雷与我炮队协同陆军作战，则武汉早已入于敌手。

敌军取了武汉的空城以后，又进占我咸宁、岳阳，到了这次湘北大捷，敌军不能进犯长沙，更显出海军水雷战的惊人效果。据敌海军山岖大佐与桑原中佐的报告，亦曾说及敌舰困于我方水雷的密布，进展不易各情形，并对于布雷工作人员的勇敢表示惊异。又日本军事作家菊池等，在日本杂志上，也发表对于我方所布水雷的威力，及其防扫的困难，而自承认其军舰防碰水雷，不敢行驶。这是敌方对我水雷的设施，确曾受到深刻的教训。

检讨前年十万以上的敌军，靠仗敌舰的帮助，而占领广州，我们若依照华南作战的敌方战略来看，日寇要进取广州，一定不会从广州正面登陆，一定会采取大鹏湾以东港湾这条路线，因为假使敌军想在澳门以西上陆不仅没有合适的港湾，且遇到无数河流的障碍，这是负责海岸防守的军事家，早就知道了的。可惜我们因疏忽于海防，又遭了一次的失败。

我以广州的失败，就推想到过去敌人在浏河、金山卫、厦门、海南岛和最近在北海的几次登陆，它所采的战略，如出一辙。倘使我国有自卫的海军，能够拒敌舰于海外，则敌人已不能近岸，更何从而屡次登陆。我们在这抗战中已经受过血肉的教训，应该要纠正过去认为中国不需要海军的错误。更不要忘记了总理所说的，敌国海军是随时可以占领中国的任何地方，而赶紧注意中国的海防设备。我们不但要认识敌国的陆空军，还要认识它的海军。我们不要独倡陆军、空军救国，还要提倡海军救国，因为中国的国防，对于海陆空军是一件不能决少的。

中国社会与海军[1]　　王师复[2]

　　虽然这次抗战也曾引起国人对海军的注意，不过海军问题和国人多少还很隔膜。从一般的观点看来，海军问题之研究，不是不感需要，即是认为时期未到。但果真不需要吗？时期未到吗？这些问题，让事实来解答罢。表面看来，海军问题只是军事学上的问题，惟若从海军的社会性来观察，便觉有许多地方，尤其是关于中国海军，值得我们普通社会科学家的注意了。本篇企图从中国社会的变迁上，来说明海军的性质，使一般对海军有所认识，而感兴趣。至它对这次民族抗战所尽的实际工作也让事实来告诉大家罢。

师复识于湘西　二十九、三、七

一

　　在这次抗战所得的教训中，其一即关我们缺少强有力的海军。感到这种教训的固然不少，但尚未感到的，亦不乏人。同时在感到这种教训的人们之中，真正了解海军性质而热心提出讨论者，却又是百无一二。这固然有许多原因，不过主要是在下述两种从中国环境所产生的传统心理上面。第一种是以中国鸦片战争前根本没有海军，到了有海军，即被甲午战争弄得一蹶不振，因此到了现在也就无所谓海军了。第二是以中国系大陆国家（却忘记了这个大陆国家有冗长的海岸线），有陆空军已够，海军有固佳，无亦不足轻重。前一心理及社会学

---

　　〔1〕此文发表于《整建月刊》1940年第1卷第1期。
　　〔2〕王师复，时为海军编译处成员，《整建月刊》编委。

上的问题，后一心理则纯属于军事学的性质。关于后者，后当另文专论，在这里我且不表；前者是研究海军问题的基本前提，所以本篇范围也是限于一方面。

是抗战前一年罢，我在南京商务馆，无意看到新出版书籍中，有一本标题《海军常识》（作者笔名现在忘记，这书在这时无从购到），内中谈到中国海军时，好像有这样一段的说法："中国海军的历史实际从鸦片战争以后说起。前此的水军简直和海军没有关系。"那时我正在搜集海军过去的史料，编撰中国海军史，读之颇为一愕。后来一想，这个《海军常识》的作者，原来被"水军"与"海军"名词上的差异所迷惑，以为它们也有质上的不同。

真的，"海军"不是我们固有的名词，它是从西文 Sea Power 译来的。Sea Power 是 Navy 的释义。Navy 又是 Navigation 的变体。通常 Navigation 义指"航行"。因欧洲多海，地中海又是欧洲历史上的贸易活动之区。所以说到"航行"，便是"航海"，因而 Navy 便是 Sea Power 了。

自从铁甲机器舰输入后，"海军"跟着发现。颇疑当时是从日本译文传进来的。至我国从前，在春秋战国称"舟师"，秦汉称"楼船"，三国以后曰"水军"，明清称"水师"。从我国的字义看来，"水军""舟师"实较"海军"贴切。江河海洋何非水，用于水何非舟。如曰航海必称海军，则美国前期海军多活动于美洲河流，就应称"河军"，而今日活动于各大洋的海军，也该改为"洋军"了。再若以国有领海，防守领海的自应叫做海军，则防卫领土的，何以不曰土军？陆军不称土，水军何苦一定要它称"海"？

其次，古义"海"字，不单指海洋之"海"。书《禹贡》："声教讫于四海"，《尔雅·释地》："九夷、八狄、七戎、六蛮谓之四海"，则"海"者系指中国本土以外的蛮夷。若依此义，则海军岂不成为"夷军"，"蛮军"？

所以"水军"是我们的祖上遗产，"海军"却是外洋舶来品。从西化固可，但若著上西装，即忘记身是中国人，则未免过分。所以谈"海军"，忘了"水军"，真叫做"数典忘祖"。

名词上的讨论是不够的，更进我们还要从"水军"的性质加以研究。"海军"之所以为海军者，一必航海，二必海战。设使所谓中国的"水军"，也有这两种特征，则在性质上，自与"海军"相同了。关这，我的答案是：中国的"水军"，确曾航过海，并有海战，而且很早就有了。谓余不信，请看下文分解。

中国海岸线，北自直隶（河北），南至安南，绵延万余里。在外洋，东有日本、台湾、琉球（古称流求），南有南洋群岛，从南洋西连印度，在从前和中国都曾发生过互市的关系。至航海交通，可分几个时期来说。

第一期　渤海、黄海及东海上的交通。在春秋战国时代，浙江至山东、河北的航海即已开始。

《左传》："哀公十年吴伐齐南鄙"，《史记·吴世家》："乃从海上伐齐"。

"越王……霸于关中，从琅琊起观台，周七里，以望东海，死上八千人，戈船三百艘……"（《吴越春秋》卷六万有文库板二三一页）

"秦攻燕……齐涉渤海，正义齐从沧州至瀛州（今河北河间县）"（《史记·苏秦传》）

第二期　承第一期交通线，南接至安南，始于两汉，《前汉书》九十五卷闽越传："建元三闽粤发兵东瓯……遣助严助发会郡兵浮海救之……横海将军韩说出句章，浮海从东往……"

当时闽越都今之福州，东瓯在今温州，句章今宁波，足见闽浙海道交通，于汉已成惯行航线。

同书："元鼎五年南粤反，余善上书，请以卒八千从楼船击吕嘉等兵，至揭阳，以海风波为解，不行……"

余善当时即闽王，吕嘉南粤之宰相，杀其王反，揭阳在今广东省揭阳县附近。当时南越都番禺（今广州）。可见，当时闽粤间海道原已开拓。

至如《史记》平准书所载，武帝攻南越时，齐相卜式上书所说："臣愿与父子与齐习船者往死之"一言看来，则从山东直接到广州的航线实已为时所惯行。

从广东至安南的航海交通，始于西汉之何时，不易决断。因为秦及西汉略取安南，都是由湖南经广西的内道，至东汉，马援平交趾时，"楼船大小二千余艘，而所走的，却是从合浦"，缘海而进，随山刊道千余里刊除也。则究竟是从海，或从陆，颇不易言。不过从当时平交趾之有楼船来看，从海的可能性较大。或许水陆并进也未可知。

在这一期中，最值注意者，不但只沿岸航行，且已跨海。

《前汉书·杨朴传》："遣楼船将军从齐浮渤海击朝鲜"。朝鲜在山东隔海以东，其次中日交通也开始繁盛。不过中日交通的发生，较此为早，唯是当时多凭自然海流的漂渡。所谓左旋回流。而正式交通路线，却是始于汉代。关这，王辑五先生所撰《中日交通史》，已有充分的考证，我且不谈。

第三期　南海及印度洋的航行。这一期始于隋唐，本来在汉代，南海各岛民，甚至波斯、印度及欧洲的罗马，已开始和中国通商。可是那时，中国船舶尚未远航海外。考《汉书·地理志》，汉之译使虽亦至阿剌伯海，但都是坐外国船，所谓"蛮夷贾船转送致之"。到了唐南，中国商船才见于印度洋（条看桑原隲藏著《中国阿剌伯海上交通史》，冯攸译，商务本一一一页——二七页）。迨明成祖，郑和下西洋，中国舰队实际已达非洲东岸。所以这一期，可算是中国航海事业最盛、最伟的一段。设想此后，更加发达，则中国海外贸易不但惊人，而海军也相当的客观。

第四期　是欧亚交通之发达。可是在这一时，中国对外事业的发展，就此停滞，而横行于南海一带及中国海洋的却是欧洲的航海家，这便替后来列强侵华的局面散布了种子。

再说海战罢。《读史方舆纪要》江南沿海舆地考："春秋哀公八年，吴徐承帅舟师自海入齐。国语夫差会晋公午于潢池，越王勾践命范蠡占庸率师沿泝淮以绝吴路，即今海道也……"。实为海战之始。至如汉之东征朝鲜，南定百越，都是利用楼船。到了隋唐以降，海战之史实更多。如：

"辽东之役，护儿率楼船，指沧海……"（《隋书·来护儿传》）

"发东阳兵万余人，自义安，泛海掣流求国"（《隋书·陈棱传》）

"仁轨乃率杜爽，扶余隆，率水军及粮船，自熊津江往白江……遇倭兵于白江之口，四战胜，焚其舟四百艘，烟焰涨天，海水皆赤……"（《新唐书·刘仁轨传》）

至南海安南方面，因系外番聚商之地，舟载之事更为常见。次如元之东南征，明清之御海寇（其实不是海寇见后）真是举不胜举了。

从上述看来，则"水军"即"海军"，可毋庸议。若必以用机器行驶，才算是海军话，那末无论何国的海军史都要缩短数百年，而前期欧洲的希腊、雅典、罗马、迦太基等等的海军也不能算数了。

既然中国海军有这样悠久的历史，但何以到今日，反不如后进的欧美各海军呢？关这有两种可能的答案：一是中国海军开倒车，二是海军不开倒车，而是开慢车，以致赶不上欧美。

但是如果从下述各点来看，便知第一答覆不能成立，即第二亦有讨论余地。

（一）从中国社会的变迁来看。中国经济的发展，先从北部推及江淮，后渐及南部。复从南部发展到外洋。换句话是从陆逐渐发展到江海。如果中国没有海军则罢，如有，则随社会经济的发展，势无倒退之理。

（二）从造船的技术来看。随社会的需要，造船技术也逐渐进步。汉代"楼船"在功用上，已不及三国的"斗舰"。至唐宋时中国船结构之精巧，已驾任何番船之上。据桑原隲藏氏的研究（见氏著《中国阿剌伯海上交通史》），中国船有下列诸特征。

1.船大可坐五百至一千人，有舱五十至百间。

2.船桅四柱至十二柱。

3.船幅广阔，尖底，舷用二重松板，底部三重，有截堵，使船一部受伤，不至影响全部（按此与今日造舰技术相仿）甲板四层。

4.无风用橹，每船有八至十挺，或至二十挺。一橹用四至十五人或三十人，摇之。

虽然此种船舶系为商船，但亦备有射手、盾手及发射火箭之弩手，实际即属武装之船。

吾人尤值注意者，唐宋时，中国已有明轮（Peddle wheel）舰的发明，用机关，而不藉风力了。

"常运心巧思，为战舰，挟二轮踏之。翔风疾若挂帆席。"（《旧唐书·李皋传》）

"以轮激水，其行如飞。"（《宋书·岳飞传》）

兹不以此种小轮来说，但明清之广船、福船，也较三国以降的"斗舰"进步。

（三）从航海技术来看。唐宋航海技术如何，无从考究，第就唐宋以后言之，实际已达高等航海术的境地，甚言者，厥如下列。

1.天文之利用。萍洲可谈："舟师……夜则观星，昼则观日。"

2.气象之利用。《风潮占验》一书，全关航行之气象问题。

3.罗盘针之使用。萍洲可谈："……隐晦观指南针。"

4.测水仪之使用。航行中常以绳钩摄取海底之泥，由之推定位置，又用铅钟，测水之深度。

（四）从水军之组织来说。从社会对于水军之需要，而反映于政治结构上的，便是水军编制的进步。汉代以前，舟师编制，史有厥文。汉之楼船，已是"常以秋后讲肄课试，各有员数。"不过当时楼船在兵制上尚无固定地位。有事则举，无事即罢（参看拙编《汉代楼船制度考》见《海军杂志》十卷九期）。到了宋代，水军编制大有进步。其人选，其训练，及其组织，均经严格将事（参见拙编《宋代水师制度之演进》见《海军杂志》十一卷一期）。宋以后，水军之广布，组织之扩大，更非前者所可及。

从上述可见水军并不开倒车。即就甲午战争以后来说，光绪末期，造舰仍非常积极，在抗战之前，海军工作的努力，凡是知道的人，也不至说是开倒车罢。

说它开慢车罢。但如果把过去各个时代的水军，和欧洲的海军史来比较，又见得它走得并不慢。只是在这二千多年的长期航行中，顺风得少，逆风时多，走一程，搁一程，以致后来的却反居先了。

这种原因，不在海军本身，却在作为海军基础的社会方面。因此要了解中国海军的变迁，必须了解中国的社会。

二

在欧洲，以海军认为不是独立的，凭空存在的，它是和一般的社会现象有密切关系的。第一个要算是美国海军作家，马罕氏（A. T. Maham）了。马氏以海军高级将官，而兼法学博士，自然无论在军事学，或一般社会科学方面，都较其他军官，来得通博高深。且是欧美海军学界的历史学派中的有权威之一（按：在欧美海军学分有历史学派与实验派，其中占势力的现在还是历史学派）。马氏著作颇多，中以《海军对于历史的影响》（*The Influence of Sea Power History* 1890），及《海军战略》（*Naval Strategy* 1912）二书为著。关于海军与一般社会现象的关系，氏在其《海军对于历史的影响》的序言中，曾发表如下的意见：

"……一般历史学家对于海洋情形，均不熟识，以为它是不具有任何特种的兴味和学识，结果便把海军对于许多重要史实的伟大影响，轻易地忽略了，……另一方面，海军史学家也不曾在一般史实与海军史实之联系上面下一番苦功。实际这两种史实是不能分开的……。"

于是氏便开始他的综合研究。

"从政治与社会的观点看来，海洋的最显明面目是广大的公路，在它上面，可向任何方向行走，不过在许多途径中有几条较好、较便的航道，由人们任意选择，这就叫做'贸易线'……水上交通运输常较陆上容易而且低廉，虽然海上的危险不测较大。所以临海的民族多愿走海。……先前贸易只限国内，称为沿岸贸易。后以生产量增加，便与国外互市，因有海外贸易线。……商品的运输，或靠外国船，或用本国船。用本国船利大而较便，因此各国都愿扩充商船的数量。有商船，便需要安全的港埠，以资休息，而它们所走的航线，也需要保护了。保护必藉武装军舰的力量，所以，严格说来，海军的需要系同商船的生长而生长，没有商船，便没有海军，惟抱侵略的国家，以海军为其军事组成之一的场合，不在此限……"（见氏著《海军对于历史的影响》第二章二十五一六页）

"……从前，航海商人冒险行商于新异的未开发的地方，到处隐伏着敌人，因此必须取得安全的商港和市场。结果便产生了殖民地。……其次在长途航行中，无论商船或军舰，所抱的危险性极大，因此必有若干'中站'，以资给养，休航。……所以殖民地不但包涵贸易的性质，且含战略上的要素，有的，却全属军事方面的。"

"因此，因贸易需要而激增的'生产'，推进贸易的'航商'，与扩大并保护航商活动的'殖民地'，三者是一个临海国家的政策及历史的关键。同时也便是'海军'的动力……"（见同书二十七一八页）

二十四年之后，经过这长期的研究，马氏的见解，开始改变了。在他的《海军战略》第四四六页，讨论日俄战争中，感到他的前定理论和事实竟不符合。他说：

"海军之生长有藉于海外贸易。在某种界限，这是对的。惟其在某种场合才是对的，故结论更易误解……俄国本无海上贸易……这次战争，俄国海军竟占着决定位置，而海军之失败，遂使其国势不振。……这种可悲的结果正表现着：俄国虽无贸易，而海军的需要却也迫切了。"

于是，他结论道：

"事实愈为明显了，无论海军的历史起因怎样，它的机能实含有军事与外交的性质"，"航商仅是在国家对外关系的无数方式中，占其一部而已……"

他又说：

"美国不具侵略目的，但仅要保持其宣布的政策。虽然没有商船曾飞扬过美国旗，但美国却也需要强有力的海军。"

在这本大著完成后不久，马氏便与世长辞，从此我们不能看见他的思想从再度转变而至三度的转变了。

马氏的理论，在当时，对于海军界的思想影响极大。在他的《海军对于历史的影响》一书出版后一年，英国海军上将柯仑（P. H. Colomb）所著的《海战》（*Naval Warfare*）也出版了。据柯氏的理论，只有那些国家，在国富上，贸易占着重要地位，同时在海洋上，有它们的商船存在，然后才会发生真正的海战。他说：

"真正海战的发生，是在海洋有充分的财产，它的损失足使其所有者濒于危亡，及在有航海的船舰对这财产加以攻击的时候。"（见氏著《海战》第二十五页）

其次，海军既是用以保护海上贸易，那末，欲达到此目的，自需把整个的海洋航行权，操在手中，所以柯氏又以为海战目的，在于取得制海权。他说：

"当我能够报告政府说：无论要派远征队或商船到何地点，均无受敌阻梗破坏之虞时候，便是我已经控制海洋之日。"（同书一页）

从此可见柯氏的理论，实和马氏前期理论，一孔出气的。因为那是柯氏还不曾看马氏的思想转变，而在马氏思想转变之后，柯氏已经不在，所以我们对柯氏的理论还保有着这种见解。

马氏的思想不但影响当时，而到现在还是占着势力的。这可从英国海军上将李次曼勋爵（Herbert Richmond）的著作看出来的。一九三四年，李氏的《现代海军》（*Sea Power in Modern World*）出版了。翻开第一章，便见这样一种的见解：

"广义上，海军生长的原因可分为两种范畴。第一，海军的发展是自然的经济社会活动之结果；第二，不是为了贸易与领土，而是为要取得更多的财富、力量与势力范围，在性质上，这纯粹是属政治方面。"（氏著第十页）

因此他结论到海军之机能虽出于保护，同时也是一种"侵略的工具"。

以海军认为保护贸易与侵略的工具之见解，不是晚源于马氏的理论吗？

可是马氏的理论不但支配今昔的英国海军作家的思想，而且在无形中还左右了英国海军的整个政策。

在一九一〇年十一月，英国海军部送呈英军事委员会（Mdr ottice）的意见书中，曾说：

"战时，英国的真正重大的危险不在领土的侵略，而在于海上贸易之被阻梗，商船之被攻击。保护我贸易之需要，即为我舰队实力之基础。……我舰队之主要目标，无论对于保护贸易，或其他工作，均在于阻止任何敌舰深入海洋，履行对我任何不利的活动……"（见《强制服务》*Compulsory Service* 二〇九页）

但是，无论马氏在世界海军作家中的地位怎样高贵，他的影响力怎样伟大，他的理论却不能使我们认为满意，至其难使我们满意的地方，不在他的理论没有中心的、稳定的思想，以致见红说红，见白说白，被那复杂的，五光十色的社会现象所迷惑。主要的却在下述的两点上面：

第一，虽然他在谈着历史，但却把历史的本质忘掉了。历史是不断地变迁，虽然在变迁的过程中，发生各种不同的阶段，但却是不可分开的联系着。因此研究历史的，应从它的变的、联系的性质去把握。一般说来，海上贸易很早就有了，而且或许还有远大的前途。可是若以海上贸易的整个历程，认为就是历史的整个历程，那就错了。所以说海军和海上贸易有关系固可，但以之作为相生相灭，便易引入歧途。海上贸易是从人类生存需要而适应自然环境所表现的一种方式，它的性质和一般的贸易，没有差异。贸易不是凭空产生的，它是交换生产的结果，而交换生产又是从自给生产演进来的。从自给生产进到贸易的历程之快慢，是以生存需要程度为转移。所以在向外发展的贸易阶段之前，必须经过或长或短的保守自给生产的时期，在这时期因自然环境的关系，却也可能有海军。美国海军最初不是用以防御沿海的海盗吗？至它的海上贸易却是后来发生的事件。明了这点，则对革命时代的美国海军，不感奇异了。

其次本来在各个向外发展的国家间，往往发生利益的冲突。美国所以成为海上贸易的霸主，却为了它能够在前前后后战胜了欧洲各个先进的海商国，如西班牙等国。日俄战争，同样也是两个向外发展国家利益冲突的表现。虽然俄国因地理关系，那时在远东还没有所谓的海上贸易，但它的贸易的发展，确已达到相当的程度。它之需要海岸，正是它要扩张海外贸易的准备。从这点来看，则马氏所谓的海军机能上的差异，实际是社会发展程度上的不同而已。如果马氏能够看出这种历史的本质，我想他的思想，将要来一个三度的转变，而扬弃从前牛变老鼠的社会观了。

第二，马氏曾知海军与海上贸易，但不曾了解贸易的内在性质。交换生产是带着私有制和阶级层而来的。贸易愈发达，阶级的冲突也愈尖锐，因此战争不可避免。至战争之目的，不外乎是要扩张各个差异的阶级利益。即是被压迫的民众或无产阶级的国家所履行的战争也是想努力巩固，或扩张其生活的物质基础。不过它和其他战争却有质上的不同，因为它只是一种手段，争取人类的和平、平等，达到世界大同的社会主义的社会。

从这观点，海军只能认为社会上各种阶级（或民族），为保持其生存，或扩张其利益计，适应自然环境相趋势，而创立的战争工具。社会阶级层的产生、发展、消灭，即是海军整个历程。而海上贸易之保护，只是海军整个生命历程中，一个必然的现象而已。

不过，海军的海上贸易观所以能够长久的支配世界海军的思想，实际是各帝国主义海军的阶级性的实践。保护贸易，是个非常合理的名词，藉着这个名词，帝国主义者正好癫狂地从事海军军备的竞争，准备空前广大的人类大屠杀，此外还有什么呢？

三

说到中国社会与海军的问题，我想如果有一个"马罕派"的西洋海军学家，对这落后的海军，愿意下决心加以研究的话，那末第一着他会说：无疑的，中国海军之不振，原因是在中国没有海外贸易；但第二着，他却会有点发晕了，因为在中国过去历史的某阶段中，没有海外贸易，而"水军"却也兴盛。说它是纯粹的军事性质，但当时却没有侵略的野心，因此或许社会在所谓的"经济"原因与"政治"的性质而外，还要替海军加上集中既非经济，又非政治的机能。真的，中国海军的起因实在也够复杂了。这种复杂，概括说来，自然是由复杂的中国社会生产出来的。但所谓复杂，却在哪里？

本来，从一般看来，社会发展的途径，是从古代社会，变为封建社会，从封建社会，经过商业资本的过渡时期，便踏上现代的资本主义社会。

说到古代社会，我们不会忘记了希腊、罗马等国的海军。那时沿地中海的古代国家，随着生产力的发展，都先后从自给生产，进而为交换生产，因地理关系，便开始了海上贸易。于是海战也随着利益的冲突而发生了。一方面，是先进的海商国与后进的海商国的战争，一方面是海商国间争取市场的火并。随着这种战争的演进，海军便开始了它的记录。"但在好些古代民族里，社会发展到商品生产将要转到资本主义社会时，却因为内部的矛盾冲突，不能使它有充分的发展，而即为半野蛮民族所灭，这些半野蛮民族，又重新起头重复发展一遍……"（邓初民《社会进化史纲》一六八—九页）这种重复的结果，便是从商品生产又退到自给生产，可是这一重复，便把海军驱出社会需要之外了。

但我们说过，海军是随阶级层相生相灭的，阶级社会有一天的存在，海军的需要随时可以复生的。果然在自给生产的封建社会，踏上第九世纪时代，因地理的关系，也不能不有海军了。原来在欧洲有一种民族，是专靠海外谋生的，那就是丹麦，洛蛮和维琴斯人。这种人，从自给生产者眼中看来，是"海盗"，因为他们时常向封建社会进攻，破坏它的自给经济。于是后者遂不可不也开始利用海军，来保护土地。

到了生产力的发展，冲破封建社会的生产关系后，海上贸易重又开始，于是作为封建领主保护土地的海军，一变又为工商资本家的进攻工具，来争取海外市场和殖民地了（这是马罕所仅见的阶段），发展的结果随生了现代的资本主义社会。这种社会的特征，是机械生产的运用和海外市场的争取独占。因此反映于海军方面的，是蓬帆船之变成机器舰，和绝对优势海军的保持，而资本的竞争，便成为海军军备的竞争了。

另一方面，资本主义者对后进的殖民地国家之榨取压迫，结果引起后者的反抗准备，在这准备中，海军也为必要的因素。不过在性质上，因社会背景的不同，进攻的海军，在此却又成为防御的工具。

这是社会发展的一般途径，同时也就是海军发展的一般过程。

假设中国社会也是向这一途径前进，那末中国的海军到现在也可以保持成百万吨的雄厚实力，而它的性质也不像那样复杂。不幸，中国社会却走另一条歧路了，但何时走上歧路呢？何以会走上歧路，而所走的歧路又是怎样呢？

这些问题，论到中国海军时，不能不加解决的。同时这些问题，又不易解决。因为过去许多年，为这，国内外的学者也不知打过多少笔墨官司，一直到现在还未得到共同的结论。在这里我且提出一位见解比较近理的陈啸江先生，看看他对这些问题怎样解答罢：

"战国以后，就大体上说，中国是已脱离封建社会的束缚，而有踏上工业资本社会的可能性了。此时商业资本不断在破坏农村；手工业也渐渐在城市中发展；一部分商人为谋具货物的出路，也开始国际市场的探求了：设想发展不遇到障碍，我想在东洋资本主义社会之建立，是不会迟于西洋的。然而历史的事实，却证明了以上理想的虚幻……"（氏著《为寻求中国历史何以走不上资本主义之路者进一解》见《现代史学》二卷一二合期）

从这便知中国社会走上歧路的时期是在战国以后。这点，许多学者也都承认的。但何以踏不上工业资本社会的正轨呢？陈啸江君说：

"中国经济的发展，在初时是猛进的，所以在秦汉之世已能与西欧前资本时代等量齐观了。但是受了种种自然底限制，如（一）国内南北交通之隔阂；（二）国际良好市场之缺乏；（三）经济中心初时限于北部等，便使中国向外发展受了很大的障碍……设想此时中国经济已经到无路可走的地步，用人类适应环境的能力，或许能有其他方法，冲破这种自然障碍也未可知。不过中国因土地的肥沃，气候的温和，却隐了一个向内发展的坦途。于是外力的作用，通过中国人创造和顺应的能力，便造成了独特的农业生产力来了。"

因地理之阻碍，以中国人适应的能力，在丰厚的自然资源的基础上，便把中国社会推向另一途径上了，这种途径是什么呢？氏说：

"……建立在此种生产力上的社会，是亦完全冲破了封建的藩篱，而另成了一个阶段，此种阶段即是我们所称的'佃佣的'阶段……"

所谓佃佣的社会，其特征是怎样呢？啸江君曾列成二种和封建社会与前资本社会对比的表，中关佃佣社会的上下层建筑现象，一如下列：

上层建筑		下层建筑	
生产手段	农业器具继续改良，农产土地继续扩大和善用	政治形态	地主与贵族合成统一的国家专制主义的国家
生产方式	自由地主支配佃农、半佃农或雇农	法律形态	法律有统一的形态皆为地主的利益而设，保障土地自由竞争
占有对象	土地占有便可生产	军备形态	有常备军目的在保护土地
剥削状态	佃农以契约形式为地主服务，缴纳货币地租或力役地租	教育形态	目的在拥护地主利益但已比较普遍
剥削程度	因土地可投资，故剥削无限制	伦理形态	虽然仍以服从为道德（如忠孝）但视为完成自我的目的
流通过程	农产品商业化	宗教哲学形态	一、因佃佣制社会发展是向内的，反映于宗教，内备工夫极深虽然未能达到一神阶级；二、哲学中庸主义
分配过程	不均现象很大，社会财富握于地主手里，虽商人也握有财源，然后投资于土地	科学形态	科学思想颇发达，成绩亦略客观，但囿于环境不能进前
斗争方式	新兴地主诱导农民反抗旧日地主	艺术形态	几度有反抗古典主义的倾向，但经济生活不能给他以良好发展机会，结果又流于新古典主义

"中国过去所走路，即是不从工业发展而却从农业发展而形成了所谓佃佣社会的路。"而二千多年的社会变迁，便是这个形态的循环（每一循环期自然总有量上的差异）。同时，啸江君又指出下列四个循环期：

第一循环期　汉—南北朝（秦朝极短，可归于汉）

第二循环期　唐—宋

第三循环期　元—明

第四循环期　清—（此期循环未完，便为外资本主义侵入，而转成另一形式的社会）

从上述，我发生如下的感想，虽然不敢说是我的主张。

第一，关于中国封建制度终于东周战国问题，我没有异见。杨及玄先生说得好："典型的封建制度，只在西周时代出现。此后有汉初建而不封，有清室封而不建。"（《中山文化教育馆季刊》二卷二期）而一般尚在争执中国封建的终了问题，我想除空费笔墨外是没有什么的。

第二，关于中国社会，因自然限制，使向外发展受了障碍问题，我却有点意见。在人类求生存的过程中，物质的需求，促进生产力的增加，结果便造成向外发展的形态。中国社会之发展问题，不在自然地理，而是取决于求生存所促成的物质的需要程度。南北交通的隔阂，并不曾阻碍了秦汉的发展；而在秦汉之后，经济中心也已逐渐向南迁移了。至海外市场问题，却要看中国社会的需要与否。其次生产力的加增，正胚胎着生产力的崩溃，我想啸江先生谅也知道了。关于以后再说罢。

第三，划分循环期问题，我也不表赞同，虽然我承认带有发展的循环期在中国是存在的。同时我还承认在中国社会每一循环期的开始，都曾有绘着浓厚的西欧重商主义色彩的阶段。

说到秦隋，我们大概不会忘记十七世纪的法兰西罢。至当时社会的特征，苏联经济学者D. 洛森堡说过：

"作为重商主义的特别变种的哥白尔主义有种种特质。第一个特征是农村经济的完全被忽略；农业的忽略是一般重商主义的固有东西……但哥白尔主义者的这种农业的蔑视，却简直到达了极度。第二特征，是重商主义政策实施上的极度的官僚主义。哥白尔常乞灵于商人及产业家的'兴'……第三特征，法国的重商主义，较之其他诸国，在经济上和国库利害，在政治上和绝对主义的利害，是非常密切的。商业和利财政——租税政策，极紧密的结合着……"（氏著《政治经济学史》上卷，张李孙等译本第一七四五页）

关于第一特征，在《史记·货殖列传》中一句话，可以证明的。"用贫求富，农不如工，工不如商"，可见商人已为当时所重视，于是结果，"稼穑之氏少，商旅之氏多，谷不足而货有余。"（《汉书·货殖传》）为了秦隋注重贸易的缘故，把农民都调为各种徭役的劳动。

"然考苏张之说，计秦及山东六国戎卒尚余五百余万，推人口尚当千余万，秦兼诸侯所杀三分居一。犹以余力北筑长城四十余万，南戍五岭五十余万，阿房骊山七十万。三十年间，百姓死没相踵于路……"（《通典·食货》七）

隋全盛时代，人口计有四千余万人，但：

"炀帝承其全盛，遂恣荒淫，建洛邑，每月役丁二百万人，导洛河及淮北，通涿郡，筑长城东西千余里，皆征百万余人，丁男不足，以妇女充役，而死者大半。天下之人，十分九为盗贼，以至于亡。"（《通考·食货户口》）

其实导洛河不止征百万余人，据《隋书·本纪》，系达七百万。像这样大量的农民充为徭役，农村经济安得不破产呢。

关于第二特征，虽秦隋不曾向商人征求意见，但其对商人之重视，可毋容议，例如秦始皇之令商人保"比封君，以时与列臣朝请"，和以巴蜀富家寡妇清为贞妇"而客之为筑女怀情台"（见《史记·货殖传》）等，均足证明对商人之优待了。再次，如秦之黔首实田，所谓"竭天下之资财，以奉其政"（《通考》），隋之"骄怒之兵屡动，土木之工不息……征税万端……人弗堪命……"（李谔寿语）都可见当时租税政策之苛重。

至于当时之宫廷奢侈的生活，简直和法国路易十四、十五世的情形无二。

重商主义的一般政策，是货币均衡与贸易均衡的理论，货币均衡理论反映着重商政策发展的第一阶段。是要用种种抑制方法，吸收贵金属。在这一阶段的英国所施行的方策是：一，对于英国商人的统制；二，对于外国商人的统制。这种情形在元代便可见到。至当时所采垄断海外贸易及独金属货币的，可分述如下：

1.招徕外商之政策。

"至元十五年，以唆都为左丞，行省泉州，奉玺书十道，招谕南夷诸国。"（《元史·唆都传》）

"十六年，遣广东招讨使达噜噶齐杨廷璧，招俱蓝。"

"十八年后命噶札尔哈雅，亦黑迷失，杨廷璧，再往招谕，到马八儿冥端等国。"（《元史·马八儿等国传》）

这种招徕外商的目的，是要从外商收入巨款的。

"塔剌海哈、鲁合人，至元十九年，为广东宣慰使。……海朋多为司马存所侵，奉省檄提调之，番商大悦。其后，舶舟至者常倍焉。由是增居民二万七百余户，官课七万三千锭。"（《广东通志》）

2.闽粤市舶重征政策。

"世祖至元十四年，立泉州等处市舶司，以孟古岱领泉州市舶司，令每些招集舶商于番邦，博易殊翠香等物，定单抽法。时客船自众福贩土产之物者，其所征亦与番货等，上海市舶提控，于是定番双抽，土贡单抽。"（《福建通志》）

3.市舶官办政策。

"官自具船给本选人入番贸易诸货，其所获之息，以十分为率，官取其七，所易人得其三。诸番客旅就官船买卖者，依例抽之。"（同上）

4.吸收贵金属货币政策。

这种政策，一方面是禁止贵金属出口，一方面发行纸币收入巨额的铜币，再用铜币向南洋各国兑换黄金、贵重物品。这种情形可见下列诸史料：

"二十三年……禁美金银铜钱，越海互市。"

"元贞二年，禁舶商毋以金银过海，诸使外国者不得为商。"（《广东通志》）

"大德七年，停诸人勿以金银丝之下番。至大元……二年，诏海舶兴贩金银铜钱丝绵布帛下海者禁之。"（《元史·成宗本纪》）

从上述各点，我以为在每一循环其中都有一个短短的极端重商时代，只能算为后来社会的楔子。虽然后来的社会，也曾发生过向外发展的事件，但事实上比较已是着重农业方面，其发展，只是收楔子所种之果而已。

其次关于第四循环，我颇疑是不能成立的。原因并不是为了没有像前三期的楔子，而是为了清代各种设施，甚至于商业政策，几乎和明末没有重大的差异。固然我不否认外族的侵入足以造成经济发展的反动。惟是时间与空间的不同也可能使一般的法则产生一种特殊性的。同是外族，但何以五胡、辽金的侵入，结束了循环，而蒙古的元，却又是新循环期的开始呢？

现在回头说到海军。

我们知道中国自秦至清末叶二千多年的长期发展中，有向外发展，有地主斗争，有防御外族或海盗，种种色色，都是再现而至于三现。作为阶级层的斗争工具的海军，于是忽而是向外发展的后盾，忽而是地主们斗争的武器，忽而又是防盗、防夷的工具，像这种的复杂的现象，真会叫那般单以一个阶段来说明海军的人们发愣了。可是无论现象多么复杂，海军的性质终是非常简单，它只是社会上各种阶级（或民族），为保持其生存，或扩张其利益计，适应自然环境的趋势，而创立的战争工具。但中国的海军既然对社会有许多的需要，何以会走一程，搁一程，最终敌不过后进的欧美日本各国的海军呢？为了解这个问题，我拟用"横的"方法，加以说明。

（未完）

中国社会与海军（续）[1] 王师复

四

我们知道，海上贸易的发展，是欧西海军进步的重大原动力。这个道理，在中国何曾不同。所以在向外发展的阶段中，中国实在也有过雄厚的海军。

在第一循环期中，秦始皇要算是向外发展的开路先锋了。《史记》南蛮传及主义偃传，均有这一段的记载：

"……使尉佗屠睢将楼船之士取百越，使盐绿凿渠运粮。"

《淮南子》笺释卷十八人间训说：

"……利越之犀角象齿翡翠珠玑，乃使尉屠睢发卒五十万为五军，一军塞镡城之岭，一军守九疑之塞，一军处番禺之都，一军守南野之界，一军结余干之水。三年不解甲弛弩，使盐绿凿渠以通粮道，以与越人战……攻秦大破之……乃发戍以备之。"

然而不说楼船，若再照淮南王列传所说："又使尉佗踰五岭攻百越"话，则愈无楼船可能了。但是我想秦既兼并索以水军著名之吴楚扬越，何至没有水军，有水军何以在这次伟大的远征，不用水军，何况所征的百越又是临海的地方呢？

可是我们细心一看，当时的五军似乎都是水军了。

镡城在今湘黔西南，所谓"岭"，当在湘桂交界之处，九疑即今湘江华县的九疑山，南野即今江西的南康县，所界当指江西与广东交通。余干在鄱阳湖西南。

---

〔1〕此文发表于《整建月刊》1940年第1卷第2期。

从上述各地的所在，可知当时的第一军，是从洞庭湖经沅江而南。第二军从湘江直下。第四军从南昌，下漳水。至第三军如何会"处番禺之都"，颇有疑问。或许是从湘水，经耒水，渡罗水，进抵番禺。至第五军，"结余干之水"，当在余干水上集中，从鄱阳湖，绕长江，出海，一路定东瓯，略闽中郡，沿海至番禺，与第三军会齐。至其余守塞的三军，当在监缘粮渠——兴安渠，凿成，始由湘江，经兴安渠，下漓水，而抵广西的，到了给越人打败之后，再改攻势为守势，而戍守于南五岭了。从这看来，则攻百越和守五岭是两件相连的事。那末淮南王传所载的"踰五岭"，当为不确。第一，许多史料都不说"踰"，如：

"南有五岭之戍"（《史记·陈余传》）

"秦始皇略定扬越，谪戍五方，南守五岭。第一塞上岭，即南康大庾岭，第二骑田岭（即今粤汉路所经大道），第三都庞岭（在湘桂西南交界），第四甿渚岭（九疑山），第五越岭（载西兴安县之北）是也。"（《太平御览》卷五《行南康记》）

其次我们知道，战事的发生是在兴安渠完成之后，则渠未完成，何须越岭，而渠既成，则水路便利，又何须踰岭呢？

可是不知为了一个"踰"字，后来却使一位法国学者鄂庐愕氏"踰"出一本《秦代初平南越考》来了（国人冯承钧译，商务出版）。氏考证的结果，以为那五军都是"踰"：

"第一军从赴桂林的一岭进兵，即第五岭。"

"第二军过第四岭，而入广西的北境。"

"第三军逾第二岭（长沙至番禺一道），好像无何困难达到番禺。"

"第四军取南昌赴番禺一道，而逾第一岭，进入广东，占领广东北部。"（氏著第四五—六页）

至第三岭和第五军呢，他以为第三岭，广州记既未著录，而就氏所见，"似无路可通广西内地，除非绕道北行，假途湘水漓水与同安渠的大道。"此外，他还以为"这一岭和第二第四两岭很近，虽然可以通到广东都会，然而不能直接达到一条重要川流之上，他所经的道路，不久便到北江同速州江汇流的处所，而与长沙番禺的大道合而为一。"（氏著一二—三页）于是结论到"此岭不甚重要，还要注意的广州记无都庞，而代以揭阳。"

为了此故，鄂氏一心想"踰"，因此便"踰"出揭阳岭来了。岭是有了，但何军踰它呢？那自然是第五军了。第五军既由福州出发，自然"应该是沿海边的通道往南走，到今日广东潮安一带，由是抵于揭阳岭"了。

从广州志之无都庞，而把南五岭之一，移到揭阳来未免牵强。设以第五军走陆路，则从江西往福州，也还该踰一岭，则岭之五，岂不成为六。不逾岭，则这第五军难道是飞渡吗？

总之鄂氏所著，自然有价值之处，只是把楼船推上岭，实在是笑话。

闲话少说，书归正传。

以秦代为数五十万的水军，其势不为非空前的浩大，虽然这次远征，颇不得利，但后来却替汉代开了发展的大道。

"粤欲与汉用船战逐，乃大修昆明池，列馆围之，治楼船高十余丈，旗帜加其上，甚壮。"（《前汉书·货殖志》）

汉代造船了，不久开拔了。

"吕嘉反……令粤人及江淮以南楼船十万师往讨之。元鼎五年秋，卫尉路博德为伏波将军，出桂阳，下湟水。主爵都尉杨朴为楼船将军，出豫章，下横浦。故归义越侯为戈船下。"

"漱将军，出零陵，或下漓水，或抵苍梧，使驰义侯将巴蜀人发夜郎兵，下牂柯。咸会番禺。"（《武帝纪》）

这次开拔，共分四路，第一路，从桂阳出发，取道湟水，湟即洭之误，和秦第三军所走的水道半路同。第二路，即秦第二军所走的。第三路，从零陵，通兴安渠，下漓水，驻兵于两广交界，以为策应，其走的水道也就是秦代入桂军队所走的水道。第四路，先从蜀溯江到夜郎，拟合夜郎舰队从牂柯江直到番禺。因夜郎不从，师遂中止，后来汉和夜郎也起了战争。

至秦第五军所走的沿海航道，在汉征闽越时才加利用，这种史里已见本文第一段，我且不表。

上面说过，汉代的航海且有跨海，就是征朝鲜，且这也不算是汉代的武功超过秦代一个里例，因为朝鲜，从前原属燕，秦灭六国，地"并渤海以东"，则朝鲜当时，或已属于秦，武帝似欲保有秦代的势力范围，因朝鲜反，遂有征东之举而已。

至第二期的隋唐，则有：

"沧海道军，舟舰千里，高帆电逝，巨舰云风，横断浿江，连造平壤。"（《隋文帝纪》）

"发江南十二州工人，造大船数百艘，欲征高丽。"（《资江通鉴》一九八卷）

"帅江吴京洛募兵凡四万，吴船五百泛海趋平塘。"（《新唐书·高丽传》）

"仁轨……率水军及粮船自熊津江往白江……遇倭兵于白江之口，四战捷，焚其舟四百艘，烟焰涨，江水尽赤。"（见《新唐书·刘仁轨传》）

第三期的元明，水军声势更为浩大。元往日本，计两次。第一次，在元世祖十一年，世祖记载：

"三月……庚寅数……忻都高……洪茶邱等，将屯田军及女直军并水军，合万五千人，战舰大小合九百艘，征日本。"这次元军打了胜仗。

第二次，在世祖十八年，计有范文虎、忻都、洪茶邱等军十万人，舰三千艘，合高丽王兵万人，水手万五千人，战舰九百艘，出征日本。未战，因飓风，军心散乱，诸将领相继弃军逃回，大军置鹰岛，为日本袭击，死者、虏者，全军覆亡。世祖颇图再举，因有事安南，遂罢。

征安南亦计两次，第一次在世祖二十——二十一年间，二十年七月，派唆都率淮浙福建湖广军五千，海船百艘，战舰二百五十艘。二十一年五月，又派阿塔海发兵万五千人，船二百艘，助战。

第二次在世祖二十三年，计有江浙湖广江西兵七万人，船五百艘，及海南岛黎兵万五千人，船百二十艘。

其次还两征缅甸，讨爪哇，都是利用水军。

明代向外发展的事实，可以郑和下西洋一事来代表。那时舰队数目虽然不多，但质量都较前大，每舰长四十四丈，阔十八丈，计六十二艘，士卒二万七千八百余人，下西洋计七次，航程遍南洋各岛，及印度洋，北至波斯湾，南及非洲东岸。

所以从上述各史料看来，海外发展，对中国海军也有和西欧同样的发动能力。可是我们要注意的，因经济基础的根本不同，虽然同是向外发展，但经济上的目的，却有不同。第一，西欧各海商国，地小，人口的增加，往往使他们有向外觅取殖民地的必要。因此当他们侵服一个新土地，便要取之而为殖民之所，但中国地广人稀，在向外发展，就没有这种的需要。所以对于所征服的属国，往往服了就算，最多置几个行政监督的官吏而已。有时还要把土人迁移到本国来，像汉之"徙东瓯人民于江淮之间"。即是重视商业的隋代，在讨伐流求时，结果也不过是"虏其男女数千人，载军实而还"而已。

第二，西欧之向外发展，结果是要推销商品，所谓开拓海外市场，所以得了一地，便以之作为私有的市场，结果才发生了争取市场的战争。但中国向外发展的目的，主要不是要攫取市场，而是要外人来和我通商。虽然在生产力极盛几个时代，虽也感开拓市场的重要，但目的还是喜欢外人来华贸易的。所以在好几次远征中，都是为了外人不来朝贡。所谓朝贡，只是中国夸大，实际何尝不就是贸易呢。中国出口的商品是以农产品为大宗的，这种商品的剩余数量，要靠农村经济的发达，但每次向外发展之后，都会结果到农民的贫困，农村经济的破产（但那时农村经济的破产和现在不同）。农民生产力一低减，向外发展便成无益而且有害了。（上述两点，实是一般社会史论战的战士们所未曾感到的）

为了没有殖民和市场的需要，所以向外发展的时期不能持久，结果海军便不能得到长顺的风，像欧西海军一样，一帆直下了。

不过，在这读者或许会问，中国唐宗以后，中国海外经商的侨民不是日渐增加吗？海军既受海上贸易之推动，何以这种情形不能反映到海军方面呢？

这个问题，并不难答。我们知道，西欧政府是代表工商资本家的利益的，为了有殖民和市场的需要，所以要鼓励人民的航海，既鼓励自然不能不加保护了。至中国行海商人却是一般居住临海地带的人民自动的从事，有时尚是被迫地离开本乡，到海外谋生，像元代对闽粤人民之压迫。他们和政府是没有关系的，有时还被政府所禁，如明中叶之禁民下海。这般侨民在外既久，逐渐和祖国的商品经济也脱离了关系，换句话，他们的贸易是由他们所住的地方，自生产出来的商品。于是本国政府，对之自不感保护之必要。何况在元清时代的政府看来，还有民族上的不同呢！因此隔膜尤其厉害。为了这种缘故，作为阶级工具的海军对这般侨民自然不能尽何任务，同时便直接影响到海军本身的发展。

五

从上述，我们知道，中国的向外发展，虽也曾引起海军的需要，但却不是中国海军的根本的原动力。但它的根本原动力是什么呢？上面述过，中国是农业的社会，它的军备是用以保护土地。因此，除暂时的向外发展时期外，战争的发生，都是为了土地，所谓"争城以战，杀人盈城，争地以战，杀人盈野"。这种战争因环境的不同，可能造成三种不同的方式。第一种是地主间争取土地的战争；第二种是地主为保持其生产利益，禁止外商而发生的防盗战争；第三种方式是专制政府为保有领土对外族侵入而发生的狭义的民族战争。这三种战争，因地理的关系，都可能引起海军的需要，同时也就是中国海军的根本动力。关这，因时间和篇幅的关系，我不能详细加以说明。只把它提纲地分析如下：

原来中国封建制度开始崩溃之后，采邑的领主间为了扩张各个的势力范围，便发生了无数强凌弱的，以及两强不俱立的战争，造成了空前大骚乱的局面。这种过程的结果，一方面是采邑领主间的两败俱伤，一方面是江汉以南藉自然物产的丰富，与安心开拓的努力而崛起的新地主之侵入，自然前者是不敌后者，而屈伏了。可是，在新兴的南方地主本身间也胚胎着矛盾，结果便也发生了战争。这便是春秋时，吴楚扬越的冲突。

本来，南方人，临水生活，船艺原是他们所长，因此顺长江的趋势，在战争中，必然用到舟师。于是水军便在中国历史上，第一次献出它的身手。

《左传》"鲁襄公二十四年，楚子作舟师以伐吴，不为功政，无功而还。"

吴人本来是"以舟楫为舆马，以巨海为平道"的，于是在"吴用木也，楚用革也"形势相殊之下，楚自不敌吴了。惟吴既得志于汉江，势必从他们的"平道"，用他们的"舆马"，北上而威胁临海的齐鲁。所以鲁国为要利用楚国来牵制吴，便派了一个巧人，公输般，到楚，替它做舟战之具，"谓之钩拒，退则钩之，进则拒之。"（《墨子裨编》）但无论楚怎样钩，怎样拒，也敌不过吴的水军，因为吴人既具行海之性，而又有"楚材吴用"的伍子胥，为之训练，"以船军之教，比陆军之法，大翼者当陆军之车，小翼者当轻车，突冒者当冲车，楼船者当行楼车，桥船者当轻足骠骑。"（大翼以下皆船名）（《武经总要》卷十一）自然是占优势了。但"螳螂之后有黄雀"，在吴胜楚，北上山东，

"如火如荼"地正争黄池之长时，后进的越，便乘机灭了强吴。于是吴楚之争，一变而成为越楚之争。到了楚灭越，秦又灭楚，兼并中原各地主统一中国后，作为地主工具的海军，便暂和中国社会告别了。

这一个阶段是中国海军史的一页，因此颇值得我们注意的。从此便可以看到，为了经济基础的不同，和地理的趋势，一开始，中国海军便和外国海军即有差异，好像预告着中国海军未来的特殊发展。

上面述过，中国社会的斗争形态，是新兴地主领导农民，反抗旧日的地主。因此战争的发生常是在农业破产，农民迫于无活生存而发生暴动的时候。

这种情形，在第一循环期中，首次发生的，是在东汉的开头。

西汉到了武帝之后，社会内部的矛盾发展得非常迅速，到了平帝，周期性的农业恐慌开始爆发。虽然王莽要想利用新法，加以挽救，已是不及，于是农民暴动终于爆发了。地主刘秀便乘机领导一部分农民，败王莽于昆阳，降服"赤眉"，自身便做了东汉皇帝。但益州的旧日地主公孙述尚颇强盛，刘秀自然不能不加注意，于是战争便发生长江流域，水军便在这种情势下，重又产生。可是事定后，海军又在被罢之列了。

东汉新地主的建立基础，和西汉一样，于是农业的恐慌，终于降临。在农民大骚动中，造成了三国的地主割据局面，它的决定是在中国史上有名的赤壁一战之后，恰好这次战争，又是水军的复现身手的时候。那时水军最强的孙吴，但因在蜀魏斗争的过程中，孙吴内部也发生了萧墙之乱，结果被新兴的地主晋，在灭蜀之余，顺流直下，便也把东吴灭掉了。那时中国总算给晋统一，但好梦易醒，到了西晋，便给五胡的侵入，使经济的发展，发生反动，重入恢复到封建的形态。但因生产力的继续发展，这种社会便于昙花一现地随隋的统一而消灭了。可是我们该注意的是在这暂时一现的封建社会中，正和春秋一样的骚乱。因此为第一期开始卖力的海军，也同样地为第一期结束尽其任务。

自隋统一后，中国社会便达上第二循环期。在这期中，同样我们看到地主们的斗争和海军之利用。在这，我不能不特别提出的，是作为海上贸易很盛来看的宋代，它的海军却和贸易没有直接的关系，而反关系到地主们的战争。

"乾德元年戊申，命诸军习战舰于迎銮（今仪征县），南唐王惧甚。"（《宋史·太祖纪》第八页）

"开宝七年太祖谕侍臣曰：兵棹之事，南方之事也。"（《通考》）

可见当时立海军是专以征讨南唐，因此便成为南方之事，而非海商之事了。这可以表现海上贸易在当时是怎样地无力。

可是在第三期，地主的斗争，是不常见，这个原因是因在明代时，外夷多故，不暇内争，而所谓"海盗"的侵扰，使海军不得不专事于海防。至清以外族而治中华，一面承明代海祸之深，一面在内部又隐伏种族的斗争，所以海军不是用于海防，即用于所谓的剿匪。在这大家或许会问，既是同一的循环期，何以第三期的现象，和前两期不同呢？关这，我们知道，中国不是一个凭空独在的国家，它和外面的环境是有联系的。循环期是从中国本身的状态发现出来的，在外来新势力没有影响到中国的社会基础之前，它总能够把持其特殊性。可是它却是随着外力的逐渐侵入，而一天天地在演进着，所以它的循环不是机械的，而是带有发展的性质。每一期如前期都有量上的差异。海盗的发生早见唐代，《唐会要》卷七十五，志有：唐时交州沿岸有崐崙海盗。大越史记亦载："海寇来自崐崙，阇婆（即瓜畦）"之事。现在我便顺便说到第二种的战争罢。

在这所谓的海盗，实际就是海商。"崐崙海盗"即是当时暹罗、越南半岛、马来半岛、马来群岛之人，此外"顿逊及缅甸之崐崙，亦可至Kra地峡之东岸，乘舟至暹罗湾、东京、广州各处。此恒河以东之印度及马来群岛各地之人，几尽倚海为生，与地中海之Bsrbaresqnes相类，以海盗而兼商人者也……若沿岸居民或海上船舶力强，则海寇自承为平和商人。如其力弱，同一水手则为海寇……"（黄瑯著《崐崙及南海古代航行考》冯承钧译本第四九—五十页）

可是这种事实也不尽然，有的是为地方市舶官吏对这般船商加以侵削，激起这般商人的叛变，如《资治通鉴》则天光元年条云："秋七月戊午，广州都督元睿，为崐崙所杀，元睿暗懦，僚属恣横，有商舶至，僚属侵渔不已。商胡诉于元睿，元睿索枷，欲系治之，群胡怒。有崐崙，抽剑直登厅事，杀元睿及左右十余人而去，无敢近者，登舟入海，追之不及。"可见所谓海盗者，当时实为官吏对外商压迫，引起他们的扰乱，于是地方官吏便以"海盗"二字，报告政府，这的确是中国官僚虚报的惯技。

至明代以降，海盗的猖獗原因，我想，和当时禁商政策很有关系的。

明唐枢说："凡商于海者，武具而力齐，虽有小寇无所容于其间。市通则寇转而为商，市禁则商转而为寇。"

郑晓说："外夷服饰器用多资于中国，有不容一日缺者，若禁其贸易，则入寇劫夺，一定之势……"

至当时禁商的原因有二。外商之开放，人民以互市，利厚而劳轻，于是从农者将相率而从商，结果影响到地主的利益，此其一。通商原为政府充裕国课收入的政策。商禁一开，人民便趋商而弃农，结果，利益集中于商人，而持权的官吏，复从中私饱，政府实际所收仅十之一，既无补于国课，复有碍于地主。所以代表地主利益的政府，自不能不采取闭关的政策了。

为了禁商而造成海盗，又为海盗而注重海防，于是海军便应时而生。在明中叶而清鸦片战争前数百年当中，海军所以能够保持者，其基础便是建立在这样一种的社会上面。

不过，在这我们尚须注意的，所谓的海盗，除上述外，尚有两种，第一种是一般因生计无望的贫民，和亡国遗臣浮海企图恢复的"海盗"，这般"海盗"，皆在南海一带的海面，如东晋之卢循，刘宋之田流，唐之冯若芳，宋末之张瑄，元末之方国珍，明末之张琏、林凤、曾一本、郑芝龙，清代之蔡牵。第二种是从斐律宾浮海而来的土番，叫做毗舍耶 Visaya。《诸蕃志》卷上毗舍耶条载：

"毗舍耶语言不通，商贩不及袒裸盯睢，殆鬼类也，泉有岛曰澎湖（平湖）隶晋江县……时至寇掠，其来不测，多罹生瞰之害，居民苦之。……"

不过这两种海盗，尚不十分重要。前者一招安便算完事，后者在史上也不常见。

和中国海军的发展有关系的第三种战争是防御外夷的战，始于南宋。原来宋代自南渡之后，经济及政治中心，移到江淮以南，因此江淮便成为当时的边境，水军自然需要。

"建炎初，李纲请于沿江淮河帅府，置水兵二军，要郡别置水军一军，次要郡别置中军，招善舟楫者，克立军号，曰凌波楼船军。"（《宋史·兵志》一八七卷十五页）

"李纲言水战之利，南方所宜，沿河淮海江帅府要郡宜效古法制造战舰，以运输轻捷安稳为良。又习火攻以焚敌舰。诏命杨观复往江浙措置，河淮别委

官。三年亲阅水军于镇江登云门外。"(《兵志》一九五卷十六页）

宋的海军，到元世祖时，还有一般宋臣如范文虎等，尚思利用海军，以图反抗恢复。如：

"二年……二月……元帅按东，与宋兵战于钓鱼山，败之获战舰百四十六艘。"（元《宋世祖本纪》卷六二页）

"七年……九月……宋将范文虎，以兵船二千艘，夹援襄阳……战于灌子滩，杀掠千余人，获船三十艘，文虎引退……"（《世祖本纪》卷七第五页）

"九年……九月……宋襄阳将张贵以轮船出城，顺流突战……"（《元史》七卷十八页）

"十一年……九月……宋兵十余万当郢，夹汉水城万万胜堡两岸，战舰千艘，铁絙横江，贯大舰'数十'，遏我舟师不得下……"（《元史》八卷十二页）

"十三年……二月……宋贾似道……集兵船于江之南北岸……战舰二千五百余艘……"（《元史》八卷十八页）

宋反攻好几次，均不得手。到了同年七月，焦山一战，"宋人自是不复能军"。宋代海军至此结束，而宋代江山，也从此灭亡了。

作为明代抵御外族的海军，自郑成功据厦门，攻福建，从崇明入长江，破镇江，攻南京。后败收军入海，据台湾。这一段汉族轰轰烈烈的反抗，又是靠着海军。

清代防御外夷侵入的海军，我留下面来说。但就清鸦片战争前一个阶段看来，保卫土地实是中国海军所以能够维持的根本原因。所以我说，中国并不开倒车，或慢车，只是为了防盗也好，防夷也好，地主内战也好，有事则防兴，无事则防弛。虽然海军能够藉其维持，但它的前进，却因社会的需要，或有或无，使海军走一程，搁一程了。另一方面，海军之走一程，搁一程，正反映着中国社会的发展过程，结果中国社会便赶不上后进而一往直前的欧洲社会，因此海军便随之而退后了。这种情形，即是清代中国被欧美帝国主义所屈伏的原因。

我们不会忘记，在鸦片战争时代的中国，从中国老式社会所产生的老式海军，为数并不为少，在反抗外国的新式军舰中，有时也侥幸得到一点胜利的。但侥幸毕竟是不可靠，结果终于失败。于是一般热心爱国的大员，感到欲巩固国防，必须向外购买新式军舰，国内举兴船政，创设新式造船所。一面用舶来之舰，抵御舶来之敌，一面利用机器制造中国的新经济基础。可是，人类能力，固然能促进社会的改造，却不能直接来改造社会的。质之突变，是从量之渐变而来。固然新的努力大，但旧的反抗力比它更大。结果在改造方面是失败，而促进方面是成功了。所以自清亡迄今不过二十多年短短时期，能够把数千年的陈旧势力完全推翻，不能不算是人类力量伟大的表现，固然外力的侵略也是一个促进的因素，同样海军也进步了。这可从以下数点来说明：

第一，虽然在甲午败后，海军的振兴却不曾受到影响的，例如向外造舰数量的加增，派遣学员留学各国之积极。所以那时清虽亡，而海军随民国的产生而存在。

第二，在辛亥革命后，由外来帝国主义造成的国内军阀争战，发生短时期的反动，阻碍民族革命的发展，但海军在迅速中，便成为民族革命的工具，从而随着革命政府的治标建设，而逐渐振兴了。

第三，这次抗战是民族革命彻底的表现，也是治本建设的初步。同时海军便也在这种过程中，而根本做起。明显的实例，就是种种轻军器——水雷——的自行制造。所以在表面上，军舰好像是消灭了，但海军却在这废铁上面，开始建立新的力量。这正反映着中国社会的实际现象。

六

最后，把上述归纳起来，我们可以得到如下的结论：第一，海军的发展，是社会发展的反映；第二，中国过去"水军"之就是"海军"，也像中国过去社会之就是"社会"一样；第三，中国社会发展的特殊道路，即是中国海军所走的道路，而中国社会与海军之不敌欧西，便是这种特殊发展的结果；第四，中国海军之不曾消灭而且进步，即是现阶段的中国社会之反映；第五，中国海军和它的社会是有同一的前途的。但中国前途是怎样的呢？

我们了解，这次抗战，是纯粹的中国民族的抗战，目的在求整个民族的解放、生存，并为世界全人类的和平、正义而斗争。所以在整个中华民族的勇敢奋斗，与世界全人类的援助同情之下，抗战的胜利必属于我，从而建立一个三民主义的国家，与世界一切以平等待我的民族，共同奋斗，以求达到世界大同的社会最极目标。因此在巩固三民主义国家的经济基础，和与世界和平民族共同努力从事永久和平的树立之下，海军必然是需要的，在这种社会里面，中国的海军，不再是任何商人或地主阶级的工具，而是中华全民族的与世界争取真正和平实现的诸民族的工具了。

其次，从代表民族的政府所定的抗战建国的纲领看来，我们也寻出海军建设的物质和技术上的基础。研究过去海军技术方面的发展，我们知道，它却也恰和社会生产技术同时并进。古代社会的生产手段的技术程度只限于人类自身的体力，及其简单工具的利用。反映于海军方面的，便是希腊、罗马时期的划船（Galley）。但随着生产技术的发展，到了人类不但用其自身的力量，且知利用风力、水力、畜力和地力时候，划船便成为篷船了，更进到了人类社会达上工业资本的阶段，生产技术全部藉着机器及自然力的劳动，而人类仅是劳动的指挥者，因此篷船也成为博古院的陈列品，而纵横海上的是蒸汽推进机的军舰。至在通过抗战建国的阶段，随着工业与电气工业之发展而造成的中国海军，是现代最新式的电机军舰，负着三民主义革命的伟大使命，活跃呈现于世界海洋之上。它就是世界一切弱小的民族的护符，同时也就是世界强盗的顽敌。

论长江水道交通破坏战的价值^[1]　李秉正

长江在军略上的意义

长江为地球上水利最溥的内陆巨流，其长度占全世界最长河流之第三位，汽轮溯江可达重庆，其下游一段，从汉口至吴淞约长六百海里，尤利航行。夏季水涨，吃水十余呎以上之海洋巨轮，装载千百吨的货物，均能畅行无阻。冬季水位低落，但吃水十呎以内的中小型运输船只，仍可通航，其流域所经之地，造成苏皖赣鄂湘等省之繁荣，关系我整个民族之经济生活者甚巨。今就军事观点上言，则长江横断我东南各省，绾毂南北交通，平时为商品往来出入之孔道，战时则为国家动员之重要命脉。举凡一切兵员之征集，军火之运输，皆赖以可由西部各省边远后方，迅速限期赶到战场。历史上从"王浚楼船下益州，金陵王气黯然销"那时起，历代兵家善用长江水道之利，而建成大业者，不知凡几？太平天国军事上之崩溃，可谓始于湖口之水军一战，清廷用能截断九江、安庆等地之联络，分别击破之，遂使大势动摇。此次抗战初起，我海军第一步江防工作，即实行除毁由上海至江阴一段之航行标识，同时在江阴江面，建成了一座坚强的国防封锁线。一方面使敌寇不能利用具优势海军，溯江直捣首都，达成其速战速决的迷梦；他方面也保证了我后方无量数军事运输的安全，这样才顺利地造成淞沪抗战坚持三月的局面。其后马当设防，田家镇要塞之成立，我海军军人又从正面水道挡住敌人，使战事再延长了一年左右，敌人不得不使用更大的兵力，更多的消耗，

---

〔1〕此文发表于《整建月刊》1940年第1卷第1期。

更长的时间来迂回攻我武汉，给国军以从容布置及整编补充的宝贵时间，奠立了今日的胜利基础。所以长江无论从地理上、历史上，或现阶段的抗战实验上去观察，它的军略意义，总是非常重要，惜乎我国人不知注意水上武力之培养，听令其门户洞开，一旦寇来，仅能以众寡悬殊之力量，临时应急之措置，勉强迎敌，这一点我们应该顺便地特别提出，愿后之谈国防建设者，幸勿河汉斯言！

敌我在沿江相持的现状

长江水道在军事上的重要，既如上述，现在谈一谈敌我在沿江相持的现状：溯自武汉转移，抗战进入第二期以后，敌骑从近海省份，深入到长江腹地。据去年底的调查报告，敌军在芜湖以西沿江两岸的兵力，有如下表：

地域	经常维持最低兵力
铜陵入通贵池、东流、彭泽、湖口一带	约一师团
南浔路及修水流域	约二师团半
粤汉线北段及鄂南地区	约三师团
平汉南段及鄂中地区	约三师团

以上敌人兵力共约九师团半，官兵人数达二十余万，但与长江流域的广大面积相较，当然只能维持一些重要据点的占领，这些据点之间，经常穿插有我国的正规军流动部队，及庞大的游击队，在陆地上不断的破坏公路交通，使敌人防不胜防，草木皆兵。因此敌人最可靠的军事运输，就剩下水道了。翻开地图一看，皖南赣北（从铜陵到湖口）敌人所占的只是一条沿江南岸的狭长地带，北岸则除开安庆一点外，几乎绝了敌踪。近来报纸上，不断地登载运输舰上驶到达这段地带，遭我江防移动炮兵截击的新闻，正是敌势脆弱的明证。美大使詹森由汉乘"吕宋"舰返沪，亦称沿途经过芜湖上游某地时，曾目击日运输舰一艘，在"吕宋"号之前航驶，岸上有人向其开炮，可见这已是公开的秘密。不过乖巧的敌人，它也已经认识了这个心腹大患。最近它正由南京、芜湖等地抽调出一部的兵力，共约八千余人，大炮三四十门，向铜陵、大通、青阳一带增援，企图挽其颓势。而我们为了要配合将来的全面反攻，向长江全线敌军作

总清算的需要，无疑地这一条狭长地带，亦在所必争，作为水道交通破坏战的理想根据地，这一节当于以后续论之。

敌军怎样的依赖长江

未提及本问题之先，我们应首先说明，现代战争所能利用的一切运输工具之中，船舶仍占其首要地位。这次欧战中，有五十万吨军火，由英国运到法国，只需要运输舰一百艘，但是从法国起岸之后，转运到马其诺前线，则同量军火，却需要二十万辆汽车，或数万辆火车。拿这些数目字来比照，实在可以惊人！况且现在话说回来，我国长江上游，从芜湖到汉口，沿江根本上就不曾筑成铁路，而敌人通用的一种军用卡车运输力，根据前线夺获的文件中记载，现在也可以列表于下：

品名	每车装载弹数
三八式步枪弹	5766
九二式重机枪子弹	4800
九一式曳火手榴弹	150
八九式重掷弹筒	80
九二式步兵炮弹	24
九四式山炮弹	16

读上表，可知汽车的运输力怎样薄弱，欲赖之支持远离海岸线到六百海里以外作战敌军的每日巨量消耗，实在离足够胜任的程度太远了。所以敌虽然在汉口、九江、岳阳等处，都没有汽车输送部队，但只是担任些从大据点分散到小据点的短程运输。所有一年来敌人在湘赣鄂各战区，藉以耀武扬威的大炮、坦克、卡车、汽油、飞机零件，以及一切的优势装备，无一不是由京沪循水道运至上游。一批一批的运输舰，装载着由倭国来的新兵，上驶到九江或汉口，然后分配到各战场去补充他们前线的炮灰消耗！据闻，现在敌军第十一野战输送司令部是设在汉口，下置岳阳及石灰窑二个兵站部，统辖一切军事运输，历次襄樊、湘北、鄂中各大会战的发动之前，我们可以毫无例外的先看到沿江敌运输舰活跃的情形，然后武汉便到有大量的兽军和巨额军火，不久猛烈的攻击

便随着展开。这充分说明了敌人怎样的利用或者可以说依赖长江，以继续对我作战。假若敌人丧失了这一条水道的安全控制，或者说有一日这一条拖得过长，尾大不掉的军事生命线，会继着中条山之后，水路遥遥相对的变成另一个新的盲肠，发炎肿烂，则一切跳虱战术，转移兵力作战等敌人自夸的得意杰作，将永远变成过去的名词，而倭阀在整个长江上游的军事投机，也将深深地陷入弹尽援绝的最后悲哀！

结论和一点建议

过去，我们虽没有特别地喊出"长江水道交通破坏战"的口号，其实行动上早已在有意无意地施行，不过我们并没有精密的计划，同时还太忽视了它的价值。有人从前线回来说：沿岸的移动炮兵，数量嫌太少，射击的技术也待改良，时常浪费弹药，收不到效果。虽然道路传闻，未可置信，但从术科方面观察，则射击舰船，因为有各种特别偏差的修正，如水流和舰速估计等关系，本来应当是海军炮兵的技术范围，正如高射炮术必须和平面射击分开，各成独立的理论一样，所以我们建议：

（一）今后在江防移动炮队中，必须加入特别受过炮术训练的海军官兵，以增进射击效能。

（二）应认识水雷战术，为水上交通破坏战中最有效的方法。抗战前，我国对水雷的制造，还一点也没有基础，一直到战事爆发后，海军一部分优秀人才，才奉命研究梯恩梯炸药和炸角。现在已经有各种重量的国产水雷出品了，其攻击性、破坏力之强，常远出敌人的意料之外。我们现在正应该大量地利用这种抗战中新生的力量，去根本上打击敌人。

（三）为了便于执行第一和第二的双重任务，当然，沿海陆地上我们必须握有了相当稳固的掩护基点，这是可能的，因为假使敌人要确实地控制沿江两岸的全线安全，至少非增加几个师团，来填塞沿江的空隙不可。然而这对于深陷泥淖愈战愈弱，战场过大，兵力不敷分配的今日之敌人，将是一种心有余而力不足的不可能。

（四）空中轰击。根据以往长江中作战经验，若运用得宜的确是有很大的威力，不过我们从前常以敌舰为目标，损失大收获小，今后应专以运输舰为目的，比喻说，在每次会战之酝酿期间，若能依据沿江的准备谍报，随时派机在长江中捕捉敌方上驶的运输船只，加以毁灭，其收效之宏，当有如釜底抽薪，火不灭而自熄。

以上这几点肤浅意见，虽曰老生常谈，但若能逐一实行，做到理想的境地，深信必获得初步成功。然后再进一步探求绝对的封锁，则对于湘鄂赣各战区的敌军，将给以：（一）精神上发生恐慌，更加其士兵的厌战和畏战心理，至少也要根本粉碎了倭阀的打通粤汉线、平汉线，将中国截成东西两部，或沿江西进突破中央，直取四川的一切妄想和阴谋；（二）物质上断绝了或只要减少了大量接济的来源，使敌寇配备上优势，日渐没落，造成我反攻的顺利局面，把敌人消灭在现战场，促成全中国各地敌军的全面崩溃。这将是一个多么重大的使命，希望我革命的海军同志，认清了当前需要，各自努力报国吧！

由海军抗战事迹说到
现阶段海军军人的重大使命[1]   曾万里[2]

今天同大家作短时间的精神讲话，最主要的目的，是要大家都明白做一个海军军人，站在这么一个为全世界的和平与正义，为全民族的生存与独立而抗战底，空前未有的大时代面前，同时，在这种抗战已经进入了第二期的今天，应该要干哪一种的工作，应该要尽哪一种的责任呢？这题目就叫做"由海军抗战事迹说到现阶段海军军人的重大使命"。

我为什么要提出这问题呢？因为我们是海军军人，海军军人的活动区域，平时是海洋；海军军人的活动单位，通常是军舰。时至今日，经过了两年多的牺牲和消耗，不独是军舰差不多没有了，就是军舰所赖以活动的全部海岸，也几乎非被占领，便被封锁，于是多数人每感到失望。有的热血填膺地怀着"请缨无路"和"英雄无用武之地"的悲观阴影，甚至进一步还怀疑到我们海军此后的存在问题。这种现象，无疑地是相当严重的。如果不是绝对的话，在抗战已到了发动全面，支持长期，以争取最后胜利的现在，我认为决不宜让这种不应有的现象，继续存在的。我们亟应虚心的加以检讨，详明的加以解析，和严重的加以纠正。这就是我提出这一个问题的动机。

---

〔1〕此文发表于《整建月刊》1940年第1卷第1期。

〔2〕曾万里（1901—1944），福建长乐人，烟台海军学校第十七届毕业生，在校就读期间即加入中国共产党，并参加"新海军社"。毕业后奉派赴英国留学，入皇家海军大学学习。回国后历任鱼雷官、枪炮官、航海官、副舰长、练习舰队总教练官等职。1937年调湖南常德水雷制造所任运输课课长，并参与组织"海军整建促进会"（后改为"海军建设促进会"），发行《海军整建月刊》（后改为《海军建设月刊》）。1942年任国防研究院研究委员。1944年奉派赴印度任中国驻东南亚盟军总部海军联络官，同年4月14日，因孟买船坞爆炸殉难。

题旨讲明白了，现在要讲到问题的本身。首先让我们回头看看海军在过去二十七个月的抗战历程中已经过了哪几个阶段，而在各阶段中对于抗战全局，又曾占有了什么地位，发生了什么影响和建立了什么功绩呢？关于这，在今天的短促时间里，要拿出一个很概况而有系统的答案来，实不容易，因为我们海军作战的区域太广泛了，有的在水上，有的在陆上；工作的范围太变动了，有的是独立，有的是协同；任务的性质太复杂了，有的是公开，有的是秘密。好似一部二十四史，不知从何说起，详尽的纪录和明允的批判，似还有待于将来的海军战史家。我现在姑且把我所见得到、闻得到的，凭着个人的判断与剪裁，撮要同大家漫谈一下。

当"八一三"东战场的抗战序幕，随着卢沟桥日本法西斯强盗侵略中华民族的炮声，快要揭开前的三十六小时，我们集中首都待命的第一舰队，在陈部长领导之下，于夜色苍茫中尾对着幕府山鱼贯地绕过八卦洲，浩浩荡荡掉头向下游灭灯疾驶，这就是甲午以后海军对外的第一次动员。十小时后，江阴江面突现出各战斗舰的雄姿。事实说明了我们海军第一线官兵，在沪战尚未爆发的前一天，早已英挺而严肃地站列到被指定的国防最前线的岗位。

就这样地加入了抗战阵营，执行着最高统帅的命令，封锁长江保卫要塞。由"八一三"而至"九二三"，这四十天中，敌人挟其吨位二十倍于我的绝对优势的海军，而其皇家军舰，竟没有一艘敢在我大炮射程以内一现丑形，更说不上能突破那一道万里长江的锁钥，江阴封锁线，以侧协京沪，上犯镇扬了。

然而无耻的倭寇，是最会捣虚取巧的。他们的长谷川中将，固然只能缩着头躲在"出云"舰上，没有胆量正式来同我们的陈兼司令季良会战，但是我们的空军有限，江阴的江防空虚，敌人是晓得的，于是完全采取了空攻策略，希图用最低廉的代价，最经济的时间，来一鼓消灭我们的舰队。孰知出乎意料之外地由八月十六日起，敌空军一连发动了七八次大规模的进攻，不特未能伤损我们军舰的一块铁板，我们官兵的一根毫毛，反消耗了他们的多架飞机和巨量炸弹，贻国际以很难堪的笑柄。敌人乃恼羞成怒，终于在九月二十二三两天，接连着了一百多架的大队机群，向我们舰队大举进攻，全力轰炸。结果呢，敌人至少有五架的飞机被我击落，九架的飞机被我击伤，另外还消耗了三百颗以上的重量炸弹，而我们经过两日的忠勇血战，除官兵略有伤亡外，只

"平""宁"两舰因船体渗漏，不得不驶搁浅滩暂时失却战斗力。

向使长江内地预有造船所和船坞的设备，则这两个略负微伤的战士，经过了相当的手术，尚不难重上战场，裹创再战，与江阴封锁线及要塞共存亡。无如我们国防工业设备未周，遂使素称为中国海军之"奈尔逊"号（Nelson）与"乐的尼"号（Rodney）的"平""宁"两舰，竟因为皮肤上几处无关重要，仅缺乏药棉和胶布的创口，终于呜咽的怒涛中由溃烂而牺牲，以阵地为坟墓。

这最后的"九二三"江阴战役，以我们合计不到一万吨的老旧脆弱的军舰抗拒暴敌六十余架的空军大队，在全世界海空大战史上，可以骄傲地说，是开创空前未有的纪录的，尤其可骄傲地，是胜利全属于我，无论在战略上或战术上，此役的战绩，无疑的应占了海军光荣抗战史的第一页。

这短短四十天的江阴防守战，就协同陆军的意义上说，我们曾消弭了敌人利用具优势海军溯江上犯的野心，曾阻过了东战场作战部队的侧面威胁，因而粉碎了敌人速战速决的企图，达到了初期消耗战的最高目的。就海军本身说，由于大小各役尝试的成功，和铁血的教训，全体官兵们更加振发了同仇敌忾的精神，坚定了抗战必胜的信念。

固然，这时候我们整个海军的工作，随着抗战的局面一天天的展开，北自青岛，南迄闽厦，我们海军军人都不断地在挥写着忠勇杀敌的抗战史实，并不限于我们舰队的江阴防守战。然而，江阴防守战却是这一时期的代表作，因此我就划定这短短四十天算是开始并结束了海军的一阶段。军舰是被毁灭了，领海是被封锁了，然而这不能决定了我们海军的最后命运。战争的祚钟虽然响着停住（Stop）的声号，可是那只能关闭住历史的轮船内部汽□，不能阻止其不随着时代的洪流而继续前进。

由于巫山炮台发出了击沉上犯六助港敌人驱逐舰的第一响炮声，证明了我们海军军人的兼长于要塞战；由于黄浦江敌"出云"舰的中我水雷，发现了我们海军在鱼雷舰炮以外的另一种抗战利器。于是老旧军舰的大炮，迅速而有计划地由水上移到陆上，奠定了海军炮队的基础。优秀的专门员兵，专门致力于梯恩梯及触角之研究，树立了制雷与布雷的先声。我们海军在抗战阵营中所担负的任务，至此乃转入第二阶段。

在这一阶段的初期，我们海军军人正开始尝试以另一种的姿态和道具，演出于抗战舞台，因为我们已离开了安适的乐宅（Cottea），丢弃了硬小的落卡（Locker）[1]，我们脱下了翻领的水手衣而换上便服或陆军制服，我们不复再站在驾驶台或坐在船舵内（Cottea），而是伏在观测所或木驳的船头。原来我们此时的番号已慢慢的由舰队而建制为炮队与雷队了。

论这两支的生力军，虽然都是抗战后的产物，虽然差不多在同时间加入了抗战阵线，但为组织和任务的互异，因为各有着不同的发展与成就。现在让我各别的先就炮队，次就雷队描出一个轮廓来。

鉴于军略的种种条件，我们后方的预备舰队，虽然不能够再来一次江阴防守战的光荣战绩，但海军军人有的是再接再厉的杀敌勇气，和继续高涨的抗日情绪。老旧军舰不足以抗敌，舰炮是可以抗敌的，卸下舰炮不就得了吗？水上不能以抗战，陆上是可以抗敌的，加入要塞不就得了吗？所以紧接着江阴防守战之后，海军部便将大小舰炮，分别拆卸安设于长江沿岸及太湖要塞，编组炮队，继续抗战，可谓有最远大的军事眼光，和最坚决的抗敌表示。以故委员长对于我们陈总司令此举，曾比之为"破釜沉舟"，实甚确当。可惜这时候东战场战争形势，发生了急剧的转变，没有充分时间，给我们从容布置，甚至有的连炮械尚未到达，便须转进。然而我们江阴区的巫山炮队，在十一月三十日，于锡常失守三面受围的危急状况下，尚把由水路进犯的敌驱逐舰击沉一艘，重伤一艘，首予敌人海军以重大损失。海军炮队抗战史，有此开宗明义之第一章，后此源源不绝的光荣事迹与伟大成就，自无怪其然了。

大武汉保卫战展开，我们海军炮队把守着内外围的长江门户。自马当、湖口以至田家镇、葛店，差不多四百公里间，一处处埋伏着海军舰炮，一层层挺立着海军的健儿，他们都能深切的了解他们的使命，为民族解放而牺牲，为人类生存而奋斗；他们都能尽量地利用过去战斗经验，以江阴舰队的精神，对付敌人空军，以巫山炮队的精神，对付敌之海军。所以他们都能够彻底的达成他们所负的使命，消耗了敌人无量数的炸弹和炮弹，而从没有一艘敌舰能通过要塞的火力圈。就中尤以田家镇之役，在敌人水陆空三方面不断的威胁和夹击之下，屹然不动，沉着应战，直至弹尽援绝，炮毁、台焚，始遵照最高统帅的命

---

〔1〕舰船上的贮藏箱。

令，作有秩序之敌前撤退，其战绩之壮烈激昂，允为各炮队之冠。

第二阶段海军炮队的抗战事迹，均略说过了，现在再说到海军雷队。大家大概都晓得，抗战以前，江阴有一个不隶属于海军的海军电雷学校，这个学校所负的最主要任务之一，便是对于国防，负供给水雷与敷设水雷之责，因为我国沿海港口罗列，而长江亦蜿蜒数省，深入腹地，既缺少在海外足以与敌周旋的海军，自不得不另筹防御策略。达成此种策略最经济而最有威力的利器，便是水雷。我们陈部长早见及此，在抗战前数年，就一面整顿水鱼雷营，兴建厂舍，一面向政府建议水雷封锁方策，政府旋把这个任务交给电雷学校。不料迨抗战展开，电雷学校关于水雷一项，既未曾购备，复不能自制，竟无以应江海防务的需要，结果还是由海军部作万分困难的情形之下，负起这重要的使命。

首先说到制雷。大家晓得我国自有海军以来，未曾自制过水雷的，他们中间有的曾经受过水鱼雷营训练的人们，所见过的水雷，那都是外国的产品，在海口被封锁而国际交通线尚未畅通的抗战初期，供求是绝对不能相应的，而且外国货价值昂贵，经济上既不允许，亦不合算，所以我们为加强江海防务，支持长期抗战计，先决的条件要自行制造。幸好经过了我们当局的精明指导，和我们干部的缜密设计，在很迅速的期间便告厥功成，并且成绩优良，成本轻省，随后逐加改良，大臻完成，而产量尤能供应战局随时发展中各战区各时期的需要，这就是现刻大家所共见的"国货水雷"了。

自这应运而生的国产水雷，在二十六年九月间上海南市祠庙内一个灯火昏黑的夜里，呱呱坠地以后，啼声初试，头角峥嵘，便已卜为英器。在它的襁褓时代，就参加过大上海的保卫战，炸毁敌舰，破坏交通，封锁黄浦，协助陆军，建树了震天动地的伟绩。随后凭着它铜铁般的体魄，火药般的性格，和洪钟般的声音，渐渐地崛起而负荷着复兴民族，复兴海军的重任。转战大江南北，辄能一鸣惊人，所向披靡。它所防守的阵地，敌人从没有正面冲犯过，因为它一碰着敌人，总要轰轰烈烈地硬干一场，虽粉身碎骨，在所不计，真说得上"中流砥柱"。它又善于沉机伺变，每能以最低廉的牺牲，得取敌人最高昂的代价。敌人怵于它的牺牲精神，对于它每具"只可智取不可力攻"之叹。它的能耐终于为最高军事当局所赏识及友军所欢迎，不到几时各战区凡是有水的阵地没有一个角落没有它的踪迹，它却能不断地、进步地改变自身，适应环境，以达成其任务。所以浮沉江海，驰骋东南，在抗战阵营中，到处皆"峥然露头角"。它的魔力曾吸收了我们大部分的袍泽，现在还在吸收着，也许各位也是被吸收的一部分罢。

上面这一段，同时说明了我们海军布雷队的战绩。海军之有布雷队，大约远在"九二三"次江阴战役以前，但那时有其名而无其实，直至海军抗战进入第二阶段之初期，始渐渐成立，完全算在抗战中长成的一种新生的力量。敌人的飞机能破坏我们有形的军舰，但不能消灭这种无形的力量。相反地转因战区的日益扩张，和需要的日益迫切，而促成了这种力量的强大和充实。在这整个的第二阶段，我们全军的布雷队，可说无时不在活跃着。朦胧的月夜，霏细的雨天，是他们的工作时间；笨重的木驳，快速的小轮，是他们的工作场所。他们不避艰苦，不畏危险，种密地，无声地，奉行着命令，进行着工作，把所有可供敌用的水道，一层层，一段段造成了含有攻击性的封锁线，使敌人舰艇始终不敢越雷池一步。这样，积极方面，麻痹了敌人全部海军，俾我们陆上部队得以全力攻御，而保障其作战之胜利；消极方面，延长了敌军推进速率，达成我们"以空间争取时间"的最上战略。

海军布雷队在这一阶段中，对敌人海军舰艇所收获的战果之宏伟，但看以下的事实，便足以窥豹一斑：据英国驻华某海军武官之精确统计，于去年七月份一个月，敌人舰艇被我水雷所炸毁沉没的，便有驱逐舰（Ftunltvuti）一艘，鱼雷艇（Kwli）（Sayi）两艘，炮舰（Saugd）一艘，扫雷艇（Kamonw）一艘，共计五艘之多，则其他月份的数目，可以类推。又据敌方海军的情报，自认在长江下游触雷舰艇，有十八艘，此外尚有炸伤未全毁拖沪修理者多艘。又查敌猛攻武汉时，在葛店触雷沉没一艘，在白螺矶沉没一艘。以上所述，全系敌海军正规的舰艇，其他运输舰、补助舰以及小型轮船、汽船等等，尚未计算。我们但有这巨大的数字，便可以直觉地想到我们的制雷和布雷，是怎样的成功啊。

自二十六年双十一东战场的转移阵地，以至二十七年十二月五日武汉的放弃，划定了海军抗战的第二阶段。在这一阶段中，我们海军雷队和炮队，由萌芽以至于生长，由尝试以底于成功，把海军光荣抗战史的内容充实了，页数加厚了。一水一陆，互相辉映，交织成一团异彩，随着抗战的局面展开。这一异彩在不久的将来，可必其更能发皇光大的。

于此尚有一事，可以附带一谈的。世人有许多不明了我们海军动态，常常会这样的发问道："江阴战后的中国海军哪里去了呢？"这是难怪的，因为此则我们的海军大部分已不是原来真面目了。例如，一个穿着陆军制服的要塞炮兵，寻常人必不会相信他是海军军人；再如一个穿着便服的雷队士兵，寻常人更不会相信他是海军军人。事实上自江阴战后，我们海军军人只有更广泛而有计划地遍布到陆上的要塞，和内地的河川，没有一个要塞，缺少得我们远距离的舰炮，和技术谙熟的炮兵；没有一个河川，不浮系着我们威力猛烈的水雷，和驻留着出生入死的雷队。总而言之，没有一个战区，没有我们的海军军人公开地、秘密地站立在抗战的重要岗位，负荷着抗战的重要使命。"中国海军哪里去呢？"我将代答道：中国海军没有去也没有来，只是永远地散布于整个抗战阵地的前方，直至最后胜利的一天。

武汉放弃，抗战军事转入第二期，同时展开了海军抗战第三阶段，这就是现阶段了。第二期的军事策略，是发挥全面力量，发动全面反攻，这在此次湘北会战中，已充分证明此种策略之高度可能性，和成功日子之不久到临。同时更证明了第三阶段的海军军事已能优越地做到与陆上作战部队完全步伐一致的协调合作地位。大家晓得，湘北大捷，表面固由于陆上作战部队之忠勇抗敌，但海军水雷封锁之生效，实为其主要素之一。十个月来，敌人不能南越新墙河一步，即由于无法利用湘江，而此次之孤军深入，接济不继，是由于无法利用湘江，所以反给我军以可乘之机，造成了第二期空前的胜利，同时也造成了海军抗战现阶段的光荣纪录。这一个记录，是否仅为现阶段无数光荣纪录的开端，那就看此后我们海军军人对于其重大使命的如何努力和奋斗。

第一，在思想方面，我们要发挥海军忠勇爱国的革命精神以加强全面力量。抗战了两年多，我觉得我们海军军人的意志，还是和以前的一样的坚强，精神还是和以前一样的焕发，这是极值得兴奋和鼓励的。惟是现阶段敌人之谋我将更急激，敌人之进攻将更猛烈，我们海军军人更应只有一个思想，就是抗战到底。更应本着坚忍持久的战斗意志，前仆后继的牺牲精神，整齐步伐，悉力以赴，以争取最后之胜利。我们要每个人都能彻底了解自己的工作和责任，我们要晓得第二期的抗战军事，是如何的需要海军，而现阶段的海军，又是如何的需要我们，我们决不可失望，更不应悲观。委员长说："最重要的抗战武器，并不是物质装备，而是革命精神。"我们虽然缺少军舰，但是我们富有这圣洁的革命精神，故能愈难愈战，愈战愈强。这种精神，便是民族意识和国家观念的最高表现，我们此后应评厉奋发，发挥这种精神，以跻我国家、民族于自由、幸福之域。

第二，在行动方面，要继承第一二两阶段海军抗战之光荣战绩，踏着我们先烈的血迹前进，以配合全面反攻。要晓得我们海军活动的区域和单位，只有随着抗战的演进而日见其广泛与增加；我们海军的工作和责任，只有随着抗战的演进而日形其繁复与重要。我们此后关于协同作战方面，应与陆上部队取得更密切的联系，以获取第二次以至于无数次的湘北大捷；应合全面取得更密切配合，以准备并实行全面反攻。关于独立之作战方面，应一扫从前防御的、被动的战略，尽量发机动性的运动战，要永远能够自立地乘敌人的弱点，在运动中予敌人海军以绝大（打）击，消耗它，阻碍它，不特使其舰艇不敢进犯我现在各战区之阵地，且不能在我阵地附近若干里内肆其活动。同时并切断其主要水上交通，以控制其军运与商运。关于今后工作方面，应本着南岳会议后我最高统帅部所决定以一百万正规部队深入敌后之计划，发动并实行深入沦陷区域，担任各该区内水上各部门的游击任务，破坏敌后方，摧毁伪组织，以达成持久消耗的最大效果。

"八一三"以来，我们海军二十七个月的努力和奋斗，对于抗战全局，已占有了极紧要的地位，发生了极重大的影响，建立了极彪炳的功绩。换句话说，已经在反侵略的民族解放战争史上，写下了光辉灿烂的一页。万恶的日本法西斯军阀的侵略一日不停止，我们抗战也一日不会中断。我们海军光辉灿烂史页，当然仍继续的在挥写。继往开来，端赖我们海军军人共同负担着现阶段的重大使命，中华民族复兴的基础在此，海军复兴的基础也在此。

不要埋没了抗战期中活跃的海军^[1] 一 删

在普通社会里，"海军"这个名词，根本就没有得到大多数人的认识，只要你穿着一个水兵的装束，或是一个海军官佐的制服，走到一个不十分繁盛的都市，尤其是乡村，他们一定会莫名其妙，以为你是一个怎样的人物。聪明的，只说你是个戏子，糊涂的却当你是汉奸、妖怪。你走一步，就有几百只眼睛注视着你，还有一大堆顽童、地痞会拥着你，窥探你的举动！这种可怜可笑现象的造成，固然是国家教育的水准低，但也是我国海军的建设太少。同时海军所干的事业，也没有得到给人注意与认识的地方。

谈起我国的海军，真是凄凉而终于感到兴奋的一件事。假使我们是稍留心史实的话，都会知道中日甲午年的一场战争。那时候我国的海军，是居着世界的第四位而比较日本占着优势的。可是为了配备上和技术上的欠缺，这一来，就造成海军一个残余不可收拾的局面。几十年来不只没有复兴的生气，而且苟延残喘，没有一天不是在惨淡中度过，做着海军的军人，真是感到惶愧万分，不知所措。

中国根本就是一个物质落后的国家，对于建舰，这笔庞大的经费，当然是不容易负担的。而且为了建造一只健全的军舰，它所需的费用，就可成立一军以上的陆军，或者可以买到几百架最新式的飞机。一般人存着这种观念，所以海军始终站在被人遗弃的状态！但，从这次抗战给与我们的教训，才晓得海军在国家地位的重要。中国和日本根本就不是陆地相达的国家，它要来举行大规

---

〔1〕此文发表于《整建月刊》1940年第1卷第1期。

模侵略的时候，一定要经过海洋的运输，若果我们有了强大的海军，它不经过一场重大海战的牺牲，有什么方法可使几十万的匪类踏进我们的领土呢？这是国家对海军的一点错误，也是抗战以后，我们一件最不能忽略的事情。

抗战已经是两个周年多，陆军方面有很大规模的歼灭战、游击战；空军方面，不时的扫荡、远征、轰炸，在报纸杂志的大标题，我们也许会见到许多忠勇将士的丰功伟绩。可是，这个不大起劲的海军，始终没有一些提及，还要给人家一点低能不争气的印象。但，事实的证明，也不庸什么争辩的。当然，陆军的胜利品，可以一件一件的陈列，空军也可以找一架飞机的残骸表示。然而海军击沉的战舰，难道将他起卸来吗？况且这沉在河道巨大的东西，正是一种良好的封锁，阻止敌人水路进犯的一个重要器物，所以海军的战果可说是无形而且伟大的。

我不是替海军辩护，委实说，在这抗战的期中，无论前期或后期，海军部尽了它所有的任务。虽然它没有强大的反应，可是在艰苦险恶的征途，他们都是冒险浴血的前进，有无限的海军将士，都做了壮烈的牺牲，更有无限的海军青年，正在准备着完成他们的责任。这一些不可埋没的事实，都很值得我们的记载。

我们首先要明白的，在目前中国和日本海军的比较，它悬殊的状态，简直好似一个年富的勇士，对付一个小孩，也可说是以卵击石。所以为着避免这种不可能遭遇，海军在抗战期中的战术，是灵活的，是偷偷摸摸的，而且是最冒险壮烈的。它的战果，不只能够阻止敌人的猛进，还可以帮忙陆军、空军一部分不能达到的工作。

在抗战初期，首都还没有失掉的时候，对于长江口、珠江口的封锁，海军都是在艰苦中完成了它很大的任务。敌人的军舰固然不能长驱直进，就是当它完全占领了陆上的地点以后，对于运输和一切进展，都感觉到痛苦和困难。这些都可以说是海军以它们整个命——军舰——换来的代价。除此以外，海军还有几场不可磨灭、强弱悬殊的壮烈战争。第一，便是鱼雷艇的偷袭。当江阴还在我军固守的时期，长江口一带不是堆满着敌人的战舰吗？在某一个沉静的深夜，我们的鱼雷艇每只都挟着两个制敌死命的武器——鱼雷——每个勇士都抱着必死的心理，浩浩荡荡的飘流到长江口以外的地方，看清楚目标就快快地干它的任务。这一次的结果，不只使敌人的旗舰"出云"号受了重伤，其他很多都是遭受着这可怜的命运。当然我们的战艇和将士也牺牲了一部。其次便是强弱悬殊的一次海战。在抗战还没有很久，南海方面是不断地有敌舰巡梭和划游，有时发炮轰击虎门要塞，有时开枪扫射沿海渔民。当时广东只有两只过龄而勉能出海的军舰——"肇和""海周"——它的配备和性能简直拿不起现代的军舰来比较。但，为着敌人这样的欺凌、侮辱，这两只残弱的老舰，是由着满腔悲愤热诚的海军将士开到虎门以外的海面，准备和敌人拼个死活了。一个朦胧的早晨，它们远远地就发现了敌人军舰的白烟，因为敌人向来是轻视我国海军的低能，所以它毫不介意也绝对梦想不到会遭受中国军舰的打击。突如其来的炮声，真是它感到仓皇失措！炮战了几个钟头，眼见着敌人的一艘驱逐舰慢慢地沉下去，其余都是亡命的逃窜了。可是我们也有相当的损失。这两只残余的老舰，可怜在敌机大举轰炸广州的时候，都完成了它们最后的封锁任务。再说就是广州失陷以后，敌人占领了三水，那时广东方面的浅水炮舰，都集中到西江的上游，在下游方面都是敌人无数的橡皮艇。大概也是一天的早晨，我们四五艘的浅水炮舰，就奉令开到三水一带马口的河面，恰好遇着敌人一大群橡皮艇，马上就发生了剧烈的炮战。后来很多寇舰，都赶着增援，经过几个钟头以后，敌人的舰艇，沉的沉，伤的伤，同时我们也损失了一部分将士和舰船。这几次的战争，表现了海军以劣势的军备，博取它所意想不到的效果！也就给敌人对我民族一个艰苦、壮烈的印象。

除上述以外，海军还有很多光荣的战绩，很像保卫大武汉的时候，沿江炮队的威力，是多么的令人可畏可敬呢！我们要很清楚知道，这班炮队也就是海军最年轻和最富有经验所编成的人员。其他为什么防空部队、守备队，海军也是负着很大的责任！

假使我们是看过《日本评论》这一本杂志，就可以很清楚地知道敌人这次沿江作战所感到最大的困难，便是中国海军给它的阻碍！水雷、沉船这几样东西，无论在什么地方都会使它可怕、麻烦。最近洞庭湖、西江一带所收的效果，便是最显然的事实。

现在海军还是不断的努力，不断的训练他们所需的人才，不断的赶制毁灭敌人的器具！在有水的地方，海军固然能够发挥它最大的效能，就是崇山峻岭，海军也是一样的能够完成他们的使命。

海军不愿意自己怎样夸张，也不愿意和他人怎样争辩，它所求的就是对国家无愧，对私人无愧。所以抗战两年多，它并没有显露着头角，而给世人遗忘，就是这个缘故。但一切光荣的，在这抗战期中不可埋没的事实，是十分值得我们的记载，我们的认识。

二月三日于柳州观音岩

整建海军的意义和几个军港的商榷[1]　　袁　著

　　领土的意义，由于军备的日新月异，站在国防的立场上说，是包括领陆、领海和领空三方面，所以主权完整，不仅是指领陆，同时也指领海和领空。我国东南半壁，与海为邻，北起辽宁鸭绿江口的大东沟，南迄广东西南部的北仑河口止，延长达一万二千余里。甲午战前，清廷鉴于海疆的重要，曾兴建海军，很具规模。尤以北洋舰队，以旅顺、威海卫为军港，拱卫京畿，最负盛名。南洋舰队则在福建马尾，实力较次。可是当时的海军总量，和日寇的海军总量相比为十比七，也是世界重要海军国之一。及甲午战役，鸭绿江之役，威海卫之围，全军覆没，损失殆尽。其后李鸿章奏请政府，重建海军，拨国库三千万元。无如被慈禧太后，移筑颐和园，纵情恣乐，海军力量，因此烟消云散，一蹶不振。外人讥笑我们说，颐和园的石舫，是中国的主力舰，说来真够痛心！而日寇呢，乘中日、日俄和第一次欧战的三次胜利，积极扩充军备，特别注意在海上的发展，不数年而一跃为世界三大海军国之一，隐执着太平洋上的牛耳。这一次我国的全面抗战，敌人猖狂跋扈，无以复加，封锁我海岸线，对于海上渔民，任意屠杀，滨海一带，受尽磨难。如果我们有海军的话，非但敌人封锁不了我任何一段的海面，就是敌舰增援，岂能从心所欲？老实说，我们有海军，那末我们所遭遇到的损失，一定可以减少许多。虽然抗战期间，我们孱弱的海军所表现的成绩，也很多可歌可泣。然而多偏于消极的防御，或是协助陆军作战，并没有积极的独立作战。我们回忆当年的盛衰消长，沧桑倏

---

[1] 此文发表于《整建月刊》1940年第1卷第1期。

变，真不禁感慨系之。今后痛定思痛，兴建海军，刻不容缓。以这样长的海疆，而没有坚强的海军保护，那就是说，国防不完整，也就是说，主权随时有不完整的可能。

海军在战时固重要，在平时也很重要。除了绥靖海面，保护渔商外，最大的使命是保侨。我国侨民之多，居世界第一。世界最热、最冷、最高、最低、最富、最贫、最便利、最闭塞的地方，都有华侨。英国人自夸地说："日不没国。"我们尽不妨自夸地说："日不没人。"这种和大自然奋斗的坚毅刻苦的精神，是世界任何民族所不及的。尤其像南洋群岛，不啻是海外的中华民国。如果依据威尔逊的民族自决主义，尽可以说，这是中国领土的一部分。现在散布全球的华侨，不下二千万人，较诸斯堪的纳维亚半岛上的人口还多，真是一个惊人而庞大的数字。可是说也可怜，华侨所遭受的待遇，异常苛刻，欺凌备至，总不能和所在国的其他侨民，等量齐观。这种不平的歧视，原因虽多，但是没有祖国海军力量的保护，是主要原因之一。记得从前程璧光坐了"海容"军舰到英国去祝贺英皇加冕，其后才绕道美国，横渡太平洋，沿途的侨民，欢呼得如疯狂一般，正如稚子之见爱母，有依依不忍舍之慨。可惜昙花一现，此后就销声匿迹。我们要安慰这异乡的孤儿，要保障他们的安全，要在积压之下拯救他们，非有强大的海军去保护不可。老实说，华侨对于祖国的贡献，确不在小，所以也有人称华侨为国母，对于祖国的关系，何等密切！这种身受切肤之痛，而反映出特别坚强的爱国心理，安忍弃而不顾？况且海军的游弋，还可以互通声气，消除隔阂。例如和敌寇狼狈为奸的暹罗，其中三分之一是华侨，三分之一是混血儿，要是我们的海军，随时可以达到暹罗境内，那末或许暹政府还不致于发生这样数典忘祖，荒谬绝伦的举动。

上面所提示的整建海军之意义，似乎老生常谈，可是偏会不大注意。总理说：将来世界上，英国是海王，苏联是陆帝，我们由于地理环境之赋予，是应当兼有海王陆帝之所长。要充实陆上的壁垒，更要充实海上的防御，务使国防完整，然后可以主权完整，不仅是支持着东亚之建，也应该是太平洋上最主要的角色。以我国天时地利人和之美，当仁不让。

其次再进一步说，要建海军，先要建军港，军港是海军的保障，没有军港，空谈建军，即使海军建设，也是无补于事，随时可以受到敌人的威胁。这个问题，未免太大，本文所说，只是提纲挈领而已。

我国沿海，就地形上说，以杭州湾为分野，杭州湾以北是沙岸（山东半岛、辽东半岛是岩岸例外），沙岸的特色，是海岸平直，缺乏港湾，沿海多沙洲，是上升海岸。杭州湾以南是岩岸，海岸曲折，富有港湾，多岛屿，是下降海岸。而军港的必备条件，是海水深阔，有严密的封锁，有天然的屏蔽，有内地资源之供给，有便利的运输工具，有人力的补充，有适中的地位。有这许多条件的限制，所以沙岸部分，很难找到一个适当的海口，可以筑为军港的。因为沙岸沿海淤浅，而一片平远，暴露于外，在军事上非常不利。所以首先要注意的，应当在岩岸部分找军港，比较的有办法。可是现有军港，如旅顺强租于敌，青岛昔租于德，而敌势复炽，威海卫虽于民国十九年收回，而英兵可以在刘公岛避暑，香港、九龙租于英，广州湾租于法，可说是支离破碎，已非全壁。因此茫茫海岸上，我觉得最有价值而最重要的，莫过于象山港，这可以作为将来整建海军的根据地，是惟一的中心军港。它的优点很多：（一）水深浪阔，可以容纳世界上最大的舰队，吃水四十呎以上的船舶，可以畅通无阻，且终年不冰，不受天时的限制。（二）口门很狭，地形复高耸，可以建设炮台，控制象山港的门户，是最好的天然屏障，而口外的六横岛，是第一道防线。（三）港内复有支港，名西湖港，可以作为船坞，以及其他海军上之附属建设。（四）舟山群岛，罗列浙海，港汊纷岐，形势天然，而舟山群岛是我国三大渔场之一，渔民众多，习于海上生活，可以作为海军之预备队，人力供应，取之不尽。（五）滨海公路已完成，离浙赣铁路极近，由浙赣路而株萍路，接粤汉路贯通南北，西接湘黔路、滇黔路、滇缅路（公路已成，铁路待建中），而直通印度洋上的仰光，内地交通异常便利，资源供给，不虞缺乏。（六）接近首都上海以及将来之东方大港，随时保护，便于策应。所以就地理的眼光说，象山港在海军上的地位，应该超过一切的。

在南部我觉得当以榆林港为最重要。提起榆林港，赫赫有名，日俄战时，俄国的波罗的海舰队，曾寄碇于此。海南岛和台湾，是为我国海疆上的双目，今不幸台湾被窃，海南岛须急起自保，它的优点：（一）有严密的封锁，湾内水深，具有一般军港应具的资格。（二）在亚欧、亚澳航线之冲道，形势异常险要。榆林港南之西沙群岛、南沙群岛、团沙群岛，虽然都是珊瑚礁，面积很小，在经济上没有什么价值，但是在航运上、军事上，非常重要。榆林港可以就近策应，去年日寇强占斯巴特莱岛[1]，举世震惊，无异截断香港与新加坡间联络。委座曾称之谓"敌寇掀起了海上的九一八"，由此可见其重要。

在北部当以重建威海卫为第一要义，条约上虽然允许英兵在刘公岛避暑，但是如果我们建设军港的话，我们也可以拒绝英兵登陆，这是条约上订定的。它的优点：（一）刘公岛横亘港口，东端淤塞，航行困难，西端颇深，但仅容两舰出入，可以封锁。（二）有公路可通潍县，接胶济路，内地交通，极为便利。（三）附近有庙岛群岛，渔业发达，渔民众多，可以作为海军之预备队。（四）监视旅顺，保卫渤海安全，这许多都是显而易见的好处。

以上所举的，只不过是举其概要，至于其他次要的补助港，当然还多（容后再另文叙述），而抗战胜利后，取消了一切的束缚，恢复了固有的河山，把原有或被占或被租的军港，一一加以整理应用，那末我国海军，更可一新耳目，这是最理想的目的。

最后我以为领海界线，颇有商讨必要，按现有我国领海界线，是在低潮时离岸三浬为范围，世界各国，大都以此为准，但俄国领海界线，则在低潮时离岸十二浬为范围，我们如照俄国的办法，划定领海界线，那末渤海就成为我们的私海（国际惯例，领海以外，都是公海），因为庙岛群岛，罗列其间，两陆相距二十四浬以内，这在管理方面，比较方便，而渤海中的菊花岛（属辽宁，在葫芦岛西），可辟为军港，保护渤海上的安全。又长江是世界上最富于航运的河流，洪水期间，世界最大轮舶，可直达汉口，马可波罗游历中国时，称长江为长海，所以名为江防，实亦无异海防。吴淞口狼山、福山以及江阴等地，均须设置海军要塞，一则是首都的前卫，二则是保障长江沿岸的安全。这也是很重要的。

二月十六日作于沙坪坝中大

---

[1] 即我国南沙群岛中的南威岛。

略论建设海军与设立海军部^{〔1〕}　　许　文

适在本刊发行之始，即收到君威先生呼吁设立整军与建军之领导机关——海军部之文（此文已发表于本刊本期之整建呼声栏），君威先生这种为国家谋坚强之国防建设之热忱，并首作海军仍旧设部之倡议，这实在是我们海军军人而所计议夙久欲发为言论的。

我国建设海军，始于中法之役之后，当中法之役时，我陆军正取得胜利于凉山，而海军则败于闽江口外。清室有见及此，遂大规模建设海军，故在甲午中日之役时，我国得有在量的方面超过日本的军舰应战。惟以当时清室腐败，其处事之草率，无计划，及其主政人士之智能之浅窳，观于当日之行事，不独以海军之建设为然。是以虽在中法之役后，一度建设海军，然在中法至中日之役之间数十年，则始终未与添造新舰。故在甲午大东沟之役，在日本新建的优秀的军舰攻击之下，我国舰队几全部丧失其作战能力。自此以后，数十年间，国人几乎失却重建海军的信心与魄力。及国府奠都南京之后，乃一新海军部之组织，专司计划重建海军之责。总裁曾宣言"我国将有六十万吨之海军以与敌人周旋"。当时之海军部即本此旨而进行其工作的。

抗战军兴，全部计划乃在方兴之际遂迫于时势而不得不停顿，即小规模之潜艇防海政策亦因国际间之形势转变而遭挫折。故在廿六年国府迁都重庆，政府调整战时组织之时，海军部为适应作战便利，亦改为海军总司令部。

今者抗战军事进入第二阶段，在抗战仍在持续之中，同时着手于伟大的建

---

〔1〕此文发表于《整建月刊》1940年第1卷第2期。

国工作。为了我国将来国防建设之完整与强固，我们鉴于甲午之役之失败及此次抗战，敌人之能长驱深入，对于今后永久的国防计划之确立，我海军同人以职责所在，深愿于此一切工作着手进行之今日，尽我们所知以唤起国人注意，并促进政府当局之从速恢复原来之海军部，俾便责有专司。

军政部何部长有言，抗战以来，海军花钱最少，出力最多，踏实不夸。此可见海军在此次抗战中所作之努力，已为国人所公认。今日海军工作范围之开展，已非一海军总司令部所能负责完成，亦早为当局所明知，同时观于各国海陆军莫不各设专部，于此可见其重要。又以此次欧战为例证，英德海军之作战功绩，丝毫不让于陆军，更可见海军在此时于国防上仍为不可或少之主要原动力。

总裁有言："实业计划一书，各从军事的意义言之，就是总理所订的一部最精密的国防计划。"又言："我们国家不讲国防则已，如果要建设真正的国防，必须依照实业计划所规定的矿大计划，将全国的铁路、公路、河道、海港，建设完成。各种物产尽量开发，以军需为中心的各种重工业尽量发展……否则便根本谈不上武力建设。"为了完成总裁所定的国防计划，我们亦认为非从速设立海军部不为功。

每一个读历史的人都知道，在我国鸦片战争之后若干年，日本亦屡受外侮，幸赖努力于海军建设，一战胜我，再战胜俄，遂一跃而为世界强国。今我国遭敌人两度凭其海军优势进攻之后，深愿国人从此警觉，努力于海军建设，奠定国家及东亚之永久和平。

"统一性"的国防论[1]　曾国晟[2]

　　把海军建军问题当作中国现代化的必备条件之一而加以提出并给以具体的内容的指示和任务的规定的，是我们神武英明高瞻远瞩的领袖。

　　领袖于十年前当"咸宁"军舰下水时就提出建设六十万吨海军的口号。

　　中国海军之历史的任务与其光明的前途，决定于下列二个因素：其一是中国国防的地理环境；其二是现代战争的陆海空力量的统一运动。关于第一个因素是属于当议范围，可以不待烦言而解，本文只对于第二个因素提出一点管见。

　　首先我们要明了的是，现代战争机构在组织上的统一性，在运用上的统一性以及在战果上的统一性。

　　截止第一次世界大战时为止，各种军力在其本身范畴内是"统一"的，而在各种军力间的相互连系是"联合"的。"联合"和"统一"之不同，打个比方，就和物理关系和化学关系之不同一般。在物理关系上，一种力和他种力的运动过程通常是依着空间上的序列而起传递的作用，仿佛机械上一套不同的齿轮"联合"活动一般；在化学的关系上，各种不同的原素化合成为一个新的分子，这个新的分子，对于外力的作用，没有空间上的序列，只有时间上的反应。现代的国防力量完全朝着"统一"方面发展，"统一"化的程度愈高，其

---

〔1〕此文发表于《整建月刊》1940年第1卷第2期。

〔2〕曾国晟（1899—1979），字拱北，福建长乐人，毕业于烟台海军学校第十三届航海班，历任三副、大副、舰长、副官、江南造船所监造官、海军制雷所所长、布雷队队长、海军总司令部第六署署长等职。创办"海军整建促进会"（后改为"海军建设促进会"），出版《海军整建月刊》（后改为《海军建设月刊》）。1949年7月起义，加入人民海军。任华东军区海军研究委员会副主任等职。

所发挥的威力也愈大。但这个并不是单纯原则上的问题，它和一国国防力的创造过程和历史的演进是有着不可分离的关系的。

现代战争在形式上是"立体"性的，而在内容上则为"全体"性的。全体性的战争不单纯是战略问题，它十足的是政治问题。全体性战争的口号发自现代性的集权国家，不是偶然的，也不是一两个天才军事家的疯狂的奢望，它的根源是决定于政治方面的。在这次挪威战争中，英军惨败之后，英内阁立刻增强了丘吉尔的地位，他不但赋有关于战略上建议的全权，而且海陆空的参谋长完全要受其指挥。这一变动在英国军制史上等于一次革命。迨至荷比卢三国被德军侵入，丘吉尔又由国防调整委员会的主席一跃而为首相。这个首相的任务比第一次大战时的劳合·乔治[1]不同，因为丘吉尔本身是英国各种军力朝向统一的象征了。其在法国，雷诺内阁的改组，以贝当大将为协理，也是殊途同归的一种章法。这种改制对于今后同盟军的抵抗力量必然要发生一种决定的影响。然而缺少一种历史演进的时间作用，这个影响不可能期其十分伟大。说到德国，这次闪击战中，当然已经相当的发挥全体性战争的性能，然而我们知道，在纳粹军力中，陆军自有它的传统，甚至我们还可以说，勃伦堡系统下的陆军只是同国社党目的上相合，而其精神并未完全一致，海军也大部分还是威廉时代的遗产。算起来只有空军是从物质到精神，从人才到器械，彻头彻尾是纳粹的产物，是戈林的化身。在这一次作战中空军占了支配的地位，除了战略的原因之外，我们实不容忽视它的政治背景的。综合起来说，德国的军力，大体上还只是从"联合"走向"统一"的过渡阶段，它支配顺境易而支配逆境难，这一点将来一旦形势逆转时是要暴露出来的。

上面主要的是接触到质的方面，现在从量的方面看，则海陆空平衡发展也是"统一"性问题中一个主要的条件。德国的海军在比重上还赶不上陆空的水准，虽因善用空军而获取了挪威战场的胜利，但是只要一想起英军狼狈地从兰沙斯和安达斯纳斯两港分途向海上撤退时，如果德国在德伦的英控制有优势的海军，乘胜追击，那末英法联军在北大西洋上怕不能不全军覆没，片甲不回了。事实上德国只能用空军追击，结果只击沉英法驱逐舰各一艘，在战果上的

---

[1] 英国第53任首相。

收获实在太微了。再说此次德军攻下荷比，占据其海岸线之后，在北海上的形势已与英法平分春色，为解决战斗计，德国应该以海陆空军直薄英伦三岛，占据大英帝国的心脏及其首脑部而有之。这样一来，擒贼擒王，对法可以不战而胜。我们相信德国机械化兵团如能登陆，英国内陆的抵抗力，简直比不上法国的一个小指头。然而因为海军军力不够掩护，德军始终不免要在巴黎外围和魏刚[1]的劲旅再冒一次生死的大险。一九一四年马恩河的覆辙是否不至再蹈，无人先够先睹的。

那末，我们要问，在今天世界究竟哪一个国家够得上有陆海空统一在组织上、在运用上的前途呢？我们不客气地说一句话，世界上只有中华民国和苏维埃社会主义共和国够得上有这样的资格。关于后者，暂且不提，我们应当说到本题，那便是中国陆海空军统一性的前途。

中国陆海空军统一性的基础，在精神上是以总理所创造的三民主义为其最高的指导原则，操典第一条开宗明义"国民革命军以实现三民主义，求得我中国之自由平等为目的，凡有侵犯我领土与主权及妨碍我主义之推行者，须全力防制而歼灭之，以完成我革人惟一之使命。"这样伟大的历史任务的规定，在古今中外的兵律中构成一种特色。其次在技术上，我们是以中华民族的固有创造能力为基础而直接应用世界最进步的科学成果。但最基本的而且最重要的乃是本国的陆海空军是由一个最高的军事天才和本党总裁所一手创造和组织起来的。领袖给予陆海空军以新的传统和新的细胞，而且从民族的决死斗争中把传统圣化起来，把细胞强化起来，把整个军事体系由精神到物质，彻头彻尾，表里如一的给以新的生命。具有这样的历史背景和产生过程的军事力量，方才算得先天后天一律健全的"统一"的军事力量。这个力量表现了以下诸先验的效果来。

（一）三十四个月来，我们以劣势的军力能够对抗世界一等强国的陆海空军联合进攻，而且能愈战愈强，在战略上完全取得主动的形势。

（二）我们经过多少挫折，但敌军始终无法打击我们的士气，打击我们的主力。相反的，我们却发挥了革命战术的最高性能，深入敌后，从事游击，使

──────────

〔1〕马克西姆·魏刚，二战时一度任法军总司令。

敌人无法巩固其侵占区。

（三）我们在不断的强大之中，随着时间条件的有利，我们的新军正以神奇的速度建立起来，终于必予敌人以决定的打击。将其驱逐于国境之外，消灭了世界侵略暴力最重要的一环。

我们海军虽然在抗战初期的江阴阻塞战中以少数舰艇对抗敌人优势空军，弹尽援绝，终于毁熸。但我们毫不自馁，反而斗志横溢，正如凤凰涅槃一般扬弃了旧的形骸而再生了新的生命。我们一直以再接再厉的精神，用炮队和水雷推行各种各式的战斗。我们一方面深切的理解军人抗敌卫国的天职，同时我们更相信在更生的形势下的陆海空的统一前途是非常光明而伟大的。海军不但不会被消灭，而且立刻即会壮大起来，因为它是建军程序中鼎立的部门之一，又是"统一"内容不可或缺的因素。我们信仰国家至上民族至上，我们信仰领袖万能和自力更生不可抗御的伟力。

从组织方面看，我们知道，海陆空军的增强，其意义不特是各个部门的发展，而是整个国防力的增强。从运用方面看，各军的性能要求适如其量的发展，抑此扬彼，或优此弃彼之说，都是不了解"统一"性的内容的，因为陆海空是国防的三种范畴，正如立体里面的三个向度一般，去"长"或"阔"或"高"，则不成其为立体，同样去"海"或"空"或"陆"，则不成其为国防。

我们惟有从抗战到底的原则下去争取强大的陆海空军的建立；我们惟有从国防统一的立场上去拥护领袖建设海军的主张。

对周亚卫先生"中国的国防"之商榷[1]　　李世甲[2]

　　总理在民族主义第五讲，对于世界各国海陆军备，探讨綦详，并说："我国的海陆军和各险要地方，没有预备国防，外国随时可以冲入，随时可以亡中国。"总理尤其对于各国海军战斗力的比较，反复申论，认为任何一强之海军力，皆足以破我国防。

　　总裁在民国十七年八月海军"咸宁"军舰下水典礼时训示："我们要挽回国家的权力，必须建设很大的海军，我们中华民国要求为世界一等海军国，当在诸位将士身上，我们预计十五年后，就有六十万吨的海军，做了世界上一等海军的国家……"十九年二月，总裁任国民政府主席时，召见海军部主要人员，亦曾以海军建设一事，勖勉海军同志。

　　以上两节的启示，我们海军同人所日夜兢兢，未敢片刻或忘，并愿尽其最大的努力，以求新海军建设的实现。可是因为年来国家财政困难，和环境限制，不能尽如我们的愿望，获到长足的进展，是我们深引为憾事的。

　　昨读《重庆扫荡报》，见周亚卫先生的大作《中国的国防》，他认为在这时代再去争海洋势力，是政治文化思想的落伍，认为今日的海洋问题，将要到算总账的时候，所以周先生主张，以全力发展空军，来代替海军。我读完这篇文章后颇有所感，关于将来国防建设上的海军存废问题，是很值得国人的研

---

〔1〕此文发表于《整建月刊》1940年第1卷第2期。
〔2〕李世甲（1894—1970），字凯涛，福建长乐人，烟台海军学校第六届驾驶班毕业。毕业后奉派赴美国学习潜艇驾驶。回国后历任鱼雷副、副官、参谋、教练官、舰长、海军部总务司司长、海军部常务次长、马尾要港司令、陆战队第二独立旅旅长、马尾海军学校教育长等职。建国后曾任福建省政协委员。

究，我不妨把管见略抒一二，以供大家的参考。

首先我们要晓得，我们要讲自卫，必须先讲制海之权。周先生说："中国的海岸线和国防线这样长，而各国的空军力量和机械化部队，愈来愈发达，所以中国的国防，必须是全面的，是对于四面八方的，不能止于那些点，那几条线，那一个方面……"不错，各国的空军和机械化部队，愈来愈发达，是个事实，但各国造舰竞争和海军技术，也是一日千里，难道周先生还没有注意到吗？像周先生所说："中国而有'优空国防'，就能够拒敌于海外和境外"。我们海岸线绵长二千八百海里，而且港湾纷岐，门户空虚，专靠空军的力量，而无需配合坚强的海军，就能够负起全面国防的任务，拒敌于千里之外吗？

美国是一个自给自足的国家，是主持正义的国家，想周先生也是承认的。据本年二月十七日华盛顿路透社电讯：美国众议院于本日很顺利通过下年度海军经常预算案，其数额增至九九六，七七二，〇〇〇美元。还载：众议院在短时期内，拟将该院海军委员会所通过的六万万五千五百万美元的海军扩充案，提付讨论，更有事实证明美国政府现已决定建造四万五千吨级的巨型军舰，以充实国防。可知美国现在仍然积极地扩展海军，增加预算。难道美国当局也是政治文化思想的落伍者吗？或者是对于某一个国家有什么侵略的企图吗？

建设大海军，是不是点缀国家的体面，这一点也很值得我们的研究，我想建设海军，并不是点缀国家体面问题，而是关系于整个国防及经济等多方面的问题。我想纵有优势的空军，是不能单独负起海上的任务，这是毫无疑问的事实。

不说别的，先就经济方面来说罢！我国连年经济漏卮，为数甚巨，仅就国际贸易运费的损失，年达一万万元以上，这总理在民族主义第二讲里，已慨乎言之。我们因为没有大规模航业公司，通航世界，所以才受外国人的剥削，所以国际贸易不易于发达。然一个国家航业的兴衰，要以该国海军力量为转移。我们有强大的海军，随时可以保护商航，增进国际贸易。若海军势力一旦消失，则航业本身就无法维持其生存，而影响于对外贸易及国际收支平衡甚大。当民国二十六年我国招商局曾添造新式轮船四艘，准备通航南洋群岛，可谓树立我国国际邮船的初基，可是自卢沟桥战幕展开后，据说这四艘邮船因为无法通航，只得转让于外国。就是其他航业公司，亦完全破产。这足以证明没有坚强的海军武装护卫，航业就无法维持其生存。战时如是，即平时亦何莫不然。像巡缉海盗，绥靖海疆，保障海上的安全，均属海军的任务。海军实力的强弱，直接关系海运前途和国际贸易，间接即影响国家经济，其理由当甚明显。

再看伦敦哈瓦斯社去年十月三十日电："据权威方面消息，德国正就商船买卖事与苏联代表团磋商办理，其规模之大，实乃他国所未曾见。缘德航业因英法海军严密封锁之故，已完全停顿，大部分商船均在港停泊……反之，苏联亟欲充实商船队拟自波罗的海沿岸新获各港口与欧美各国发展贸易。德国经济部长芬克，有鉴于此，为特向希特勒建议，将所有商船售予苏联……希特勒业已首肯……现正磋商让予办法。按该国所有大小商船数在二千三百艘之谱……"我们不管此项让予，有无成议，而德国航业因受英法海军的封锁，全部陷于停顿状态，无法从海洋上觅取国际贸易的途径，则为事实。这也可以证明无海军则无航业，海上交通必然的受着敌人的封锁。那末周先生必然地说：我国是自给自足的国家，是抱"和平自卫"的国家，我们东南沿海，既然受敌人封锁，但西北西南两国际交通线，仍然保持其自然状态，非德国资源缺乏，而又图霸中欧的侵略国家所可比。我想我国地大物博，确是具备自给自足的条件，然而抗战以来，我旧有工业，多被敌人摧残，新兴工业，正在萌芽，所有国产工业机器等件，均有赖外国的资助，眼前尚谈不到自给自足的地步呢。究竟东南沿海，若有海军防护，不受敌人封锁，则国际贸易，与西北西南两交通线比较其便利如何，周先生是一个军事学者，难道没有深刻的研究么？

而且我们主张"和平自卫"必须有着武力做后盾，没有武力，就不许我们空谈和平。国家武力，是陆海空军的整体，实未可有所偏废的。徒知发展海军而忽略了空军陆军，固属不可，仅以树立"优空制"，而独抹杀了海军的力量，更非通论。三者是相资相辅，具有连锁的。

其次我国侨胞散处南洋群岛，数逾千万，他们是"革命之母"，是抗建的动脉。此次对倭抗战以来，侨胞毁家纾难踊跃输将者，大有其人。每年捐助祖国，数在数万万元以上，裨益于抗建前途，非常伟大。国际收支的赖以均衡，法币基础的赖以巩固，皆华侨经济之助力。惟是侨胞托命于异国国旗之下，受各帝国主义者种种凌辱，苛捐杂税，横征暴敛，甚至惨遭杀戮（最著者：如日本大地震时我国侨胞被敌人无辜惨杀者，数逾数百），艰苦备尝。如果我们有雄厚的海军，时常宣慰护卫，则帝国主义自可稍戢其凶焰。即侨胞的地位，亦得以增进，生命财产的安全，亦能获到相当的保障。所以在护卫侨胞来说，建设大海军亦是非常重要。

再如国际聘问、海口检疫、海道测量、海上司法等任务，舍海军外，陆空军人员，似不能越俎代庖。

所以从我国的地理和环境来说国防，树立"优空制"固属必要，而建设优势海军，尤为当务之急。所以现在不是讨论海军要不要建设的问题，而是此后如何建设新海军，以配合空军陆军，来树立坚强的国防问题。

我以为建立和平自卫的新海军条件，要先建造多量轻快舰艇及潜艇为前提，因为潜艇是海上防御独一无二的利器，也是海权自卫的唯一工具。前次欧战时期，德国潜艇击沉同盟国船只达一千八百万吨之多，为全世界商船总吨数四分之一。这次欧战，仅历五阅月，据德最高统帅部二月二十五日公告：五个月来德潜艇共击沉英法暨中立国载运违禁品赴英之轮船为四九六艘，共计一百八十九万〇三百十五吨，可见潜艇威力的伟大。据周先生所说，"对海是在空"，按德国空军之优势，为世界各国所公认，空军威力能达到何种任务，亦必研究有素。但他既非富足的国家，却于战前拼尽力量建造价值最贵糜费最大之潜水艇，其战略何在？难道希特勒亦如周先生的思想一样，作为点缀国家体面么？须知这次欧洲开战以后，英法轮船受了德国的破坏，是海不是空。又历史告诉我们，前次欧战时，土耳其海口君士坦丁（Constantinple）曾为联军海陆军包围数月之久，陆军约五十万人，由达达尼尔海峡（Dardanille）登陆，同时英法舰队，施以猛烈炮击，以期获得该处要塞，形势异常危急的时候，突有德国潜艇U字第廿一号发现于外口，用鱼雷将英战斗舰H.M.S."Triumph"、H.M.S."Majestic"二艘并大运输舰一艘击沉。联军受此巨挫后，慑于德潜艇之威力，立将军队军舰悉数撤退，放弃包围要塞的策略，并且英法海军巨舰，为防德潜艇之袭击，皆不敢轻易巡弋海面。此次我国对倭抗战，如果有着相当力量的潜艇，及轻快舰艇，敌人当不易横行我领海侵占我要隘，至少也可以索着更大的代价的。

惟是潜艇欲发挥伟大的功能，必须辅以轻快舰艇，如巡洋舰、驱逐舰、鱼雷艇之类，因为潜艇所在区域，敌方巨舰，是不敢冒险进袭。敌人欲去此障碍，必先遣轻快舰艇为先锋，由觅音器以侦我潜艇之所在，再用重量深水炸弹施行轰击。那末，潜艇仍受威胁。在这个当儿，我若有较强的轻快舰队，为其掩护抵御，则敌舰当无所施其伎俩。可见潜艇和轻快舰队，必先有着密切的配合，互相为用才能收到海防的效果。至于我国海岸线绵长万余里，门户空虚，除掉上述潜水艇和轻快舰队外，仍须建造相当主力舰，以资完密的防卫。当民国十七年春，现海军总司令陈公，任第二舰队司令时，曾建议政府扩充最低限度的海军，添造驱逐舰、潜水艇、巡洋舰及航空母舰等，预算需款七千万元，计划两年内完成。可惜，因为国家财政困难，政府未能接受所请，致今日强寇压境，沿海要塞，多陷敌手。在第一期抗战里所得到教训，海军同人，固未能尽其最大责任，而国人平时不注意海军，不理解海军的重要，实为主要的原因。但是我们能于抗战胜利之后积极建设海军，使与陆军空军平衡发展，有了充实完备的国防，才能制止强暴的侵略，保持永久的和平。

恢复整建海军的领导机关
——海军部[1]　君　威

　　战略的决定，不但要以政治为基础，而且也必须以军事技术条件为根据。因为中国过去始终没有建立强大的海军，足以保卫边疆，巩固海防的缘故。在抗战开始，抗战的战略就已决定必须放弃海岸附近的土地，诱敌深入，以长期抗战消耗敌人，而达到最后胜利。从这一点上来说，初期抗战时敌人所以能长驱直入，所以能封锁我全国海岸，并不是海军没有尽其最大的努力，以作有效的防御和抵抗，且如陆空军一样，抗战海军在战争中也曾以到现在还是以优秀的阻塞战术，去消耗敌人，去掩护陆上的战斗，而达到长期消耗敌人的战略目的。这种阻塞战术，正是根据我们军事技术落后所决定，也是和陆空军根据技术的落后，不得不以消耗战为主歼灭战为次的战术一样，而且是互为表里。所以现在必须抛弃抗战初期时一般所谓"中国海军在哪里呢？"那种表面的见解，而应该加以进一步的认识，那就是中国海军不能阻止敌人海军的猖獗，并不在于海军本身，而是由于中国一般军事技术落后的缘故，海军所以也不能例外。感谢时间的发展，由于一般人对长期消耗战略的正确认识和对我国军事技术的虚心检讨，这一点的已经成为公认的事实。因此，随着建国必须建军呼声的高涨，新海军的整理建设，也是刻不容缓，而应该加以积极的推进。

　　新海军的整建工作，自然头绪纷繁，诸端待举，但在原则上，整建工作不仅是整理目前，而且是建设未来；不仅是在现成状态上打算盘，而且必须为将来大海军的规模筑下基础。要能达到这样的任务，就首先必须有一个具备足够

---

　　〔1〕此文发表于《整建月刊》1940年第1卷第2期。

能力的领导机关，来计划、推动和执行。本文所讨论的，就是在整建海军呼声中的领导机关的问题。

中国海军创立以来，已经有四五十年之久，然而在民国十六年南京建都以前，我们可以说始终没有一个海军的领导机关，至少是有其名而无其实。在满清时，曾设置一位海军总理大臣，由满人奕劻担任，在名义上是可以指挥南北洋两个舰队，可事实上除这位大臣而外，下面并无海军辅佐人才和组织，所以甲午战争时，人人只知北洋总督李鸿章，而并不知这位海军总理大臣，结果自然要闹出南洋舰队袖手旁观，宣告中立的痛心现象。民国成立，北京政府虽设置了海军部，但军阀割据局势已成，海军亦一变为私人工具，门户各别，始终未能统一，海军部号令且不出部门，更别说如何建设发展的计划。迨至南京奠定，国内渐趋统一，委员长即以海防重要，而定下十五年建设六十万吨海军的计划，同时将海军署由军政部独立，成立海军部，以求这一计划的推进。虽然因种种原因，计划未能实现，但海军行政的独立性，亦因重视海军建设的缘故，而同时被重视了。抗战开始以后，海军行政组织又有了新的变动，就是原有海军部取消，而改为海军总司令部，隶属于军事委员会。这就是海军最高组织历来变迁情形及目前的现状。

现在的问题是，这样的机构是否能担当新海军建设的任务来配合抗战反攻阶段的需要和将来建国国防的任务呢？无疑问的是不够的！

当抗战初期时，为了作战指挥的统一，将海军组织并合军事委员会以内，改为海军总司令部，这在军事行动上是很必要的。可是抗战进入二期以后，海军一方面须要执行敌后江面袭击敌舰，切断敌军航路，以及正面阻止敌人江面深入的工作，一方面更要积极制造械弹，训练海员，设计海防以准备反攻阶段和抗战胜利以后大海军的建立。这就不单纯是作战方面的任务，因此现在海军总司令部这样着重指挥作战的组织，无论在人事、训练、经济方面都不能应付目前所负的任务，而必须恢复战前的组织——海军部。

然而海军部必须恢复的理由，还不仅此，这里有更进一步叙述的必要。

我们研究了上述海军部机构变迁的情形，我们可以得到一个结论，就是：凡是当着有坚定国策的时期，海军则也有坚定的政策，而海军部就可以被重视和发生作用。反之，没有国策，也就没有海军政策，海军部的作用也就降低或有名无实。为什么满清时代海军大臣不能发生作用？就是因为满清没有强定的国策。为什么在南京建都以前民国十多年以来海军部形同虚设？也是因为当时北京政府并无坚定的国策。反过来，当民元南京临时政府成立时，总理因为知道：

"日本的大战船，像巡洋舰、潜水艇、驱逐舰，都是很坚固，战斗力都是很大的。……日本如果用这种战舰和我们打仗，随时便可以攻破我们的国防，制我们的死命。而且我们各险要地方，又没有很大的炮台可以巩固国防，所以日本近在东邻，他们的海军随时可以长驱直入。日本或者因为时机未至，暂不动手，如果要动手，便天天可以亡中国。"

所以总理老早就看到没有海防的危机，而以日本为假想敌，在当时政府创立了海军部。再如总裁自奠都南京后，就以"敌人武力是准备有素的，在沿海沿江的重要军事地带都有它的军舰，它可以占领中国的任何地方。"因此即以日本为假想敌，订下十五年建设六十万吨的海军建设计划，其数量恰好是当时日本海军三分之一，和可能调来进攻中国的同等数量。为着使这计划能够实现，于是加强了海军领导机构，将海军署改为海军部，这真是再好没有的正确的说明了国策和海军政策及海军领导机构的关系。

不止中国如此，即以列强来说，也无不以其假想敌建立坚定的国策，再根据坚定的国策确定其海军政策，其海军建设的数量、质量，甚至性能、舰队组织都无不和其国策有密切关系。例如英国，为保护其遍布全球的殖民地和商业航线，因此英国就努力建造巡洋舰，而主张减少潜水艇。德国恰好相反，它为准备对英战争，反对英国的封锁，就努力建造潜水艇，使英国战舰不能在德国边境活动，同时制造一种战舰，其力量正好袭击英国保护商船的战斗舰，而掩护德国潜艇破坏英国商船的工作。再如美国，因为假想敌是远隔太平洋的日本，以及需要防守两大洋的缘故，所以努力建造重级巡洋舰和航空母舰，又有所谓一洋舰和二洋舰的争论。甚至海军素称落后的苏联，也因为其敌人可能由东西国境同时并进的缘故，所以其波罗的海、黑海、海参崴的舰队都是可以独立作战的部队，又因为其国策为"不要他人一寸土地，也不许他人占一寸土地"，所以努力建造防御性的潜水艇，和国策也有密切的关系。

从上所说，可见有一定的国策，就有一定的海军政策，实在是中外不易之理。过去中国因为始终未能建立坚定不移的国策，因此也就没有能确立坚定的海军政策。自抗战开始以后，我们不但有了明显的战争目标，战争的对象，而且也已经确定了长期抗战建国的方针，根据这个方针，配合这个方针，海军自然应该有其一定的政策和计划，那么，执行这种政策和计划的机关，必然是有永久性的海军部而非临时作战的海军总司令部，这是很明白的事。

其次，中央及总裁历次宣言中曾经指出，要求得抗战的胜利和建国的成功，都必须建立坚强的国际（防）军队。这国防军队当然不止是指陆空军来说，必然要将海军包括在内。因为：

（一）此次抗战的经验已经证明，没有强大的海军也就没有坚固的海防，没有坚固的海防也就没有强固的国防，因此才会使敌军无（兵）不血刃而占我海口，深入我腹地，所以建军决不能置海军于不顾，否则国防仍说不到巩固。

（二）以战略来说，此次欧战的经验，封锁反封锁的战略均依赖海军来执行，这在中国有被封锁经验的国家更（不）外是切身经验。再则，就如所谓以空军决胜负的杜黑战术，其防守的力量还是依靠海陆军。在现代战略上仍然占主要地位的海军，在建军中不能忽视，这又是显然的事。

（三）也许有人认为，在目前中日战争中，海战不是主要的形式，可以等到抗战胜利以后再说。这种说法，首先就是否认了一切在抗战中生长壮大这一个原则，似乎海军是在这原则之外；其次，要知道训练一个海军的水兵，就须三四年的时间，若不在现在努力，则抗战胜利以后，就很难适应将来的需要。更重要的，由于抗战后几次战役中壮烈的牺牲，由于现在敌后我水上布雷工作的加强，海军人员已经感到异常的缺乏。海军建军的工作，已经不是理论上是否需要的问题，而是迫不及待需要进行的事实了。何况，依据反攻阶段战略的估计，那时我们很可能将敌人由点线占领，切断为点的占领，包围而歼灭之。海军的战略也必然与这点配合，很可能将敌人在内河战舰，封锁在我国境之内，夺为我有，那时必然又将形成空前的干部、械弹及其他的需要，现在又应该准备起来。不了解这点，就是否认了我们反攻阶段的战略，而海军就将落在陆军之后，无法可以互相配合行动。

这就是为什么建军必须包括海军的理由，这就是为什么目前就必须积极建立海军的理由。这样大规模的海军建军工作，无论在经济上，人力上，又决非战时作战组织海军总司令部所能担任，又是显（然）的事。

还有一点，敌人对于伪组织海军部的扶持，也颇值得我们注意。伪满洲国成立时，即有海军部的设立，今年南京汪组织成立，也将海军部独立一部。虽然这些伪海军部有名无实，连小炮舰也不会有，然而为着使全国民众知道我政府对建立海军的注意，为着打击伪海军部分化我们海军，吸收我们海军干部，我们必须建立真正的大海军去和这种有名无实的伪海军对抗，而建立海军部又是首要的第一步工作。反过来，我们有统率陆军行政的军政部，而无统率海军，设计建立新海军的海军部，这似乎在心理上否定了中国海军的存在，否认了海军在反攻阶段中重要的地位，和自甘于内陆的国家！

陈总司令说："抗战既是胜利的踏入反攻时期，海军于此时亦必有从事反攻的准备。"又说："中国的海军新建设，虽有待于抗战胜利的结束之后，然其计划与准备不能不预为之谋……图于抗战结束之后，新海军建设之时，不至临渴掘井之感。"而首先建立海军建设的领导机关便是"从事反攻的准备"最主要的工作。

以上已将恢复海军部的重要理由，略陈大概，至于具体计划，容待他日讨论。自然，恢复海军部，只是整建海军的工作之一，其他还有许多问题，也希望海军同人，各界同胞，多多提出研究，希望能由理论的倡导而到实际的推进。

中国海军建设问题管见^[1] 黄征夫

一、引言

提起中国的海军，就好像是一个不大值得注意的问题，事实上亦好像是中国的海军人才和专家特别缺乏，又好像中国民族是一个不甚适合于海的生活的民族。自来我们就不大注意这海军的事件，我们宁可把海军建设的全部经费，移来建筑那个足为北平古城生色的颐和园，当时号称很有智识的士大夫，都有"海军何有于我哉"之感，至于细民，更不必说了。

民国以来，我们的陆军在各方面都有重大进步，而我们海军几乎老是寂然无闻，保守着原来的状态。国家对它亦像不是怎样迫切的需要，全国人民对它只是冷淡，全没有一种热烈的期望，舆论是很少提及海军问题的，在此等环境之下，中国海军根本就谈不到什么建设和进步了。

中国海军的落后，这个责任要由多方面的人们来负担，我们不能把海军的落后的责任归到海军当局和海军的人员。第一，在清末建设海军的时候，我们的基础就很不好；第二，到了民国二十几年的五分八裂，中央政府没有充分的经济力实行海军计划，更没有海军政策；第三，建设海军是最卖力的事，这个力包括许多要素，长时间的人力财力还要加上最进步的科学与机械工业。英国积二三百年，方造成海军的独霸，美国、法国亦要近百年，日本亦准备四五十年，中国海军从开始到现在，任何方面始终不费力，当然海军是要落后了。

就因为海军一向落后，因此在神圣抗战中，它没有力量去与敌人海军在海

---

〔1〕此文发表于《整建月刊》1940年第1卷第2期。

上作战，几乎使国人忘记了海军的名辞，几乎更助成国人忽视海军的观念，好像是中国尽可不必需要海军。

到底中国需不需要海军呢？

二、海军与国防和国家的生命线

中国需不需要海军？第一先看中国的海岸形势。中国有二千八百海里的海岸线，差不多占中国边界的一半。从国防军事上说，一国的边界，不分水陆，都是国防的前线，陆地海上，都在必防之列。从历史上的观察，中国百年来所吃国防的大亏，在海而不在陆。远的不说，最近日本之所以强大，所以能向西侵略中国大陆，最大原因是由于中国没有海防，这里可以见出中国海防的重要。

要巩固海防，就不能不需要海军了。因此从国防上着眼，中国光有强大的陆军还不能成立完备的国防，必须配合着强大的海军，能够抵御从海上进攻的侵略，这样国防的建设基础，才算得巩固。

中国这样的大国，这样伟大的民族，单是国防巩固还不算数，我们还要进一步使中国成为一个权威的国家。太平洋和南洋群岛至少要让中国来做主人翁，事实上中国在南海——南洋群岛的移民历史，已近二千年了，中国应当有海军能够于防海之外兼能保护海外的华侨。

再从国家经济的命脉，民族的生命线来说，我们虽自古以农立国，但是一个现代化进步的国家，单恃以农立国还不够，我们还得有实业和工业，我们得和世界各国通商贸易。现代的国家，除非战时被封锁，否则闭关自守自给，决不是最好的办法，我们得有海外贸易，我们得有海上的自由。

怎样发展海外贸易，怎样获得海上自由，只有建设大海军。我们知道，一个大海军国必须有造船业的好基础，这个基础同时亦是海外贸易的基础。发展海军，就连带的发展造船业，发展航业，发展了海外贸易，发展国家的工商业，这是使国家经济充实的不二法门。又何况，中国自来对外贸易，已经有了相当的基础呢！

三、中国海军建设失败的原因

中国真正从事海军的建设，只能算在清末那一次，这头一次的海军建设，其实只想仿效，只想做些表面上的工夫。清廷皇室当权的人根本就是一班昏庸的东西，一些大臣中虽有懂得海军的，但是权力有限，而又受阻于极顽固的封建势力。有的人认为海军洋船机器这一类东西，就是用"夷变夏"，都是异端，这是当时一般士大夫对海军的观念。至于民众，不知不识，更不发生什么作用了。

自中英、中法几次作战之后，把中国的纸老虎戳穿，觉得外国的强盛全恃海军，故而就亦建设海军。可惜当时建设海军，根本没有什么具体的研究和详细的计划，因此甲午一战，把所有小规模的海军都毁灭，此后就再谈不到建设了。

海军建设不是一件轻易的工作，它需要巨大的经费，长久安定的时间，详密的计划，确定的政策。又需要一个中心的力量，需要国民对于海军的认识。这些条件，在前清和民国以来都不具备，因此海军建设，便于失败了。

四、怎样重新建设中国海军

重新建设中国的海军，这在抗战之后是绝对的必需，但在抗战的现阶段中我们事实上只能做些准备的工作，作为将来策动海军建设的基础，准备的工作怎样着手呢？

第一，海军建设必须有一个建设的中心力量，这个中心力量，在惟一最高当局的指挥下，对于海军建设有绝对的全权。

第二，海军建设必须有一个详密的计划，每年建设的进程须有一定的步骤，一定的预算。

第三，海军建设必有一定充足的经费，这笔经费应由国家确定之。海军建设经费预算，则由海军的建设当局召集专家议定。至于经费怎样筹拨，这是国家财政当局的责任。

第四，扩大海军建设宣传，使全国民众都能认识海军建设与中国国防、国运关系的密切，一致拥护海军建设的计划，迫切要求海军建设的实现。

第五，造成海军建设的正确理论。理论是事实之母，中国海军向来不但是事实落后，即在理论上我们也十分贫乏，因此海军建设当局，必须集中专家造成正确而强有力的海军建设理论，作为实现海军建设的前驱。

关于海军建设的工程技术人才和海军军官士兵的教育和训练，这些都要列在海军建设的计划项内，在开始时即当逐步的求其实现。

至于中国应当建设怎么样的海军，我们在另一个题目里再来讨论吧！

海军与国防及商业之关系[1]　　廖宗刚

在物竞天择的天然法则下，为了要避免淘汰，一切生物不得不求所以维持生存之道，于是螳螂的镰刀，蜜蜂的针刺，木叶蝶的保护色，便应环境之需要而产生了。同时的，人类为了想抵抗外力的压迫和欺凌，也不得不联合起来增强他们的自卫力。如是的经过了相当时间，人类所构成的团体便进化到了今日的国家阶段。可是在另一方面，欲望还驱使着人们酝酿出了贪婪与不满足，因此摩擦和掠夺同时树立了另一种社会关系。因此，在侵略者相互之间，在侵略者与防御者之间，战争的烽火便烧红了大地。

既然已晓得历史无非是一部人类的斗争史，那为了要保全自己的权益不会被侵略，为了要使大众的福利不会被剥夺，惟一的方法只有建设起巩固的国防来求自卫。时代的巨轮不断地在向前推动着，现代式的战争虽不像上古或中古时代那样的专凭藉军备的强弱来决定全部战事的得失（外交、经济、政治在今日成为国防中的三个大堡垒），可是军事对于国防的关系，依然是首屈一指。军事在国防上的地位既是如是的优越，再进一步，我们便应该探讨出构成军事国防锁链的三环的重要性来：空军和陆军暂且不论，单说海军，只要翻开了地图，观察到海洋和大陆的比例是七与三之后，我们便不难体会出海军之在国防上是具有如何重大的意义了。

同时，历史告诉我们：一个国家的兴衰，是以国内的经济力稳定与否为基础，而国内经济力的稳定与否又是与本国商业发达情形相消长的。"护侨保

---

〔1〕此文发表于《海军整建月刊》1940年第1卷第3期。

商"是海军在平时的任务，在这里，已充分地显示出海军是怎样地直接或间接和商业发生着密切的联系。

再从商业方面来说，一个海上贸易发达的国家，除了吸收市场上的金融之外，还可以换取了许多重要原料品，在当中，自然也包含有不少建设国防所需要的资料。所以在这错综的交互关系下，我们得到了一个图示：

一、海军与国防

除非是个四面无水的纯粹大陆国外，无论在任何国家的国土内展开的国际战争，海军在国防上的地位，总是不容忽视的。因为海军和空军、陆军各具着它们自己所特有的性能，是需要彼此联络和协助，所以相互之间并不能"彼可取而代之"。攻城略地，或固守一个重要的地域及据点，这是陆军的长处，但陆军却不能把队伍开到海洋中去，给敌舰以迎头痛击，也不能"飞将军从天而降"的飞渡重洋去骚扰敌国的后方。退一步说，让陆军来在沿海的岸上筑成一道完密的防线吧！可是遥长弯曲的海岸线，要布防是需调发多少的军队！而且效力也未见得会比海军来得大，即以我国的情形而论，假如运用陆军来守海防，一千多里绵长的海岸线上，我们能保得住到处都是无懈可击的吗？以陆军来筑成和海岸线一样蜿蜒曲折的长城，这是多浪费和可笑的事哟！假如我们有了健全的海军，那只要筑成几个完善的军港，便可控制到这七省的其他各港了。配置极少数的兵力而能收到固若金汤的效果，这多经济？

至于空军在立体战中虽也高踞着主要的一席，可是要想单靠空军作主力战，那在事实上是绝不可能。像美国蒲特因氏（H.W. Buedwin）所说："在美国，飞机被视为补助军队，是一种用度有限的武器。"苏联航空研究家斯洛温也说："崇拜空军的人是太注视技术的成功而缺乏战略的思想，因为海上的坚垒对于大规模的空袭，仍是一种有效的防范。所以只要海军能够控制海面和防御它邻近空军根据地的袭击，则我们的空军，还是一种次要于海军的力量。因此飞机是海岸的防御的武器，也是海陆军的助手，也是一种半独立作战的攻击的武力。"我们纵不主张空军的力量是"次要于海军"，但至少领略到空军单独作战的收效是微小的。它不过是只能够以辅助的地位来帮助海陆军给敌人以严重的空中威胁，或扰乱敌人后方秩序之安宁，而藉以收到宏大效果的一种武器而已。以它的性能来说，迅速、简便掩护海陆军的进退，还是它不可抹煞的优点。它虽不像陆军那样的专限于陆地的活动，可是要希望发动空军去把所有海中的敌舰都炸沉，或是把水上飞机排成一个阵势以阻敌舰的前进，又是等于痴人说梦。平常一架轰炸机要炸中一个不大的固定目标，已是不容易的事，何况军舰的位置时时在移动中呢？并且在海洋中所占的面积又是所谓"渺沧海之一粟"，如果再披上了伪装和完备的防空外衣，那飞机无论是采哪一种投弹姿势，抵冲轰炸也好，高空轰炸也好，要想结果一条军舰的寿命，倒是一件艰巨的工作。我们如果把鹭鸶啄食小鱼的例子拿来适用在这事实上，那是不可矫正的极端错误！此外，在气候的限制上，暴雨、雷电、大雾都是使飞机成为暂时的废物；在空间的限制上，假如要计划飞渡重洋，到离根据地极远的敌人后方去完成任务，也需要军舰担负了一段海途的运载。从这些，可以证明空军也不是一个全能的角色。

空军和陆军的不能代负起海军工作的原因已如上述，现在让我们再来检讨海军在国防上所表现出来的特殊姿态：

增强陆军和空军的作战能力。在必要时，军舰是能把大批的陆军运送到所必要攻击或防御的地点去，给战略上转变了一个新的局势，或是以军舰或航空母舰装载了大量飞机，开到靠近敌人后方的海面上，用以摧毁敌人国内的生产建设。

截断敌人的海上运输。一个战争的展开，并不单纯依赖着前线作战，后方的给养和运输，更是作战军队的生命脉。以舰艇来切断敌人军需品的接济，是最适当的措置。敌人给养一发生影响，那便会减少了或甚至损失了全部的战斗力。

阻截敌人舰队的进逼。顾祖禹说："海防之法，御之海口易，御之江中难，御之陆上尤难。"杨溥则说："鏖战于海上，不如邀击于海中。"按照顾氏所说的话推论出去，那便是"御之海中更易"。这是杨溥所说"邀击于海中"的意思是殊途同归的。我们知道假若让敌人的军舰开到我们的港口，方令炮台炮击，已是棋失一着。万一炮台再失手，那只好应战于陆上了。所以上策是也以军舰先在海中赐予它一个歼灭。在海战的相持中，敌方军队自无法开上我们领土来。像这样，陆上的精华至少不至被战神的魔爪所攫去。

足以粉碎敌方实施海上封锁政策的迷梦，而且在优势的军备下，还可给敌人一个反封锁。现代战争的最后决胜权，多半是奠在经济的基石上。第一次欧战中，德国失败了，为了什么？不是军备不如人，德国始终是所向无敌的节节胜利呢！无论谁都知道完全是为了经济的崩溃，引起了国内的动摇乃至革命。所以经济可以说是战神的一个骄子。然而足斩绝敌国的战时贸易及资源，最好的法子无过于封锁。假如我们有了相当实力的海军，敌人何敢作此妄想？我们的海军如占优势，那更好了，在必要时，即以其道还诸其人，也未始不是一个绝妙的惩戒法。我们知道：在战争持续中，封锁是个多具有威胁性的名词哟！

认识海军特具的威力以及明了自己环境清楚的国家是英国，这自诩为"无落日之大不列颠帝国"的国家，实则它的本部只有三个蕞尔小岛，岛国迫切的需要促醒了它，于是强大的海军建设了起来。以它目前的海军实力来论，无论何时战争爆发在世界上，它祖国的边缘永不会被敌国的舰队所靠拢。同样地日本也领略到了岛国海防的重大意义，五、五、三的比率再也不能限制它扩张的范围了。假如它在明治天皇时不曾维新，假如它至今还未拥有强健的海洋势力，它自己现在已是他人俎上之肉了，哪里还能作这疯狂的侵略行为？德国鉴于第一次大战中吃了协约国海上封锁的亏，自力更生后，到底把凡尔赛条约撕毁了，而毫无忌惮地扩充起海军来。美国居在太平洋的东岸，与日本遥遥相对，若没有巩固的海防，又哪能保得住这东方的强盗不至于有"西进政策"？在苏联，也不断地在大规模的制舰和训练海军人才，以备充实波罗的海、黑海、北方及太平洋舰队。这作用，也完全是如它国内的海军人民委员会委员长柯齐尼索夫（N.G.Kuzntrov）所说的："苏联有一条漫长的海岸线，在我们六万五千公里国境线中间，有四万八千公里是傍海的，因此海军在我们国防上有了它特殊的意义。"

历观历史上有名的战争，如一六五二年至一六七四年间的英荷战争，一六八八年至一六九二年间的英法战争，一七七五年至一七八四年的北美独立战争，一九〇四年的日俄战争，一九一四年的第一次欧战，以至于这次的欧战中，哪一次没有发生过剧烈的海战，又哪一次海战不是影响到全部的战局？

翻开了我们自己的历史吧！明嘉靖间倭寇以辗转蹂躏东南沿海各省，原因即在于明政府的忽视海防。当鸦片战争写上国耻史的第一页时，广东的门户便"享受"了英国军舰的第一炮。从此以后，英法联军之役、中法战争之役、八国联军之役接踵而生，这几次战役的失败原因虽然复杂得很，可是以军事上来说，我们假如每一次都能"邀击之于海中"，又何至被人家直迫京畿，低头而受城下之盟？至甲午的中日海战，更是一个划时代的战争，从这儿便埋下了日后许多中日纠纷的触机。

历史和地理不断地促醒我们了解海军和国防两者的不可分性，中国的特殊历史和地理更不容我们遗忘了国防中的海军价值。在这次神圣的抵抗中，我们已受到因为漠视海军而蒙不利的沉痛教训了，我们怎么还不觉悟，我们怎么还不猛醒？有人说，我们这次的抗战，是为应付敌人的侵略而战，我们的目的只在乎把敌人踢出我们的领土之外而已，而并非想重演"跨海征东"故事的，所以用不着用力量来建设海军。是的，我们建设海军的目的也并不是在于踏平三岛，然而我们记得我们国防的第一线是在朝鲜和琉球之间，第二线是在济州岛和台湾之间，沿海的海岸线已是我们国防第三线呢！我们也记得朝鲜、琉球、台湾等以前是在我们的版图之内，这是前人们所失去的产业，我们是应该处心积虑地把它们再恢复到怀抱中来的哟！为了想实现这计划，以及守得住国防的第一线，我们便需要建立了一个有力的海军新阵容！

二、海军与商业

除开了闭关时代以外，每个国家的国内财富充裕与否，全视乎它的对外贸易情形如何而断定。所以每一个商业国如要繁荣它国内的经济，那它的惟一出路，只有致力于海上贸易。最初，西班牙用它那优越的舰队，所向无敌的霸占了全部地中海的商业权，葡萄牙人也不惜跋涉远渡重洋来叩开我们广东的锁钥，使澳门成为它的一个远东转口贸易中心。然而这时为了工业尚未发达，它们的目的不过是在于一种以有易望的平常通商而已，其中是并没有蕴蓄着其他涵意的。后来蒸汽机发明了，工业革命的火花爆炸在欧洲，手工业一天一天地向没落陆上走去，而机器工业以崭新的姿态、迅速的生产率掌握了工业界的权威。在不断的生产过程中，形成了剩余生产。这时发生了下面的两个需求：

第一，国内的市场因国内消费力与购买力有相当限制的关系，不能尽量容纳下这过量的制造品，只有力谋取得海外市场，藉广推销，以求利润。

第二，国内的原料品不敷应用。工业原料品是一个近代工业国的最大需要，它必须竭力向市场国吸收，方足以维持它的工业进展。例如第一次欧战后，日本的轻工业有了迅速的膨胀，所以它就极力地谋扩充海外贸易，推其目的，也无非是在于要以国内的轻工业出产品，换得市场国的煤、铁、五金、油、棉花和毛料。

在上述这两条刻不容缓要求线的交叉点下，寻觅海外市场，自然是成为各工业国的一个重要计划。然而要在众矢之的下互相争取，并不是纸上谈兵所可唾手而得的事。要获得殖民地，必须武力；要强迫市场国门户开放，也必须武力。于是各工业国的海军便不断地在这情形之下增强，从此为分赃不均争夺市场而发生的海战，便史不绝书地记载出来了。

工业发达最早的国家是英国，它领悟到了要扩张海外贸易必须以强大的海军为后盾。一七〇四年，英国海军大将罗凯（Admiral Rovke）便出奇制胜地从西班牙人手里夺取了直布罗陀海峡，从法国人的手里夺取了西西里南面海中的马尔他及阿尔。此后，它的舰队势力便逐渐伸张到非、澳、亚、美诸洲去了，以世界上第一强盛的海军国，获到了海上贸易第一位的皇冠，这是必然的法则，而不是偶尔侥幸的现象哟！后来其他各工业国也跟着效颦了。法国、意大利、帝俄、日本也各都以其自己海军的实力，取得了与这实力相对称的贸易位置。

从大西洋的问题移转到太平洋的问题，各国热烈扩张海军的事实更不断地在新闻纸上披露出它们的动态，推其原因，还不是为了世界贸易中心的自西方移向东方？推其目的，还不是在准备着重演市场争夺战的把戏？

上面说的不过是阐明海军和商业的平时关系，若在战时，两者的密切性更充分地发挥出来。交战国为了谋安定战争发生时的混乱，及救济因运输困难所引起的商品缺乏，海上贸易断不能为炮火而停顿的。然而敌方同时也感到了有阻止对手一切资料来源之必要，于是海运自然不能像平时那样的安宁。在这情势下，用潜艇来对付商船的手段便时有所闻。如要避免这巨大的损失，除了武装商船以外，尚需要相当军舰的防护，并且这武装商船队的船员职务，也亟待一般海军人才来担负和补充。这事实，可以拿英国在第一次欧战的所实施的护卫舰制度来证明：这种护卫舰制度是由驱逐舰、巡洋舰及武装渔船组织成了一个严密的警戒，再配合上效力与日俱增的水上巡逻队，把商船从港口护送出了德国潜艇势力范围内的危险地带。这样地，英国才能保持得住它的海上贸易；这样地，英国才不至于因国内食品和原料的缺乏而引起了严重的恐慌；这样地，英国的政府才不至于向德国屈膝。以这次欧战来说：战争未开始前，英国感到未雨绸缪的必要，已制造了二千多尊的大炮分装在一千多条的商船上，至于甲板防卫和其他的一切设施，也早都准备好了。又是，丘吉尔在下议院所作的官场报告，还说出英国的商船在开战五星期内已损失了十三万吨。看了这报告，我们可以知道德国是怎样地想扼住英国的经济咽喉；再看了英国商船损失的吨数是每周递减，我们更可以知道英国为了想维持它的通商生命线的安全，是正在怎样不断地改良护舰制度及使其更强力化。

我们中国是个工商业落后的国家，向来成为列强的公共市场，每年入超达到威胁民族经济的数目，这是多大的一种损失！我们如要阻塞这利权外溢的漏卮，除了一方面竭力开发国内的富源和振兴工业外，另一方面，发展商业和致力经营海运也是要举之一。我们纵不想用优势的海军去和别人争夺殖民地或市场，但至少限度也得具有相当的海军实力，方足以维持海上贸易的安定，及保障许多在海外经商侨胞们的利益。如果能照这样做去，那促进国内经济的繁荣是又拭目而待的。

苏联的斯米尔诺夫说得最好，他说："保障我们神圣祖国的海岸线，防范法西斯强盗之侵入吾境，以及保护吾悬红旗的商船得安全地行使于全世界，是我们海军的惟一神圣职务。"在同一的希望之下，我们如要保障我们神圣祖国的海岸线，防范侵略者之入侵吾境，以及保护我高扬着青天白日旗的商船得安全地行使于全世界，我们便非振兴海军不可！

海军与中国国防[1] 欧阳炎

一、海岸线及岛屿之分布

我国海岸线北起鸭绿江口，南至北仑河口，绵延达万三千余里（编者按：此数目系包括各岛屿周围海岸线在内，一般估计均称二千八百海里），沿海所属岛屿大小凡三千三百三十八个，总计面积为四万三千三百零四余方公里。其分布如下：

沿海省区	岛数	面积（方公里）
辽宁	二三〇	五二九.五
河北	四	三.三
山东	一四〇	一四四.〇
江苏	十九（近舟山群岛归入浙江计算）	八三七.一
浙江	一,八〇六	五,九六四.五
福建	五九九	一,一七四.七
广东	五四四	三六,六五一.六
总计	三三三八[2]	四三,三〇四.八[3]

我国虽拥有广大领海，但因海军实力薄弱，力不足以卫海疆，所以全部领海，早已为日本所控制。日本北有朝鲜，控我黄渤二海；东有琉球，控我东

海；南有台湾与澎湖诸岛，制我南海。也因日本拥有强大海军，所以可利用其所占岛屿，在军事上对我沿海成一包围形势。

二、抗战后所受敌国海军之威胁

抗战军兴，日海军即非法封锁我海岸线，至是我领海主权，完全丧失，不独沿海岛屿难于保存，即沿海各省亦随时有被侵略可能。海上交通，在军事上本极重要，尤以我国军火必需向外借助，更有赖于海运。今大好领海因无海军保卫，不独未见有利于我军事，而在敌海军控制下，反见其害，殊堪浩叹！

海岸线既在敌海军控制之下，则我沿江沿海凡敌舰所可到达之地，敌人皆可利用其优势海军，实行声东击西、避实就虚之战略，任意在我军力薄弱之地点登陆，迂回袭击，迫使我军处于非常不利势，不得不转移新阵地。抗战以来，我军因此失败以往事！言之痛心！

海岸线之被封锁，不特沿海军事蒙受不特影响，而对于财政收入，亦损失甚重。在一九三七年七月，出入口贸易总额为二万万一千三百万元，而战事爆发之八月份，贸易尚不及前月之半数，政府税收大量减少，而尤以我国财政主要收入之关税损失为重大。一九三七年度，最初之七个月内，平均每月收入约三千七百万元，而同年度最后五个月之收入，平均每月约一千六百万元。可见敌海军之非法封锁我海岸线，其目的尚欲使我财政处于非常困难之境地，迫我无法应战，而制我之死命，其用心毒辣已极。幸我财政政策极富于机动，中枢一本自力更生之立场，为长期抗战之部署，于是敌乃无所逞志。

三、我海军艰苦抗战之成绩

"七七"卢沟桥事变，和平到了绝望时期，我政府为保持民族生存，主权独立，领土完整计，决定实行全民族抗战。我海军虽感力量薄弱，不能拒敌于领海之外，但在"八一三"战事爆发前三十六小时，亦已全部动员。当时第一舰队防守江阴，以迅速手段筑成世界闻名之江阴封锁线。敌人虽挟有二十倍于我之优势海军，终不敢上溯长江，与我海军作正面决战，而利用空军与我作海空战。经过四十天血战，我舰队虽缺乏炮火，却富有抗战精神；舰队精华虽相继毁沉，而敌空军亦付出重大代价。南京首都得保三月有半，江阴封锁线至今敌尚仅能作点的破坏，从长期抗战国策而言，我舰队已达到持久战，争取时期之目的。

南京沦陷，我海军舰艇大半毁沉，但抗战精神，未尝稍衰。乃将所拆舰炮，移装岸上，舍水登陆，与敌作阵地战。马当、湖口、田家镇、葛店要塞，均由海军健儿守卫。英勇抗战，曾在武汉外围消耗敌人大量实力。自吴淞至汉口六百余海里航程，以轮船每小时十海里速率计算，仅三日夜可达，终赖我海军有力守卫，武汉得以坚守至一年有三月，如以时间计算，是敌每日仅能进一海里余也。

去岁九月，敌倾海陆空全力大举进犯长沙。九月二十三日敌艇数十艘绕航荷叶湖出夹港，新控沟袭击营田。我海军湘江布雷队员兵，抱定成功成仁决心，在敌机狂炸，敌艇威胁之下，深入敌后，在磊石山江面布成坚强雷区，敌艇屡遭炸毁，活动困难。营田阵地，虽被突破，而敌艇实如瓮中之鳖，终不敢越雷池一步。敌第十三炮舰队潜水炮舰"势多"号、"保津"号并敌艇数十艘虽由敌旗舰"安宅"号率领驶至鹿角、磊石江面，亦终不能突破坚强雷区，而反触雷炸沉十一艘敌艇。敌海军既一筹莫展，而敌正面作战部队所赖以作战之械弹粮食，在运输上即感万分困难，无法接济，终至弹尽粮绝，深陷绝境，惨遭覆没，狼狈溃退，造成湘北会战空前胜利。

上述诸役，吾人非敢侈言功勋，但中国海军将士之勇敢善战，实为举世所公认，而海军建军之精神基础，亦于焉而树其确立不拔之条件则信而有征者也。

四、假如中国有力足自卫之海军

向使我国有力足自卫之海军，则中日战事，决不至发生于我领土之上，而必先决战于大海。敌纵欲侵略我国，非先解决我海军不可。假如我国有力足自卫之海军，即使实力仍不能与敌海军相较量，但敌因预计所付代价之重，其野心且为之敛。盖扶桑三岛，海军为其命脉，东亚市场，英美固亦虎视眈眈，螳螂捕蝉，黄雀在后，日军阀虽执迷不悟，敢信决不敢毫无顾忌，以其海军与我作孤注一掷，以自毁其霸权。如是则中日战事，可以无形消弭，而我自抗战以来所有一切牺牲，亦可以免，东亚和平，亦可以保，世界和平且利赖焉。

五、优空弃海可乎？

抑又有进者，世之醉心航空救国论者，每以为一国如有优势空军，即可以应付现代战争；空军发展，可以代替海军。此在列强各国，亦常有此论调，英美日当局且曾作不断试验，惟其结果咸认在现代立体战争中，海军行动固非空军协助不可，而因军舰富有耐航力及应付自然环境之能力，在战时为要保持领海权，维持海上交通，仍非借重海军不可。英曾任航空部长之海军部长霍尔（Hosre）氏有云："关于海军与空军问题，当局已经接到多方机关正式查询，后经国防委员会根据各种理论及实际之研讨，结果，一致认为战斗舰在舰队中仍是不可缺少。"今就优空不能弃海而言，已有下列诸事，可资佐证：

（甲）"八一三"战事发生，我海军第一舰队防守江阴，九月二十二日午，敌机三十六架向"平海"舰投弹三十余枚，每弹重约一千磅。当时我军舰，因江面狭窄艰于运动，仅靠高射炮抵御。结果六枚在离左舷约二百码处爆炸，舰体无重大损伤。二十三日下午二时许，敌机八十余架，向"平海"舰投一千磅重量炸弹十余枚，三百磅炸弹六七十枚。当时我舰除靠高射炮抵抗外，并蛇行避弹。结果仅一枚在舰尾右舷爆炸，舰体微伤。如我后方（有）设备完善之造船厂，尚不难修复重上战场。由此足证空中轰炸，命中率之低微。而况自空军加入战争以来，各国对于军舰建设，极力改良，其造舰术日精月进，已有极坚固之防御力。对于防空设备，大加改良，高射炮口径由四吋增至四.七吋；有效射程由七千码增至万码以上；高射炮尊数亦大大增加；舰面装甲，尽量加厚，能抵抗从任何高度由飞机所投之炸弹。更加战时舰队之活动，高射炮火之猛烈，空军之掩护，以及烟幕之掩蔽等原因，空军轰炸命中率实甚低微，命中后能否毁灭军舰更成问题。

（乙）自欧战发生至今，英海军计主力舰"罗耶俄克"号，航空母舰"勇敢"号两艘被德潜水艇击沉；又主力舰"纳尔逊"号触德所布磁石水雷受伤；"巴尔哈妙"号被德潜水艇击伤。德潜水艇则被联军海军击沉三十五艘以上。南美乌拉圭海面英德海战尤为世界人士所震惊，结果德袖珍巡洋舰"格纳夫斯比"号在英海军绝对优势包围中自行击沉。从未闻主力舰或巡洋舰有被飞机炸沉者。

（丙）张鼓峰事件[1]，日方并非完全屈膝于苏联之空军，苏海军在海参崴驻有百艘左右潜艇，使敌之海军无法增援。最近苏海军在黑海举行大规模演习，各级战舰中有三分之二皆系新造之军舰，咸有精良之现代配备。可见苏联虽优空，固未尝弃海也。

六、中国需要海军

现代立体战争，海陆空缺一不可。我国海岸线绵延万三千余里，海军站在国防第一道防线，如无海军，更无以言战！如谓在现代战争，必需空军协助海军则可，若谓空军可以代替海军，窃期期以为不可！美国海军权威刊物 *Unitedstates Naval Insofitute Proceedings* 一九四〇年四月号载有海空并列之照片，其旁附有编者之说明曰："彼此不能互代，但相成耳。"（Neither can replace theother, yet each depends upon the other）为保全领土完整，主权独立计，我国必需建设海军；为保卫领海主权，海岸线安全计，更需建设海军！若谓我国财政困难，无力建设海军，试问以我国土地之大，物产之饶，财政能力岂尚不如扶桑区区三岛乎？日本为要实现其统治大陆政策，能建设百万吨海军，我国为要保持民族生存，主权独立，领土完整，岂独不能建设百万吨海军，以抵抗侵略？只要政府有决心，民众肯援助，至少蒋委员长所期望建设之六十万吨新海军，可指日观成。

此次抗战，基于敌方财政之困难，士气之消沉，物质之缺乏，人民反战之日趋剧烈，国际形势之日形孤立，固可决定最后胜利终属于我。惟在抗战初期，我国因无海军关系，沿江海一带，人民生命财产损失之惨重，军事方面之不利，亦无可讳言。经过此次抗战所受之教训，我政府与民众必能感到我国有建设海军之必要。鉴往追来，他日我国得到最后胜利之日，定即我新海军开始建设之时，作者谨以至诚敬祝中华民国万岁！中华民国海军万岁！

---

　〔1〕1938年七八月间，日苏两国围绕张鼓峰、沙草峰两高地发生的军事冲突。

中国海军在抗战时期中之主要任务[1] 刘纯巽[2]

如果我们不加思索，一看到这个题目，就会发生下面误会的见解：中国的海军是要以驱逐敌人舰队或甚至与敌舰队正面作战而歼灭敌人为主要任务。不错，我们的思想何尝不是这样，当局的理想，亦何尝不是这样。然而，事实决不是这样简单，这原因，只要打开一张中日海军实力比较或表册，就可以洞然明了。尤其使得我们感到隐痛的，是社会上许多人士忽视了海军在中国国防上的重要性或竟忘却了中国海军的存在。只要稍具有一些军事常识的人，就知道国家的第一道防线是在海里，假如我们有一个现代国家起码条件的防御海军，我们就可以在敌人侵入我领海之先，与敌人以相当的打击，即使敌人在某处能达到强行登陆或侵入我内地的企图。"八一三"日海军进攻上海那时候的那么凶猛，百数十艘大小军舰停泊在吴淞口外，整天的向我阵地发炮，假如我们没有那几十万视死如归的英勇战士，整天地用血肉和敌人拼命，以海军炮火之威力，是不难威迫装备再好一些的陆军退却的。说到这里，笔者记起一件事情，不妨提出来说一下，使得大家更深地知道日军是如何的藐视我们，同时使彼此间互相借以警惕一次。当笔者前年在德国的时候，有一天和一位德国朋友去看电影，德国的影戏院在每次正片出映前总得先映一段世界新闻片及其他富有趣味或滑稽的片子。中日战事爆发后，在德国影戏院里常常看到战争的片段，不过这些片子，在日本军阀看来似乎是一种再好不过的宣传作品，而在许多的普

---

〔1〕此文发表于《海军整建月刊》1940年第1卷第3期。

〔2〕刘纯巽，马尾海军学校第六届航海班毕业，曾被南京政府海军部派往德国学习潜艇。

通德国人看来，只觉得就是惨无人道的日军暴行。那天的新闻片果然有一段是描写日海军在沪战所显的威风，一艘日巡洋舰靠在黄浦江上的某码头对着我方发炮，我当时的心里感到无限的惭愧和悲愤。那位朋友低声地问我："这就是上海吗？""中国的海军到哪里去了？"听了这话，我更是惭愧，简直没有话回答他，内心里有着说不出的痛苦和悲哀，只得含泪继续看下去。真的，假如我们有着够得上的防御海军，我们决不会让人家的战舰靠在我们的内河码头旁边发炮，也决不会让人家来摧毁我们沿海、沿江的城市要地，而对我们施行海上封锁政策。然而，在战前中国的海军没有够上一个防御海军，这原因很多，容在另一段讨论吧。

其次要提及的就是上面所说的后一点。假如以为中国海军舰队没有和敌海军舰队正面作战过就忘却了中国海军的存在，这就是一般没有海军常识的人说的话。"海军"涵义的范围并不如一般人所想象的那样狭窄，我们只要来试问一下，大家就可以不言而喻："封锁长江的工作是谁担任的？""布雷工作是谁担任的？""要塞的工作是谁担任的？"自然，我们不能单怪某些人对于海军之不了解，因为，海军过去英勇抗战的事实，很少在报纸刊物上披露过，就是在海军内部，过去也没有专为宣扬海军抗战事迹出版某种刊物，致使社会上一般人士对海军发生许多隔膜，这一点，我们不得不引为遗憾。

再要略加说明的是中国海军不能成为防御海军的原因。解答这个问题，不需要什么军事专家，一个具有普通常识的人也可以回答得出来。不过在讨论这原因之前，先得将防御海军的要素解释一下。防御海军要素离不了下面三种：第一是相当吨数的海军。为什么说相当吨数呢？因为海军力量是应与该国家的海岸线之长成正比例的，不然，纵有海军，亦只能保护某一重要口岸或城市，决不能防止敌人向其他口岸或沿海城市进攻。这里还需特别提出来的是潜艇政策应为现代防御海军国海军当局采取之政策，为什么呢？两次世界大战的事实已很明显地告诉我们，德国用潜艇政策与各国海军及其海上贸易以莫大的打击，受到最大影响的是英国。第一次世界大战时英国险遭德国潜艇政策而陷于经济不能维持之厄境。固然，那时破坏潜艇的工具远不如今日之进步，而潜艇自有它的特点与优点，为别种军舰所不及，即制造或购买潜艇所费之财力有限及供养微而收效大是也。今日破坏潜艇之工具虽然进步，但进步之程度还不够，即破坏一艘潜艇实比一艘潜艇之价值所费大多故也。就人员论，德国服务潜艇者只数千人，但英国海军已有数万人在那里日夜工作，焦心苦思，专对付那几十艘富有弹性的德国潜艇，这确实是值得我们借鉴的地方。

第二是坚固的海防与江防。上面说过，国家的第一道防线既在海上，那么第二道防线就在沿海及沿江。这道防线，就是属于海军的海防要塞与江防要塞所在地。为什么这也算得是防御海军要素之一呢？因为，假若敌人一日以优势的海军向某处进攻，要塞炮台能先与其相当的打击。至少，可以迟缓其前进之时间，这时，我们的舰队可以迅速地集中到这里，协助要塞炮台，与敌人一个总攻击与歼灭。

第三是协助海军作战的空军。因为，防御海军的质量比较上是较薄弱些的，海上的战争常常以军舰的实量差别而决其胜负，何况现代的战争已不单是平面的战争，敌人已惯用其飞机向我轰炸，所以在海上作战时，不能不配以相当的空军协助。

知道了防御海军的三个缺一不可的要素，我们更容易明白中国海军没有成为防御海军的原因，总括起来，不外乎下列数点：

第一，国家财力不够以及重工业没有基础。因为"七七"抗战以前，国家的财力，军事方面，多用在扩充空军，举国上下，皆欲扩大空军力量以救国，又因那时的国难已严重万分，所以扩大海军救国的口号是不曾被人提出，即有扩充海军之计划，亦未达到目的。加之我们国家没有重工业的基础，自己没有造舰的设备，一切都还要依赖他人，而建设海军又没有建设空军那么比较来得容易，所以谈到抗战时的中国海军力量是可怜得很。

第二，中国海岸线太长，想用几万吨的薄弱海军，在这滨海七省的海岸线上，造成一道巩固的国防线，简直是在做梦。所以中国要有一个足够保卫自己国土的海军，非得要有与海岸线之长成正比例的海军力量不可，而这样的海军，不是国家在危难之际一夕就能完成的。

第三，外界对于海军之不透彻认识或具有成见。这原因，主要的是因为空间的关系。大陆上的同胞很少有接近过海洋的，所以他们根本不承认海军到底有多大的重要性。即承认，亦不免有估计错误的地方，这种受着地域隔阂的关系，使得他们对海军不会认识或不认识。战时所蒙受的痛苦，谁也不会想到这是敌人海军间接或直接给与我们的。记得一位德国教授说过，德国的南方人从前对海军也是丝毫不感兴趣的，他们说：敌国军舰再有多猛烈的大炮，他们军舰总不会登陆，将子弹送到我们头上来，我们何必出钱去建设海军呢？却不知唇亡齿寒，大门不关紧，才会有强盗来打开门，许多人没有看到这点。这因为我们海军在社会上所做的宣传工作不够，关于这一点，还诚恳的希望当局者多多加以注意。

除了这几点主要原因之外，自然还有许多别的原因，致使中国海军过去不能健全起来，成为一个足称防御的海军。然而，单思索过去是无益的，过去能给与我们的只是经验与教训。但从这些宝贵的经验与教训之中，我们知道了怎样地去把握现在与估测将来。如果我们能把握现在，则我们决不会因循下去或痴人做梦而致丧失了革命海军军人的精神；如果我们能估测将来，则我们决不致中途灰心，或甚至走到牛角尖里去。

海军已随着神圣抗战的展开发出去它的怒吼来，这怒吼虽然未能将倭寇的海军堵在吴淞口外与以歼灭，但每个人的心里却蕴藏着无限的怒火，这怒火将永随着神圣抗战的烽火燃烧着。谁也知道中国海军在质与量方面都是薄弱得可怜，但这决不足以使我们心头火焰减低分寸。抗战是持久的，全面的，海军的抗战亦是持久的与全面的。持久的是防御的工作，全面的是游击的工作，这两点可说是中国海军在抗战时期中能做与应做的工作，也可说是它的主要任务。现在来将它所负的主要任务说一说：

防御方面——防御工作可分为"江防工作"与"要点封锁"。江防工作最为重要，假若江防不固，敌人不艰以轻快之舰艇，沿江攻击而上，所以我在沿江一带，建设坚固之要塞炮台，就是防备这点。江防之重要，在第二期抗战时比第一期更加显明些，因为，如最高领袖昭示我们的，敌军越深入我内地，作战的形势于我有利的条件越多。山岳地带，敌人的坦克车、大炮已不如以前的那么样能如意运用，反以我们的英勇将士们正好施展身手。不过，敌人的陆军虽前进困难，他们也必会在水路上打主意的，因为在敌人尚未总崩溃以前，他们总不会停止继续不断的冒险尝试。

关于防御工作的另一点是要点的封锁。要点的封锁有暂时的和长期的，如欲永久据守某要点，防敌海军之侵入，则应于舰艇必经之处布置多量水雷与构成若干道之封锁线，使敌舰航行迟缓，再与以迎头痛击，这是封锁的意义与目的。若在某点争夺时或当我军反攻某点时，敌舰侵入协同敌军作战，则我方应施行最快速度之封锁或堵塞，这种封锁，能使我们在战略上收到莫大的利益，于整个战斗中决定了一个最重要的胜利条件。湘北之役，我方所以能获到大胜利，海军布雷队亦负有不可磨灭之伟绩的。

游击方面——海军虽然无力与敌人正面作战，这是因为受到物力限制的关系，但海军总能做到水上游击的一步。我们此时虽无法将雷送给旗舰"出云"号做礼物，但我们总可以改用别的方法使敌舰在行动上遭受困难或直接蒙受损害。要知道，长期的连续不断的打击敌人才是使敌人走向崩溃之途的最捷径，才是我们求胜利的惟一法则。更重要而且较容易做到的是游击敌人水上交通工具及运输，日本军队不是飞过大海跑到大陆上来的，而是一船一船被载来的。在我们这边，又把抢到的东西，一船一船的运回去。对于敌人的交通工具及航运，我们应该设法去破坏，使他们的兵援不继，使他们在我们的河内无法行动，这才是敌人真正的致命伤。

抗战将近三年，海军人已用奋斗不苟的精神担起他们的任务来。随着抗战的发展，海军的工作亦见重要而广阔。在防御工作方面，海军已尽过它最大的努力而又更在加倍的奋斗；在游击方面，已有新的正确的认识与实际行动的准备，我们不觉得海军对抗战之无为，只觉得随着抗战之发展海军之重要性加强。一般不了解海军之人，在想到海军任务之重要时，必一除成见，对海军有新的认识，新的估计。笔者是海军资浅的一员，深感海军任务之重要与社会上一般人士对于海军之不认识，故敢书此文，谨献于社会上一般关心海军的人士们及海军同志，并以此自勉。

空军是否可以代替海军？^[1]　　迪 肯

　　我对于陆海空军都喜欢研究，而对于陆海空军的性能和它的任务的比较，尤感兴趣。近来"航空万能""空军救国"的呼声一天高过一天，甚至有主张以空军代替海军，因此就引起我更进一步来研究"空军是否可以代替海军的问题"。现在把我所知道的，拉杂写下来，请读者指正。

　　海军争论，闹得最热烈的要算美国。为试验空军对海军的攻击力起见，美国把一艘条约上应拆毁的战舰"华盛顿"号（三二,五〇〇吨），使它不运动、不抵抗，让空军在上空向它投弹，结果施放了二千磅炸弹三枚，一千五百磅炸弹一枚，鱼雷二枚，另外加上了十四发三十二厘（cm）炮弹，才使这海上浮城，渐渐沉入龙宫。英国也做过同样的试验，所得到炸弹命中率是百分之五，这就是空军对于不运动、不抵抗的战舰的威力。所以说价值七千万美元的战舰，不是一二小队空军所可毁灭的。

　　现在新式战舰，如"乔治五世"号、"纳尔逊"号，都有八门以上的十二公分口径高射炮，十数门高射机关枪，防御炸弹的甲板，厚达七吋。所谓新式高射炮，是集合方位盘、射击装置、测距仪与高度测距仪而成，种种精密机械的装置，是现代军事科学之结晶。

　　依最近高射炮的射击技术，每五十发可击落敌机一架，由发现敌机到投弹的时间，约为两分钟。现在最新式十公分口径的高射炮，每分钟可发炮二十五发，所以在此两分钟内，恰可击落敌机一架。有八门高射炮的战舰，在敌机第

---

　　〔1〕此文发表于《海军整建月刊》1940年第1卷第3期。

一次投弹前，已可击落敌机八架，高射炮的威力，由此可见。

还有舰上二十公分口径以下的炮，也可以用七十度的仰角，向空射击。发射的速度，虽然不快，但比口径十二公分的，却多有两倍射程。更有四联装的高射机枪，横扫像猛鸷一般迅速下降俯冲投弹的敌机。

由高射炮弹炸裂而成的烟幕，更可使瞄准困难，投弹不易。抗战以来，日舰每利用这种弹幕，以抵抗我空军的袭击。

这些，不过说明空军对海军的攻击力量和海军的防空方法，也许有人要这样说：既然海军对空军的抵抗力甚大，何以在长江中，我国的军舰，会给敌方空军炸沉呢？"巴纳"号不是一炸就中，一中就沉吗？我的意见：长江水道狭窄，军舰无法运动，自然命中的机会较多。长江中没有军港作根据地，军舰坏了不能修理，弹丸完了无法补充。"巴纳"号不过是一艘几百吨的炮舰，它的任务在于护侨捕盗而已，一两挺机关枪是惟一的防空武器，所以才一炸就中，一中就沉。我们不能拿几艘老朽的我国军舰，或几艘弱小的外国炮舰和日寇的运输船只，来代表世界上整个海军，而武断空军对海军有无限的威力。

海军的第一任务，是保护自己航运，和攻击敌人商船，因为彼要达到上述的目的，所以才有海战发生。这一点，我们应当首先明了。

如果空军要代替海军，则必须能执行这两项任务。现在我们先看空军可以保护自己的商船吗？

为着要保护自己的商船，使不受敌舰攻击，最好是采用飞机分段护航制度。但是分段护航，因海上地形的关系，势有不可能。且飞机飞行速率，与商船在海面航行速率是相差太远，不能随航护卫。又飞机耐航性远不及海面船只，远洋航行中，海面船只往往四五天或至十余天以外，才能达到目的地，而空航不能如此持久。

虽然空军不能保护自己的商船，但攻击敌人的商船总有几分威力！我们只看这次欧战，由英国不断的运送军队前往法国，没有一次受过德国空军的阻止。德国航空队曾数次轰炸英国在北海巡航舰队，结果没有一次炸中。这就可见以空军攻击敌人的船只，单是在狭小的海面上已很不容易，何况追逐敌人舰船于汪洋大海之中，而达到破坏敌人航运的目的吗？再问飞机机器可以持久不坏吗？燃料不会缺少吗？驾驶员可以不休息吗？天气不住又怎样？飓风浓雾，小舰尚须停驶，飞机有何法可以远离根据地在大海洋上空长期活动呢？这种种是空军攻击海上船只的最大困难，要解决这种问题，不要航空母舰可以吗？以第一流新式武器磁性水雷给空军运用，也不过破坏一小部分商船。而新式的扫雷艇，对于这新式武器更有很大的清扫能力。

不用说，海军最重要的任务，是不能用空军来代替执行了，因为空军既无力防御敌人海军攻击自己商船，又不能破坏敌人航运的缘故，这里不过举两个例子。此外海军重要的任务还多，都不是空军能代替执行的。

这次日寇如果没有海军，试问它的空军能够飞越海洋运到我国来吗？民国八年，"江亨"舰长，现任海军第一舰队司令陈季良中将，奉命带领"江亨""利捷""利绥""利川"等舰，驻防松花江，因河水结冰，只得寄泊在俄属庙街，此时白俄军想以纸卢布强换我国侨民货物，幸赖我海军尽力交涉，终改用现金，侨民受惠不少。试问空军能遣驻外国，保护侨民吗？

有人说，空军的缺点是要依靠航空站和航空母舰作根据地，所以不能脱离陆军和海军。如果将来科学发达，发明了空中航空站，或者飞机可停留于空中的话，那么空军不是可以独立于陆海军以外吗？不错，科学发达什么都可以做到，但是我们须知道，科学不是专为空军的，科学一旦发达，空军可在空中建造航空站，和飞机能停留于空中当然容易，同时，几万吨的战舰到那时可以在水中行动也一定不成问题。你不看法国已有三千吨的潜艇吗？德国已预备建造近万吨的运货潜艇吗？空军如果能攻击水下的潜水舰艇，那我想高射炮也一定可以百发百中了。所以说科学不是专为空军的。

在经济方面，海军要比空军经济得多，但是一般人总以为建设空军经费无疑的比海军要经济，这是空军的最大优点，何以海军倒比空军经济呢？请看下面一段美国某杂志上的论文就知道了：

六千七百五十架轰炸机，在一小时内所发出的炸力和十五艘战舰相等。每架轰炸机建造费须三十五万元美金，一艘战舰建造费达七千万元美金；六千七百五十架轰炸机共需美金二十四万万元，十五艘战舰共需美金十万万元，即是六千七百五十架轰炸机的建造费比十五艘战舰的建造费要高出一倍以上，多需美金一十四万万元。

一架轰炸机可用八年，一艘战舰可用二十六年，在二十六年内轰炸机须重建三次，而战舰则无须更换。于是二十六年内，轰炸机所费的经费比战舰要多出七倍以上。

一架轰炸机须十五人，一艘战舰须一千五百人，六千七百五十架轰炸机须十万人，十五艘战舰只需二万人，以人力而说，轰炸机所需要的人力比战舰所需要的又多八万人。

以上是就海空两军的战斗能力、任务及人力、经济各方面，来说明空军并不优于海军，和空军不能执行海军的任务，也就是空军不能代替海军。除了理论我们还有事实上的证明，高唱优空主义的苏联，何以现在积极扩张海军呢？美国不是要建立二洋舰队吗？假如空军可代替海军的话，那末深谋远虑的各国参谋本部，必定会停止建造军舰与扩充海军，但是事实是相反的，无一国不是疯狂的造舰，反映着空军不能代替海军的明证。

篇幅有限，不能多说，我的结论是空军不能代替海军。

迪肯草于西水口畔　一九四〇，四

中国要建设六十万吨海军之理论检讨[1]

郭寿生

国父于民权主义第一讲中曾经说过："无论是个人或团体或国家，要有自卫的能力，才能够生存。"

蒋总裁在五全大会演讲外交问题的时候，曾将中国的对外政策极扼要地说了出来，便是："对本国家求自存，对国际求共存。……"我们不谈共存则已，若是真要和他国谈"共存"，那少不了先要做到能"自存"的地步。假若自己没有自存的力量，而盼望和他人谋"共存"，那便无异于"与虎谋皮"了。

我们现在最迫切的需要，实在无过于争求"自存"。"自存"的条件，自然要从平时准备中得来。准备而能充分，是再好没有的事。但事实上在抗战之前，敌人已紧迫尾随，不许我们有充分的准备。海军当局对于海军应有之重要建设在战前虽屡有提案，政府以财政困难未能实施。抗战开始，门户洞开，我们因没有力量拒敌于门户，只能拒敌于堂奥。虽谓长期抗战，胜利终属于我。然以平日没有准备建设海军，没有做到能"自存"的地步，所以在抗战中吃了许多大亏，受了许多困难，这是无可讳言的。现在沿海既已非我有，沿江又被侵占，此时来谈海军建设，似乎不合时宜，不能唤人注意。但依我愚见，抗战建国既为我全国一致的国策，不能说因抗战而放弃建国，也不能说因抗战而不能建军。建国是增加抗战的能力，建军是继续抗战的力量，在平时因敌方的压迫与环境的关系不能做到"自存"的地步，在战时就要争取"自存"的条件。所谓战时争取"自存"的条件，就是一面抗战，一面建国，同时还要建军。海

---

〔1〕此文发表于《海军整建月刊》1940年第1卷第4期。

军不能除外，它一面要扩大水雷游击战，水上反封锁，要塞防御战的范围，同时仍须准备建军。不能因沿海沿江暂时被敌军侵占，而认为建军尚非其时。举国上下若抱这种的观感，那就是最大的误错，而且是非常的危险，这无异放弃了自己的"生存"。

在"贯彻抗战到底争取最后胜利"的国策下，我国军队要源源不断的扩充和增强，这是无可怀疑的方针。尤其是抗战经过许多挫折的今天，中日战争已经进入第二期而且在最艰苦的阶段，更需要我们根据抗战三年的经验和教训，根据目前抗战将来生存的需要，迅速地建立新的军队，以便与敌人进行持久的战斗，这必然是国人所极端赞成的。

但建立新的军队的对象，不仅建立陆军的国防军，与更大规模的空军，还要准备建立新的海军。新的海军的准备，需要从收集训练现有的和新的海军专门人才与建置强大的海军着手。可是后者是我们急切不能实现的奢望。当然要等待胜利之后或在已收复若干沿海的地方之时设置舰队。但建立新的海军，不能不先事准备，因为这种准备，不是一朝一夕能成功，更须从今日下手。

我国海军，在甲午中日战争以前，曾占世界主要的地位。后来所以衰落，完全由于满清政府的腐化，不善于运用，且多方阻碍其建设。民国以后，军阀把持政权，一切国家财力，都消耗于内战，海军经常费几至不能维持，更谈不到建设。国民革命军统一全国，国民政府奠都南京，此时才提倡海军新建设，但以国家财政竭蹶，对于海军建设，不能达到目的。中日战争开始，我以海防空虚，日寇海军乃得自由封锁我海岸，深入我长江。它的陆军空军乃得藉海军的输送向我各口岸登陆，四处轰炸。这样看来，我国没有海军，将何以求"自存"。现在我们在抗战中既要争取"自存"的条件，自然要一面抗战，一面还要建军，权衡情势，择要进展。惟我海军建设，当以发展至如何程度为标准，自不能不观察国际情势。而对于各国现有海军实力，尤其是对于我们最大敌人的海军力，首须详加探讨，以作我国建设海军的标准。

回忆在民国十七年八月十六日，"咸宁"军舰举行下水典礼时，中央党政军各方代表，均谆谆以海军建设勖勉海军同志，尤以蒋总裁训词为最重要。我们今日在抗战建国和整军建军中实有将这个训词提出讨论的必要。这一篇训词内容的重要一段是指示我们："要挽回国家的权力，必须建设很大的海军，使我们中华民国成为世界上一等海军国，全在诸位将士身上。我们预计十五年后就有六十万吨的海军，做了世界一等海军的国家。"同时国民政府代表张定璠的训词也有一段："现在北伐成功，国民政府预计十年以后得六十万吨的海军以恢复我们的海权，海军将士们应继续的奋斗努力，以符国民政府的希望。"

又当"永绥"军舰下水的时候，蒋总裁以国民政府主席来代表中央党部、国民政府致训词，内有一段："在咸宁军舰下水的时候，我们曾经讲过在十五年以内或者即可完成与世界上列强的海军相抗，巩固我们的国防。中正今日代表中央党部、国民政府，敬祝海军前途日趋发展，希望大家同心同德，一致起来，建设新的中国，新的海军。……"我们现在根据了当日总裁和国民政府代表的训词来讨论中国需要何种力量的海军，才可以做到"自存"的地步。预计中国要建设六十万吨的海军，这种数字，是否适合中国"自存"的条件？是否适合于我国自卫的国防？是否为建设新中国海军的标准？这个问题是很值得我们的注意，是要详细加以讨论的。

我们研究帝国主义侵略中国的历史，就知道帝国主义侵入中国的路线，多半是由海路而来，所以我们不能放弃海防，中国一日不能无自卫的海军。我们当前的敌人是日本，除非日本放弃对我侵略政策，将来的假想敌还是日本。所以欲巩固我们的海防，必须先估计假想敌国的海军力量，以作我国建设新海军的标准。日寇为我世仇，它的海军力量有一百万吨以上，它的海军力的分配，原以三分之二强应付英美两国的海军，又以三分之一弱以侵略我国的。现在除美国积极扩张海军外，北太平洋上它又多了一个的强敌苏联的海军，自然又削弱了它的原有海军的力量，而再事扩张海军。何况它正积极施行南进政策，当然它的海军力量是在继续增加起来。

我们建设新海军的目的，纯基于对本国家求自存，对国际求共存，非如其他帝国主义者的国家，以扩充海军为手段，以侵略弱小民族，攫取其权利为目的所可比。所以我国无需要侵略式的庞大海军，只求不使敌舰开入我国领海领江，不使敌人一兵一卒侵入国境一步。这是我们建设国防的根本原则，也就是我国建设新海军所需要力量的最低限度。所以估计敌国一百万吨以上的海军，我国至少也要建设六十万吨的海军。我们在国防原则上与战略上着眼，果有六十万吨的海军，则敌人决不易向我侵犯，亦决不容其接近我国海岸而深入我长江内河。所以蒋总裁所示六十万吨的数字就是这个道理。

我们就海战的原则来说：守势的海军实力，对于来攻的敌国海军力，须在其五成以上。反过来说：即攻势的海军力对于守势的海军力，则须有其一倍以上的力量，才有胜算的把握。因为守势的海军，有海军根据地，物质和其他一切资源的供给，且近在本国，所以占着许多的便利。有这种便利，守势的海军对于攻势的海军，若其舰队有三分之二的势力，双方的力量即成相等。同时来攻的敌人，它的舰队离它的根据地很远，燃料物质和其他一切资源的供给，都是不便，甚至极感困难。所以攻势的海军对于守势的海军，非有五成以上的优势，它的海军力即不能保持与守势的海军力相等。

上述的理论，不是我凭空说出来，这是根据于世界最有权威的兵学家德人克劳塞维兹（Clausenitz）于其《大战原理》一书中所说："攻势军须有五成以上的优势率。"

假定甲国为A，乙国为B，则优势等于A−B，优势率等于 $\frac{A-B}{B} \times 100$（％）。若照克劳塞维兹氏所说，则 $\frac{A-B}{B} \times 100$（％）应比五成为大。美国海军就应用这个原则，以规定其海军力。故在华盛顿会议中，五强海军条约内所订定各国主力舰的比率，英美为五，日为三，法意为一·七五。若以这个公式计算，是美国对日的优势率为：$\frac{5-3}{3} \times 100$（％）＝66.6% 即美国主力舰的优势率为百分之六十六强，实超于五成，很适合于克氏的攻势原则。

但是日本为什么甘心接受这样一个绝对劣势的比率呢？第一，从政略上讲，日本第一期的侵略对象是中国不是美国。它深切知道从地理形势和经济关系以及美国对东亚的国策上为了中国问题而以海军和日本冲突的可能性是非常之少的。第二，在战略上，华府会议美国既已承认菲律宾和关岛不设防，则美国海军向日本进攻的行动便缺少托足的根据。第三，从战术上讲，美国万一违背上述两个原则而贸然进攻，由于日本之主守能以逸待劳，与乎美国之不可能倾师进犯，于是五三比例所可产生的优势率必然要远在66.6%之下，而决定不可能有无成的效果。因此我们一方面看见美国人尊奉克氏公式的理论上的优势而满足于五三的比率，却在另一方面又看见日本的战术家更取□能克氏公式的实施上的偏差，而慨然接受六成的劣势藉以换取战略上关岛、菲律宾不设防的实惠。欲明双方去取之间的最后得失如何，我们最好把德国人自己祖述克氏名论的结果拿来比照，那末上述的矛盾便可迎刃而解了。

希特勒于一九三五年与英国订立海军协定，规定英德海军比率为一〇〇与三五。这样看来如果按照克氏的公式来计算，英国海军的优势率应该是：

$$\frac{100-35}{35} \times 100 \, (\%) = \frac{65}{35} \, (\times 100\%) = 186\%$$

换句话说，英国对于德国海军的优势率比美国对于日本海军的优势率几乎三倍，这样的一个海军协定，究竟有何意义呢？但是事实上希特勒不是笨伯，而张伯伦才是笨伯。张伯伦以为让德国在波罗的海上扩张海军以遏止苏联，并诱引两国发生冲突。而希特勒则一心以英国为捞本的对象。德国海军一方面尽量在造舰质料上采用各种新发明的合金，求以较小排水量而发生超级的战斗力，另一方面在战术上讲求防御并高度发挥游击的效能以围扰英国的运输线，用极盛旺的企图心和周到的防御力来补救它吨数上的缺憾。

这样看来，克劳塞维兹的原则的应用，必须从各种场合上找出其偏差。德国以侵略的国家善能缀长补短，以陆空军的优势来补救其海军的劣势，所以英德海军虽优劣悬殊，而在此次大战中仍能从容应付。美国对日的海军比率，主要是在造成优势以奠立其太平洋上政治发言权，故以66.6%的优势率为满足。日本则切知美国在战略上不可能倾全力进攻，而劳师袭远，障碍横生，其实际之优势率必在五成以下，故坦然受五三比率而不疑。我们国防的目的，既在于自卫而非侵略，在于防御而非攻击。我们的假想敌既为日本，则我们建设守势的海军对于日本攻势的海军，亦须在其五成以上。就是说日本有一百万吨以上的海军，我们依照克劳塞维兹氏的原则加以活用，至少要建设六十万吨以上的海军。所以蒋总裁所指示的"我们预计十年后就有六十万吨的海军"恰与克劳塞维兹氏的原则完全相合。这种数字，实为建设新中国海军的标准。

所谓建设六十万吨的海军，实以敌国一百万吨的海军力做比率，蒋总裁所指示给我们的数字，即指示我们以这种比率，做建设中国新海军的一种标准，并不是以这数字作建设自卫海军的限度。若敌国海军力超过一百万吨以上的时候，则我们的海军建设也需要超过六十万吨以上，同时还要观察国际的情势，与各国现有海军的实力，以增加我们自卫的力量。

最后我还要附带说几句话，就是我国要求有效的自卫方法，自然是要建设强大的海军，不使敌舰迫近我国的海岸，随意运兵登陆，或者能阻挠敌舰的行动，则国防的责任，当然不至于完全落到陆军空军的身上，至少也可以分去陆空军一部分的重负。抗战之后，国人始注意国防，然或则囿于闭关时代的旧话，以为有强盛的陆军，即足以固我疆土；或则醉心于航空救国的高调，以为有充量的飞机，即可恃为坚城。要知强大国家，海陆空军宜兼筹并顾，尤其是强邻压境，外患逼迫，海防为第一线，更难忽视。安得谓门户尽可洞开，只需拒之堂奥。今日寇深入腹地，就是最大教训。故今后欲求"自存"，与人谋"共存"，必须从国防第一道门户做起，始可有从容自卫的余地。厚陆薄海既非全策，舍海言空亦属左计，欲求巩固国防，海陆空军是要同时并进，若能这样真实干下去，自卫当然不是难事。能自卫了，当然必能"自存"。能自存了，当然不难和别人讲"共存"。不过在这抗战期间，实现这些期望，要由最高统帅和国防委员会来做原动力。而一切海军要致则应设立海军部统筹计划。同时又须全国人民能认识海军与国防关系的切要，同心协力，一致赞助，使海军建设能达到蒋总裁所示的比率，以实现我大中华民族自存的目的。

海军制度之理论与实际[1]　　王师复

通常，海军制度包括军政与军令两方面，但两者之间，却存在着不可分开的联系性。至其内容则因时空的不同而有差异。本篇是把海军制度当作一个浑然的实体（Snfiy），来观察其消长异同的法则，并从之论到我国海军制度今后的重要性与发展可能性，作为本刊第二期所载的君威先生大作的补充材料——师复。

一、海军制度之社会的根据

如果你相信人类生活要靠着衣食住屋，因而迷信这些物质就是社会一切的主宰，你便成为流俗的物质主义者，最昧的灵物崇拜的蠢虫。

你惊羡着物质能力的至上，但你忘记了祖宗的"筚路蓝缕"，"惨淡经营"；你崇拜着瓦德的汽机，爱迪生的电力，但你忘记了瓦德和爱迪生。你承认人类是为物质所支配了，在你眼中，则社会不过是一堆物质而已。

当你谈到海军，你会说海军就是军舰，没有军舰便没有海军，因此海军制度的基础就是建立在现存军舰之上，它不过是现存军舰组织化的表现。你说你的这种观念是正确的，但史实却反证了你的错误。

第一，史实反证示有军舰未必有海军制度。希腊、迦太基、罗马是古代的海军国，当你说它们一定会有与其舰队相等的海军制度时，历史却会告诉你，它们只有"舰队"，而没有海军制度。把眼光从欧西移到我国，你又会惊地看

---

〔1〕此文发表于《海军整建月刊》1940年第1卷第5期。

出类似的情形来。战国时代，"楚子作舟师以伐吴，不为军政"。是则不制不度。汉代虽有楼船之制，但却又是制而不度。那时有事则急忙忙造几艘"楼船"，输几许"棹卒"，派几个将领，便成了几支"舰队"。无事则船废将罢，棹卒遣回田里。两汉以后，北宋以前，虽有海军而不见于兵制。这种史实或许会使你糊涂，但它的本身却是太阳般的明朗。

第二，史实会反证出有海军制度未必即先有海军。在美洲革命爆发的初期，没有一艘军舰挂着美国旗。但当一七七五年十一月一日，华盛顿一封书到美国会时候，第二天便成立了第一海军委员会，二十多万美元的海军建造费在国会顺利地通过了，继着便产生设计性质的第二海军委员会。代替第一第二委员会的，又有第三委员会，这就是美国第一届的海军部。而在霍布金斯（E. Hcptins）的指挥下，美国的首届舰队即以雄伟的姿态活跃于殖民地革命的战场之上。革命成功，美国的海军卖的卖，送的送，连一艘也没有了。但在一七九八年，美国海军部的复活，奠定了它的今日大舰队的始基。这一个实例，又会使你纳罕，但它本身却老是那样的朴素无奇。

从上述两点，你将不会说海军制度是以现存军舰为根据罢。你知道头脚倒置的苦痛，你也感到"婢作夫人"的荒谬滑稽。那你就该倒过来说，现存军舰是从既定的海军制度产生出来的了。

但你还会问：第二例既说海军制度生在军舰之先，何以第一例又说有军舰而没有海军制度呢？但这不是背向，却是两个不同的方向，而有一个共同的目的地。

总理说过：

"古今一切人类所以要努力，就是因为要求生存。"

"人类要能够生存，就须有两件最大的事。第一件是保，第二件养！保就是自卫……养就是觅食。"

原始人类所以能够对自然完成其自卫的目的，进而克服自然，"利用厚生"地充实其生存的资料，解决食的问题，不但靠着人类能合群，而且靠着它的智识，能够利用工具，进而改良工具。米勒利尔说过：

"人类既然知道用石子敲果实，再进一步即能用石子打击石子，成为他所希望的形象，以后就造出法国的古物学者所谓'拳击'（Coup be Poinq）这个工具。这做粗笨的工具可用做刀斧锯凿钳锤种种用处，但是实际上自然那种用处也不完备。人以后可将这个工具改良，加上小柄就成为锤子，加上齿缝就成为锯子，诸如此类以后遂分别成为许多不同的工具，各有各用。"（氏著《社会化史》第二章文明的渊源，万有文库译本三十五页。）

"人类既然造出工具与武器，他以后的生存竞争就主要的靠着这工具与武器的发展，特别以战争用的武器为最要。群中最初能挥长枪斧头的当然可以将其族群攻败……从此以后，生存竞争遂从物质界移到知识界，战胜的未必是体力最强的，乃是智慧最高，军器最备的……"同上。

虽然在人类社会中，工具的发展不必全如米氏所谓的是为了"争"生存——人与人争，但人类"求"生存的过程，却的确促成了科学的发明，技术的制造。所以社会上工具的发明，都是随社会生存需要的加增而发展的。离开生存，便没有工具可言。

在社会中，自卫固是人类的本能，但为了文明的发展尚未登峰造极，难免有少数科学发达、工具完备的集群，抱着侵略的野心向弱者进攻，引起了社会的大骚动，阻梗了社会的进化。于是在攻御上，各个立场都有它的需要，来改进其武器，以争取胜利。海军便在这种需要的基础上，发明了，发展了。

人类工具的发展，正反映着人类智识的进步。人类在生存努力的过程中，聚经验而成智识，再以智识领导行为。经过不知而行，行而后知，知而后行的阶段。所以在开始，当生活发生问题时候，人类天然地知道要保持生存必须斗争，并知用工具来斗争。克服河流知道用船，攻击猛兽，知道利用木铁成为刀枪箭矛。到了人与人争阶段，在特殊的环境之下便知将武器和船合并来用，这便是海军的最早雏形。所以最初运用海军者必然是那临水的部落。

可是当时人类只知在水流地带要用武装的船只，还不知道如何把这些武装船只有效地组织起来，并事前如何布置才能收到有利的成果。更进，它知道组织布置了，但还不能立定组织布置的优良原则。所以在这一期，虽有海军，却还谈不到什么制度。这便是第一例的性质。

随着生存需要的发展，人类便知将过去所得经验教训聚合起来，思考着，计划着，以应付目前与将来的环境。对一切如是，对海亦何莫不然。因此在建设一个海军之先，一定要运用智识，全盘计划，对它所要的海军应是怎样的，并应基于何种的原则上把它建立起来，建立后又将怎样有效地把它运用。这些一切，在事前都要着手进行的。于是便在社会的需求不同上，产生了各种不同的海军制度，再根据这种制度树立起各种内容不同的海军。这便是第二例的说明。

综上所述，可知无论第一例或第二例，都是以社会生存的需要为其基础。没有需要，军舰不会发生，海军制度也无从成立。至其间的关系，反映着人类知行的关系。这可用下列方式来说明的。

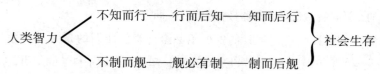

人类智力⎰ 不知而行——行而后知——知而后行 ⎱
　　　　⎱ 不制而舰——舰必有制——制而后舰 ⎰ 社会生存

因此我们的结论是：

海军制度是在社会生存的基础上，聚过去的经验而造成的一种适合的组织、政策、法度等之总和，以为建立新海军的准绳。它不是以现存军舰之多少为根据，反之，依社会需要所趋，还会改变现存军舰的组织。至现存的军舰不过是供应海军制度调节的资材而已。

二、海军制度之经济的条件

上节是从海军制度的根据上作一个概括的说明，但要具体地明了海军制度的性质，还要将海军制度的发展条件加以分析，在这里我们可以提出三种条件：第一是经济的条件，第二是技术的条件，第三是政治的条件。

在人类生存的努力中，最重要的要算是经济的活动了。它足以影响社会一切的机构，因此对于海军制度也有着伟大的促进力量。

世界海军制度的扩充是始于十七八世纪贸易兴盛时代。十九世纪以来，益发来的惊人，这正是世界经济活动渐趋国际化的反映。至经济活动的发展对海军制度所与的影响，主要的有下列两点。

第一，海军部组织的扩充。在十五世纪英国经济活动尚无显著的发展时期中，英国的舰队是由陆军将领来指挥的，当时海军军官在最高组织中仅有二人而已。组织简单，自无制度可言。到了英皇亨利第八，英国经济活动和地中海发生了密切关系之后，才有海军部的设立，以海军大臣总理海军一切事务，于是海军的部门便从陆军独立起来了。自此英国经济有着惊人的发展，其活动范围渐从地中海扩伸到远东与加拿大。而海军部也因而逐渐扩充。在这，值得我们注意的便是一八七八年海军情报处的创立，这种机关的增设在英国海军制度上是含有重大的意义的。因为到了一八八二年，亚力山大利亚发生叛变时候，它便扩充为国际情报委员会，当时它也不过是讨论与搜集情报的机关。嗣于一八八六年，该委员会扩充设立两组，一组专管情报之搜集，一组专管作战准备之设施。第二年便成为英国海军部情报司了。

一八九九年——九〇二年部尔战争（Boer rrar）爆发时，情报司增设动员股、作战股、国外情报股三股。一九〇二年，又辟贸易一股专司护商之事。一九〇九年，作战股成为海军参谋团，贸易股归并于商业部，动员司扩充为海军部动员司，情报司则专管情报事务。从一方面来说，情报司职务好像是缩小，但它的机能实际是扩大了，从它才产生了一九一二年的九委海军统帅会议部（即今之海军部）。还有一点也值我们注意的，就是英国海军学校也是由情报司发起的，因此从历史看来，它对于英国海军制度上是怎样重要的。

美国海军部的组织虽始于革命时代，但当时不过是暂时的组织。一直到了革命成功后十三年，经济已有相当发展和法国发生冲突时候，才重设海军的最高机构，这便是一七九八年的海军秘书长（即部长，以下因习惯，沿用部长代替秘书长）办公处（Office the secretary of the Navy）。一八〇〇年，美国议（会）又通过了加强美国海军组织案，于是奠定了美国大海军的始基。至当时美国海军制度，系完全采用英国的法度与教义。关这，美国海军史学家曾有一段的说明。

"设使这次美国与法联盟以攻英，设使我们承受了法国海军的法度，结果将极不幸，因为当时法国舰队的教义实受其革命的平等观念而纪律尽荡了。关这威灵吞公爵有句很好的说明。他说：'我信仰言论自由，但不是在军舰上面。'"

从这，可知美国当时的海军制度是怎样地受到英国的影响。可是美国海军制度的发展在当时还只是踏着迟缓的步伐，它的激进却要等到内战之后，美国经济跨上资本主义阶段时候。在一八八一年，美国亚德总统曾宣布他的海军政策说："我不能不把我的观点向你们——指议员——郑重说明。无论从国家的安全、经济与光荣各方的考察，都不能否认有重建海军的需要。"

当时美国海军议案虽受国会议员的阻梗，但终能在海军顾问委员会之下扩大了。到了美国战败西班牙之后，美国的经济活动范围已包括了太平洋，因此它的海军部组织也必要加强起来。

封建制度前的日本虽是一个海商国，同时海上武力却也不弱，但都是商人自备的武力，表面是商船，实际都有武装，在海上度着海盗的生活，没有什么正式的组织。封建期中，幕府虽也有海军的设备，但组织非常简陋。在锁国的迷梦之中，这是必然的趋势。到了明治维新，开始新经济活动的时候，才产生了海军最高机构，它的组织和英国相类，也有情报司的设立，欧战之后，机构时有扩充。

其次如德法意，它们的海军组织之发展也是依据此种原则，不过为了它们的经济活动区域尚未能与英美日均衡，因此在数量上却有差异，今后如果德意的欧洲经济果能趋于一致，则随着它们经济活动的发展，海军组织将有扩大的倾向，虽然它们是注重空军。

拖一个尾巴说苏联。帝俄海军制度随其经济崩溃而瓦解了。十月革命成功之后，为了党争，对海军未与注意，为了一九二一年克郎司德叛变（The Kronstadt Rebel）之影响，海军制度更无足言之处。到了第二次经济计划成功后，海军渐又为人所注意，不过尚无海军人民委员会之组织，其机构则归并于国防人民委员会之内。可是第三次经济计划之成功，与世界帝国主义经济活动趋向有危害及苏维埃经济的建设，已使其不能不扩大海军的组织，因此最近已经设立了海军人民委员会了。

总之，在今日的世界之中，无论在保护或扩伸其自身经济活动上，没有一个国家无海军部的组织。这是可以断言的。

第二，是舰队组织的扩充。随着经济活动区域的扩大，舰队的组织也一天天发展起来了。英国除了属地舰队而外，巡洋舰队的扩充便在一八八九年哈密尔敦的著名海军建设案之通过后开始实施，以保证其海上贸易之安全。嗣于一九〇六至一九〇九年中，英德经济冲突之尖锐化，使之不得不扩充主力舰，增设了本部舰队。一九一四年又有多维尔舰队之组织，各置总司令。至现在英国拥有本部、地中海与外洋三大舰队。至将来，设这次欧战日形恶化，地中海舰（队）或归并本部舰（队），并有增强外洋舰队之可能。

美国自驱逐英法在其东岸的经济企图后，巩固了它的国民经济的建设，于是进而西向发展。美西战后，它已把握了太平洋的霸权。所以在它的经济动向上，对东岸主张门罗主义，采取守势，对西岸则主张远东门户开放。因此它的舰队分配，系以太平洋为主，大西洋为副。本来在美西战争之前，美国海军舰队多以因时特设，一到平时便不十分注意。到了美西战后，情势为之一变，因为它已成为有属地的国家，所以在一九〇二年，美国海军部长曾有这样一个说明：

"在美西战争所给我们的许多主要教训中，其一便是一个现代化的海军不是战时或因战而即可创设的。"

因此一九〇二年之后，美国便把它的舰队扩充四队。第一是战斗舰队，第二是斥候舰队[1]，第三是亚细亚舰队，第四是特务舰队。在我抗战之前不久，美国又特设战斗与斥候两舰队的总司令，战斗舰队驻太平洋，斥候舰队驻大西洋。在最近欧亚情势紧张时候，便有一二主张采取二洋舰队制，以原有的斥候舰队加强太平洋舰队，在大西洋则另设一主力队，内括各项舰艇二百十九艘，这便是美海军周宝少将的提议。但这样大量舰队的增设，不但在财政上有困难，而实际也没多大需要。因为在目下环境，英德既不会有联合对美的可能，英国也非美国的意中敌者，那末德意果真要跨洋西向，必先破坏英国的庞大海军，因此在大西洋暂时尚没有什么危险。至若美国一方面要参加欧战，一方面又要保持其远东的经济地位，实际颇有困难。不过国际间风云百变，设两洋方面敌人迫得厉害。两洋制不是一棕不可能的事。不久之前，美国海军当局虽会提出"两者择一"的口号，但庞大的造舰案已是通过，那末周宝的建议岂不已成了事实？

日清战争时代的日本舰队不过是一种小规模的组织，内括主力队与先锋队而已。但到了日俄战争，已有战斗、巡洋与驱逐等舰队，把它们扩充为第一二两舰队（成一联合舰队）。此外尚有第三舰队，后来系专以对付我国者。至其舰队的扩充在日俄战争之后是以南进的经济政策为根据。可是在今日欧局变动期中，它一脚陷在我国的泥土之中，一脚又受到美国的束梗，所谓南进的政策是否实现，只有它自己晓得，在我们看来如果不是痴人说梦，便是画虎不成，

---

〔1〕担任侦察任务的舰队。

最终只有促其灭亡而已。

德国在第一次欧战时候，本有大海舰队与波罗的海舰队的组织，各设有总司令。欧战之后，舰队组织非常微弱，不过今后，随着经济活动的展开，最少会恢复原定的两舰队制。

俄国在沙皇时代，原有远东与波罗的海舰队的组织，革命之后，一直到了一九三七年海军人民委员会成立，才把旧有军舰加以重整补充。现共有太平洋、波罗的海、黑海与北海四舰队。至它们所以建立的原因，苏联第一届海军人民委员会，斯迈诺夫氏在一九三八年二月所发表的论文中可以概见的。他说：

"……吾人沿海疆界延长至数千公里，商船吨数每年均有增加。保证接近神圣苏联领土之海域不受控制，抵御法西强盗由海洋侵入，使商船能于红色苏联国旗之下正当航行全世界，乃我红海军的神圣责任。"

从上述，可见舰队的扩充，除了经济活动的原因外，是没有何种理由的。

三、技术与政治条件对于海军制度的影响

随着工业技术的发明，海军技术也发生了变化，因此海军制度必然有着划时代的发展。关这我们最少可以提出三种的特征来。

第一，海军教育之彻底的改变。在帆篷时代，所谓海军专家只限于富有航海——或船艺（Seamanship）——的经验。但自汽机电力用于海事时候，不但舰上任何部分都需要专才处理，即战略战术，亦非往过可比。因此纯粹的船艺经验已难称职。每一部分的工作人员必须经过相当时期的专门训练。

在英国，本来在一七二九年已于朴茨茅设立了海军训练处，但此后百年之中，多数青年不经此处训练，即直接送舰实习。唯因汽机用海军逐渐过其试验而进于实用阶段，这种实验办法已感不够，于是在格林又设立了海校。一八七三年，复于达得茅设海军训练处，训练军官。到了一九○五年，改设海校。而在一九○○年，因作战人员必经训练研讨，便在格林海校，开设定期海战训练班。不过英国海军学校条例到了一九○三年才由斐雪、西尔本两勋爵所合定，但其实施因当时情况困难却搁了一时。至现在英国海军学校有格林尼治、达得茅斯、克辛等处。此外尚有荷尔布卢克海军医学院、利物浦与朴茨茅之海军学校，与凯汗之海军工程学院并于智望浦（Devonporf）与哈威池两处，

设立水兵练营。

美国阿拿波里斯海军学校之设系始一八四五年。当时颇受国会之反对，盖一般议员尚不了解技术之进步，使海军不能不有训练机关，所以有的还抱"在岸上教水手"的讥刺。但海军部长奔克罗（G. Bancrvff）不为物议所动，惨淡经营出一个海校来。嗣后又建立潜艇水雷各学校，并研究战略战术与技术的最高机构海军大学。

其他国家也有同样的趋势。总之自技术发达后，海军教育已不能不有基本上的转变，海军军官的资格也从此有其限制了。

第二，海军部技术机关之增设。技术之发展，使海军工作日益专门化，因此海军部的专务也日因而繁杂。至其基本职务，我们可说是研究与试验。日常例行之官场来往公文仅属次要而已。例如在英国海军部中，各科都设有试验处，对于Gyro罗经盘一件东西，也设立了研究院。即对于海战史料之征集也不遗余力。为此，于是海军部中的技术人员各种工程师的数量也等量地加增了。总之海军部工作之科学化与研究化实为现代海军制度上之特征，这点实值得我们注意的。

第三，舰队组成之复杂化。帆蓬时代，海军虽也有战舰、巡洋舰与小艇之分，但其唯一武器是炮，航行的唯一工具是帆与桨，因此组织上非常简单。但自汽机电力应用于海军后，不但航行的工作非常繁杂，而攻御武器的管理与运用也使舰队的构成不能不扩大了。以航海说，便有轮机、电机与航海部分之分工；以武器说，又有雷炮、飞机职务之分配。其次舰队的组成也要加以扩充，例如有水雷，便要有布雷与扫雷队；有鱼雷，便多了雷艇队、潜艇队，还有防雷的驱逐舰队；有飞机，便产生了海军航空队与防空队。因使一个主力队必要配有若干此种的部队。

以上三点是技术条件对于海军制度的影响。现在进一步说政治条件。过去一般抱着军人不必参加政治的错误观念，每把军事从政治独立起来，以为军人是军人，政治家是政治家，两下不相为谋。其实历史上也不晓得产生了多少的军人兼政治家的人物。实际军事就是属于政治，军制即政制中之一部分。要把军和政分开，正像把人的脑袋和手足分家一样的荒谬。

因此谈到海军制度，便不能不顾及政制了。政制不同，海军制度也有差异。一般说来，似乎无论在何种政制，海军的最高统帅者是一国的元首，其实这点却不尽然，最少也有名实的区别。现在先把现代各种政制分析一下。从政治的观点，我始把世界政制分为下列数种（本国除外）：

1.内阁制。如英、意、日等；

2.总统制。如美、法等；

3.委员制。如苏联。

至这三种政制的海军制度有何异同，可从以下三方面加以叙述：

第一，从海军最高统帅权方面来观察，内阁制的特征如何，我们不妨请出两位学者替我们解释。

"内阁就是议会选出他所信任和亲热的人们，组织一个管理部（Board of Control）来治理国民——他是联合立法部和行政部的连字符号（Hyphen）和扣衣服的扣子（Backle）。"——巴佐特。

"内阁者，实国会中占势力的政党领袖，所开正式而长期的干部议会。"——罗挨尔。

因此我们便知内阁是国家行政部与立法部联合一致的共同组织，大权操在议会的多数党的手中。通常，阁员就议员，所以又称为"议会政府制"（Parliamenfsvy Government）。在实际，行政的最高权力就是内阁。名义上的行政元首反而没有实权。以英国来说，国王在习惯法上虽是国家元首，统率海陆空军，但实际，军权却分散在内阁中各军事大臣手里。虽然英国的海军大臣是文官，但全军的权限实由之掌握。

意大利是法西独裁的内阁制。黑衣宰相实为国家的元首，因此海军最高统帅权也操他的手中。在一时期中，他曾兼任了海军部长。

日本虽然也是内阁制，但内阁却一点没有力量。虽然宪法的规定，天皇是海陆军的统帅，但又是有名无实。至它的海军最高统帅权，却在与内阁制没有关系的帷幄上奏的机关里。严格地说，即是海军军令部长的手里。这种特殊的组织是沿袭了退时的旧德意志帝国的军国主义的余唾。

总统制的国家，如美国，是以由人民选举出来的大总统为一国的元首，并由宪法赋与最高权力来统率海陆军。在元首制的国家中，总统就算是最有权力的元首了。因此说到海军的最高统帅权，我们不能不承认那就是大总统。

采取委员制的苏联宪法，规定苏维埃社会主义共和国联邦苏维埃大会为苏联最高机关，从之产生联邦中央执行委员会。中执委会设一常务委员会，该会为中执委会闭会期中的苏联行政立法的最高机关，其行政部分由人民委员会苏维埃总揽，内设海军人民委员为苏联海军之负责人。在法制上海军最高权限在苏联全体人民，其实操在常务委员会手中。不过我们知道苏联的政制是建立在共产党的基础之上，所以常委会的实权实在史丹林身上，人民委员会主席加列宁却没有大权。

从上述，可知各国的海军最高统帅权不一定即在元首，实际却随政制之不同而有出入了。

第二，从海军长官之名称与资格观察。虽然政制不同足以影响海军的组织，唯主持海军的机关之独立化却是普遍的趋势。在内阁制的国家中，海军部和其他军事部分一样是内阁组成体之一。设部长一人主持其事，他算是阁员之一。唯海部及部长名称在各内阁制国家，亦稍有不同。英国海军部应译为海军统帅会议部（Admiralty），部长即会议部之主席，名曰第一大臣（First Lord）。意大利海军部称为Mmisfero di marino，设部长一人。日本为海军省，其部长为海相。此外另设海军军令部，设部长一人，拥有指挥实权。

总统制国家，总统为国家实际元首，故其下设若干秘书长辅弼总统，分掌各部事务。故其海军长官不称部长而称海军秘书长，并设海军秘书长办公厅，即相等于一般的海军部。

委员制下之海军部，如苏联，称为海军人民委员会，以海军人民委员长之。

其次，在这里应特别提出的是关于海军部长的资格问题。大概除日本及少数国家外，无论内阁制或总统制，部长多系文官。盖在宪法上之规定，军人不得为议员，以防军人专政之弊。日本则不然，军人既可入阁，而宪法第二章三十二条又规定，"本章所列规条，限于之抵触海陆军之发令或纪律者，准行于军人。"可见军人已成为国家特殊的阶级了。至一党专政的国家，文武官职无显著的区分，无论出身如何，唯问是否党员而已。

第三，从军政与军令的关系方面来观察。上面说过，一般宪法国家，军人不得参加政治，盖在预防军人专政外，尚恐若军人受政治之影响，必影响及军令本身。但同样为了预防军人专权之故，军权不与政权平行运用。军令因受军政的节制。所以在英国，军令是由第一大臣所属之第一海军委员处理，而美国也以海军军令部长（Cheir of naval opaoahin）隶属于"海军秘书长"。不过稍有不同的，如意大利，则于各部之外另设参谋总长，隶于内阁，专司军令部分，海陆军部所属之参谋长归节制。至日本既不像英美国家，即与意大利亦有出入。盖在内阁外，另设独立的军令机关，即所谓帷幄上奏机关。在陆军为参谋本部，在海军为军令部，其权力大过内阁所属的海陆军部，直隶天皇。军令部分力量之膨胀，实为世界上独一无二的畸形机构。至其内容，故在以后再说。在这里，我们先把它和意大利的组织，用图表加以比较如下：

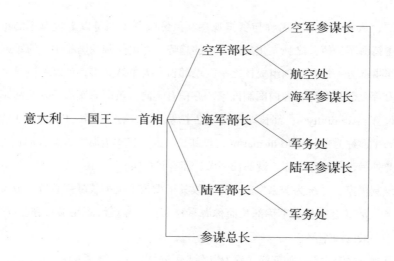

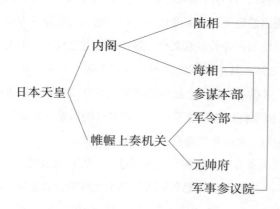

（海陆相同时又为军事参议院之份子。一面陆相又听取参谋总长，海相听取军令部长之意见）

政治条件对于海军制度的影响是这样的。

上面所述的经济、技术与政治三种条件虽然同样影响到海军制度，不过每一条件却又其不同的力量，因此各有各的效用。归纳说来，经济条件是决定海军制度的发展途径，技术条件是充实海军制度的内容，至政治条件，则为了海军制度本身就是政制之一，因此政制的变动同时即为海军制度的转变。另一方（面）那三种条件本身却又是人类生存努力的必要活动。所以追本穷源，海军制度是脱不了人类生存的基础。至上述各节所引的实例，因篇幅关系，简而不详。好在本文不是叙述海军制度史，只算它是断章零片罢。

四、中国革命对于海军之需要

撇一笔说到我们的海军制度。抗战开始后，我们的小海军为了民族的生存遭逢了大牺牲（但不是无代价的牺牲）。抗战半年后，海军部也改组为海军总司令部。于是在一般心理上便发生了两种错误的观念：第一以为军舰没有了，海军组织也因缩小，循是以往一定还会从"小"缩到"无"，因此替海军大抱杞忧；第二以为海军军舰没有了，因此海军组织还要再来一个改组。虽然这二种观念存心不一，但同样陷于物质主义的荒谬圈中。首先我们要晓得这次海军部的改组不是缩小，而是因时制宜的战时办法。反之，还新辟了若干庞大的部分。其次海军是国防之一种力量，它的制度之消长存亡是取决于实际的需要，不能任意扩缩改组的，并且今日的制度即为他日物质建设的基础，而不受现存军舰数量的支配。明白这点，则知悲观固属无谓，而再度缩小其制度的见解也是不识时务。那末现有的海军组织是否恒久不变呢？但我可以答覆说是要变的，而且不久就要变，它需要改组，但不是缩小，而是扩大成为与陆空军同等的组织，姑说是海军部罢。但另一方面，不是恢复过去的组织，而是建立较前还要进步的制度。如果要问我的意见根据在哪里，我也可以答覆说是社会生存的需要。

我们为什么需要海军这个问题，与我们为什么需要革命这个问题，是含有同样的意义，同时有着同样的答案。

第一，我们需要革命因为要争取我民族的生存，并从而保护之，充实之，延续之。我国过去受到异族专制统治的蹂躏，以致引起世界帝国主义者的侵略，与甘为帝国主义者作伥的军阀买办以及其他违背民国的汉奸集团的榨取，使偌大的中华民族陷于崩溃破产的绝境。民生问题广泛地充布国内任一的角落里。在这一发千钧的危期中，我们为拯救民族的危亡计，因而不能不革命，并在三民主义的救国主义之领导下，起而革命。

第二，我们要革命因为要争取全人类的生存。我们有着伟大的理想和革命主义，我们秉承国父的道统，知道革命的最高思想是"天下为公"，总裁在《三民主义之体系及其实行程序》昭示过我们："总理革命的动机是不仅救国，还要救全世界人类，他要根本除去足以妨碍人类生存的一切不良势力和现象，要铲除社会上的不平，要建设民有、民治、民享的国家，进而建立和平共存的大同世界。……不在部分或个人的发展。"所以我们革命的目的，不仅争取我中华民族的生存，还要保障全世界人类的幸福。

从上述两点，便知我们的革命是基于中华民族与全世界人类的生存而发动的，它不但是经济政治与社会之统一的革命，而且是成己成物之相续的活动。但革命必须有革命的武力，保障革命的成功。依照世界军备的趋势与我国军事地理，海军必然是革命的武力之一。因此我们的海军在现阶段的革命之中是出于中华民族的需要而必须存在的。在将来，中国的海军又将成为全世界人类争取生存的工具了。

中国海军在革命过程中所尽的任务，无论在过去与现在都有事实的证明，在将来，事实也将会继续地证明着。在这抗战建国的纲领下所引起的经济活动，使海军不能不向下列三方面继续进行。

第一是保卫沿海，保证三民主义国家经济的建立。从我国军事地理的观点与三年来抗战所得经验和教训，便知海军在革命防线上有着重大的责任，还收着重大的战果。这种责任和功效还要继续扩大发展，使中国海岸像铁甲般坚固，不任任何敌人接近。

第二是保卫航商。随着经济建设的发展，生产力的激度增加是必然的，因此站在世界经济发展之一环的立场上，势必要在互惠的条件下与其他国家发生了贸易的关系。但为了避免世界某一部分人民海盗式的侵犯，自不能不采取护商有效的手段。当然我们不会是利用这种保卫的工具榨取殖民地与争夺国际市场之独占的。这不但是实际上不需要，而且与我们革命宗旨相违背的。

第三是保卫侨民。在海外我们有着大量的侨民，处于帝国主义的压迫之下，他们对于祖国的热忱贡献一向是非常伟大真挚的。无论我们站在同胞的立场或我们革命的阵线上，对他们，我们都有着重大的责任。我们要拯救全世界人类，不能不先拯救我们自己，尤其是我们海外的侨民。

以上三点虽是老生常谈，但实际一般尚无深刻的印象，值得我们时时提出的。同时我们又不能否认，在这三种活动上，海军站在主要的地位，它们决定了海军的发展政策。但为了一般不曾切实地看出我们经济活动的发展途径，因此便忽略了海军在这些活动上的机能，甚至提出海军不需要的论调。至其动机，却有两点：

第一为了海军造费庞大，事不易举。真的海军建造费是非常庞大的，但要想马上建立大海军，不是财政上不可能，并且是技术上办不到。所以海军的建设是应随着经济与技术的发展而逐渐发展的。十年前后的苏联海军是怎样地不同呀！在他们第一次五年计划时代，他们只从事于旧舰的改造，第二次五年计划，使他们不能不开始建造小型舰艇了。一直到了第三次五年计划，苏联才开始坚定了大海军的政策。前年八月间，苏联海军人民委员会机关报曾提出一种见解说："所有固执不需要建造海洋式大舰队，而主张注重建造轻便舰艇的这种理论的海军作战家，都应该加以肃清。抱着这种主张的人是对于苏联建设无敌海军的可能性怀疑的人，同时也是想要妨碍苏联建造大型战舰的人。"因此相应于我们经济技术的发展而从事的海军建设是无须考虑到造费问题。同时为了免除如上引的苏联海军所述的肃清运动，我们要一开始便使一般心理集中在统一的政策之上。这政策是：以小海军为大海军之始基，以大海军为小海军的最终目的。

第二为了海军时代已过，将来"对海是在空"。谁不能否认空军的威力，但如果把它估价太高，谁也不应该有的。这个问题不很简单。在这，我们不妨提出一个非常简单的检讨。

1.从战略上来检讨。海军的基本原则是取得海权并行使之。其目的在保护自方海洋之交通与阻碍敌方对海洋之自由运用，以达到输送自方远征队与贸易及破坏敌方远征队与贸易之目的。但一般所谓海权竞争已过其事实是这样的。一九二九至一九三〇年间，苏联海军作战家亚力山德洛夫（Alexanderof）发表海权学说之分析一文。略以海军新武器的发明使海上自由不可能，以当时苏联的经济的状况既无须制海，而其技术的基础又不能制造制海的大型战舰，因而应放弃海军单独制海政策的理论，策取海陆空军的统一作战的策略。关这，我们应从两方面来观察：第一，我们不能否认新武器足以改变海战原则，不过在制海上，我们只能说它是已从绝对变为相对了。上次欧战，英国大海军的制海是成功，因为它可以保证远征队的登陆与贸易的封锁，但德国的小海军的制海也成功了，因为它已能有效地完成破坏贸易之目的。这次欧战英国大海军的制海成功了，但德国小海军的制海也成功了，因为两方都曾相对地完成其任务。大海军未必能使绝对制海成功，小海军也未必在相对制海上失败。其次在苏联当时的社会基础上，亚氏的见解是对的，但现在却需要改正，因为它已正向着大海军国的前途迈进，它要在海洋上和世界先进的海军国争雄。所以亚氏的见解不但失其价值，且已为今日苏联海军新理论所否定了。海权时期过去了吗？让事实来答覆罢。

空军的基本战略是制空，在目的与制海相类似。可是事实证明制空也是相对的。空军既不能绝对地制空，则应付敌人空军尚有未暇，还能够有余力兼了制海的重任吗？德国在今日可算是优空国家了，但还不能破坏英国海军的实力，使之不能向德国新辟的海岸线进攻。同时也不能对隔岸的英国与以有效的打击。结束战争，它有时还要尽量用其小海军作战。苏联也可算是优空的国家，但它现在却想建设大海军。

2. 从战术上来检讨。对付军舰，用等量的炸弹不如用等量的炮弹来得有效。一颗二千磅的炸弹穿不了五吋厚的铁甲，同样二千磅的十六吋炮弹因其初速之大却容易击穿三万吨的军舰。说这次抗战罢，江阴"九二三"一役，以八十三架的敌机千颗的炸弹，在有利的位置，不能将我们为数三艘的带伤的最轻巡洋舰立即炸沉，如果不是为了长江上流一带我们没有修舰的场所，那些伤舰还能恢复其战斗力。在挪威英德战争中军舰被飞机炸毁不过占全数之二十五，其中炸沉的成分极为少数。

其次炸弹的命中率远不及炮弹，要轰炸一艘战舰必需一百五十架的巨型飞机（一架飞机姑以五十万美元计算则造费达七千万元，弹药汽油不计。一艘三万吨军舰造费不过四千万元左右）。可是为了防空炮管制仪的进步，命中率还是较炸弹为大。

更进，我们还要明了舰员与飞行员的精神所受影响不同。在潜艇工作的人员可以继续一月的不断工作，飞行员则不能维持十小时以上，而必需调换。所以对海在空是靠不住的。

3.从技术上来检讨。第一，飞机受天候的影响较军舰为大，军舰仍能活动的天候下，飞机是不可能；第二，飞机活动半径远不及军舰；第三，飞机不能长留空中，军舰则可在相对长久的时间在海上活动；第四，飞机不能（有）效阻止敌人远征队之登陆，但敌人要输送远征队，必先歼灭我方的海军；第五，因飞机容量有限，不能大量输送远征队，且在稍远的敌土，用飞机输送其危险性与费用较军舰为大；第六，飞机的年龄不如军舰长久，因此其有效时间也较军舰为暂。

4.从造费上来检讨。本来关系民族生存的国防设计，只能从民族的需要上来决定的。费用的讨论尚在其次。兹姑就海空的造费方面加以比较，我们也可看出空未必胜海。以战前的造费价格的标准来说，一万架的相对优越的飞机，至少需四五十万国币，但以同量金钱亦可建造八十万吨的海军，相当于敌人海军最大估计的吨数三分之二强。但空军与海军补充预算尚因下列技术上的差异而有区别：

①飞机损坏率较军舰为大。

②飞机服务年龄远不及海军。

③飞机机件日新月异，较军舰有更大的变动性。

因此空军尚须备有较大的补充预算，始可与世界军事技术并驾齐驱。

从以上三点，我们便知对海在空说是缺乏考虑的。同时海军在现代的军备中仍是不失其为有效的武器。因此在保护我们现阶段革命的发展，海军是需要的。而将来在扶助弱小民族上，更有其重要的位置。为了海军对于我们革命有这样的需要，因此在建造之前，我们必须确定了海军制度，来进行我们的目的。至如果要问海军的假想敌是谁，我们可以以简单答覆说，海军是没有独自的假想敌的，有之，其唯我们革命的假想敌乎。

五、扩大中国海军制度之技术的条件

假说上述理由足以说服大家，使大家都承认海军制度必须扩大，以担负大海军的建设。但难免不有一种心理，以为在目下尚谈不到扩大组织。这又错了。我们晓得我们在抗建纲领下，要一面抗战一面建国。那末海军方面又何莫不然，所以若大家承认海军是必需的，则也要承认建设工作应自即日开始。现代化的海军不能一时一刻便能建成的，一定要经过相当时间的准备，至其准备内容，一般说来应包括训练、研究与设计三方面。至其工作之重大，现有的组织是绝难应付得到的。

古语说过："十年树木，百年树人。"通常一个海军军人必经长期的训练。有了人才其余也就容易了。训练的需要不独现代为然，即在古代也是一样的重要，在我国和在西洋都是没有例外的。我随便举几个例子罢。

"高祖命天下选能引关，蹶张材力武猛者，以为轻车骑士材官楼船，常以秋后讲肄课试，各有员数。"（汉官仪）

"至武帝平百粤，内增七校，外有楼船，皆岁时讲肄修武备云。"（汉刑志）

"汉民凡在官三十二年，自二十三以上为正卒……正上中都官者一年，为卫士京师者一年，为材官骑士楼船郡国者一年。三者随其所长，于郡县中发之，然后退为正卒，就田里，以待番上调发。"（汉兵考）

"兵棹之技南方之事也，今已平定，固不复用，但时习之不忘武功耳。"（通考舟师类）

次如戚参将之纪效新书对于水兵之训练也有详细的说明。不过当时往往选"善于舟棹"的人民，加以训练。至拣选之制，在北宋颇为严格。以强勇者号为"兵样"，分送诸路，令如样招募。后来改用木棍，叫做"等长杖"。杖分五等，充神卫水军者，五尺七寸三分，计二等，殿前司虎翼水军五尺六寸，步军司虎翼与澄海水军弩手五尺五寸，雄武水军五尺四寸五分（见宋史九四卷十二页）。西汉以降常是有事之时，才开始训练。北宋以后始有平时的训练。

上面所述大概限于士兵方面，至军官方面是否也加训练，史有阙文，不过水军将领大半也注重训练的。例如东汉讨蜀时，"吴汉以三郡棹卒多费良谷欲罢之"，光武便下谕说："大司马（指吴汉）习用步骑，不晓水战，荆门之事，一由征南公（岑彭）为重而已。"其次水军军官或是多属善水性的人。如隋之来

护儿、陈棱等。

但当时的训练和现代大有不同。从前重航行实验，现代实验与学理并重，同时所谓实论不在如何驶风，而在如何调节汽机与工具。这种转变实在是为了技术的进步，因此训练方法也不同了。为了工具之日渐复杂，训练工作因而困难。且训练一个普通员兵必经多年。所以对士兵就有练营，对军官则有各种海军学校。因此在欧西海军军学的机构是非常广大的。

其次说到研究。海军不但是专门的军事机构，并且是专门的技术部分。无论在战略战术或技术都应时常研究。这在中国古时也是一样的。孙子论寄正之术，启发战略上之高深研究，为兵家研究的准绳，且为古今共通的作战原则。至关寄正的关系，李靖阐发最多。

"战势不过寄正，寄正之变，不可胜穷。寄正相生，如循环之无端，孰能穷之，斯得之矣。"

"善用兵者，无不正，无不寄，使敌莫测。故正亦胜，寄亦胜，三军之士知其胜，莫知其所以胜，非变而能道，安能至是哉。"

"前代战斗，多是以小术而胜无术，以片善而胜无善，斯安足以论兵法也。"

至所谓寄正，两军堂堂相对为正，迂回为寄。换言之，即以正面作战配合游击战。这种战略已成为现代最高的战略了。在陆军可用，在海军亦可用。此外《孙子兵法》无一不是最良的原则。日本战略家的造成即基于此。

次关战术方面。古代海战重在火攻、上风与上水三种原则。这些通通都是由人类聚经验而创造出来的。经验愈多，战略也愈进步。

中外前人所累积的经验过多了，而随着作战工具之进步，更是一日千里。如果我们理想着成为世界最优的海军，我们不能不先有世界最优的策略，因此便要不断研究过去与赶上时代。那末我们就不能不有参谋与军务的机构来领导研究工作了。

最后从设计上来说。和研究有关系的即为设计工作。从前技术简单，设计一艘船或一种武器是非常容易。明天要作战，今日便造舰。如唐之李皋"常运心巧思，为战舰，挟两轮踏之，翔风疾若挂帆席"和宋史之"神卫水军队长唐福献所制火箭火毬火蒺藜，造船务匠项绾等献海战船式"，实为历史上海军设计之表表者。但是当时的设计还是非常简单。以现代来说，设计一艘新式军舰，要费多少的人工时日。比如德国的袖珍舰和其他新武器，还是在它的科学基础上，设计也不知经过多少工夫。

我国科学落后尤应急起直追，从事设计的准备，因此在目下，我们不能不需要舰械的机关。单说建造一艘已需四年了。

上述不过把握几个要点来说的。总之此后我们在需要着扩大海军的领导机关，来应付新的海军武器的发展。

海军部的设立，单在技术的根据上，已成世界一般的趋势了。这种趋势发生于过去，而将来却有它的更大发展。我们不会忘记，当初在北伐成功之后，海军部的复兴。因此今后，除不建国则已，如其建国，绝无理不扩充海军的制度的。

六、军政与军令平行分开制之商榷

当我们谈到扩充海军制度的问题时候，我们应该特别注意的，就是海军军政与军令平行分开的二元制。近有人提议海军领导机关的组织应采取这种制度。他的见解明显是受日本军制的影响，同时他所受的影响只是影响，却丝毫没有加以研究过。不知这种制度在日本的政治上种下了怎样严重的恶果。现在先把日本的军制来一个分析罢。

所谓军政，是指军事之编成，兵额之确定，军需给养之管理等一切军备行政之职权。这种职权，在一般的宪政国家中，原属于议会的，海军部不过是执行议会的议决案。所以军令部分亦归其统制。它可算是军政与军令汇通的机关。至日本虽亦设海军省，管理海军军政，但在性质已完全不同，因为议会根本是无权决定军制的。

在日本，海军军令的机关，是海军军令部。本来，日本陆军参谋本部是海陆军军令的最高机关。参谋总长，直隶天皇，不受内阁的指挥。军事上参谋职位的军官，以及陆军大学等都是受他的节制。后来日本山本海军大将认为海军不应归陆军的指挥，抵死力争，结果成立海军军令部，独立处理海军的国防策略。虽然军令部是比较新立的机关，其对海军省的控制远不及参谋本部之于陆军省，但实际却也掌握了日本海军的大权，它的地位与参谋本部也大略相同。二者同为统帅大权的辅弼机关。

　　这两个机关合元帅府与军事参议院便成为所谓帷幄上奏的机关。实际最有势力的仍为参谋本部与军令部。

　　可是日本的实际制度，对于军政与军令分开独立，却没有施行过。这可从以下数点看到的：

　　第一，从日本宪法本身来说。本来按照一般宪法的规定，国家元首统制海陆空军之军令方面，而关于军政则全归议会，如美国宪法第一条第八项国会职权中第十二三四等条款所载，故在军制上虽不必采取政令分开制，而实际则非常清楚。至日本宪法则有不同。据其中第十一条所载："天皇统率海陆军"，自属军令无疑。但第十二条："天皇定海陆军之编制，及常备兵额"，而第三章帝国国会又无军政之规定。可见军政亦由敕令不由法律规定了。则内阁制中所定之海陆军省已无法律上的根据。军政本身实际自不属国务而属于统帅大权了，这样，则军令部与海军省的设立，两者必有一个是多余的。

　　第二，从军令的行使来说。姑说海陆军省是管理军政的机关，但海陆军大臣的职权却不只限于军政方面的。照法理来说，所谓帷幄上奏的机关，只限于军令范围，而有帷幄上奏的权能者，亦只限于军令机关的参谋总长及海军军令部长。但实际，海陆军大臣又属于军事参议院，那末也可算入帷幄上奏的机关里面。再如明治四十年所定军令形式，关于公示军事统帅之敕令，应由海陆军大臣副署之。可见海陆军大臣不仅是军政的机关了。

　　第三，从军政的行使来说。海陆军大臣既属军政的机关，同时又有帷幄上奏之权。所以军政之行使自不必应由总理上奏。在习惯上，凡属军政方面，或以参谋总长、海军军令部长之发议与陆军大臣、海军大臣协议，或以陆军大臣、海军大臣之发议与参谋总长、军令部长协议，都可能直接上奏。因此军备之编制，军需之核算以及其他性质上属于国务者，除由敕旨特发内阁外，既不发阁议，亦不经过总理大臣之手，只需事后由陆军大臣、海军大臣向总理大臣报告而已。

　　从以上三点，可见日本军政与军令实际是没有分开，所以它的陆海军大臣，必限于陆军或海军之将官，同时不必与国务大臣同其进退。现在进一步且看这种奇特的军制对于日本政治组织有何影响。（以上系根据刘庄著《日本政治制度》第六章）

第一，在日本宪法上的影响。日本是议院内阁制，而内阁又以连带责任为原则。所以当议会对内阁提出不信任时，内阁若不出于解散议会，必出于总辞职。此为内阁的统一性。但日本海陆军大臣既非文官，又不必与国务大臣同进退，则所谓统一性因之破坏。

第二，在国策上的影响。凡一内阁制国家其一致的国策应由内阁执行之。但日本一方面既以内阁为中心，一方面又有所谓帷幄上奏机关。一切军事计划可由参谋总长、军令部长决定，无须经过阁议，且参谋总长与军令部长又可指挥海陆省。因而在强行不当政策之时，内阁无法制止，甚至事已行而内阁尚未知晓者。如西伯利亚出兵问题，本为首相以下各国务大臣所反对，然卒难制止。其对我国政策，参谋总长与内阁间之意见往往背驰，外务省倡和平协调，参谋总长则以军权为后盾，藉口保侨朝下令而夕出兵，甚至已出兵了，而外务省尚不知还在宣言和平。像这样军权与政权之平行发展，真是所谓的"二重政府"了。

第三，在军事行动上的影响。参谋本部与军令部虽同在天皇统治之下，但以天皇实际无权，因此参谋总长与军令部长便成日本两头统治了。本来陆海两军领袖争权剧烈歧见丛生，所谓萨长之争，世所共知。所以在军事行动往往不能一致。陆军要实行大陆政策，海军又要积极南进，诸如此类，时有所闻。不谓素称强国，竟有此种怪现象。

日本所谓军令独立制，在日本既生若此恶果，岂可再搬到中国来，加增政治上的纷乱？不但如此，即就国情来说，这种制度也不合我们之用。

第一，违背三民主义的精神。本党主义之目的，在造成真民主的国家，虽在训政时期，一切建设应以革命武力为基础，也不应拾取军国主义的余唾。

第二，违背训政时期的约法。根据我国现行约法第四章第一节"国民政府"第七十四条规定："国民政府统率陆海空军"。此外并无明文说明军政与军令之分开。可见所载"统率"，含义已包括二者。且本党既以革命武力授权于军事委员会，明显要达到军事统一化，则海军军政与军令之统一与革命武力之原则并无违背之处。故即使将来在海军部而外，另设军令机关，也应直属海军部，如英美德苏之组织。海军部应听取革命武力最高机构之指挥，而负海军全盘之责任。

至海军部长的资格应否依照英美必须文官问题，我认为在我国特殊政制与主义下可勿必需。因为我们既是以党立国，且在革命尚未成功之期间中，每一工作人员都该是本党党员，并要每个都是革命军事家而兼各种专家。大家只有一个目标，一重身份，自不虞什么军人专政了。而凡是危害革命与民族者，无论何人都得受到国法的处分。

七、尾音

综合上面各节所述，我们的论点是：海军制度是站在社会生存的基础之上，它随生存的经济活动与技术的发展而发展，同时与政治条件同其变化。它绝不受现存军舰的数量之影响。我们的观察方法是科学的，是扬弃流俗的物质主义与灵物崇拜的观念。最后，从我们的论点和所用的科学观察方法，我们的结论是：为民族生存，我们需要海军，因而需要扩大现有的海军制度，相应于经济与技术发展的程度，并且还要适应国情而决定海军制度的方式。即使学外国，也要遵照国父的告诫："迎头赶上去，切不要跟着人家屁股后头走。"

我们的呼声是：

1.打倒海军灵物崇拜观；

2.建立新的海军部；

3.建立海军统一化的机构；

4.彻底肃清"政""令"二元制的谬见。

保护华侨与促进海军建设[1]　　郭寿生

一、中国海外殖民事业的发展

中国人之向海外开拓，追溯渊源，远在秦汉之间。至于大规模的海外殖民事业的发展，则实以唐代黄巢乱时为最早，当时南洋三佛齐已有许多避乱华人在岛中从事垦殖。后来因为航海事业发达，自宋代有中国船航行南洋以来，元代更为兴盛。因而元末明初，中国人乘元代航海事业的发展之盛，于是有的远航南洋以谋生活；有的占据南洋岛屿称雄一时，如梁道明和陈祖义之雄踞旧港，尤为显著。

在这个时期的南洋华侨，除在旧港，即三佛齐之外，婆罗洲和亚齐也有人数很多。举凡这些华侨来南洋的，都是出于自动，和当时的中国政府没有什么重要关系。他们虽然未必都是以商业为本务，但是他们既然在南洋安家立业，安土重迁，则对于他们的子孙后裔，在后世以经商称雄于南洋者，实在可以算是最先的基础。

观欧美近代海外殖民事业的发展，实在是以中世纪许多探险家发现新地的贡献，有很大的功劳。中国当明初也出了一位大探险家，此人就是明成祖时的内监郑和。但是普通人都称他为"三保太监"，而对他的南洋探险事业，则称之为"下西洋"。他对于我们后代华侨拓殖南洋事业基础的建立，有极大的功绩，这在中国海外拓殖史上很值得注意的一件大事。

翻开中国商业史，知道中国数千年以来传统的闭关主义的商业政策，和过

---

〔1〕此文发表于《海军整建月刊》1940年第1卷第6期。

去始终抱定了贱商主义的经济政策，又加以历代政府严禁国人出海，所以对于海外贸易是没有人去注意的，并且也不知道海外殖民事业的重要。自郑和在前期下西洋以来，中国人私往海外经营事业的，虽然很多，但明代的政府加以漠视。至于清代，则因海外华侨很有些遁迹的遗民，往往有光复故国的革命思想，所以对于华侨不独漠视他们的事业，并且，甚至知道华侨受尽异国人士的压迫虐待，也都置之不闻不问。这在满清政府固然是基于极端偏狭的政治见解和种族成见而缺乏远大的眼光，而在华侨的海外事业方面，却是一段血泪史。我们须知，现在华侨之拥资巨万而为富商豪贾者，乃是由于他们祖先积年累月，含辛茹苦，经营所得的结果。

郑和下西洋以后，在明末还有永历帝窜身缅甸，郑成功建国台湾，对于华侨海外殖民事业的发展也有很大的影响。这两位汉族领袖率其部属，驰驱海外，虽然在政治上，都没有收获圆满的结果，但他们的部属都分别在国外惨淡经营，留下一些成绩，以树华侨在南洋的经济基础。例如今缅甸有桂家，就是永历帝部属的遗裔，大概今缅甸北部和暹罗西北部的华侨，都是由桂家迁出的遗族，如今就在南洋握有米业的大权。

台湾在郑成功统治之下，就和南洋群岛，如小吕宋、苏禄群岛、婆罗洲、小巽他群岛、安南、暹罗、旧港和爪哇通商往来，而同时东印度公司也于一六七〇年遣派商船到台湾、厦门贸易，当时更因清政府通海之禁颇严，于是沿海的失业居民，都陆续偷渡南海而至台湾，托庇于郑氏治下。就中也有好些人由台湾乘海舶转赴南洋群岛，经营贸易事宜，因此闽南人在南洋渐渐经营而成巨富的也很多。

郑氏既亡，汉族的政治势力虽不能更在台湾托足，但会党势力却从此就由台湾而传布至于南洋。自此以后，南洋华侨的经济势力之发扬滋长，往往和会党发生极密切的关系。因为当时会党中人多数是以明末遗民耆宿为领袖，等到会党势力传到南洋，他们就运用他们的团体的势力和组织的能力，或去自行经营商业，以及其它实业，或去主持保护华侨的一切活动，所以当时华侨在海外经营事业，虽然没有政府保护，但有会党做他们的后盾，仍能保持他们的地位。

自隋唐之间，以迄明代中叶，中国僧侣经由南洋往还印度以来，南洋群岛已经逐渐有华侨的足迹。在这千余年间，华侨在南洋的经济生活，仍然是逗留于农业之中。但自欧人东渐，首先往南洋经济开发以来，南洋经济组织大受震动，并且华侨在南洋的经济生活也发生变化。就中尤以英人，于经营印度之余所及于南洋群岛之影响为甚。

原来，在从前，华人之往南洋经营者，以经济的范围为主，至于政治势力，则可谓微乎其微，和欧人在南洋所取得的政权互相比较，尤觉逊色。自欧人群往开发南洋，华人乃与人互相提携，共同合作开发，于是南洋经济制度的发展，就由农村经济转变至城市经济，更由城市经济转变至都会经济。所以在清代中叶，十九世纪上半期之末，南洋的重要城市，如新加坡、旧港、棉兰、巴达维亚、坤甸、马尼拉都发展至于成为极著名的城市了。而华侨之致富者，动辄千数百万，凡关于税务、农业、采矿、划地开港的大权虽握于欧人之手，但多由华人代为承办，当时华侨在南洋所具的商业势力以及一切经济势力是如何伟大，就可想而知了。

华侨在南洋一带之经济势力的发展，在明清之交已经树立有极厚的基础，既已如以上所述，现在要谈鸦片战争以来华侨之海外事业了。自从鸦片战争以后，《南京条约》成立，于是中国数千年来传统的闭关主义至是乃告一个总结束，中国沿海门户就从此洞开，而中国的商业以及其他一切方面都正式入于开关主义的时期了。华人足迹所至，不复仅以南洋为限，有结帮成群往欧洲的，如英国伦敦唐人街至今犹彰彰在人耳目。考其起源，当然是很远的。非洲和中国交通，溯其起源虽早在宋明，但华人大批远航至非者，当然是在白人努力于经营非洲殖民事业的时候。美洲自北美合众国的建设，中南美各国先后成立，而英属加拿大也日渐开发，于是华侨又远播于美洲。自英人于十八世纪末叶殖民澳洲以来，澳洲也有华侨聚居的很多。此外，如俄属亚洲北部、新西兰岛和檀香山群岛也有大批的华侨。统计我国海外的华侨，散居于世界各处的，如今约有一千一百八十三万人之多。兹更就侨务委员会二十八年底统计，附表如下：

1.北美洲：一九七,三五四人。

美国：七四,九五四人；加拿大：四六,〇〇〇人；墨西哥：二五,〇〇〇人；中美各国：一〇,〇〇〇人；西印度群岛：四一,四〇〇人。

2.南美洲各国：一五,二九七人。

秘鲁：七,〇三〇人；智利：五〇三人；巴西：八二〇人；阿根廷：

六〇〇人；哥伦比亚：四一八人；厄瓜多：八〇〇人；委内瑞拉：二,八二六人；圭亚那：二,三〇〇人。

3.海洋洲：五六,一四六人。

澳大利亚：一五,五〇〇人；新西兰：三,〇〇〇人；檀香山群岛：二七,四九五五人；苏瓦岛：一,七五一人；萨摩群岛：三,四〇〇人；法属大溪地：五,〇〇〇人；其他各国：未详。

4.亚洲：八,〇〇九,六〇一人。

日本：一九,八〇一人；台湾：五九,六九二人；朝鲜：七〇,二九〇人；缅甸：一九三,五九四人；安南：三二六,〇〇〇人；泰国：二,五〇〇,〇〇〇人；印度：八,七五〇人；英属马来亚：一,九六〇,七七二人；英属北婆罗洲：六八,〇三四人；荷属东印度：一,三四四,八〇九人；荷属帝力：三,五〇〇人；荷属澳门：一五七,一七五人；香港：九二三,五八四人；亚洲苏联：二五〇,〇〇〇人；麦加：六,一〇〇人；斐律宾：一一〇,五〇〇人；土耳其：七〇〇〇人。

5.欧洲：三三,八八一人。

英国：八〇〇〇人；法国：一七,〇〇〇人；西班牙：三〇人；葡萄牙：一,二〇〇人；荷兰：二,〇一七人；比利时：五五〇人；卢森堡：五二人；德国：一,八〇〇人；波兰：一〇二人；捷克：二五〇人；奥大利：九八人；匈牙利：四九人；瑞士：四九人；罗马尼亚：四人；保加利亚：七人；约果斯拉夫：三七人；瑞典：未详；挪威：九人；丹麦：九〇〇人；苏联：一,五〇〇人；芬兰：一一人；波罗的海三国：一二人；意大利：一〇四人。

6.非洲：九,〇六四人。

埃及：六四人；南非联邦：四,〇〇〇人；印度洋各岛：五,〇〇〇人。

总计：八,三二一,三四三人。

我国海外华侨人数究有若干？因各地情形特殊，还没有举行过精确的总调查。惟据驻外各领事的报告，及各居留地政府的统计，如上表所列，可以略知大概。姑不问此项数字能否准确，而海外侨胞对于国家民族之有绝对重要性，则毫无疑问。

二、华侨在海外经济政治的地位与其贡献

这一千余万华侨在海外的经济活动，实具有极伟大的势力，就中尤以南洋一带最占有势力。若远溯及于他们祖先的经营，则当鸦片战争的初期，华侨的经济活动仍以南洋各处为最伟大，其次则为北亚和东洋的华侨势力，至于美澳非三洲华侨的经济活动，在当时不过仅在萌芽而已。

鸦片战争，中国门户开放以后，华侨之往国外的，可概分为三类：其一，就是预先订有契约的大批劳工团体；其二，就是独立冒险谋利的商人；其三，就是单身出洋谋生的苦力。自海外各殖民地政府取缔贩卖猪仔以来，出洋的团体华工已渐减少。至于后两种的华侨，则自十九世纪以来，人数逐年加增。他们在华侨中通被称为新客。新客和老客及土生华侨的优秀分子，即为现代华侨的富豪阶级，工商业的领袖人物，这种事例，以在南洋各处的华侨经济生活，尤为显著。

先就南洋方面而言，南洋华侨本以糖业、橡胶业和锡矿业为本，大资本家多独立经营，自行转运。资本小的，则以其出品售与批发商人，于是，遂有纯粹的商人阶级，如糖商、树胶商和锡矿商之类。此外，各糖厂、树胶厂和锡矿区中工人日用起居衣食所需，往往亦有专门供给之人。于是饮食店、杂货诸业亦随之而起。又货物运输和商旅往来，从前多用帆船，自欧人利用汽船航行南洋，较为便利，于是华侨更有专营汽船业的。后来因产业发达，生产集中，地小人多，地价增高，房租飞涨。于是华侨遂有专营地产业和房产业的商人。又因货物出产既多，贸易数量既大，赢利余额既巨，汇兑往来既繁，于是华侨更有专营银行业的。至于荷属印度一带，则小本商业全为华侨所独占。此外，他们更为荷兰出入口商人和本地生产消费的中间人。斐律宾华侨的商业势力尤大，除一大部分的批发商业为华侨所经营的以外，全岛零售商业为华侨所经营的占有百分之九十。他们且为东方和西方商人的中间人，地位极为重要。华侨之在日本、朝鲜、西伯利亚者，经营商业的成绩亦很有可观。暹罗全境米业乃为华侨所独占，美国及加拿大的华侨，则有饭业、农业、洗衣业，更有经营中国和美洲的出入口的贸易。由上所述，可知华侨在海外所经营工商业的发展状况与他们所占经济的伟大势力。

但我们于此须得注意，自来华侨在海外活动，无论其范围如何广大，地盘

如何扩张，总以经济为最要目的。若论及政治方面，从地位言则以客人自待，而不以主人自居。所以当欧人的势力侵入南洋群岛，华侨因经济制度变动的关系，也颇多乘时崛起，握有各种实权。但始终未尝如欧洲人士之建有强固的殖民政府，俨然以主人翁自居的。至于北亚、东洋和美澳非三洲的华侨，则几乎全以工商为业。在各该侨居的本土之中，绝无政治的地位可言。

华侨在世界各地虽无政治的势力，但有会党势力潜伏其间，隐然为华侨经济活动的后盾。所以中国自门户开放以来，中国政治和军事的弱点既已暴露于全世界，海外华侨虽无政府的充分势力为之保障，往往备受异族的压迫欺侮，但仍能立足海外从事于工商业的经营，大部分是托庇于会党的势力，这也是中华民族精神团结的表现。

这种会党的组织，自来就和中国的政治革命事业互有关系，他们因感于国际间的政治地位之不平等，热望祖国由政府革命以臻于强大，于是捐资输财，以扶助国内政治革命事业的发展。国父之奔走革命，建立共和，曾得海外侨胞的绝大助力，厥后国民革命的进展，北伐的完成，亦在在依赖华侨的拥护与赞助，故国父尝称："华侨为革命之母"，就是这个道理。

海外侨胞对于祖国革命的赞助，数十年来，实已有伟大的成绩。至于经济方面，则因闽粤滨海，水路交通便利，往往得海外风气之先，其民性富有勇敢进取的精神，所以多有冒险远涉重洋，以求发展。但崇拜祖先，爱乡爱国的观念始终不忘，所以即使土生华侨，亦尝自称他的原籍在福建省或广东省。基于这种不忘祖先祖国的习性，于是华侨汇款，每年竟达二万万至四万万元之巨，赖以抵偿我国国际收支不利差额百分之二十五至九十七，全国经济得以维持到了今日，实应归功于海外的侨胞。

自神圣的抗战发动以后，海外侨胞抱爱护祖国的热忱，本敌忾同仇的心理，除以人力财力尽量贡献祖国，增加抗战力量外，复组织回国服务团，弃家背亲，走上战场。更由南洋华侨筹账总会主席陈嘉庚先生及副主席庄西言先生倡议，组织回国慰劳团。我们以诸公不惮重洋跋涉之苦，奔回烽火中的祖国来，实深致其钦佩之诚。且诸公之归，非仅足以鼓励将士，使之加强杀敌的决心，而海外各地华侨亦可资为观感，面益坚其拥护祖国的意念，故此一事，实具有很大的意义。

我们知道华侨是抗战建国的一支生力军，与祖国是不可分的，他们虽然贡献很多，但国家对华侨却未能尽保护之能力，如排华、限制侨胞营业等，政府并未能作有效的对策。我们感侨胞贡献之大，亟望国人特别注意"护侨问题"，确立"护侨政策"，使华侨与祖国发生更密切的关系，使华侨在国际间取得政治地位的平等，得从容从事于海外事业的发展，日臻于繁荣之境。同时希望侨胞，本其爱国的热诚，与其个人过去创业的精神，扩大而为国家民族努力，则对于祖国艰巨的抗建事业，必将有更伟大的贡献。

三、我国海军过去与华侨的关系

我们在没有讨论"保护华侨问题"之前，首先要明白海军过去与华侨的关系。中国之有海军，本已有悠久的历史，惟其对于海外事业的发展所发生的关系，其经过时期是很短的。当明代郑和奉命下西洋，中国舰队就有六十二艘，共载士卒二万七千余人，其中更有翻译、书记、会计、医生、铁匠、木匠、舵工、水手等，则其航行的阵容之壮可以想见。至其奉使西洋的时期，则由一四〇五年至一四三三年，共计二十八年，先后共去七次。

据《明史》本传，郑和所经各国为数共三十余，如真腊即柬埔寨、渤尼在婆罗洲岛上；亚鲁南、巫里、那苦儿、黎伐在苏门答腊岛上；榜葛剌、柯枝、古里、大葛兰、小葛兰在印度境内；天方即阿剌伯、溜山为印度洋中群岛，在印度旁；忽鲁谟斯在波斯境内，近波斯湾；木骨都束、竹步在非洲东岸。由这考证，可知郑和所率舰队的航程，已遍历南洋各岛、印度洋、波斯湾，以至非洲东岸。

郑和之下西洋，影响于中国很大。其一，就是南洋华侨的殖民事业，本无国力保护，自易引起异族的歧视排挤，自郑和带了中国舰队，远播中国声威，就无形中得它庇荫不少。这于后来华侨在南洋的商业和一切事业的发展，尤有极深切的关系。其二，就是郑和既开创华人冒险远涉重洋的风气，于是后来闽粤人士必然受其感化，而从事于海外事业的发展。如今华侨足迹遍于世界各处，郑和实有促进的功劳，设想郑和以后，中国继续有派舰出洋之举，或中国航海事业更加发达，则中国海外事业的发展，不但惊人，而海军的建设与进步亦必有相当客观，而华侨之地位的提高更不言而喻。

但自欧亚海洋交通发达之后，在这一时期，中国对外事业的发展，就从此停滞。而横行于中国海及南洋一带的，都是欧洲的探险家与航海家，这便替后来列强分割南洋殖民地，争夺市场，压迫华侨，与对华施行炮舰侵略政策散布了种子。

又因为中国过去社会的经济基础是建筑在农村之上，且地广人稀，无需要向海外寻求殖民地和市场，即与外族往来亦只限于通商的目的，而政府对外的远征也仅求其朝贡。当时政府既没有鼓励人民的航海探险事业，对于已在海外的侨民，也自不感保护的必要。何况在元清时代的政府，还有保持种族的偏见与缺乏远大的眼光呢！为了这种种原因，结果使中国海军不能向前进展，而海外千余万的华侨至今还呻吟于异族压迫之下。

前清政府虽然不注意于保护华侨的问题，但在同治、光绪年间，幸有一般热心爱国的大员，感到欲巩固国防，必须建设海军，如左宗棠、沈葆桢、李鸿章等，确曾经过惨淡经营，才成立了近代式的中国海军基础。在甲午战争之前，亦曾派舰两次，到南洋各处巡视，即在同治十年，船政派严复等十八人，并外学堂学生，乘"建威"练习舰，巡历新加坡、横槟屿各口岸，这为我国海军从郑和下西洋以后之第一次与南洋华侨发生关系。其次，在光绪元年，复派萨镇冰等乘"扬武"练习舰，游历新加坡、小吕宋、槟榔屿各埠，至日本而还。惟这两次我国海军到海外巡视，对于华侨方面还未见到有什么印象。

到了光绪三十三年，北洋派何品璋为队长，率"海容""海筹"两舰，巡视西贡、新加坡各处。西贡在地政府长官，举三事以表有待：不问华侨刑事十日，中国军舰员兵得随处游玩，并为之指引。中所商民来舰参观者日以千计，侨商额手相庆，三江闽粤的侨商分日设燕欢迎。并称："祖国军舰，自从'建威'抵埠后，久无继至者，相隔四十余年，今复重见，极为快事。"我们观这一次中国军舰之巡视南洋，使在地政府不敢轻视，并因以优待华侨，就此可以证明我国若能常川派舰巡视海外华侨所在各地，即可提高华侨在海外的地位，同时又可以使侨胞知道有祖国海军保护的必要。

随后因南洋华侨商会成立，清政府派杨士琦乘"海圻""海容"两舰，由上海出发，巡视斐律宾、西贡、巴达维亚、三宝垄、泗水、日惹、梭罗、汶岛、新加坡、槟榔屿及大小霹雳等埠，海军这次巡视的范围更为广大了。

光绪三十四年，萨镇冰请每年派舰游历南洋，宣慰华侨，朝议允行。到了宣统元年二月，商部派王大贞随"海圻""海容"两舰巡视南洋，宣慰华侨。由吴淞出发，过香港，历新加坡、巴达维亚、三宝垄、泗水、巴里、坤甸、日惹、望加锡、西贡等埠，至四月始先后回国。三年一月，复派"海琛"军舰，巡视西贡，并荷属东印度各埠。商部亦派赵从番同往慰问华侨。在这数次巡视的范围，只限于南洋方面，至于欧美各处还没有去过。同年三月，程璧光奉命率"海圻"军舰，赴英贺英皇加冕，五月抵英，适遇墨西哥大乱，外侨多被排斥惨杀，驻墨代办公使沈艾孙，请派舰保护，"海圻"顺道过纽约、古巴，抵墨西哥，加意保护华侨。美总统嘉慰备至，绅民侨商，极为欢迎。到了"海圻"回国的时候，国内海军，已协助革命推倒了满清政府，建立中华民国。这次"海圻"巡行欧美，为我国有海军以来的创举。墨西哥之乱，若非"海圻"前往保护，则我在墨华侨将无噍类了。这又可见中国必须有海军，方能谈到保护华侨的问题。华侨若没有祖国海军的保护，那便无法解除他们的痛苦了。

四、保护华侨的问题

华侨在海外缔造事业那样的艰难，侨胞对祖国革命抗战的贡献这样的伟大，我们都已知道了。可是祖国对侨胞的赐与是怎样呢？说到这里，我们必然要想到"保护华侨的问题"。

我们真感觉到而且屡见过，无论哪一个国家要保护它在海外的侨民，都是由它的海军来担负这个责任，尤其是沦为半殖民地的我国沿海、沿江一带，看到这种情形最为明显。非仅各重要港湾让列强海军常川驻泊，而且无论是大小口岸，各处商埠，只要与外人发生了什么事件，它的军舰就会立刻开来，向我们示威，做他们后盾，它的侨民就在它的海军保护之下，在我国享受着特别的待遇和权利。因为军舰不但它本身是一种力量，同时它更代表了整个的国家。它所能到达的地方，就是表示国家能力所及的地方。观各国海军时常派舰慰问他们的侨民，表示政府关怀他们，这就是对所在国的政府，暗示着你们不能虐待我们的侨民。如果他们侨民有被歧视的时候，海军就可以代表国家提出抗议，并做侨民的后援。反观我国，自从前清政府提了海军协款二千余万两建筑颐和园，又以数百万提办朱家山河工，轻视海军建设，加以政治腐败，外交无力，致有甲午之败。民国以来，兵连祸结，海军久处于军阀压迫之下，无从建设。军阀勇于争权夺利，所谓护侨问题，更无人提起。遂让千余万的侨胞被遗弃于海外，过那孤苦忍痛被压迫的生活。

我们记得前海军部长现任海军总司令陈绍宽上将，在抗战之前，已经说过："先要伸张海权，对外贸易才有发达的希望。所以海军不特关系国防，就是抵制帝国主义者经济力的压迫，尤不能不靠海军来做后盾。我们国民，很有在国外经商的，南洋群岛、马来半岛从前不过一块荒芜的岛，瘴疠的地域，我们侨胞具坚决进取的心志，抱忍苦耐劳的精神，垦荒开矿，为异族所难能的。英总督瑞天曾称赞说：'马来半岛得到今日的地位，都是华侨劳力功绩的结果。'在这种情形之下，若是我们国家有强大的海军来保护侨商，我们经济力伸张的程度，怕不远在各国之上么？从前满清政府，不理会侨商，那么不用说了，就是光复以后，政府对于侨胞，也不能实际地来帮助他发展。其实政府并不是不护助侨商，不想扩张国家经济力，都为的没有充分完备的海军，无法可尽保护的责任，而华侨所在地的政府，偏乘着我们海军未强，外交无力的关头，种种凌虐我侨胞，一切苛捐杂税，像人头税、入口税、旅行税……还有对于侨胞所置的商船，勒令注册入籍，挂它国旗，尽量压迫，无所不至。有时候还要惨杀华侨，来施展它的淫威，侨胞呻吟于铁蹄之下，政府又无力为严重的交涉，又没有军舰可以派往保护，所以每况愈下，浸成今日侨胞悲惨的地位。所以随便一个国家，要是没有完备的海军，外交便没有后盾，侨民便陷于孤苦无告的状态，这是极堪注意。"依陈总司令所示，政府若要保护华侨，必须依赖海军的力量。

我们再看我国过去对于"移民问题"，也是毫无注意，故无保护的办法。在明末清初的时候，官宪禁止中外人来往，若查获秘密航海的人，便严加处罚。所以当时斐律宾、东印度发生虐杀中国人的事情，中国政府完全不管。至一八六〇年，在北平与英国订了条约，才认定中国移民的权利。后来中国陆续派了公使及领事，前往各国保护华侨。但是事实上还是受彼国人的压迫，经济的、社会的待遇都有差别，或遭暴徒袭击，或被在地政府限制，精神上、物质上所受损失，不可胜数。最近如荷属东印度之禁止华侨学校教授三民主义，抗战后大批在泰国侨胞之被驱逐回国。这都是由于我国没有海军做外交的后盾，没有实际力量来保护华侨的结果。

慨自"七七事变"以后，敌寇肆其侵略的野心，我国乃遭空前的国难！幸由我政府领袖决定抗建国策，领导于上，全国同胞并力挣扎奋斗，拥护于下，海陆空军将士浴血于前线，爱国民众尝卧于后方。海外侨胞爱本"有钱出钱，有力出力"之旨，尽其保护祖国的责任，故抗战三年以来，已渐奠定民族复兴的基础。目前敌人的泥足虽陷于中国深渊，但敌人犹乘欧洲大战，积极进行南进政策，先欲觊觎荷属东印度，现又欲垂涎法属越南，敌人之侵略野心，非仅要灭亡了中国，还要更进而霸占我侨胞所生聚的南洋。所以今后如果我们再不注意到"护侨问题"，恐怕海外将不复有我侨胞立足之地了！

我们研究国父《国防十年计划书》[1]中，将"保护海外各地华侨之意见书"列于计划大纲第十九条，可知，国父的救国计划，已甚注意于"护侨问题"。又该计划的大纲第二十二条为"发展海军建设计划"，五十八条为"我国之海军建舰计划"，五十九条为"训练不败之海陆空军计划"。这是国父于注意护侨问题之外，同时又计划到"海军的建设"。因为要护侨，即须建设海军，要建设海军，才能解决护侨的问题。

为了今后中国的经济与国防，为了海外千余万侨胞的衣食住行与生存，保护华侨的问题，以不容许我们再忽视了。因为保护华侨的职责只有"海军"才能担负起来，所以我们对于新中国海军的建设问题也当时时刻刻放在心头！

五、促进海军的建设

抗战业已三载，建国亦正迈进，我全国上下，精神团结，戮力奋斗，海外同胞对于祖国艰巨的抗战事业，已有伟大的贡献，固无待言。然而过去侨胞在海外饱受痛苦教训之余，今后当知所以善处自救之道。所谓善处自救之道，我侨胞必须以自卫的决心，促进祖国海军的建设。

现当抗战期间，祖国没有实力保护华侨，而且中国沿海一带都被日寇海军封锁，即欲建设舰队以作护侨之用，目前实无可能。但这种情势，岂能让

---

[1] 据黄光学编《孙中山先生外编》（江西省文化运动委员会，一九四二年十月初版）所收《与廖仲恺论国防计划——民国十年七月八日》，应为《十年国防计划》，后同。

其延长下去。除非中国自愿为欧洲的瑞士、卢森堡、捷克、奥匈等国；美洲的巴拉圭；亚洲的阿富汗、不丹、尼泊尔，这些无海口的国家，则海军在中国已成为废物，建设海军亦成为废话，甚至到了我们子孙后代，只知有天地，更不知海洋为何物。恐怕那时海外的侨胞，已与祖国完全隔绝，其所处地位，反不如今日亡国之犹太民族，尚能活动于世界各处。这非我们故作惊人之言，因为在世界上欲建立一个完全独立富强的国家，必须有通海之路，或有海洋环绕其旁，故滨海的国家必须有海防，必须建设有海军。我们抗战的最后目的，必当尽驱敌人于国境之外，必须恢复我们所有的海权与海上的自由，得与我海外侨胞发生更密切的联系。否则，战局延长，敌国濒危，吾亦不振，则前途孰利孰害，不可逆料。故国内同胞和海外侨胞，对于当时时局，当头认清，而后不致贻误。

现在我国沿海一带，虽被敌人封锁，我们不能立即建设海军，但建设海军非如空军、陆军之易举，必须在抗战时间，早为准备，促进其成。凡海军的"心理建设""人才建设"和"物质建设"，在在都须积极进行。

所谓"海军的心理建设"，即须在这抗战期间，彻底纠正过去的"优空弃海"或"舍海从陆"的偏狭谬误心理，便人人充分认识在这有二千八百浬海疆、千余万侨胞的中国，海军实站在国防的最前线，具有极大的价值，必须建设起来。中国抗战，必须恢复我国所有的海权与海上的自由，而后才可以说到最后的胜利。

所谓"海军的人才建设"，因建设海军，非一蹴可成，必须经过相当的时间，培育训练足资担任制造、航海、轮机、航空、枪炮、鱼雷、水雷、无线电、医务和其他各种专门技术的人才，实为建设海军的先决条件，可须在抗战期中，大批训练出来，图于抗战结束之后，新海军建立之时，即可应用，不致有临渴掘井之感。

所谓"海军的物质建设"，更须于抗战期中，先行着手，凡炼钢厂、造械厂、造炮厂、造弹厂、鱼雷厂、水雷厂、电料厂、机器厂、锅炉厂、飞机厂……和其他的国防工业，务使在政府与华侨资力经营之下，与祖国海军机关，海军技术人才，共同筹划，通力合作。既可为抗战建国充实力量，又可为建设新海军奠定基础，对侨胞本身，尤有莫大的利益。

我们在这抗战期中，不独要促进海军之心理建设、人才建设和物质建设，同时还要努力于打破一切足以阻碍促进海军建设的反宣传，使新海军的建设得以顺利进行。

我们犹忆民国十八年十一月十三日，胡文虎先生邀请新加坡吾侨闻人及各报记者，在其新落成住宅中，欢迎国民政府特派赴英学习海军员生，在席间致词，略谓："我国积弱之由，虽非一端，然海军之不振作，影响亦至重大。因我国海岸线甚长，国民往海外谋生者亦甚众，非有实力充足之海军，作国家之长城，处处均感困难。……深望各位努力求学，潜心研究，将来将所得之真实学问，为国效力，使我国久无生气之海军，放一光明之异彩，是则不特政府之企望，海外华侨尤所切盼。"胡先生虽寥寥数语，已将海军与国家及华侨的关系，华侨没有海军保护所感的困难，海外侨胞对于未来中国海军建设的切盼，都溢于言表。胡先生生长海外，是华侨有数的领袖，对于海军的重要固知之甚稔，希望他能乘此抗战期间，对侨胞广为宣传，号召侨胞尽量吸集资本，回国经营海军的建设事业。或募捐积蓄大量资金，贡献政府海军机关，备作准备建设新海军与护侨舰队之用。

这次侨胞领袖陈嘉庚、庄西言诸先生，率回国慰劳团，慰问前方将士之任务亦将完毕，不久即将南旋。我们希望于其劳军之余，将国内沿海、沿江被封锁的情形，与中国海军抗战的战绩，转告海外各属侨胞，更与海外各属吾侨领袖，作密切的联络，组织一海军建设协会，或其他足以促进中国海军建设的组织，则对于祖国新海军建设当更有伟大的贡献。

吾侨应观察世界各国保护侨民，无不赖强大海军，今我祖国没有海军足以保护华侨，政府在抗战期中也没有巨量财力以资建设海军，所以我千余万侨胞，欲谋自决自救，必当以自己的财力与自卫的决心，促进祖国海军的建设。这种办法，为今日护侨的惟一政策，实无迟疑的余地，必当积极促其进行。如能努力经营，必功可操券，且在抗战建国期间，陆续建设海军基础，复势有可能。待我国抗战胜利建国成功之日，则我新海军可乘时一跃，出侨胞于水深火热之地，登吾侨于自由平等之域。

空军能够代替海军吗? ^{〔1〕}　　君　实

一

空军能够代替海军吗?

这是一个各国军事家争执颇烈的问题。自从上次欧战结束以后，因为突飞猛进的新兴兵力之空军，在战争中有很好的威力表现，因此大家预想到今后的战争，空军也许有决定战争的力量，也许将跃居陆海空军的第一位。于是，许多海军不发达的国家，自然便考虑到以空军代替海军的问题。但是，空军果能代替海军吗?

世界上迷信空军万能的人很多，而可以意大利的杜黑将军（Gen.Ganlio Douhet）为代表，所以世人称空军万能主义者为杜黑主义（Douhetist）。照杜黑将军的意见，以为一个国家，如有优势的空军作攻势的作战，以大量轰炸机袭击敌人的飞机场、交通线、兵工厂和后方的大城市，予以绝大的破坏，便能削弱敌人的作战意志，毫不费力地得到闪电式的胜利，这就是杜黑主义的精义。换句话说，杜黑主义者是信仰空军在战争中有决定之力量的。

但是许多老成持重的军事家和战略家，他们显然怀疑杜黑主义的价值，照已往的经验来说，空军在战争中曾发挥过很大的威力，固有其不可磨灭的价值，但显然却没有决定战争的力量，换句话说，空军不是战争中的主力。他们的见地是很有理由的，因为根据我们过去的经验，从上次大战，到西班牙战争，到中日战争，到最近爆发的二次欧战，截至目前为止，空军的力量还未到

---

〔1〕此文发表于《海军整建月刊》1940年第1卷第6期。

证明其优于陆军或海军的程度，它的活动范围还只限于天空，还只限于协助陆军或海军之作战，没有一次战争以一场激烈的空战而终了。可见空军始终未争得战争主力的地位。因此，杜黑主义的理论虽然获得很多人的信仰，但仍未能证明其能够成立。

空军能够替代海军吗？要回答这个问题，首先要决定，空军与海军孰优？二十年来关于这个问题，是各国军事家、参谋家所研究乐争的问题。大致服务在空军界的人，都认为空军的威力胜于海军，服务在海军界的人，都认为海军的威力并不低于空军。关于空军海军威力孰优的问题，我想最近恐怕已快到了以事实来解答的问题。第二次欧战，将给这个问题以实际的解答。我们知道德国是一个海军劣势，空军优势，而想以空军毁灭敌人的海军以获取胜利的国家。英国则反是，英国虽有强大的空军，但其主力无疑为硕大无朋之海军优势。百年来英国的生命线寄托于海上，在过去、现在、未来英国均将坚持其海军优势的国策，这次德英的战争，也就是空军和海军的最后赌赛。战争的胜负虽有其他种种因素，但空军和海军孰优的问题，多少是可以从这次英德战争的结果中显露出来的。

二

海军空军孰优的问题，也就是空军能否代替海军的问题。

本人过去在空军界服务有年，很了解现代空军威力的伟大，飞机性能的优越。但我就实际经验所得的结论，认为海军在现代战争中仍保持其固有的地位，空军并不优于海军，也就是说，空军不能替代海军。

空军不能替代海军！我说这句话，不仅有许多理论的根据，并且是根据三年来中日战争的实际经验而来的。

现代的世界，所谓国防力就是完整的军力。什么叫做完整的军力呢？就是陆海空军的并驾平进，相辅而行，缺一不可。一国的完整国防，实基于陆海空军的同样优秀而有力。三者如鼎之有足，缺一不可。在陆海空三者之中，倘若有一种兵力不足或削弱，便足为整个国防之累，便不得称为完整之国防。根据上述理由，可见空军之不能替代海军，正像海军之不能替代空军一样。

国家之有军备，所以保卫其领土，现代的领土，实包括领陆、领海和领空，针对这三者，因而有陆军、海军和空军。各军的任务不同，性能各别，活动的范围亦异，所以各有其存在的价值。它们之间需要密切的合作，但各有其特性，而不能互相为代替的。当然，一国的领陆、领海、领空都同样重要，所以谁也不能说海陆空军的谁重要，谁次要，或谁不重要了。

各国因其地理环境和历史因素，其国防力有时能偏于海陆空军的某一种，但这是各国的国防特性的问题，而非空军能代替海军或海军能代替陆军的问题。举例言之，英国便是一个海军国家，德国是一个陆军国家，但德国重视陆军也重视空军，英国重视海军同时也不轻视空军，甚至德国也建设海军，英国也有百万以上的陆军。这意义便是说，陆海空三者组成完备的国防，各国基于国防的特性容或有所偏重，但绝不能其置中之一种或二种于不顾，企图以某一种兵种来代替另一兵种。

一般地说，凡大陆国家必以陆军为主，海空军为辅。凡海岸线长的国家，或殖民地多而且远的国家，它的政策必是大海军主义。凡领空广大的国家，一定考虑到如何发展强有力的空军以保卫其领空。这是自然的现象，没有什么稀奇，不能据以推测海陆空军的优劣，或误认空军可以代替海军或海军可以代替空军的。

三

在现代战争中，陆军、空军的任务在分工合作，获取战果，以争取胜利。其性能与活动范围，大致的分别如下：

（一）陆军

陆军的活动范围在陆地，它的性能在于能持久，有韧性，可以构筑工事，强攻固守。一次激烈的战争，可以延长到几昼夜以上，一次战役的时间，从准备到结束，有时费时数月。陆军是战争中的主力，陆军的特性能占领土地，收取战果，结束战争。

（二）海军

海军的活动范围在海洋，海军的特性是无阵地，无掩护，一次海军的主力战，不过数小时乃至十数小时，便决胜负，其韧性不及陆军，而超过空军。因为一次空战，不过一二小时，而其主力激战不过数分钟耳。在平时军备上说，海军的寿命最长，一条兵舰平均可用二十年，而陆军的一切军备，恐怕每十年便得更换一次，空军更不便说，去年的新锐飞机到今年便落伍，到明年便成废物，所以空军的寿命最短，较有目光的军事家，恒着眼于海军的建设，因其有效威力较长之故。

（三）空军

空军的活动范围在天空。它和海军性质相似，而不同于陆军者，即无阵地，无掩护，不能占领战果。空军的特性在迅速，而最不持久，一架驱逐机的油量只能在天空中翱翔三四小时，最优秀的轰炸机也不能在天空逗留超过十二小时。空军战斗时间的短促，一方面固因天空中无掩护隐蔽，一方面亦因受飞机性能之限制所致，现代最精锐的驱逐机，升空时间合计不过一百小时，过此其发动机便成废物。所以一个空军优势的国家，不过保持其优势一二年，过此限度则飞机虽多而实已落伍，陆军的优势能保持十年，海军的优势能保持二十年。

我为什么要把陆海空军的活动范围分别说出呢？因为它们之间各有任务，完全不同。你不能叫陆军入海作战，同样不能叫空军在陆上作战（降落伞队的本身是陆军，不是空军）。所以我说陆海空军各有其特殊之使命，各有其所在的价值，而不能妄别其轻重，更不能说以某某代替某某的。

有人说，海军之有陆战队，不是说明海军可实行陆上战斗吗？但海军陆战队决不能代行陆军的任务：它不过是海军的一部分，用以在登陆的一煞那间发挥陆地战的威力而已。等到在陆上形成阵地战或运动战时，遇到了真正的陆军相抗，海军陆战队便得退出战斗，而让陆军来接替了。所以海军陆战队不能代替陆军，它在陆上的战斗是暂时的，偶然的。

又有人说，空军是可以代替海军的，因为空军可以攻击海军，而海军不能攻击空军，我们如照这样说，空军同样可以代替陆军了。不错，空军足以炸沉兵舰，也足以轰炸地上的陆军，但这不能说空军足以代替海陆军，而只能说空军的性能较之陆海军更活泼、更广泛而已。要说空军可以攻击陆海军，则地上的或舰上的高射炮又何尝不可攻击天上的飞机？不过效力较差而已。又舰队可以攻击海岸一带陆上守军，陆军也足以消灭登陆海军，炮兵可以击沉兵舰，这是战争中的常事，谈不到谁优谁劣，更谈不到谁能替代谁。

四

海军军备薄弱的国家，主张以空军代替海军，其惟一理由为空军建设较易，不像建设海军那样需要多量时间。在海军劣势的国家，暂时利用优势的空军以补海军力的不足，是事出无奈的不得已的办法。然而这仅足以救一时之急，而非根本之计，更谈不到国防的基本方策。

为什么空军不能替代海军呢？因为海军可以控制海面，确实获得领海权。空军则否，空军非海上军力，它不能逗留在海面上一两个月，像舰队那样确实控制洋面，它在海面上的上空顶多只能逗留数小时乃至十数小时，试问如何可以持久地控制洋面，确实获得领海权呢？这是海军的特长，空军是不能做到的。

保守海岸线，使其不受敌舰的侵犯，空军确有相当能力，但是说到严密的防守海岸，恐怕飞机的力量不及小型兵舰，包括鱼雷艇和潜水艇。因为一天二十四小时中，飞机不能升空巡逻不息，这就是说空军防守海岸线还有漏隙，不及海军防守之严密，这也说明，空军是不能代替海军的。

关于海军和空军孰优的问题。各国军事专家过去有个极烈的争辩，法国的海军技师罗日隆，他以为海军的力量是不足与空军抗衡的，他说；"一队轰炸机能在一小时以内，把几艘组成海军主力的铁甲舰送入海底"。他的话当然引起了剧烈的争论，而海军界人士辩驳尤烈。

著者过去是在空军界服务的，但我并不认为空军对海军具绝对优势。我的脑海中还记得一件故事。一九一八年世界大战结束，美政府决定把战争扣留在美国海岸的德军舰三艘炸沉，他们用飞机载了重磅炸弹去炸停在海面的不动的无抵抗的死舰，然而却一次，两次，代了大气力才把它炸沉。再如在这一次抗战中，有名的"九二三"江阴防守战，敌人以七十余架之飞机来袭击我们的海军舰队，花了二百颗以上的重炸弹，狂炸了一百二十五分钟，结果仅"平海""宁海"两舰，略受微伤，"逸仙""应瑞"两舰完好无恙，可以说是不独一艘未被炸沉，而且连重伤还没有受到，空军对于海军，真的具绝对优势么？我的答案是一个"不"字。

一个外国专家在一篇海空作战的文章中曾说：

"一切环境，凡对于攻击方面有利的，对于防御方面亦同样有益，轰炸机完成其任务最佳的环境，也是它最容易被击落的环境，如果它采取最安全的攻击方法，它命中敌人的把握也非常有限。"

"我们早已知道，重轰炸机在普通的高度（三千至四千公尺）举行袭击时，如果天气清明，云层稀薄，是收效小而危险多的。并且，水平式的轰炸，普通成绩很劣，而军舰则有精良的枪炮保护（例如法国的巡洋舰和铁甲舰上，装置一三〇毫米或二〇三毫米口径的高射炮），中口径的自动小炮（三十七毫米或四十毫米）和重机关枪（口径十三毫米，双管或四管的），足以有效的制止飞机低飞的攻击。"

"轻快轰炸机的俯冲轰炸，似乎是军舰最难对付的危险，因为飞机对于有武装的船只，可以投掷二百五十至五百公斤的爆炸弹；对于普通的商船，可以投掷五十公斤的小型炸弹，似乎飞机不难制胜兵舰了，然而事实并不如此。"

"飞机在接近目标时候的高速度，也足以阻碍攻击的手续，因为如果速度过大，飞行员便会有剧烈的窒息感觉和眼眩，或竟暂时失明。他虽能继续控制飞机，但是不能瞄准射击了。而且飞机在每小时飞行五百四十公里的速度时施行投弹，如果它的炸弹下堕时稍迟三分之一秒，而这时飞机的高度为一千五百公尺，那炸弹便将离开目标八十公尺，如果飞机的高度为二千五百公尺，所投的炸弹，便将距离目标一百三十公尺，这样相差的距离，怎样能够命中一艘孤独的兵舰呢？"

"为谋掷弹命中起见，飞行员当设法使炸弹在直飞的时候下堕，但是此项手续，复杂且缓，所以飞机本身常先做了军舰的目标。"

"飞机攻击舰队，尚有其他许多问题待研究。例如应用何种飞航的队形，方能奏效，又飞机的数目，究竟需要若干等。根据海军界的观察，要击沉三艘战斗舰所组成的舰队，需要四百架飞机，轰沉六艘巡洋舰所组成的舰队，便非用七百四十架飞机不可了。"

五

空军能够代替海军吗？我的回答是"不能"。

我的主张是：

（一）海军的性能和任务与空军不同，所以空军不能代替海军。

（二）陆海空三军，各有其不同的任务和特性，三者相辅而行，缺一不可，如忽视其中的一种，便是国防上的缺陷。

现时代的中国，有强大的陆军，新兴的空军，但我们却没有海军，这是国防上的大缺陷。中国不求武备不谈建国则已，否则，建设海军实在是不可忽视的一个问题。

中国军事政论家周亚卫先生，在他的《中国的国防》专论中，主张"优空国防"的政策，他认为在今日而再去争海洋势力，是政治、文化、思想的落伍，周先生是军事专家，他的主张当然有其深切的理由，建设海军须费极大人力财力，且非短短数年所能成就，这一点事实的困难大家要认清，而勿作不顾事实的高论，但我认为周先生的以"优空国防"代替海军，用以救急于一时则可，而且事实上也非如此不可，但若认此为中国国防的基本政策，认为有永久保守的价值，实非至论，而认为海洋竞争时代已经过去，今日而倡议建设海军为时代落伍之思想，尤属错谈。

中国的海岸线，本土长二千八百余海里，若包括所属岛屿计，尚远达于此，这样绵长的海岸线，若没有相当的海洋武力，专凭优势的空军能保守，试问办得到吗？而且，一个没有海军的国家，如何保护其国外贸易、国际交通线及大量侨民呢？

三年来的中日战争，充分显示出一个国防不完整国家的苦闷，倘若中国的国防力完整，海陆空军平均发展，区区日本，哪里经得起我们打三年？早已把倭奴打入东海里去了，所谓国防的缺陷，即是陆海空军不完整。

在这次战争爆发之初，中国有强大的陆军，配备虽较差，但战斗力是很强的。中国的新兴空军虽强，但数量极少。中国的海军虽有报国之心，无如数量太小了，和敌人的庞大海军相较，我们的海军实为可说是等于没有。

要是我们有强大的海军，我们便能邀击之于洋海之上，根本不使敌人的陆军得以深入海岸线内，登堂入室。再说我们的空军数量太少，因此我们在长江下游的海军，得不到空军的掩护，反被敌国飞机所轰炸。反之，敌人因为空军的力量，使其海军得到保护，因为海军的力量，不仅其陆军得以上陆作战，并且其空军的航程也因之缩短。敌人以航空母舰为飞机的根据地，可以随时进袭我们的南京、杭州、广德等地，而我们因为没有海军，没有航空母舰，我们要从本土上起飞去轰炸敌国的东京、大阪、神户等地，因为航程较远，感觉困难。凡此，都足以说明现代的国防，海陆空军缺一不可，非分工合作，难于作战致胜。

经过这种血的教训，我们对于国防兵力之种类还能有所偏视，有所误解吗？

根据上述理由，我认为中国欲言国防的巩固，必须有强大的陆军，巨量的海军，优秀的空军。

地理学家张其明氏，近发表《战略的理论与实际》一文，其中所见，极堪佩服，特摘录之以殿吾文：

"……自明代以逮今日，倭寇荼毒中国，其主要原因，实为我海权之失坠，战后中国之国防，海陆空三军必须一以贯之，而不可有偏废之弊。明人翁大立有云：海防有三策，拒之于海外，毋使入港为上策；却之于沿海，毋使登陆为中策；迨至登陆而围歼之，是为下策。一国之海防，舰队实为首要，沿海要塞次之。沿海岛屿为第一道防线，沿海要港为第二道防线，明杨溥曰：鏖战于海岸，不如邀击于海外。此语实有至理。"

"……中国人非不宜于海外发展，汉唐盛时，海上用兵颇著成效，海上运输亦甚重视，至今海外中华民族竟达八百万人，何能令其忘怀？我国近代海军兴废之历史，言之可为浩叹。今因战时新空军之勃兴，已足使我国民确立恢复海军之信念。诚如林文忠所谓：不敢稍畏一日之难，致贻百年之患。抗战之目的，在求得正义的和平与永久的和平，欲谋长治久安之道，当使敌人根本放弃其重新侵略之企图。"

国人对于海军应有的认识^[1] 庞挹苹

毋庸讳言地说，自甲午一役以后，我国始终都未能再建起有力的海军，不仅没有足与英美等强大海军国，争一日短长之实力，即连如义法等所谓二三流海军的国家，也远都望尘莫及。本来以我们具有一千一百余万平方公里的面积，四万万七千余万的人口，和二千八百余海里长的海岸线的泱泱大国，从最低限度的国防设备着想，也绝不容许不有一个相当强大的海军。而事实上，数十年来，我国所有全部海军的力量，只有五十余艘的舰艇，总吨数也只有五万吨，而且其中有不少，还都是甲午时代残余下来的，不仅缺乏新式的武器和设备，从舰龄着想，也都该早废弃不用了。这时期中，政府不注意海军，人民也不注意海军，即连海军里面的人士，也都不乏有人怀疑着自己的责任。我们旅行在海外的人们，走遍世界各国，也难得发现我们战舰的踪迹，相反的，倒是在我们自己国度的内河里，因为不平等条约之"赐惠"，随处都可看到各帝国主义者侵略的魔手。在骄奢淫逸，耀武扬威的各国兵舰左近，偶尔看到我们自己的超过舰龄旧式小型的舰艇，真令人怒忿填庸，伤心万状。在这样的情景下，谁还能相信，我们还有所谓海防。我们的门户，几十年来，一直都是大开着，任着人家铁蹄的侵入，毋怪西洋人，一向对于我国海军，便有"池子里的玩具"之讥，我们的敌人——倭奴，更是从不把我们的海军放在眼里，当为一个对手。当然，这些原因，也决非一朝一夕所造成，这些事实，也决非一人或一些人所应负责，只可是说，我们全国人民对于海军，一向忽视、漠视所造成

---

〔1〕此文发表于《海军整建月刊》1940年第1卷第6期。

的恶果。"九一八"以后，日寇侵略的野心，完全揭露以后，一次次的所以敢冒天下之大不韪，向我们得寸进步的进逼，何尝不是恃着他那强势的海军为后盾。而我国在这时期内的一再委曲求全，也只因为国防准备不充实，当然海军的不堪一击，也毫无疑义的是主因之一。从"一•二八"以后，政府坚决了抗战的意志，在国内大规模的建设和准备，海军在这时期内，当然也不乏相当大的努力。虽然以强弱形势太悬殊的缘故，在"七七"抗战后不久，我们海军的大部都牺牲掉了，但那一段孤苦支撑着，以寡敌众，以弱敌强，光荣的战绩，的确无愧于国人所给与的崇高的敬意与荣誉。在抗战进入一新阶段之后，海军便有废部和缩小组织的变化，关于这种措置，在政府，当是不得已的打算，海军内的人士，也当会明了政府的苦衷，更进一步埋头去苦干。但在一般国民的思想里，随着敌寇的泥足，逐渐地深入我们的山岳地带，对于我们英勇的海军，更是遗忘了，更是轻视了，甚至还有不少部分，以为我国人不需要侵略别人，所以我国也就不需要海军，这的确不能不认为是抗战建国前途的一个严重的现象，我们必须指出过分忽视海军，这是一个极谬误而幼稚的思想。而且我们更要相信，将来中国，必需而且一定会建立一支强大的海军。为着不要再走上我们的前人走过的错误的路，我们每一个国民都有深切认识海军的必要。

（一）海军在国防上的地位

打开欧洲近世史看，可以发现就是一部海军势力兴替史。从葡萄牙、荷兰、西班牙，一直到不列颠，那些所谓一世之雄，都不外藉着他们海上的势力，而不列颠多少年来，俨然以海上霸王的地位，来执世界的牛耳，更使我们明白海军的重要性。固然，二十世纪以来，由于航空术的发明与迅速的发展，似乎是给战争史上来一个革新，"无空防即无国防"，几年来各地叫得镇天价响，各国的扩充空军，也拼命着不遗余力。但即使在这样的情况下，海军也依然不减少其重要性，不仅一直到现在，还没有能夺去它的地位，将来，我们仍可相信，还不失为一国防上的一个不可或缺的势力。因为海陆空军，在无论什么条件下，只有互相辅助，才能发挥出最大的效用。单独的使用，才是各有所短，各有所长的，并不是可以互相代替，有了陆军和空军，便不需要海军了。从"一•二八"到"八一三"诸役，以及抗战的初期中，我们所以蒙受了很大的损失，固然是我们的陆军和空军，都比不上人家，而我们海军力量的太薄弱，毫无疑义，将更是使我们陷入这形势悬殊的不幸局面里的主因。倘若在抗战初期，我们有够强大的海军，足以保护沿海的门户，使敌人的运输舰，不能够一批批地载满着军队长驱直入，或者甚至我们还有力量，派舰队到敌国内海去封锁他们，去攻击他们，那么在那时的情况，谁敢想到会有若何的不同的改变呢？再就欧洲来看，德国在上次大战里惨败的主因，便是同盟国海上封锁的成功，而这次战争一开始，德国海军的活跃，也是增加它此后气焰的原动力之主因。而在法国战败之后，使希特勒一再的顾虑、犹豫，迟迟的未敢进攻三岛之故，更显明的是大英帝国仍握有着海上的威权。任凭千万架的轰炸机，也不能将一国完全炸为平地，坦克车更不能插翅飞渡海上的风涛，所以一个岛国，务须恃其海军为生存的保障，即是一个大陆国家，也何尝少得了海上的堡垒，而且在科学日益昌盛的时代中，随着冶金术的进步，内燃机的改良，新式的武器的发明，速度和防御力量的增大，我们知道，海军还有着光明而长远的前途的，海军在国防上，更是会永远站在最重要的地位的。

（二）中国必须建立海军

自从敌寇的泥足，一天天的深入以后，由于地形的关系，我国海军，对于此后的战局，当然不会发挥出过于宏大的力量，而从抗战的现阶段看来，海军也的确是站在一个比较次要的地位，但这都并不足以说明中国的海军，是没有前途的，因为目前我们最艰巨的工作，是抗建的伟业。抗战与建国，是两件同样重要的工作，我们不仅是希望而且相信，抗战必然会胜利，同时我们也希望，也相信，建国一定会成功。在来日建国的途径上，新生的、自由的中华民国，能不需要海防吗？能不需要海军吗？领袖说过："抗战建国是百年的大业，而且是同时并行的工作"。只知道当前抗战的一面，而忘记了建国的工作的，那只是肤浅人们的看法，而且也是没有志气的人们的想头。为着我们祖国前途的百年之计，重建海军，不仅是必要的，而且也是刻不容缓的工作。倘若有人说："将来中国，也永不会变成侵略的国家，似乎我们也便不需要强大的海军，来做侵略的工具。"这种说法，似是而非，还只是不成熟的思想。当然，我们是永久爱好和平的国家，决不会去侵略世界上弱小的民族，我们会是将来世界上和平的保障者，但这种保障，是需要实力为后盾的。百年来，历史的教训告诉我们："和平不是没有武备的国家所能企求的。"惟其我们酷爱和平，更不能不加强我们自己保障和平的实力，为着来日我们自己国家的领土和主权的完整，我们需要海军；为着维护将来世界上的和平和人类的正义，我们更不能缺少一个强大的海上的势力。

（三）重建海军是国人共同的责任

好多年来，阻碍我国海军进步的另一原因，可说是普通一般人民，放任、不注视的所致。要知道，海军是中国的海军，是全中国人民的海军，维护它，扶持它，乃是举国人民共同的责任。过去，大家未能明确地认清自己的责任，我认为是使中国海军固步自封的一个主因，在将来新中国的新海军里，当然不会，而且也不能再允许有这样的现象。我们希望政府，要彻底的，像整顿陆军，整顿空军那样去整顿海军，也要在海军里实行兵役法和征兵制。同时，也更希望全国的青年们，不要忘记了自己的责任，我们应该深切的认识中国海军，我们要和看待、尊重陆军、空军一样，去看待、尊重中国的海军。

（四）结论

在神圣而艰巨的抗建过程中，来建设海军，当然更是件辛苦的工作，尤其是抗战已经走入严重局面的今日，国家财政上的困难，更会使努力于海军的同志们，觉得更大的困苦。但这些困苦，这些努力，一定都不难换到更大的代价的。没有今日创始时这些阻碍，怎会有将来成功后更大的愉快？个人站在一个国民的立场，谨希望海军将士，要体念时艰，含辛茹苦，埋头去奋斗。同时，更盼切全国有识的人士们，要彻底认识海军的地位和重要，而予以最大的赞助与鼓励。在来日的时代中，我们绝对相信，中国的海军，正如我们相信我们的民族，一定会有它的光明而灿烂的前途。

二十九，八，昆明

中国的海军[1] 徐 盈[2]

——一把小刀杀不死一头牛，那就应当换一把大刀，决不能就此一口咬定，用刀是杀不死牛的。

一、海军哪里去了？

中国的海军哪里去了？为了要求得到一个完整的答案，我曾写过一封信给陈绍宽将军，结果是没有回音；抗战第二年，在汉口的美海军青年会里也曾见到几位英俊的福建军官，他们也都守口如瓶；抗战第三年初，商船学校的开学典礼席上，遇到萨镇冰上将，他住在距离海岸一千二百浬外，便也不能多告诉我一点什么。欧战发生以来，中国人都对海战发生兴趣，直到最近，使"闪电战"变为"延期战"的主因，则是由于英国的海军。人们想念起中国的海军，而海军的行踪很少公开在报纸上。

开始解答这个谜的，还是去年出版的《密勒氏评论报》，该报说：

"像中国这样一个海岸线长达一千八百海里的国家，在抗战以前，仅拥有四万一千吨左右的海军舰艇，而这些舰艇中，大部分已超过三十岁以上的年龄，依年龄是早就应当被淘汰了的。自一八九四年中日甲午战争，中国的海军

---

〔1〕此文发表于《海军整建月刊》1940年第1卷第6期。

〔2〕徐盈（1912—1996），原名绪桓，山东德州人，著名新闻记者，中共党员。毕业于金陵大学农业专修科，曾任上海《大公报》记者、重庆《大公报》采访部主任，采写过《朱德将军在前线》等若干著名新闻报道。建国后历任天津《进步日报》编委、主笔、国务院宗教事务管理局副局长、全国政协文史资料研究委员会副主任委员等职。著有《抗战中的西北》《烽火十城》《当代中国实业人物志》等。

实力当然减弱，直到国民政府成立以后，新的造舰计划才开始进行，许多艘的新舰都是一九二八年以后建造的。最后造的一艘三千○五十吨巡洋舰'平海'号，是在沪战爆发前数月完成，而同年九月二十三日即在江阴中日海空大血战中，被七十架日机炸伤而沉没……"

这篇文字以下尽叙述着海军英勇抗战的实况，但数字上却有不少错误。据我所得的直接材料中，最显明的例子便是用具体数字来说明抗战前后的变化。在二十六年抗战以前，我海军舰艇共计五十九艘，总排水量为五一，二八八吨；抗战半年后，海军舰艇复减至三十四艘，总排水量一六，六二六吨。到了本年，便只剩舰艇十四艘，总排水量八，六六六吨，所减的舰艇计四十五艘，总排水量为四二，六二二吨。小部分是自行沉锁江阴港口，大部分是在抗战过程中牺牲的。这可说明了中国海军在抗战三年中是遭遇了如何重大的牺牲。

今日的中国海军向何处去！陈绍宽将军在一篇公开论文中报告了整个的动向。自"八一三"至江阴陷落，称为第一阶段，自江阴陷落至武汉撤退止，称为第二阶段，这两阶段的战略是防御的，是保守的，最有名的是江阴封锁与马当封锁。到了第三阶段开始后，"一部分炮舰与快艇随政府入川"，"炮队自海登陆，沿江活动"，"水雷的敷布侧重于鄱阳与洞庭两湖，……大批的漂雷，在长江下游活动，时常得到炸毁敌舰的效果"。总而言之，即海军也变为游击化，大部分与陆军游击队配合着杀敌。

有人怀疑到海军的无力，那他应知我们这柄"刀"太小。敌国的海军经费平时每年为五万万六千万，我们全海军的经费，抵不上一条大敌舰。有人甚至尖刻一点说，我们过去五十多艘军舰的经费和敌国半只军舰所用的一样多，换句话说，就是用这半只军舰和敌国全海军抗战。

目前的国际形势看来，海军还是有力的国防工具。我们不能因为这柄"刀"太小而失望。一把小刀杀不死一条牛，那就应当换一把大刀，决不能就此一口咬定，用刀是杀不死牛的。

二、破铜烂铁回炉吧

中国的海军军人在进步中。回首百年，中国海军在物质上由盛而衰，把握着这百年来血的经验，新海军的光荣重建，是一定成功的！

过去总是过去了。甲午时代的大将丁汝昌，本为淮军骑兵名将，却不知海；昏庸卖国的张佩纶以李鸿章女婿资格得任工厂总办，使主炮二只，仅有炮弹三颗；"定远"总兵刘步蟾，以"专家"治兵，仅为自己打算，误了通盘大计；"济远"舰赴日示威，而主炮上却晾着水兵短裤，遗笑国外，使"镇远"舰林泰曾、"致远"舰邓世昌遭牺牲而无功，最忠勇的士兵，如"高升"号的九百壮士至死不屈，船沉而不屈，歌声犹在水面荡漾。这样伟大的场面也洗不掉那次战役的羞耻！

再如中法战役，参加者萨镇冰上将说："那时我们海军的中下级军官和水兵都很勇敢，可是上级军官都是昏庸愚昧，不顾世界潮流，不明海战技术，所以死伤很多。各位在马尾时，不是每年七月，都有到昭忠祠去参加祭祀的吗？他们便是在那次战役成仁的，各位不是还凭吊过马尾炮台的遗迹吗？那是被法国海军强迫拆去的。法国的舰队司令孤拔大将也在此役被我军一炮轰死，这是中国海军的光荣，也是海军的耻辱。耻辱是自己没有在自己领土上修筑炮台的权利，我们的炮台，被他们的铁甲舰运出了长门，运到巴黎，陈列在他们的博物馆里，作为战利品；光荣的是我们的海军中下级干部和士兵，都是同仇敌忾，没有一个偷生怕死。……"

这种精神延续到抗战时期为止，海军虽然没有产生了轰轰烈烈的大事件，但也没有降敌辱国的丑事，中国海军史上一向缺乏的海盗精神，反而在近三年来多少有些进步。一位老兵所谓："中国的海军，就坏在公子哥儿太多，你见过那座八人榛红呢大轿的司令官吗？烟枪倒比手枪重要得多呢！"这些时代，是绝对的过去，海军已然游击了。

铜铁总是铜铁，回炉后的破铜烂铁，依旧是国防新工具。在今天，对于沿海沿江的破铜烂铁，我们主张要回炉，不然就赶不上时代，而破铜烂铁型的人，却更需要"回炉"锻炼一番！

未来的海军，决非"衰翁镶金牙"，决非"镶金的锈刀"，决非"未下水已陈腐的船"了。

三、水上的新盲肠

现阶段的中国海军，是要造成像陆地上的中条山似的，使敌人有一条水上的新盲肠，这条盲肠，所在地便是支持着敌人全部进攻运输的扬子江。

扬子江是地球上水利最富的内陆巨流，长度占全世界最长河流的第三位。从吴淞到汉口一段，六百海里的航程，更是便利。冬季水落，但吃水十吨内中小型船只仍然能够通航，战时更是国家动员的命脉。抗战发生，海军的第一步江防工作就是毁除上海至江阴的航行标识，同时在江阴江面，建起坚强的国防封锁线，其后又在马当设防，建立田家镇的要塞，使战事延长，给国军以布置与补充的时间。武汉撤守后，一部分海军向后方转进，一部分海军成立了湘资沅澧封锁委员会，分别与当地部队配合起来作筑堤、堵塞、布雷及防守的工作。

特别要提出的是造成江上盲肠的战士们。

"一个穿着陆军制服的要塞炮兵，寻常人不会相信他是海军军人，再如一个穿便服的雷队士兵，寻常人更不会相信他是海军军人，但事实上自江阴战后，他们海军军人便广泛而有计划地遍布到陆上的要塞和内地的河川，没有一个要塞缺少得我们远距离的舰炮，和技术谙熟的炮兵，没有一个河川不浮击着我们威力猛烈的水雷和驻留着出生入死的雷队。沿水的战区，我们海军军人都公开或秘密地站在抗战的重要岗位。"[1]

由于巫山炮台发出了击沉上犯大助港敌舰的第一声炮响，证明了海军军人兼长要塞战；由于黄浦江敌"出云"舰中我水雷，才发现了海军在鱼雷、舰炮以外的新利器，于是，老旧军舰的大炮，迅速而有计划的移到陆上，奠定了海军炮队的基础。优秀的专门人员，后事于 T.N.T. 及触角的研究，树立了装雷与布雷的先声，脱下翻领的水手们，不再站在驾驶台或坐在舵房里，而是伏在观测所和立在木驳的船头，从事于他们的新任务了。

当全世界震于德国的水雷战术时候，我们的这一些小小成绩也是可以报告的。在江阴击落敌机三十余架后，沿江敌舰因触雷而沉毁者计九艘，受伤者计十五艘，我们的牺牲虽巨，但也取得了相当的代价。水雷与敌舰的价值比例是一与二十，两川（长谷川及及川）敌司令的苦恼自不必说了。

目前又是扬子江水涨的时候，敌在湘赣鄂各战区耀武扬威的大炮、坦克、卡车、汽油、飞机和送死的新兵，无一不是从水路来的。我们沿江的炮声和雷

---

〔1〕见本集曾万里《由海军抗战事迹说到现阶段海军军人的重大使命》一文。

响又将无停息地传到前方和后方的耳中了。

若使扬子江成为一条水上敌寇的新盲肠，自然不仅是海军军人的事，而是要陆、空、海三方面加紧的配合。这条盲肠将要成为敌人致命的创伤。

四、中国的生命线在海洋

中国的生命线在海洋，在抗战第四年开始的今天，我们始终没有和海洋断过联系。我们的要塞纵有多少损失，譬如长存的"长门"，六十八岁的老将军仍在要塞上愿与共生死。一切的路，是人踏出来的，只要有民众，中国内地与沿海的交通便会畅通。

欧战的延长，给了"海军无用论"者以反证。在抗战中建国的中国，当前已是应当决定"重建海军"的时期了，一把小刀杀不死一条牛，那就应当换一把大刀，决不能就此一口咬定，用刀是杀不死牛的。

我们如何铸造这柄"大刀"呢？一个最有力的意见是：

今日的中国，财力有限，工业和科学的基础也很薄弱，若想短期内造成一个能取攻势的海军，怕不可能。但若先向一个守势的路上去发展，也许事半功倍。今后定要根据敌我形势，参考人力、财力、物力的实况，制定一个重建海军的新计划，这计划，要一扫前清同治年开始建军以来的诸流弊。

此外，海军一定要在建军中，没有例外地实行征兵制与考试制度，务使全国英才同为海军努力。

中国的新海军，一定要筑基在上述两点之上。

纪念伟大的"九二三"[1] 陈绍宽

一

"九二三"战役是抗战第一年头（二十六年九月二十三日），我海军和敌空军在江阴展开的海空大战。虽然"九二三"不是江阴作战阶段的唯一战役，而江阴作战也不是抗战以来海空战之总的激斗，但江阴的战役在一般的意义上可以代表我海军反击敌空军的整个历程，而在江阴许多战役中，"九二三"那一天又是最激烈的一次。所以"九二三"在中国海军抗战史上实是最值得纪念的一页。绍宽秉承最高统帅之命，部署这次最艰难困苦的堵塞战场面，明知敌我实力相差太远，但我们有的是民族革命战争的大无畏精神和三民主义最后胜利的一贯信念，而本军将士一念甲午战争以来四十余年的深仇积恨更无不切齿痛心，竞欲一雪。凭着这些革命的条件，海军自始至终，固守岗位，以血肉筑成江上的长城，阻止敌人的前进，而在我全军奉命作战略的转移时候，海军则又充任诸军的殿后，挥泪退出原来的阵线。因为"九二三"战役既为江阴整个战斗过程中的最高表现，而牺牲之壮烈也以此役为最，所以历年每届此日，怀念殉难袍泽的英灵，辄复悲愤填膺。然而牺牲便是胜利的代价，破坏则为复兴的先河。凭此一役，使举世皆知中国海军之能战，而我全军同人亦更以此自励。今年本军有《整建月刊》之发行，并于九月号刊行"九二三"特辑，念此实追往开来之重要历程，卧薪尝胆的惕励表现，故特综述前后经过，并加检讨，藉以增强共同奋斗的信念，不仅仅是纪念逝者而已。

---

〔1〕此文发表于《海军整建月刊》1940年第1卷第7、8期合刊。

谁也晓得，在这次倭寇对我侵略的武力中，最有把握的，就是它的海军。它可以利用舰队"闪电"的溯江直上，威胁我首都，截断我南北岸的联络，迫我作城下之盟，实现它的速战速决的迷梦。可是自江阴封锁线在我海军手中树立之后，情势却为之一变。因此敌人要用舰队从扬子江口上驶，必须破坏我封锁线，要破坏我封锁线又不能不先歼灭我守卫封锁线的海军。

以长江的地势和海军的一般性能看来，要达到它的战略目的，应该运用它的海军的。可是它最有把握的海军，却是最无勇气的舰队。它不敢贸然的和我们的弱小海军一决胜负，而把其主要的任务交给空军来担负了。它满以为我们落后的海军可以容易地亡在它的空军手里，可是这种胆怯无能的精神却造成了极端笨拙的战略。因此为了这一条封锁线，却蹉跎了三个多月，而毫无成就，这正表现它自身已是否定了速战速决的战略，另一方面却稳定了我们以空间换取时间的基础。可是江阴的海空战终于在这种情势下展开了。

原来自二十六年九月十六日起，敌人就屡次空袭我守卫封锁线的海军。但作战经验告诉它们：要有效地破坏我为数寥寥的军舰，非有大量空军不足见功，于是继着九月二十二日的大规模的空袭，便于二十三日那天再来一次空前的轰炸。七十多架的飞机分批围攻我"平海"与"宁海""逸仙""应瑞"四舰。虽然在敌机重弹造成的雨幕之下，护甲薄弱的诸舰经不起剧烈的气力（Blast），与那气力所激动的水力，而告损坏，若干露天抗战的海军将士遭中了大量的敌机炸片而成仁就义了，但敌机也被我忠勇的战士击落七架。其余负伤的敌机便狼狈地逃回老家。计从八月十六日起至九月二十五日止四十日之中，敌机被击落之数在十架以上，受伤者至少达三十余架。但我们的封锁线却在十二月二日敌军占领江阴后半月才被破坏一角。这样不但使敌人的战略受到致命的影响，而且一面却保证我们第二步布置的完成。严格说来，江阴保卫战可说是替抗战的前途打下了巩固的基石。同时"九二三"之役便随着有其重大的意义了。

二

在"九二三"所具的重大意义之中，应特别提出的，便是关于精神与物质的问题。总裁在首都沦陷时昭示过我们："此次抗战为国民革命过程中所必须，为被压迫民族对侵略者争取独立生存之战争。"从这便知，这次抗战既不是那利用民族主义口号而实行侵略弱小民族，像德之对奥捷的帝国主义者侵略战争，也不是那戴上爱国主义面具而争取侵略弱小民族的霸权，像第一次欧战与这次英德义的帝国主义间的火并。我们的抗战是整个民族自求解放、自求生存的革命战争。为此，所以我们不但不是以优越的物质来攻击敌人，如德之于奥捷，而且不是居于物质均等的地位，以与敌人相周旋，如德之于英。反之，这次抗战却是以绝对劣势的装备来对抗绝对优势的敌人，若照现代战争是科学的战争原理来说，好像这种抗战是必败无疑的了。但我们要知，物质劣势是被压迫民族的必然现象，而保障民族革命的成功却不在物质，因为在客观条件中，主要的是看民族意识是否坚强，从这意识而表现的行动是否一致。换句话，民族精神是否已到足以发动革命，保证革命的程度。关于这，国父早已告诉过我们，在革命的战争中，精神居其九，物质仅居其一。总裁所以发起国民精神总动员的运动，其旨意即在乎此。

因此这次抗战是精神的斗争，物质仅立于从属的地位。总裁在《抵抗日本帝国主义先要抵抗日本武士道的精神》一篇的训词中，曾说过："我们要打倒日本侵略的野心，要打倒日本侵略的武力，先得打倒它日本的侵略精神；要打倒日本的侵略精神，先要完成自己应该具备的革命精神，固有的民族精神。"继着，总裁又指出："我们的革命精神，就是智仁勇。"

在江阴抗战的时期中，我海军的主力不过是"平""宁""逸""瑞"几艘小型军舰。但姑以日本侵华用的第三舰队的实力来比一下，相差还是不可以道里计。即就"九二三"战役言之，我们的抵抗力，不过是区区十三尊高射炮和有限的弹药而已。军舰本身的装甲又是非常薄弱，以视敌人来袭的飞机数达七十多架，投下重弹五百枚以上，亦感得相形见绌。可是我们弱小的海军凭着什么，能够使敌人的大海军逡巡不前，使大量的敌机无法完成它们的使命呢？我想大家会承认，这是靠着我们的革命精神。在敌人心中，满以为我海军不经一吓便要退却，可是空有其表的敌人海军现不曾使我们畏缩，而大量的敌机也未尝使我们气沮。在敌舰空炮的威胁下，在敌机实际的高压下，我为数四艘的军舰，却始终屹如山立，守着岗位。因此在我们的民族精神的照妖镜中，暴露了敌人的鬼相。所谓的武士道精神，已片片地溶解在中华民族抗战的火焰之中。

但敌人或许会闪闭着它海军的畏缩心理，倒过来说，江阴战役所以用飞机来对付我海军者，是它一种便宜手段。可是它所谓的便宜在哪里，我们姑且不说，而它的畏缩心理，却有事实为其证明。举一个例罢，当锡常失陷之后，敌人曾以五舰进窥江阴，为我六助港海军炮队击中两艘，其余则逡巡逃去，一直到了江阴失陷，敌舰惊魂未定还不敢溯江直上。这样狼狈情形，即使日本武士道精神不以为耻，我们却也替它难为情。因此从这一点，我们自有理由断定敌海军作战精神的消失。

总之，"九二三"战役已足证明日本精神的失败，而物质方面，它也不曾得到何种的胜利。说到这里，我们虽未敢以此自豪，但我在意识上，确已坚定了守土的抱负。

三

"九二三"战役不但在抗战的过程中有显著的意义，即在世界海空战史上也占了重要的位置。飞机对海军的活动在上次欧战仅属萌芽的阶段，那时除担负海岸巡弋，侦察与防潜外，实际还未达到能与舰队联合活动或用以攻击军舰的机能。战后，空军技术与飞机母舰建造的发展，掀起空前的海空能力问题的论战。但论战仅是论战而已，即使有的国家企图用试验方法证明空军对军舰的威力，但结果和实际的作战经验还相差太远，仍未能对这问题与以完满的解决。不料为世界列强数十年来坚持不能解决的海空问题，却在远东武器落后的中国获到解决的曙光。说到这里，又不能不归功到"九二三"战役。

说切实点，"九二三"之役是展开了世界海空战史的第一页，这是一点没有虚夸的。虽然这次欧战在去年九月初头就爆发了，但海空战却始于本年二月间；虽然"八一三"沪战中，我空军也曾数度轰炸黄浦江上的敌舰，但规模之大又不能不让"九二三"后来居上。

说到"九二三"，这里还可以提出几个特征来。第一，沪战中的海空战，是以我方劣势空军对敌的优势海军作战，挪威战后的海空战最少可说是均等的海空力之交绥。可是"九二三"，却是以我劣势的海军对敌优势的空军之抵抗。第二，无论沪战或欧战，被炸的一方都是拥有掩护的空军部队，所以实际是空军与海空军作战。但"九二三"却又是纯粹的海军单独对空军之搏斗。为了这些，"九二三"情势实为现代海空战史上最单纯的表现。因此对于海空问题，实为最佳良的例子，其内容也就非常明显了。

至"九二三"所给我们的经验是怎样的呢？它证明了空军投弹命中率较高射炮的命中为小。说到这个问题，我们自然会忘不了敌人作战精神的颓丧和技术的不够。不过大体说来，也可以在战术上得到一点暗示，即就"九二三"一役来说，敌机计在七十架以上，为了敌人深知我们海军没有航空队，在它机群里是不会有驱逐机的，以七十架的轰炸机言，最少可载一百四十吨以上的重弹，每弹以五百磅计算，则数量当在五百枚以上。当时我方"平""宁""逸""瑞"四舰，因弹药的缺乏，与"九二三"战创之余，高射炮弹总共也不过在七百多颗，但结果我受敌机直接命中不过一枚，而敌机则被我击落七架，至受伤不在此数。因此比率最少当为七与一之比。

四

最后说到"九二三"，我们还不能不注意一点：我海军所以有这样作战精神，实关系到我们悠久的海军历史，和从这悠久历史所养成的善战习惯。一般不明了海军的人，往往以甲午战争，而抹杀了海军一般的精神，不知中国海军在过去社会影响非常重大。甲午之前我海军有着许多可泣可歌的光荣史迹。"海军太不行了"，这不过是甲午以后无常识之人的表面感叹罢。同时为了很少有人下过志愿来研究甲午前中国海军，以致数千年中国海军，只在上述一句话完全否定了。这不仅是中国海军的不幸，实为整个中华民族的损失。关于中国海军史的问题，自由专究的人。在这里我仅告诉大家，秦汉隋元明武功最盛的朝代，海军是尽过它的任务的，同时在南宋季明，海军也曾建过保卫的奇功。以甲午论之，如果认为是海军的失败不如说是整个陆海军的失败，如果认为军事不利，不如说是政治的崩溃。在我们，当然不能不自提出反省，但厚责海军的人，可曾明了当时海军处境的困难，可曾认识当时一般作战的忠勇，可曾证实过甲午战争的史料？这些一切，我想凡是中国人都该提出忠实的反省，因为中国的海军是大家的海军，不是海军人的海军！

上述各点，或许说得离题太远了，但几千年来的海军，它的一贯精神是服从与一致，关于这一点，殊不愿多作夸张之语，也不欲说是海军的特有精神。在这只请大家诉诸事实。"同舟共济"是中国人最善用以描写一致精神的成语，不能否认这句成语，便不能蔑视了海军的作战精神。甲午以前为然，甲午以后又何莫不然；白江之战为然，甲午之役又何莫不然。以今日人看今日事，事实更属明显了。

　　说到"九二三"，未必便是中国海军作战精神的最高表现，但我可以告诉大家，站在中国民族的立场之一份子的海军，确已秉承数千年累积的精神，在"如何而后可以保我祖宗遗留之广大土地，如何而后可以保我繁衍绵延生生不息后代之子孙，如何而后可以保我独立自主之国权"的训示下，尽过它的"无可旁贷之职责"了。但我们并不敢以此而即为后日建军的保证，我们只怀着以"九二三"的精神而为后日物质建设基础的抱负。为民族之前途计，我还希望大家对海军下一个建设的决心。

　　海军今日为民族而牺牲了，在未来，它将为着民族而建立起来。

"九二三"战役的检讨[1]   王师复

一

因保卫江阴封锁线而发生的"九二三"海空战在现代中国海军史上，不但是激烈悲壮的一页，而且是光荣灿烂的阶段。从这次战役，我们可以看出中国海军的作战精神，一方面又反映着敌人海军是怎样地畏缩，它的空军又是怎样地无能。现在"九二三"已三周年了，虽然这次用血肉换来的战役，已随着时光渐渐地和我们离远，让它永留在澄水之上，人心之中，凭吊着，纪念着。但在我们凭吊纪念中，又不能不加以检讨，用以策励将来。

说到检讨，我想第一应该提出的就是关于战略上的问题，即是论到保卫工作在军事上是否错误。有些人以为我们小海军应该冲出封锁线对长江口外的敌舰与以袭击，不应老泊封锁线，等候敌人的进攻。这种战略，是否较保卫工作正确，应该是值得我们讨论的。其次对于敌人所采的空袭是否着有军事上的价值，同时在比较上，它的这种举动和我们的狭义守势的原则是否带有相应性的意义？这又不得不能不在我们讨论范围之内。

其次，海空战在现代作战史中是时髦的事件，过去的海战经验是不够来说明的，何况"九二三"又是现代海空战的先声。因此在战术上，"九二三"的检讨不但是饶有兴趣的命题，而且对将来亦有着重大的意义与教训。

最后，在此次战役，何以七十多架的飞机不能完全破坏三数小型的军舰。"飞机足以控制海军了"，这不是现代最时髦的论调吗？关于这一点，是海空

---

〔1〕此文发表于《海军整建月刊》1940年第1卷第7、8期合刊。

本身的技术问题，还是敌我作战的技术方面，我想这谅也是国人共同关切的问题罢。

以上三点，即是本篇写作的动机，也就是本篇讨论的范围。

二

无疑的，这次海军作战是采取守势的战略，其目的在于保卫江阴封锁线的安全。但是在战略上，所谓守势并不是单纯的"守"，而应涵有相机进攻的意义。孙子说过："善战者致人，而不致于人。"即是随时要争取主动。所以在战史上，专抱守势的往往失败。因为专取守势，必会养成退怯消极的士气，结果易招不幸。

若从这种意义来说，则守势的保卫，在战略上，不无缺点了。不过我们晓得，决定一种活动的正误，不但要从一般的理论方面加以检讨，还要从一事之特殊的环境与以论断。这在论及守势的保卫时，应加注意的。

在海战的策略上，因实力单薄而取守势战略的，通常可从下述两原则论之。第一是"现存舰队"（Fleet in Being）；第二是护台舰队（Fortress Fleet）。所谓现存舰队，意指在遇优势敌人不得已而退入港内，避免交战，保存实力，用以监视与牵制敌人的行动，敌若挑战，我则避之，敌若避战，我则追之，使之不得安心，而至于缩小作战范围。

这种方法，最初是在一六九〇年为英国海军上的（将）陶灵吞（Torrington）伯爵所用。那时法国舰队之动员及集中较英国为速，因置当冲的陶氏舰队于极端不利的地位，于是他不得不采取这种手段。他说："如果我不这样地作战，则舰队必至覆没，法国远征队遂将获登英国海岸。所以不如暂时保守实力，以待友军的会合，一面对敌方的行动加以监视牵制。许多人怕法国要向英岛进攻，但我的见解是：一天我们保存着舰队，敌人便一天不敢进攻的。"

但这种战略后来到了法国海军总司令陶尔维（Tourville）手中却成为："以远离敌人而保全舰队之安全，为现存舰队的正当行动了。"这明显是错误的。

至所谓护台舰队是把舰队当做保护海岸炮台的工具。这在日俄战争时，为俄国海军所采用的。当俄国海军总司令渥兰纳斯（Wirenius）率队从比塞大（Biserta）赴苏彝士运河时候，他曾宣布说：俄国的计划是要把威海卫与海参崴两港成为最重要的军事区，每港配以和炮台实力相应的舰队，以资保护。因此俄国所以遣送舰队到远东者，不是要歼灭日本海军，而是预料到日本的进攻威海，而充实其炮台的防御力，保卫该港。所以在其到达目的地便深存港内不出。关于这，当时有一位观战的人，曾报告说："从俄国海军最高指挥处理它的驱逐舰队的情状看来，便知它无意给与驱逐舰队以活动的自由，相机攻袭敌人。"他又说："鱼雷艇队却不曾负着攻击日本舰队与运输舰队的使命而驶出港的。虽然它应该出港来掩护它的陆军的两翼，但一些不含有攻敌的目的。"这样一来，俄国的海军不但处于被动的地位，且本身受到炮台的限制亦成动弹不得的死东西了。这在战略上明显的是非常错误的方法。

现在先从"现存舰队"的原则，来考察我海军保卫战的性质罢。以我敌海军实力相差太远，如果不顾一切出而与敌作正面的决战，完成保卫的目的，结果必遭失败。因此采用"现存舰队"的方法，在表面上是最适当不过的。不过所谓适当却有各种条件为其根据。

一、欲完成现存舰队的目的，须以优速舰艇编制舰队，乘机追蹑敌之大舰队，从而威胁之，突击之。

二、有此种舰队还是不够，此外，最要的是运用的机巧问题。"现存舰队"方法的遂行有赖技术上的精练与人员的勇敢，方能收到奇袭之效。

三、须知"现存舰队"是权宜的手段，不是绝对可靠的。如果敌人设下计谋迫我不得不战，则此种战略意义将根本为之消灭。故以之为暂时的办法可，以之为永久的则不可。说到陶灵吞伯爵的处境，便知当时用此方法的目的只在延长时间，以俟友军的集中，而不是倚之为基本的原则。

从这三点看来，则"现存舰队"的战略，其价值是有相当的限制的。以抗战开始之初，在本军直接指挥下的舰队里，没有速力过二十五浬的军舰。虽然战前我们也曾拟定多购较速快艇足资奇袭之用的，如鱼雷快艇等，但为了那时政府已将此项工作交给一个不属海军部的独立的"海军机构"。它拥有若干此类的快艇，若照战略的布置，我们应该遣派此类艇队，大规模地冲出长江与敌舰以突击。可是这种可能而应该做的工作并未做到，成为抗战中的憾事。

那时在保卫封锁线的军舰中，却也有许多军官主张冲出封锁线的。但在最高军事统帅的统一指挥之下，绝无活动的自由。同时我们每个对于保卫封锁线的命令有着坚定的信念。我们晓得以军舰速力的低小，若冲出袭击，结果虽会演出一场精彩的战绩，但在战略上并无何种的价值。设我们果尚有相当的实力以后援，何妨拼一下，博得国人的喝彩。可是事实却和这相反，封锁线只靠这一些军舰来保护的，如果拼一时的血气，孤注一掷，则此后，封锁线将靠何种工具保卫。这一弱点，最高统帅早看出来了，所以为保存舰队的存在，使敌有所顾忌计，还是以守势为尚。这正如陶灵吞所谓：一天我们保存着舰队，敌舰便一天不敢向我们进攻。而不是像法国的陶尔维所说"以远离敌人而保全舰队之安全"了。

另一方面事实证明着，虽然我们军舰不曾冲出封锁线，但如果说我们应该用现存军舰的方法，则我们保卫战略却有着和它类似的意义了。因为为了我们保有军舰，封锁线在江阴失陷之前却不曾被敌破坏过，实际便完成了消耗战的目的。因此我们可以说保卫的战略是成功了。"九二三"的敌机虽炸坏了我们两舰，但却不曾破坏了我们保卫的战略。

第二，我们再不妨从"护台舰队"的战略来绳这次保卫的战略，看它是否陷了同样的错误。从字面看来，"护台舰队"与"保卫封锁线的舰队"两者似乎是类似的东西。但我们要知，日俄战争时，俄国舰队并不比日本弱多少。但它以均势的主力，却采取了劣势的战略，根本已错误。何况又把它当做什么护台，驻港不出，结果致在不利的情势下，被迫应战，自不能不归失败。但抗战开始时的我海军既不如当时俄国的舰队，而今日的日本海军更非昔日可比。形势相差若此，自不能同时并论。其次，当时我方虽处守势，但我们却保有攻势的精神。虽然是用保存实力的方式，但却还保存舰队攻击的姿态。唯其如此，所以不曾因守势而使士气颓丧。反之，无论在何种动作却表现了不屈不挠的精神与兴起杀敌的意志。在战略上，我们是成功了。

在我们兴奋的作战精神比较之下，敌人的士气是怎样呢？畏缩，颓废，是它的最贴切的形容辞。这种畏缩的心理和颓废的精神，却造成极不高明的战略来。本来在封锁线未建立之前，它就该率舰队直上威胁我首都，以完成其速战速决的战略。但这点它是失败了。封锁线成立之后，它如果乘我方布置未定之初，即以海空对我攻击，则封锁线的安全问题，将不堪设想。可是敌人一再失却机会，一再采用了不良的战略。空袭的手段除了增加我们的敌忾心外，在军事上，是一点没有意义与价值的。所以说"九二三"，敌人的海军战略是完全崩溃，相形之下，我们的小海军却比它高明得多呢！

三

保卫封锁线的舰队有着两方面的敌人，一是从长江下流上驶的敌舰，一是盘旋我舰队上空的敌机。依照战术，站在第一线的军舰，在应付敌舰的需要上，应该一字排开，以主力对封锁线外向，准备对进攻的敌舰与以反击。可是这种阵容对付敌机上却是极形不利，因为江阴的江面过狭，若把各舰一字儿排开，正给与敌机以良好的投弹目标。所以为关顾两方面的危险计，特把"平海"和"宁海"两主力舰分泊封锁线的左右端，以"逸仙""应瑞"两舰各跟着"平""宁"守第二防线。每舰相隔五百码，以分散敌机的集中投掷。同时为"平""宁"两舰舰尾炮多于舰首炮，所以顺着水流，以尾部朝向下流。这种布置在当时状况是比较适当的。

其次，我们也曾考虑到，如果一旦发生战事，无论当时敌人为敌舰或敌机，原排的阵势是否需要更动？军舰和炮台所以不同，为了军舰是活动的。同时海军的作战原则也须靠着操纵的敏捷，动作的机巧。因此在一般作战时候，指挥官无不着重于舰的机动问题。但在内河里，这点是否重要？我们不能不加以考察。

先从敌舰进攻的场合来考察。本来在海战时候，一般作战阵容是单行鱼贯阵，因为现代海军炮术的最高原则是在如何给与边舷齐发以最大可能的便利。譬方我"平""宁"两舰主炮均有六尊，舰尾双联装炮塔两座计四尊，舰首双联装炮塔一座计两尊。依照所布的阵形，舰尾向外，则舰首两尊便不能发挥其威力。故在作战时，若务求舰炮发射获到最高的效率，则应将各舰采取鱼贯阵。只是这种阵形颇受长江水流的影响，势必启轮一面行驶一面发射。但这样一来，炮术便受了影响。盖因江阴水面狭小，不似海洋广阔，于是在行驶中，短时间内必须转向，而在这转向中，炮火射击势必停止，这样正好给敌以攻击机会。其次，这种转向，不是一次二次，而是多次的。若以每小时十五浬速力计算，以江面可行水道阔半浬说来，则在一小时之中，最少应有三十次的转向，换句话，每二十分钟[1]应转向一次。如此不但操纵上有困难，而炮火发射亦极不便。在这种情形，可见位置不变虽亦有缺点，但相形之下，还比变换阵势为妥，因而只好牺牲活动的优点了。

第二从应付上空敌人来说。军舰对飞机的防御力，一般说来，巨舰藉着坚厚的装甲，以抵抗炸弹与鱼雷的破坏。小型军舰则藉其轻捷，以避免其命中。像"平""宁"等二千多吨的军舰自无装甲可言。因此其对空的防御力自不能不藉其轻捷的动作了。

这种轻捷动作的安全性问题，不是没有实例的。姑就这次欧战来说，只从上次欧战，我们也有着一个例子，它是上次欧战遗留给我们的唯一的实例。真的海空战是现代最新颖的战术，至这里所引的例子，虽然严格说来，不能算为海空战的性质。但也可算为现代海空战的雏形。事实是这样的：

一九一七年八月十一日上午六时，英国快艇六艘，驶至忒舍林格（Teischelling）正待靠岸，遇德国飞机六架飞至。艇队指挥官，可克（Coke）少校遂命各艇集中其路易式机关炮，向德机发射。嗣又来德机两架，与快艇展开最雏形的立体战。相持半小时，胜负未决。德机于是突从艇之头部飞至尾部，企图破坏快艇的推进器。快艇乃以最高速力转向，以避其锋。到了上午八时，各艇尚未受损分毫，而德机反被击落一架。当时又来德机两架，而快艇弹药告罄，大部失却战斗力量。其一艇在危急中尚能以最后一排子弹，复击落德机一架。最后快艇沉二艘。一场立体战遂告结束。

从这实例可见，小型艇以轻捷活动来对付飞机不是没有用处的。至这次抗战，我方军舰却居非常不利的位置，因为江面狭小，舰身又百倍于快艇，无法转动。在战术无所施其优点，只好把各舰分隔相当的隔离，避免飞机的集中投掷。一面则以军舰的攻击力来代替防御力，即利用防空炮在舰的上空造成一个广大的火网，使敌机无法迫入上空。可是我们的攻击力也不见得多么雄厚。炮数无多，弹量有限，这又给我们以战术上的困难。更进在现代化舰队里面，防空设置除高射炮外，尚有自方的驱逐机群，掩护上空，使敌人轰炸机不易迫进投弹。但以我们海军之薄弱，更谈不到这点。因使在战术上对空几乎是束手

---

〔1〕应为二分钟。

了。情势虽然如此，但以我军作战的忠勇，事实竟多改观。我们以革命的精神补偿了物质的缺陷。"九二三"的战果实有不能不差强人意的地方。

以我们的战术条件的不够，一开始敌人自然就占了有利的位置。偌大的天空，任它纵横翱翔了。起初敌人不过是用小规模的袭击，当然这是不生效力的，反而却给我们击落多架。敌人吃亏之后，于是开始变更策略。自"九二二"日起，便采取大规模的攻击。分析起来，它的进攻方法可分为以下数种：

一是以逸引劳，分批轰炸的战术。那就是将其机群分为两大批，先后出发。第二批乘我方对付第一批疲惫之余，再来轰炸。"九二三"那一天，敌机第一批是五十多架，第二批是廿余架。在它以为先以五十架对付三四舰够我们疲劳了，第二批廿余架便可使我们无法应付。可是这种估计是错误的，因为我们的作战精神却是始终不懈。事实可以证明的：在被我击落的敌机之中，有二架是在第二批空袭时送命的。

二是声东击西的方法。即先以一二队伪向我们进攻，企图分解我们炮火与注意力。其满载炸弹的机群则乘此机会，偷偷地猛冲过来，施以大量的轰炸。可是这种战术也失败了。因为我们智勇的战士早已洞悉敌人的诡计，预先分派几人对付假装轰炸的敌机，一面则大部严密监视真的敌人，一被发觉，即与以痛击。

三是分进合击的方法。即以其大队分为若干小队，从各方向同时向我军舰集中，并同时加以轰炸，以图迷乱我方的瞄准。可是以我们作战的决心，态度的冷静，敌人的这种战术也未曾获到成功的。

四是集中轰炸各个击破的方法。它的机群分批集中一般军舰加以猛烈的轰炸。但说也奇怪，这种战术的结果在"九二三"却未曾使我军舰受过一次的直接命中。至我们军舰损坏的性情，全是受到"近失"的损伤。因为军舰装甲薄弱，而敌人所投的炸弹以百吨计，则其炸力所造成的水压自极剧大，其对军舰的破坏力因亦可观了。

总之，虽然敌人的战术条件与位置是占了绝对的优势，但它所采用的战术方式却没有一件成功过。

四

至敌人所采用的战术方式所以失败，其罪不在于战术方式的本身，因为它仍旧保持了它的价值与效率，考其失败原因主要实在于敌人运用这种战术的技术幼稚，这种幼稚又是建立在敌人作战精神与日常训练之薄弱的基础之上。

关于这点，英海军作家普拉特（Fletcher Pratt）在他的近著《海权与现代战争》（*Sea Power and Today's War*）一书曾有一段的说法，其大意如下：

普氏以为日本的飞行员含有以下四种的缺点：第一是生理上的缺点。日本民族的生理缺乏一种听觉的管腺，使日人的感觉受到影响，同时这种缺点却是飞行员所不许有的。第二是宗教上的缺点。因为日本受武士道的影响，以为个人的生命是没有价值，因此做错了一事，不想挽救，但出于自杀一途。这正表现了日本人没有毅力和消极的观念。第三是心理上的缺点。没有人会比一个日本人那样笨，但也没有人会比两个日本人那样聪明。可是飞行员往往是单独的，因此是世界最坏的飞行员。第四是教育上的缺点。一般日本小孩比较无论哪一民族却少有机械的玩具与机械的训练，因此日人从幼便缺乏了技术的熏染。

此外，普氏还举出一个实例来证明。他说在战前最后的平时舰队操演中，有三艘飞机母舰一下便损失了十七架飞机连人员。

普氏的分析自有他的观感与理由，不过我以为除上述外，还有一点是值得我们提出的，那就是自日本明治维新之后，一般日本人已失去从前耐苦的精神，大半青年都是好逸的享乐主义者。回忆十年前，我在上海时候曾和一位日籍的海关员谈话，他叹惜地说："现在的日本人是不如前了。个个青年都不像我在青年时代一样的。从前我们耐苦，勤慎。现在的日本青年则个个想安乐享受。意志不坚强，精神不兴奋。从此下去，不知如何得了。"以日本人看日本人当然会比他人看得深切些。何况这次战争，师出无名，除日本军阀外，没有一个日人愿意战争。因此在作战精神上自有莫大的影响。这正好一一都从这次抗战中暴露出来了。你想，一个先存恐怖畏死的飞行员，即使作战技术如何高明，也安能把它表现出来呢。所以在这次向我军舰投弹时，无论是平飞或俯冲投弹，都因怕我薄弱的炮火而投到江里去了。

另一方面，就是在这一点上，我们却比敌人胜得多。虽然我方舰队实力不厚，但士气极盛，上下无不深明大义，忠勇于职守，为民族图生存，所以大敌当前，没有一个不死守岗位，从容应付，抱成仁取义的心志，不屈不挠的精神。在江阴海空战中，值得提出的如"平海"军舰练生刘馥以臂代机枪之架继续施放，如炮兵周绍发臂部炸飞，双手还握住瞄准器。这都可以十足表现作战的精神，其殉难如孟汉霖、高昌衢、林人骥等诸烈士更足以发扬中国海军的忠勇伟大。

有了这样的作战精神，所以更容易表现出平时训练的技术效果。临危不乱，瞄准准确。如八月二十二日一役，第三炮即击落敌机。又如九月二十五日，"逸仙"军舰在万分危急中，竟能以高角舰炮，一弹击落敌机两架，实为抗战中之一韵事。至九廿二与廿三的血搏激斗，收获更较之为大了。

从敌我精神技术的比较为发出点而造成的事实，便是以十数次的空袭，为数总共达二百架以上的飞机，来轰炸我缺乏防空设备的四艘小舰，反被我击落十架以上，伤数十架。如果不是为了我方在长江上流缺少修舰的场所，眼见得在廿六年九月廿五日以后，那受伤的军舰将又重站岗位，那末将会怎样地使那所谓的"皇军"惊骇了。

统计江阴的空袭次数，掷弹之数即就"九二三"一役已达七百多枚，但直接命中的几等于零。所以各舰虽然受伤，仍能行驶至安全地点。这虽然足以表现敌机的无能，但另一方面，也可以证明空对海在物质技术上也有未能如理想一样满意的地方。诚然当军舰被敌机袭击时候，没有一艘是绝对不会受伤的。至受伤程度可从弹着位置与炸弹数量两方面加以估计。

弹着位置可分直接命中与近失（Near Miss）两种。所谓直接命中即炸弹直中舰上。至其破坏程度，据欧美专家研究，一枚五〇〇磅炸弹，穿甲力量仅为三吋（在八，〇〇〇呎高空掷下）。直接命中虽然不可能，但其可能性亦极有限。盖一轰炸机，在掷弹时，航向若差二度，则炸弹的坠落部位，与目标位置，将有七八码之差。设速力算差二哩，其错误约为三四码。在作战中，因飞行员神经的非常，此种错误的可能甚大。"近失"即指弹着位置系在目标附近而言。这种破坏性是值得我们注意的。设一中小型的军舰周围受炸弹的包围，则以其炸力与水力之震压，亦易受伤，但不致沉没。此种危险也不是不可避免的。以小型舰言，目标小，速力大，尤易避免。至中型舰以装甲既不若巨舰，速力又不若小艇，受此损坏比较容易，不过其损坏是可能修理的，不是致命之伤。

其次，我们要知破坏可能性还有赖掷弹的数量。数量愈多，破坏可能性亦自愈大。唯一般飞机的载重是有限制的，一架巨型机最多可载五百磅炸弹八枚。设要多载枚数，势必减少每枚的重量，但同时即是减少每枚的破坏力，因为五百磅以下炸弹的穿甲力量不能过一吋。至若载重量炸弹，虽可加增每枚的破坏力，但命中率亦将随而减少，因而影响到破坏的可能性。

以上系未将军舰的防空力量加以估计。通常在平飞轰炸时，在飞机的周围一百码，高射炮的命中机会有百分之廿，而命中率则为百分之一.二。若在低飞轰炸，虽然命中率加增，而高射炮的命中率亦随而增大，至其程度较前者为大。所以对付一艘战舰应用百五十架的飞机。这种计算虽无事实证明，但以江阴海空战的实例来看，已见飞机欲有效地对付三艘小型军舰，必用八十多架以上。次就这次欧战的经验，据一般统计，在百三十艘军舰中，被飞机炸毁的不过卅艘，其间虽有毁坏程度上的差别。同时我们可以想象到当时所用的飞机一定是大量的。

从物质的技术来说，可知"九二三"，我们所以能够击落与击伤许多架飞机，而敌机与大量炸弹不能命中我们者，也不是一椿偶然的事了。

五

从上面各节的检讨结果，我们认为在"九二三"战役中，虽然我们的战术的条件与环境极占劣势，而所以能够建立奇功者，不是靠着落后的物质，而是靠着运用这些落后物质的前进精神，即是我们革命的精神。敌人要想藉着优良的物质来高压我们，要想以物质的精良，用攻心政策来威胁我们，但结果优良物质却丧在我们劣势的物质手中，而它的攻心政策适以自攻。敌人精神的消失正是我们最后胜利的保证。呜呼"皇军"，呜呼日本的军阀。

"九二三"与甲午之战[1]　　郭寿生

一、引言

我们在"九二三"战役以后进展中的中日战争时，来研究四十五年前的甲午战争（一八九四年七月至一八九五年四月）不仅有很大的历史意义，而且给我们很大的教训。

中国革命，在甲午年的中日战争中诞生，而其建国工作，将在这次的中日战争中完成。中国海军在甲午年已显出勇敢抗战的精神，而其建军工作复在"九二三"之役奠定了基础，这两次的中日战争，在中国现代史上与中国海军史上实占着非常重用（要）的地位。尤其是"九二三"之役我海军以精神战胜日本，更是中国海军复兴的关头。

我们今日正遭逢着抗战建国复兴海军的大时代，因追溯"九二三"之役，不能不数到甲午战争。甲午战争，我们虽遭挫折，但我们仍继续奋斗；"九二三"战后我们正迈步走向胜利之门，但我们并不因而轻忽了历史教训的价值。自过去的挫折中，我们反而由比较而更坚定今后必胜的信心，力求洗雪甲午的耻辱与完成建设新海军的大业。

二、甲午与"九二三"战役的原因

（一）甲午战争的原因

日本在一八五八年明治维新以前是一个农业的封建国家，也曾受过欧美资

---

〔1〕此文发表于《海军整建月刊》1940年第1卷第7、8期合刊。

本主义国家的压迫。如在一八五三年美国的舰队在海军上将皮列统率之下，曾经炮击日本的海口，要求与日本通商。当时日本的锁国政策终敌不过欧美资本主义势力的侵入。自明治维新至甲午战争的前夜（一八九三年），日本因效法欧美，使它走上资本帝国主义发展的道路。它不仅国内在政治上统一起来，并且，近代的海陆军也开始建立起来了。它因为资本主义已有相当的发展，同时因本国资源的缺乏，国内市场的狭小，就使它不能不向外争取市场和殖民地。

日本向外争取市场和殖民地，选择哪一个方向呢？向东发展么？是遇着太平洋东岸新兴富强的美国；向北发展么？北方气候寒冷，物产亦欠丰富，并且已被军事强盛的帝俄所占；向南发展么？南方气候适宜，物产也很丰富，然而已被当时资本主义的列强英、法、西等国所侵占。它欲向这三方面发展都是很困难的。它惟一发展的方向，只有向西方亚洲大陆上，因为亚洲大陆上物产丰富，人口众多，气候适宜，恰恰又是老大的落后的满清帝国。因此，日本自明治维新以后，就确定了大陆政策，以中国为它的侵略的对象，甲午战争就是在日本向外侵略的基础上爆发的。

日本帝国主义的向外侵略，首先是企图并吞我国藩属的朝鲜，甲午战争的爆发，就是从朝鲜的内争为导火线。当时朝鲜在远东的地位，是非常重要，不仅为中日两国所必争，且为各帝国主义所垂涎。因为朝鲜半岛是由亚洲大陆突向日本，介于日本海与黄海之间。谁能侵占朝鲜，即能威胁日本控制日本海和中国海，使日本与中国分离，而控制华北向太平洋的出口。日本既早已决定采取侵略中国的政策，自不能不先发制人，故乘一八九四年东学党之乱，出兵朝鲜，强迫它屈服，而与中国政府脱离关系，同时以海陆军向中国进攻，因此就引起甲午中日的战争。

（二）"九二三"战役的原因

从甲午战争以后，日本帝国主义已决定要吞并中国，这在一九一五年的二十一条约中已完全暴露。后来因资本主义的稳定，受到了华府会议九国公约的阻碍，到田中奏折，更提出所谓积极的大陆政策。但日本于一九二九年世界经济恐慌之后，因国内经济危机之加深，与国内矛盾之增长，想在进攻中来解决本身的危机。又因为中国本身的弱点，中国内部的分裂与中国海防的薄弱，更引起日本积极进攻中国的野心，这是第二次中日战争的内在原因。

"九一八事变"，日寇抢占我东北四省后，仍继续向南进迫，欲完全占领我华北以为其实施大陆政策的根据地。民国二十五年，敌以外交方式提出共同防共与华北特殊化等无理要求，迫我承认，当经我政府严词拒绝，彼以计不得售，复见我国防建逐次实施，全国政权趋统一，乃进一步施展武力侵占手段，以遂其占领华北而统治我全国的迷梦，这是此次中日战争的远因。

一九三七年七月七日卢沟桥事变，是日寇对中国新的大规模的武装进攻，就是更进一步的实现田中奏折早已批定的完全灭亡中国，准备占领越南、印度、斐律宾、南洋群岛、澳洲，以及进行反苏联、美国和英国的大战，这是此次中日战争的近因。

以上所述的中日战因，是与"九二三"战役有连带的关系，故要先说出来。现在所说的，即是"九二三"之役是从何产生。自卢沟桥事变发生后，敌即在我全国各地启衅，尤其对于经济中心之上海蓄意挑衅。它进攻上海的主要目的，为求在上海取得强固的军事经济地位，以便一方面巩固在东三省及华北既得的胜利，另一方面作为封锁我国沿海继续向中国全部长江流域进攻的准备。当"八一三"东战场的抗战序幕快要揭开前的三十六小时，我们集中首都待命的军舰，在陈部长领导之下，于夜色苍茫中向下游疾驶，这就是甲午战争以后我国海军对外的第一次动员。十小时后，江阴江面突现出我国军舰的雄姿，不久就执行着最高统帅的命令，封锁长江，保卫要塞，建立了那一道万里长江的锁钥——江阴封锁线。

日寇自从江阴封锁线在我海军手中树立之后，它欲利用优势的海军溯江而上，进犯首都，断绝我南北岸交通，迫我作城下之盟，实现它的速战速决的战略已不可能。同时它的海军又无勇气向我守卫江阴的舰队一决胜负。它以为我们空军有限，江阴的防空设备薄弱，于是完全采取了空攻策略，希图用最低廉的代价，最经济的时间，来一鼓消灭我们的舰队，以求打破我们的封锁线，这就是"九二三"战役所由发生的原因。

三、甲午与"九二三"战前之我国政治与外交

（一）甲午战前之我国政治与外交

在甲午战争以前，中国已经是三次对外战争失败后的国家。（鸦片战争、英

法联军之战和中法战争）中国已走上半殖民地的道路，不仅失去了藩属如越南、缅甸等，只余了一个朝鲜；并且本国经济上及政治上之独立及领土之完整，尚且不能自保。当时中国境内各民族，虽然就对内民族关系来说：当时满族是统治的压迫民族，汉族和其他少数民族是被统治的被压迫民族了；然而，就对外的民族关系来说：当时中国境内各民族都已变成半殖民地的被压迫民族。

太平天国革命本可推翻满清专制的封建的腐败的政治，但因在帝国主义直接压迫之下，遭受了严重的失败。因此，国内专制封建的势力，不仅没有被推翻，并且因革命的失败，国内政治益趋向于反动。所以当时中国的政治状况是落在新兴资本帝国主义的日本之后。

清末的政治舞台上，与日本问题发生关系的主要角色，同时又为"自强"运动的主动人物要算李鸿章。李鸿章的自强事业，具体说来，有以下诸种。关于军事的：练洋枪队洋炮队，设立兵工厂，办新式海军；关于交通而附带有军事和经济目的：设立造船厂，创办招商轮船局，筑电线，修铁路；关于经济的：开矿和办纱厂；关于教育的：办军事学校和方言馆，派学生出洋。以上的事业，有些是曾国藩和李鸿章共同主办的，有些是李鸿章一人办的，最初的动机是军事的，始终军事方面是偏重的，至于民主主义和民族主义，他是不曾认识过，所以他吸收机器，尤其是军事的机器，当作他的终身大事业和国家当时的急务。又因为他的智识和所处的环境，使他作事的动机大半是对外的，是要一反鸦片战争以后中外不平等的局势的。他救中国全盘的计划是以自强为体，外交为用。可惜自强功夫未到相当程度以前，他想用外交来弥缝，所以他一生的精力一半用在外交上。

李鸿章外交的主张，始终以为中国应以对日为中心，故在同治元年，日本方起始维新的时候，李氏就以为大可怕。然他的看法，以为日本之患尚急于西方诸国，西方诸国的向外发展不限于中国；中国以外尚有非洲、近东和中亚；日本要向外发展只能向中国，且西方诸国彼时所垂涎中国的土地，如俄于新疆，英于缅甸，法于越南，皆非根本重要之地。日本于朝鲜则不然：中韩唇齿相依，失朝鲜，则东三省难保，直隶、山东也受影响。所以在光绪初年筹议海防经费时候，他主张暂弃新疆，以便集中财力于海军，因左宗棠的反对，他的计划没有实行。光绪八、九、十年中法争越南的时候，他又主张中国不要积极，他的理由就是中国不能兼顾朝鲜与越南，不如失越南而保朝鲜。故李鸿章以保朝鲜为他的外交的中心，这并（是）毫无疑问的。

李氏又以为日本对中国的贪求无厌，中国是不能消极地拒之于千里之外，便可苟安了局。何况事实上，连如此消极办法，也不见得行得通。故当同治九年，日本要求与我订商约时，鸿章上奏，即有"日本近在肘腋，永为中土之患，……距中国近而西国远，笼络之或为我用，拒绝之则必为我仇"的话。如此一个外交中心政策之确立，关系是非常重大的：正如普法战后，德国为防法国之报复，而联络奥意，和巴黎和约后，法国为防德国之报复，而联络小协约诸国一样。可惜中国外交史上，能有以此远大见地的政策为根基而运用者太少。东西应付，劳而无成。"九一八"而后，情势始又复逼到我们不得不承认一个日本中心的外交政策了。

（二）"九二三"战前的我国政治与外交

自甲午战后，至于前次欧战结束之时，再经过华府会议之后，远东的形势转入了一个新阶段。日本在那时虽然在中国本土上已有了相当的政治和经济上的基础，但同时中国政治方面，亦已进展到推翻满清帝制的民族解放运动。因之日本的对华侵略手段不能不转变。在那时期中，日本侵略中国的策略，不仅是限于勾结中国封建势力和利用中国军阀的发动内战，更重要的目标，便是在尽量设法破坏中国民族革命运动的进展与破坏中国统一运动。在这种情形之下，日本的侵略势力，遂与中国的革命势力发生了直接的接触，因此就在一九三一年的"九一八"在我东北发动大规模的武力侵略，当时我国军队未曾抵抗，希冀事态不继续扩大，以致在军事上步步退让，把这件案子的解决，完全付托于国际联盟。

"九一八"以后，日本帝国主义者以更大的规模与更毒辣的手段，向中国进行其无理的压迫和侵略。这使得中国人民和将士到了无可忍受的地步，因而爆发了上海和长城的抗战，激起了全国各地的反日浪潮。然以当时中国方面因政治机构仍未臻完善，国内尚未至于完全统一，国联亦无以实力制裁的处置，因是对日外交，仍然抱着忍受屈辱的态度，使这些抗战的浪潮只换得了《淞沪协定》《塘沽协定》和《何梅协定》这一类的屈辱条件，民族的生存已临到了极度的危机。

然而，中国这种忍辱终究是有限度的。自一九三五年西南问题的和平解决，继之一九三六年划时代底西安事变的解决，使中国政治上跑上了和平统一的大道，进而各党各派的团结，全民族抗日统一战线的完成，终于发动了这次伟大的对日抗战。

蒋委员长自三中全会以来所发表的言论和谈话，都是表示他的图谋和平统一来团结人民力量的努力，抵抗暴日为民族求生存的决心。"八一三"以来，他更领导着全国军队和人民发动了神圣的民族解放的战争。我海军亦于"八一三"前夕奉命封锁江阴，担任我政治的、军事的、文化的中心首都南京的前卫。

在外交方面，于"九一八事变"后，我虽极力委曲求全，而中日关系，日益紧张，因之在卢沟桥事变前我之外交方针，即本于（领土主权及行政之完整绝不容许破坏）为交涉原则。抗战后，我政府经郑重考虑，昭告世界人士，和平已到绝望时期，牺牲已到最后关头，不得不策动全国人民作全面的抗战。二十七年四月临时全国代表大会通过抗战建国纲领，决定外交五大原则，大意是："本独立自主精神，联合世界上同情于我之国家与民族，为世界之和平与正义，共同奋斗，尽力维护国际和平机构及保障国际和平公约。联合一切反侵略势力，以制止敌人侵略，并否认敌人在我领土以武力造成一切伪政治组织与其行为，盖求增进世界各国现存友谊，以扩大对我同情。"综合言之，即"对内求自力，对外求共存"。自是以后，我国外交的政策均系秉此纲要进行了。

四、甲午与"九二三"战争的性质

（一）甲午中日战争的性质

我们既已知道甲午与因抗战而产生"九二三"战役的原因与当时我国政治与外交的状况，我们再来研究这两次战争的性质。

首先就是甲午战争的性质来说：在日本方面是进行了掠夺性的强占殖民地和争取中国海权的侵略战争，它在战前已吞并了琉球，后来又企图征服台湾及朝鲜。到了甲午战争，它作战的目的，不仅要把朝鲜变成自己的殖民地，并且，把台湾和辽东半岛变成了日本的殖民地，变作进攻东北、华北及华南之军事根据地。因此，当我国海陆军已退出朝鲜领土和领海以后，它还不停止战争，而继续向我旅顺及威海卫进攻。根据以上事实，因此，我们可以断定在甲午战争中，日本是进行了掠夺性的强占殖民地和争取中国海权的侵略战争。

在中国方面：中国不是资本主义的国家，不是同日本为重新分配殖民地而进行战争，而是由于中国经济的落后，满清政府的腐败不堪，海陆国防没有准备，引起了日本争夺我国黄海、渤海的控制权与渡洋向大陆发展的野心，引起了日本把朝鲜作进攻中国的桥梁。当时中国作战的目的，不是要保持朝鲜的存在，以威胁日本的独立和生存，中国主张是不干涉朝鲜内政和双方撤兵以保朝鲜为中日的缓冲区域。根据以上事实，我们认为，不能说中国也像日本进行了掠夺性的侵略战争。不过当时满清专制政府它的对外政策是出卖民族和国家利益，对内政策是排挤其他民族和压迫一切进步的民主力量。因此，当时中国还没有，也不能发动和开展像"九二三"以后所进行的真正革命的民族解放战争。

（二）"九二三"中日战争的性质

现在再就因抗战而产生"九二三"的战争性质来说：在日本方面，从甲午战胜我国之后，割去台湾、澎湖，灭了朝鲜；世界大战时候，出兵强占山东，提出二十一条约；"五三"占领济南；"九一八"侵占东三省；"一·二八"炮击上海；长城战争，夺取热河，以及成立"满洲伪国"、伪冀察政府、伪蒙古自治军政府、卢沟桥事变、"八一三"进攻上海，一直到了"九二三"之后，是它一贯的进行大陆侵略的政策，其最终目的即为占领中国的领土，控制中国的领海夷全部中国版图为日本的殖民地，把全部中国海为日本的内海。根据以上事实，我们认为自"八一三"以至"九二三"以后，日本所进行的战争，不过是继续了以前掠夺性的强占殖民地的侵略战争，与甲午对我战争的性质，毫无二致。因为在我国革命建国工作将告完成，海军建设正在进行的今日，它便也不得不对我施展出最狰狞的面目与手段，而做最后的困斗，以致造成这次更重要、更伟大的中日战争来。

在中国方面，对日抗战的性质，与甲午对日战争时的性质完全不同。我们只看从西安事变与国民党三中全会之后，中国革命的形势已进入一个新阶段。这个新阶段的任务就是停止内战，巩固全国和平，树立民治基础与实现对日抗战。

由于卢沟桥事变，日寇侵略中国新阶段的开始，中华民族更处在亡国的前面。由于"八一三"日寇突然向上海进攻，日本进攻全中国的战争，又大步的发展。国民政府于"八一四"发表宣言，于是全面抗战就开始了。由于海军当局，实行抗战的准备，为保卫我们首都南京，于"八一三"才完成举世闻名之"江阴封锁线"，而江阴要塞及较有战斗力之军舰，如"平海""宁海""逸仙""应瑞"等为第一线巩卫。自"八一三"以迄首都沦陷，敌舰均不敢窥我江阴，由水路以直逼我首都，因此我舰队之巩卫江阴，遂遭敌人之忌，而其海军又不敢上溯与我决战。日寇除非先灭我们舰队与破坏我封锁线，它欲进犯我首都与向我长江上游进攻是不可能的，故以其顽暴之空军，屡次轰炸我舰队，终于发生"九二三"我海军对敌空军的抗战。

因为中国的民族危机的紧急，使中国人民处在亡国灭种的大祸的前面，除了我们全体海军总动员参加抗战，尽量发挥我海军本身的力量，去进行坚决的反对日本帝国主义的英勇斗争外，别无其他方法可以挽救中华民族的危机。

根据以上事实，因此我们认为因"八一三"抗战而产生"九二三"的敌我空海大战，它的性质，是中国抗日民族的自卫战争，是为我中国被压迫民族的解放战争，是洗雪我甲午海军耻辱的战争，是为重新建设中国的海军的战争。

五、甲午与"九二三"战争敌我军力之比较

（一）甲午战争敌我的军力

日本自明治维新后，即致力于近代的海陆军的建设。由一八七三年就已开始征兵制，在战前已有数万常备军。至于海军在战前共有五十五艘，约共六万一千吨，但可参加作战者，仅有二十一艘，总吨数约五万七千余吨。而参加黄海主力战之敌舰，计十二艘，共三万九千四百八十七吨，即敌酋伊东统率之主力舰队："松岛"（旗舰）、"严岛"、"桥立"、"千代田"、"比睿"、"扶桑"、"赤城"；敌酋坪井指挥之第一游击队："吉野"（旗舰）、"浪速"、"高千穗"、"秋津洲"；敌酋桦山所乘之"西京丸"。其第二游击队："武藏""葛城""天龙""高雄""大和"以下诸舰，则不与此战。

在甲午战前，我国陆军约有八十万人，内分旗营、绿营、湘军及淮军四部分，训练、武备等在当时极落后，谈不上近代国防军的标准。至于海军在战前比于三次对外战争时不同，已建立起近代的海军。合计新旧大小各舰有八十艘，总吨数达十余万吨，计分闽、粤、南北洋四舰队。闽队自甲申败后，几全军覆没，后归并于南洋舰队。粤队系省舰，故当时海军实际上仅有南北洋两队，而南洋舰队，多系江南造船局及福州船政局所造，无战斗力可言。但实际参加作战者，仅北洋的舰队。北洋舰队共二十六艘，而颇有战斗力者，只"定远""镇远""来远""经远""致远""靖远""济远""扬威""超勇"九艘。当时南洋舰队遣来之军舰，有"广甲""广乙""广丙"三艘，系船政局自造的小炮舰。此外如"镇海""湄云""海镜""威远""平远""泰安""镇东""镇安""镇南""镇北""镇中""镇边"各舰，均陈旧不堪作战。而参加黄海主力战之舰队，除上述颇具有战斗力之九艘及南洋之"广甲"一艘，共计十艘外，至于"平远""广丙"及雷艇二艘，虽亦参战，但实力极为薄弱，故当时海军实力只有三万一千三百四十五吨，兹将甲午丰岛海战与黄海海战之中日两国海军实力比较表分列于下：

丰岛海战中日海军实力比较表

国别	舰名	排水量（吨）	速力（浬）	备炮	雷管	装甲	建造年
中国海军	济远	二，三五五	一二.五	八吋炮三门，六吋炮一门		无	光绪十年
	广乙	一，〇〇〇	一〇	四吋七炮三门，六斤火炮四门		无	光绪十六年
	操江	九五〇	九	一六斤钢炮二门，一三斤钢炮一门		无	同治八年
日本海军	吉野	四，一五〇	二三	六吋炮四门，四吋七炮八门，三磅炮二二门	五	钢板二吋	光绪十六年
	浪速	三，七〇〇	一五	十吋炮二门，六吋炮六门，六磅炮二门	四	钢板三吋	光绪十一年
	秋津洲	三，一五〇	一九	六吋炮四门，四吋七炮六门，三磅炮十门	四	钢板三吋	光绪十八年

黄海海战中日海军实力比较表

国别	舰名	排水量（吨）	速力（浬）	备炮	雷管	装甲	建造年
中国海军（总吨数三一三四五吨）	定远	七,四三〇	一二	十二吋炮四门，六吋炮二门	三	护甲一四吋，炮塔一八吋	光绪十一年
	镇远	七,四三〇	一二	同上	三	同上	同上
	来远	二,八五〇	一〇	八吋炮三门，六吋炮二门		护甲九.五吋，炮塔八吋	同上
	经远	二,八五〇	一〇	八吋炮二门，六吋炮二门		同上	同上
	济远	二,三五五	一二.五	八吋炮三门，六吋炮一门		无	光绪十年
	靖远	二,三〇〇	一四	八吋炮二炮三门，六吋炮二门		无	光绪十一年
	致远	二,三〇〇	一五	八吋炮三门，六吋炮二门		无	同上
	超勇	一,三五〇	六	十吋二炮二门，四吋七炮四门		无	光绪五年
	扬威	一,三五〇	六	同上		无	同上
	广甲	一,二九〇	一〇.五	四吋七炮三门		无	光绪十三年
日本海军（总吨数三九四八七吨）	吉野	四,一五〇	二三	六吋炮四门，四吋七炮八门，三磅炮二二门	五	钢板二吋	光绪十六年
	浪速	三,七〇〇	一五	十吋炮二门，六吋炮六门，六磅炮二门	四	钢板三吋	光绪十一年
	高千穗	三,七〇〇	一五	同上	四	同上	同上
	秋津洲	三,一五〇	一九	六吋炮四门，四吋七炮六门，三磅炮十门	四	钢板三吋	光绪十八年

425

（续表）

国别	舰名	排水量（吨）	速力（浬）	备炮	雷管	装甲	建造年
日本海军（总吨数三九四八七吨）	松岛	四,二七八	一五	十二吋八炮一门，四吋七炮十一门，六磅炮一门	六	护甲十二吋，钢板二吋	光绪十五年
	严岛	四,二七八	一五	同上	六	同上	同上
	桥立	四,二七八	一五	同上	六	同上	同上
	千代田	二,四五〇	一九	四吋七炮十门，三磅炮十四门	三	同上	光绪十六年
	比睿	二,二五〇	一三	六吋六炮三门，六吋炮六门	二	护甲四.五吋	光绪四年，光绪廿年改造
	扶桑	三,七一八	一三	九吋四炮四门，六吋炮十门		护甲七吋，炮塔九吋	光绪三年，光绪十九年改造
	赤城	六二三	一二	四吋七炮一门		钢	光绪十四年
	西京丸	四,一〇〇	一五	一二厘快炮一门		铁骨木皮	

敌军攻威海卫时，"赤城"与"西京丸"已代以"大和"与"八重山"。"大和"排水量一,七七八吨，速力一五浬，装六吋快炮四门，四吋七快炮几门，建于我光绪一四年。"八重山"一,六〇五吨，速力二〇浬，装四吋七快炮三门，机关炮六门，雷管二门，建于我光绪一五年。

依照上述，中日海军力的比较在数量来说，在战前我国海军与日本海军相差不远；就质量来说，则中国海军实落于日本。如我速力最高者一五浬，最低者为六浬，敌方速力最高者为二二浬，低者为一二浬，即敌方速力两倍于我，故得任意选择射程，控制我方舰队。我以速力低小，不易转变战阵，对敌争取优势。其次论攻击力方面，我方炮械均属旧式，而敌方则多新式快炮；至炮备之比量，我计五八门，敌方则有二一九门，相差一六一门。一般不明甲午战争真相，总以为我方射击技术恶劣，弹多虚发，若根据敌方文献，我射击命中率，实远超于敌方。至于我方的防御力，亦甚薄弱，仅有钢甲舰四艘，其余均系木质，或铁质没有护甲，且多逾龄之舰，质尤不佳，故中弹即易着火。敌方多系钢质新舰，故防御力较强。

自卢沟桥事变起，"九二三"之役的前后，我国抗战经过，可分两个时期：在第一期又分三个阶段，自抗战起至退出南京止为第一阶段，此后至徐州会战完结止为第二阶段，再至武汉会战完结止为第三阶段。在各阶段中，先后消耗敌军共七十万人。

当第一期抗战之际，即近在"九二三"之前后，敌军使用的陆军在第一阶段为二十五个师团，第二阶段增至二十九个师团，第三阶段又增至三十三个师团。当时每一度增兵，即加强一度攻势能力。迨转于第二期抗战以后，去今两年，各阶段中平均为三十五个师团，其总兵力均比武汉会战时为多，但其作战状况，则比"九二三"前后任何阶段为恶劣，由此可知，敌军的战斗实力，确已显著衰减，今后必日即于困顿崩溃之一途。

我国陆军在"九二三"抗战之前，全兵额不过二百万人，"九二三"之役以至现在，作战兵额则增至五百万人，而后方还有数百万正在训练的新兵，不但可永久以保持数量上的优势，而各部队的质量，亦概已提高，愈战愈强，敌人若以为握有优越兵种如优势空军及机械化部队等，即可战胜中国，是真不识中国军队的特长，及中国战场的特性，其结果必遭大败。

自"八一三"淞沪战事爆发后，日本即以其优势空军对我海陆军压迫，"九二三"之役，最为猛烈。当时敌空军的前线轰炸机有五百多架可同时应用于第一线，驱逐机有三百架，侦察及运输机有八十架，陆上攻击机有一百架，可以应用于中国战场。

至于日本的海上各种飞机约有一千架。其用于中国战场上的海军航空力量，共有航空母舰三艘，水上机母舰三艘，及特别海军航空队三队，指挥官为少野少将，设司令部于"神威"舰上。至于分配情形，以长江下游及沿海一带为主，计在长江口外的为"龙骧"号，配有重轰炸机四十架，又"凤翔"号配有重轰炸机三三架；在杭州湾方面为"苍龙"号，配有军用机四十架；在海州海面的为"千岁"号，配的水上机十六架；在广东海面的为"能登吕"号，配有轻轰炸机十二架，"神威"号配有轻轰炸机十六架；还有分布于粤海占据各小岛的，有海军航空队二队，一队配有远航的轰炸机二十四架，一队配有驱逐机十二架。至于第三航空队，则驻于上海敌机场内，配有远航的轰炸机二十四架。

中国的空军，在"九二三"之际，集合所有的飞机，尚不及敌方前线机三分之一，且机种不一，型式老旧。当时对于保有制空权的空中战斗，或对友军有利的地上攻击，均无把握可言。在性质上，数量上，站在中国战场上言，敌我空军实力为七比一，优势敌军故能活用其空军以适合其理想的战略。

敌空军既明知其优势，故以绝对的自由任意压迫我军为其一贯的手段，乃以轰炸消灭我军的作战能力，威胁我民族的抗战意识，以达其速战速决的目的。故其战略，首为歼灭我海军，其次我的空军，再其次为毁灭我方的作战要素与战斗潜力，终以歼灭并威胁我一切有形兵力而实施之。故"八一三"开始形成战争后，即继之屡次轰炸我舰队，而以"九二三"一日用七十架以上大编队，轮流轰炸我守卫江阴封锁线和捍卫我首都水上最前线的舰队最为残酷！

甲午战后，上自政府下至民众，对于海防的自信心，完全破灭，初因军事之挫败而妄自菲薄，以为"海不能防"，因此在这长期时期中养成了全国上下漠视海军的心理，对于国防需要的海军与敌国海军的政策都不了解。民国以后，内乱不止，政客、军阀更从中破坏海军的统一，建设海军更无希望，仅能保持积弱的力量。北伐告成，国民政府成立，始有复兴海军之议，然以国家多难，海军建设，经费毫无，更因缓不济急，而集全力于陆军之整建，空军之创造，而海军仅存的力量，在抗战之前，反不如甲午战的实力。至于敌国的海军力则远胜于甲午战时，约超过二十倍强。民国二十六年夏间，正图自卫海军的建造，而"七七"卢沟桥事变突然发生，日寇挟其优势军力，先于华北发动战事，继而"八一三"进攻淞沪，我海军亦奋起而抗战，因此海军建设的计划遂搁置未行。兹将"九二三"战前敌我海军实力比较如左：

国别＼舰种	战斗舰	航空母舰	巡洋舰	驱逐舰	炮舰	潜水艇	鱼雷艇	特务舰	备考
中国	无	无	六	一	二一	无	四	二一	共五三艘，四〇六三六吨
日本	一〇	一一	三七	一九〇	一〇	六二	一二	五一	共三〇二艘，一二七四四一七吨

敌我舰队的势力相差很远，敌国的海军力若论它的吨数约三十一倍强于我，而我的舰队多半是逾龄旧舰，仅能作填塞封锁之用，而无战斗能力。表

中所列巡洋舰系轻巡洋舰，只"平海""宁海""逸仙"等堪以作战；驱逐舰惟"建康"一艘只有三百九十吨，已逾舰龄。至于炮舰最大的不过一千吨，最小的只有三四百吨，平时仅为抚缉巡防海岸内河之用，自不能作战。鱼雷艇四艘各九十六吨，民国前五年所造，都是逾龄不堪一用。实际上全军的舰队堪与敌作战的，仅有"平海""宁海""应瑞""逸仙"四艘，共九千〇六十三吨，还比不上日寇一艘万吨巡洋舰。就是说敌国海军的实力已有我一百四十五倍强，以这样不及万吨的海军力，自然是被敌人轻视了。

六、甲午与"九二三"战争的发展过程

（一）甲午之战

甲午战争整个发展的过程总共不到一年，可分两个作战时期：（一八九四年七月至九月）第一期作战在朝鲜领土内及海内。我国陆军有成欢与平壤两个较大的战役，我国海军则有七月二十五日牙山港附近丰岛的海战与九月十七日在鸭绿江口外黄海的海战。第二期作战在我国领土及领海以内（一八九四年九月至一八九五年四月），我国陆军有奉东战役和辽东战役，我国海军则有保卫旅顺和保卫威海卫两次的战役。本篇注意叙述当时我国海军的抗战，对于陆军作战仅附带说明而已。

丰岛的海战

当中日关系紧张，两国尚未正式宣战以前，在朝鲜陆军实已开火，而清廷尚存恋和之心，不欲舰队出港先发制人争取主动的地位。当时海战场所，原在威海卫东方洋面和鸭绿江一带，而李鸿章却令主力舰队巡弋于海洋岛，仅留小舰艇守于刘公岛，使日舰得先控制了黄海而立于主动的地位，故未待海战发生，中国海军在战略上实已处于劣势的境地。况且一误于满清政府之无意备战决战，再误于李鸿章之不识战略，延误戎机，当时军政军令海军均无自主之权，故虽勇敢作战，壮烈牺牲，终亦无法挽救危局。

当日军占据韩宫之日，丰岛事件未发生之前，李鸿章为着援助在朝鲜牙山中国驻军叶志超部，七月二十一日乃派"济远"舰长方伯谦带"济远""威远""广乙"三舰，护送"爱仁""飞鲸"运兵往牙山，并往大同江一带巡弋。二十二日出发，二十三日抵牙山，二十四日起卸兵勇、军装、马匹、粮食等，

二十五日拂晓，"济远""广乙"因为迎接运送船而出航，至于丰岛遇见日舰"吉野"（旗舰）、"浪速"及"秋津洲"三舰，因此，发生了遭遇战。日方先开炮，击中了中国旗舰"济远"号，死十三人，受伤四十余人；日方"浪速"亦受伤，后来"济远"以舰首炮被毁，前炮台积尸已满，惟船尾炮尚能转动，乃伪悬白旗诱敌，待"吉野"逼近，突发尾炮中其望台，歼其员兵二十七人，敌舰受诱中弹而退，"济远"亦以舵机受伤，开回威海卫。

两国海军正在海战时，在西南方忽见烟起，我国军舰"操江"号护送怡和商船"高升"又至，"高升"载华军九百五十人，日舰"秋津洲""浪速"在后尾追。中日海军再战的结果，"操江"被掳于"秋津洲"，"高升"号被击沉于"浪速"，由英法德三国军舰救出中国员兵二五二人，其余三分之二以上的员兵都壮烈牺牲了。"广乙"虽小，仍乘间以鱼雷袭击，向敌舰冲突，不幸中敌受创，搁浅于十八岛（加哇林湾朝鲜西岸）被毁于"浪速"鱼雷。在中日尚未正式宣战以前，"高升"运兵船即被击沉，既使牙山驻军处于孤军无援的苦境，又在战争之初，在精神上即与我国海陆军以打击。

这次中国海军初次与敌接触，我方三舰，以"济远"为主力舰，"广乙"次之，至于"操江"则为同治年间本国自制旧式的木船，无力应战，敌方三舰，全为钢甲新舰，既有新式快炮，复有高度速率，此次作战，实际上与敌周旋者，仅"济远"一艘，两方战斗实力造成三与一之比。倘非方伯谦能够临机应变，力攻智诱，则"济远"非被掳即为敌舰击沉。

当"济远"没有出发之先，原议三舰同行，再由海军提督丁汝昌率大队策应，丁已电告行期，并称遇敌必战，但李鸿章犹日望欧美干涉，和平了事，不欲开战，覆电缓行。当时如有大队策应，既可掩护"高升"，复可救援"济远"，则丰岛之战，日舰必败无疑。

黄海的海战

丰岛海战后，在朝鲜海的海权，完全为日本所有，敌海军屡欲诱我出威海卫一战，而不能得。敌舰队司令长官伊东佑亨，决于九月十五日自鸭绿江口大东沟一带起，出发游弋，如不能遇见中国舰队，即径令入渤海湾，期必乘衅一战。

当中国海军受挫于丰岛，同时在牙山的华军，在成欢驿又吃了败战，退守平壤，九月十五日日军又占平壤，原来清廷以在朝鲜陆军求援急迫，十四日由李鸿章派招商局"新裕""图南""镇东""利运"及"海定"五船，载铭军八营，由大沽赴大东沟增援，以军舰六艘、雷艇四艘护送。十五日过大连，又命丁汝昌率主力舰队偕行。十六日抵大东沟，"镇中""镇南"及雷艇四艘护送兵船入口，"平远""广丙"在口外下锚，"定远"（旗舰）、"镇远"、"经远"、"来远"、"济远"、"致远"、"靖远"、"广甲"、"超勇"、"扬威"十舰在口外十二浬下碇。"定远"为司令舰，丁汝昌及德员汉纳根、英员泰来、管带刘步蟾均在其上。九月十七日晨，我国舰队，准备午刻起碇，驶回大连、旅顺。十时，舰集鹿岛附近，见日舰十二艘自西南向西北行驶，向中国海军来攻。日舰"吉野"（旗舰）、"高千穗"、"秋津洲"、"浪速"为游击队当先锋；以"松岛"（旗舰）、"严岛"、"千代田"、"桥立"、"扶桑"、"比睿"、"赤城"、"西京丸"为主力队，随游击队之后，两队皆成单鱼贯阵迎面而来。我方舰队列成两翼单雁行阵，以"扬威""超勇""靖远"为右翼，"济远""广甲""致远"为左翼，"来远""镇远""定远""经远"为中军，鼓浪迎敌。相距六千码，"定远"首先开炮，各舰继之。于是两方开始接触，时为午后〇时十分。

下午一时十分，战事转入第二局。敌舰向我正面驶过，距离已缩短约三千码，敌舰陆续转左八点。当时敌阵颇有被我冲断模样，惟以我方舰队速力过差，未及变换阵形，与敌以重大打击。反因敌舰变换方向，使我各舰自相掩蔽目标，仅左翼各舰炮火尚能集中敌尾数舰。"扶桑""赤城"均受重创，"比睿"惧为我舰所撞，仓皇误转方向，迎面驶来，因亦受创甚重。"西京丸"忙中乱窜，藉其高速，尚获安然冲过，当时我军颇占优势。

下午一时三十分，"平远""广丙"率两鱼雷艇，从北驶来，加入作战。敌游击队忽转向，来攻"平远"一队，其地位为其主力队后四舰所蔽，不能向我大队攻击。但我军碍于速力，不能乘机集中向敌主力队炮击。而敌游击队与我"平远"稍稍接触，即以高速向右作十六点之锐转，反趋我队之前。敌主力队则转左十六点，绕我队之后。平广等原拟蹑踪其主力队，以分解其力，无如速度不及，炮火不济，无力作战。而我主力队遂处被包围形势，敌乃用旋击法对我猛攻，"致远"为敌前锋队十时炮弹所中，舰长邓世昌毅然命令鼓轮向敌舰冲锋，嗣为敌方鱼雷中伤要害，遂即沉没。邓舰长及大副陈金揆以次员兵三百五十人均以身殉舰，其中德籍轮机官柏弗斯亦在内。

"经远"随"致远"驶出，舰长林永升，奋勇督战，遥见"浪速"中我八时炮弹，弹从水线上穿入煤舱，船身已倾，乃鼓轮前进，欲击沉之，敌前锋队余舰遂向之环攻，"经远"船身破碎，林永升舰长中弹脑裂。大副陈策、李连芬，二副韩锦、陈京莹，枪炮官陈思照暨全体员兵二百七十人均阵亡。

"济远"中弹颇多，舵机损坏，不能旋转，大炮发弹过多，炮盘受热熔蚀，且被敌舰截在阵外，其舰长方伯谦，从在舰之德籍官员之议，认难继续作战，先行驶回旅顺。二副杨建浴、学生王宗墀阵亡，舰员计死七人，伤十余人。后方伯谦被控临阵逃走，因而伏法。第照实在情形，其罪未至临阵逃走，然以我海军当时军令森严，各舰长有进无退，即虽方伯谦一时处理失当，亦难免身受国法。

"广甲"原与"济远"同时被敌圈出阵外，"济远"一去，势实孤单，随"济远"回驶，因船机告坏，在大连湾附近之三山岛，触礁沉没。

我军左翼遂而分解，右翼方面，在战斗之初，"超勇""扬威"二舰，均中弹发火，全部焚毁，"超勇"舰长黄建勋、"扬威"舰长林履中落水，或抛长绳援之，推不就，遂与舰及舰员同亡。

"来远"受弹累百，船尾发火，延及小弹子舱，烟火四射，机舱热度达二百度，而人员尚能开机动作，故外人深叹在此情形而能工作者惟中国人。大副张哲荣、枪炮官谢葆璋等，策励士兵救火，渐熄复归队作战，结果员兵死者计十余人。

盖敌人计划先去我左右翼，然后集中对付我中军。下午五时三十分，敌见我左右受创殆尽，乃改用夹击法，攻我中军。"定远"为我海军提督丁汝昌之旗舰，故为敌方所注意。丁汝昌亲立望台指挥，发炮时，因坐台适在炮位之上，为炮力震塌，丁汝昌左足夹于铁木之中，受伤不能行，衣服被烧，眩晕垂绝，由水兵扶掖下舱医治，敌弹忽至，毙扶者；又一弹中桅，桅折，在桅盘司瞭望之官员史寿箴等七人下坠。英员戴乐尔在炮位督放，为洪声所震，耳聋。德员哈卜门受伤下舱医治，英员尼格路士继之助战，并在舰首竭力救火，中弹阵亡。

丁督既受伤不能督战，管带刘步蟾、副管带李鼎新乃代为指挥。枪炮官沈寿堃、徐振鹏督战尤勇，炮击敌"松岛"旗舰，其舱面各炮尽毁，药舱爆炸，死伤百余人，离队百余人，敌总司令伊东急改乘"桥立"，复为我炮弹所中，惜未爆炸。"千代田"亦为我十二吋炮击伤，创近水线，设稍低尺许，则当毁沉。"严岛"亦受创，雷舱机房均被毁，惜各弹均未爆发。"定远"死伤员兵十七人。

"镇远"管带林泰曾，立于舰桥自若，一意护着"定远"继续奋斗。副官带杨用霖、枪炮官曹嘉祥、美员马吉芬，忠勇奋发，开炮极多，其巧发一弹命中日舰"松岛"，爆裂，破坏其大部舰炮，各员兵救火亦极迅速。计发六吋炮弹一四八颗，小炮弹发放尽罄。舱面受伤极重，三副池兆滨中弹阵亡，血肉飞坠。大副何品璋，血被全身，督战不动。员兵死伤者，计十五人。

"靖远"随军酣战，中弹数十处，前后三次发火，幸均扑灭，死员兵五人。适"定远"旗舰桅折，不能发号施令，全队罔知所措，帮带刘冠雄，请从权措置，以应机宜。于是管带叶祖珪乃悬旗督率余舰，变阵绕攻敌舰，并令港内诸舰出口助战。

日舰受伤亦重，见围攻我"定远"不下，而"来远""靖远"又修竣归队，阵势散而复聚，雷艇亦加入作战。其时敌方弹已殆尽，且天候向晚，惧我雷艇暗袭，不敢恋战，即向西南飞驶而遁。我军以速力不及，不能尾追，遂收队回旅顺，黄海一场恶战就此结束，时已下午六时二十分。

双方海战的结果，计我方损失"致远""经远""超勇""扬威"等四舰。重伤不能作战者，"济远"一艘；触礁沉没者，"广甲"一艘。"定远""镇远""来远""靖远"虽仍能作战，伤颇不轻，计"定远"中三百弹，"镇远"中四百弹，"来远"中百余弹，"靖远"中数十弹。我方人员，除与舰俱亡外，死员兵三十六人，伤八十八人。

敌旗舰"松岛"中我十二吋炮弹，十吋二炮弹及十吋炮弹各一枚。伤其雷舱、药舱、机舱及炮械，毙其员兵三十五人伤七十六人。

"千代田"中十二吋炮弹一枚，"浪速"中八吋二炮弹一枚伤其煤舱。"严岛"中弹多枚，伤其雷舱、机舱。"桥立"中六吋炮弹一枚，"比睿"中十二吋炮弹一枚，小炮弹无数，舰几碎毁，毙其军医官及员兵多人。"西京丸"中十二吋炮弹五枚、四吋七炮弹七枚，毁其餐室、舵机，伤其员兵十二人。"赤城"中十二吋炮弹一枚，毁其驾驶台，毙其舰长，并伤副长以下多人；六吋炮

二枚，伤其炮台及舱面，机间气管、弹药起重机亦为我所毁。"扶桑"中我六
吋炮弹多枚。

我们检讨这次海战致败的原因，虽不只一端，而我方多系逾龄之舰，既无
坚固的护甲，又无新式的快炮，且速率远逊敌舰，实为重大的原因。第一期两
次海战的结果，北洋舰队的精华，几丧失殆尽，特别是"九一七"鸭绿江口的
海战，为最凄惨壮烈的一天，实为今日在抗战中我海军将士们和每个爱国同胞
不能忘了的日子。

参与黄海海战之我国指挥官

舰名	职名	官名	人员
	北洋水师提督		丁汝昌
定远	管带	总兵（少将）	刘步蟾
镇远	同上	总兵（少将）	林泰曾
经远	同上	副将（上校）	林永升
来远	同上	副将（上校）	邱宝仁
致远	同上	副将（上校）	邓世昌
靖远	同上	副将（上校）	叶祖珪
济远	同上	副将（上校）	方伯谦
平远	同上	都司（上尉）	李和
超勇	同上	参将（中校）	黄建勋
扬威	同上	参将（中校）	林履中
广甲	同上	守备（中尉）	吴敬荣
广丙	同上	游击（少校）	林国祥
福龙	同上	都司（上尉）	蔡廷幹
左队一号	同上		未详
右队一号	同上	守备（中尉）	李仕元

保卫旅顺之战

我国海军自大东沟战后，一部分军舰回威海卫，另一部分军舰则由丁汝昌
带回旅顺修理，以备再战。

旅顺军港号称天险，已有相当的建筑，港口满布水雷，各炮台计有大炮一百五十尊，均经十余年经营，费数千万金。战事起后，复多所修整。旅顺与威海卫，扼守渤海南北，其关系京畿守卫至大。

当日本海军退回朝鲜，预备再战，它的陆军则渡过鸭绿江。辽东守将宋庆屡战皆败。九连城、安东、宽甸、凤凰城、岫岩依次失陷，宋庆只好退守摩天岭。当时敌之海军见我旅顺口海面守卫之严，不敢从海口进犯，乃改变它的战略，不走正面，而以陆军自貔子窝登陆，先陷金州及大连，从后面来包围旅顺。日军于一八九四年十一月二十二日攻下旅顺。在日军入旅顺前，丁汝昌和旅顺炮台统领龚照玙商议：以旅顺险要，且为海军根据地，必得有力军队坚守后路，而后炮台可保，舰队进战退守乃有所据，应请陆营驻扎金州，以备拒敌。龚照玙等对此提议，相顾惊愕，莫敢发言。丁再建议：自守后路，请其守卫炮台，亦游移不决。最后议与共守旅顺，不分畛域亦可，并以情况电李鸿章。到日军在貔子窝登陆时，龚照玙已逃烟台，其余陆军将领均早已弃大连而逃之夭夭了。于是旅顺港防遂空，李鸿章知旅顺已成绝地，必难保守，乃急令丁率舰队回防威海卫。

敌军入旅顺之次日，大举屠杀市民，无分妇女儿童，除留三十六人掩埋尸首外，其余无一幸免，当时世界舆论，斥敌为野兽。第三者的义愤可感，我们自身斑斑殷红的血债尤永不能忘！

保卫威海卫之战

日本陆军既占我辽东，又攻下旅顺，乃在辽东改取守势，而集中海陆军，夹攻我威海卫，以求夺取渤海南北门户，完全在其控制之下，海军得以自由纵横渤海，进袭大沽，掩护陆军，以进行从关外而内及自山东而北上，攻我京师北京。李鸿章先见及此，即主增防山东，奈清廷不听，防备竟疏，深觉可惜！

威海卫北岸有北山嘴、祭祀台、黄泥岩[1]各炮台；南岸有龙庙嘴、鹿角嘴、赵北嘴[2]各炮台，统归戴宗骞所部；西南岸各炮台又归刘超佩分管。威海卫正面有刘公岛及日岛为屏障，刘公岛东有一座炮台，西北有一座暗炮台；岛

---

〔1〕亦称黄泥沟。
〔2〕亦称皂埠嘴。

西之黄岛有一座炮台，岛南之日岛又有一座暗炮台属于张文宣管辖。刘公岛的东西两口均密布水雷，而东口更以横木为栏，浮布于雷区之后，以为障碍。至于后路，则东西两岸均可通到内地。这是威海卫的形势与其防御工事的大概。

日军攻威海卫是采声西击东的战略，于一八九五年一月十八日，以兵舰三艘佯攻威海卫之西方重镇登州。华军竟以全力注意于西北，日本却以主力攻下威海卫之东方重镇荣成湾，于二十日在落凤港登陆，荣成失守。二十三日又在离威海卫东一百里之成山头登陆，日军自背面来攻威海卫，正面却只有日舰二十五艘，在港外包围封锁。当时丁汝昌曾主张在危急情形之下，而放弃南岸各炮台时，应实行破坏的工作，守将戴宗骞不允；又拟将龙庙嘴、鹿角嘴两座炮台的炮闩卸去，免留资敌，戴亦不以为然，反密电李鸿章，谓丁汝昌有通敌的嫌疑，真是愚蠢到极点。此时丁汝昌只得派雷艇装载敢死队在台前严备敌人的来攻。

当时，日酋伊东致书丁汝昌，劝他以全军舰船权降，以图他日回国报恩，丁不为动，将其来书寄与李鸿章，以表其诚心。

一月二十六日，日军由南岸水陆并进，直逼威海卫之西，我陆军已先期退却，海军遂不得不兼护炮台了。丁汝昌急令"靖远"率两炮舰并雷艇向敌迎击，又调水兵六百名随后策应，日军始退。三十日，日军又由南岸抄出，先得龙庙嘴炮台，鹿角嘴、赵北嘴两炮台，由我海军派王登云率敢死队前往焚毁，于是南岸各炮台尽入敌手。戴宗骞知炮台资敌罪不在赦，愧悔自尽。三十一日，北岸各炮台的守兵，见南台之失，亦皆逃散。时丁汝昌尚率舰守港内，知威海卫情况已危急万分，又虑北炮台一旦落于敌手，全军必至覆没。乃于二月一日，轰毁北岸炮械及弹药库，免失于敌手，至是威海卫陆路完全陷落。

日军既占据了龙庙嘴炮台，遂合其海陆军，夹击刘公岛及我舰队，我海军乃渡海敢死队，袭击各炮台敌军，击死敌兵十余人，并夺两日旗回来，敌锋稍敛。

二月二日起，连日敌以军舰二十余艘，合南岸炮台，并力攻我刘公岛舰队与炮台。当时我方在港舰队，计有："定远""镇远""来远""济远""靖远""威远""平远"七艘，"海镜""湄云""泰安"及"镇"字等炮舰九艘，雷艇五艘，大小共二十一艘。敌方主力队，计有巨型巡洋舰"松岛"（旗舰）、"严岛"、"桥立"、"千代田"四艘；第一游击队为"吉野""浪速""高千穗""秋津洲"四艘；第二游击队为"扶桑"等四艘；第三游击队为小型巡洋舰五艘；第四游击队为"赤城"等五艘；第一鱼雷艇队六艘；第三鱼雷艇队四艘，并有武装运舰四艘。

四日至五日夜，敌以鱼雷艇数艘，企图破坏日岛附近的封锁线，以第一鱼雷艇队佯攻西口，对东口则以第二、第三两队进袭。其二艇入口搁浅，其余八艇风雪黑暗之夜，冲入港口。一艇因避我炮火搁浅，二艇互撞受伤退离，三艇放雷未中即仓皇退出，其余二艇放雷中我"定远"舰，"定远"伤重，尚能驶搁浅沙充水上炮台继续作战。然我方亦击沉敌艇一艘，并掳其一艘。计此役敌方死伤数十人，我方无死伤。"定远"沉没后，丁汝昌移驻"靖远"为旗舰。

五日至六日夜，敌以第一艇队分路来袭，不幸我"来远""威远"及"湄云"三舰中雷沉没。六日上午，敌以鱼雷艇守西口，其舰队则会合两岸炮台向我刘公岛、日岛及舰队进攻。我军奋勇进击，敌舰"松岛""严岛""秋津洲"均中弹重伤。当时我鱼雷艇队从西口冲出，拟抄袭敌舰后路，不幸为敌所觉，被其追击，结果我方雷艇或沉或毁或搁浅，得突围者仅两艘。当时日岛炮台亦为敌所毁，东口遂失重要的保障了。

当时威海卫已十分危急，军心散乱，适有绥巩军教习德员瑞乃尔，进见丁汝昌，劝其让敌，以保生灵，丁拒绝不许，谓："非计穷援绝，必以死守至船没人尽而后已。"

八日上午，敌复以第一、二、三游击队，配合南岸炮台，向我舰队集中射击，我亦与以还弹，不幸"靖远"中弹沉没，丁汝昌经人抢救上岸，大呼"天使我不得阵亡。"九日晨，敌酋伊东命第三游击队与南岸炮台同时向刘公岛东炮台攻击，又派"吉野"率第二游击队向我舰队攻击，我舰队奋勇应战，敌人受创极重。第三舰队中，有一舰的望台为我所毁，毙死其舰长及舰员四人，伤其轮机员等五人。一舰亦受重创，各炮尽毁，毙其舰长以下数人，南炮台亦为我所毁。这次我海军以孤军奋勇抗战，已令敌望风折服，然此为最后一战，忠勇的中国海军已弹尽力竭了。

依二月五日的战况，威海卫保卫战实已绝望，我海军所以不欲弃守者，最后还希望力守待援。当时清廷方命山东巡抚李秉衡克日来援，丁汝昌以援兵不日可到，水陆夹攻，当可解危。十一日，敌以陆海军夹击，刘公岛内陆军溃乱不可制止。十二日得烟台密报，知李秉衡不援威海卫，已走莱州，援兵亦无望，时海军仅守刘公岛，军需渐尽；岸上陆军已失威海，而援兵又绝，军民更乱。丁汝昌见粮尽援绝，乃作书给李鸿章："谓始意舰沉人尽而后已，奈众心愤乱，无可如何！"又望阙叩头告力尽，慷慨仰药，十二日天未明即死，我国丧失了一员勇将。"定远"管带北洋海军左翼[1]总兵刘步蟾吞金自尽；"镇远"管带护理北洋海军右翼[2]总兵杨用霖口衔手枪自杀，守台的护军统领副将张文宣亦同时殉难。此时军民闻丁已死，聚集于水陆营务处，环请总办牛昶昞用德员前策，借用丁汝昌名义，致书敌酋伊东，以威海卫一带军需品让与，以保生灵。威海卫遂于一八九五年二月十二日陷于敌手，于是清廷经营了二十年的北洋海军就此完全为抗日战争而作壮烈牺牲了。我国黄海、渤海的海权也从此被日本帝国主义侵夺，不要说当时抗日的海军将士们的奋勇抗战与壮烈牺牲，至今追想这一战的痛史，痛定思痛，还有余痛呢！

日寇既占旅顺、威海卫之后，声言北犯，同时又分兵占我渤海各处，且想割据台湾，清廷到此，只得忍辱求和，先派张荫桓议和，敌人不纳，乃派李鸿章，与伊藤博文会议于马关。中国除承认朝鲜为独立国外，又割让辽东半岛、台湾及澎湖群岛，赔军费二万万两。唯是这《马关条约》的割让辽东半岛，却和帝俄的利害发生了冲突，是要阻碍帝俄由海参崴向太平洋南下的政策。因此它就联合德法强迫日本还我辽东，中国再增赔款三千万，这是甲午战争最后的结果（一八九五年十一月八日）。

（二）"九二三"之役

我们已经研究了甲午战争整个的过程，现在再来研究这次中日战争中的"九二三"江阴江面的敌我海空大战。甲午之役是我国海陆军与敌方海陆军作战，这一次战役可是不同了，单是以我弱小的海军与优势的敌空军剧战。也是中国有海军以来对帝国主义侵略的国家作第三次的抗战，又是甲午战后我海军对日寇首次的抗战。而"九二三"战役，不过是这一次中日战争中我海军对日抗战的开端，又是我海军在抗战许多战役最壮烈的一天，对于中国整个长期抗

---

〔1〕应为"右翼"。

〔2〕应为"左翼"。

战中有很大的关系，同时对于中国海军整建前途更有很大的影响。因此，我们将把这一次战役的经过，作简单的报导，至其详细情况，则不再文下。

我海军在战前的实力虽极薄弱，对日寇虽处于极不利的地位，然敌忾之心未偿稍懈。从抗战开始到了现在，竭其人力物力，以保卫长江和势力所及的沿海海岸。而长江保卫战的战绩、战果，均出一般意料之外，敌舰队不能溯江锐进，与其陆军协同实施其迂回的战略，不能不归功于"九二三"前后海军英勇抗战的结果。

我海军因实力有限，在抗战初期，只能作守势的防御，抱实干苦干硬干的宗旨，以长江为活动的范围，基于精神战胜物资（质）的革命观点，致力于抗战的伟业，于自省自立之后，以期能于经验中辟将来作战所循的新途径，促日寇的早日崩溃。"九二三"之役就是首次实行我们海军的抗战政策，与发扬我们以精神战胜物质的战斗意志。

"九二三"之前的"八一三"淞沪保卫战，已表现海军将士的心血与精神。同时我海军于"八一三"前夕，为保卫首都的部署，乃以逾龄旧舰和征用的商船、民船，作紧急封锁，沉于江阴窄狭江面，而以江阴要塞及较有力的军舰，如"平海""宁海""逸仙""应瑞"等舰，为第一线巩卫，于"八一三"完成此举世闻名的"江阴封锁线"。自"八一三"以迄首都沦陷，敌舰均不敢窥我江阴，由水路而直逼我首都。因此，我舰队之巩卫江阴，遂遭敌人之忌，而其海军又不敢上溯长江与我海军决战，遂又以其顽暴的空军，屡次轰炸我舰队。而"九二三"那一天，约用七十架以上的大编队轮流猛炸我"平海""宁海"两舰，因弹竭，装甲薄弱，致被炸舰底破裂，舰体渗漏，无坞修理，以至沉没。其他各舰，亦受损，且大部无从修理，而失却战斗力。这一场恶战的结果敌人至少有五架的飞机被击落，九架的飞机被击伤，另外还消耗了一百颗以上的重量炸弹。而我们经过这一次的忠勇血战，除官兵略有伤亡之外，而江阴封锁线仍屹立不动。在舰上的炮械均设法卸移岸上改编为炮队，协助陆军作战，或保卫江岸，继续发挥威力，以结束这一幕光荣的战绩。

这最后的"九二三"江阴战役，以我们合计不到一万吨的老旧脆弱的军舰，抗拒暴敌七十余架的空军大队，在世界海空大战史上实开创空前未有的记录，尤其是在战略上或战术上，此役的战绩，无疑的应占了海军光荣抗战史的第一页。

这短短四十天的江阴防守战，就协同陆军的意义上说，我们曾消弭了敌人利用优势海军溯江上犯首都的野心，曾阻遏了东战场作战部队的侧面威胁，因而粉碎了敌人速战速决的企图，达到了初期消耗战的最高目的。就海军本身说，由于大小各役尝试的成功，和铁血的教训，全体官兵们更加振发了同仇敌忾的精神，坚定了抗战必胜的信念。

"九二三"以后，我们整个海军的工作是随着抗战的局面一天天的展开，我们海军军人却不断地在挥写着忠勇杀敌的抗战史实，并不限于"九二三"的江阴防守战。"九二三"战前我国领海是被封锁了，"九二三"后，我们的主力舰是被毁灭了，然而这并不能决定了我们海军的最后命运。

当"九二三"战前我们舰队守卫江阴，因为敌舰不敢进犯，遂定一计划，欲由封锁线辟一航道，遣我国最新锐的"平海""宁海"及"逸仙"三舰，乘夜以灭灯航行冲往长江口，袭击敌舰，以消耗敌舰队力量。这种计划虽经海军最高当局审定，方定于"九二二"执行这个任务，惟敌机于那一天已先来轰炸我们舰队，"平""宁"两舰受伤，计划遂延期执行。孰意"九二三"那一天，敌机大编队袭击，而"平""宁"两舰不幸被炸沉没，这个计划遂成为理想了。

"九二三"战役，海军仍照既定抗战的原则，继续其杀敌致果，防御大江的任务。初期的封锁策略，既有成就。至于第二期为配合全面的军事行动起见，亦由被动转而争取主动，一方虽以相当军力防敌海军攻我战都，一方则以机动兵力于敌后活跃，这是"九二三"以后从而发扬海军的攻击精神。

今日抗战转入反攻阶段，我海军的任务，其重要及其艰难程度，更千百倍于"九二三"之时，我们应配合抗战的需求，从事于反攻的准备，虽以受制于物质与器材的缺乏，然恃其力行的决心，革命的勇气，旺盛的攻击精神，执行既定的封锁政策，与担任江防外，更需配合陆上游击队，加紧施行敌后水上交通的破坏战。最近布雷游击队组织的加强与其成绩的表现，可知现在我国的海军已逐步脱离守势防御的范畴，而转采攻势的动作，这是"九二三"以后抗战期中海军的一大转捩。

现在总反攻的前夕，各部军事行动告已部署就绪，而海军于此期中，实有极重大的责任。

敌人由海上侵入，我们必须击之出我国的领江、领海，中国幅员广大，海岸线曲长，没有绝大海军实不足以言国防，故于抗战建国期中，亟应力图补救，亡羊补牢，犹未为晚！

七、结论

（一）甲午失败的原因与其影响

甲午战争致败的原因，有客观的和主观的两种原因。就当时历史的客观条件来说：敌是新起的资本帝国主义的强国，我是半殖民地的封建的落后的弱国。因为中国在闭关时代为农业自给经济的国家，在民族经济的组织里面，并没有含有向外侵略的质素，同时国民经济的客观条件，也无一足以支持强大的海军军备之产生。只要打开李鸿章的私人函牍，我们便可以看出当时建设海军的一种张罗应急的神情。中国海军之产生，在其过程中早就种下先天不足的虚弱之源了。中法战争的结束，闽队几全歼灭，朝野悚栗之余，反而种下"海军不足恃"的一个牢不可破的观念。然而，我国之所以失败，除了客观原因外，还有主观的原因，有如下述：

第一，当时我国的政府是腐败的黑暗的满清专制政府，一般居在要位的士大夫阶级，不明列强形势，倭寇野心，对于海军建设，屡加阻挠。如一八七二年（同治十一年）内阁学士米晋疏称："制造轮船，糜费多而成船少，请饬暂行停止。"经沈葆桢、李鸿章复奏："力陈当日船政缔造艰难，揆以列强形势，造船培才，万不可缓。"得旨从之。（一八七八年光绪四年）沈葆桢奏定各省协款，每年解南北洋各二百万两，专储为筹办海军之用，须计在十年内成立南洋、北洋、粤洋三大舰队。沈李两公，还恐缓不及事，请以四百万两尽解北洋，等待北洋成军后，再解南洋。于是筹议多购碰快船、铁甲舰及各种蚊子炮船，以期编练。不幸清廷不识世界大势，惑于群小的话，竟改变当初的计划，提海军筹定之款，以济晋省的饥荒。沈葆桢致书李鸿章力争，谓："国家安危所系，葆桢老病，不及见矣！异日大难必为我公之悔。"又南洋调集之款数百万，亦为江督提办朱家山河工。尤其是把原有建立海军的国防用费二千万两之多，被佞臣献媚，移作慈禧太后建筑颐和园。所以自一八八八年起海军未曾新购一只军舰，而敌方则竭力经营，计园工完成之日，敌方已有新式军舰多艘建成编队了。

一八八五年，醇亲王下谕李鸿章，设法节省将不能海战之船，酌量裁撤停驶。李鸿章痛陈："西国水师用费较多，实非陆军可比。北洋水师非不力求撙节，无如'康济'、'威远'乃练习学生水手之用，终年在海外巡防。'海镜'等船，乃转运饷械，及分守朝鲜各口之用，均万不可少。其余鱼雷艇之类，亦为海军备战而设，须日日操练，精益求精，不能裁撤。西国水师定章，战舰之外，必另有运饷械、练水手、通文报之船。诚以战舰转为冲锋破敌，不可无他船以供其用。即学堂及军械、煤、药等厂库，皆战舰之根本所系，事实相连，理无偏废。现将大小各船，通盘细算，实属无可裁撤。名为北洋精练水师一支，仅三舰有饷可指，而此外水师根本辅佐各项，均无款筹办，事事苟简，虽巧妇不能为无米之炊，鸿章束手无策，实不敢当此重任。来示仅仅准给三舰薪饷，此间文武将弁，一闻此信，惊惶无措，不啻婴儿之失哺，必至诸事废弛，不能复军。'超勇'等四船，分防朝鲜要口，当该国危疑之际，岂可因饷缺罢防，诸如此类，皆不能中止之势。明年确需数目，务求概允，如数筹给，鸿章方敢勉任其事。"观此，则知清廷对外和海军建设的计划，是反覆无常，瞬息千变，真是可叹！

又当时御史朱一新，条陈海军折件，谓："闽粤宜添水陆学堂，永停出洋肄业。"李鸿章对此大加痛驳，谓："派遣出洋学艺，同治年间，曾文正首倡斯论，欲使西人长技，中国皆能谙悉，然后可图自强。同治十二年，沈文肃葆桢，在船政任内，奉明（命）遣学生分赴英法，深究其造船驶船之方，推陈出新，制胜之能。曾沈二公，皆阅历老成，谋国深远，所见岂在朱一新之下。盖海军精奥，非赴其学院船厂，及大兵船随班课习，不能深造。近年自西洋学成回国者，制造驾驶，间有心得，尚若技十得五，才不敷用。今欲扩充海军，添造船炮，而先停其出洋肄业之途，必致有船无人可用，因噎废食，断无是理。陆军学生，本毋庸出洋，水师则西人绝技，我国素无，须先在学堂，课以测算，再遣出洋，精习数年，乃冀有成。诚以水师之术，较陆军精妙万万也。夫海防根本，首在育才，天下各国皆然。日本蕞尔小邦，岁遣聪颖子弟数百人，分赴西国学艺，近来水师整顿，颇与西人抗衡。中国欲求自强，而自封其途，诚陋儒一孔之见。"

一八九一年，户部奏议以南北洋购买外洋枪炮、船只、机器，暂停两年，即将所省价银解部充饷。海军右翼总兵刘步蟾，屡向提督丁汝昌力陈："我国海军战斗力远逊日本，添舰制炮，不容少缓。"丁汝昌据以上陈。秋间李鸿章奏请："北洋畿辅，环带大洋，近年创办海军，防务尤重。北洋现有新旧大小船只共二十五艘，奏定海军章程，声明俟库款稍充，仍当续购多只，方能成队。而限于饷力，大愿未偿。本年五月钦奉上谕，方蒙激励之恩，忽有汰除之令，惧非所以慎重海防作兴士气之至意也。……"然清廷仍嘱他遵旨照议暂停。查当时敌国早已设立有大石坞，而大石坞原为修理巨大铁舰而设，则敌国早有铁甲舰可知，且威海、大连将行设防。北洋虽有二十五舰，而购自外洋的铁舰只"定远""镇远"数艘，其余都是自制的旧式木舰，这实不足以言战。

以上所举，不过是一两个重要的事实，就可以看出当时满清政府的腐败黑暗，和一般士大夫疆吏的无知无识，哪怕三次对外战争的失败，却也仍然只顾维持统治阶级的狭隘宫廷利益，而不顾国家与民族的利益，若与当时维新的敌国政府一比，孰为优劣，不必待海上对垒，胜败之数早已判定了。

第二，当时满清政府的官僚们多贪污腐化，加以汉奸卖国，如把购买国防军器的用款，饱肥私囊。旅顺、威海卫既造炮台，其安置于台上之炮，竟有不堪一放。其经售炮械的官吏，只知七折八扣，不问其能否适用。又如威海卫守将自克扣军饷很多，当敌军攻威海卫的时候，事先令其子私自将克扣的军饷现银八千余两，运回自己的家乡。这是两个例子。当时天津军械所的老书记刘棻，曾当了敌方的间谍，私把我国海军炮械兵数清单，送给日本，"高升"运兵船之被击沉，就是因为他之私自密告日本。到了舰队来领子弹，他又以不符口径的子弹运到，至发觉时已经太晚了，故临阵缺乏了子弹的接济。再如敌方海军在貔子窝及威海卫附近登陆，皆得力于汉奸的向导，这为我国致败原因之一。

第三，由满清政府的腐败和黑暗的统治，它不能动员全国海陆军与国内各民族和全国的人力物力财力，去一致对日抗战。在当时陆军有湘、淮、旗、绿之别，而无统一的指挥官，去应付陆上的作战。海军有南北洋闽粤之分，而政府并没有给予丁汝昌指挥全国舰队的权力，故诚如外人所言："非中国与日本战，实李鸿章与日本战。大多数中国人于陆战尚梦然不知也。"又如广东中道名昶晒者，曾致函敌酋伊东，请求发还广东兵船"广丙"号的无耻交涉，他在致伊东信中曾讲道：" '广甲' '广乙' '广丙' 三舰，向隶广东，冠以 '广' 字，可为明证。查广东一省本与战争不相干涉，今甲乙遭水火之灾，仅存一丙，北洋已无以对广东，望贵提督念广东为局外之议……可否提出该舰，即交该副将带回广东，俾得于总督前略存体面而不胜感激。"从这个例子，可以看出，确实是李鸿章的北洋海军及陆军与敌军战，而其他各省则以与战争不相干涉，自视为局外之人，这是如何没有国家民族的观念！战后有人问过李鸿章，"甲午因何而败？"李回答："以北洋一隅之兵，当日本全国之师，焉得不败！"这又是一种致败的原因。

第四，如海陆军始终不能合作，海军建议的策略，陆军统将即不表赞同，陆军作战的计划，亦不通知海军。战前既没有联络，事后又发生许多误会。加以当时军队的指挥官多贪生怕死和少谋寡知之徒，如在大东沟战后，丁汝昌率舰队保卫旅顺，与旅顺炮台统领龚照玙会商，请其陆军坚守后路金州一带，而后炮台可保，舰队进退有掩护，龚等对此提议相顾惊愕。丁再建议自守后路，请其督率炮台作战，亦不表决。不久龚先逃烟台，其余陆军将领亦不知所之，于是旅顺港防空虚，使李鸿章不得不令丁率舰队去保卫威海卫，因为炮台与海军生命相关，各国皆属海军，以便声气相通，当时我国炮台归陆军管辖实大失策。尤以海军对于威海卫的保卫战，丁汝昌观察形势，认为必坚守南北岸各炮台。海陆军通力合作，然后才能抗拒强敌，必不得已的时候，各台库应早自动焚毁，免致资敌，不为守军统将戴宗骞采纳。乃交战未久，守台陆军即相率逃走，于是敌乃利用炮台以夹击我舰队。当时我海军虽处于四面受敌的地位，危险万分，犹奋不顾身，抗战到底。至弹尽援绝，而庶众等，复哗哗思蠢动，虽经丁汝昌极力镇抚皆不听，丁又下令自沉诸舰，以死报国，亦不能遂行，最后丁知计穷援绝，乃仰药自尽。使清廷早能宽筹海军建设经费，充实军备，授海军以战守全权，以丁提督的大无畏精神，各舰长及全体员兵的忠勇善战，又有外籍的舰员相助，必能通盘计划，力量集中，则丰岛一役，我海军早已予敌人以最大打击，黄海一战，即可将敌海军歼灭了。即退一步说，旅顺与威海卫的保卫战，使炮台陆军能与海军精神合作，各路援军复能如期到达，则水陆夹击，敌虽顽强，惟以所处地位不利，当可知难而退。

第五，当时满清政府在战前既没有作战的准备，直到战争前夜，尚无抗战的决心。当一八六六年（同治五年）沈葆桢临终的时候，适值日本把琉球改为冲绳县，他的遗疏称："天下事多坏于因循，但纠因循之弊，继之以卤莽，则其祸更烈。日本自琉球归后，君臣上下，早作夜思，其意安在？若我海军全无能力，冒昧一试，后悔方长！"观沈公的遗疏，知日人谋我蓄意已久，他之孤忠卓识，真使人敬佩千古。可惜沈公死后，清廷对于防御倭寇，仍然不顾。

沈公死后，海军的计划遂专属于李鸿章。一八九一年，李鸿章奏报校阅海军情报，竟称："……综核海军战备，尚能日新月异，目前限于饷力，未能扩充，但就渤海而论，已有深固不摇之势。"观此，则知李鸿章骄矜自满，溢于言表，甲午之败，就基于此。

一八九三年（光绪十九年），北洋海军提督丁汝昌，拟将北洋师船锅炉，饬由旅顺船坞制备更换。但李鸿章致海署函议兵轮分期大修，竟以"……制备锅炉及各船大修，其工程既须十年筹办，其经费亦即分十年请拨，来年钧署及部库恭备庆典，供用浩繁，一时恐难兼顾。虽现造'超勇'锅炉立须拨款，但虑尊处无暇及此，因督同坞局等从缓筹议。所有前项经费，拟请自光绪二十一年起，每年筹拨银十五万两，至三十年止，共拨银一百五十万两，仍按年由海防支应局详请，派员赴领，撙节动用，合计则款目较巨，分年则气力稍纡。……"观当时日寇谋我已急，我国早应备战，舰队为海防根本，更换锅炉，大修舰船，何等急切，竟因"来年海署及部库恭备庆典，供用浩繁，一时恐难兼顾"为辞，就把修理舰船的急务，等到光绪廿一年（甲午次年）以至三十年才分期修理。但至次年，即甲午战争年，我以腐烂之舰，当精锐新快的敌舰，安得不败。

一八九四年（甲午年），东学党乱事已生，此时日本已决心作战，处处设法向我挑衅，丁汝昌在战前早请李鸿章，以"镇远""定远""经远""济远""来远""威远"六舰，共应添换克虏伯新式快炮大小二十一尊，请予购置前来。但清廷以"目下添购此炮，巨款难筹，拟分年办理，先换镇定两船快炮十二尊。"且以清孝钦太后做六十大寿，糜费很多，不得购械。查这种新式快炮，敌舰在战前多已装置，我们至战期已迫，尚付阙如。可知满清政府在战前是毫无准备。有款做寿，没有款购炮，尤为荒谬。

当伊藤博文与李鸿章在天津订立了条约，清廷在朝鲜的势力已与日本并行。到了一八九四年四月，朝鲜因东学党作乱，求我派兵助剿，李鸿章即饬丁汝昌，派"济远""扬威"赴仁川汉城。左翼总兵林泰曾曾即以日寇增兵派舰，意在寻衅，我军在战略上驻泊仁川港，战守均不适宜，拟回旅顺，或驻牙山，以备战守。李鸿章竟谓其胆怯张皇。到了日寇不允撤兵，李才知道事机急迫，电询林泰曾已否离开仁川，饬派快船或雷艇速往梭巡，还日盼望欧美干涉和平了事。孰知日寇即利用这个时期筹备战事，朝鲜形势早已为日军所扼，陆续调兵已逾万人。敌人的联合舰队，则占据长直路，已控制着朝鲜西南的海面，且欲使陆军输送入韩，不至为我袭击。

当敌舰在朝鲜尚不及我军二分之一的时候，丁汝昌与林泰曾因中日交涉终不免破裂，本欲先发制人，以请于李鸿章，李不许。到了我主力舰队回巡威海卫，敌游击司令坪井，见我兵力孤单，遂截击于丰岛。若战前李鸿章能容纳丁汝昌与林泰曾的先发制人的战略，争取主动的地位，则"高升"号之奇祸可免，而驻牙山、成欢之叶、聂二将，开战时亦得优势的兵力。则我海军不待黄海之战已先挫敌锋，陆军不待平壤一役即予敌军以打击。这样看来，甲午战争失败，实由于我国军事战略上的错误，我国作战多采取消极的单纯的防御，多处于被动的地位，行动多迟缓而不迅速，以致失掉时机。尤其是满清腐败政府既不从事备战，又不坚决主战，亦不能运用和平政策，模棱两可，事事敷衍，以这样腐败黑暗毫无政略战略的政府，与新兴的强敌，一旦兵戎相见，欲不一败涂地，乌可得呢？

最痛心的，甲午战前我海军已成立了基础，因为满清政府与主持全局的李鸿章，均不能依照海军主将的建议与献策，且受恶环境的连带关系，致海军计划，左沈诸贤数十年积铁累寸之功，一朝而尽。而一般无识之人，不明甲午战争前后真相，竟谓甲午一役海军如何失败，殊不知不有以上所指各种致败的原因，以海军抗战到底的决心，与勇敢牺牲的精神，必能击败敌人无疑。读史至此，何胜扼腕兴叹！

在我们研究了甲午我国失败原因以后，反转来研究日本所以战胜的原因，除了客观的历史原因为日本在明治维新以后，在当时为新起的资本主义强国以外，日本当时在政治上也比我国满清政府进步些，军事指挥也比较统一，动员了全国海陆军与全国人民，对我作战。并且军事上亦多采灵活的主动的战略与战术等等，亦是日本在甲午战争致胜的原因。

我们既已检讨甲午失败的原因，同时，我们也要知道这次战争对于敌我、远东，及世界形势所受的影响。

这次我国战争的失败，比过去三次对外战争失败的影响不知大过多少倍，因为在过去三次战争中，我国虽然失败，然而当时资本帝国主义的列强，还没有看破我们的虚实，到了甲午战争以后，以东方后起之三岛小日本，几千年来受中国文化培养熏陶的日本，历史上尊敬中国为天朝的日本，竟能战胜地大物博人多的中国，因此中国的弱点乃完全暴露出来了。从此以后，各国都看不起中国人，大家都敢欺侮我们了。当时统治中国的满清政府，昏庸腐败顽固守旧，到达极点。而士大夫阶级的胸中，根深蒂固的存着日本是中国"看着长大的"轻敌心理，乃有"以大御小，以强敌弱"，及"螳臂当车，应时立碎"的谬论，对日本自维新以来的进步一笔抹煞，对自己的不进步，更毫不反省。结果，中国对日本的侵略既没有任何的准备，又不能实行任何真正的抵抗。而满清政府所实行的降日政策，即所谓宁赠友邦不与家奴的政策，更加紧了帝国主义强盗对中国的不断的侵略和压迫，使中国自由独立的国家，一变为半殖民地的地位，并且引起了我国有直接瓜分和亡国的危险，种下了这一次日寇大举侵略中国的祸根。

此外，我国给日本的赔款现金两万万两，现金流到日本，促进了日本资本主义的加速进展猛烈的向我国进攻，使我国民族资本主义的发展受重大的阻碍，使我国农村经济及原来我国的手工业，及家庭工业更加流于破产，人民的生活因之更加痛苦和不安。日本得了我们这大量的赔款，更加紧了它的帝国主义侵略工具的海军的扩张。甲午战时，它的海军势力只控制了黄渤两海，甲午战后一直到了这次大战的前后，它的海军势力，竟控制了全中国海，更进而至于南太平洋一带了。

因甲午之败，更加暴露了满清政府的腐败，更加促进了满清朝廷统治的动摇与崩溃，更加产生了我国人民的民族的觉醒，尤其是直接促起国父的革命运动。战事起后，兴中会成立于檀香山，战事结束，有广州的第一次起义。此后国民党不断地为革命建国而奋斗，一直到了这一次对日的抗战。

其次，日本因这次战争中得到了我们的巨量赔款，和朝鲜、台湾及澎湖群岛的大块肥沃的殖民地，使它由资本主义过渡到帝国主义的阶段，奠定了它向外侵略的北进和南进的政策，造成了这一次对中国新的大规模的武装进攻，而与英美各国争取太平洋上的霸权。

（二）"九二三"收获与教训

在这次"九二三"的战役与"九二三"前后的抗战中，中国舰队与海军将士英勇牺牲的精神，表示了中华海军的不可屈服，对于所有赴难的烈士，深致哀悼！中国舰队与中国海军将士英勇奋斗的精神，表示了中华海军不可战胜的力量。对于所有抗战的将士，深致敬意！中国海军健儿"九二三"在江阴的保卫战，委员长蒋曾誉为此举犹若"破釜沉舟"。"九二三"之后，我海军炮队、布雷队、水雷游击队在敌后屡次击沉日舰日船，与长江水道交通的破坏战，获得了国内与海外人士的称赞，即敌方海军对于我海军的勇敢苦干的精神亦表示惊异。我们可以说，"九二三"中国舰队与海军将士英勇牺牲与坚决奋斗，这正是中华海军的新气象，中华海军的伟大。"九二三"战役给与我们一些什么收获与教训呢？可分为下列的几点来说：

现在先说这次战争我们的收获：第一，打破了"恐日病""海军不敢抗日""海军无力抗日""海军亡于抗战"的理论。中国抗日能否得到胜利，当卢沟桥事变以后，蒋总裁对于这个问题，便给了完全肯定的说明。可是有一般不明敌我实情、世界形势与我国内在的实力的人们，和战后已投降汪逆而供职于伪海军部的腐化恶劣分子，或者由于沾染了"恐日病"，或者由于受亲日派汉奸分子的影响，认为中国"海军不敢抗日"，可经过了"九二三"这一次的战役，就把这种理论打破了。

当"九二三"海军在江阴对敌空军开始剧战中，有许多人担忧到海军那样子牺牲的壮烈，恐怕不会支持长久，从事抗战工作。可是"九二三"战斗所留给我们的战绩，抗战到过三个年头的今日，我们把海军力量，重新来估计一下，虽然是丧失了不少的军舰，但增加了作战的部门。海军的壁垒，虽在狂风骇浪的当中，还是依然矗立在江海防的第一线上，披坚执锐，来尽我们所应尽的责任。对海军整个抗战力量的中心，不特没有动摇，没有削弱，并且愈战愈强。因此，我们又把"海军无力抗战""海军亡于抗战"这种理论打破了。

第二，击溃了日寇海军的战斗精神。就是在"九二三"的战役中，敌人不能够利用它的优势海军，来从事突破我们的封锁线。当我们在紧急施行阻塞工作的期中，敌人更没胆量发挥出军舰力量，来争夺我们重要的港道。当初我们以为敌舰一定会溯（江）而上来和我们拼命。我们抱定决心以全军的精锐和敌舰一战，用最大的力量，来掩护着我们拱卫京畿惟一办法的阻塞任务。但我们相信以我们的决心和毅力与大无畏的精神，总可以精神战胜物质。结果敌舰的威焰，终于给我们的精神所压伏。在我们舰队掩护工作，以及担任防守期中，敌舰从没有窥伺过，这一方面虽足以表现着我们海军的勇敢，他方面亦可暴露敌方的无能。因无（为）敌人拥有三十一倍于我们的海军力，始终不敢和我们舰队在江阴江面，展开一次海战，只得利用其优势空军的暴力来轰炸我们的舰队。可是敌人空军的炸力，毁灭不了我们的舰队，尤其是我们海军将士们的精神。"九二三"战后敌人惧怕我们水雷的情状，在国内各报和本刊上已发表过，更表现得可怜。我们对于"九二三"的战果，用不着自己来夸张，最低限度可以说敌国海军的战斗精神已经给我们海军击溃了。

第三，尽量发挥了我们的战术与战略。我们从军事的观点先来研究甲午战争发展的整个过程，那次战争既非两个战略阶段的战争，亦非三个战略阶段的战争，而是一个战略阶段的战争。因为自开战以至战争结束，整个战争进行不到一年，只是日方的战略进攻，我方战略防御，以致失败而结束了战争。我方既未经过短期过渡，由战略的防御转为战略的反攻，以战胜日本，也没有经过比较长期的战略相持阶段，经过准备反攻力量的阶段，然后转为战略的反攻，以战胜日本。这自然由于满清政府及军事领导者的许多错误，造成了这个战争只是一个战略阶段的战争，而非二个或三个战略阶段的战争。然而，这一次海军的抗战完全与甲午战争不同了。海军于这次作战中，主要的战略目的，即防御敌人利用长江，实施手段有两个原则：一、以现存舰队实力向敌人索取代价，以期能符合防御战的基本原则；二、尽量运用现有技术人员及物质，以期能达到人尽其力，物竭其用的原则。同时鉴于现代战争经济因素的重要，尽量发挥自己的效率而抑制敌人的给养运输于能力可及之处。为实施这个大原则，遂从事种种的战术手段，于抗战期中，随全面军事的进展，逐步实施。

海军战略由"九二三"起可与三年来的全面抗战同样可分为两个阶段，第一个阶段是战略防御，自"九二三"战役前后至武汉撤退为止，这个阶段中，悉采消耗的战略为守势的防御，武器则以舰队为主，布雷队及炮队为辅。第二个阶段是经过长期抗战相持的战略，故自武汉撤退后以迄今日，这过渡时期中作战，经济意义重于军事，为攻势防御，武器则以布雷队、水雷游击队，布于敌前敌后，时时进击；舰队及炮队则集结上游，尽保卫战时首都的责任。兼于此期中，作反攻的准备，俾能配合总反攻期中的全面军事行动，然后转为战略的反攻，以最后战胜日本。因此，我们可以说：我海军所取的战略已尽量发挥它的力量了，这是我们最大的收获。

综合甲午及"九二三"战役所得的经验与教训，我们认为还有几点值得重视而希望能促进的：

（一）海军为国家整个的海军，决不宜有封建形式之割裂及骈枝之组织，此种分立之现象，乃各国所绝无者，今后为加强国防力量与作战效能计，吾人亦应绝对不容或有，务使一切计划、编制、训练、指挥均统一于中央，以免事权分歧，力量消长，致影响国家海军整个的建设。

（二）在甲午战前，关于建设海军，献策者固不乏人，然以废清的昏庸，官僚阶级的作祟，朝议夕更，使一切计划，置诸高阁，而无法实现。民国成立，复因军阀误国，频年内战，民穷财尽，更谈不到海军建设。鼎革以来，又以时间短促，一切计划尚未从容完成而对日战争即已爆发，言念及此，至可痛心。因此，我们今后对于一切建军之阻力，应先克服，然后建军计划始克顺利的顺序完成。

（三）无可讳言的，我们在上述两战役中尚未充分表现海陆军或海空陆密切联系的精神与发挥其协同作战的威力。关于此点，我们全国海陆空军应有共同的认识与努力。

（四）由于科学的落后，蕴藏的资源尚未尽量地开发与利用，我们的重工业还没有建立起来，国防工业亦无基础，因此，不独造舰制炮必需仰给他人，即军火的补充亦困难万分，其影响于作战的能力实至重大，以故发展国防工业已成为普遍的呼声，全国上下尤应以全力促成。

（五）我国人过去忽略了时代的推进，仍抱闭关自守的观念，重视领土，而轻弃海权，因之漠视海防的重要，及维护海防的军力——海军建设的重要。假使在甲午及"九二三"战役之前，我们对于海防有充分的准备，保持优势的海上军力，则敌人决不易深入国土以内。我们凛于过去血的教训，对于今后的国防，似应极端避免轻海的覆辙，迅速筑成水上万里长城，使国土获有强固的屏障，而保国家永久的安全。

怎样发展我们的海军[1]　　吕　超

作者对于海军，本来没有什么研究，《海风月刊》编者一定要替他写篇稿子，推辞不下去，只好把作者个人对于今后发展我们海军的一些意见，随便写点出来，请国人指教。

一国的国防，军事学家向来把它划成三道防线，以敌人的领土领海为第一道防线，以本国国境为第二道防线，以本国内陆为第三道防线。所以就战略原则说，总以能在第一道防线发挥力量为上策，尤以获得制海权，使海上交通无阻，贸易自由，为特别重要。但是，这当然指海军较强大之国家而言，我们抵抗暴日，情形自然不同，因为暴日很久以前，就是一个大海军国，我们北伐统一以后，不过十几年的时间，要想从海军方面同它竞争，当然办不到，所以政府领袖决定引敌人至内陆来歼灭它。战争了两年多，全国同胞，人人都知道我们的战略是已经胜利的了，可是，我们抗战胜利之后，成为世界上有数的自由独立的大国，那么，我们决不能把国防线，永久设在内陆，而是要把它安置在敌人的领土领海方面。因之，我们海军的发展，当然是在题中应有之义。

现在我们的海岸线以及海港，均在敌人暂时控制之中，在这种情形之下，怎样发展我们的海军呢？对于这一问题，作者觉着有几点应该特别注意：首先是技术人才之培养，其次是有关资源之开发，再其次是造船业与航运之奖励，再其次是潜艇政策之侧重，最后完成我们的整个海军。

我们知道海军是以科学的技术条件为基础的，无论驾驶轮机种种方面，都

---

[1] 此文发表于《海风月刊》1940年创刊号。

非训练有素的专门技术人才不可，而我们这项人才，毋庸讳言的，数目不多，不够发展海军之用。陆军方面，因为人才少，所以机械化军队，训练起来，异常迟缓，可谓前车之鉴。那么，我们既然准备战后大规模的发展我们的海军，对于有关海军之各种技术人才，还不应当积极培植吗？

"七七事变"以前，我国同世界各国海军势力比较，约如下表：

舰种 \ 国名		中国	英国	美国	日本
主力舰	艘数		一五	一五	九
	吨数		四七四七五〇	四五五四〇〇	二七二〇〇〇
航空母舰	艘数		六	六	四
	吨数		一三一三〇〇	一三一三〇〇	六八三七〇
一等巡洋舰	艘数		一五	一六	一二
	吨数		一四三九七〇	一五二六五〇	一〇七八〇〇
二等巡洋舰	艘数	四	四六	一四	一九
	吨数	一〇一五〇	一一四九八四一	一一〇五〇〇	九八四五五
驱逐舰	艘数		一五六	二三五	一〇〇
	吨数		一八二九〇九	二六〇三一〇	一二一八五三
潜水艇	艘数		三九	五四	六八
	吨数		四七三一九	五六七七〇	八〇〇六八

我们看到这张表，真非常难过，因为就舰种方面说，我们除了有三四只二等巡洋舰以外，此外主力舰、航空母舰、潜水艇、驱逐舰等我们一无所有，而且四只二等巡洋舰之中更并且有舰龄已过的。至于我国海军总吨数，无论哪一国比，更是瞠乎其后，望尘莫及。抗战以后，更不必谈。这固然由于（过）去，我们太不注意海军，而同时也因为各重要资源，未能开发，重工业没有基础，造船事业毫无规模所致。所以不谈建设国防则已，不谈发展海军则已，否则非先把重工业基础打好不行，非奖励造船事业以及航业不行。我们试想：没有充分的钢铁，我们怎好谈造船？造船事业不发达，我们又怎样使海军发展呢？我们看世界各国的先例，无论英美日本，都是先有大规模的重工业和造船事业，

为海军建设的基础，同时因为有海军来保护商业贸易，更助长工商、造船、航运各业的发展，我们这样大一个国家，这样大一个民族，不要说远渡重洋，甚至内河航行，都要靠外国轮船，这是多么大的一件耻辱！我们看清世界各国的先例，我们就应当知所致力了。

就海军建设程序而言，作者主张我们应该由建设潜水艇开始。潜艇不像主力舰、巡洋舰，建造起来，需费较小，有建造一只主力舰的经费，就可以建造几十只潜艇。潜艇除少数母舰外，用不着多数舰艇的掩护，可以单独活动，出奇制胜，能单独袭击敌之主力舰，使港湾及岛屿防备之价值增大，可以使敌人受莫大之威胁，假如这一次抗日战争，我们有潜艇，我们就可以随时施以奇袭，破坏敌人的海上交通，使其对外贸易停滞，予以经济上的打击，阻碍其军事接济运输，增加其登陆作战的困难，必定对于持久战略，及消耗战略增加更大的效用。

我们知道第一次欧洲大战，德国的潜艇，及发挥无比的威力。欧战以后，德国海军之复兴，又是先从潜艇下手，其最初所造之潜水艇，有二十余只，每只不过二百五十吨而已，可见其轻而易举。嗣后渐渐扩充，近来的数目虽难确计，然其大量增加自不待言。此次欧战发生后，德国舰队已使世界一等海军国之大不列颠，咸受威胁，而其潜艇活动更与英法两国海上交通以严重的打击。

我们的好友苏联，更是从潜艇方面扩张海军的好例。最初苏联正式报告，只谓有潜艇四只，其实两年以前，停在海参崴附近的苏联潜艇，就有四十余只之多，每月能以潜水艇一艘，加入舰队，其后更逐步发展。时至今日，不数年间，红色舰队在欧洲已足左右波罗的海的形势，在远东，更使暴日不敢正视。至其造舰之方法，尤值吾人仿效。苏联把海军造船所设于黑海之滨，为飞机攻击所不能及，所造潜艇，由厂推运到波罗的海以及远东各港，而装配完成。我国内陆不少的大湖泊，正好择其适宜者，加以浚展，以为发展小规模造舰业之根据，并可资为技术人员练习之场所。

我们有适当数量之潜艇为基础，而在这抗战建国过程中，准备下大量的人才，随着资源的开发与工业的建立，一旦收复失地，把沿海港湾建设起来，那么我们大规模的造舰事业，不难水到渠成，三民主义的新中国的新海军，不久即可出现于太平洋之上了！

各列强海军在建造或即行建造之军舰

舰别\国别	主力舰、战斗舰及战斗巡洋舰	飞机母舰	巡洋舰	驱逐舰	潜水艇
英国	七	五	二一	二六	一五
美国	六	二	六	四〇	一六
日本	二	二	六	一〇	八
法国	四	二	三	一九	一五
意国		四	一二	九	一六
德国	四	二	九	一一	一七
苏联	一	三	二	七	三〇

在抗战期间吾国之海军问题[1]　　刘　襄

吾国海军原极脆弱，自抗战开始，不数月而牺牲殆尽，复何伟大之功绩可言？然若江阴之封锁，青岛之破坏与马当、田家镇之防守，海军亦实能尽其物质与精神于敌人实逼处此时达到消耗与破坏之目的。今本文之作，不在追述既往，乃欲藉《海风月刊》问世之机会，就吾国抗战现阶段通国人士以为海疆丧尽，海军问题实非抗战建国急要之事，窃以个人一己见质诸海内明哲，期能抛砖引玉，以为海军前途之向导，确立海防建设之基础，则其对于抗战建国之贡献，或能集思广益也。

一、过去所受之教训

溯自近百年来，吾国国势之所以日趋衰颓而受敌人之侵凌者，其原因固多，然仅就军事上言，则远因在甲午一战，海上屏藩尽撤，门户洞开，予帝国主义者以窥伺之隙，故敌扶其海上之武力，迫我作土地之割让，门户之开放，条约之束缚，经济之侵略，殊求无厌，使我国势日濒于贫弱；近因则"九一八事变"后，敌人恃其海军之力量，挑战淞沪，使我损失财产竟达十余万万之巨。此次抗战，"八一三"之役，敌复藉其庞大之海军，对淞沪战线作猛烈之威胁，使我以最英勇之战士，最壮烈之牺牲，不能将敌人逐出沪滨，保此东南半壁之人文财富，其在抗战之精神上、军事上所受之损失，又何可数计耶！更如广州之沦陷，海上之被敌舰封锁，凡此等等，我所被之损失与牵制，均因我

─────────────

〔1〕此文发表于《海风月刊》1940年创刊号。

无海军，而彼得睥睨海上肆无忌惮也。

夫我全国民众，不惜任何牺牲，艰苦抗战，其目的在于争取最后胜利，以求吾民族之独立生存，果能全国一心，忠勇抗战，使恢复失地，驱逐敌人于领土之外，自在吾人意料之中。然欲民族之永久生存，必求所以自立之道，并非敌人一去，吾即可相安无事，设敌人退出我国领土，休养生息，几年之后，又扶其上海武力以攻我沿海经济军事重心，而我海防毫未建设，又将何以御之？况此次抗战，敌之海军并无若何损失，战后必日益扩张，将来所给予我军事上之威胁，当更甚于过去与今日。是以吾国抗战胜利之后，若不能剑及履及，在极短之期间，树立海上屏藩，建设国防海军，则既不能安枕无忧，而此重大牺牲所换得之胜利与民族生存，恐亦无所保障也。

二、目前应为之准备

以吾国海岸线之长与敌国海军之强大，苟不先巩固海疆，建设海军，则敌人之威胁不能克服，而建国之根本每易动摇。此种理论，当为国人所公认，顾或以兹事体大，难求速效，不知体愈大，则吾之所求效者亦愈宜趋于积极也。夫海军赤地新立，需用时间与需用财力，皆作三数年所能举办，而尤以需用高深之学科与娴熟之人才，非短期所可养成，故欲求海军将来之建设，目前不能不有所准备，其要点有三：

（甲）力量必先使集中——过去吾国海军意见纷歧，人力财力未能集中，为妨碍海军发展之最大原因。现应使全国人财，藉抗战之热焰，熔为一炉，以精诚团结之精神，共策海军之前途。推行步骤，首当成立海军之中枢组织，仿吾国航空委员会之例，设海军委员会，尽量以海军之高级官为委员，以完成海军统一之领导重心。次则招现役、退役之海军中初级军官，先施以精神训练，然后择其所长，使从事学术研究或担任抗战之工作，庶几各尽其才，可副抗战建国之旨。

（乙）学术务求其绵延——盖学术之相承，犹如择道之法统，若学术不能联系，则事业必至中断。故目前亟应成立海军学术研究组织，使现为海军官员优于学术者各就其所长分科研究，使我海军学术水准能与时代提高，则将来物质之建设方不落伍，并应按年派选优秀军官赴国外学习考察，以吸收列强海军新知识，使学术可以迎头赶上。

（丙）人才应预为储备——百年树人，古有明训，欲人才供用不至借材异地，非先事储备不为功。英为海军先进国，犹不能驾日本而上之，我新建之海军，能急起直追，未必不可步诸强之后。故对于人才之造就当如何注重，除初级军官应继续教育储以待用外，关于将校人才之培养与选拔，亦宜预为准备。欲完成各阶层干部之储备，尤不应失此抗战之时机。盖以海军青年干部毕业后，于目前情况，虽不能即使服务海上，但可令担任炮兵要塞等之抗战工作，使其一面锻炼战斗精神，一面注意学术训练，勿令落伍，使成为海军坚强之基层干部，同时就中拔取优秀，更加深造，以为海军将来之将校人才。

于此神圣抗战之时期，建国与整军为将来立国之本，凡各种建国事业均应掌握此伟大时代，树立百年之基础，况海军占国防之重要地位，岂可只顾目前，维持现状，而不为久远之计乎？若谓财力不足，则改变过去海军优越之俸制，发挥艰苦卓绝之精神，以少数之财力作多量之事业，想亦我海军同袍所乐闻也。

对海军之期望[1]　　唐静海[2]

值兹国难严重，敌寇深入之时，举国民众皆应集中智力、人力、物力、财力，贡献国家，以争取独立生存，复兴中华民族。《海风月刊》于多数海军青年智力孕育之下，适于此抗战建国之大时代中产生，其意义，其使命实至重大。其将发育滋长，蓬勃腾达，蔚为俊秀砥柱之材，自不待言。余因爱之綦切，不觉期望之弥殷。兹当其呱呱坠地之始，特将余个人对未来海军之期望，略赘数语，藉述所怀。

国之与立，必需政治之修明与国防之建设兼施并举。而国防建设尤须海陆空三者健全发展，始可成相得益彰之势。我国海军，自甲午役后，一蹶不振，海上藩篱，于焉尽撤。平时既任纵外舰之自由出入，战时更何以阻敌舰之内侵肆虐？数十年来，虽屡有重整之议，然终为环境所限，或由于内政之腐败，或限于国力之未充，或因国防建设经纬万端，不获同时并举，致始终无所成就。抱残守缺，以底于今。然海军自身亦未能于环境限制之外，努力奋发，谋精神之振作，学术之精进，此亦殊实深自愧憾者也。

抗战以还，敌人海军逞其凶焰，狼奔豕突。所影响于整个战局者至巨，而所警示于我国人者亦至大。今最后胜利已在目前，建国伟业方兴未艾。而建国必建军，海防之设，抗战之殷鉴所示，岂容复蹈前辙！是以我海军同志应如何奋发自励，集中力量，团结精神，省过去，励将来，以共谋海军之复兴与建设

---

〔1〕此文发表于《海风月刊》1940年创刊号。

〔2〕唐静海，葫芦岛航警学校第一届航海班毕业。曾任"海圻"巡洋舰副长、舰长、江防要塞守备第一总队总队长、军政部海军教导总队总队长、青岛区海军接收专员等职。

耶？因特略举两端，藉供我同志之参考焉：

一、精神之改造

数十年来，我国海军即具地域之别，派系之分，以致自相倾轧互相排斥，时作阋墙之争。此为人所共知之事实，亦即海军积弱之主因。际兹国难严重若是，国家民族已至生死关头，集举国之力以争生存，犹恐不逮，岂尚容阋墙相争，自蚀国力耶？语云"皮之不存，毛将焉附"，"覆巢之下，安有完卵"？时至今日，舍国家民族之利益外，其他之利害已无存在之可能。自抗战以还，国人深晓国存与存，国亡与亡之真谛，精诚团结，共起奋斗。我海军同志亦应彻底觉悟，痛自反省，一致奋起，捐小我而全大我，舍小异而趋大同，一本亲爱精诚之精神，互策互励，以努力达成新海军建设之伟业，庶可补前愆而报党国于万一也。

二、生活之改进与智能之充实

我海军同志既知未来之使命艰巨如此，则必须养成艰苦卓绝之精神与优秀之智能，始克有以负担之。夫艰卓之精神突寓于合理之生活，此所以总裁训示新生活运动为兴国强族之大道。精神动员乃抗战建国之根本也。我海军同志当深体斯旨，痛改醉生梦死之生活，彻除废弛敷衍之恶习。刻苦耐劳，负责知耻，以淬砺奋发。而优秀之智能实由于不断之研究与学习。夫学无止境，处此科学日新月异之时，我海军同志必须以"苟日新，又日新，日日新"之努力，庶可争取学术之优越性而收迎头赶上之效也。

抗战以还，海军原有舰艇沉毁殆尽，海军员兵既失海上物质之凭藉，乃转为陆上之防御。虽海陆军一切教育训练性能之不同，然本其热情之沸腾，转战各地，诸凡鲁南、江阴、南京、虎门、马当、田家镇、葛店以及西江、浦江、厦门诸役，均能以壮烈之牺牲换取相当之代价，表现前所未有之精神，是则过去之海军已随抗战而消逝，未来之新海军亦因抗战而萌芽。深望我海军同志珍惜抗战所与之宝贵教训，奋发自励，愿共勉之。

为什么我们需要一个海军[1]　　巨　公

　　中国是世界上有数的大国，三千余万平方里的土地上居住着近五万万爱好和平的人民，蕴藏着无尽量的宝藏，所以领袖称为世界与远东和平之柱石。我们立国于太平洋西岸，海岸线绵延一万三千余里，要保持国家领土主权之完整与促进世界之和平，必须要能保卫这辽阔的领海，维护关系国家命运的海权，而这一任务，必须要海军来达成它！

　　海军因国防武力之一部，而实处于国防之最前线，其在对外战争中的作用比较任何其他兵种都为重要。第一次欧战时，协约国方面因为保有优势的海上武力，足以维持海上交通，使军事运输、食品原料的供给源源不绝，并封锁了对方的海运，遮断了一切接济，才能获得最后胜利。所以战后福煦元帅声言"大战胜利乃由海军所获得"。而世人，尤其是英法人民，一致承认当时各无优势海军，协约国必被战败，而英国人士更强调地说："当时英帝国如无强大海军，不必说领土受人攻击，只要海上交通为敌人破坏，即可致英国于死命，被迫接受任何苛刻的条件，那时你将感受到正如一个人遭了火灾，所有财产都付之一炬而深悔事前并未预先保险一样的痛苦。"从此英国人民都称海军为"国家的保险"。这种论调之成立——其一部分立足点无疑地由于英国是一个岛国，舍海洋外无其他通路而来足——固不能应用一切国家，但以喻中国则极为恰当。为什么？中国虽非岛国，但既往的历史与周遭的环境已明白地指出呢，无论过去与现在，敌人的侵略都是由海上来的，而将来我们也必须在海上

---

　　〔1〕此文发表于《海风月刊》1940年创刊号。

湔雪一切的耻辱。到现在为止，我们已吃了很多次没有"国家保险"——海军的亏了：甲午之战，敌人一面由海军输送陆军至朝鲜，一面由海上向我进攻，那时我国虽有海军，但因受政治腐败的影响，海军逞外强中干之势，黄海一役惨败后，不但海军被消灭了，且影响陆上远征部队，后援断绝，给养不济，终于被迫接受了奇苛的条件，使朝鲜脱离了祖国，并种下了敌人企图亡我国灭我国种以及列强阴谋瓜分我国的根苗。其后，外力不断地由海上袭来，都因我们没有海军以致门户洞开，沿海内河任人骋驰，丧权失利，不一而足。

"七七"抗战爆发，敌人跨海来侵，其陆军由海军护送济援，源源而来，随心所欲，任意肆扰，万里海岸，处处受敌，使我陆上守军，增加无限困难。两年来，敌人一兵一卒，一枪一弹，都由海军输送而来，当时若是我国有强大的海军，阻击于海上，一举而歼灭之，则敌人何能侵入我寸土？即使再退一步言，若是我国有相当力量的海军与敌人周旋，阻碍其交通，使敌人陆上部队的接济运输发生极大困难，则整个战局定必改观。

战时我们需要一个海军，平时我们更需要一个海军。

维持一个"国家保险"的海军虽然需要巨量的金钱，但是它可以增进无限的利益，节省多少不必要的耗费。平时我国的陆军兵额太庞大了，军费占全国总收入的一大部分，这是畸形的状态。我们如果有一个强大的海军，那么平时只要保有少量的常备军，就可以应付了，而把现在不得不由陆军来防守而又鞭长莫及的整个海疆由海军来守卫。

我们试一翻阅地图，沿海有多少土地，原来都属于我们而现在都握在别人的手里。这完全是因为我们没有海军来保护，才使它们脱离了祖国。

我们又可以看到几千万的同胞散布在世界的每一个方向，他们都是抱着绝大的勇气，冒着无限的危险，背乡离井，去为国家为个人觅福利求发展。他们都是国家的功臣，无名的英雄，国家每年几万万的入超赖他们来弥补。抗战以后，侨胞捐款超过任何方面。他们时刻怀念着祖国，热爱着祖国。可是我们再一观察他们在外人手下过着的是怎样的一种生活？他们没有一点自由，受压迫，被剥削，只有痛苦，没有快乐。国家对不起他们，也就是因为没有海军的关系。试一比较外人在我国内的情形：他们不但有自由，而且享受格外的待遇和权利，这只因为他们祖国的力量能达到他们，而我们国家的力量达不到海外的同胞。只有海军可以使国家的力量达到世界的每一个角落，达到每一个海外的同胞。我们不能让海外的同胞永远过着牛马的生活，我们需要一个海军来保护他们。他们渴望着祖国军舰的到来，一瞻祖国的国旗，他们将为祖国贡献更伟大的力量。

我国现在从事于抗战建国的伟业，抗战胜利之日即建国完成之时。那时新中国将以崭新的面目出现于世界，同时也将由农业国而迈上工业国之途。数十年来，我们航业始终为外人所把持，外洋航运，姑置不论，即内河亦任外轮自由行驶，权益损失之巨，不可胜计。航业为工业国物质流通之动脉，因之，在建国程序中，我们必须建立广大的航运事业，直接挽回权利，间接助长工业之发展。但要使航海船只平时免于盗劫危害，战时确保交通之安全，则非有强大的海军来保护不可！

鱼类水产为我们日常必需之品。我国沿海渔场比比皆是，沿海居民赖渔为生者不下千万，但我国渔业始终未能日臻发达，一部分因由于技术之落后，但其主要原因，乃在我渔场之受敌侵略。每届捕鱼期，敌人即实行武装捕鱼，由军舰随行，将我渔船强迫驱逐，甚至枪击炮轰，致每年损失的渔船以及生命财产，不可数计。反顾最近敌人与苏联的渔业协定，敌人为什么不敢侵占苏联的渔场呢？就因为海参崴驻有强大的红色舰队。所以我们若谋我们渔业的发达，使渔民须以安居乐业，我们也只有实行武装捕鱼来对抗，用军舰来保护他们。

我们自海通以来，因逊清政治之腐败，国防设施废弛不堪。甲午战后，数十年来，始终处列强势力压迫之下，领土主权已非完整，而海权更丧失净尽，非但领海任列强舰队骋驰，且沿江深入，直捣腹地。而敌人更以我领海为其海军防区，演习驻泊舰队，毫无顾忌，所到之处，丧权辱国事，继之以至，此种情况实世界任何国家所未有。我中华民族虽酷爱和平，但如敌人侵略至不可容忍，不能以和平方式解决时，必拼全民族之存亡以保领土主权之完整与五千年悠久光荣之历史，此所以我们在"七七事变"爆发而燃起了抗战的圣火。但是抗战胜利之后，敌人海军固仍虎视以伺，随时都可卷土重来，所以欲确保此次神圣抗战的胜利成果，彻底消除敌人对我之危害，必须建立强大的海军。

历史启示我们没有"国家保险"无以立国的教训，抗战揭示了没有海军不足以言国防，不足以拒敌的事实，我们应切记这宝贵的教训，勿再蹈历史的覆辙：

我们需要一个大海军！

组织海军义勇队参加太平洋反侵略战争^[1]

佚 名

德意日军事同盟成立后，把太平洋上混沌局势一廓而清，侵略与反侵略两大阵营插上了鲜明旗帜，太平洋上呈现空前未有的明朗气象。太平洋的大时代到临了。但同时也就显示出太平洋大战已经箭在弦上。很显然的，这一未来的太平洋大战不但将是太平洋问题的总结算，同时更将是解决整个世界纠纷的关键。在这一大战中，在客观上，中国无疑的将处于极端重要的地位，因为三年来的中国抗战已大大地增强了反侵略阵营的形势，其愈战愈强的伟大力量已形成了太平洋上反抗侵略势力的主流，因之未来的太平洋大战未尝不可以说是中国对倭抗战的世界化；在主观上，我国更应把握这一大战的时机，负起应尽的职责，因为太平洋反侵略战争的胜利和我国抗战的胜利是一致的。

我们怎样才能把握这一反侵略战争的时机呢？唯有积极准备参加这一大战，在陆上现在我们已经吸住了敌人数百万的大军，一旦太平洋大战爆发，我们就应在各战场实行反攻，吸引住并消灭敌人更多的军力。同时我们更可派遣劲旅攻击敌人在安南的根据地，牵制其南进的行动。但是这一未来的太平洋大战无疑的将是一场以海战为主的战争，所以我国要欲有力地把握大战的时机，就必须要主动地加入太平洋上的海战。那么将怎样参加呢？组织海军义勇队就是加入太平洋大战的唯一而最有效的办法。

海军战斗中固然需要物质力量的舰船，但同时更需要人力的战斗员。我们现在物质上虽然没有良好的军舰，但是在陆上却有数千的海军人员，将这部分

---

〔1〕此文发表于《海风月刊》1940年第1卷第5、6期合刊，作者不详。

海军人员集合起来，组织海军义勇队，利用友军的军舰，会同友军共同作战，其力量实不亚于一个由多数舰艇组成的舰队。

组织海军义勇队会同友军共同作战，在历史上不乏先例可循。即以这次欧洲来讲，法国对德投降后，就有多数法国海军人员参加英国海军中共同对德作战。

我国海军义勇队会同友军作战，必然会受到友军的热烈欢迎，因为在感情上，他们将绝对欢迎这一支反侵略的生力军。在事实上，当战争初期，英美海军中或许不会感到人员的缺乏，但随着战争的延续，大批的新舰将陆续落成，需要大量人员来配备，商船队的不断扩大，又需要多数的人员来增补，再加上战争中人员的损失，都需要大量战斗员的补充，这时新战斗员的训练自然在加紧的进行。但海军人员的造就总跟不上物质建造的速度，所以必然将感到大量战斗员的缺乏，那我国这支义勇队就可以部分地解决了这一问题。

因此在原则上组织海军义勇队不但可能，而且是必要的步骤。然而在协同上事实有没有困难呢？毫无困难，海军义勇队协同友军作战不外两种方式：一是直接和友军混合编制，一是由友军特别拨出一部舰艇专供应用。可能的困难也有两种：一是言语的隔阂，一是技术的差异和落后。在言语上，我国虽和英美不同，但我国的海军人员对英语都经过长期的学习，在有关业务的应用上不会有若何的困难；在技术上，过去我国海军学校不但教育方式仿照英美，即所用教本也都采自英美，只要稍加训练即可打成一片，所以并无差异的顾虑。至于技术落后，也只限于少数的特殊技术和仪器的应用。过去因各国保守秘密，无从学习，现在打开秘密，只要稍经学习和训练，就可迎头赶上。所以无论以那一种方式参加，在各方面都没有困难。

然而在实行上却需要事先有详密的计划和充分的准备，因为第一，目前我国海军人员散布于全国各地及各部门工作中，所以必须加以普遍而详细的调查和统计，对其数量及素质有全般的考察，则一旦应用时始能迅速召集；第二，日后业务的范围和内容必须事先有详细的商讨，商讨的结果将是我们实施组织训练准备的根据；第三，根据业务的范围和内容以及人员调查统计的结果始能将人员作合理的分配，再依据分配的结果才能拟定详密的训练计划和征集办法；第四，须有充分的训练时间。必须完满的做到了这几项工作，海军义勇队才可能由理论成为事实。而这几项工作就需要相当的时间和人力物力，尤其训练一项无疑的是海军义勇队组织中的主要工作，而特殊技术的训练又将是训练工作的中心。但要实施这一训练，在目前我国的物质和人才环境中存着种种限制，而有到国外从事训练的必要，因此更需要格外的准备和较长的时间。在其他海军已建立基础的国家，组织海军义勇队本是轻而易举的事情，但在我国特殊环境之下，却需要在事先作未雨绸缪之计。

太平洋的风云已日益紧急，已不容我们对当前急变的环境再漠视无闻了，而已到了需要我们决策定行的时机。组织海军义勇队直接参加太平洋海战，不但将使我们更强力地把握住这一反侵略战争的时机，加速我国抗战胜利的到来，同时更可以弥补三年来对敌抗战中不能拒敌于海上的遗憾。

太平洋大战前夕我国
海军军人应有之认识[1]　　履　冰

太平洋风云日紧，日本结集重兵于海南岛，华中敌军大部退集上海，南进之举已如箭在弦上。美国积极增强太平洋防务，关岛设防，新洲布雷，英美共同使用太平洋根据地，英美联合制倭之势已成，战机已迫眉睫。整个太平洋上已被低气压所笼罩着，暴风雨转瞬即将莅临了！

本来我们据有西太平洋蜿蜒万余里的海疆，我们才是太平洋上的主人翁。可是因为海军没落，不但不能防卫海疆，还任敌人登堂入室，自己门前的事竟须英美来解决，这在纯海军军人的立场看起来，真是奇耻大辱。但是从另一个观点来观察，显见并不是由于海军军人之怯懦，缺乏勇气所造成的，而是整个国家军备悬殊的问题。只看海军军人在抗战中曾不断地把鲜血洒在炮台的旁边和扬子江的封锁线上，便知道他们绝不吝啬献身在保卫海疆的战争里。但是他们需要物质——武器——坚甲利舰——海军军人不能用七米厘九的步枪与十六时口径大炮决战，也不能驶帆船与战斗舰相冲撞，于是他们只有静悄悄的咬紧牙关，让怒火在心中燃烧。每逢纪念日来临，大街上飘扬着"拥护在蒋委员长领导下的陆空军将士抗战到底"的白底黑字的标语，他们只有静悄悄的咬紧了他们的嘴唇。

愤怒的火几乎要在海军员兵的心腔中爆发了出来。有些人终于耐不住而忍痛离开多年依恋着的集团，投入了空军、陆军，赤裸裸地把火热的心交付了国家。在他们离开海军的前夕，总悲痛地说着："我愿意献身海上，可是船

〔1〕此文发表于《海风月刊》1940年第1卷第5、6期合刊。

呢！""我知道我的责任重大，国家训练海军不易，海疆需要我们来拱卫！可是船呢？"这异口同声的哀呼怒吼，可以代表整个有血性海军员兵的思想！

随着一九四一年（胜利年）降临的都是些好运道，积愤难伸的海军员兵也好受到胜利年所施与的赐礼。英美日太平洋大战的问题在他们的头脑里却不像普通人那样单纯，他们不是准备看戏却是准备去票一角戏，所以他们的心情不是准备去看戏而是准备如何去票如何才票得好的心情。因此我们愿意把这问题提出来大家商榷一下。

平日各国军舰配员多半未及足额，一旦准备战斗他便需要把不足的额数补足起来。同时还需要准备继续的补充，这当然不是个微小的数目。在这种情况之下，如果我们海军员兵组织成海上义勇队参加英美海军中，则我们借用英美的物力，英美借用我们的人力，合力来打共同的敌人，于彼此都有重大的利益。因此这一办法不但出发点绝对正确，而且其结合也是极端可能的。可是有人提出了下列两个问题：

一、我们须有自知之明，以我们科学的落伍，海上事业的没落，许多海上技能都不完备，这样在新型的舰艇上一定会有许多令我们茫然不解的武器与机械，因之在技术上我们能与英美海军相配合吗？同时抗战四年来大部分海军人员都已离开了他们的舰艇，经过如此长久时间的疏离，一旦再回到船上去，一切的生活习惯、作业行动是否还能得心应手安之若素呢？

二、我们海军员额本来就很少，所有员兵的总额也不过万人，现在他们虽已离开了舰船，但仍有许多重要的任务如：沿江要塞的防守，内河水道的封锁等需要他们来担任，还能有多余的人员来参加英美海军作战吗？尤其我们更应注意未来海军的复兴事业，目前的海军人员可说是未来新海军再生的唯一根芽，我们能令其毁灭于太平洋上吗？

很多人具有如上的见解，虽然他们的动机是良好的，但并未掌握到事实的核心而犯了严重的误解。因此，我们必须予以严正的批判，这也正是我国海军员兵一致应有的认识。

从第一点上来说，我们海上技能不足是事实，离开了舰艇日久也是事实，但以一个曾受过十年八年海上教育，度过六年七年海上生活的人，绝不会很快地就同他所学到的事物分家。纵然稍觉生疏，只要略加复习不难迅速恢复，即令学习也比重新训练的要容易得多，何况事实上机械越是复杂，操作越是简单。我们的员兵已经习惯了很复杂的操作，在新的舰艇，新的武器，新的飞机上一经指点操练，定可迎头赶上，岂只安之若素而已。

然而在这大战前夕，我们却需要尽可能的集中海上人员——不限于海军而需以海军为主——加以短期训练学习，使他把以往所学习的重上心头，把从前所未学的注入脑海，一切都有概念以后再回到船上去，当然要容易得多。

再说到第二点，中国海军人员诚然不多，复兴海军的确也属必要，但是参加到英美海军里去作战却不是毁灭而是生长，我们的海军员兵可以在战争的火花中成长起来，健壮起来，新的海军人员也可以不断的加以培植。不然，像现在这样船都停泊在江边，人员都调遣到陆上，海军逐渐在变质了！我们以为这才叫衰老！才是灭亡！说到变质，这儿有个很显著的例子：在他国多半是由要塞部队防守炮台，如在美国炮台均由海岸防御队防守，它决没有从主力舰补助舰上抽调员兵下来担负这项责任的。而我们海军却竟不得不走到这条路来，更有甚者一部分的海军军人竟在担任着地方治安工作，这些事实呈露在我们面前，难道还有人否认海军逐渐在变质吗？所以我们除了必需留下一小部分海军人员来担任沿江封锁工作外，很可以用大部分员兵来参加这次太平洋的战争，在太平洋上打击敌人，即所以为抗战而效力，加速最后胜利的来临。炮台应当由要塞部队来掌管，地方治安应该由保安队、陆上部队来承担。

抗战与建国是不可分离的，战斗与建军自然也有密切的关系。在平时各国军备都有不可告人的秘密，而在战时面对着同一敌人的时候，每件武器的使用，机械的运转，他会不厌其详的教导，惟恐其不会。这种实地的学习，这必要的海上学识，海上技能，在今后复兴海军上占着怎样重要的位置，实在是显而易见的。谁又敢说这是中国海军的毁灭呢？同时在战斗中员兵才感需要，数量才会增加，看到抗战后陆军军官学校大量的招生与海军学校几乎要关门的对比，可以证明这是事实，所以我们始终坚信在参战中海军会继续不断的成长。

非仅如此，我们不但要动员所有的海军，还要发动大量的员工参加到英美工人队伍中去，为他们修造军舰，如上次大战中参战的华工一样，一方面增强他们的战斗力量以击溃我们共同的敌人，一方面还可以从他们那儿学到许多修造船只的技能，以备今后复兴海军之用，真可说得上一举两得，百利而无一害，又何乐而不为呢？

同志们！起来！同胞们！起来！发动我们海上的义勇队，赞助我们海上的义勇队，你看！复兴海军的曙光正照耀在我们每个人的脸上。

海军改变国家历史[1]　　静　海[2]

　　历史如何能改变乎？吾人欲明此义，应研究过去国家之历史。凡一国家势力之消长，历史之改变，海军势力之兴衰，实为国家历史改变之主因，今愿一检讨焉。

　　海军之能改变历史者，于今二千余年矣。溯自雅典（Ahens）与斯巴达（Sparta）之争雄，波斯（Persia）与希腊（Greece）之交绥，罗马（Rome）与凯泰基（Carthage）之竞霸，中古时代回教徒之开疆欧土，十字军之东征亚陆，驯至近代各国之战争，无不以海军之优劣，为胜败之枢纽。纵观历史，惟中古时代海军消息较为沉寂。迨十五世纪，美洲新陆发现，海军更处于重要地位。欧洲各国之拥有海军者，皆得称霸一时，葡萄牙（Potugal）、西班牙（Spain）、荷兰（Holland）均先后耀威海上。自阿马达（Armada）海军之败，而西班牙丧其海权；自法国届拉法而加（Trafalgar）海战之败，而英国海军遂无敌于天下；美国得法国海军之援助，得脱英国而独立；北美藉海军封锁港口之力，得以征服南美；日本以战胜吾国海军及俄国勃罗地海舰队，遂握东亚制海权，而成世界五大强国之一。海军之改变国家历史，兴衰消长，其势力固可忽哉？

　　反观吾国近数十年之历史，中日战争之前，欧美各国无不视吾国为亚洲之主人翁，以其势力实为亚洲各国之冠也。自甲午战败，吾国防地位，一落千丈。当吾国初立海军时，聘英人训练之，评者咸谓其前程不可限□。其时日本

---

〔1〕此文发表于《海光》1940年创刊号。
〔2〕即唐静海。

虽亦从事训练海军，然从未有以日本海军与吾国海军比拟者。迨朝鲜事起，知不免出于一战，于是欧洲各国，始注意两国海军之比较，而权其优劣。研究之余，以为吾国海军人员，论其训练效能，纵不能胜过日本，亦可相与抗衡。惟战舰速度，及炮之射程，则不及日本舰械之新。英国海军专家，曾以是警告吾国，惜当局未能注意，自恃舰巨人众，侥幸一试，不图其竟一败涂地也。

甲午以后，吾国海军，日就退化，当时竟有将残余军舰悉数出售之议，幸朝中老成，坚持不可，其具有远识者，且主张筹款造舰，再图恢复，顾所议未见实行。沿至今日，吾国海军尚不及三十年前之状况。加以近年作战消耗殆尽，虽雏型之海军，亦不可得也。

吾国海岸线长凡五千余浬，内通长江大河，其农牧产品，除自供以外，大可输售外国。以地形及商业而论，均应有充分之商船，而以大海军为之保护。乃航业幼稚，吾人目光对内，尚未计及，无论吾国商品输送外国，或外国商品供给我国，均恃外国商轮输送，历年此项损失，为数甚巨。且世界大航业国，其航业所经，沿途须有安全港口，藉资修理，及取给饮食材料，至交战时期，尤须有军舰护送。故专就保护商船及其航路而言，海军已有建设之必要。吾国初未注重于航业，及强国之道，故海军因而未能建设。然试一思之，数十年来傲业之损失，能无痛心？况因海军势力薄弱之故，沿海领土，被人蚕食殆尽，言念及此，应憬然于海军之于历史有重大关系矣。

吾人再一读日本历史，则知凡欲独立图强之国家，不得不重视海军。日本立国于蕞岛之上，其国防之命脉，固恃有环海为其天然之保护。顾其历经变故，而卒保有独立地位，近且一跃而为世界强国者，其恃人力维持为多。西谚有云：天助自助者。日本对于自助二字，可谓能实践力行矣。惟其能自助也，故天亦助之。去今约七百年前，元世祖大举征日，彼时日本之得以幸脱蒙古征服者，或有天意存乎其间。不料元帝挟中国雄厚之势力，不能征服日本，而数百年后，中国乃为日本所困，此则非天独厚于日本，抑吾国之于人事，固□未尽者在也。

十三世纪初，元世祖甫定中原，而欲东征日本，其时高丽已奉正朔。日本之去高丽，仅一衣带水，元帝以为取之易耳，顾此一衣带水，非藉舰送，元军不能飞渡。于是积五年之力，从事造舰。至西历一千二百七十三年，已成巨舰九百艘，有战士四万人，将乘之以东渡。是年十一月，海上飓风之期已过，元帝即命攻击对马及伊崎两岛。旋复大举在香峙□登陆，侵及内疆，经日本死力抵抗，乃退至海滨。其明日狂风大作，元兵扬帆而遁，中途沉没于海者，约三百艘，士卒之战死溺毙者，近二万人。然元帝征服日本之雄心，不因是而消沮也。又越五年，元代已成一统，而东征战舰，已造成千艘，候命出发矣。然日本方面，则以朝野怵于存亡危急之局，天皇联降敕谕，令全国藩镇弃私怨而御公敌，举国一致，磨砺以须，静待元兵之至。千二百八十年，元帝于中国南部，征集巨舰三千余艘，益以在高丽新造之舰，为四千五百艘，士卒十五万人。命下之日，万帆齐发，乃途中不见日军一舰一卒，及抵岸，亦绝不见有抵御之者。盖日本知元兵初来，锐气正盛，故用坚壁结野之术以困之。是年八月，飓风忽起于海上，为数十年所仅见，顾元兵渡海时，所虑者为风所阻，今已安抵敌岸，陆战为其宿长，故亦绝不介意。不料风势之猛，殊出元兵意料之外，四千余艘巨舰，一时缆断桅折，吹散海面，军心震骇，日兵乃乘机奋力堵杀，元兵归路既绝，士无斗志，得免于战死者，大半亦葬身洪涛之中。其幸能夺舰逃命，驶归高丽者，仅五百余艘，及残兵一万余人而已。计斯役损失战舰约四千艘，士兵十三万余。尚拟为第三次之东征，无如军士一闻海上行役，心胆俱裂，纷纷逃亡，于是东征之望始绝，而元帝亦不久崩殂矣。自后三百余年，日本绝无外患，藩镇势力日强，天皇徒拥虚名而已。斯时巨藩丰臣秀吉（Hideyoshi）雄心勃勃，颇拟西征中国，近之既足示威国内，远之亦可洗元压境之耻。于是一方面造船练兵，一方面欲结合葡萄牙及高丽以为己助，乃葡人表示不愿合作，高丽亦以与中国接壤，虑华人事后报复，故均拒绝出兵。秀吉愤甚，乃决计先击高丽，以士卒二十万人，乘舟渡海。时高丽海上督师者为叶森，乘日舰登陆之后，于海上截击日军之未渡者，三战而三胜之。日兵之登陆者，后援遂绝。其陆续由日兵运赴前线之粮秣，亦皆为高丽海军所截获。叶森乘胜东进，遇日兵后援军十万众，方渡海而来，又一战而胜之。其已经登陆之日军，虽屡战屡胜，卒因后援不至，粮秣断绝，锐气顿消，益以饥寒交迫，无能为役，纷纷退至海滨。秀吉经此次挫折，乃改用外交政策，一面结欢于高丽朝贵，一面力造军舰，以图再举。

秀吉自败于叶森后，专意结纳高丽朝贵，谮叶森于朝，而夺其兵权。此计既隽，乃复兴师攻高丽，战于海上大败之，高丽震恐，复起用叶森，任事未久，秀吉已卒，遣命撤回征西之师，叶森乘其退兵时，率舟师击之，然叶森亦于斯役阵亡焉。

日兵用兵高丽之役，毫无所获，徒丧军舰数百艘，舟师数千人，至其经济上之损失，尚不止此数也。但因斯役，日本于军事上，颇增阅历耳。自时厥后，二百五十年，日本严守闭关主义，除曾一犯台湾外，对外未尝有一矢之遣。直至千八百九十四年，而日本出幽迁乔之历史，乃自此始。

日本人者，富有记忆力之民族也，□经一次挫折，历久而不忘。是时距称兵高丽，已历三百年矣。然犹鉴于当时，所以致败之由，用能悉反从前战略，以成大功，其所以致胜者，悉由于先发制人之故。盖环海虽为天然险要，但敌兵既达国境，则险要已失，故必于海上击毁敌人实力，始足措国家磐石之安。然则舍有充量之海军，能拒敌于领海之外者，盖无他道矣。

美国海军中将巴拉德（Ballard）著一书曰《海权与日本历史之关系》（*The Influence of the Sea on the Polical History of Japan*），其言曰："当十七、十八两世纪中，倘日本藩镇不取闭关主义，而耀兵海上，一如今日所为，吾知远东局势，决不容欧美人插足其间。当时日本如有杰出之强藩，大事训练海军，佐之以相当陆军，吾恐太平洋西部一带群岛，今日属于荷兰及其他欧美各国者，均已属之日本。即澳洲与印度恐亦不能为英国所有。盖在十八世纪时，欧洲各大国相为仇雠，设在远东与日本启衅，无论何国，决不能联合他国以为助。若欲以一国海军之力，与日本争雄于远东海上，吾知其力必有不逮。即英国海军自命占世界第一席者，恐亦不能舍其欧洲之敌人，以与日本争取印度之主权？果尔，则远东今□局势，能否容欧美国家占有统治权，诚属疑问矣！"此言颇有见地，假使吾国于十八世纪，亦有强大海军，东亚不为吾国之东亚乎？日本自高丽之役后，闭关自守，直至千八百五十三年，美国海军驶入横滨港中，强迫日本与世界通商。其时美国作战舰械之精利，与日本相较悬殊。因二百年中，日本舰械初未随世界潮流有所改良故也。然日本自经受制于美国后，逐渐组织海军，力图自强，不及三十年，其力已足与吾国想见于海上，亦可见有志者事竟成也。

日本与吾国关于高丽之交涉，悬案甚久，至千八百九十四年乃用武力解决。当交涉未径破裂时，日人曾详细调查吾国陆军之实力，知吾国绿营军士，不能有为，即使有舟师可以载渡黄海，亦不能与其国之新兵，较一日之短长，况并无舟楫济之以渡耶？然日本鉴于昔日高丽之败，决计先从海上作战入手。盖非是则吾国陆军纵不能侵其国土，而彼国陆军欲来大陆者，必将为吾国海军所阻。职斯之故，日本政府于宣战后，即令海军遍搜海上，遇有吾国军舰，即迫令交绥，结果日本海军果获全胜。于是彼军登陆之阻碍尽除，得与吾国陆军较量实力矣。

当中日宣战时，欧洲各国以为日本决不能善用新式海军以作战，迨中日之役，七阅月之间，日本所具成绩，足破欧洲人之迷梦。自战胜后，已具有世界新国家之资格，且其国人不因胜而骄。举国青年，对于作战机械上之研究，均引为一己之责任。从此根基日厚，进步益速，虽在经济极困难之时代，于海军经费，不惜筹措巨资。其得据世界海军国之第三席者，非偶然也。英国以海军先进国地位，在他国鲜有设军事代表者，乃于中日交战之年，遣陆军上校蒲雷（Boulay）在驻日使馆为军事代表，继而同日本缔结攻守同盟之约，其重视日本有如此者。

不久而有日俄之战，此役尤以海军为重要，盖俄国海军夙号精猛，如能在日本登陆，其危孰甚。故日本之第一防线，厥为海上，万一海军不足以御俄，且有亡国之虞。所幸海军获胜，国势遂益强。至日俄何以启衅？日本何以能胜俄？当再述之。

俄国壤地之大小，与吾国相同，然与吾国有不同之一点，即俄国决少出海口岸是也。其极北、极东、极西三部虽有口岸，然冬令不免于冻塞。其惟一向南之不冻门户，为黑海之他大尼里（Dardenells）海峡，顾其锁钥掌之于国际委员会。交战时期，军舰不得由此出入。故其在远东领土虽大，然一交冬令，动作不能自由。夫俄国之版图，实占欧亚西洲强半，然于此两大洲中，无一地可为海军之基本港者。以一大国而据此环境，其欲得一滨海之地，以便其军舰商船之出入，固属人情之常。俄国之外交政策，其惟一不变者，即愿达此目的而已。大彼得于尼瓦河（Neva River）口造成圣彼得堡都城后，即在欧洲开一门户之成功也，继大彼得而起者，皆欲在亚洲亦开一通海门户，以竟先帝之志。十九世纪中叶后，亚洲沿海各国，惟中国最弱，欲求出海途径，非假道中国不可。夫海参崴口岸，非不佳也，顾不能免于冰冻。故其势必南向而达于黄海，其目的所在，为辽东半岛。千八百九十八年，乃以武装交涉，向吾国租借辽东，包有旅顺天然之军港。然徒有旅顺，尚苦道远不利行军，于是又用恫吓政策，向吾国取得敷设铁道之权。自旅顺达海参崴，与西比利亚干路接轨，自是而自西徂东之道通矣。嗣后俄国乃大举造舰，以本国之造船厂之不敷供给也，复求之于外国，每一新舰落成，即驶旅顺以厚其远东海军之势力。当二十世纪初，地中海迄东之海军，虽英国亦不能优于俄，斯时俄国固已踌躇满志矣。

吾国拳匪[1]事起，俄国又有所藉口矣。俄国欲得我东三省为其极东属地，蓄志已久，特苦无所藉口耳。日本战胜吾国后，骎骎乎将执远东之牛耳。俄国早已侧目而视，苟取东三省入其版图，不但拥有绝好之通海门户，且能于其地训练陆军。既得其地之天然出产物，复可举本国出产区域相连，供给无虞匮乏。不特此也，俄国据有辽东，日本即不得在辽东称雄。况以俄国之历史上习惯判之，必可收高丽为属地，否则亦断不听其归附日本。盖俄国如与日本交战，无论其在海上陆上，若高丽不附于己，殊为心腹之患也。然此为俄国一方面之计划耳，至日本方面，则凡俄国所利者，均为己之不利。纵使高丽不附于俄，然东三省若在俄人掌握之中，则卧榻之旁，他人鼾睡，日本讵能高枕？故当俄国极力向东扩张势力之时，日本知我国力不足以拒俄，尝直接与俄人折冲，顾屡次商榷，终无双方图满之策，于是交涉破裂，而战争起矣。但日本兹役，大有孤注一掷之势，万一海军不能取胜，不独增长远东之势力，俄人并得随时侵入日本，危险之巨，较诸三百年前元兵压境时，殆有甚焉。

但俄国作战效能，远非日本之敌，其海军历史上，虽曾有其光荣之段落，顾自一八四五年俄人滥用海军，将其黑海舰队沉没海中之后，其国民对于海军，已丧失其信仰。自后四十余年，当视海军可有可无之物，故虽欲于太平洋岸，占一优异地位，而未能于海军力求改良。圣彼得堡当局，以为海军者，不过一种装甲之巨舰，设官兵若干人，司巨炮之射击而已。徒以世界大国，莫不有海军，俄亦大国，故不能不造舰练兵，以崇国体。其水兵大部取材于内地之农夫，于军舰初无感情作用，一切工作，视为一种强迫之服务。其舰上官佐关

于训练之精神，亦□□于懈弛。以此等海军人才，欲以抵抗日本，识者早抱隐忧矣。开战未久，日军已于辽东登陆，俄之执政者，初犹冀海军在海上获胜，盖日本军士兵不仅军若败，战事斯不成问题矣，顾日本亦非易与者。其当局明知斯役成败，全恃海军之能否争先决胜。海军败，则运兵运次亦须困之于港内，使其不能在海上活跃，乃有战胜之望。

陆海军协同作战在
中国抗战上之重要性[1]　　张振育[2]

予作此陆海空军协同作战之重要性，乃依据海军现况。"八一三"抗战以来，关于陆海军空军协同作战之实况的考察，及今后陆海空军有协同作战之必要，及海军之使命，并未涉及陆海空军之一般的数字上的研究，类如掩护登陆输送军队等。

陆海空军协同作战之使命，在使海军能攻击海军，掩护陆军侧袭邀击，与空军协同控制敌方，以掩护我陆军攻守之得势。

今国家海军已成空名，有海军人员之存在，已无海军之实质与力量。但反观敌方，其海军之活跃而裨助于陆军之进展者为何如？沿海无论矣，即以我狭僻之长江粤江，犹能利用其海军之活跃，与陆军以节节之进展与占据之机会，使中国海军人睹此情况下，不能不为之汗颜，尤其使我政府处此境地，更不能不为海军作一深长之注意也。

一、"八一三"抗战时在上海

"八一三"抗战时，姑不论我国在上海陆军之配备，及敌人在上海图谋已久而设之根据地为何如，即以海防论，我国尚有吴淞口炮台，及在浦东所有控制敌舰之陆炮，而我海军方面，尚有"海圻""海琛""海容""海筹""宁海""平海""应瑞""逸仙"等八舰。其四吋口径以上之主炮，统计七十余门，

---

〔1〕此文发表于《海光》1940年创刊号。
〔2〕张振育，毕业于青岛海军学校第一届航海班，曾任东北海军"海圻"巡洋舰水兵第二分队副长。

战斗力不为不强。假使在"八一三"抗战时，将各舰集中在黄浦江心以威胁租界敌人或未必敢在上海挑衅，即使衅端既起，只要一小时工夫扫平租界。虽然敌人纵有再大再新再多之军舰于狭窄之黄浦江上，亦毫无用处。况我尚有吴淞口炮台及浦东陆炮遥为之掩护，敌人必难操胜券。使淞沪无激战，则敌必另寻海岸而登陆，其困难为何如？即不然，淞沪之激战起矣，使我海军能有新式之小战舰两只，出江阴以邀击敌舰牵制敌海军，使不得安然以掩护陆军进攻，与输送其军队，以绕袭我陆军之侧背，其有助于我淞沪之抗战又为何如？所以海军者，系有游动性，强大之战斗武力，自必用海军以抵御之。虽然，我敌海军之吨数相差悬殊，然而在长江内之有利地势作战，亦增强我海军力量若干倍也。惜乎淞沪抗战，仅有陆空之协同动作，而海军不与焉，实一大憾事也。

二、十二月十一日[1]在南京

因上海之退守，敌军直扑南京，已抵尧化门，激战甚烈。然而当是时，由龙潭、栖霞山以至南京乌龙山一带沿江岸十里内，无敌军一兵一卒。予斯时尚在栖霞山江面，所以目睹甚详。当时我江北岸尚有大部陆军扼守，使当时我国能有海军少数之轮艇，由江北以输运军队过江，而得遥击敌军之侧背，南京之失守，或未必如此之迅也。此其一。

在十二日上午，敌方仅有四只白皮小破船想系打渔船之改装者，驶抵乌龙山下游封锁线附近。因天微雾，敌亦未敢直前，乃转舵回航，遂为我要塞守备队之第二大队一部，用由"海圻"舰拆下之四公分七小炮六门，预置于江北岸划子口者，邀击数十发，敌第二舰当即沉没，余遂带伤而逃。次日晨，敌乃派飞机十二架，将划子口炸平，炮位尽失，然是日乌龙山之要塞炮，及八八高射炮均安然无恙。而要塞炮犹在，竟日向尧化门及汤山一带遥击敌军也。使我海军当时有小军舰数艘于乌龙山至南京一带之江面，既可掩护封锁线之安全，复可以掩护陆军之过江，损失或不至如是之奇重。

---

〔1〕指 1937 年 12 月 11 日。

三、十二月十二日〔1〕在大胜关江面

十二日下午，予由江面向芜湖进行，抵大胜关附近，见江北岸之激战甚烈，经探讯始知敌人已于十二月九日由芜湖过江扑向津浦路。复见江面上流下被敌击破之风船两只，经曳获讯及船上受惊骇极之某师医官言，前方江面有敌汽艇约百余只，系由芜湖运兵过江者。予因不能通过，乃遄返而行，已复抵浦口，将予所乘之小船，交与某师之萧旅长接应过江。至今思之，南京失守之原因，并不在尧化门方面之正面冲突，乃纯系敌军由芜湖过江以攻向津浦威胁所致耳。使当时我海军能有小艇十数艘游弋于芜湖至南京之江面，非但可以协助我陆军以击敌，并敌军安有由芜湖过江之机会也。回思往事，殊憾事也！

四、十月二十五日〔2〕在武汉附近之葛店

十月二十四日前，敌舰因受我白浒山八八高射炮之控制，不得向葛店江面近逼，时公路正面之我五五师，尚可节节抵抗，复能据守于葛店东五里之阵地处。敌军以不得急速进展，乃用小汽艇数十沿江上驶，由观音山前四千公尺之江岸登陆，袭击我五五师阵地之侧背阵地，遂至不守，要塞军遂致被围。使当时我海军如亦能有小汽艇十数只，在要塞掩护下游弋江面，敌军必不得在观音山前登陆，阵地尚可支撑，要塞部队或不致被围。夫以部队据守江岸，而扼敌军之登陆则至为困难。何则，江岸绵长，全线守之则兵力不足，分处守之则无以应付游动之敌艇，彼遂得乘虚而入也，莫若亦装小艇于江面上游动而防之，此所以必海军而控制海军也。敌人陷葛店后，军舰尚未敢向武汉进驶，仅用其极轻快之小汽艇搜索江面，并遥袭我两岸之退军，此均能为我海军小艇在江面所得扼击者。

五、陆海军协同作战之在洞庭湖

洞庭湖西岸君山以南一带，沿岸水线滩多，敌军舰不能临近航行及碇泊。敌人自占据岳阳后，屡欲向对岸窥探，企图登陆以向湘西，故每次均用小汽

〔1〕指1937年12月12日。
〔2〕指1938年10月25日。

艇试探，并攻击洞庭湖岸。长百余里之遍布防地则需用兵力甚众，如不能全线布防，则敌艇即可窥虚登陆，此鄱阳湖德安一带之所以失守，而洞庭湖之所以宜防也。盖以敌艇移动甚快，虽载极少之兵力，瞬间可转趋数处攻击，使我军虽配备十倍之兵力亦防不胜防也。使我国军亦能善用海军配备以装甲之小轮艇游弋洞庭湖沿岸所谓以海军而攻击海军，则陆上所配备之防御兵力可减少若干倍，敌海军虽强，将无以逞其能力也。洞庭湖防御既强，于南岸之安全可保矣。复次，若更以小轮艇而携带一二鱼雷，乘暗亦可以攻击洞庭东岸岳阳一带之敌舰，或不无补于湘北之作战也，谁谓我海军无用耶？

六、陆海军协同作战之在长江

洞庭湖口抵沙宜一带之长江，为湘西之北壁屏藩，为川江伸展之交通线，能保守此一段长江，则南通湘赣以入浙闽，北联荆襄而趋皖豫，进可以为攻，退可以为守，则此一段之长江，其关系抗战之前途甚巨也。然汉宜被破坏后，敌人欲攻宜沙，势必仍循长江，舍此无□□线，是此一段之长江，不啻为敌我之所必争也。敌在必争，我则必守，是又不能不利用海军以作此一段长江防守之新□划矣。

过去沿江战争，敌人率以陆军为主以海军为从，即其陆军已抵达某一江岸，海军始陆续上行。然而有时陆军不能攻下我沿江阵地时，则海军又从而掩护登陆，从而威胁之。若使我陆军能抵抗敌陆军，海军能抵抗敌海军，则敌无由进展矣。换言之，使我海军能抵抗敌海军，则敌陆军虽胜，亦无由进展。我陆军能抵抗敌陆军，则敌海军亦不敢贸然上驶，是我海陆军之协同运用，更不能不彻底以为之研究矣。

以我弱小之海军，假如敌真沿长江进犯，果将何策以应付之？夫海军固弱也。然我以处上游之势，亦未尝无方法耳。使用装甲小轮艇，并设法利用鱼水雷，敌势虽强，终将不得其逞，甚愿我政府集中海军人才，以作彻底之研究，而施行之，终必有以制敌之策也。

海军国防论[1]　星　德

一、何谓国防

甲、国防的意义

什么叫做国防？国防就是国家自卫的武力，凡为保卫国家安全而用兵，叫做自卫，否则便是侵略或黩武。国防的目的既为自卫，那么凡超出于自卫的武力，都不能称做国防。——虽然今日并世许多侵略者，穷兵黩武而口称自卫，但他们所口称的自卫是假的，是掩护其侵略野心的烟幕。因此它们所肆言的"国防之需要"，实际乃侵略之代名辞。总之一句话，凡非基于国家真正自卫的需要，不得称为国防。

乙、国防标准

然则，一国建设国防的标准，应该如何呢？我以为必须依照该国的自然环境，以及假想敌而定。换句话说，一国的国防建设，必须切合其国情。

举例言之，凡一位住居大陆土地广袤的国家，必须有相当数量的陆军，才足以保卫其国土。一个有深长海岸线，而国外贸易发达的国家，必须有相当吨数的海军，以防卫其绵长的海岸，并保护其国外贸易。此外必须有相当的空军建设，才能保障其领空权的巩固，也是同样的道理。——凡此，都是自然环境所给予它的国防标准。

还有一个建设国防的标准，那就是假想敌的确定。

我国先哲有一句话说："无敌国外患者国恒亡！"这句话的意思，不仅在

---

〔1〕此文发表于《海军整建月刊》1940年第1卷第9期。

昭示国人要朝夕惕励，而在军事的目光看来，就是说一个国家，必须确定其假想敌，而使其国防建设有所依据。

严格说来，一个国家既在地球上占一位置，绝对不会缺乏假想敌的。因为地理经济商业交通的关系，或历史的恩怨，种族的纠纷，使得地球上每一个国家，或多或少或轻或重，都有其假想敌国，而事实上疆土相接或距离紧密的邻国，每每成为自然而然的敌国，如中国之与日本，德国之于法国，其例不胜枚举。

有了假想敌，国防建设自然有了标准。如假想敌是在陆上，则自己的国防重心自然在陆军；如假想敌是在海上，则自己的国防重心自然在海军；如假想敌是一个空军优势的国家，自己的国防一定要建设空军，以资防卫。有了假想敌，我们不仅找到了国防的重心，并且获得了建军的比例和数量。立国之道，陆海空军是缺一不可的，但其相互间的比例可不同，而且事实上亦不能相同，其间的比例究竟应以何为标准呢？那就要看它的假想敌如何了。由于假想敌的关系，宿命的使一个国家成为陆军国，海军国，空军国，使它的国防重心置于陆军，海军，或空军。又每一国的建军标准，军备实力，恒以其假想敌为准。其数量总以能抵抗其假想敌，力足自卫而后可。

丙、国防重心

以晚近的军事趋势言之，一国国防的重心，不在设防，而在建军。

国防的目的在自卫，自卫在军事上是一种防御，要讲防御，自应利用天然形势的山川险要，如陆地的要塞、森林、川河、山岳、防御工程等，海岸的军港、炮台等，以及一切消极或积极的对空防御。但这些仅是守势的防御，我们讲究国防，守势的防御固不可忽视，攻势的防御尤不可不注意。因为近代战争火力之猛，攻击力之盛，消极的防御往往不敌旺盛的攻击，这次欧战德国以闪电战略终于击破法国之坚强防御，即其明证。唯有攻势的防御，才是有效的防御。如何而能作攻势的防御呢？惟有建军。因为有了军队，我们才可以冲入敌境，作攻势的防御。有了海军，才能袭击敌人的舰队于外海，有了空军，才能飞到敌国去轰炸作战。防御工事是死的，是被动的，军队是活的战斗力，是积极的。所以今日言国防，必须明白攻势的防御，才是有效的防御。

二、海军与国防

甲、有海岸必须有海军

有海岸线的国家，必须有海军，这是不移的名论，也是单纯的常识。中国有海岸线二千八百余海里，所属岛屿尚未计算在内。中国既有如此绵长的海岸线，所以中国必须有海军。

我们不必提起"Covern Sea Covern the World"或"具备有最大海军的民族，就是最能指挥世界的民族"等言语，因为我们并没有统治全球的野心，也没有指挥世界的欲望。我们需要海军的目的，为的是防御，为的是自卫。

英国的海岸线最长，殖民地又遍全球，所以英国应该是一个大海军国。中国不比英国，中国的国外贸易亦少，所以我们无须像英国那样的大量海军。我们所需要的海军力，只要足够防卫我国这近二万公里的海岸线而已。此外，中国在海外有华侨一千一百万人，这些人离开了祖国，失去了祖国的保护，惟有我国建立了相当数量的海军，才能够使这些海外同胞得到精神的安慰和实力的保护。我们倘使没有海军，难道可以用陆军或空军蹚海去保侨吗？再退一步言，我们即使将这些生活在海外的黄帝同胞置之不顾，但为了保护我们的海岸，我们仍旧是需要海军的。

乙、空军不能代替海军

陆海空军，各有其独特的性能与固定的任务。空军之不能代替海军，正如海军之不能代替空军一样。

许多崇拜空军的人，看到今日飞机威力的进步，空军地位之增高，便创为空军万能主义，说道："海军的时代已经过去了，今日是空军的时代，有了空军便可以代替海军，今日而再迷恋于海军的力量，实在是时代的落伍。"

但是，海军的时代果真已经过去吗？空军果真可以代替海军吗？恐怕是无稽之谈罢！

不错，自从有了空军的出现，尤其是轰炸机突飞进步的今日，空军对于海军确是很大的威胁。直到今日，空军与海军孰强的问题，仍在争执之中而得不到结论。飞机对于军舰的威胁，确是一天天增加，但说今日控制海洋的力量，已从海军手里移交了给空军，实在是一片胡言。当前的英德战争便是一个代表，英国的生命线建筑在海军，德国则思用大量的空军来征服它，但世界海洋尤其英吉利海峡的控制者，显然仍在英国海军手中，而不在德国空军手中。——这就是说，空军不能代替海军以取得海洋的控制权。

原来海军力弱的国家，暂时利用优势的空军，以补海岸防御力之不足，这是极有效的。因为敌舰来犯时，我以空军轰炸之，确可收十分的效果。但这仅是一时的权宜之计，而非国防的根本计划。况且海军的效用，决非仅限于海岸的防御，而要邀击于外海，经常的海军任务——海战及控制海洋，决非空军所能胜任的。我们今日没有海军，许多人想抄近路，取便宜，建设空军以代海军。空军固然需要，但海军也不能忽视，我们暂时以空军来补海军之不足，固未尝非救急之计，但总非国防根本大计。国防的根本大计，中国必须建设海军。

拿这次抗战来说，空军不能代替海军明甚。倘若敌国只有空军而无海军，试问他们的陆军如何渡海而来，他们的空军又如何依赖海军为根据，缩短其飞行航程？又我国如有海军，我国的空军飞炸三岛，一定比现在的航程较近较便。所以总括一句话，陆海空军在国防上相互为用，在军事上相辅而行，如鼎之有足，缺一不可。据此，可见空军是万难代替海军的。

丙、海军的价值

建设海军，需要巨款，看起来建设海军好像是最不经济的。实际上建设海军最经济——需款虽巨，效力也最久。在陆海空军中，海军最长寿，陆军次之，空军又次之。一条船，至不济也可以用个二三十年，但一架新式驱逐机，飞过一百小时便成为废物。所以一个海军优势的国家，常能保持百年的繁荣，陆军只能保持十余年，空军只能保持数年而已。英国便是一个例子。英人以商业起家，最重计算。英之重视海军，固基于地理上的原因，但海军的寿命最长，也是英人经济的着眼点。百年以来，英国在世界的地位始终未衰，不可谓非得力于其世所无敌的海军。

前面已经说过，海军优势的国家，可享百年的繁荣，陆军则如何？世上可曾见占优势达数十年之久的陆军国？空军更不必说，基于航空工业的发达，飞机的进步真是日新月异，因此也没有一个空军的国家，能占优势达五年以上。战后的法国，一直到五年以前，举世推为第一个空军国，然而这次的战争如何？法国的空军，给新兴的德国空军屈服了。今日的法国如此，来日的德国又何能逃此命运？一个国家，一时有了千万架新式飞机，很能称霸于空中，但不过二三年工夫，这千万架飞机便落伍了，用之无效，弃之可惜，这是空军国家的悲哀。

海军的价值，不尽在效力的久长，同时在平日和战时，海军也有其独特的性能与特殊的任务，非陆空军所能胜任的。

海军平日的任务，为保护渔业和航业，协助海外贸易的发展，保护侨民，控制领海。海军战时的任务，在攻击与防守封锁洋面，协同陆空军作战。凡此特殊的任务，不问其在平日或战时，都只有海军才能担负，而非陆空军所能代替者。有了海洋，便一日需要海军，有海岸线，更需要海军，谁说海军的时代已经过去了呢？

海军的任务若仅限于内海沿岸的防守，则其任务或可由空军或要塞炮台等补助之，代替之。但海军的基本任务，不在防守沿岸，而在出海袭击。唯有攻势的防御才是有效的防御。试问没有海军，如何在海洋上作攻势的防御呢？

明人杨溥[1]论海战说："鏖战于海岸，不如邀击于海外。"明翁大立[2]也说："海防有三策：拒之于海外，毋使入港为上策；却之于沿海，毋使登岸为中策；迨至登陆而图歼之，是为下策。"可见一国的海防，舰队实为首要，无海军，即无海防。

三、我们需要海军

甲、恢复海军

我们今日的要求是：我们需要海军。

诚然，复兴海军需要一笔巨款，但世界各国的军备，没有一国不是从人民节衣缩食中得来的。这两年，我们不是听够了人家"不要牛油，只要大炮"的呼声吗？为了国防，为了安全，我们全国上下，必须下一个宁可挨饿，复兴海军的决心。当然，今日在抗战时期，国家财政困难，复兴海军一时难于实现，但计划不可不有，规划不可不早，尤其全国人民对复兴海军的热忱不可不具。

---

〔1〕杨溥（1372—1446），字弘济，明湖广石首（今属湖北）人，建文进士，任编修。永乐时侍皇太子，官至洗马。后因太子遣使迎帝太迟，下狱十年，仁宗即位后释放，任翰林学士。宣宗即位召入内阁，官至礼部尚书。英宗初年，进武英殿大学士。

〔2〕翁大立（1517—1597），字儒参，余姚人，嘉靖十七年进士，累官山东左布政使。明中期为治水功臣。曾有"江海间飓风鼓浪，舟舰战卒，悉入波流，海防可虑"之言。

乙、建设新海军

十年前，当国民政府奠都南京的时候，总裁即有复兴海军的决心，曾手订建设新海军六十万吨的数目，约当那时日本海军三分之二的兵力，预定十五年内完成。但因国家多故，是项计划，终未实现，及今思之，殊属隐痛。倘若这个新海军计划能早日完成，或完成一半，那么这次全国抗战一开始的时候，我敢说战局的发展必完全改观。

往者不谏，来者可追。此次战事结束后，第一步必须促成这六十万吨海军计划的实现。第二步，我们要把中国海军扩充到一百万吨——包括主力舰、巡洋舰、航空母舰、驱逐舰、潜水艇、鱼雷艇、各式炮舰等。我国有海岸线二千八百英里，在海外有华侨一千一百万人，我们非建设一百万吨的海军，实不足以保海防的安全，护华侨的安全。

除掉吨数之外，我们还要确立海军的军制。海军的教育，本来最繁重，海军的一切章则制度，也有其特殊的风格，而与普通不同，我们必须把海军的军制确定，尤其关于国民兵制，必须运用于海军方面。今日我国兵役法已颁布，国民兵役制度已实行，那么凡及龄壮丁，视其气质，或听其兴趣，令其一部分入伍海军，造就伟大的海军人力基础。必须使中国青年，容易入海军之门，并且养成崇拜海军的心理，然后中国新海军的建设，容易成功。

除掉军制以外，还要造成中国海军的特殊风格，亦即海军之军风。一国的军队，必须有其独特的风格，而后才能自立于世界。中国海军的风格，就是中国海军的特殊精神。甲午战争前，中国海军徒具形式，缺少精神，以致失败。今日我国建设海军，断不可徒具形式，必须着重于精神训练，有了独特精神，才能创不世的功绩。中国海军惨淡经营，从艰难困苦中长成，必须养成智仁勇信严的武德，以及精神重于物质的信心，蔚为中国新海军的特殊军风，我国的海军建设才算成功。

丙、军港及其他

中国海防的重心固在海军（即舰队），但沿海岸及岛屿上一切物质的军事建设，亦不可忽视。因为这不特是防御的工具，而且也是海军出击或守御的根据。

总理在建设方略的物质建设中，将中国沿海的海港，详细规划。何者为军港，何者为商港，何者为渔业港。总理虽是一位大政治家而非军事专家，但他的一部实业计划，实在就是一部国防计划，尤其是海防，他虽规定沿海许多商港及渔业港，但其着眼点却完全在国防。我们今日讲海岸防御，必须遵照总理遗教，将沿海港湾建设起来。

打开中国地图一看，由北而南，为朝鲜半岛、琉球群岛、台湾、澎湖群岛、东沙群岛、西沙群岛、海南岛，这些岛屿可称为中国海防的外卫。旅顺、威海卫、连云港、吴淞口、崇明岛、舟山群岛、象山港、三都澳、厦门、南澳、香港、澳门和广州湾，这些港湾，是中国海防的内卫。过去因为条约的关系，我们海防的外卫，都被人家攫去，反成为敌人对我的包围圈。我们海防的内卫线，也因为政治的关系，破碎不堪，主权凌夷，或不准设防，或解除武装，以致弄到今日门户洞开的地步。抗战胜利后，我们必须整理内线海防，收回外线海防，建筑军港，巩固海岸。这样，不仅可作防御的补助，并且可使我们的舰队，获得安全的根据地。海军缺乏根据地，正像空军失去了飞机场，是无法安息，也无从出击的，所以建设军港及其他要塞炮台等，也是一件不容忽视的事情。

海军之建设[1]　　陈绍宽

凡一国军制军备之配设，必视其环境情势与国防需要，随时代而演进。吾国通商以还，门户洞开，外国舰轮任意游弋，靡特领海之内防务难周，主权丧失，即各地内江，亦已藩篱尽撤，外侮纷乘，益以霸海政策，挟军力为后盾，列强积极造舰，作竞争政治、经济之工具，勾心斗角，日趋新异。国际状况既有变迁，则国防计划，亦不能不因之改进。居今日而言国防，舍振兴海军不为功，无如吾国人对于世界潮流，素乏研究，犹抱从前闭关时代陆主海从之传统观念，仅知西部边界通陆，而不知东部边界通海。然细考世界历史，近世纪各国之兴衰，均以海军之消长为枢纽，即吾国前此所云长城天堑，亦早失其根据。水师之制，并已逐渐扩拓，由江河推及于海洋。远于元代至元之际，广造战船，远伐大洋，分赴日本、琉球等地。明代兴造新式兵船，广船、沙船、福船等之别，均为战备利品。洪武间，出海至琉球洋获倭兵船；嘉靖间，张经、俞大猷、戚继光等，先后以舟师击败倭寇。永嘉时且命郑和率带舰船，出巡南洋。近于前清之季，创办海军，造舰制械，彼时俱谋国之远识者，即知海疆在国防上之重要。民国成立之始，军阀窃柄误国，毫无国家观念，故对于国防基本之海军，漠置不理，甚至加以摧残，以致海军方面历来建设方案，未由实施。顾或谓吾国非岛国，且无侵略野心，小海军即可保守，岂不知吾国系滨海国家，海线绵长，防区广大，欲求国防之巩固，既须有大规模之海军，方足以资控制。即平时绥靖江海任务，亦非少数舰艇所能敷用。此外，保护航业渔

---

〔1〕此文发表于《海军建设月刊》1941年第2卷第1期。

业，巡慰海外侨胞，以及友邦访聘等，无一不海军是赖。□有不察国际趋势，国防原理与攘外安内之必要方针，往往以肤浅之见解，为不负责任之言论，国民知识幼稚，为所欺蒙。观海军若秦越之肥瘠，军力不充，国防不固，乃为侵略主义国家所觊觎，而酿成今日之战局。经此次中日作战教训，始恍然于我无进取之心，不能禁人无侵犯之举。外国所谓海疆保守，乃有充足力量之保守，能战而后能守，亦为吾国军学家之要诀。赤手空拳略无抵御之具，安足成防守之功。国父撰《战后太平洋问题》序，曾云"太平洋问题，关系我中华民族之生存，国家之命运，争太平洋之海权即争太平洋之门户权，人方以我为争，我岂能置之不知不问"[1]。故以保守政策为不必发展海军武力者，见解十分错误。英国尤以海军问题为国家存亡关头，国防方面，首重海军建设，其军舰之吨数，为世界冠。前次欧战，即以海军封锁德国，卒获制胜。此次德以闪电战攻英，意又加入战团，英赖有强盛之海军力，始克维持其地位。即与我为敌之暴日，其初海军本甚薄弱，自西历一八五三年美国军舰驶入横滨港中，强逼通商，暴日受此激刺，竭力经营海军，不久而成强国。日俄战役以后，敌人海军历史益形扩张，遂欲独霸西太平洋，危害我国家民族之生存命运。美国虽欲维持国际正义，出而制裁，仍以敌海军力量不弱之故，未遽发动，其他各国，亦各视其□防之情况，建设海军。国力不同，军备遂判。国父高瞻远瞩，洞烛几先，是以民族主义第五讲，对于列强海军战斗力之比较，郑重申论，深以吾国之防力不足为虑，所著《国防十年计划纲目》中，发展海陆空军各项计划，以海军列首位，举凡兴办各地军港，建造海军舰艇，训练海军规划，组织海军标准，制造海军新式兵器，操演海军攻守战术等，均视为国防大计，条列精详，固以明示吾人以海军建设之重要。总裁提出十七年第二届五中全会之军事整理方案，主张根据国防计划，实行海军新建设。"咸宁"军舰下水时，又云："要挽回国家权力，预计十年后，建设六十万吨海军。"默观古今中外历史，并证以国父与总裁前后训示，可知海军为立国基本。其不以海军建设为急务者，于世界大势茫然罔睹，不啻井蛙窥天，抑且未将国父遗教、总裁立言要旨，详细寻绎而自忘我国家民族所恃以竞存之主力也。至海军建设计

---

〔1〕参见《孙中山全集》第五卷，中华书局1985年4月版，第119页。

划，应本建设方针、设防策略而言，吾国海岸线约二千八百海里，且以江河湖水道繁杂，多占重要位置。欲维江海治安，外海方面，须设立南、北、中三区舰队；内江方面，须设立长江、珠江两区舰队，此外并应另组练习舰队，共六舰队。舰艇构造，专以国防自卫为目的，战斗舰尚在其次，而巡洋舰、驱逐舰、潜水舰艇、鱼雷快艇、炮舰、运输舰、测量舰等，均须从速分别配置，限期观成。海军缔造以来，初则清廷不纳先正之忠言，并挪动海军专款，以供娱乐、建筑，继而民初军阀专政，罔识大计，任海军方面之若何建议，充耳不闻，一误再误，致无伟大建设。前海军部复兴期内，虽经节省饷糈，埋头苦干，而按之原定计划，相去甚远。当二十六年"七七"抗战之始，舰艇仅五十九艘，计五万余吨，尚有年龄已满者在内，实力本属有限，再经此次壮烈牺牲，舰队自宜重新建设，以增进海军实力。其他属于海军之军港、要港、厂库及教育训练机关等项，均须力求发展，俾成机构健全、力量充实之海军，而后乃足维持水道之治安，恢复领海之主权，抵抗外力之压迫，臻国家民族于安全繁荣之境域。兹试就英美日三国海军力量而论，最近调查统计，英国舰艇全数计八八五艘，共三，〇〇一，三〇八吨；美国舰艇全数计六四三艘，共二，三〇六，二〇五吨；日本舰艇全数计三二四艘，共一，三一〇，二一六吨。最近各国竞争造舰效率，更形锐进，并以此项建设关系国际军事，采取机密。吾国假想或真实之敌，均以暴日为目标，第一期海军建设十年计划，至少须超过敌人海军之半数，第二期即当达到八成，然后藉我之长，攻彼之短，方能制敌而不为敌所制。惟目下世界海军发展之数量，与日俱长，今日所预定之比例成数，尚不容以自满，不过藉此树海军建设始基。更宜时时刻刻，计及敌人海军之进步若何，与各国海军之趋势若何，缜密考察，斟酌设施，务使海军军制军备，能适应潮流不落人后，而昧于国防大计者。又或谓海军建设，需款较巨，非若陆空军之轻而易举，始则袭陈旧之腔套，而曰陆主海从，继又效管蠡之窥测而曰优空弃海。夫立于新世界之国家，谈国防者，海陆空三者并重，海陆不能畸形，海空亦须平衡。海军立于国防前锋，门户不牢，外患乃寝及于堂奥。第一次欧战结束后，英国少数分子间有持缩减海军经费，扩充空军之说，英空军少校和鲁谟兹著论痛辟谓"军事宣传，须具有高尚眼光，应以人民幸福如何保障，国家防卫如何巩固为主旨，合海陆空三种军备，作通盘筹划。海军为防卫国家基本武力，此种漠视海军含有毒性之宣传，实足以妨害国家福利与安宁。"斯说由空军人员所鼓吹，亦可证明海军与国家民族生存关系之密切，并可攻破轻海重陆、抑海扬空之种种谬解。且就海军经费而言，各国均以此为大宗，试按一九三九至一九四〇年海军预算，计英国一四九，三九九，〇〇〇磅，约合国币一〇，七七三，五六一，六九〇元；美国七七三，〇四九，一五一元，约合国币一四，六三七，六一七，六〇九元；法国八，〇七一，八七八，八七七佛朗，约合国币三，六三八，〇二九，九一六元；意国二，七〇三，六五七，八〇九里拉，约合国币一，九四九，六七九，九九七元；日本八二六，七五二，四三二元，约合国币八二六，七五二，四三二元。近来各国海军费之增加，尚未计及。吾国海军经费，尚未能照预算发给。在前海军部期内，仅月领七十余万元。放弃南京后，缩减为四十五万元。年来因抗战工作扩展，部队业务增加，并值物价飞涨，始渐次增至六十一万元，即将此新加经费之支付额，作为岁定海军费标准，全年亦不过国币七百三十二万元，为数甚微。并以各国海军费与吾国（海）军费相较，美则二千倍，英则一千四百七十二倍，法则四百九十七倍，意则二百六十六倍有奇，日则一百一十三倍。就战费言之，英日等国作战费，均极庞大，即吾国陆军战费，亦甚浩繁，海军则不特未有战费，其经常费亦且折减，转逊于未战时所领最低微之原额。夫以暴日蕞尔之区，海军费乃若是之巨。我国幅员辽阔，海岸亘长，视暴日之局处小岛者奚若，其对敌为抵御侵略之抗战，较暴日受强逼通商激刺者又奚若。乃以国人思想错误之故，使海军无发展机会。凡事必权衡轻重，海军建设固需巨款，然海军力不充分，受人侵略，其所受损失之数量较大。此次暴日侵略，国家所耗尤多，即其明证。同一经费，与其用于战费，不若先事预防，以之建设海军，固我疆圉。如以个人比喻国家，有健全形体，而精神方有所寄托，乃克发挥能力。海军之在国家，亦如个人之主要体部，欲谋国家之强盛，即须图海军之发达。美国史汀生氏在参议院外交委员会披露意见，谓"国家即使贫困，亦不能不力加振作，起而造舰"。斯言洵可为藉口国家财力不给缓办海军建设者之药石。一九二八年度美国扩张海军预算案，为参议院所削减，美海军当局表示失民意赞助，进而海军大规模建设。近为充实军港力量起见，所需经费，已达二万四千万美金之多，经参议院大□□□□□□□。重新建设，非仅扩充一部分设备，自须有较巨之军费，例如战斗舰一艘，按现在国币价格计算，约需七万万元，欲使海军舰队完整，力量充足，断非一般所想象之易，亦非可急时方图救，事过即善忘。进行建设之际，必先有缜密之计划，预定之时间，确指之经费，依照步骤，限期奏功。第一，政府须抱定决心，且不止有决心，并宜定为法案，视为国策。况海军建设进程，原难以一蹴而成，列强海军之所以繁盛者，并非一朝一夕之故，党员守则第十二项，有恒为成功之本，任何事业，悉当持以毅力，贯彻□终。海军建设造端宏大，尤宜健行不息，如处之无恒，安有成功之望。英国海军以有系统的政策，一贯进行。所有建设方案，先后衔接，期在必成，不为党政所阻挠，即以建设海军为固定之国策，不移之法案，适合于有恒成功原则。以列强海军势力之雄厚，尚且惟日孜孜，力求进步，吾国国防形势之急逼如此，海军实力之薄弱又如斯，在此时而言建设，已失之晚，及此时而犹不谋建设，则一误再误，噬脐何及。现今抗战渐达胜利阶段，从抗战建国国策着想，建国必须建军，建军必须建设海军，此不独海军人员之希望，凡属国人，定当痛定思痛，急起直追，争致力于救国家救民族之军备，万不可再蹈前此覆辙，妄发怪论，迷惑国人心理，阻梗捍国卫民方略。深愿邦人君子，共鉴前车，同策来轸，远维国父国防建设遗教，近秉总裁海军新建设训谕，协力鼓吹，俾海军分期建设计划，早日实现，以保持国家民族之永久自由平等与生存，完成三民主义之革命大业也。

论国防商业与海军[1]　　张达礼

一、国策与海军

国防与国策相并而行，其间有着密切的关系。国防是对外的战略表现，国策是对外的政略表现，两者的目的在根本上是相同的。每个国家传统的坚定不变的国策，无有不根据利益相冲突且各不相容的假想敌而来的。海军政策是根据国策而生的，因为国策是根据假想敌而来，海军政策自然亦是针对着敌人的海军政策了。一切舰艇在吨位上，数量上，装备上，无不根据对方的，换句话说，就是设法建立超过对方的力量。

美国的假想敌是日本。国策表现在远东方面是对中国门户开放机会均等的主张。一九三一年日本发动了"九一八事变"，美国通牒中日，提示中日两国对非战公约所负之义务，且更集中大批海军于太平洋，国务卿史汀生宣示不承认主义，然日方置之不理。时美国实力尚不足以压倒日本，亦只得作罢。其后，美国觉察到没有力量根本上就没有外交，所以积极扩充军备而有一九三三年以来的四次造舰计划。其目的完全在为了完成其远洋作战的力量，扩充辅助舰的数量以及走上大舰巨炮主义的途径上，并积极的建设太平洋上的根据地。本来在美国要是没有充实的远洋海军作战力量，是谈不上攻势的。从旧金山至日本东京湾有五千四百三十浬。以每小时二十浬的海舰计算，日夜不停航行亦要时十一日余，若由旧金山过关岛至斐列宾则有九千四百九十浬，亦需二十日。美国海军之急起直追，便是美国国防和国策力求适应的表现。

---

[1] 此文发表于《海军建设月刊》1941年第2卷第1期。

英国的国策，在维持其殖民地的安全，换句话说就是维持世界现状。所以它的海军政策：（一）保护其分布在世界上的殖民地；（二）维持其本国与殖民地的交通。为了上面二则任务，所以英国一贯政策就是永远设法维持海上国家的海军力的现状，使英国得以永远戴上"海上王"的王冠。英国竭力主张的伦敦海军会议就是明确的表现。因此，它的假想敌，就是有侵犯它殖民地可能性的国家。历代英国扶弱压强的政策就是要使世界上没有一个国家的海上力量强于它。反过来说，还是维持现状。第一次欧战就是因为德国海军力量极度的发展，且有压倒英国之势，所以英国在国策上不得不从事战争，以削弱德国的海上力量。战后苏联又走上强盛之道，在世界上又是英国的劲敌，所以英国又放松了德国来压制苏联，同时还联带的可以压下点法国的声势。然而今日英国未利用到德国而反被德国利用了。英国所以富强，就是因为国策的一贯不变，数百年来向着一个目标，扩充保护殖民地的海军□做去。今日的成绩，决不是偶然的。

德国的假想敌始终是英国，因为它是工业的国家，需要的是殖民地，而世界上最好的殖民地惟有从英国手中方能取到。德国的海军政策始终是抓住英国的要害，对海上的商业贸易予以打击。因为德国是知道它在短期内要建造强于英国的海军势力是不可能的，这种希望是过奢而近于梦想的。所以德国致力于潜艇及小型商业破坏舰的建造，完全是对准着英国的要害的。袖珍战舰的建造也是根据德国海军一贯的政策而来的。因为英国运用护航队，将其要害加上了武装，德国的潜艇及小型商业破坏舰不能像以前的那样易于为□了，若用大战舰来攻击英国的护航队，则行动不便且宜被察觉。于是作为自然界的劲敌的聪明的德国人，便发明了万□的袖珍战舰，在行动上有商业破坏舰的灵敏，而在威力上驾乎一切护航舰之上，这才使英国商业贸易大伤脑筋。

再观与我们关系最密切的日本。日本为区区之一岛国，人稠而地狭，各项工业原料贫乏，所以日本一贯的国策是向大陆拓殖，中国自然是它的侵略目标。这样便形成明治维新后日本的一贯大陆政策。四十余年前中日战争，它从中国掠夺台湾、朝鲜、澎湖列岛，取得了它的大陆政策的海陆两方的踏脚石，终于在一九三七年企图以武力来灭亡我国。日本同时又是大海军主义的国家，它□宣布废除华府条约，就是想在太平洋上建立霸业的明确表现。它又自豪为

"东方的英吉利"，就更表现出日本想制服海的心理。

日本的对外战略针对我们，因此我们的国防政策应该着重在日本的侵略，国防对国策是有决定作用的，因为国防政策是着重在防止日本的侵略，所以在国策上应设法在外交上、政治上、经济上，以及军事、文化上孤立日本之势。这就是总理所昭示我们的联俄政策。在国防的立场上看来，这真是具有伟大的眼光的观察。在陆上联俄，留有余力以建设海上的海军力量。这个政策是极端贤明的。总理在民族主义第五讲中说："……最近可以亡中国的是日本，它们的陆军，平时可出一百万，战时可加到三百万。海军也是很强的，几乎可以和英美称雄。经过华盛顿会议之后，战斗舰才限制到三十万吨，日本的大战船，像巡洋舰、潜水艇、驱逐舰都是很坚固，战斗力都是很大的。譬如日本此次派到白鹅潭的两只驱逐舰，中国就没有更大战斗力的船可以抵抗。像这样的驱逐舰在日本有百几十艘。日本如果用这种战船来和我们打仗，随时便可以破我们的国防，制我们的死命。而且我们沿海各险要地方，又没有很大的炮台，可以巩固国防。所以日本近在东邻，它们的海陆军随时可以长驱直入。日本或因为时机未至，暂不动手，如果要动手，便天天可以亡中国。从日本动员之日起开到中国攻击之日止，最多不过十天。所以中国假使和日本绝交，日本在十天以内，便可以亡中国。再由日本更望太平洋东岸，最强的是美国。美国海军战前多过日本三倍，近来因为受华盛顿会议的束缚，战斗舰减少到五十万吨，其他潜水艇、驱逐舰种种新战船都比日本多——假使中美绝交，美国自动员之日起，到攻击之日止，只要一个月。故中美绝交，在一个月之后，美国便可以亡中国。再从美国更向东望，位于欧洲大陆与大西洋之间的便是英伦三岛。英国从前号称海上霸王，它们海军是世界上最强的。自从华盛顿会议之后，也限制战斗舰不得过五十万吨，至于普通巡洋舰、驱逐舰、潜水艇，都比美国多。英国到中国不过四五十天，且在中国已经有了根据地，像香港已经经营了几十年，地方虽然很小，但是商务非常发达。这个地势，在军事上掌握中国南方几省的咽喉，练得有陆军，驻得有海军，以香港的海陆军来攻，我们一时虽不至亡国，但是没有力量可以抵抗。除了香港以外，还有极接近的印度、澳洲，用那些殖民地的海陆军，一齐来攻击，自动员之日起，不过两个月，都可以到中国，故中英两国如果绝交，最多在两个月之内，英国便可以亡中国……"在这一段演词，总理再三指明中国国防的对象都是海军力强大的国家。而主要的就是日本。就是因为这样，所以总理指示了我们一条路——建设足以自卫的海军力量，保卫商业贸易的海军力量。我们的假想敌是日本（在今天已成为真正侵略我们的敌人了），所以我们必须针对着日本的侵略政策而着量建设我们国防。

日本的侵略是以海军为前导的。如果没有海军，它的陆军、空军岂能飞渡？所以我们必须针对着日本的这点，在国防上建设强大的海军。领袖在民国十七年八月十六日"咸宁"号军舰下水的时候说过："要挽回国家的权力，必需建设强大的海军，使我们中华民国成为世界上一等海军国家，全在诸位将土身上，我们预料十五年后就有六十万吨的海军。做世界一等的海军国家。"建造这六十万吨的海军，不是永远的维持这六十万吨，这不过是第一步建军的至少量，就是针对着日本的海军侵略政策的。因为日本海军力的分配是三分之二的力量在对付英美，三分之一的力量对付我们中国。一九三九年的统计，日本有海军约一百二十万吨，所以如果我们有了这六十万吨海军的话，在一取攻势一取防御的情况下，我们的海军力量，足以抵抗敌人的力量于领海之外的。海上的敌人势力被阻，领海得以完整，那末领土和领空便容易保全了。站在国防第一线的海军，有着如此重大的责任，它是整个大中华民国的前卫。总理已经指示了一条路给我们，只要我们以百折不挠的精神奋斗建设，我们中华民国海军的前途是光明的，十分光明的。

二、海上的商业贸易

人们共同生活，互通有无的贸易自在所不免。自舟楫发明之后，海上的商业贸易自然相应而生。虽然海上有着极大的危险（如海上的飓风、海盗等），但是在商业运输与贸易上还是水上比陆上便利、安全而且迅速。所以一向来海上运输所占的地位，是陆上所远不可及的。海上的商业贸易在历史上一直占有很重要的地位的。

（一）海上的商业贸易是封建社会自给经济的突破者

因为这样把世界的文化都因而贯畅了。中国闭关的被打破后，渐渐的吸收了西洋的文化就是个实例。没有商业贸易企图的话，一辈子也不会有西洋人至中国来的，中国人自然更不会到西洋去了，这样文化就被大海阻梗了。

（二）商业贸易跟着殖民地的发现而突飞猛进

因此各海商国最先是葡萄牙，次即西班牙、荷兰都相继从事新航路之探觅。葡萄牙的第亚士（Bartholomeu Diaz）于一四八六年首先到达非洲南端的好望角（Cape of good hope）。一四九八年奥斯哥达伽马（Vosco da Gama）经印度洋而到达印度，东西航线因而成立。时西班牙亦从事航海事业，助哥伦布（Christopher Columbus）于一九四二年八月出发，历二月余卒发现新大陆即今之美洲。后尚有西班牙人麦哲伦（Magellan）于一五一九年向西航绕美洲渡大西洋环行世界一周。新大陆发现后，西班牙即远涉重洋至美洲侵夺土地。荷兰则向海外发展掠取了非洲沿岸印度洋航路及东印度群岛，这等等的地理上的新发现，使东西交通日益便利，更迅速地促成资本主义的发展。

在今日资本主义的社会中，商业贸易发达与否就是国家经济力强弱的寒暑表。一切国际战争，表面上好似是军事上的行动，其实不过双方经济力、生产力的赌博罢了。世界上没有一个富强的国家是商业贸易不发达的，就是因为在世界上没有一个国家是具备各项原料的。拿美国说罢，总算得天独厚了，然而美国还不是运输着我国大批的桐油、锑、钨、锡等军需原料至新大陆吗？英伦三岛论产物真可怜极了，除产□、煤、铁之外余则皆不足够用，尤其是粮食，完全仰给于印度等地，然而英帝国有着广大的商业贸易线散布在世界上，结果它是富足了。反过来倒是有资源而无国防者被人视作俎上肉了。印度要是有强大的海军对抗英国，它的资源会被人侵夺吗？所以原料资源贫乏是可以以商业贸易补救的。然而有资源而无国防者反为资源所害了。

世界各列强在商业贸易中的地位：

英国——英国为世界上第一大商运国，贸易总额占世界百分之十七，它的商船的总吨位占全世界的十分之四，为世界商业贸易最发达的。

美国——美国的商业近年来有长足的进步。据一九三一年的统计，输出二十四万二千五百万美金，为世界第二大贸易国。输入二十万九千万美金，总额之大仅次于英国，其商船之吨位仅次于英国占世界第二位。

日本——日本之国际贸易亦甚发达，有商船五百万吨，为世界第三海运国，次于英美。

法国——法国有船舶三百余万吨，为世界第四海运国。

德国——德国在第一次欧战前，商业贸易之盛□仅次于英国居世界第二位。战后，殖民地损失殆尽，经济竭厥，航业不振，以致衰退。但近数年来已有恢复以前工业生产盛况之势，商业贸易亦日有起色。商船总额已达四二二九千吨。

其外，意大利商业亦甚发达，但因地中海英国势力的庞大，两面出口的被英国操纵，商业贸易因而受阻。苏联商业亦日盛。

英美等列强的富强，就是商业贸易的赐予。英国所以今日得海上霸权，富强几冠世界，以历史的观点看来，决不是偶然的。英国在蔷薇战争〔注：英法百年战争后，英国接着起来内战乃两派贵族互争王位的继承而起的。（一四五三—一四八五）因一方用白蔷薇，一方用红蔷薇做徽识，因而后人称之为蔷薇战争〕结束后，亨利第七得力抑贵族势力，节省政费，扶助商业，扩充海军，因而英国的国运乃日趋兴隆。至今已历有四百余年的历史了。

"自己不能利用海洋来振兴贸易，结果必定为别人所利用了"。这就同"不能制海，必为海制"的道理，闭关自守已经是过去工业革命以前的事，在今日已经是庸人们的论调了。历史告诉我们，闭关带给人们的不是福利，"是苟且式的福利"，在根本上是落伍，事实上不可能再闭关了，何况再开倒车回到中古时代去呢？自工业革命后，工业之发达一日千里，因为工业的过度生产就形成了剩余生产，本国的消费量有限，消费不了的工业品，必须到海外的市场去倾销。更因为工业的发达，原料品自不敷用，或者根本上缺乏原料，工业国家自必须向海外攫取，榨取的对象——殖民地。这就是资本主义所要由海上侵略我们的最大原因。所以在今天的我们只有二条路可循，一振兴工业，二发展商业，不然的话，就只有作资本主义者的榨取对象——殖民地。

三、海军的性能

（一）海军与近代的商业贸易

第一次欧战，德国运用潜艇政策在初期破坏无武装的英国商船所得的效果，已快使英国因贸易线的切断，粮食等的断绝而挨饿，不战而屈服了。然而，英国是一个"海上王"的国家，究竟利用了它强大的水上舰队组成了护航队，解决了致命的危机。

欧战中各交战国船只的损失统计，可用下表说明之（略）[1]：

按上面损失统计，据调查仅有百分之二弱为飞机所击沉，余皆为海军水上舰队与潜艇所击沉，可见破坏力之可惊，"护航的是海军，而破坏的还是海军"。就是"海上事海上了之"的一个明确实证。昔年一九一四年夏，仅仅一艘微小的巡洋舰，德国的"爱姆登"（Emden）号把太平洋上海上的交通就陷于不可形容的不安了，但是制□这种贸易破坏舰的还是同等的巡洋舰，"爱姆登"号结果就是被英巡洋舰"雪特尼"（Sydney）号追击而破灭了的。事实很明显地放在面前：要保护自己贸易的安全得用海军，要破坏敌人贸易的还是要海军。

近代的战争，表面上好像是军事的行动，实际上却重在削弱对方的经济力量，断绝其经济之来源，因此在海军力占劣势的国家就运用游击式的商业贸易破坏战，优势者则以强大的海军舰队封锁敌国海岸，第一次的欧洲大战德国就是运用潜艇来实行贸易破坏战的。英国运用封锁政策，断绝了德国的经济来源，虽然德国在陆上是胜利了，然而因饥饿而结果是屈服了。知道了现代的战争是取决于经济的，更要知道海军又是巩固自己经济力和削弱敌人经济力的至上武器。

意大利是一个先天贫乏的国家，而其邻邦们都是些大穷小穷的国家。因此，一切的资源完全靠着海外的输入。在地理上，意大利居地中海的中腰，照理是必须有变地中海为内海的海军力量的，然而直布罗陀与亚历山大更有与西西里岛相对的马尔太，都被英国人海军所统辖了。并且英国在亚历山大尚有势力雄厚且占优势的海军力量。在这种包围的形势下，意大利的海上贸易将被迫而停顿了。并且连运输至阿尔巴尼亚的军队也有被英国袭击的可能了。意大利的空军为什么不出动突破英国海军的监视呢？杜黑主义能补救这些危机吗？墨索里尼毕竟是对海上力量不能估计清楚，而遭遇到□不幸了。虽然现在还不知胜负谁属，然而，至少我们可以看到意大利的经济力不强，在经济上英国是胜利了。

世界上商业国际贸易最发达者英国第一位，美国次之，日本更次之，余则法国、德国、意大利。海军力亦复如是。海军与贸易的关系更进而与经济的关

---

〔1〕因部分数字难以辨认而略之。

系，由上面就可以知道是相并而进的，且三者之间有着不可分性的呢！

再最后，反观我们自己吧！

因为我们海军力量的薄弱，虽然有无数英勇的海军官兵在艰苦的物质条件下奋斗，然而怎挡得敌人百数千万吨的海军力量。海岸被侵占了，沿海被敌人非法封锁了，突破封锁与实行反封锁的力量自然更没有了。本来在军事上海上贸易是举足轻重的事，尤其是我们军需品靠国外援助的国家，因海军之薄弱，本来应该对于我们有利的海，一转而于我们不利了。因为假如没有海，敌人也不至于"升入堂奥"，而我们也更不至于"期门待战"了。因海岸之封锁最大影响我们的军需品之输入，次之是出入口的关税的减收，抗战一月后立刻几乎减少了一半。幸而当局迅速地开发并统制内地资源，如锑、钨、锡之类，以调整对外贸易。此外，又积极打通国际路线，以补救海上的被封锁。

敌人的阴谋是失败了。反过来说，假如我们有适当的海军力量实行反封锁，使敌人的商业贸易不能安全，那末敌人敢正视我国吗？

日本是工业的国家，而其成因却一半由于地理条件，一半由于社会条件。下表为日本一切工业原料缺乏量的统计（略）[1]。

这样看来，日本对于海上贸易的依靠性，是到了什么程度了。海上贸易线在日本就是生命线，就如四面临海的英国一样，所以有"东方的英吉利"之称。其实英国有着广大的殖民地，以供给它的工业原料，这点是日本所不及的，所以假使我们有适当的海军在太平洋上建立根据地而实行游击式的贸易破坏战，日本还敢夸口它是东亚的主人吗？痛心得很，我们连贸易破坏战的有效武器——潜艇一艘也没有，更何以谈贸易破坏战呢？自然只得望洋兴叹了！今日，过去我们一切都受了血的洗礼，历史上指示出的歧途，将来我们还能再走吗？

（二）海军与国防

中国是太平洋上最有着光荣历史的国家，我们有占世界四分之一的人口，广阔物博的土地，更有辽长的海岸线（北起辽宁鸭绿江的大东沟，南迄广东西南部的北仑河口，长约一万余里）。然而，今日已弄得残缺不全了。我们并不是没有良好适宜的岛屿与可建筑的军港，很痛心的，当我们展开地图的时候，

---

〔1〕因部分数字难以辨认而略之。

我们可以看见渤海、黄海、东海、南海包围了整个的中国，海南岛、东沙岛、西沙、南沙、团沙群岛，及斯巴特莱群岛屏障了整个的华南，在军事上讲是华南的堡垒，这堡垒的不固，华南是随时会遭敌人占夺的。

台湾、澎湖列岛四十余年前就作了日本的战利品了，这控制了整个的东海，把守住了中国的门户，可攻可守。本来是中国福建等南部各省的屏障，在军事上的价值之大与海南岛并称为"中国南部海上的两只眼"，然而这对我们万不可失的两只眼，先后在五十年内失掉了，一转而成为监视、控制我们南部的眼了。忆起祖先勤劳的拓殖，诚可悲也。台湾只仅仅隔一台湾海峡，即为中国的福建、厦门，由台湾的安平至厦门仅一百四十七海里，福建之危尚待言乎。其外尚有琉球群岛，都是国防外线上不可缺的岛屿。

舟山群岛是江浙的前卫，更溯岸北望青岛、威海卫、葫芦岛以及朝鲜，都是保卫华北、东三省的堡垒。

然而，这浩浩荡荡一万余里的海岸，竟找不到一个良好的军港是我们的了。是的，这百年来——自鸦片战争至清末，我们太开快车了，把祖宗遗留下所有的沿海要隘，丧失殆尽了。南中国的海上岛屿——香港、九龙、广州湾以及安南都被英法所占有了。而中国的门户旅顺、大连、台湾及澎湖列岛等，又在中日战争中作了日本的战利品了，我们上对不起千万代的祖宗，下更对不起亿万世的子孙。

这些我们国防上的屏障，本来就是我们在太平洋上的"立足点"——"自卫的立足点"，在军事上拱卫国家，商业上足以富国。然而我们不能利用这些地方，被别人所利用了，这些"立足点"反变成列强们侵略的"立足点"了。经济的侵略，政治的侵略，一天加重以一天，我们将窒息而至死亡了。在今天我是呼吸急促了，双目失明了，我们是残废了吗？奄奄一息了吗？

我们要保卫整个的中国，必先巩固国防，更必先拱卫万余里富庶人稠的海岸。读近百年的历史，尽是一批一连串的被侵略史，鸦片战争、英法联军、中法战争、中日战争以及八国联军无不是由海上侵入的，推其主因不外乎以下两点：一、沿海诸城市就是商业的重心，列强对于这些地方自然都是野心勃勃，红眼相看了。它们是资本主义的国家，需要的是市场、原料，而它们所需者恰为我们所有的。沿海交通既便，人烟稠密，物产复丰，这自然是它们野心所不忘的地方了。二、中国所弱的是海军，几乎没有，而恰为它们所强者，以弱博强，好似以卵投石了。因此它自然抓住了这弱点向海岸来进攻了，而且是攻无不克，战无不胜了。数十年后，中国的农村破产了，弄得民不聊生，而造成变相的都市繁荣了！关税不自主，财政竭厥，归其总因，就是这些中国的"立足点"反被别人利用了！

我们现在要起死回生，巩固国防，必先巩固一切中国海上的内外防线。第一点就是收复失地。收复台湾、朝鲜、海南岛、琉球群岛以及一切我们已经失去了的海上岛屿，最有效的办法而且是惟一的办法，就是建立攻守自如的海军。

历史上告诉我们，海岸线一日不固，侵略一日不会停止的，要保护海岸线的安全，必须巩固海上的国防，结果还是要建立攻守自如的海军，强大的海上自卫力量！

我国海防建设着重点在哪里？[1]   郭寿生

国土破碎后的海防形势

谁都知道不列颠帝国是世界上第一大国，它的属地遍于五洲，因此它的外交和国防是最为综错复杂的。世界上任何一地发生了什么问题，都和英国有关，所以英国的国防和外交，最容易受他国牵制，所以它的国防着重点在海军。这次世界大战，德意日轴心国家就是利用英国领土不是整个一片的缺点来牵制它，来肢解它。英国也知道自己领土的缺点，所以它的海防建设，无论如何要维持它的海上生命线的英伦海峡、地中海、红海、印度洋，以至远东的香港、澳洲和新西兰。而它的海防建设，乃着重于多维海峡、直布罗陀、苏伊士运河和远东的新加坡。

谁也知道世界上有整个一片领土的大国，除苏联外，惟一的就是我国。但是苏联一大部分的领土是在北极圈以北的寒漠带内，价值并不大。而它的滨海地方几无出路，大部分的海岸是临北冰洋，西方的波罗的海出路为英德势力所限，西南方的黑海出路又为巴尔干半岛各国及土耳其所阻，东方的海参崴出路又为日本所包围。若我国所处的纬度，极南为北纬八度左右，极北亦不过五十三度有零，西北两面有山脉障碍，东南方面又临太平洋。我们既有整个一片的领土，许多险要的港湾，复有海洋的出路，对于国防上是有很大的利益的，非仅力量可以集中，顾虑的方面可以减少，而海防的建设也容易筹划。所以我们的地理条件远较苏联为优，又没有不列颠帝国的缺憾，这是多么幸运的事！

---

〔1〕此文发表于《海军建设月刊》1941年第2卷第2期。

我国虽然是整个一片的大陆国，然而并不是内陆国，所以仍然有很长的海岸，不过内陆边界比海岸更长得多。陆界的长度约计有一万五千公里，从东北的图们江口一直到西端的阿富汗国，计九千公里，是和苏联接界。从阿富汗折向东南，和英属印度、缅甸为界；最末一段和法属越南为界。图们江口往下到鸭绿江口和日属朝鲜为界。由这些陆地界线就够造成了列强包围中国的形势。至于海岸界线更不用说，东面全是日本的势力，南面则有英、法、美的势力。现在全线已给日寇封锁，沿海重要的港湾、岛屿均为日寇占领，它的势力已控制了整个的中国海。

本来我们的海岸线，北起于鄂霍次克海、日本海，经渤海、黄海、东海、南海，南至于印度洋，所属的岛屿，北有库页岛、朝鲜半岛、济州岛，中有琉球群岛、台湾、澎湖群岛，南有海南岛、东沙群岛、西沙群岛、南沙群岛、团沙群岛、苏禄群岛、印度支那半岛、马来半岛和安达曼群岛。由于满清政府的庸弱，在军事上及外交上的着着失败，乃有库页岛的放弃，沿海州的割让，朝鲜的归日，丧失了鄂霍次克海和日本海的海权；因琉球群岛的放弃，台湾、澎湖群岛的割让，致东海海权亦不能完整；因香港的割让，澳门的放弃，越南的断送，使南海的海权仅保留一半；因缅甸的放弃，印度洋的海权亦非我有。自从一八九八年租借地开端以后，我国的海权更发生了很大的问题，如旅顺、大连湾和威海卫的被租，渤海的门户，遂被英日两国所控制；青岛的被租，黄海西部的形势也先后被德日两国所操纵；九龙半岛的被租，使英国在香港与九龙南端的形势大为稳固；而广州湾的被租，使法国在南海的势力，大为增加，而海南岛和雷州半岛以西的东京湾，也就完全在法国控制之下了。像大沽口的炮台，因庚子一役，早已拆去；吴淞口的炮台，因"一·二八"之役，又为日寇所毁。加以条约规定，外国军舰可以往来沿海和内河。这样看来，在这个时期中，中国的海防可以说已经是破碎不堪了！

国防上的内外海防线

在本刊"创刊号"和第一卷第十期上，我对于中国的内外海防线已作简单的说明，今为欲求国人明白我国海防建设着重点在哪里，所以关于国防上的内外海防线，在这里，实有加以详述的必要。

清代同治、光绪以前，在黄海、东海之外为藩属朝鲜与琉球，在南海之西为属藩越南，我们中华民族是居住于中央的精华区域，建设成为一个庞大的帝国。那时候朝鲜半岛、济州岛、琉球群岛、台湾、澎湖群岛、东沙群岛、西沙群岛、南沙群岛、团沙群岛、海南岛和印度支那半岛，包围着黄海、东海和南海，天然成为我国海防的外卫，也就是我国国防上的"外海防线"。而渤海、黄海、东海和南海的四个大海，便成为我国的内海。这样，我们的海防形势，可比水上一座长城，完整无缺。但自从日寇占据了我们的朝鲜以后，就以此作为侵略东三省和山东的根据地，它占据了台湾澎湖、琉球群岛以后，就以此作为侵略闽、浙、粤的根据地。到了这次中日战争，它复占据海南岛、东西沙群岛、斯巴特莱群岛，更向越南南进。因此，我们国防的外海防线，反为日寇对我海岸的包围线了。自澎湖群岛被割后，我们东海和南海的交通，也就完全被马公军港所控制。所以我们知道自从日寇两次向我大侵略之后，我国的外卫海防线完全被它破坏。

辽宁的安东、大东沟、大孤山、貔子窝、大连湾、旅顺港、营口、葫芦岛；河北的秦皇岛、滦河口、天津、北塘口、大沽口、祁口；山东的羊角沟、虎头崖、龙口、登州、长山岛、烟台、威海卫、荣成湾、石岛湾、海阳、胶州湾、日照；江苏的连云港、新洋港、启东、崇明岛、吴淞口、南通、金山卫；浙江的乍浦、海盐、宁海、镇海口、舟山群岛、象山港、三门湾、台州湾、温州湾；福建的沙埕港、三都澳、闽江口、马尾港、海坛岛、莆田、平海、泉州、厦门港、东山岛；广东的南澳岛、汕头港、海门湾、碣石湾、汕尾港、大亚湾、大鹏湾、深圳湾、粤江口、唐家湾、九龙、香港、虎门、澳门、电白、广州湾、海安、海口、涠洲岛、北海港、钦州湾，是我国海防的内卫，也就是我国国防上的"内海防线"。但是，自从一八四二年的中英《南京条约》，我国丧失了珠江口外的香港岛，英国把它辟为无税的商港，同时并辟为军港。又从一八九八年租借地开端以后，和其他不平等条约的束缚，不特外卫防御丧失无余，即内卫的内海防线亦破碎不堪。抗战以前，我国的外海防线既全入于日寇之手。抗战以后，北自秦皇岛，南至钦州湾的整个岸线，也都被日寇封锁了。

我们在这个内外两道的海防线都被敌人占据的时候，对于整个海防建设固谈不到。但是过去我国海疆形势的优胜，假使经济上、时间上、技术上容许的话,那末海防的巩固,实在不是不可能的事。无奈从前我国当局,社会人士,一般民众,对于海防向来不加注意,以致在抗战前数年虽欲建设,已觉来不及了。现在抗日战争虽然仍在进展,海疆已经深深地受到敌人的蹂躏。但于抗战胜利之后,国防中的海防建设,是必需的。而建设海防最后的目的,是要回复我们国防上的内外防线,加以巩固,使我国防达于绝对的安全。

海防的中心地带

海防建设,不是徒托空言,而必须有切实的准备。世界各海军国的海防,皆有一个标准的"海防政策",就是"海军政策"。理想中认定了假想的敌国和敌国的与国,并确实的估计了它们的海军力量,以这些的力量为标准,把自己的海军力量准备起来,总以超过它们的力量为原则,至少也要力量相等。这种的准备标准确定以后,就作为"建国建军的中心政策",集中全国的物力、财力、人力,促其实现。

我们从过去和现在日寇侵占我国海疆的事实,推测将敌人侵略政策,还是以我国为对象,我们当可认定未来最大的敌人,只是东方的日本,所以我们海防建设所决定的海防政策和所认定的假想敌人亦必日本无疑。那么我们的海防建设的首要条件,要先计划对这敌人的"海防的中心地带"。

主张规定海防的中心地带,在前清就有李鸿章、彭玉麟两人,他们的主张也各有不同。李鸿章以为:"直隶之大沽、北塘、山海关一带,系京畿门户,是为最要。江苏吴淞及江阴一带,系长江门户,是为次要。而京畿为国家根本,长江为财富重地。但能守此最要、次要地方,其余各省海口边境,略为布置,即有挫失,亦与大局无碍。"这是专从京师与财富二点上着想而扼要计划的。而彭玉麟以为:"莫如设一总统于吴淞口,分设南北两大镇,一驻大沽,直隶及盛京、山东、江南各海口属之。一驻厦门,浙江、福建、广东各海口属之。"这是从地理的形势上着想而通盘计划的。那时候清廷奠都于北平,所以决定先练北洋海军,辟旅顺口、威海卫为根据地。又设海军学校于烟台、马尾,其余各省口岸筑炮台,以资守御。但是自从旅顺口、大连湾和威海卫的被租,渤海的门户受人控制。《辛丑条约》的成立,复毁我大沽炮台,迫我折去天津城,以撤我北平的门户。在北宁路沿线驻扎外兵,北平城内东交民巷划定使馆界，予以设兵自卫之权，而我国的国都乃完全握在国际主义者的手中，因为首都是国家根本的所在，尤其是"国防重心的所在"。北平的环境既然这样恶劣，所以后来建都北平的军阀政府，除仰承帝国主义者的鼻息外，国防丝毫不能有所建设，而李鸿章所谓最要的海防中心地带遂至毫无作用，彭玉麟之设镇于大沽口也失其意义了。吴淞口炮台之被毁，条约规定外国军舰可以自由航行我沿海和长江内河，则李鸿章所谓次要海防中心地带，亦徒有名无实。台湾、澎湖之被割让，即依彭玉麟主张设镇于厦门，而闽浙粤沿海已被日寇的监视与封锁，随时南北交通均有被敌人遮断之虞。到了抗战之后，我们最后的海上堡垒，海南岛和南海各岛亦被日寇占领。于是东进太平洋的出路为日寇霸占下的琉球、台湾、澎湖所控制，南进太平洋的出路又为日寇盘踞下的海南岛和南海各岛所封锁。这样，我国海防重要的所在，完全把握在日寇的手里，那么我们海防的中心地带将建立在哪里呢？

我国沿海共有七省，海岸延长计达二千八百海里，依海岸的性质可分岩岸、砂岸两种，大抵渤海沿岸和钱塘口至临洪口之间的海岸，统统是砂岩岸，山东半岛和辽东半岛沿黄海这一部分的海岸以及钱塘江口以南的海岸，统统砂岸。砂岸平直少曲折，沿岸浅滩绵亘，不便航行。而岩岸则海岸曲折，港湾丰富，岛屿纷繁，水势深广，故为军港、商港荟萃的所在，实为我国"海防的中心地带"。

总理自始即主张建都南京，一方面旨在脱离帝国主义的羁绊和避免外力的压迫，使中央政府有自由发挥威力的可能；而另一方面，却表示对于海防的注意，以阻来自太平洋方面的敌人。迁都的主张，到了民国十六年才实现。我们可以拿民国十六年做挽回国防劣势的起点，同时也可以做我们建设海防的开端。南京距海只有六七百里，有长江口做我们首都的门户，且自长江口至南京一段的江面，要塞重重，实可增为保障，而增强南京建都的价值。我们应当知道建设首都必须具备下列四个条件：（一）交通便利，可以控制四方；（二）形势险固，可以抗御袭击；（三）生产富厚，可以安定经济；（四）气象雄伟，可以壮美观瞻。但是到了对外战争的时候，还有一个重要的条件，就是"地位安全"。南京设为首都，在平时的四个条件之下无不合适，为什么一到抗战时期就非迁移不可，这就因为缺少了"地位安全"这一条件的缘故。南京的地位为什么不安全？就是因为在抗战之前，做我海防中心地带的外卫的外海防线已把握在日寇手里。抗战之后，做我保卫首都南京的海防中心地带又被日寇所盘踞，它的势力已深入我长江腹地，尤其是因我国在战前既未建设海军以求收复外海防线，在战后自亦无力来保卫首都外卫的海防中心地带，所以最后不得不迁都于地位较为安全的重庆，再求收复失地。因此可知，欲使首都地位的安全，必须保卫海防的中心地带；欲使海防中心地带的安全，就必须收复我们的外海防线，惟欲达到这些的任务与其目的，则不能不靠于海军的建设。

台湾与海南岛的战略形势与其军事价值

上面已经说过："我国抗战胜利之后，国防中的海防建设是必需的，而建设海防最后的目的，是要恢复我国国防上的内外海防线，加以巩固，使我国防达于绝对的安全。"惟是我们收回内外海防线的着重地点在哪里？在北方当无过于旅顺，在东南则无过于台岛、澎湖群岛，在南方则无过于海南岛和南中国海所属各岛。旅顺和山东的威海卫，为渤海的门户，也是华北的门户。而台湾、澎湖群岛则为我国海防中心地带的外卫，就是我闽、浙、江苏的保障，也可以说是我沿海七省的锁钥，尤其是与我首都地位安全和国防绝对安全有密切的关系。海南岛和南中国海各岛，则为我华南的外卫，又是我两广的保障。从国防的形势观察一下，辽东半岛的旅顺和山东半岛的威海卫，无异渤海海防的左右守卫，谅我国人当知之甚详。至于台湾与海南岛，可并称为我国东南海防的左右守卫，其在国防上战略的形势、军事的价值与国际的关系，恐怕国人知道得还是很少呢。现在很迫切地需要我们来说明一下：

台湾系合并台湾本岛、澎湖群岛及附属各岛屿的总称，计面积三六,〇〇〇方公里，其中澎湖群岛占一二七方公里。它的位置，起北纬二十一度四十五分至二十五度三十八分，由东经一百十九度十八分至一百二十二度六分，屹立我国东南两海的中间，与福建省只隔一台湾海峡。基隆港离闽江口一百四十六里，高雄港离厦门港一百六十五里，民航二十小时左右可到达彼岸。在海防上，台湾与福建实有辅车相依的形势。峡中澎湖三十六里，尤扼东南两海的锁钥。台湾除基隆、高雄（打狗）两港外，当以澎湖群岛为最险要。在群岛中，以澎湖、渔翁两岛为最大。两岛间有大洩，便于驻泊舰队。在群岛西面水深三十拓至三十五拓，也有深至六十拓。群岛东面水深四十拓。日寇占取之后，即建设马公军港于澎湖岛上，现为日本第三海军区的要港。

宋元时代，我国人民多已移居台湾，明末为荷兰人所据，清顺治十七年，明遗臣郑成功逐荷人占有其地，以为恢复明室的基础。康熙二十二年，郑氏覆亡，遂内属于福建省，置为一府。光绪十二年改建行省，十三年巡抚刘铭传移省会于台中，并开辟沿海各州县，规模大备。到了光绪二十一年，以甲午战争的失败，依《马关条约》割于日本，从此不特福建因唇亡而齿寒，而我东南两海的联络线亦为日寇所截断。日寇得了台湾以后，即藉以为谋我东南海防中心地带的根据地，与朝鲜半岛左提右掣，如蟹之有双螯，南进或北进，都先集中于我国。舐糠及米，剥床近肤，推源祸始，能勿痛哭于台湾的丧失！

日寇数十年来所秉执的一贯国策，是在并吞我国，控制太平洋沿岸各弱小民族，驱逐英美法俄的势力于远东之外，以遂其独霸东亚的迷梦。日寇欲达到这种目的，虽是在大陆上急促发展，自然还是不够，它只有在南洋方面获有巩固的基础，才能在政治上、经济上、军事上立于有利的地位。因此，它的南进的工作，必须以台湾为根据地，以闽粤等省为起点。它以台湾为介，开拓华南和南洋，恰似以朝鲜为介，开拓满洲和华北一样的手腕。它欲推动南进政策，首先就要在华南沿海一带，造成特殊势力，以与华北行动相呼应。它为了要巩固台湾和澎湖群岛，它在很早以前就企图占领福建，想把中国与日本之间的锁钥，握在自己的手中，然后台湾的一切准备才有保障。现在台湾的日本军备，大为扩张，要塞、军港、机场以及海陆兵力，无一不达到可以作战的程度。军事工业也在积极地建设，海军力亦超过原有的二倍，并由第三舰队统理一切。至于空军方面，费了七年时间，用了十七万日金，筑成占地二万八千亩的台北飞机场。其他台北、台南沿海适当地点，都已加紧探测，拟再拓辟多处，务使便于协助出海舰队作战。观日寇之强化台湾军事准备，它的目的，期将台湾成为日本南方经济的、海军的惟一湾据地，亦即是攫取西太平洋的海军霸权。它依赖台湾，除在华南作侵蚀工作外，尤其是要将中国所有海防，关闭包围，务使中国与欧美各国隔绝联络，俾顺利进行其并吞中国的企图。

中国对于海南岛的经营，在汉武帝时代即已设置郡县，足有二千余年的历史，恐怕比日本历史还要悠久，比台湾的开辟自然更早。但是在我国抗日战争以前，此岛与岛湾一样的很少人去注意，在普通一般人的想象里，或者认为荆棘满地的荒僻孤岛，以土地广袤的我国，不必去理会这一个在历史上常常目为贬谪的地方。其实不然，现在日寇据为资源的台湾，不是也因满清时代的短视，政治家毫不注意的缘故而丧失的吗? 今海南岛在国防经济上与台湾同其重要，它的面积有四一，五八〇方公里，沿海低陷，海岸线延长不下一，二〇〇方公里。它比台湾还要大些，是我国最大的岛屿。位于南中国海西北隅，在北纬十八度九分至二十一度十一分，东经一百零八度三十六分至一百十一度三分之间。面对广东省雷州半岛，中隔十二海里的琼州海峡，民航约半日程可达。西临东京湾，控制越南，南濒英属婆罗洲及荷属爪哇，东接斐律宾群岛。它在新加坡与香港之间，是南洋群岛联络北部大陆的梯阶，又是中国海进入东面广漠的太平洋的要道，西进经过新加坡往欧亚两洲的重要国际路线，并且是澎湖、台湾、琉球割让后惟一的我国海上的领土。

海南岛沿岸计有海口、清澜、榆林、藤桥、三亚、新英六港。榆林、清澜二港，南北对峙，恰如台湾之有基隆、高雄，握有全岛交通中枢。论商港则推海口，论军港则推榆林港。海口亦名琼州港，临琼州海峡，港的面积最大为四二.七四公里，长约四海里又二链，港内浊滩四布，大轮不能入口，须碇泊于五六里外海面，中等轮船可以靠岸。惟该港外为弯形大陆所环抱，能避风的良港。又因为它的地位重要，扼琼州海峡的咽喉，又当东京湾东出之冲，故海轮都泊于此，遂为该岛惟一的商业吞吐港。榆林港位于崖县铁炉、三亚二港之间，与越南的陀弥泻遥遥相对。港中分内外两港，外港向南，港口开敞，两岸均有三五百只的丘陵，相距约三英里有半。港内最深处为一〇拓，浅处三.七五拓，稍加疏浚，即可停泊巨舰。内港亦南向，港身则偏向于东，港口左有乐道岭，右有独田岭，两相对峙。两岸峰峦环绕，海岸平坦，脱有风涛，无虞激荡。惟内港附近两旁，珊瑚暗礁成带，互相插抱，水道狭窄，港内长四.四海里，港岸亦颇平坦，为最优良的军港。日俄之役，俄国波罗的海舰队，曾经寄碇于此。清季有辟作军港之议，但没有实现。

海南岛，不但是我国海防上的堡垒，实为远东一军事要地。若从国际关系与军事价值看来，该岛之于我国、英国、法国和美国的安全都有莫大的关系。

假如此岛为任何一国的海军根据地以后，不仅两广的地位有被控制的危险，我国的西南国际路线的安全必受威胁，对南中国海往欧非美洲的海上交通，也有被封锁之虞。现在日寇占据此岛，对于英国在太平洋上的国防线已发生严重的影响。因为英国在太平洋上的国防线形势是一个不等边三角形，即香港为第一道防线，新加坡军港为第二道防线，澳洲达尔文港为第三道防线。在这三道防线中，以香港为最弱，因为离它三百四十一海里便是台湾，而它和新加坡却有比台湾四倍以上的远距离。假使日英发生冲突，香港便在台湾的控制之下，减少了军事上的防卫价值。因此香港必须以新加坡作它的后卫，以它作为新加坡的前哨。至于达尔文港，是英国经由印度洋东航的舰队的重要军事支柱，它可以作为香港和新加坡的后卫。在过去日寇之占据台湾，对英战略上已占有优势，今复占据海南岛，到了战时，不仅可完全阻断香港与新加坡及澳洲的联络，而且使南洋、香港、上海间及远东各港的英国利益所结成的锁链也会完全瓦解。其次，法国在远东的利益，大部是在太平洋南部和它所认为海外法兰西的越南。因为越南不仅是法国在远东的主要根据地，而且是法国向东亚大陆进展的阶梯。它为了保卫越南的安全，阻止日寇的南进，曾先后有过两次对日的防御战。第一次是一九三三年四月密派军舰占领我国极南海疆的堤沙、浅洲、群岛，因为这些岛有长达十英里的礁湖，可为水上飞机、潜水艇和小舰艇的活动根据地。法国取得它以后，可与越南、广州湾二地成鼎足之势，扼住南中国海的海口，以阻日寇南进。到了日寇大举侵略华南之后，法国又将接近越南的西沙群岛占领，以防止日寇进取该岛作为控制河内的根据地。现在法国在欧战中已对德屈服，日寇占领了海南岛和斯巴特莱群岛之后，其南进政策的初步目的，就是向法属越南进攻，使海外的法兰西地位已发生了动摇，大势所趋，恐怕法国很难在远东立足。美国方面，为了保护自己的远东利益，贯彻门户开放政策，早就注意到充实东太平洋和西太平洋的国防线，由巴拿马运河、夏威夷群岛，一直到斐律宾群岛，尤其是在日寇占取海南岛进攻越南之后，对于斐律宾与关岛皆积极增防。日寇为了保持对美战略的优势，它就必须乘关岛和斐律宾设防还没有成功之前，进占海南岛，以加强其地位。因为台湾与海南岛在地势上接连着斐律宾，它是横断美国与远东贸易的孔道。在台湾、海南岛上设置坚强的海军和空军根据地后，就可与南洋委任统治岛的军事根据地互相呼应，将关岛控制在手中。一旦日美战争，它就可夺取斐律宾和关岛，遮断新加坡与斐律宾间的联络；就可封锁太平洋上的要道，使美国对远东的贸易和资源接济都被破坏。所以日寇之进占海南岛，无异是争取对美单独作战的优势，而且是在打算争取对英美的联合防线的优势，它也在打算争取我国若与英美联合进攻战略上的优势。

日寇自从夺我台湾之后，觊觎我海南岛和南海各岛，可说是蓄谋已久。前清光绪卅四年，英国海军拟在东沙岛建设灯塔，查询该岛是否中国属岛，有无宣布明文等语，除由粤外务委员温宗尧函复确为我国属岛外，并由粤督张人骏转呈政府，由我海军派"飞鹰"舰前往调查，始发现台湾日商西泽吉次于光绪二十二三年间，驱逐我国渔民，强占该岛，改称为"西泽岛"，经我政府多年的交涉，始于宣统二年由广东省库备毫洋十三万收回。民国后由我海军设电台并管理该岛。宣统元年，英法日各国又请我国在西沙群岛建筑灯塔，当时因鉴于东沙岛的覆辙，次年即派广东水师提督李准率舰勘查，并在东岛林岛竖旗鸣炮，公布中外。民国初年，日本技师竟率探险员一队，探测该岛藏有丰富的磷矿，便欲乘机占领该岛。民国十七年，始由粤省府将该岛拨归中山大学保管，以为制造肥料之用。民国二十二年，法国密派海军将九珊瑚岛占领，当时中外人士还以为九珊瑚岛即西沙群岛，实则为我国极南海疆的堤沙、浅洲、群岛，当时日本曾数度向法国抗议，并公然宣称西沙群岛应属于日本。虽然这种抗议未引起反响，然日人早已把南中国海目为势力范围了。日寇海军大佐石丸藤泰更将海南岛认为是日本的生命线，公然宣称："海南岛是对华南，尤其是对广东、广西两省作战的根据地，有很重大的价值。假使拿日俄战争作对照，那末广东可当作俄领沿海州，广西及广东的钦广道可当作满洲，雷州半岛可当作朝鲜，而海南岛可当作日本的九州。北海事件发生后，日本舰队以海南岛为根据地，这和日俄战时日本舰队以佐世保军港为根据地，形势完全相同。海南岛无论对于广东、广西，不但为绝好的军队登陆地，且可支配两省的海上交通和贸易，所以海南岛在军事上实为抑制两广的重要地位。"由上述的事实，可以说在日寇的南进政策中，早就将海南岛和南海各岛作为主要的目标。一九二二年，日本最高军事会议曾议决在它的国防内线之外，另建一道防线，这道防线的理想位置，即南从越南而至台湾南端，沿小笠原群岛北迄于堪察加半岛。查日寇的第一条防线，系由台湾至于千岛群岛，把所有日寇的海军都集中于日本海内；第二条防线，系在委任统治的太平洋群岛中，作为它的潜水艇、驱逐舰、飞机袭击敌国海军的根据地，和庇护它的舰队及贸易航路的处所。所谓另建的一道防线，即第三道防线，其整个活动范围，大概是在南中国海，就是在台湾、海南岛、南中国海各岛及越南之间。因为这些地方对于日寇南进势力和对英美及我国作战上有很大的关系。日寇认为它的国防线应该保全日本海、东海、南中国海的交通，尤其是要掌握西太平洋的制海权和制空权。而台湾和海南岛恰好是能够适应这个要求的海洋军事根据地。日寇取得了台湾和海南岛，中国沿海七省受其控制，它就可以整个地支配中国海，以为进攻越南对英美作战的准备。

目前，日寇据有台湾、海南岛和南海各岛，固然在太平洋上已首先占得优势，且在国际间又有德意轴心国家的援助。但如英美能联合结成对日的防线对日制裁，一切的缺憾都可以补救。譬如美国的斐律宾和关岛，只要积极加强防务，很可能与英国的香港、新加坡和澳洲的达尔文港共负起保卫南中国海和太平洋的责任，所有英国荷印的海军根据地能供给美国海军、空军使用，则香港、斐律宾和关岛便可一变而为英美在远东的攻敌防线。只要英美海军联合，东有巴拿马运河，西有新加坡军港，便可对日共同封锁。再如法国不为轴心国家利用，将越南的西贡和金兰湾，供给英美作海空军根据地，则日寇纵然占领台湾、海南岛，支配整个中国海，仍有形成瓮中之鳖的危险。

恢复甲午战前海防的优势

孤悬在东南两海的台湾和海南岛，其位置太重要了，我们海防建设绝对不能无这两岛。惟在抗战之后，我海防中心的地带已被日寇坚据封锁，而作我海防中心地带外卫的台湾和海南岛，也早给敌人占领，那么我国海防建设，当然要等待于抗战的胜利。而海防中心地带与其外卫更要急待于我们的收复。因为海防建设必须建立海军根据地，没有根据地则海军等于虚设。我们海军根据地的所在，必须建立在海防中心地带与其外卫的台湾和海南岛上。有了海军根据地，还要有我们海上的出路，如我们没有海上出路，则等于被人封锁，而对外贸易、保护华侨、资源取给和对外联络，皆谈不到。因此，我们要保持海上的出路，必须依赖台湾、海南岛和南海各岛的存在。

目前国际形势，明显地分为民主和侵略两大阵线，日美的战争恐难避免，英美两国必须与中国联系对付共同的敌人。这两海军国必须携手作战，我国要乘机反攻。海上的主要战场当在中国海的周围，因为这个地方是进攻日寇最便利的所在。中国只需一面顺着长江流域收复我海防的中心地带，另一方面须向越南进兵，与英美海陆空军并肩作战，反攻海南岛、台湾、琉球群岛，进迫朝鲜，围攻日本本部，则最后的胜利必属于我民主国家，而我国海防的中心地带与其外卫可全部恢复，在我海防的重点建设坚强的海军根据地与自卫的新海军。

最后，我们还要对我国人郑重说明一下，驱逐日寇出我国境之外，恢复"九一八"以前的状态，还不能确保我们最后的胜利。我们抗战，应当恢复甲午战争以前我国海防的优势，还要继续不断地努力建设足以保持这个优势的自卫海军，而后才能永保我们既得的胜利。

海军在中国国防上的重要性[1] 易克秉

一、导言

我们从历史上可以读到一段拿破仑统一欧洲的故事。拿破仑在大陆上纵横驰骋的雄姿，至今还可以想象得出来。然而拿破仑的铁骑始终就没有踏进英国的领土一步，主要的原因是英国的欧洲大陆相距了一条英伦海峡，而英国能控有制海权。我国之所以一再受到列强的侵略蹂躏，丧权辱国，主要的原因也在海权旁落"海禁大开"以后。追根溯源，要巩固中国的国际地位，还得有强大的海军设施，晚近各国争相扩充海军，使海军的预算费占去了每年度财政预算费的一个较大数字，用意不难窥察。

我国海岸线延长一千八百余里，包括广东、福建、浙江、江苏、河北、山东、辽宁七省，过去因交通工具尚未十分发达，所以对海防未加注意。至明朝始加守备，明茅元仪《武备志》载："海之有防，自本朝始也，海之严于防，自肃庙始也，汉之于海外也，我逞其武，若晋唐以降，寄泊以通其利，朝贡以縻其广，时有倭掠，未为深虞，日本在宋以前，与诸国不相高下，自元初败范文虎之师，始狡然有启疆之虑，以二祖之感德柔而致之，时肆其毒，故于沿海兢兢焉，然以辽东受衄，不致大衅，嘉靖之际，经措失方，以天下钱谷之本，供其渔猎，国几不支，苟非纠纠虎臣，批根荡窟，则中原九塞，乘间而发，岂能有百岁之安哉。而其要在拒之于海。"由上面的一段文字，可以证明海防在当时的重要性了。明朝外患，大半也就在滨海各省。戚继光和俞大猷虽然转战

---

[1] 此文发表于《海军建设月刊》1941年第2卷第2期。

东南，评定海寇，使倭人不致内犯，但是还没有给予敌人以致命的打击，所以明代还零星地受着倭寇的滋扰。

胡宗宪对于海洋的防御，说得很详细，他下了一个定义说："海防之制，谓之海防，则必宜防之于海，犹江防之必防之于江也。"明代于沿海每卫各造大青及风尖八桨等船一百余只，出海指挥，统率官军更番出洋哨守。沿海诸岛，皆有烽墩，可为停泊。后为防日本进犯，曾在定海、乍浦、吴淞口及刘家河等处分布船只防守，后因乍浦海滩浅阁，有主张以乍浦之船以守海上，洋山苏松之船以守马迹，定海之船以守大衢，则三山品峙，哨守相连，可扼来寇。唐顺之谓："贼至不能御之于海，则海岸之守，为紧关第二义，贼新至饥疲，巢穴未成，击之犹易；延入内地，纵尽歼之，所损多矣。"这种作战的方式的确有效，主要的目的在不使敌人入境，所以应当有极强大的海军在海上邀击。倘能于海上即一鼓尽歼之，那是再好没有的事了。日俄战争借了中国做战场，受损失的还是中国，这种"打内行架"的战略，今日是很通行的。

我国正式有海军舰队，则自左宗棠、曾国藩先后成立的南北舰队始，李鸿章执政时代，曾锐力经营海军，以丁汝昌为水师提督，以威海卫为根据地，以旅顺为修船所，训练北洋舰队，实力颇厚。甲午之后，中国海军在发展上受了一个极大的阻力，至光绪三十年始稍事整理江防。宣统元年，始设立海军部，以载洵为海军筹办大臣，中国海军至此又一度露出新兴的曙光。但是，结果受了辛亥革命和世界大战的影响，迄无进展。抗战以前，中国的海军舰艇仅四万一千吨左右，而这些舰艇中，大部分都是已经超过了三十岁以上的舰龄。《密勒斯评论报》上有一段评论道："自一八九四年中日甲午战争以后，中国的海军实力，必然的被减弱了。一直到国民政府成立，新的造舰计划才开始进行，许多艘新舰都是一九二八年以后建造的，最后造的一艘三千零五十吨重的巡洋舰'平海'号，是在沪战爆发前数日完成，而同年九月二十三日即在江阴中日海空大血战中被七十架日机炸伤而沉没。"

舆论界对于我国海军，也有着各种不同的批评。归纳起来，不过是谓政府对于建设海军，还缺乏一贯的策略而已。甲午之役的日本联合舰队司令伊东祐亨曾批评我方之失败，以为实从来墨守旧制有以致之也。敌人对于我国海军失败的批评很值得我们警惕。要以我国海军新兴之始，仅由一二人热心提倡，全国舆论犹未见同意，及至感到了切肤之痛，才又稍变态度，事过境迁，又置诸脑后。这种头痛医头的办法，究能收效多大呢？抗战以来，因海岸线相继沦陷，我国稀有的海军在英勇的抗战中惨重牺牲，最初一般舆论犹以为从此中国海军可以用空军来代替，因为建设海军，需费过大，在目前的情况之下，实在没有实现的可能。这种临事仓皇的权宜计划，究不是国防永久的国策。我们不能强调的说明海军是如何重要，硬对空军性能强为轩轾，但竟谓"海军的时代已经过去，空军的时代今正代兴"却也一无根据。空军与海军有着密切的不可分性，我们固然不能因噎废食，更不能因陋就简。要奠定建国的永久宏基，不能不有一贯的国策。今日的中国已经不能离开海军而生活。就地理环境而言，我国东面临海，而且又针对着拥有强大的海军的日本。在临海之处，能够恃为国防屏障的，仅有海军。是则在今日抗战建国同时进展之时，不能不奠定立国的永久基石，确立永久的国策。

二、中国沿海形势一瞥

我国沿海七省，北起辽宁，南至广东，海岸线长二千八百余浬。在明朝的时候即已设防，广东计分三路。但据《武备志》载："广东三路，虽称险阨，今日倭奴冲突，莫甚于东路，亦莫便于东路，而中路次之，西路高雷廉又次之。"但是，这是仅对日本而言，所以《武备志》又载："三郡逼近占城、暹罗、满剌，诸蕃岛屿森列，游心注盼，防守少懈，则变生肘腋，滋蔓难图矣。"广东在沿海设广州、雷州、神电、广海、肇庆、南海、碣石、潮州、海南等九卫，每卫各设有所，统率旗兵防守。此外，尚有沿海巡检司，计辖廉州、雷州、高州、肇庆、广州、惠州、潮州、琼州等八府，分设弓兵若干名防守。除此之外，尚设有沿海烽堠计雷州府烽堠二十一，高州府烽堠八，广州府烽堠五十五，惠州府烽堠二十八，潮州府烽堠十九，而每岁春末夏初，风泛之期，通行府卫所县捕巡，备倭等官军出海防御倭寇番舶，动支布政司军饷银，雇募南头等处骁勇兵夫，与驾船后生，每船分拨五十名，每艚船四艘，一官统之，三路兵船，编立船甲长副字号，使船水手教以接潮迎风之法，长短弓兵弩，时常演习，使之出入往来如神。如无字号者，长副鸣锣追逐，俱待秋后无事而掣。

福建旧为倭奴出没之地，唐顺之谓："贼之根本，实在闽中，海上经略，此为第一义，况一海相通喘息，闽贼亦浙直贼也。"福建旧设镇海、福州、永宁、平海、镇东、福宁等大卫，每卫乃设旗兵若干，镇东、福宁二卫则设屯军若干人。此外设沿海巡检司，辖漳州、泉州、兴化、福州、福宁五府。漳州府设水寨二，瞭台二，烽堠十二；泉州设水寨一，烽堠四十四；兴化设水寨一，烽堠四十；福州设水寨一，瞭台一，烽堠二十九；福宁设水寨一，烽堠三十七。福建五寨，俱为江夏侯所设，计沿榕、南口、烽火门、铜山、小埕等五寨，均沿海要冲。以前经略福建，不外二种方式，一为长久的，一为临时的。郑若曾谓："何谓长策？修复海防旧规，处置沿海贫民得所，使不为贼内应是也。何谓权宜？今日福建之患有二，曰山寇，曰海寇，海寇乃本地之民纠之而来，苦无兵以殄灭之耳。"

浙江方面，为明洪武十七年信国公汤和所设定，计分金乡、温州、盘石、松门、海门、昌国、定海、观海、临山、绍兴、海宁等十一卫，外直隶都司一，均设有屯军若干。此外尚有沿海巡检司，辖温州、台州、宁波、绍兴、杭州、嘉兴等六府，每府设弓兵若干名。金乡卫另辖水寨十一，烽堠十五；蒲门壮士所设瞭台二，烽堠六，沙园所设水寨四，瞭台一，烽堠四；海州卫海安所设水寨二，平阳所设水寨四，瞭台二，烽堠三；盘石卫设瞭台二，烽堠十，隘顽所设瞭台一，烽堠八，楚门所设寨堡一，烽堠十五；海门卫设瞭台三，烽堠五，新河所设烽堠五，桃渚所设瞭台一，烽堠十二，龙跷所设瞭台一，烽堠五；昌国卫设烽堠九，将谿所设烽堠二，钱仓所设烽堠五，石浦前后二所共设烽堠六；定海卫设水寨二，关一，烽堠十一，大嵩所设烽堠八，舟山所设水寨三，瞭台一，烽堠二十一，穿山后所设瞭台一，烽堠九，霩衢所设瞭台一，烽堠五；观海卫设关二，烽堠六，龙山所设瞭台一，烽堠五；临山卫设瞭台一，烽堠九，沥海所设瞭台一，烽堠三，三山所设烽堠七；绍兴卫三江所设瞭台一，烽堠六；直隶都司海宁所设水寨一，瞭台六，烽堠五；海宁卫设寨二，台六，烽堠一，澉浦所设水寨四，瞭台一，烽堠五，乍浦所设水寨七，瞭台七，烽堠三。此外，海岸、海港、海外均防备周密，主要目的，在防止倭寇来犯，以入腹里。

江苏、河北明朝旧南直隶，淮阳设扬州、高邮、仪真、大河、淮安五卫，各设千户所，分驻旗军及屯军若干名。此外，扬州府设巡检司十四，分驻弓兵；淮安府设沿海巡检司十，而扬州府另辖水营十四，水寨九，烽堠九十三。旧治南直隶事宜，较各省为重要。《武备志》载："南直隶东滨巨海，北亘长淮，中贯大江，江南则为苏松常镇诸郡，江北则为淮扬诸郡，其势不能以相援也，故各有巡抚之设。在苏松四府有防海、防江二者之责，在淮扬二府有防海、防江、防淮三者之责，以其均之为直隶也。"南直隶分江南、江北二辖地，即今日江苏、河北二省。苏松分设金山、太仓、镇海、镇江四卫，及松江、苏州二巡检司。松江府设水营五，堡四，塘铺二十四，烽堠四十三；苏州府设营堡三，敌台三，烽堠四十八。松江所辖地自金山卫至南汇所，为江南诸郡，以北为江北诸郡，在地理方面，与现在行政区域略有不同，而辖地范围大有区别。

山东原设安东、灵山、鳌山、大嵩、靖海、成山、宁海、威海、登州、莱州、青州等十一卫。青州辖巡检司四，登州巡检司十，莱州巡检司六。安东设墩九，堡八，石旧寨所设墩十，堡三，夹仓镇巡检司设墩四，信阳镇巡检司辖墩四，南龙湾海巡检司设墩三，高家港巡检司设墩二；灵山卫设墩二十，堡十三，夏河寨所设墩七，堡六，古镇巡检司设墩三，逢猛巡检司设墩三，胶州所设墩九，堡七；鳌山卫设墩十七，堡十八，浮山寨所设墩九，栲栳岛巡检司设墩三，雄崖所设墩八，堡三；大嵩卫设墩七，堡五，行村寨巡检司设墩三，大山所设墩二，堡二，乳山寨巡检司设墩三；靖海卫设堡八，墩二十，赤山寨巡检司设墩一，宁津所设墩八、堡九，海洋所设墩七、堡十；成山卫设墩十一、堡九，堡山所设墩八、堡七，温泉镇巡检司设墩二；威海卫设墩八、堡四，百尺崖所设墩六、堡三，辛汪寨所设墩一；宁海卫墩六、堡十二，金山所设墩五、堡四，清泉所设墩二，奇山所设墩四、堡二，孙夼镇巡检司设墩三；登州卫设墩六，福山所设墩三，柴葫寨巡检司设墩六，马埠寨所设墩二，海仓巡检司设墩五，鱼儿巡检司设墩四，塘头寨所设墩九。

辽宁在明朝设广宁前屯卫、广宁中屯卫、广宁左屯卫、广宁右屯卫，及金州、复州、盖州、义州等八卫。广宁前屯卫设关一，墩九，堡二十；广宁中屯卫设墩三，堡十六；广宁右屯卫设关一，堡五；金州卫设城四，墩三十六，台一，堡四；复州卫设城二，墩九，堡四；盖州卫设墩九，堡五；义州卫设城一，墩四，堡三。

清初防海方法，大率仍明之旧，而增损之。于各岛屿如崇明、舟山、玉环、海坦、金门、澎湖、南澳、硇洲等处各特设镇守，而台湾距海岸较远，地域较广，除驻水陆军队以为镇慑外，并设官莅长，以资治理焉。于口岸则直隶之天津，山东之登莱，江南之吴淞、狼山，浙江之黄岩，福建之福宁、厦门、漳州，广东之潮州、碣石、虎门、高廉、琼州各安专衙，分布重兵。而天津于绿营之外，又增设水师。松江当刘河、吴淞、川沙要口，宁波当杭绍、定海、象山要口，泉州当金门、厦门要口，惠州、密迩、碣石、虎门，特驻提督军门，就近统领。

兹将清代海防情形，分述于后：

一、直隶——水师总兵驻天津，管辖本标各营，天津城守营外，并统率河间、通州二协，葛沽、罗州、武清、静海、浦河、乐亭各营。

二、山东——登州总兵驻登州府，辖本标三营，文登、胶州二协，及即墨、安东、莱州、寿乐、式定、青州各营，宁福、成山等泛，听山东巡抚兼提督衔节制。

三、江南——两江总督驻江宁府，管辖本标二营，及京口协、高资、常州、江阴、孟河、浦口等各营，并节制江南提督及安徽之寿春、江西之南赣、九江各镇。江南提督驻松江，管辖本标九营及城守营，金山、柘林、青村、南汇、刘河、福山、平望、靖江、太湖各营，并节制狼山、苏松二镇总兵。狼山总兵驻通州，辖本标三营，及□□之泰州、泰兴、掘港、三江各营。苏松总兵驻崇明，辖本标三营及□□、吴淞各营，仍听江南提督及两江总督指挥。

四、浙江——提督驻宁波，管辖本标三营，宁波、杭州城守营，嘉兴、湖州、绍兴各协，乍浦、太湖、钱塘各营外，并节制定海、黄岩、温州、处州、衢州等五镇。除衢处二镇外，余皆担任海防。定海镇总兵辖本标三营及象山协、镇海营、昌石泛。黄岩总兵辖本标三营，温州城守营、乐清、瑞安、平阳各协。大荆、玉环、盘石各营，仍听浙江提督及闽浙总督指挥。

五、福建——闽浙总督管辖本标三营，及福乐水师营、浙江海防营，并节制浙江提督，及福建水师陆营二提督。水师提督驻临安县，厦门辖本标五营，并节制金门、海坦、台湾、南澳、福宁等五镇。金门镇总兵驻同安县，辖本标二营及闽安协、铜山营。海坦镇总兵驻福清，实辖本标二营。台湾镇总兵驻台湾府，辖本标三营，城守营及台湾水师协、北路协、澎湖协、南路协、南路营、南路下淡水营、北路淡水营。闽粤南澳镇总兵驻诏安与饶平间之适中镇市，辖本标二营及广东澄海协、海门达濠等营。福宁镇总兵驻福宁府，辖本标三营及烽火门、桐山、连江、罗源各营。以上均听从有关之总督及闽浙总督指挥。

六、广东——两广总督驻肇庆，并节制广东、广西二提督。广东提督驻惠州府，辖本标五营、新塘营及惠州府。惠州府辖本标五营及惠州、肇庆、广州各协，并节制左翼、右翼、雷琼、潮州、碣石、高廉、罗南澳等七镇。潮州镇总兵驻潮州，辖本标三营、潮州城守营、黄冈协，以及平镇、饶平、潮阳、兴宁各营。碣石镇总兵驻碣石卫，辖本标三营及惠莱营。高廉总兵驻高州府，辖本标二营及福定、龙门各协，电白、吴川、化口、廉州、钦州、碣州等营。以上均听广东提督及两广总督指挥。

我们知道，中国海防辽阔，要巩固海防，最要紧还要建立优良的海军根据地，自渤海以至南海，其中港湾错杂，岛屿森列，曾文正公在《渤海图说》后谓："辽左为陪都重地，则与前明之二州二十五卫，视同罗縻者，轻重迥别，故渤海之襟带，旅顺之门户，视前世犹加慎也。"王雁汀先生意欲在"隍城石岛之间，驻水师将领一员，登州金州南北兼巡，内以防盗之狙伏，外以慑夷人之阑入"。关于海疆的设施，清仍明旧，民国初年，亦沿清之旧，其中不过地域的改隶，及人事的更调与官制的变更而已。

从地势方面来研究我们沿海的情形，可以从海洋方面着手。渤海在辽东半岛与山东半岛之间，这二个半岛，像一把剪刀一样夹峙着。辽东半岛的旅顺口与大连湾，港口极狭，高山环抱，形势天成，且终年不为冰封，为我国北洋第一良港。以前李鸿章所训练的北洋舰队，也就在这里奠基。可惜现在自西岸亚当湾起穿亚当山脊至东岸貔子窝湾北划一线，其南水陆各地，都已经划作了租借区域。光绪二十四年，租借与俄，订期二十五年。日俄战后，日本从俄国的手里抢夺了去。民国四年，强迫我国延长租期九十九年。虽然全国反对，华府会议时并且得到了国际的同情，但是，强权战胜了公理，自（至）今我们还没有收回的可能。"九一八"以后，日人在这锐意经营，且有强大的舰队经常驻扎，以控制黄海和渤海。什么时候我们才能望见这一片汪洋的大海有我们的舰队在那里驰骋呢？

渤海包括了金州、盖州、连山（以上属辽宁）及莱州、荣成（以上属山东）五个港湾，威海与靖海二卫像两个眼睛一样保护了山东半岛。而在黄海沿岸，崂山湾和胶州湾，好比山东的两扇门户。胶州湾的形势，很像日本的横须贺港，可惜这里在地图上已经变了颜色。而荣成湾便是甲午之役日人舰队由此登陆以攻威海卫的所在，抚今思昔，不知要下多少英雄的眼泪呢！

江苏省的海岸线全长有一千二百余华里，北部属黄海，南部属东海，可是不及山东和辽宁的富曲折性，而且港湾也较浅。江苏包括了上海、东海、吕四、新洋四港，可是，都不是最理想的海军根据地。而且，沿海岸附近沙滩极多，筑港的费用也要来得大。不过上海正当长江出口的要冲，为江防的门户，其军事上的价值自然要来得大一点。日寇每次进攻我国，均取道于此，或由刘河抄袭后路，侧击上海。血的教训已经昭然载诸简册，以后我国的海防设施，不能不于此注意加强防御。

浙江，我国东方的富庶之地，港湾的曲折性最大，而且岛屿罗布，确实是建筑良好港湾的理想地。国父计划在乍浦与澉浦之间建筑一等大港，而在宁波建筑二等大港，石浦、长乐建筑渔业港。将来的浙江，必成为海防要地，而这个港湾错综的海面，也必能成为海上堡垒出没的所在了。

除了钱塘的出口处杭州湾外，浙江还包括了象山湾、金靖港、乐清湾等许多良港，象山湾前面有许多岛屿如桃花山、蛇岐山、六横山作了屏障，而狮子口深入内地，这是东方最良的军港。

福建与台湾对峙，也和浙江一样有着曲折的港和港湾列的岛屿，包括了沙埕港、乌崎港、福宁湾、柘洋澳、三都澳、松崎港、福清湾、兴化湾、平海湾、湄州湾、泉州湾、厦门湾、铜山湾、诏安湾等许多港湾，而闽江口的马尾有造船厂能造中型战舰，而海军学校也在此地，为我国海军人才的发源地。

广东为我国沿海最南的一省，北掖福建，西界广西，海岸线全长五千余华里，为沿海七省中最长的一省，港湾的曲折和岛屿的森列也不亚于浙江、福建。珠江的出口处番禺，国父计划建为南方大港。其他钦州建为二等港，汕头、电白、海口建为三等港，汕尾、西江口、海安、榆林港改为渔业港。实则广东为华南最富庶之地，在历史上，这里是一个最值得纪念的地方，现在这里已经渲染了外人的势力，香港、广州湾先后成了英法的割让地或租借地。由香港至新加坡，这一段水路已经被英人统治着了，而北向又是日人的势力。最近日本的南进政策，海南岛和东京湾便是它理想中的根据地，日人想锐力经营海南岛以对抗新加坡。

三、中国国防问题

前面说过，空军和海军在国防上占有同等的地位，而且密切的有不可分性。第一次欧战英国海军厉行封锁，因此德国的商轮与军舰不能越其内海一步。从德国以后迄无重大战役。第二次欧战中，德国想以轰炸机的力量击毁英国的海上封锁。在挪威海上的战争，德国的飞机施全力以攻击英国的军舰，但是结果是海洋的损失特别少，主要的原因是飞机的续航力还没有达到克服海上堡垒的程度。今日我们估计一个国家的战斗力不能单注重陆上，而必须注意海空两方面。如果这个国家没有出海口的话，则这个国家在国际上就不能居于一等价值的地位。希腊和巴比伦在古代即以海军来争霸欧洲，俄国的一贯政策也在寻找出海口，因此，俄国的注意力也集中在黑海附近及鄂霍次克海。海军力量强的国家，便是统治世界的国家绝非废语。

马罕谓一个国家影响海权的基本条件是（一）地理的形势；（二）自然的配合；（三）领土的广袤；（四）人口的密度；（五）人民的性格；（六）政府的制度。上述的条件不啻为我国国防开出了一剂良药。我国依照上述的条件，足够为一个海上强国。而就假想的敌人而论，亦应该有强大的海军。我国疆域广大，虽次于英、法、俄三国，然英国破碎，俄国荒寒，惟美国完整，足与我国互相伯仲。我国西北及北部与俄属西伯利亚毗连，西南与英属印度毗连，南与法属安南、英属缅甸毗连。过去因疆界问题，互相争执，但是比较东南沿海部分，则危险性要来得缓和些了。而且沿海各地，也就是我国精华集中的所在，若藩篱不固，毫无保障，则随时有被敌骑踏入的危险。历代设防，都是以日本为假想敌，薛仁贵、戚继光、刘仁轨等都曾经与日本直接间接的发生过战争。甲午之役以后，更无日不受到日本的茶毒欺凌，血海深仇，已经铸成了一部难忘的痛史。我们如果不谈国防问题则已，一谈国防问题，则首先引起我们注意的便是海防。

固然，今日飞机的效率已经有长足的进展，飞机的布雷工作与轰炸军舰以减低其射击效能，确也战绩彪炳。但是海空的对比终究是空不如海，这在挪威海战中已经由事实证明了。陆上的防御可以建筑坚固的"马其诺"防线，海上的防御必须有强大的海军和海军根据地，这是海上惟一的长城，也就是陆上的第一道"马其诺"防线。

我们拿美国一九三一——一九三二年度预算表来看：

海军常费及造舰：三四三,六〇六,〇〇〇；退伍军人局：七二,〇〇〇,〇〇〇；陆军：三二一,九四四,〇〇〇；航空：三一,三四〇,〇〇〇（通过时另增三千五百万元）；军事预算总数：七六七,八九〇,〇〇〇。全国预算总数：三,九四二,七五〇,〇〇〇。

其次，再拿美国一九四一年度的预算数字来看：

陆军：一三,七〇四,〇〇〇,〇〇〇；海军：一一,五八七,〇〇〇,〇〇〇；其他国防费：一,二八七,〇〇〇,〇〇〇。

再据东京《朝日新闻》登载日本六年整军计划，内海军整军费共五、四〇三,四八六,〇〇〇日元，分四年至五年拨付，用途有四：一、造舰；二、改善海港；三、增编海军航空队；四、加速军舰之现代化。

由上述的数字，我们可以知道美国海军预算在总预算中所占的比例及增加的情形。在一九三一——一九三二年海军费差不多占了百分之十，一九四一年差不多较一九三一—三二增加三四倍。而我国呢，战前海军费用每年平均仅占总预算费用的百分之二，而陆军费则占去百分之八十，侈言建设海军，自然是痴人说梦。

然而，我们深深地记得敌人的拳头是由哪里打来的。今后要防止敌人拳头的袭击，应该保护那些地方。黎天才先生在《中国国防问题》上谓："中国的海岸线自辽宁省之鸭绿江口起至广东之白龙尾港止，总计约一万三千五百里，此一万三千五百里之海岸线，都直接与内地大陆相接，一气呵成。除广东南部之海南岛外，并没有离开陆地而孤立的大岛屿，若有相当的海军，是非常易于防守的。"可是，中国沿海港权丧失，旅顺、大连、台湾、澎湖、香港、九龙、澳门、广州湾都成了他人的海军根据地，都成了他人进攻我国的营寨，实为我国国防上最严重的问题。但是，要挽救这个缺陷，也并不是一件难事，总裁一再告诉我们应该"自力更生"。而我们惟一的办法是"以血还血，以牙还牙"，所谓"知己知彼，百战百胜"。《荀子》议兵篇谓："上得天时，下得地利，观敌之变动，后之发，先之至，此用兵之要术也。"现在我们反观诸已，天时是一个暂时的作战条件，我们可以忽略不说，地利呢？前面已经说过，我国沿海的形势并不是不险要，港湾并不是不深阔，然而我们没有利用国父在建国方略上曾经提出过建筑沿海军港的计划，周详缜密，战后亟应遵行。

其次，我们谈到国防，并不是纯粹的在军事上着眼，而且纯粹的军事设备并不能算作国防。甲午之役，便是一个很好的教训。虽然要讲"防"，是决不能离开"兵"，但是除了"兵"以外，还需要什么条件？孙子谓："凡用兵攻占之本，在乎笠民，弓矢不调，则弈不能以中微，六马不和，则造父不能以致远，士民不亲附，则汤武不能以必胜。"今日谈论国防要策的人，以为我国没有坚固的国防，是由于经济还没有走上合理的途径，产业没有开发，农村调蔽，根本不立，以至枝叶不茂。可是为什么产业没有发达呢？为什么农村调蔽呢？赫德谓："海军之于国人，譬树之有花，必其根干枝条坚实繁茂与风月水土有相得之宜，而后花见焉。由花而实，树之年寿得以称长。"是知二者互为因果，要国家经济合理化，政治合理化，而后海军始能够发展。海军发展，也就维护着国家的日益走上富强之路。

我国海备不修的真实原因，也就犯了上述的毛病。过去论国防的重要有的谓应在西北，有的谓在西南，有的也主张在沿海，"议论未定，而兵已渡河。"国防问题徒然在理论上谈到而已。

平心而论，我国国防究竟应该侧重何处，事实已经给我们解答了。抗战胜利以后，痛定思痛，更应该特别慎重，要使每一个国民的血汗，点滴都用在必要的处所，每一个公帑，分文都用在必要的地方，何况在战后，国家元气损伤，一点一滴都应当慎重处置，才不致重蹈以往的覆辙。

以我国地理环境而论，以我国当前局势而论，建设海军实较其他为急。换言之，我国的国防第一线在沿海，而我国防的生命线也在沿海，我国经济重心与人口密集也在沿海，要保障国权，御防海岸，是我国国防中最迫切的问题了。

四、海军与护侨问题

上面关于海军保护沿海，及其在国防军事上的重要性，已经阐述得很详尽。此外，海军对外交及经济上之价值，同样也占着显著的地位。我们读国际贸易的时候，知道一国的收入包括了侨民汇款，这种劳务的输出所获得的代价，在中国这笔款子特别占了一个颇大的收入项目。从过去革命和今日抗战两方面来说，所获得侨民的支援的确不在少数。

我国侨民散居海外，为数极多，据驻外各领事馆之报告，及各居留地政府之统计，略如下述：（侨务委员会二十八年十一月份整理之结果）（编者按：下引材料已见第一卷第六期郭寿生先生的《保护华侨与促进海军建设》一文故略去）。

这许多散居在海外的侨胞，为数极多，尤以南洋一带分布最广。过去曾经操纵过当地的政治和经济的大权，现在却因遭受了外国政府的压迫，和外国商人的竞争，使整个的侨民都深陷在不景气的境遇里。他们企望着祖国的云天，企望着这个伟大的民族的复兴，而给予他们以有力的援助。经济方面，他们确也曾给祖国以莫大的助力，观察下面的数字，便可以明白了。（下表系侨务委员会所发表自廿六年抗战起至二十八年二月底止，海外华侨募捐购债概况。单位：国币元）

亚洲部分：五八，三〇二，七四一；美洲部分：六，三二六，六八三；欧洲部分：五三四，五一九；大洋洲部分：一，七三四，六七〇；非洲：一，六五六，六一二。

注：此表未列公债及其他各种款项，若合全数计之，总在一万万二千万元以上。

二十八年三月至十二月，海外侨胞赈灾及慈善捐款共达五五四，二三二，五四四元，其他各种特别捐款，尚未计算在内。又二十八年九月至二十九年二月止，全南洋寒衣捐款计：马来亚叻币三四五，七四四元；荷属东印度荷币一九五，八二五元，叻币七，四六八元。二十七年十一月至二十八年底止总计一五六，一六一，〇六一元。由上述的数字，我们可以知道抗战以来，华侨对于祖国协助的情形。日本为欲截断此一条生命线，不惜冒大不韪企图南进。针对着上述的问题，而我们的口号也应该改为"保卫大南洋"，因为那里是侨胞的生命寄托地，也就是支持战争，或者是平衡我国国际收支的最大关键。

远东局势危殆的时候，美国曾经派遣军舰疏散侨民，遣送回国，使他们不致遭受炮火的威胁。我们的侨胞远处海外，假使遭遇到了危险，他们是很难得到祖国的恩惠的。不仅如此，即晚近各国对于我国侨胞所施虐待，已足令人发指。外交上的抗议，绝不能收效，要保护侨胞，惟一的办法是建设新海军，使侨胞安全的处在我国强大的海军势力范围之内，不至重遭列强的欺凌压迫。

澳洲昔为一片荒凉广漠的原野，但是在英国的开发下，渐成了富庶之地。今日英国人民能在澳洲收取经济上的利益，不能不归功于海军。而澳洲能在英国人之统治下不致被他人侵占，也是由于英国有许多舰队出没在附近的海洋中，作了澳洲的护卫。

当英国与荷兰同时经营东印度公司时，二国的海军力量都相当雄厚。随后荷兰海军势力减退，英国乘机猛进，夺得海上霸权。而英国在东方的殖民政策也随之奠定了巩固的基础。西班牙在未与美国开展以前，在美洲的殖民政策发展甚速，及至和美国一战，败北之后，而西班牙在美洲的势力也就随着衰退下来。由西班牙至美洲须横渡过大西洋，是知护侨政策是完全依靠着强大的海军的。

话说回头来，保护我国海外华侨，应注意下列三点：

一、使侨胞明了祖国的情况——我国侨胞侨居海外，或因历史关系，对祖国情形不甚明了，以至与祖国隔绝。最近数年来，虽有华侨回乡观光团之组织，但仅限于极少数之侨胞，其他大多数侨胞，尚未能一瞻祖国风物，以后宜由祖国发动，随时与各地侨胞取得联系，随时派遣团队，巡回访问各地侨胞，并与之取得密切之联络。

二、使侨胞尽力于建设海军工作——我国海外侨胞服务于海上事业者极多，而此多数的海员，也就是我国建设海军的中坚分子。在集中人力与物力的条件下，充实海军人力可以尽量利用侨胞，而将来海军复兴以后，除了担任国防的任务以外，护侨工作，成为海军任务之一，务使海外侨胞不至受到远离祖国的痛苦，而侨胞对建设祖国的海军，也应倍加爱护与赞助，使能早日实现。

三、利用海军以发展海外殖民事业——我国人口，集中于沿海各省，人口密度大而生产力小，殊不足维持生计。如果向内地各省移民，又因交通不便，困难甚多，反较向海外移殖为困难。今后倘有强大的海军为后盾，则不但现居海外的侨胞不至受当地政府的压迫与驱逐，即以后的殖民政策，也可以得一保障。读者切不要以为今日我国的情势如此而自馁，要知日本的强盛也并未经过一个极长的时间，我们应该有大国民的风度，也应该有太平洋上的主人的信念，这样才能担负得起艰难困苦的工作。

五、海军与渔业及关税问题

关于经济方面，除有强大的海军，可以保卫沿海一带经济资源，及便利海上运输事业而外，其对关税与渔业，均有莫大的助益。兹先论其与渔业之关系。

我国渔业发达甚早，至周而秦，凡渔官渔法以及养殖制造等，灿然大国，是为我国渔业最灿烂的时候。自殷周以后，因渔业在经济社会已不占显著的地位，所以渔业遂也随之衰落。迄至明叶，因沿海一带临时受着倭寇的骚扰，谈海防者，乃计及编渔户之法，联合十余渔船或八九渔船为一宗，同罟网鱼，称为罟棚，每船有料船一艘，随之醃鱼，彼船复来米粮食品，以济渔船，互相协助，类同陆上的保甲制度。清季，海疆多事，左文襄任两江总督及刘坤一督师榆树时，因鉴于渔业关系国防之重要，奏请清廷仿明例，令滨海各省举办渔团，曾谓渔户熟谙风涛纱线，膂力过人，前明海盗汪直，徐海之党，多出其中。即清代名将如李长庚、王德禄等，亦为渔民出身。一转移间，利害已判，清廷乃诏饬沿海各督抚实力听办渔团。光绪三十年三月，南通张季直，条陈商部筹设渔业公司，由商部转奏报可，乃诏沿海七省督抚同时筹备，张乃与苏松太道袁树勋相度形势，规划一切，以内外海界，定新旧渔业行渔范围。以南北总公司及各省局县会为行政纲目，以官经商纬为组织，其规划颇为详尽。至此，我国渔政设施已近代具体化了。兹摘录其内容大要如下：

"各国领海界，现近海远洋为派别，近海为本国自有之权，远洋为各国公共之路。拖船捕鱼，宜在远洋，近海数百里，仍为我寻常小船捕鱼之区。外为内障，内为外固，相资为用，而不相妨。"

张氏等主张购置德国船只，以为发展渔业及护渔之用。三十年十一月由商部派袁树勋为江浙渔业公司一等顾问官，兼充渔业公司监督，张季直为渔业公司经理，直隶商部。旋袁世凯督直，取消鱼行，改设渔业公司，以长芦盐运使张镇芳兼其事，后因事繁，改委直总提学使卢靖兼其事，随后各省先后设立渔业公司。辛亥革命起，南京政府成立，渔业改隶实业部，此为我国渔业发展之大概。

渔业之发达，在政治上与经济上均占着重要地位。以前海疆多事，渔民当为动乱的主要原因，而政府对渔业不加注意，至此不得不改变态度。经济方面，渔税的开征，秦汉之间已存在，清初有所谓海租，宣帝时，秋寿昌奏请增海租三倍，天子从其计。王莽时，"令诸取鸟兽鱼鳖……除其本，计其利，十分之一，而以其一为贡"。唐代上元间，敕江淮堰坏，商船牵过处，准斛准纳钱，谓之"埭程"，为船舶税之始。清代有鱼捐，有船捐之分，其实均为渔业税。民国以来，渔税为税收大宗，单河北一省，渔税、船捐二项税额，每年已达二十五万元以上。民二十年，国民政府明令取消渔税，但沿海渔船捐则仍开纳。

但是，我国沿海渔权，自清末以后即逐渐旁落，德轮侵渔，自经张季直奏请收买后，日本又追踪而至，北起大连，南至台湾，随处侵渔。民国十三年五月，山东沿海一带日本快船"满先丸"等四十余艘，帆船七八十艘，先后在蓬莱、黄县、屺姆岛、掖县、石虎嘴等处捕鱼，并将我国渔民的网绳钓线拖拉毁损殆尽。当时经由渤海舰队派炮舰二艘追逐，捕获日船二艘，交由日领署警□签署领回，并由外交部照会驻京日使及我国驻日公使，提出交涉。但是毫无结果。而后日本在我国领海以内侵渔日甚，沿海一带，几成为日本渔船纵横之所，喧宾夺主。而我国渔民，也就横遭压迫。二十年三月，财政部长孔祥熙氏提案国府会议，取缔日轮侵渔有效办法二点，当经决议交实业、财政、海军三部督查办理。旋又经第十四次国务会议通过，公布领海界线及海关缉私界线，并饬海关禁止百吨以下之外籍船舶进口，否则照输入货品税率纳税。但是，经日公使奔走呼号，并用卑劣手段向我国政府强硬交涉，终使命令未见实行，而我国沿海渔权，也落入外人之手，一蹶不振。

我们知道，渔业为水手的来源譬之如农为陆军的来源一样，就培植海军人才而论，保护渔民是切不可忽视的。除此，渔业发达，又可以辅助海军，保护海岸线。日俄渔约的订立，除了日本想在苏联领海攫取捕鱼权外，还思以渔区来作一个包围阵线，压迫苏联的东亚沿海诸省。今日各国特别注重捕鱼船的攫取，一方面也想借此使渔船出入于他国领海上，以便熟谙海上形势，而作他日作进攻的准备。

我国港湾足当优良的渔业根据地者，在在皆是，稍加修筑，即可媲美欧美各国所建之渔港。国父在建国方略中，曾经计划建筑渔业港十五处，合天津、上海、广州、营口、海州、福州、钦州、葫芦岛、黄河口、芝罘、宁波、温州、厦门、汕头、电白、海口等头二等港十六处，共为三十一港，均可兼营渔业。如果能与海军舰队配合适当，由海军舰队以实力保护捕鱼，并驱逐外国渔轮的侵入，则不但渔业为我国沿海人民生活之寄托，而且亦为国家收入的大宗，富国便民，莫此为甚。

就今日情形而论，我国渔民还是以幼稚的生产手段和外国现代化的渔船设备竞争，技术上自然相差太远，而且各国是以有组织的捕鱼队来和我国无组织的渔船争取海上渔权，他们倚赖着强大的海军为后盾，以与我国渔民的赤手空拳相较，自然又要优越得多了。我国如果要保护此海上生命线，保障海上的国防线，又岂能忽略海军吗?

其次，再谈到海军与关税的问题。

根据外交部编纂委员会所编中国恢复关税主权之经过，关于中国关税沿革，讨论甚详，大概就海关管理权而言，可分为二个时期:

一、国人自管海关时代——咸丰八年(即一八五八年)《天津条约》以前。

二、外人管理海关时代——咸丰八年迄今。

就税则决定权而论，又可分做二个时期:

一、国定税则时代——清道光二十二年(一八四二年)《江宁条约》缔结以前。

二、协定税则时代——自前清道光廿二年《江宁条约》缔结时迄一直至民国十九年(即一九三〇年)五月，中日关税协定签订时为止，凡历八十九年。

三、国定税则权恢复时代——民国十九年以后。

现在，税则的决定权虽已收回，但是海关的管理权则仍操诸外人之手，虽有条约的规定，但是追根溯源，仍由海上势力不足抵抗列强有以致之。曾记咸丰六年(一八五六)十月，广东官府不经照会，迳赴英国"阿罗"轮船内逮捕本国犯十三名一案，中英官府谈判不得要领，因而开衅;法国因广西戕害马神父遂与英国共同出兵，先陷广东，更北上，略大沽炮台，进逼天津。清廷再度屈服于炮舰政策，后二年，而结《天津条约》，我国海关从此遂落入外人之手。海关为一国之咽喉，关税为一国经济之命脉，如不亟时收回，贻祸无穷。过去因海防不固，致被列强一再侵略，辱国丧权条约订立，使国家的咽喉握在外国人手中。因此，我国经济机构，也就无法调整。这种苦痛是较任何压迫还要来得利害。我们知道未成熟的债务国假使要变成熟的债权国，应设法减少入超，增加出产，这点虽要有国内的生产的繁荣与否而定，然海权也可以给予援助。虽然保护政策在纯粹的经济理论上还有不能解释的地方，然而，一个国内生产技术落后，生产成本过高的国家，要使国内产业与他国竞争，仍不能不暂时利用。我国海关的管理权仍操在外人之手，要想收回，也不专凭着外交的方式，纵使能顺利地收回，则收回之后，关于海关的巡弋与缉私，也不能不依靠着海军的力量。海关走私问题在我国并不是单纯的入口商想逃避入口税，而是随着有政治的背景在内。各报章杂志对于走私问题也曾详细研究过，而所提供的政策也不外乎严密海关组织与巡逻缉私队。对症下药，自然是惟一善策。但是民国廿五年倭方竟以其海盗式的海军掩护走私，公然限制海关缉私巡舰的活动，更显见缉私权也得靠海军才有着落。

六、结论——建设新海军

综观上面所述各点，我们纯粹地站在国民的立场，从地理上分析海军在国防上的地位，从护侨及保护渔业与关税方面说明与海军的密切关系。究竟作者还是一个海军的门外人，讨论的事实，或者还未尽然。但是，这仅就一般的观察以促使国人的注意罢了。记得黎天才先生在《中国国防问题》一书中指出："固然南、西、北三方面的国防问题是一样的严重，但是，那里究竟还不是整个中国的腹地，绝不如沿海一带这样重要。无论在将来以武力收复东三省的斗争中，或是在以后整个的国防上，沿海终是占着最重要的地位。沿海凡一万三千余里，这是中（国）国防上一个最长的洞口，我们的海军是无力守御。因此，中国必须有最广大与最强有力的陆军，在沿海布置最巩固的战线。不如此是不能言国防的。"黎先生地（观）点，确有见地，不过这还是亡羊补牢的办法。要解决国防问题，须由根本着手。广州的陷落，上海的陷落，以及日本舰队的冲入内河，已经证明了陆上的力量不足遏止敌人的凶焰。今日中国目光稍能远观一点的人，都能够看得很清楚，虽则目前的局势限制了海军的发展，可是，这种建国的基本国策是千万不可忽略的。

建设我国海防应该分两方面来说，第一，建筑巩固的海军根据地；第二，训练实力足够防守中国海岸的海军舰队。这两个计划如果要确切实行，当然不能操之过急，因为我国人力、物力、资力三方面都没有达到成熟的时候。不过，只要确立了一定的计划，事实上也并不十分困难。而且，今后是中国海军新生的时候，过去的一切都已经给抗战洗刷殆尽，要重新建立一支新兴的海军，自然较为顺利而完整。

关于第一点，建筑海军的根据地，国父在实业计划中规定建筑北方大港、东方大港与南方大港，及其他二等港和三等港的计划。他主张建筑北方大港的理由是："中国该部必需此港，国人宿昔感之，无时或忘。向者屡经设计浚渫大沽口沙，又议筑港于歧河口；秦皇岛已见小规模的实行，而葫芦岛港亦经筹商兴筑。今余所策，皆在上举诸地以外。盖前两者距深水线过远而淡水逼近，隆冬即行冰结，不堪作深水不冻商港用；后两者与户口集中地辽隔，用于商港不能见利。"旅顺为日本海军深入我国渤海门户的根据地，在那里驻有强大的舰队，各国军舰驻在那里的也不少。我们要保卫华北广大的富源，不能不在北方另觅一海军根据地以资对抗。国父计划在"大沽口、秦皇岛两地之中途，青河、滦河两口之间，沿大沽口、秦皇岛海岸岬角上。该地为直隶湾中最近深水之一点，若将青河、滦河二淡水远引他去，免就近结冰，使为深水不冻大港，绝非至难之事"。其第二计划为建设东方大港，"位于乍浦岬与澉浦岬之间，此两点相距约十五英里，应自此岬至彼岬建一海堤，而于乍浦一端离山数百尺之处开一缺口，以为港之正门。此种海堤可分为五段，每段各长三英里。因现在先筑一段，长三英里，阔一英里半，已得三四方英里之港面，足供用矣。"其第三计划为南方大港，位于广州。国父谓："广州不仅为中国南部商业之中心，亦为通中国最大之都市。迄于近世，广州实太平洋岸最大之大都市也，亚洲商业之中心也。中国而得开发者，广州将必恢复其昔时之重要矣。其改建之计划一为于水浅之处筑一范堤，且浚渫之，使现代航海最大之船可以随时出入无碍；其次为改良此通广州之通海路，在广东河口伶仃岛上游左边，建两水底范堤。其一由海岸筑至东新坦头，他一则由该坦尾筑至伶仃坦顶上。此第一范堤之顶，应在水面下三四英尺，约与该坦同高。第二范堤一端低于水面四英尺，一端低十六英尺，各按所联之坦之高低，此堤须横断两坦间深二十四英尺之水道。合此二堤与此四英尺高之东新坦，将成一连续海堤之功用，可以导引现在冲过左线海岸与伶仃岛之间之下层水深，入于河口当中一部，于是可以在伶仃横沙与同名之坦中间，开一新水道，而与伶仃岛右边深水相接。在广河口右边须建一范堤，自万顷沙外面沙坦下面起，向东南行，横断二十四英尺深之水道，直穿过伶仃横沙至其东头尽处为止。"[1]除了上述三大港外，另有于沿海建设二三等港及渔业港的计划，以完成中国之海港系统。即于营口、海州、福州、钦州、建筑四个二等港，葫芦岛、黄河港、芝罘、宁波、温州、厦门、汕头、电白、海口九处建设三等港，此外更于安东、海洋岛、秦皇岛、龙口、石岛湾、新洋港、吕四港、长涂港、石浦、福宁、湄州港、汕尾、西江口、海安、榆林港等十五处建设渔业港。

我们以为中国沿海应该建筑三个海军区，即以上述三大港为重要根据地。此外，另加若干潜艇根据地，或容纳较小巡洋舰的根据地，因为我国今日所需要的，并不是强大的远洋舰队，而是有一完整而足保卫全部海岸线的新锐舰队，潜水艇的性能在能以极小的吨位战胜极大吨位的航行船只，而且很迅速地在几分钟内击败它。通常一艘万吨以上的战舰，至少也要一年的时间才能完全，可是制造一艘潜水艇所需要的时间便少得多了。这种物质和时间方面的对比，显示出了潜艇的特效性能。第一次欧战爆发时，德国潜水艇也和此次欧战一样大肆活跃，随后遂遭受英法护航政策的强烈对抗，频于失败。但是，德国却因此得了教训，最近德国潜水艇最大的成功便是依靠了"耳朵"的攻击方式而获得的。这种凭"耳朵"的攻击方法在潜艇中的应用还很奇特，这是将整个潜艇沉没到深水里作盲目的航行，连视管（Periscope）也不留一点踪迹在水面，因此，在海上航行的船只并不能窥察出潜艇的踪迹，而潜艇的本身构造也特别精巧，利用一种氧气和氯气混合过火膨胀而推动马达的活塞，使潜艇不用其他原料而能前进。至于氧气和氯气则由海水中电解而来。除此以外，艇形和前进机都经特制，使不至与水摩擦而发声，当潜艇在深海中盲目航行时，船员的耳朵上载了只HY——drophone，利用这种器械，航员们可以辨别水面的音差和其他杂音，这样可以将视管偷偷地浮出水面，分别是敌舰和本国船只。倘若是敌舰，便瞄准方向将鱼雷发射出去，英国和中立国的船只在这种海底的潜艇攻击之下牺牲了极大的数目。

我国没有像英国那样许多遍布全球的殖民地，也没有像美国那样需要保护两洋势力，自然，我国的海军也不必有长久的续航力。潜艇在我国是最合适的

---

〔1〕参见黄彦编：《孙文选集》（上册），广东人民出版社2006年11月版，第117—180页。

海防武器，至少要建立一百艘新式的潜艇，分布在南、北、东三个海军区，这样才可以抵抗得住列强的海军势。但是纯粹的潜艇还不能独立生存，还需要相当的大战舰为之保护。假使沿海各省建立七个潜水艇舰队根据地，则每一个根据地也必须配备多艘巨型巡洋舰为之掩护。一九三一年的法国建造一种特别的巡洋舰，炮火力及抵抗力极大，不求速率，但求有巨大的防御力，每艘造价约美金一万五千万元。这类特制的巡洋舰极适合我国之用。此外，各种轻巡洋舰及驱逐舰自然也是潜水艇的最好助手。国父在《国防十年计划》一书中，其中大纲廿二条为"发展海军建设计划"，五十八条为"我国之海军造舰计划"及五十九条"训练不败之海陆空军计划"，彼对海军之重视，可以概见。总裁亦手颁建设六十万吨海军之计划，以我国现时财力论，建设六十万吨海军，确非易事，但以国防之重要而论，无论如何，最低限度也应该有部分的完成。

除此之外，目前所急迫需要的还是储备海军人才。十年树木，百年树人。人才的训练极不容易，造舰计划在必要时尚可依靠他国援助，然人才的训练与补充，是绝难依赖客卿的。故在此抗战建国并举之际，欲奠定国家之永久宏基，不能不事先作储才之准备。

中国海军的结胎时代[1]

——中国海军之过去现在与将来之一 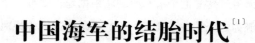唐德纲[2]

前 言

在现在的国际战争中，尤其是拥有极长海岸线的交战国，海军实是决定最后胜负的主要因子。就看目前的欧战吧，那大陆上的魔王希特勒利用他最得意的战术，不过六星期的功夫居然击溃了那号称世界上第一等陆军强国的法兰西。当法国屈膝的一刹那，一般的推测那大英帝国恐怕要遭受到空前未有的厄运了，恐怕在不久之后纳粹的铁蹄就要踏平英伦三岛。可是直至今日，英国仍然是自由地存在着，那不可一世的希特勒，反而遭受了与他那百年前的同行——拿破仑同样的命运，尽管在大陆上狼奔豕突，然即以一衣带水之隔，而使他不得不兴可望而不可即之叹而徒唤奈何了。

诚然要立足于当今世界的国家，即但求建立一最低限度的守势国防以及最低限度的领土主权得到保障，那三位一体的国防军备是必须的，即在中国，海军在中国近世史上——中国被卷入国际的漩涡以后——亦占有不可磨灭的一页。在拥有整个太平洋西岸，以及控制有太平、印度两洋的大国家，依常识的推测，其当有源远长流的强大海军当不待言，实则中国之有真正为国防而设的强大海军却在《北京条约》（一八六〇）以后。国人眼见着他们在我领海之内"乘风飘忽，四路可通"（见《海防纪略》），两海岸线又"绵亘数千里防不胜

---

[1] 此文发表于《海军建设月刊》1941年第2卷第6期。

[2] 唐德纲时就职于国立中央大学，专事近代史研究，关于海军的论文先后完成4篇，除了本集收录的《中国海军的结胎时代》和《太平洋西岸初次的自卫武装》两篇外，尚有《黄海上的战与败》和《甲午海战失败原因之总检讨》两篇。可惜的是，后两篇手稿因日机轰炸重庆击中房舍而焚毁。

防"(《夷氛记闻》），处处有被袭击危险，一生冲突，则整个海岸线，皆时时刻刻如临大敌，而敌人呢？则"只畏内兵向前而不畏外兵从后而进，锐意直进毫无顾忌"。坚船利炮之一再跃威于前，国内有识之士即渐次感觉到海防的重要。直至公元一八四二（鸦片战争）及一八六〇（英法联军）两次的血的教训，于是遂不得不一变二千年来传统的海防政策，而认识了现代化强大的国防海军建立之必要，由感觉而实行，居然建立起后来号称世界第四的强大海军。故中国之有真正的现代化的海军，以及海军之所以成为由中央政府直接统制的国防军备，实自此时期孕育出来，故此短短数十年间实可说是中国海军的结胎时代。要知道海军在中国国防上的重要性，以及其发展的经过，以及当时一般执政大臣之不惜"叩头流血"的去力论建立国防海军的所以然，以及前贤苦心孤诣计划的经过，为明了中国国防中心的南移的情形，用以为将来国防计划的借镜，故对此时代的时代背景，实有一番研究的价值。

中国传统的海防政策

"海"之在中国传统的观念中总是被忽视的，即以中国历史上最好大喜功的民族领袖如秦始皇，如汉武帝，如唐太宗而论吧，他们口口声声所夸大的亦只是"四海之内"，海之外即不在野心以内，从来没有向海外发展的雄心与企图。同时"海"亦被视为不可捉摸的神秘所在，并且还造出了许多海客谈瀛的神话。不用说，侨民之向海外发展是得不到保障，甚至士民出洋还在被禁之列呢。即时至清初，那时的海上已热闹非凡了，而中国则仍仍保留此种传统的观念，如雍正五年清帝的上谕还是说："……此等贸易海上多系不要本分之人……流移外方，无足闵惜，朕意不许其复回本地，如此则贸易之人，不敢稽迟在外矣。"（王之春著《国朝柔远记》卷二）政府的传统政策既然如此，则一般所谓"安本分"的人，自然不愿违禁，而一般一向被视为"不安本分"的侨民自然亦无丝毫国力的保障，而一任其自生自灭了，当然更谈不上向海外拓殖了。因之海上"仰天朝之教化"的藩属小国一向对"天朝"的关系，亦只是按期入贡而已，即时至十八世纪时，海外小国求为藩属还往往不许呢。如雍正五年："……苏禄（南洋小国）入贡球内附，诏以险远不许……"（《柔远记》卷二）这样仁慈的"上国"自然没有向海外侵略的野心了，这与当时在海上抢掠唯恐不足的帝国主义，适成一有趣的对照。所幸在古代的太平洋上，还没有一个够资格与中国为敌的好战民族，而"防不胜防"的只是些海盗罢了。即其为患最烈的如倭寇罢，亦不过为一种"江洋大盗"而已，痛剿之后也就平靖了。然而海在中国向来便是逋逃的渊薮，那些末路英雄的寄身之窟，这样海盗自然是无时或绝的。但海岸线又是如许的长，正如前所说的："……由粤而闽而浙而江而燕而津，绵亘数千里防不胜防，又不得不防……"（《夷氛记闻》序）所谓水师，不过是地方治安的武备，一向是"不出外洋攻剿"的，而海盗又出没无常，陆上处处是漏洞，实是"防不胜防"。然"又不得不防"，于是惟一办法就是"严海禁""闭关""封港""内徙沿海居民"等消极的防预办法了，海上有一警讯，便立即下令严海禁，从未闻以国力，建一支航洋舰队以备不时之需者。万一闭关无效，则只有待其登陆与之接战。这种但有"招架之功"的国防政策的弱点，前人即有见到的，如乾隆六年浙江总督李卫在其请严日本海禁的奏章中，曾指出明代防倭寇政策的弱点。他说："……前明水师未设战船不修，疲其突犯登陆始与接战，得使展其跳跃之长……"（《柔远记》卷二）然清初的海防政策仍是一本陈规，未加改良，如顺治十八年，郑成功占有台湾时，清廷奈何他不得，顺治皇帝的惟一办法，也只是防范而已，如当时所下的诏书："……沿海居民三十里外，尽徙内地，禁渔舟出海以杜勾通……"其雄才大略亦只是如此而已。此种政策一直维持至同治初年，始行改变。

国防重心的南移——闭关不能自守

这种消极的国防政策，在古代中国实行起来尚不实（失）为有效，那时主要的国防线是在北而不在南，故中华民族英雄向来所夸张的只是追奔逐"北"。为修筑那北方中国的马奇诺——长城，不知消费了多少人力物力，而海疆之备实不及北防之十一，即使有利用到海的地方，也只是暂时的。如汉时的浮海救东瓯，吴大帝的派兵渡辽援公孙氏，刘裕派孙善泛海袭番禺伐卢循，元人的伐日本，明时的郑和下西洋等，都曾大举的利用过海道。可是一用之后即不见再有后文了，事实在彼时亦无长期建立之必要，平时即用那种消极的海防政策，亦无不便之处。

可是直至十六世纪，西人新航路发现后，局势便一变了。那挟有科学武器的葡萄牙人，首先便"烟雾蔽天"地闯进了张州省河，自后国防的重心便无形中南移了。正如那百年前的老学究邹梦南氏（《夷氛记闻》序的作者）所说"海患葡萄牙乞居澳门起，其后各夷踵至。"因之那海上木墙（Wood Wall）的重要性，便取长城而代之了，那科学的武器终日在眼前炫耀。最先使国人震惊的，当推葡萄牙。据《明史》的记载说："……兵械较诸蕃（东方小国）独精，前岁驾大舶突入广东会城，炮声殷地……"（《明史》卷三二五外国传六佛郎机）其后真是"各夷踵至"了，虽使国人一再的震惊，然夷夏之大防一向是被重视的，若要"以夷变夏"去效法西人，则更为时论所不允，因之虽则中国的弱点一再被外人看穿。如英国派遣来华之第一个使者马嘎尔尼（Earl Macartrey）氏，在其出使中国的日记中曾记着说："……假使中英之间，一旦发生不幸事件，余实为中国担忧……"（此日记中华书局有译本）然当时中国的朝野仍是一味顽固的自尊，大洋中的西方人已是炮火喧天了，而中国所持的仍是一贯的"闭关封港"以及一些向"不出外洋攻剿"的水师，往来巡逻。

当西人初来时，多半是一些浪人、冒险家以及商人之流，故其初来东方骚扰，即以中国旧式的海防设备与之作非正式的冲突，尚能"屡建膺功"。如《明史》的记载："嘉靖二年葡人寇西草湾，指挥柯荣百户王应恩御之……擒其将别都庐……官兵得其炮名佛郎机……"（《明史》卷三二五）又如嘉靖廿九年，福建地方官朱仇，亦曾迭破西班牙人……倭寇等海盗，朱氏盛夸其功说："……贼……夷生者远遁而留者无遗，死者落水而生者就缚，全闽海防，千里肃清……"（朱仇《甓余杂集》）其他如击溃荷兰人夺回镇海城等诸战役，皆功勋彪炳，然"全闽海防"真正"千里肃清"了吗？相反的那不过是海患的萌芽，正酝酿着无穷的后患呢。彼时的敌人不过一时受创暂时他去，近海之内较为平靖罢了。然而那东南屏藩的台湾却被荷兰人盘踞了三十六年之久，而奈何他不得，更不用说海外藩属了。如那仰中国鼻息的中国满剌加，《明史》记载着说："……满剌加受佛郎机压迫来告难……"（《明史》卷三二五）而中国终亦爱莫能助，顿眼看着海上藩属层层的沦亡，是时的张东总督张鸣岗曾有了"巨海茫茫，奸宄（宄）安诘，制御安施"的感叹。然总以祸未及身而忽视之。但外患是渐逼的，随着时光的前进，东来的欧人也渐由浪人冒险家的私划，而变为政府的国策了，其行动也由海盗式的抢掠而代之大规模的侵略了。直到清初愈演愈厉，结果穿鼻一战，据可靠的记载，中国水师是受了极大的损失，而其后九龙司、厦门、定海诸役水师相继受创，至是方自恨海防力量的薄弱，悔之不及于是不得不舍舟就岸，继续其"闭关封港"。可是后来那中国海军最早的一员殉国大将关天培，即死在横档炮台上，而厦门、定海、天津等地亦皆有极大损失，结果虽动员全国数十万众，"调度严防，但其乘风飘忽，四路可通"，终阻止不了那不足一万的英军而订立了南京的城下之盟。

手慌脚乱的海防计划

随着海防步步的吃紧，眼看着敌人趾高掌扬的横行海面，朝野有识之士，当然不能无动于衷，因之海防之议纷起，其最先有鉴及此者，当推雍正六年的浙江总督李卫了，他见到当时倭儿蠢蠢思动的情形，即曾上奏请严日本防，在其奏文中说："……日本无故制造战船，妊怀叵测……不无欲为沿海抢掠之谋。前明水师未设，战船不修，被其突犯登陆，始与接战，得使展其跳跃之长……近复有铜炮攻击甚远……须整顿炮械练习攻战……为有备无患之计。"（《柔远记》卷二）当时应声而起的，曾有两广总督孔毓珣，他亦有同感，他对雍正皇帝的奏折中亦说："……臣已严饬沿海各镇，勤练舟师，设制火器，于泛口出入人船，严行稽查，炮台时加瞭望……"他那时所谓整顿海防，亦不过如是而已。虽则如此简陋由地方官负责，然以时代尚未成熟，仍只是昙花一现，再不见有后事了。其后嘉庆年间，复兴造米艇以备海防艇，据清人的记载："……先是吴熊光督粤，请造登花战船缉捕洋盗，至是百龄查奏：登花战船虽以（已）购料成造，仍请添购米艇，以迅速竣工俾资缉捕。奉旨粤省剿捕匪盗船——米艇具有成效，前以吴熊光忽以米艇不能远出外洋，请改造登花战舰二十号，往来外洋缉捕，将米艇全行收入内洋防守。经百龄等查明此项船只所需桅舵大料，因须在外洋购置……请将工料工银十五万四千两，改作大小米艇四十号以便节浮糜而便驾驶……"（《柔远记》卷四）如是就因十数万两白银的"浮糜"以及"外洋购料"的困难，便将前贤苦心孤诣的国防计划一笔勾销，但求内海的安谧便忽略了深远的国防大计。这种保卫地方治安犹感不足的海防设备，自然一遇真正的海上敌人，就不免手忙足乱了。时代是片刻不停的，西洋的坚船利炮日甚一日的终日在眼前炫耀，再加上几次事实的血的教训，方悟及海防欧化的必要。尤其是林则徐以钦差大臣督粤时，亲眼见着英国海军的可畏，知道旧式水师之不可恃，有改弦更张之必要。据他的情报知道："……夷人素藐水师，而畏沿海枭及渔船疍户……"（《海防纪略》）于是暂募"丁壮五千人"为目前急用之计，另外更重新整顿海军，严备海防，可惜他所知道的仍只是些老调儿，如时人盛道其功说："……于虎门横档屿，设铁炼（链）木筏，横亘中流……又雇同安米艇红单拖风船共六十，备战舰又备火船二十小舟百余，令必俟晦潮乘上风，为万全必胜计……"（《海防纪略》）其外又要仿造什么安南的"轧船"，又造什么"子母船"，莫衷一是。他所用的武器仍只是中国相沿为惟一武器的"喷筒""火罐""瓜皮小艇"之类而已。林氏可算是尽了最大的力量了。其后于道光廿一年广州当局又要仿造什么安南的"金蟹""银蟹""铜皮船"等等名目。又当一八四二年（道光二十二年）六月吴淞海战时据外人的记载，曾见有中国手摇轮船参与作战（见Bernard the Neincsis）。又有人建议什么猪宗（鬃）等可防预"夷人火器"了。甚至杨芳在广州作战时还要搜集"妇女溺器"，去镇压英人炮火呢，足见情急之余手忙脚乱的一斑，结果徒徒是望梅止渴罢了。然而血的教训重重的加深，随着时代的鞭策不容许你再迟疑，再顽固了。终于不得不一舍成见，而"以夷变夏"去"仿造夷船"（见《夷务始末》），进而效法西人了。

时代的鞭策与现代化海军之萌芽

最先注意到旧有海防设备之不足恃而主张改弦更张的，要算是林则徐了。当他以钦差大臣地位奉命入粤时，便极力想通达"夷情"。他知道"夷人素藐水师"，因之便极力改革旧有军备，一面扫除旧有水师的一切积弊，一面又"……购夷炮二百余位，增排两岸，并购旧洋船为式，令水师演习攻战……亲赴狮子洋校阅，号令严明……"（《海防纪略》）据参与穿鼻海战的英舰"Volage"及"Hyacinth"号上船员的记载，那经过林氏改造的中国水师，却有相当勇敢，英舰上亦确曾被中国的十五磅重之大炮弹击中过（见Mo lern Chinese History Selected Readings by Macnair）。这可算是现代科学化的中国海军之前奏了。然艰巨的国防计划，究非地方当局，以及一朝一夕便可完成的。林氏虽仍不足与英人为敌，然较诸定海、天津诸地不用一炮即地陷人亡的，则林氏可算是无亏于职守了。当其被革职时，犹念念于海防设备之建立，如在其上疏中即曾说："……就船炮而论，本为海防必须之物，虽一时难于购办，必为长久之计。若以前关税之十一制造船炮何至尚形棘手……"这可说是针对当时国防沉痛的呼声，可是时代尚未成熟，同调者少，所得的反应不过是道光皇帝"一片胡言"的四字朱批而已。但后来不出数年，多流了几滴民族英雄的血之后，却亦步亦趋地走向林氏所计划的路上去。《南京条约》签字时，"Wallis"号船上二十一响的礼炮惊动了如约签字的钦差大臣及随员们。一八四二年后痛定思痛，内心受创最深的，当为被祸最早的闽广人士了，于战后即曾发出了那四省合巡的沉痛呼声："……夷船在洋如履平地，各省虽有战船，从未有驾兵出洋攻剿之事，故其驶行数省洋面，如入无人之境，其自洋趋港也，只畏内兵向前而拒，不畏外兵从后而追，锐意直进毫无顾忌……今宜监造坚大战舰……"（《夷氛记闻》）然而中央政府当局仍没有通盘国防大计，"坚大战舰"的建造，仍只是赖地方官的筹转以及地方士民毁家纾难的义举而已。如当时的"番禺士绅潘仕成、许祥光等，皆尝出资造船甚固"，以成绩斐然，曾廷并"诏派仕成监之，仕成复延米利坚人壬雷斯（Grazere）等，炮洋水雷以进"（见《夷务始末》）。然私人以及地方财力，毕竟有限，因之并无多大成效可见，然可见是时朝野俱已注意及此了。南京和议定局之后，政府整顿军事命令一再颁发，皆以海防之要，全在造船制炮，如是年九月廿三日，清帝给沿海疆吏的上谕便说："……从前所设水师几同具文，且今昔情形不同，必须因地制宜，量为变通……毋庸拘迷旧制……"（《夷务始末》）又始："……谕令……制造大号战船……无论大小，总以坚固适用为主，并能于中间安设炮位，若仅依向来水师战船修造仍属有名无实……着该将军（奕山）等极力讲求……赶紧制造……"（同上）到这时的兴造船炮他也不再认为是"一片胡言"，而反要"赶紧制造"了。再经一八六〇年英法联军的重创，烧毁了那神圣不可侵犯的圆明园，攻入了京师，惊动了那一向安富尊荣的亲王们，于是在《北京条约》签字后，清廷的中央当局恭亲王奕䜣便不顾一切守旧派的非议，首倡效法西人，建立现代化的国防。地方的权臣，曾（国藩）左（宗棠）李（鸿章）胡（林翼）等亦有同感，加以英美诸国亦为争取中国军事顾问的地位，而从中极力帮忙敦劝，于是"船政"便成了"同治中兴"的惟一大事，而现代化的中国海军亦遂由其孕育时期而正式呱呱坠地了。这真正的有计划的由中央主持的国防大计，可与那手忙足乱的海防计划不同了。其后虽曾因统带的问题解散过由英国购来的七只"兵轮"，但世界闻名的上海江南制造局，闽侯的马尾船政局，以及那训练干部人才的求是艺局等皆相继成立。而广州、天津、安庆等地亦皆有同样的计划与设备。果然不久以后，那国产的新式战舰"万年青"号"唐吉"〔1〕（号）相继下水，以后不过数十年发展的功夫，以伟大的中国人力物力，居然产生出后来号称世界第四位的伟大海军呢。

总之，吾人今日回顾到，我国国防海军在此时代中孕育的经过，以及其诞生的所以然，便可知今日保卫吾人的国防设备，实是前人血汗泪三者的结晶呢。

（一九四一，三，一〇　写于重庆中大）

---

〔1〕即"恬吉"号。

太平洋西岸初次的自卫武装[1]

——中国海军之过去现在与将来之二　　唐德纲

当中日甲午战争时，西方有一些不十分明了远东情形的人士，咸以为甲午年的中日之战是日本对中国争取独立的战争，与一七七〇年北美十三州的对大英帝国为争取独立而战的性质是一样。诚然，在一八九四年（甲午）以前的远东，惟一受世人，尤其是欧美人士瞩目的，厥惟中国一国而已。而列强在远东的外交对象，也只有中国。日本蕞尔小邦是时尚不在白种人的眼角中呢。事实却也真是这样，以当时的日本与中国比，在当时西方人心目中，日本亦确是"无油可揩"，且当时力足以与西人抗衡的也只有中国，故一八九四年以前远东的政治重心实落在那古色古香的北京城内。而太平洋西岸惟一强大新式的自卫武装，也就是我们的北洋水师。

在十五世纪西人新航路发现以前，那整个的太平洋才是真正的"太平"呢！中国一向是没有海军的，即偶尔临时训练一点也是"不出外洋攻剿"的（前篇已论之甚详）。而太平洋上其他小国如日本等当更无海军可言，因之整个太平洋内无一兵一卒的冲突，真是"太平"之至。可是至十六世纪初叶局势便一变了，西人相率东来，自此以后的太平洋便被赐以"太平"之佳名，而失去太平之实了，尤其是太平洋的西部更是列强角逐所在。原有太平洋上，土著的民族根本没有海上御侮的设备，而西人的武力遂相继侵入这向无自卫武装的太平洋，而鹊巢鸠占了。于是一八四二（鸦片战争）、一八六〇（英法联军）、一八八四（中法之役），中国门户遂被敲开并且蒙了重创，于是才渐渐地感觉

---

〔1〕此文发表于《海军建设月刊》1941年第2卷第7期。

到海上自卫武装的必要，而亦步亦趋地去效法西人请求武装自卫了，结果居然不出二十年，便训练出一支海上劲族——北洋水师——但须知道这实具太平洋西岸有史以来的第一次武装呀！

建军的呼吁

自鸦片战争后牺牲了不知多少的血汗，始渐渐地觉悟到立国于当今的世界，一味地靠着"道义为干橹"是不足以生存，而进一步的需要坚船利炮为道义的后盾了。当时的朝野人士尤其是一般政治中心人物，感触尤深而认为造船制炮实是当务之急了。如当时握有兵柄纵横一时的战将，如曾（国藩）、左（宗棠）、李（鸿章）、胡（林翼）等感触最深，需要亦最切。据说胡林翼攻安庆太平军时，已是兵临城下且暮将克服的时候，胡氏喜气洋洋，忽见江中外轮，衷心一动以"洋祸"将不可遏，而忧愤至于吐血。据他的幕僚记载说："驰至江滨，忽见二洋船鼓轮西上，迅如奔马，疾如飘风，文忠（胡谥文忠）变色不语，勒马回营，中途呕血几至坠马……"（见薛福成著《忠臣盖国》）

观此记载，胡氏竟至呕血，想见感触之深。而曾、李等更亲眼看到英国轮船，自安庆运载淮军援沪通过太平军防线如入无人之境，更不免吃惊，于是也感觉到制船造炮为安内攘外第一要务，当时便向朝廷呼吁说："……将来师夷暂以造炮制船为永远之利……"（见《曾文正公奏稿》）又说："……购买外国船炮，近以剿办发逆（指太平军），远以巡哨重洋，实为长驾远驭第一要务……"（同上）李鸿章呢？初则亲身乘英轮通过太平军占领区率淮军援沪，继之在上海耳目接触尤多。当他给曾国藩的信中便慨然地说："……鸿章至英法提督兵船，见其大炮之精纯，子药之细巧，器械之鲜明，队伍之雄整，实非中国所能及……"（见《胡文忠公全书》同治元年十二月二十五日致曾文正书）李鸿章当然更是积极的倡导者。而左宗棠在浙江，亦一再的陈述："欲防海之害而收其利，非整理水师不可……"（见《左文襄公奏稿》）握兵柄的地方当局既如是积极，而中央当局连年来所受的刺激与教训，至是亦至感需要。如恭亲王奕䜣及文祥、桂良等中央政治中心人物便一再上奏请举办船炮。然当时颇受一些守旧派如大学士倭仁等的反对。而恭王所受外祸刺激实太深，当时曾愤然的驳斥倭仁说："……臣等未曾经理洋务之前，所见一复如此，而近日不敢专持此说者，实有不得已之苦衷……"（见《夷务始末》）语至沉痛，以如再不效法西人则国将不国，于是更再接再厉的上奏力争说："……是以前年奏请饬下曾国藩等，购买外国船炮……无非为自强之计，不使受制于外人……而当此时事孔亟之时，何可再事因循……"（见《夷务始末》）中央地方当即一致决意举办，呼吁之后继之以实行，于是便初步的"师夷志"作购买新式船炮的尝试了。

创设新式水师尝试

一八六〇年（咸丰十年）英法联军入北京之役事平后，乃成立"总理各国事务衙门"（后简称总理衙门或总署），随即传令各口岸保荐通晓外国语言文字者入京"当差"，并令各口岸按月翻译洋报入报总署，同时又设立南北洋通商大臣（其后由总署兼理遂成后来之南北洋大臣），准备着"师夷志"来购买船炮，训练水师。当经英人李泰国（Lay）等乘机条陈购船。时国内科学人才缺乏，关于新式船炮毫无认识，主持者亦全是门外汉，于是不得不借重外人，委之专任承办一切。当经海关总税务司英人赫德（Robert Hart）作间，一八六二年（同治元年）六月乃专任李泰国代办兵船。李泰国乃往就英外相商妥，七月间英政府亦批准，并允遣英将阿思本（Shevard Osborn）替中国管理兵轮。一八六三年一月（同治元年十二月）乃签定合同，大意谓有兵轮七艘由阿思本统带，而阿思本听李泰国调度，不受中国节制。合同既立则号称中国海军，但不受中国节制，实千古奇闻。盖李泰国野心极大，据一般外人记载，俱谓李欲欺中国孱弱，欲借此七兵轮之势力以挟持中国，以达其操纵远东的野心，其野心之大以及想入非非，令人骇然（当时如此类的外国野心家，并不算稀奇，如当时常胜军的美人白齐文 H. A. Burgevine 亦是想实现其远东皇帝的幻梦的野心家之一）。但事先曾国藩与赫德已商具大体，看曾氏所奏即可知。一八六三年九月，该七船驶至上海，恭亲王当即命归曾国藩调遣，曾氏事先即上奏谓："……兹据杨岳斌、彭玉麟密覆，前查有统带巡湖营提督记名总兵蔡国祥，勇敢耐劳……而又籍隶广东……堪以统带七船。又查有副将衔参将盛永清、参将袁俊、参将衔游击欧阳芳、邓秀枝、圈文祥、蔡国喜、游击司都郭力山，年力精壮，向归蔡国祥节制，堪以各领一船……轮驶至安庆、汉口时，每船约留外洋三四人，令其司舵、司火……始则以洋人教华人，继以华人教华人……且与长江水师联成一气……不过于长龙舢板甲每十营中新添轮船一营而已……"
（见《曾文正公奏稿》）统带人选以及以后计划，已经曾氏决定矣。可是李泰国
仍迷恋其野心，坚持不可。而曾氏亦能洞烛其奸，知如军权操诸外人则后患将
不堪设想。再者以南京之太平军已成强弩之末，克复在即，曾国荃复恐分其克
复南京之功，因之力持许阿思本为帮统，而李阿俱不满，英公使亦默然，终
以合同已定无挽回。于是曾国藩无可奈何，只得忍气吞声，率性放弃不要。同
治二年秋，曾国藩致总署大臣书乃谓："……购买船炮之议，始于咸丰十一年
五月之抄，国藩于七月十八日覆奏称为救时第一要务，盖不重在剿办发逆，而
重在陆续购买，据为己有。在中华则见惯而不惊，在英法亦渐失其所恃……原
期操纵自如，指导由我……奉到五月廿三日寄谕内附录章程五条……多与购船
之初意，自相违戾。购船者，购之以为己物，令中国之将将斯船主也……此章
程……如欲遵从则未收购船之益，先短华军之气，不如早为之谋，疏而远之，
视彼七船者，在可有可无之数……以中国之大，区区一百十万之船价，每年
九十万之用款，视之直轻如毫末，了不介意，或将此船分赏各国，不索原价，
亦可使李泰国失其所恃而折其骄气也。"（见《夷务始末》）曾氏既下此决心，
而时又方值美国南北战争，一般外人虑此船久置不决，将为美人所利用，因之
中外共同决定解散原轮，七船全数退回，而中国亦将原价及杂用一百三十余万
率数"赏"去，一场纠葛遂告平息。"赔了夫人又折兵"，一场船炮幻梦终成
泡影。然而就因此一百数十万两的损失，却换来了可宝贵的经验。盖其初也，
国人对船炮知识全是门外汉，迫于一时需要的冲动，乃一味专委外人，盲人瞎
马，任人牵鼻以致大错。但自此次上当后，却兢兢业业从事讲求，居然经验日
丰，再从国外购买，不但不会再受骗，并且还要设厂自造呢。自此以后，新式
的中国海军，便蓬蓬勃勃发展起来，直至一八九五年前，经曾、左、李、胡等
所苦心孤诣所建立一支中国海军，居然是当时惟一属于黄种人的一支强大的海
上武力呢。

中国走向科学之路的第一步

购炮的尝试既已失败，因之朝野人士乃纷纷主张自造。先是咸丰十一年
（一八六一）曾国藩克服安庆时即倡出自造轮船之议。同治元年（一八六二）曾

氏曾购一小轮船至安庆仿造，翌年遂告成一艘，惟速度太慢，然却因此小小的成功，引起了时人自造的兴趣。时曾氏幕僚中颇有精通西学之士，如徐寿、李善兰等皆为当时罕有的通西学的人才。复由李善兰之介绍，曾氏复聘一留学生容闳。容闳乃建议曾氏大规模创办机器局，因之曾氏造船制炮之大计乃一委容氏，容氏乃拟定其创办原则谓："……今中国欲建设机器厂，必先立普通基础为主，不宜专供特别之应用。所谓普通基础者也无他，即由此厂造出各种分厂，更由分厂专造各种特别机器……"（见容闳著《西学东渐记》）此与曾氏意旨适相符合，于是曾氏遂畀以全权。一八六三年十月遂拨银六万八千两，命容氏出国采办。容氏遂闻命至沪乃与一美工程师曰哈司金（Haskin）者协商委其主办。一八六四年遂定货于美国朴得南公司（Putnane & Co.），一八六五年机器出厂，乃运回中国。时曾国藩已他调，又适有海关译员唐国华等，因案革究乃集资购买虹口铁厂以赎罪，其厂原为修理轮船之用，曾容闳所购机器到沪乃由李鸿章命令派丁日昌合二者为一，择沪郊高昌庙为厂址，遂成后来驰名远东之江南制造船厂。一八六八（年）第一只自造轮船"恬吉"号遂下水。

然是时自办成绩最优良者，厥惟闽浙总督左宗棠，时左氏在浙聘法人日意格（P. Giguel）、德克俾（D. Aiguebelle）为顾问，成绩大著，兴趣亦浓，于同治五年（一八六六）上奏说："……窃维东南大利在水不在陆。……泰西各国火轮兵船，直达天津，藩篱竟成虚设……是非设局急造轮船不为功。从前中外臣工，屡议雇买代造，而未敢轻意制造者，一则船厂择地之难也，一则外国师匠要约之难也，一则筹集巨款之难也，一则中国之人不习，管驾船成仍须雇用洋人之难也，一则轮船既成煤炭薪工需费不资，月需支给，又时须修造之难也，一则非常之举浮议易于创议者一人，任事者一人，旁观者一人，事败垂成公私均害之难也。有此数难，无怪执咎无人，不敢一抒筹策以循公家之急。且愚以为欲防海之害而收其利，非整理水师不可。欲整理水师，非设局制造轮船不可。泰西巧中国不能安于拙，泰西有中国不能傲以无也。虑船厂择地之难则福建海口罗星塔一带开槽浚渠水清土实为粤浙江苏所无，且在浙江时，即闻洋人之论如此……是船厂固有其地也。如虑机器购觅之难，则先购机器一具巨细举备，觅雇西洋师匠与之俱来，以机器制造机器，积微成巨，化一为百。机器既备，一船之机即能成一船，成一船即练一船之兵，比及五年成船稍多可以布置沿海各省，遥卫津海……如虑外国师匠要约之难，则先立条约定其薪水，到厂后由局挑选内地各项匠作之少壮明白者随同学习……如虑集款之难就闽而论，海关款结既定则此款可划项支应，不足则提取厘税益之。又且曾函商浙江抚臣马新贻、授广东抚臣蒋益沣均以此为必不容缓，愿凑集款以观其成。计造船厂购机器募师匠须费三十余万，开工集料……薪水每月约需五六万，以一年计之需费六十余万。创始两年成船少而费极多，迨之四五年则工以熟而速，成船多费亦渐减，计五年不过三百余万两……如虑船成以后，中国无人堪作船主……则定议之初即先与订明教习造船即兼教习驾驶。船成即令出洋周历各海口，无论兵弁各色人等，有购习精通能为船主者，即给予武职……千把都守……俾领水师……将来……水师人才固不胜用矣……一时之费，数世之利也。"（见《左文襄公奏稿》）观此奏可知，左氏对建立海军创设船厂之积极，以及其计划之周详，目光之远大，当时至博一般有识之士的同情，清廷亦当即批准。是年十月，左氏乃与法人订定合同，且由法领事担保，举办方有眉目。左氏忽奉命北上，乃力荐沈葆桢氏继其任，其后沈氏遂奉旨为船政大臣。是年十二月，德克俾、日意格乃相偕返国，时法政府亦欲支配中国海军，故亦特别帮忙。一八六八年（同治七年）一月十八日，船政局遂开工，同年遂由法工程师造成一船命名曰"万年青"号。一八七四年，中法合同期满，乃由国人自办，是为当时远东惟一成效卓著的马尾船政局。

同时，左氏复设一干部学校曰"求是艺局"，用以训练青年干部。局内共分二部：一称前学堂，习制造，教习多为法人；一称后学堂，习管驾，教习多为英人。这种异军突起的新式学堂，在当时中国尚是创立，而其后一些知名之士，如严复、萨镇冰等多出其门焉。

同时，中兴重臣如曾国藩、李鸿章等，亦派留学生赴欧美，然其主要目的却是在学习制炮造船，如一八七一年曾、李联名上总理衙门的条陈便说："……窃谓斌君椿及志孙两君奉命游历各国，于海外情形亦已窥其要领，如图舆、算法、步天、测海、造船、制器等事，无一不与用兵相表里……其于军政、船政直视为身心性命之学。今中国欲仿效其意而精通其法，当此风气既开似宜亟选聪颖子弟，携往外国肄业，实力讲求，以仰副我皇上徐图自强之至意。"（《李文忠公译署函稿·致总理衙门书》）一八七二年遂遣留学生出洋。

总之，中国此时的朝野已一致感觉到西洋科学尤其受坚船利炮的吸引，而亦步亦趋地追赶上去，渐渐地走向科学建设之途。而最初走向科学之路的动机，实是为着国防武备——亦即是造船制炮。换言之，也就是海军的建设——以故建设海军，实是中国走向科学之路的第一步，而后来遂以此为起点，树立了距今四十年前，太平洋主人翁用以自卫的惟一强大的海军。

清政府决意正式建立海军

自马尾船政局及江南制造厂相继开工后，建立海军之工具粗具，而沈氏更富有干才。未几于同治十三年（一八七四），日寇以维新后国力稍强遂借口台湾生番杀害琉球人事件向清廷示威，清廷当即派船政大臣沈葆桢赴台巡视，调兵整备。但沈氏彼时即处处感到武力后盾之不足，沈氏愤慨之余，更痛切地说"台湾事宜防而未宜防"，结果对日寇也只有委曲求全，敷衍了事。事后朝野更感到购船练军之迫切，而中央政治重心人物恭亲王奕䜣即奏称："……各口岸之防难恃……各疆臣实力筹备然自间殊无把握……今日而不再修备则更不堪设想矣……溯自庚申之衅……人人有自强之心，亦人人有自强之言，而至今仍无自强之实……臣等筹办各国事务，练兵、裕饷、习机器、制轮船等议屡经奏陈筹办……然同心少异意多……"（见《夷务始末》）为着时代的需要，虽仍不免有一些守旧派的异意阻力，然终敌不住时代的压迫。清廷当即降谕批准说："……该大臣所陈练兵、简器、造船、筹饷、用人、持久各条，均系紧要机宜，著李鸿章、沈葆桢等详议，不得空言塞责。"（同前）光绪二年二月初八，李鸿章复上奏谓："日本则近在户闼，伺我虚实，诚为中国永远大患……冀幸我兵船利器之未齐，将来稍有间隙，恐即狡焉思逞，是铁甲船、水炮台等项，诚不可不赶紧筹备。惟巨款既无可措，定造亦尚需时，臣已于覆议总理衙门造船一条内，详切言之。至前曾议买铁甲船，一为沈葆桢饬日意格购买丹国轮船……一为出洋委员容闳在美国查报，有新造未成铁甲船一艘需银一百七万元……以上二船均议购未成……诚恐误买旧船未敢遽订，须委员前往该国议购为妥。其水炮台一项……据沪局委员冯焌光等禀称，该局仿造一只，明春可成，似尚不难陆续添购……"（见《李文忠公奏稿》）读李氏此奏，今日既觉感慨系之。而自是以后，一面仿造，一面购买，处处留心谨慎将事，其后船炮大权乃一委李鸿章与沈葆桢矣。

中国海军的黄金时代
——海军衙门、北洋舰队之成立与揭威三岛

光绪元年（一八七五），清廷乃决定大批购舰，盖其时因船厂初办所制均系木质旧式轮船，且不敷分配，因之乃决定向英国购蚊子船八只，总由李鸿章主办，两江总督亦另行购买。所购兵船更分为南北洋，各配与兵轮四艘，由总理衙门在关税及厘金项下，年拨经费四百万两。然此区区之款如再南北分用，则颇嫌不足，于是，沈葆桢氏（时主持南洋海军建设者）乃主张将此四百万两经费全数拨归北洋，俾集中全力先经营北洋海军。沈氏先本设立有训练干部之求是艺局，至是复简派学生出洋学习。光绪元年派留学生五人，翌年复派二十四人，留学生中如严复、刘步蟾、林泰曾以及今日尽人皆知的海军元老萨镇冰上将等，皆是当时留学生中之佼佼者。其外，沈氏并订有十年计划，逐步实施，一时真是朝气蓬勃，一日千里。奈何国家不幸，这位海军的保姆沈氏，竟于光绪二年与世长辞，而其未竟的遗业复遭光绪十年（一八八四）中法之役的摧残。而其后所谓中国水师主力则全在北洋矣。

光绪六年时，李鸿章即拟向英购买铁甲船未果，更向德订购二只，凡价银三百二十六万两。是年共购到蚊子船十一只，快船二只，并陆续购买。未几，德制二铁甲船成驶来中国，即是后来名震远东的"镇远""定远"二铁甲舰。同时新购之鱼雷艇亦驶至，一时真是气象万千。同时沈氏所派之留学生亦多学成归国，因沈氏已物故，遂皆服务于李鸿章幕下，李并于光绪六年（一八八〇）亦创立一北洋的求是艺局——北洋水师学堂——遂令严复长之，更在天津设立水师营务处，并建大沽炮台，筑旅顺及威海卫军港。光绪七年（一八八一）乃调派丁汝昌统领各兵轮，号北洋舰队。丁氏本为淮军骑兵将领，对领带海军未免外行。然丁氏亦颇有干才，勇于负责，故亦尚堪胜任。同年李氏再遣留学生十人出洋。北洋舰队中更聘英人琅威（W. M. Lang）[1]为北洋水师总监，气象蓬勃真是前途无量。

未几（光绪十年一八八四），中法越南之役起，我陆军胜而水师败，而南洋水师竟因此而夭折，胜负之数终决于海上，国人遂益感海军之重要。清廷亦

---

〔1〕即琅威理。

倾全力经营北洋海军。光绪十一年（一八八五年）遂奉旨设立海军衙门（中国最初之海军部），自是海军在中国国防上遂成为一独立的单位，并以清德宗之生父醇亲王奕譞为海军大臣，而以李鸿章、奕劻、曾纪泽等重臣佐之，其受重视可知。同时在国外订购巡洋舰"致远""靖远"，铁甲舰"经远""来远"亦相继至。十二年，奕譞更奉旨巡阅旅顺、威海卫军港，校阅海军。慈禧太后并命宠臣李莲英同巡阅，一时军威大振，俨然是保卫太平洋西岸的一支海上劲旅，更是黄种人国家空前绝后的海上自卫军，也是太平洋西岸的民族有史以来第一次的海上自卫武装呢。

当光绪十二年（一八八六）时，海军提督丁汝昌曾率"镇远""定远""济远""威远"聘日，船泊于横滨，军威甚盛，倭寇朝野震慑。时曾有我水兵登岸游历因细故与日警冲突，华官竟要求倭廷下令将其全国警察解下佩刀来，是时倭儿亦只得俯首帖耳惟大国之命是听，不敢有半个不字，这可说是中日交通以来的惟一豪举了。是时总监琅威即主以此为借口，将日本武装毁灭，而我方将领总以日本为同文同种国家不忍出此，否则当时一声令下，三岛岂足平哉。

（附）甲午战前中国北洋海军兵力表[1]

分职 队别	船式	船名	管带 （舰长）	吨数	马力	速力	炮数	船员	进水年份
主战舰队	铁甲	定远	刘步蟾	七,三五五	六,〇〇〇	一四.五	二二	三三〇	一八八二
		镇远	林泰曾	七,三五五	六,〇〇〇	一四.五	二二	三三〇	一八八二
		经远	林永升	二,九〇〇	三,〇〇〇	一五.五	一四	二〇二	一八八六
		来远	邱宝仁	二,九〇〇	五,〇〇〇	一五.五	一四	二〇二	一八八七
防守舰队	巡舰	致远	邓世昌	二,三〇〇	五,五〇〇	一八.〇	二三	二〇二	一八八六
		靖远	叶祖珪	二,三〇〇	五,五〇〇	一八.〇	二三	二〇二	一八八六
		济远	方伯谦	二,二〇〇	五,五〇〇	一八.〇	二三	二〇三	一八八二
		平远	胡和	二,二〇〇	一,五〇〇	一四.五	一一		
		超勇	黄炯臣	一,三五〇	二,四〇〇	一五.〇	一八	一三〇	一八八一
		扬威	林履中	一,三五〇	二,四〇〇	一五.五	一八	一三〇	一八八一

---

〔1〕部分人名和数据有误。

（续表）

分职 队别	船式	船名	管带 （舰长）	吨数	马力	速力	炮数	船员	进水年份
防守舰队	炮舰	镇东	陈镇培	四四〇	三五〇	八.〇	五	五五	一八七九
		镇西	潘兆培	四四〇	三五〇	八.〇	五	五五	一八七九
		镇南	蓝建枢	四四〇	四四〇	八.〇	五	五五	一八七九
		镇北	吕文经	四四〇	四四〇	八.〇	五	五五	一八七九
		镇中	林文彬	四四〇	七五〇	八.〇	五	五五	一八八一
		镇边	黄鸣球	四四〇	八四〇	八.〇	五	五五	一八八一
练习舰	船	康济		一,三〇〇	七五〇	九.五	一一	一二四	一八八一
		威远	林颖启	一,三〇〇	八四〇	一二.〇	一一	一二四	一八八七
辅助舰	炮舰	安同		一,一五八	六〇〇	一〇.〇	五	一八〇	一八七六
		海同		九五〇	四八〇	九.〇	五	一〇〇	一八七一
		江同		九五〇	四〇〇	九.〇	五	九一	一八六五
		云同		五七八	四〇〇	九.〇	四	七〇	一八六九
水雷船	一等 水雷	左队 一号	蔡廷干	一〇八		一四			
		二号	李士元	一〇八		一九			
		三号	郑得春	一〇八		一九			
		右队 一号	徐永泰	一〇八		一八			
		二号	刘芳圃	一〇八		一八			
		三号	曹保赏	一〇八		一八			

功亏一篑

是时中国军威之盛，于右表可见一斑。然须知中国海军发展亦竟止于此矣。自海军衙门成立及光绪十四年李鸿章成立北洋舰队后，直至甲午战前为止，未曾稍事添购，盖自光绪十年（一八八四）中法之役后朝野一致觉悟有建练水师之必要，用是倾全力以建设海军，上下一心，因之写出中国海军史上这样灿烂光辉的一页。可是五分钟热度一过，以前的一切痛苦阴影却消然逝去，而故态复萌。宫廷之费用无穷，朝野之党争弭息，以致将这极有希望的海军搁而不顾。甲午战争的前夕，李鸿章曾慨然地说："……近年来部议停购船械，在光绪十四年后未增一船……"（见《胡文忠公全书》）功亏一篑，是谁之咎耶，言之痛心。而我们的敌人呢，彼之建立海军即以我之北洋舰队为假想敌，紧紧迫随，若我偶一停脚则凌我而上之，以逞其兽欲，亦正如胡氏所说："……倭人心计谲深，乘我力难添购之际，逐年增置……"又说："倭人近七年来，专师西法倾其国帑，购造船械，愈出愈精。中国限于财力，拘于部议，未能撒手举办，遂觉相形见绌……"（同上）"未添购一船"岂真"限于财力"耶？终于引起了日寇的反噬。黄海一战，数十年的心血结晶，竟毁于一旦。自是之后，中国之国运遂堕入无可换回的悲局，以迄于今。毫厘之差，千里之失。今日眼见倭寇海军兽聚太平洋上，横行我扬子江，封锁我口岸，荼毒我人民，抚今思昔，真不禁"君子伤今而思古焉"。

一九四一，七，二八　写于渝市警报声中

关于今后我国海军游击
战争问题之研究[1]　　林　遵[2]

无疑义的，海军游击战争已成为现代海战中非常重要的一部分。以敌我相对的地位言，无论在目前在日后，这种战争都是最有研究价值，最为吾人所注意的一个问题。前《整建月刊》嘱写《如何树立目前海军游击战争》一文，以忙于事故，久未应命，近始时写时辍，勉成兹篇，但学识浅陋，诸多不到之处，望高明者，加以指正，并共同研究本问题。

一、海军游击战争之目的

在研究海军游击战争之目的以前，我们先要明了制海权和海战之目的及其重要性。

（一）制海权的解释

关于制海权在战争中的地位及其影响，英国培根爵士曾有一句名言说："谁管制了海，便享了最大的自由，他对于战争，可以任意加以伸缩，至于陆上的强者，往往手脚被缚，不得发展。"这句名言的价值，在历史上有很大事实可以证明，尤其在近代史中如拿破仑时代的英法之战，甲午年中日之战，

---

〔1〕此文发表于《海军建设月刊》1941年第2卷第7期。

〔2〕林遵（1905—1979），福建福州人，烟台海军学校第十八届毕业生。毕业后奉派赴英、德留学、工作，历任海军学校队长、副舰长、布雷队长、国防研究院研究员、驻美大使馆海军副武官等职。抗战胜利后，率舰队收回西沙、南沙等南海诸岛主权。后任国民政府海军海防第二舰队司令。1949年4月率舰队起义，参加人民海军。建国后，历任华东军区海军第一副司令员、军事学院训练部海军教授会主任、军事学院海军系副主任、海军军事学院副院长、海军东海舰队副司令员等职。1979年9月病逝于上海。

一九一四至一九一八年欧洲大战，每每都因为了海权之得失，海军之消长，决定了一个国家之兴衰，或一个战争之胜负。所以制海权这个名词在历史上，尤其在战史上，是很占着重要地位的。

在陆军战争中，战争之目的，是着重于消灭敌人的抵抗能力，并占领土地。在海军战争中，这两件事情，可就不容易办到。地球上四分之三的面积是充满着水，在一国领海之外，还有公海，公海是世界上人人所共有，而不属于任何一国的。敌人的海上势力，可以在公海的任何地方贮存着，要想像陆战一样，用占领土地的方法，来占领海洋，海洋的领据区域愈是扩大，战争的区域也愈是扩充，这种任务，没有一个强大的海军，可以担任而且是很不可能，很缺乏意义的。

但是关于海的价值呢？除了海产品以外，最重要的可以说是在着几条通商的航路上，在一个不能自给自足和有殖民地的国家中，这重要更是加增。管制了这些航路上航行的权利，并维持了这些航路上航行的安全，那末，就可以说是得到了制海权。所以制海权的解释，简单地说，不过管制这些航路的权力而已。

（二）海战之目的及其重要性

因为海的最重要最有价值的部分，是在于这些航路上，而且就经济上、军事上和政治上的关系说，这些航路可以算是世界上最重要的道路，所以海战的目的，就是要夺取、保持或破坏、管制这些航路的势力。换句话说，就是要夺取、保持或破坏制海权。

因为海是一个四通八达汪洋的区域，所在海战中，一经宣战后，战争区域是可以迅速地、无限制地扩充到世界的任何海洋上。其在经济上、军事上和政治上的重要性，也可以迅速地、无限地影响于世界上任何一个国家。举个例说，如交战国的一方，是一个不能自给自足的国家，并有许多殖民地，和大英帝国一样，海战宣布开始之后，战争的区域立刻就要扩充到大英帝国及其殖民地间海洋的航路上。再次就要迅速地扩充英国船只所可航行的路上，如现阶段的英德海战，其战争的区域，是很迅速地由大西洋上扩充到印度洋和太平洋上。要是英国及其殖民地间的海洋航路，是再不能维持有管制的权力，再不安全了，那末，英国在其殖民地中的经济、军事和政治的力量，就要受到巨大的影响。要是英国船只所可以航行的航路上，受了威胁，再不能容易通航，英国和在这一个航路上的所有国家的经济、军事及政治的关系，就要受到巨大的影响。就这一点上说，海战的重要性和陆战是不同的，其在经济上、军事上和政治上的压力，也比陆战为大。陆战的战争区域仅限于某几处的地方，除非其军事范围扩充到中立国的边境上，才和中立国有关，才要十分注意到陆战的中立法。在海战中，一经宣战后，任何海洋上特别是公海上，都有变成战争区域的可能，很可以把某两国间的海洋交通断绝，也容易损害或关系到中立国的利益，所以要顾到海战的中立法，这中立法在国际公法上是很占着一个重要部分的。

（三）海军游击战争之目的

在海战中，如果交战国的一方，在海上并没有什么巨大的航业和利益，或许双方的海军势力，是相当悬殊，那末，在劣势海军的一方，海战的目的，既没有制海权可以保持，也很愿夺取得敌方的制海权，所以它的最大目标就是要破坏敌人的制海权。如果敌人的制海权是被破坏了，再没有办法在这个航路上航行，这目的就可以说达到了。如果能把敌人的商船迅速地毁灭，其毁灭的速率要比敌人造船的速率还要迅速多，使敌人没有船只去维持它的航业，则敌人虽有强大的海军，但是没有航业可以维持，虽然在名义上还有着制海权，在实际上可以说是没有，这海战的目的也可以说是达到了。其次因为一方的制海权是有被破坏的危险。航业是有被威胁的征兆，这一方必定要分些海军的力量，去保持这航路上的安全，如护航巡逻等工作。其整个的作战力量，必受了影响，而对方则可以用较大的力量去消灭这一方较弱的力量，待到双方实力相等的时候，这劣势海军的一方，就有了很好的决战机会。这种目的着重在破坏敌人的制海权，以一种特种的舰艇，在通商的航路去破坏敌人的商船，去消耗敌人的经济力量，去吸引敌人的一部分海军力量，以较强的力量去对付较弱的力量，可以说是驾易就轻，避实就虚的方法，也可以说是海军游击战争一种很好的方法。所以海军游击战争的目的，不是保持或夺取制海权，而是着重于用种种方法去破坏敌人的制海权。如果这目的可以达到，则可更进一步去夺取敌人的制海权，就是没有完全夺到，两方可说是都没有制海权了。

德国马的儿·哈得斯（Vonmuidayer Hartz）在他所著的《未来的海战》一书中说：

"未来的海军战略家，将不再依照纯粹的军事观念来设计作战的计划，反之他将要把自己和在他支配下的一切力量，主要地放在经济的任务上，设使此说果是正确（且有许多现象都指示此说是正确的），则贸易战将成为将来海战的主要方式了。"

"现在的海军思想，和帆船的时代是完全不同的。从前，军事的目标，是在于搜获并破坏敌人的武装实力，在将来这一切都要完全改观了。武装的军舰不过用以威胁并控制中立国，一切的战略将要着重在阻梗或较好是破坏敌人的商船。武力不再针对敌人的军力，而是敌人的资力。换句话说，海战不过是贸易的结束，而贸易战正是一切战略之目的。今日海军的战略观就是贸易战，而且是极端的贸易战。"

哈氏所说的很可以代表德国海军由上次欧战中所得的经验而建立的战略观念，并德国现阶段进行中的海军战略。"武装不是针对着敌人的军力，而是敌人的资力"，这一句话，的确是劣势海军所必具的一种战略观念，也是海军游击战争的一种战略观念。

在抗战中，敌国的海军对我方海军所采取的战略，很可笑的也不过是一种贸易战，或经济战，并且是很违反国际公法的。二十六年间，敌人宣布封锁了我们的领海，阻止我们的船只出入，并烧杀我们的渔船和渔民。到二十八年间，更关系到中立国，违法地宣布道：

"第三国在中国领海之航行，兹一律实行封锁，此为权利问题，而为日本当局之要求。换言之，即日方要求有权在中国沿海之地区勒令任何船只停止驶行，并检查其登记证书，确定其是否为国民政府租作军事之用。所谓为国民政府租作军事之用者，即该轮究否载有货物，以供华方之用也。"

在不宣而战中，这种要截断中立国与我方全部贸易的企图，并极残酷地在我国沿海一带烧毁我们的渔船，屠杀我们的渔民，是充分地表现出所谓"王道"的真正狰狞面目，所谓"王道"的用以夺取制海权的方法。因为我国海军的力量太薄弱，所以还没有什么方法来保卫我们的海疆，维持国际间的正理。现阶段进行的各种海军游击战争的目的，在海上是要破坏这种"王道"方法所获取的制海权，在长江中则要破坏这种"王道"方法所夺取的制江权。我们海军游击战略之目的，是针对着敌人资力、军力双管齐下，使敌方在军事上、政治上、物资上、精神上均受重大影响，而促其早日溃败。

二、海军游击战争的战果

关于海军游击战争的战果问题，我们可以把英德两国在上次并本次欧战中的海上贸易战，特别是潜艇战绩及我国海军游击战争所得的战果，略加以研究。

（一）第一次欧战中德国贸易战的表现

在第一次欧战时，德方于一九一七年二月间采取了无限的潜艇政策，该月中同盟国的商船就被击沉了五十四万吨，三月间增至五十八万吨，到了四月间竟增到八十万吨的数目，八月间才减至三十五万吨。在战争的四年中，据德方的统计，商船之被击沉者计共一千八百七十余万吨，其中英国的商船是占了一千零六十余万吨，这可算英国航业的空前浩劫，不是美国参战的话，英国制海权，很难说是不将被完全破坏。可是德海军军人迄今尚说："无限制的潜艇战争开始太迟了，没有得到所期望的成果。"

（二）现阶段欧战中德国贸易战之进行情形

德海军因为前次欧战时潜艇战争发动过迟的教训，所以在本次战争一开始时，就用了潜艇的力量。在开战的第一日就把英国的邮船"亚典尼亚"（Athenia）号击沉，其后便进行了积极的贸易战争。一九三九年底一个法国专家曾说：

"德人辄谓上次欧战中，无限制的潜艇战争所以失败者，实因发动过迟所致，倘在一九一四年八月间即开始进行潜艇战争，则可于一九一六年将协约国击败。此次战争爆发后，希特勒所全力以赴者是速战速决，所以德海军在开战之第一日，即用潜艇击沉英国邮船'亚典尼亚'号。其意显欲在战争之初期，即予英法两国以致命的打击。彼等且相信潜艇战争之效率，依然比当年没有减色，定可获得极大的成绩。——该国自一九一四年起至一九一八年止，共造潜艇七百六十八艘，可见该国各造船厂确有建造多量潜艇的能力。以昔例今，其现时所能建造的能力，是不可忽视的。但吾人敢断言，德国潜艇战争，终必归于失败，因为在经济上、金融上其实力均比英法为弱，凡彼所能作为者，英法两国必可倍之也。"

在这里，由法国专家的言论中，可以看出欧战初期时，德潜艇的威胁力量，及法人顾虑到德方建造潜艇的能力。

由英国官方的报告中，我们也可以看出德潜艇活动及损失的情形，并英海军方面所采取的应付种种方法。一九三九年九月间，英海相丘吉尔在下议院报告护航制度实施后称：

"英国对付德潜艇袭击之第二方法，乃将一切商船及快速定期邮船装备防御兵器以防潜艇、飞机。英国对付德潜艇的第三方法，即勇敢猛烈攻袭德潜艇。英国对付德潜艇之效率，远较二十五年前为大。当时追捕德潜艇，往往须用驱逐舰，一队十五艘或二十艘，在含糊的线索上，全日共同工作。今则用驱逐（舰）两艘，即能加以穷追。"

同年十二月间又报告称：

"关于防潜工作，余曾向下院报告，海军每星期中平均可击沉敌潜艇二艘乃至四艘，此项估计与事实相符。质言之，德潜艇之被损害，实出其建造率之上。即以上星期而论，德国潜艇频为活跃，但我驱逐舰获有空军协助，防御得力，余并相信一周间可击沉德潜艇五艘，而法国海军所击沉者，尚未计算在内。此外侦察潜艇方式，较前已大有进步，商船护送办法，亦已完全见诸实施。被护送之商船鲜有遭受攻击者，平均计之每七百五十艘中被击沉者不过一艘。"

因为英海军应付德潜艇的方法，愈加积极，德潜艇之被击沉数目，日有增加，更可看出德方致力于潜艇战争的趋向并其成就，所以某记者于此时曾说：

"明岁新年英国海空防潜舰队，不能避免过分工作，可是，英国人可以得到安慰的是德潜艇数目之增加，而他们的'目的物'也同时增加了。"

果然到了一九四〇年，德国贸易战的进行是更见剧烈了。一方面因意大利之潜艇加入，更充足了潜艇的力量；一方面因磁性水雷之制造成功，海军飞机及奇袭舰等之应用，在英官方报告中可以看出英国商船所受的损失威胁，比上次欧战更大。这一年十二月中，英上议员史特拉波尔基在议会中表示，对英国船舶最近损失极重，极为关切。保守党议员田普勒摩尔起而答复，建议英空军应继续轰炸敌方潜艇根据地，以图挽救。并承认自法国溃败以来，英国航运损失，已达至最严重的阶段。他说：

"吾人于吾国资源的增加一节，已有极大之自信。吾海军必能消除吾国海上贸易所受之威胁。今日英国航运损失之严重，实毋庸讳言。过去半年来，有一个月商船损失之总数，竟超过一九一七年全年之损失总数。本年十一月之损失，已较十月减少十万吨以上。"

一九一七年是第一次欧战中德国开始无限制潜艇战争的第一年，也就是该次欧战中英商船损失最大的一年。一九四〇年中有一个月英国商船的损失竟超过这损失最重的一年的总数之上，其严重的情形，当然是"毋庸讳言"的。

在本年五月底，美总统罗斯福曾发表了一篇"炉边闲话"，在这篇闲话中，我们更可以看到德国破坏英方制海权的力量，及其进行贸易战的剧烈情形。在这篇闲话中，美总统于赞扬中国、英国抗战的伟大，指出纳粹战争的目标，及美国援助民主国家的意义后说：

"第一次大战中之护航制度，曾建树伟大之成绩，但在第二次大战之问题，较过去尤为艰难，因为海上自由之原则，至今日已受四方面之攻击：

第一为潜艇之较前进步。

第二为武装实力雄厚之奇袭舰，以及突击后即行逸去之战斗较过去更加活动。

第三为轰炸机之威胁。

第四为轮船停泊之港埠易为轰炸机所炸毁。

现西半球海上曾有大批商船被击沉，纳粹击沉商船之速，目下已三倍于英国补充之能力，超过英美两国联合造船之能力两倍以上。吾人为应付这种威胁起见，加紧实行日益庞大之造船计划，并协助减少公海上船只之损失。西半球海上竟发现有攻袭力甚为雄厚之纳粹战舰，美国所受威胁之大于此可见。"

以上所说的仅是德海军在本次欧战中所进行贸易战部分的威力，纳粹击沉商船之速率，"目下已三倍于英国补充之能力，超过英美两国联合制造商船之能力两倍以上"，其威力之猛大可见，至于为德潜艇所击沉之英主力舰"皇家方舟"（Royal Oak）号、"伊利沙白皇后"（Queen Elizabath）号及航空母舰"勇敢"（Counageous）号和德主力舰"俾斯麦"（Bismarck）号所击沉之英战斗巡洋舰"胡特"（Hood）号也都是德海军游击战争的战利品。

当一九一七年协约国方面的商船，损失很厉害的时候，英国海军大将杰立哥爵士（Lord Jellco）曾对海军上将西蒙斯（Admiral Sims）说："协约国是输了！"其惶恐的情绪，是无以复加的。本次战争重启，德海军重采贸易战争政策，而且是更积极的贸易战，或游击战，收效亦更大。英国方面倘是没有美国的支持，真恐怕"英国是输了！"其所以输的原因，是被德国"坑死"了。其输的要点，不是输于世界著名的希特勒空军闪电战，却是输于我国许多人没有注意到的希特勒的海军游击战。

（三）我国海军游击战争的战绩

说到我国游击战争的战绩，陈厚甫将军在他的《二十九年一年间海军战绩之检讨》内说（得）很详细，值得我们研究的。其中曾说：

"综计三个游击布雷区，击沉敌舰的数量，共八十一艘，其中巨型和中型的运输舰一十九艘，中型军舰九艘，商船二艘，汽艇四十三艘，大号铁壳驳船六艘，小火轮一艘，平均敌中型舰一艘以五百万元计算，运输舰和商船各以六十万元计算，汽艇一艘以三十万元计算，铁驳船一艘以十万元计算，那么敌人损失的金额，当在七千万元以上。倘以现时物价估计，更将数倍以数字。此外，运输舰所装的军用品，商船和驳船所装的货物，其数量和价值，尚属无法统计，为数当甚惊人。至于敌军员兵的损失，根据各方情报所得的统计，已是两三千人，但尚有许多因舰体立时沉没，人物全部毁灭，无从计算者，其实在的数目，当不止此。我们再把敌舰损失的吨位，估计一下。敌中型军舰一艘，平均以一千吨估计，运输及商船各以三千吨估计，汽艇以三百吨至五百吨估计，那么敌损失的吨数是八千八百吨。我们以五万余吨的海军，从事三年多的长时间抗战，在江阴的时候，那样子的壮烈牺牲；从事布雷工作，还是那样的奋不顾身。我们三年来所损失的只在二十九年一年中，就给我们捞回几乎三倍的代价了。"

我们以五万余吨的海军，对抗敌人将近一百万吨且居世界上第三位的海军，打了三年多，在二十九年一年中，"就给我们捞回几乎三倍的代价"，这实在是一种很伟大的收获，也解决了许多关切海军的人们所要问的"海军到哪里去"的谜。

三、海军游击战争必具的条件

美国海军理论家阿佛莱得·塞尔·马罕（Aifred Thaer Mahan）在他的海权论中曾谓影响一个国家海权的基本条件有六：即（一）地理的形势；（二）自然的配合；（三）领土的广袤；（四）人口的数量；（五）人民的性质；（六）政府的抱负和合理的法则。但是关于一个国家海军游击战争的基本条件呢？我以为马氏所举者有些相同，其条件有五：即（一）地理的形势特别是海军游击战争的根据地问题；（二）国家的工业情形特别是海军游击战争武器的制造情形；（三）人民的性质特别是海军人员的性质问题；（四）敌国的资源及航业情形；（五）政府的抱负和合理的法则。兹分别讨论如下：

（一）地理的形势特别是海军游击战争的根据地问题

诚如马氏所说的：

"在地理上接近敌国或攻击目标的地势，是最便利于商业破坏战，这种战争是对着无武装的商船，所以不需雄厚的武力，但是也不能自卫，而需要托庇于附近的据点或支持点，这些据点是在海上某些部分为本国海军势力所控制的地方，或在友邦港内。"

但是在现时代的海军战争中，因为贸易战发展的结果，交战国的商船，差不多都是武装起来，从事于商业破坏战的舰艇，也都具特殊的性质和自卫的力量，如潜艇、奇袭舰、布雷用舰艇及飞机，和从事于海上贸易战之海军轰炸机等等。并且都有很好的耐航性质，很适宜的速率，很精巧的武装，虽然不需要依托于某一据点，但却需要某些补给地方或根据地，以补充军火和燃料，并人员的休息和补换，舰体的检查和修理等之用。

倘是海军游击战争的区域扩充愈大，从事于这种战争的舰艇的航行范围愈增，则其根据地或补给地方的分布也要愈广。这在一个海军力量薄弱或在外洋没有殖民地的国家，可成了问题，但是这是可以采取两种办法来对付的。第一利用本国商船或友邦的船只以为补给舰，以代替根据地。第二是秘密地借用友邦的根据地。关于第一点德国前海军部长居斯特（Koester）于《一九一七年德国海外商业战》一文中曾说：

"德国海外之惟一煤站为远东，该处实力苟英国、俄国与德国同站在一边，则可制止日本。故今后吾人欲在太平洋上与敌方作战，需要建立不依靠陆上根据地攻击的独立舰队，用快速运输舰来接济与补充，建立海上出没无常的堡垒，俾作战舰队在海上能独立生存，实为切要。"

本次战争中，德国在海外并没有根据地，对于海军游击战争所用的舰艇之军火、燃料、人员等补充及其他各种问题，都是利用着本国或外国的商船以及友邦的港湾，以为补给的地方。到了意大利参战后，地中海方面才明显地增加了许多潜艇，和其他的海军力量。此外又增加了许多的补给舰和补给的地方，更有利于其所进行的贸易战了。可是在太平洋及远东方面的呢？它还得不到什么根据地，一切当然是要秘密地依靠其远东的轴心盟友，这个盟友不只补给了德方许多的军火及燃料，并英轮动态的情报，它似乎还代它的欧洲方面轴心盟友装配许多袭击舰，并作为其战斗人员的居留地，简直是德国在太平洋及远东方面的大本营。本年一月间《马尼拉日报》载：

"日前有英轮三艘在太平洋上被德潜艇击沉，船上获救者颇多，据云现在太平洋上德奇袭舰达十二艘，尚有十二艘正在日本装配中等等。彼等曾亲见德奇袭舰一艘载重约一万吨，速率二十二海里，黑色，无船名，装有四英寸炮十二门，鱼雷管二枚，俯冲轰炸机二架云云"。又同月某通讯社据去年十二月被德舰击沉之英船员称：

"太平洋上德奇袭舰中，有二艘冒充日船，悬挂日旗，一名东京丸（一万吨）一名南洋丸（五千吨）均装有大炮，高射炮，鱼雷管及水上飞机等，实力可与轻巡洋舰相等，其行动似与日本船只取得联络，日船以英轮之动态报告德方，凡被击沉之英国各轮船员，均同意此种推断，因各中立国船只中，熟识太平洋上英轮航线者，惟有日方也。"

日寇在太平洋这样地帮助德国，是一个不可掩饰的事实，但我们不知英美两国对之作何感想与处置。

我国沿海岛屿错杂，港湾纵横，并且都很接近着敌人及攻击的目标，是再适宜于游击战争的地形不过，但是以前我们都没有准备到这点，所以抗战以来，各重要的港口，都先后被敌人蹂躏了。我们在抗战中要扩大海军游击战争，制着敌人的死命，那末，除了尽量使用没有陷落到敌手的小港小岛外，在外洋方面就得利用友邦的船只和港湾。现在世界上民主和极权两个阵线，已经十分明显，我国是西太平洋上民主阵线的主要力量，为对付极权国家而得到友邦的方便，是很有可能的。

（二）国家的工业情形特别是海军游击战争武器的制造情形

在现代的战争中，无疑义的，物质是一个很重要的因素，要进行海上游击战争，如果没有物质的充分准备，是很难收到较大的效果，所以一个国家的资源，及游击战争武器的制造情形，和这种战争是有重大的关系的。

　　我们如果把两次欧战中，德国所用的海军游击战争中最重要的武器——潜艇和水雷——的制造情形，大略加以研究，就可见一斑了。在第一次欧战前七年，德国潜艇的数量，建造已经完成的，或正在建造中的，只有四十五艘。战争发生时在服务的，也不过二十艘，可是在四年中，其已建造及在设计或建造中的共有七百六十八艘，虽然已建造完成的仅有三百四十四艘。其损失的数量据英方的报告：一九一四年计四艘，一九一五年计十九艘，一九一六年计二十二艘，一九一七年计六十三艘，一九一八年计十九艘，四年中共损失了一百七十八艘。

　　这一次欧战开始时，德国潜艇的数量，已建造及正在建造中的，共有七十余艘，此外加上代其他国家建造但未交货的，至多是不过一百艘，依据现在德国进行潜艇战争的情形推测，制造的速率和数量，都要比第一次欧战时进步，再加入意大利所有一百十五艘及意大利制造潜艇的能力，每年合共至少可有二百艘的补充能力，纵令英国每周能击沉德意潜艇四艘左右，恐尚在德意补充能力之下。

　　至于两次战争中水雷之制造情形，则更可惊人。据说第一次欧战时德国在从苏格兰群岛至挪威的北海间，就敷设了七万多个水雷，此外在印度洋上的孟买、哥伦布、澳洲的雪梨港、威灵吞等也都发现了德国的水雷。一九一八年欧战停战时，英国遣派了七百二十六艘船只从事扫雷工作。这次战争，德国所用的水雷，当比前次还要多。因为一方会布雷，一方会扫雷，而雷还会因爆炸或其他原因失去效用，非是大量出品是接济不上的。

　　关于在某一处进行潜艇战争，究竟需要多少潜艇呢？照德国上次欧战时在西海岸潜艇作战的计划看起来，其数目是要在五艘左右，因为要把一艘分配在作战区域中，一艘估计在返航途中，一艘在预备修理，一艘修理告竣，一艘正在开往换防。现代潜艇的制造，虽然有很多的进步，在海洋上逗留的时间，也可以比以前增多，但是要进行某一处的潜艇战争，还须有五艘左右的数目及其损失的补充。至于在某一处进行水雷战争所需水雷呢？则要看到航道港道及敌方的扫雷情形而定。

　　我国工业落后，许多重要武器，尚未能自制，许多海军游击利器也不能自制。在抗战中，我海军人员不断努力，现在已能自制水雷，我们倘要进行较大的海军战争，则除尽力改进水雷的制造，加紧水雷大量出产外，其他武器则似乎要像根据地一样依靠着友邦。

（三）人民的性质特别是海军人员的性质

游击战争原是一种艰难和冒险的工作，在陆上的游击战争，还可以住着我们的土地，得着民众的协助。在海上呢？在浩荡无垠的海洋中，在飓风波涛里，要坚定地逗留着，要时时防备敌人或目的物的来临，这非是一种善于航海的，身体结实健康的，和能独立作战，不畏牺牲，且旺于攻击精神的海军人员，不能担此任务。至于我海军人员是否适合这些条件呢？在本章后我们可以重新再研究一番。

（四）敌国的资源及航业情形

因海上游击战争的目的是破坏敌人的制海权，其进行的方针，破坏着敌人的资力比军力还要重要。所以敌人的资源及航业情形，和决定海军游击战争的计划，是非常有关的。敌人的资源愈是靠着外来，愈是进行游击的好目标，航业愈是发达，愈增强了进行游击战争者海上的目的物，就像大英帝国一样，是德海军游击战争的绝好目标，而苏联则是一个不十分合于纳粹海军口味的国家。关于我们敌人的资源和航业情形呢？我们也要另加以讨论。

（五）政府的抱负和合理的法制

关于政府的抱负和合理的法制问题，马罕氏以为政府在平时要鼓励着人民实业之自然发展，及向海上冒险与牟利的趋向。假使人民的天性并无此种的趋向时，也要凭着政府的力量去启发，以后才可以发展海权，建立海军。在战时政府则要维持一个好的海军法制，以培植健全的精神和动作，并准备的人力船只及其后备等等。

关于当时的美国海军情形呢？马氏曾愤慨地说：

"在美国今日商业和海军衰微的时代，是不妨从一七六〇——一七六三年代法国蒙羞忍垢的期间，获得一种教训。在一七六〇——一七六三年间，法国的人民奋发起来（一如在一七九三年代的故事），宣称他们要有一个海军。民众的情绪，在政府的指导下，普遍地喊出'法国海军必须复兴'的口号。各城市、各大公司，乃至私人，热烈地举行了献舰的运动。在一向冷静的港埠里，忽然热闹起来，到处看见制造和修理船只。这种活跃现象被保持着，兵工厂被充实起来，每种器材都有充分的积蓄，炮兵改组过，上万的炮手训练起来。"

马氏又把法国路易十四时代的海军军官的精神及技术上的活动情形表示他自己及当时美国海军军官的思潮，他引用了法国一个著名作家文章中的一段：

"路易十四时代海军倒霉的情形，使军官失掉去海上建功立业的机会，他们只好回到书房中从事研究，几年后才大显本色，证实了孟德斯鸠那句'逆境是我们的母亲，顺境是我们的继母'的名言。到了一七六九年我们看见这一群光辉发煌的军官，在世界各地获得扬眉吐气的机会，而且在他们的工作和考察中，包括了人类各部门的知识。一七五二年成立的海军学校，这时完全改组过。"

政府是国家统治的机构，其抱负和法度与其本国海权之消长，当然是非常有关，其于进行海军游击战争，也同样地非常有关。我国领土既大，沿海的人民复富于实业的趋向，及海上冒险的精神，如散处各地的华侨，三保太监下南洋，及郑成功占领台湾等许多故事，本来可以成一个很大海权或很好的海军游击战争的国家，但在专制及军阀政府的时代，政府总没有处于鼓励、领导或启发的地位。甲午之战又不能使南北洋海军并肩作战，而法制又不健全，所以不只没有了海权，华侨到处且受了压迫，我海军力量薄弱，一直到了国难危迫的前夕。

国父在《国防十年计划》一书中，曾有发展海军建设及训练不败海陆空军之计划；总裁在十三年前亦有建设六十万吨海军之训示。在抗战期中这几个重要计划的实现，恐很难办到。而欲如在一七六〇——一七六三年代法国"民众的情绪，在政府的指导下"，"宣称他们要有一个海军"，"热烈地举行了献舰运动"，以及现在我国各地的献机运动的情绪，恐也难办到。但因我海军在抗战中的成绩，因海军和现阶段欧战的关系，在军事第一，胜利第一之要旨下，一个主持海军军政最高的机构——海军部，和一个更广大的，可以在海上游击的，可以洗雪我们国耻的，可以早促敌人崩溃的，可以使海军人员们更进一步到海上去为我民族争光荣的海军，在今后希望或许是可能的。

海军建设之研讨[1]　张荫良

一、海军与国防

一国之主权，包括领土、领海、领空，故在军事上对于陆防、海防、空防俱应并重。今日列强对于国防之建设，莫不均衡发展陆海空军，使其相互为用，以确保国家之独立，领土、领海、领空之完整，以及民族之生存。我国沿海七省，海岸线绵延二千八百余海里，无海军即不足以言国防。国父在民族主义演讲内，曾昭示吾人，英美日之海军，随时可以亡我国，皆因我国有海无防，门户洞开，足启外人觊觎之心。此次日寇入犯，滨海各省，首遭蹂躏，倘有相当海军，纵不及敌国实力之雄厚，亦足拒敌于海外，使敌舰不敢近我领海。敌既不易封锁我沿海口岸，则登陆企图，何由成功，战祸何至蔓延于腹地。匪特内地得保安全，即战局亦可因而改观。盖滨海国家，海军为国防第一道防线，倘海军实力过于薄弱，而沿海、沿江各港口又无现代要塞之设备，专恃陆军防御，自见困难也。

二、此次抗战之教训

此次抗战以前，我国海军仅拥有四万余吨之舰艇，且大部分已超过舰龄，早应废弃，不足与敌一决雌雄。然我海军将士咸抱为民族争生存，为海军争光荣，不惜任何牺牲，英勇抗战。其坚守江阴封锁线竟至三四个月之久，使首都门户得以巩固，敌舰无法长驱直入，由水道攻陷首都。其后马当、湖口、田家

---

〔1〕此文发表于《海军建设月刊》1941年第2卷第7期。

镇等地，亦莫不藉此薄弱之河上兵力，完成重要据点战，消耗敌人，争取时间。现今各战区均有海军部队，担任江防及封锁重要水道工作，上次湘北会战大捷，海军封锁即为重要因素之一。他如运用漂雷，在长江袭击敌人运输，亦收伟大之战果。由此益可证明海军如早日建设，则于整个抗战局势，当有更大之影响也。

三、建设海军之要素

列强建设海军，无不兼重人才、军舰、军港三大要素。盖徒有军舰，而无训练有素之人员，则运用不灵；有配足人员之军舰，而无良好设备之军港，则乏驻足之地，失所凭依，故三者缺一不可。

吾人读国父于民国十年七月八日致廖仲恺先生之函，其中列举《十年国防计划》书之纲目，对于海军建设仍主造兵器、建筑军港、训练人才三大要素，惜详细计划未经脱稿，无以遵循，不无遗憾。计划书中与海军建设有关之条款，可概分为左列四大部分：

（甲）**如何发展一般海军建设**

（一）第二十二条　发展海军建设计划。

（二）第二十五条　各项重要会议之召集，如开全国国防建设会议、海军建设会议、军事教育会议之属，由中央政府每年举行一次，以为整理国防建设。

（乙）**建筑军港**

第二十条　各地军港、要塞、炮台、航空港之新建设计划。

（丙）**建造船械**

（一）第三十七条　向列强定制海陆空新式兵器，如潜水艇、航空机、坦克炮车、军用飞艇、气球等，以为充实我国之精锐兵器，与仿制兵器之需。

（二）第五十八条　我国之海军建舰计划。

（丁）**训练人才**

（一）第四十一条　聘请列强军事专门人员来华教练我国海陆空军事学生，及教练国防物质技术工程之意见计划书。

（二）第五十九条　训练不败之海陆空军计划。

今后我国建设海军之计划，应遵照国父遗教所示之大纲，注重三大要素之建设，努力进行，以期早日达到巩固国防之目的。

四、建设海军之目标

我国之建设海军，乃为完成主要任务，目的在于自卫，确保国家之安全，与民族之生存，以御侵略。海军任务有平时、战时之分。

（甲）平时之主要任务如左：

（一）在海外保护侨民。

（二）在沿江、沿海担任绥靖。

（三）在沿海保护航业。

（四）在沿岸护渔。

（五）水道测量。

（乙）战时之主要任务如左：

（一）协助要塞担任防御。

（二）封锁港口港湾。

（三）临检违禁船只。

（四）保护本国军航。

（五）派舰远征敌国。

（六）增援重要岛屿。

（七）破坏敌国海上交通。

五、建设海军之阶段

关于我国海军建设之工作，拟就管见，略贯刍荛，以供参考。海军建设，需相当时日，似应斟酌情形，分为左列三个时期，逐步施行：

（甲）准备时期

在抗战结束以前，遵照政府抗战建国之既定方针，一面继续努力海军抗战工作，一面筹划海军建设事宜，俾抗战胜利之日，建设工作均已准备完竣，即可分别付诸实施。在此时期，拟请注意左列计划：

（一）设立海军部，隶于行政院及军事委员会，总揽全国海军行政及军令事宜，并筹划海军建设，经呈核后，付诸实施。海军部组织之大小视需要而定。

（二）参照美国海军部之组织，于海军部内设立海军将官会议，容纳海军出身之高级将官，商讨关于海军方面之国防大计。

（三）设立海军设计委员会，委任海军干练军官，筹划海军建设方略，并从事调查所拟设置各种舰艇、飞机等之价格，及设计图样，以便需要时即可着手购置。

（四）积极训练海军官兵，就原有海军学校及海军练营予以扩充，招收学生及练兵，予以训练，以便将来购置舰艇时有干练官兵可用。海军之训练与陆军不同，陆军之训练，费时短而收效速，倘训练得宜，配备充足，即可出而应战。上次欧战时，具有特长之士，在陆军部队担任要职者，颇不乏人。海军则不然，海军军官使非由海军学校出身，不足充任高级指挥官，纵令其补受高等教育，予以升任高级官长之机会，但与由幼年海军学生出身者相较，则为年龄资格所限，不免相形见绌也。海军学生之训练，在使其将来派往海上服务时，即能担任舰务。是以学校课程之外，尚须实习运用大炮、鱼雷、水雷、深水炸弹，并各种兵器之机构，以及陆战教练、驾驶舢板、信号通信、修正罗经、测算天象等。海军士兵之训练亦极复杂，每一士兵，不但应熟悉帆缆操舵诸艺，且须成为枪炮、鱼雷专家，其训练时间，自非一朝一夕所能成功也。

（五）海军学校校长应请最高军事长官或最高海军长官兼任，并由海军中遴选才学兼优、品行端正之高级将官一员专任教育长，负责管理校务。海军学校教官宜尽量充实，调任曾在国外留学而有教授天才之海军军官为航海、轮机教官，并聘请国内有名之教授担任数理、国文等教官，提高待遇，方能容纳干才。此外更当注重军人精神教育，尽量灌输三民主义，使海军变成本党有力之部队。

（六）参照日本海军征兵制度，由政府指定沿海某某等地为海军军管区，征集壮丁，派往海军练营训练。

（七）设立海军编译委员会编辑海军教科书及其他海军应用书籍等。

（八）设立海军研究所，专事研究海军学术，尤其对于海军各种兵器之发明与改进。凡与海军有关之各种工业机关或研究所，更应随时与其联络，共同研讨，俾收事半功倍之效。

（九）其他与建设海军有关之准备工作。

（乙）整顿时期

在抗战结束后短期内，将抗战损毁之舰艇、炮械以及造船设备等加以整理补充，俾应不时之需。在此时期，拟请注意左列计划：

（一）旧有舰艇，多年久失修，且因抗战受伤，或机械损坏，或配件不全，应加相当修理，另配新炮，以供服役。

（二）先行设置小型军舰若干艘，海军飞机若干架，其数目视财力与需要而定。此外并购置练习巡洋舰一艘及测量艇若干艘。海军航空人员可暂由空军借用，予以相当训练，即可服役。练习巡洋舰可供远洋航行练习之用，并可宣慰海外侨胞。

（三）设立海军航空处，专司发展海军航空事宜。海军飞机之性能与陆军飞机不同，如一九四○年十一月英国飞机袭击意大利大兰多军港，重创意国主力舰、巡洋舰，系用鱼雷机以空中鱼雷袭击，此非陆军飞机所能为力，故英美日等国之海军航空，均划归海军部管辖，以便指挥作战。

（四）在沿海要港、要塞附近，建筑海军飞机场若干处，其数目视财力及需要而定。先从简陋入手，逐渐使臻完备，成为海军航空根据地。海军航空队亦为海防利器，此次欧战，英国保护海岸及攻击德意两国占领区海岸，其得力于海军飞机者匪鲜，故海军飞机场之设备，实不容忽视。

（五）继续制造水雷，以备不时封锁港口之需。此次抗战，得力于布雷者甚大，敌舰艇船只之牺牲于水雷者时有所闻。本国制造之水雷，成本既较舶来品为廉，而爆炸力又甚强大，若再悉心研究，精益求精，则其效用自可倍增也。

（六）将原有制造水雷工厂予以扩充，俾供配置于舰艇之用。

（七）将原有各造船所设备加以整理，增购造舰、造机、造械机器，以备自造舰艇。

（八）在全国沿江、沿海各水道进行扫雷工作，并设法打捞封锁线之沉船。

（九）恢复海道测量局，负责办理全国各水道之测量，并设置航行标志，以利航运。

（十）恢复海军飞机制造处，聘请外国制造飞机技师，监造海军飞机。

（十一）参加英美海军陆战队之训练与配备，将原有海军陆队加以整训。

（十二）聘请外国海军专门人员来华教练海军学生，训练航海、轮机、造舰、造机、造械以及航空、航潜人才。

（十三）继续选派海军学员留学外国，以求深造。

（十四）协助陆军充实要塞设备。

（十五）其他与建设海军有关之整顿工作。

（丙）扩充时期

整理工作既已就绪，即可参照届时国家财力，拟定建设计划，分期扩充。在此时期，拟请注意左列计划：

（一）关于造舰方面，当先建造巡洋舰、驱逐舰、潜水艇、潜水母舰、巡洋炮舰、鱼雷快艇、各种补助舰，以及鱼雷轰炸机并其他海军军用飞机，其大小数目视财力及需要而定。军舰、飞机除海军各造船所及海军飞机制造处自造外，并向外国订造。

（二）关于军港方面，当先就青岛、威海卫、上海、厦门、黄埔等港加以相当整顿，以备军舰在华北、华东、华南驻泊修理以及增加燃料之需。青岛、威海卫二港，前经德人、英人分别经营，已有相当设备，足供舰队驻泊修理。上海、黄埔等港亦经开浚，水位颇深，可供大舰驻泊，且上海有海军江南造船所，可供军舰修理之用。新筑军港需费巨金，而我国海岸线绵延七省，决非一二军港足供全部舰队之用，不如先就旧有海港加以整理，以应需要。

（三）关于训练海军人才方面，当筹设海军大学，聘请国外海军将官来华造就海军参谋人才。至于航海、轮机、造舰、造机、造械、造雷以及无线电、军需、军医人才均宜继续积极培养，以应扩充海军之需。

（四）设立海军兵工厂，聘请外国技师监制舰炮、高射炮、机关枪、炮弹、水雷、鱼雷、深水炸弹以及舰上应用之各种仪器。

（五）其他与建设海军有关之扩充工作。

回忆民国十八年总裁在"咸宁"军舰下水训话时，曾宣示建设六十万吨新海军之意旨，甚盼今后对于海军建设遵循国父遗教及总裁训示努力迈进，庶海权得以伸张，是亦国家民族之福也。

（九、二十七）

大战中的海上封锁与
海上自由问题[1] 郭寿生

一、导言

从大战爆发，到了现在，英德双方均在加紧封锁手段，推进经济战争，因而海上的战斗，就成为今日大战的主要形势。

现代战争，除了人力、武器之外，还要有雄厚的经济资源，才能构成坚强的战争力量。过去拿破仑和威廉第二虽均称霸于欧洲大陆，但终敌不过英国的经济封锁，它虽有充足的人力和武器，最后因资源枯竭，终不免于崩溃。这样看来，经济的力量实足以决定最后的胜负。

不过经济封锁的政策，完全应用于海上，而执行这种任务，则要依靠着海军。因为经济的压力，在断绝敌国资源的供给，隔断敌人对外的交通，为迫使敌人屈服的主要工具。如没有强大海军，则对敌可能实行经济封锁。因为要彻底达到这种封锁的政策，必须干涉中立不与敌国的贸易，所以海军强大的交战国，常利用海军来封锁敌国，可是中立国方面却要求保持海上贸易和交通的自由。因此，"海上封锁"与"海上自由"就成为过去和现在的交战国与中立国所争持的问题。

目前战争，在欧洲方面的主要交战国，尚限于英、苏、德、意，在亚洲方面仅中日两国。因美国正积极援助英苏与我国，反对轴心国家的侵略战争，它的中立地位，恐难从此维持下去。大势所趋，似乎美国也要参加民主国家的战线，世界大战有再行扩大的可能。可是这些国家，除我国外，各项军备均属坚

---

[1] 此文发表于《海军建设月刊》1941年第2卷第8期。

强，经济地位亦极复杂，对于国际战争法规和中立规则，统将有重大的牵涉，足以发生种种问题。他们目前战略，彼此间的经济封锁，力谋削弱对方资源的供给，因而海战要比陆战激烈得多。同时，海战时常限制公海交通，最足影响第三国的权益，甚至因交战国厉行海上封锁与扩大封锁范围，迫使中立国为了争求海上自由，也走进战争的漩涡。

二、国际法上的海上封锁与海洋自由

海洋实为世界上最重要的交通路，上古之人，认海为阻隔交通的障碍物，不知以后国与国间的联络乃惟海是赖。自罗马与诺尔曼两民族争夺海上霸权以来，富有政治思想的民族，均认海洋为自己的私有物，而企图支配之。海洋本为通达世界富源最捷的路径，又为世界交通最好的桥梁，且为沟通世界文化最大的生命线，不可任人蹂躏。先进国家中识见深远的政治家，更重视海洋有极大的价值，而认为一个国策上的重大要素。各国国民，从此注重海上权，海上的战争即基于此。

海洋已成为国家和民族生存上的必要不可缺少之物，无论哪一个国家，如能支配海洋，即有征服世界的可能。英国历史家剌来氏说过："谁能支配海权，即能支配经济；能支配经济，即能支配世界。"今日世界上最重要的商业都市，全在海口，而国民以为生活命脉的长江大河，亦全以海口为出路。故海洋对于国家与民族实含有如此重要的意义。

现实世界海洋中，各国认为有重要关系的，当为大西洋与太平洋，而在上古及中世纪，即以地中海最为重视。西历纪元前一五〇〇年，腓尼基人曾跨有地中海全部，但它仅注重商业上的发展，还没有注意于殖民的事业和军事上的侵略，所以并没有海战发生。自荷兰开始发展海上贸易，各民族开始渐知海上亦足为人类活跃的地步，然对于海上权的重要性，还没有人认识，故这时代，仅因贸易上而起海上的掠夺和一部小竞争。纵因竞争而获胜利，绝无政治上的作用，故在中世纪，实没有一次海战可言。到了十四、十五世纪之间，初期重商主义兴起，纷纷向海外发展，发现新大陆、新航线，争夺海外殖民地，各国间时常发生海上的战争。于是在国际间反映出两种的重要事件：

（一）关于海战的国际法的成长。

（二）公海自由原则的出现。

关于海战的国际法，在欧洲各国间早就有规定的，可是世界上至今还没有一部完全的海战法规。现在我们只能以各种的国际惯例中及一般有关的国际条约中，找出关于海战的法规来。关于海战的一般条约，计有一八五六年的《巴黎宣言》，其中有关于海战及中立的规定。一九〇七年的《海牙条约》，对于海战实有较详的规定，如第一编中关于开战时敌船的地位，第七编中关于商船的改装军舰，第八编中关于海军的炮击，第十一编关于海战捕获权利行使的限制。一九〇九年的《伦敦宣言》是一部比较完善的海战法典，不过其中主要的部分还是关于中立方面，同时这宣言未经参加各国一致批准，上次大战中并经若干国家宣言废止。因此，它的效力还未取得一致的公认。除了这些有关海战的条约外，其他就只有国际惯例可资遵守了。

"公海自由"为国际法的决定原则。公海之要，为荷人格罗秀斯（Grotius）所倡，谓海洋之大，用之不尽，取之不竭，任何国家不得据为私有，无论渔业、航业，均可公共享受，意即天赋的物本属人类共有的。阿培尔狄斯（Angebe Wbaldis）称："依照自然法典国际法，海岸均可由各国自由享用。"他并表明在海上所为的占有行为，实据不可能性，因其天然情形，不能适合完成长久占有的任务。威尔逊总统的主张："海上自由为和平平等及合作的必要条件。"又他在和平条约第二条中的规定："在领海范围之外，海上航行须有绝对自由，无论平时或战时，均须如是，除非履行国际条约起见，方得由国际行动在海洋上作一部或全部的封锁。"阿葛尔维（Paul M.Ogilyle）称："所谓海上的自由，意即在和平时候，除对于本国人民及本国船舶，其国籍确定者外，任何国家在海上不得有管辖权，其在战争时候，凡交战国得在海上有阻止违禁品的运输权，及在敌人海岸施行有效的封锁权，除此之外，凡在领海范围以外之海洋，各国对于行船捕鱼及其他海上的利益，均得平等享受。"

格罗秀斯是国际法的创造者，他主张平时"海上自由"，并确定战时违禁品。这种原则至今犹为国际法的基础。赛尔登（Seldin）却主张"海洋封锁"之说，但未为人所采纳。可是交战国的封锁权和中立国的自由贸易权，构成战时国际上的激烈争点。主张海上自由的，认为在战时，中立国有权和交战国的任何方或其他中立国自由通商，不受限制；而主张封锁的，认为在战时，交战国为维护生存权利，取得最后胜利，必须断绝敌人的给养，封锁敌国交通，拿捕所谓战时违禁品。交战国与中立国常因此项争端，扩大战争范围，延长战争时日，国际法学家对此要求加以规定。惟在平时，虽可获得解决，而战争起，争端随之而生，所以这个问题，至今还不能得着最后的决定。

"封锁"是一种近代的国际制度，这种制度的构成和发展，与中立制度有密切的关系。封锁的溯源很早，最初是一五八四年与一六三〇年，当时荷兰政府宣告西班牙势力上的佛兰德海口为封锁区，敌后封锁之例也数见不少。直待中立制度为世界所公认，而且中立国的贸易得到相当的保障后，封锁才构成近代国际制度的基础。

国际法上所论及的"海上封锁"有两种，一种为"战时封锁"，就是以军舰封锁敌国的海岸全部或一部，以防阻各国的船只出入，这是战争的行为。从它的目的上说，可分为"战略封锁"和"商业封锁"，凡因作战计划，或为截断敌军陆上接济，是为之战略的封锁；如志在截断敌港对外的交通，是谓之商业的封锁。再从封锁的方式说，又可分为"向外封锁"与"向内封锁"两种。向例所谓宣告封锁，无论进出口船舶，都在禁止之列，但也有时专禁进口，有时专禁出口，因此就有向外封锁与向内封锁的区别。

还有一种为"平时封锁"。和"战时封锁"不同，它是和平解决国际纠纷的一种强迫手段。即黑塞（Hershey）所谓"并无发动战争之意，而将某国的口岸，平时加以封锁。"十九世纪以前，封锁之事只有交战国才使用。平时用封锁解决国际纠纷，约在十九世纪中叶才开始。当时各国使用这种手段的动机，不外是干涉，或是报复。一八二七年希腊发生革命，列强为维护希腊与抗拒土耳其起见，英法俄将土耳其略领的希腊沿岸加以封锁，这是国际间首次平时封锁出于干涉动机的先例。至于出于报复动机的最初一例，就是一八三一年，法国因法侨在葡被害，封锁达扣斯港。一般学者认为，平时封锁并不能防止战争，有时反引起战争，其实这类封锁，大抵都是有海军力量的大国对于弱小国家行使压力以求得补偿的工具，所以对它用为解决国际纠纷手段的效力，只有少数大海军国才能享受，往往有被强国滥用的危险。

近代资本主义国家制度兴起以后，一切国家的兴衰胜负，多取决于经济的发展及其贸易的盛衰，而国家愈富强，则其依赖于海上贸易的程度也愈为深切。因此，两国战争一起，在经济上即演成封锁与反封锁的斗争，于是中立国的海上贸易权利每成干涉的对象。观于最近一世纪来的封锁多于任何其他世纪即可证明。而在前此世界大战时，交战国干涉中立国贸易之事，更层出不穷。到了这次大战，英德双方更厉行封锁的政策，扩大封锁的范围，精细且广泛的规定禁制品品目，各以海军飞机妨碍对方的自由，甚至妨害中立国船舶航行的自由。同时美国的商船、军舰也受了德国潜艇的袭击，它虽高呼"海上自由"的口号，但又加紧轴心国的禁运，扩大海军巡逻的范围，且积极进行中立法的废止与武装商船，有不惜为其海上自由而作战的决心。于是"海上自由"问题在国际上仍成为不能解决的难题。

现在国际战争，欧洲和远东的情势，对于惯例的封锁办法，已有所变更，这究竟是一种变态违法的行为。但以战争关系国家的存亡，须把全国的物资人力一一动员参加抗战，苟交战国仍有力量足以控制海洋，绝不能坐视敌人取得海外资源，以为反攻或延长战争之用。在此等全面战争之下，经济重于军事，封锁重于攻击，这自然对于保持海上自由政策以极大的打击，即对于海上中立贸易权利也减到最小的限度。若欲禁止国际间的海上封锁政策，以求达到海上的真正自由，恐怕要等到世界大同的日子。

三、英德海上封锁战

我们追溯历史上英国利用海上封锁战的事迹，前后计有三次：第一次是在一八〇六年到一八一二年的英法战争时期。当时拿破仑想以统一欧陆来制服英国，英国则靠着海军来封锁法国。在长期的封锁中，使法国作战的经济力量，日渐衰落，终于一八一二年为英国所败。这是英国利用海上封锁战首次的成功。

在上次世界大战中，陆上的形势，德国已战胜协约国的陆军，但它的海军主力被英国围困在北海之内，不能打破英国海军的封锁。英国封锁了北海，使德国不能从海外得到粮食，终以饥饿而崩溃。这是英国利用海上封锁战再次的成功。

这次大战，英国又是利用这个封锁的政策来对付轴心国家，故在战事开始，英国政府就设立经济封锁部，它的同盟法国也设立封锁部，就是由两国的海军来实行经济封锁作战的方略。封锁是英法在经济战争中的一个武器，英法希望和用这个武器阻止德国取得从事战争所需的重要资源。自法国对德屈服后，只由英国海军单独来执行这个任务。

英国对德封锁的区域，最初不仅限于德国的港口，还扩展到北海全部和地中海两端的直布罗陀及苏彝士运河各处。到了前年十一月廿八日，更公布全面封锁的办法，以阻断德国所有的进出口贸易。法国失败后，英国更将封锁范围，自英意本部国境，扩大至于全部亚欧与西北非沿岸，且包括法国全部直达西班牙国境，为有史以来的最大的海上封锁线。英国这种对德的严厉封锁，自然影响到德国的战时经济，德国为了反抗英国的海上封锁，乃采取前次大战的反封锁政策，它希望破坏英国的粮食供给和军火接济。德国的反封锁如果成功，英国便有饥饿和军需断绝的恐慌。但因此次战争，英国仍控有制海权，德国海军不能对抗英国的海上舰队，乃又使用潜艇、水雷和飞机，不分敌国与中立国的商船，一律进攻。它并提出口号："在战争的时候中立国船只欲冲破封锁驶往英国，即走入死路。"它还声明，这为对付英国封锁政策的一种报复。德国使用这种潜艇水雷战术，不但不能达到反封锁的实效，结果所趋，必至以攻击商船为惟一手段，蔑视条约与人道义务，使文明社会为之震动。

自德国施行反封锁政策之后，英国的对策，除需要增加他们的农业和军需生产，减少他们的粮食消费外，就是积极利用它的海军，保障海洋的自由，和善用它的商船。从一九三九年八月廿八日起，一切商船都置诸海军部管督下，他们必依照海军当局所指定的航路，英国船只的转移和抵押以及变更停泊口岸却遭禁止。自一九四〇年二月一日以后，国家取得帝国海上商船的绝对控制权，这样的船只的一般征用，遂使商船的利用可以适应对付德国反封锁的需要。同时它又实行护航制度，对抗着反封锁。这样的制度，虽然使交通迟缓，但可以使交通免受敌人的打击。据《泰晤士报》的估计，在护航下的英国或中立国的船只被击沉的危险，四十七艘中不过一艘。又因德国潜艇的屡遭毁灭，水雷的扫除，英国海上空防的改善，中立国船只的出售，美国舰船转移，制船所的紧张工作，德国货物的捕获，美国对德的禁运和对英军火的援助，这些都使英国粮食供给、资源接济的路线得获安全，且足以补偿英国航运的损失。由我们的观察，不论德国怎样做法，英国并未被包围，也未迫至饥饿和资源恐慌的状态。简单地说:"因为英国拥有强大海军,能控制海上的交通,能保持海上的自由,所以德国的反封锁政策到了现在并没有成功。"

四、东方强盗非法封锁中国

因为敌我海军力量的悬殊,所以在敌我敌对状态中没有大规模的海上战争,只有敌人对我的违法封锁。一九三七年八月廿五日,敌第三舰队司令长谷川正式宣布封锁我国的一部海岸,自扬子江北至汕头南止,即自北纬三十二度四分,东经一百二十一度四十四分起,至北纬二十三度十四分,东经一百十六度四十八分止的中国海岸,由日本海军第三舰队加以封锁。禁止中国船舶在此段航行,并且由日本海军法律顾问信夫悖□发表声明,指此封锁为"平时封锁",与"战时封锁"不同,所以巡逻封锁洋面之日舰,得令通过封锁线之外籍船舶停止而受检查,然而不能禁止外国船只载运军火至中国。不过如果发现其所载运者为战时违禁品,日本或将使用优先购买权,强制购用。同时其外务省声明,说明这次封锁中国海岸的理由,系因为"对付支那军不法攻击,和防止事态扩大起见,特对支那船舶交通遮断,帝国海军尊重第三国和平通商,对于第三国船只无意加以干涉。封锁的目的,纯为帝国政府自卫的措置。"同年九月一日,敌方宣称:"八月廿五日宣告明白指出,交通的锁闭只适用于中国的船舶,而不适用于第三国的船舶。因此,第三国船舶所运载的军火、军需不在这个办法范围之内。但是,自从上述的宣告发出之后,常有中国的船舶悬挂外国旗,避免该宣告的适用,所以日本政府有检查可疑的船舶以确定它的国籍的必要。日本政府对于第三国的船舶发生不必要的误会,如果第三国的船舶预先通知要驶入上述区域的船只的名称、船长以及关于船的资产的事项,日本政府就感觉便利。"九月五日,敌方更扩大对我封锁的范围,把东四省以外的中国海岸都包括在内。观其海军省的宣言,内容如左:

"帝国海军,已对中国船舶,在华中、华南沿海一部分之交通,施行遮断。现更扩大范围,除第三国租借地及青岛外,所有支那全部领海,一律遮断支那公私船舶之航行。此项处置,对于第三国和平通商,与前相同,仍无加以干涉之意图。"

以上所引敌方对我封锁的重要宣言及声明,它虽宣称不干涉第三国的航行，事实上各国船只往来于中国领海的，常受日海军的留难。最显著的，如一九三七年十月十四日，有法国货船两艘从欧洲驶往中国，船靠温州时，日海军竟不许靠岸，并因此引起冲突，打伤法水手多人，还将船长拘去。其最残暴的，无过于敌海军企图消灭我沿海的渔船和小商船，惨杀我沿海的渔船和小商人。据渔民协会统计，在一九三九年以前，我国渔船被焚毁的有七百四十九艘，渔民被杀害的有一万二千七百三十二人。到了现在，自然更有可惊的数目。计自敌酋长谷川正式宣布封锁我国海岸之日起，到了这次敌海军省发表的宣言之日止，可以说是敌人封锁我国沿岸的第一时期。

到了一九三九年，敌人更把封锁我国适用的范围扩大，是年五月廿六日正式宣布：

"第三国在中国沿海之航行，兹一律实行封锁，此非为权利问题，而为日本当局之要求也。换言之，即日方要求有权在中国沿海之地区，勒令任何船只停止驶行，并检查其登记证书，确定其是否为国民政府租作军事之用，所谓为国民政府租作军事之用者，即为该轮究否载有货物，以供华方军事之用也。"

查这次敌方所宣布的封锁区域，而非为以军舰驻泊我国港口之外以构成连续不断的封锁线，与德国宣布的封锁区域，干涉外国的合法贸易的情况，大致相同。一九三七年八月廿五日虽宣布对于通过封锁线的外舰，得令停航加以临检，但因各国拒绝不见实行。这次宣布之后即予实行。前次敌方宣称，不能禁阻外舰运输，仅对战时违禁品于必要时施行优先购买权而已。而这次则将载运来华的军用品，甚至粮食和药品，均有列入战时违禁品的可能，而将加以没收。又过去对于第三国船舶向不干涉，而这次虽称不反对在占领区内的和平贸易，然又禁阻占领区与各国的航行，且拒绝说明和平贸易究以何种货物为限，这无异即停止一切外国船舶在中国的航行。这次宣告显然的和一九三七年的宣告有很大的性质的区别。从这次敌方宣告扩大封锁范围一直到了现在，可以说是敌人封锁我国海岸的另一时期。

我们的观察，自从一九三七年七月七日卢沟桥事件起，到现在止，中日之间，并没有国际法上所谓"战争状态"的存在，只是日寇对我的侵略和我国的自卫。至于上述敌人对我封锁的宣言、声明与其暴行，完全是非法的。第一，因为敌我的敌对关系，既没有成为法律上的战争状态，中日之间所存在的是敌人对我非法的战争，它不能因此而取得合法的交战权以封锁我国海岸，享受一般交战国的交战权利，各国也绝没有对它遵守中立的必要。第二，在第一时期中敌人对我的封锁，似乎承认它的封锁不是战时封锁，而是平时封锁。但事实上，平时封锁是两国的和平状态中的惟一的武力冲突关系。其次平时封锁当为一种报复或干涉的手段，也就是强制解决国际纠纷的方法的一种。根据国际法，平时封锁须按照三种条件：（一）第三国船舶可以不顾封锁自由出入；（二）和平封锁须正式宣告与通知，且须充分武力维持；（三）被封锁国的船舶，不遵守封锁，可以截留，封锁终止之时，被截留的船舶及货物，应各归原主。但不论依何理由，不予赔偿。敌人对我既然自称是平时封锁，就应遵守国际法所规定的条件，然而事实上它又进行交战国的临检捕获权。这样，它非仅完全没有法理的根据，而且不合乎和平封锁的规定。中日间既有事实上的战争存在，已不得强称为平时封锁的何况它对我侵略的非法战争行为，更绝不能引用和平封锁的规定。对于敌方毁灭我国沿海渔船、商船，惨杀我国渔民、商人，更是国际法上所不能容许的。第三，观一九三九年五月廿六日的敌方封锁宣言，公开的主张一律封锁第三国的船舶在中国沿海航行，这似乎敌方有成立战时封锁的意思。因为敌方宣告对我封锁已适用于第三国的船舶，就变成战时封锁的性质，但双方都没有承认这是正式战争，又没有事实记明敌我关系已经从事实上的战争状态，变成为法律上的状态。这样，敌人实在没有资格使用战时封锁办法而宣告封锁中国海岸，和禁止第三国船舶航行的自由。

我们根据以上的分析，无论从实质上看，或者从法律上看，再从战争的行为上看，敌方封锁我国海岸，完全是违法的，这样的违法的海上封锁，不过是东方海盗的一种暴行而已。

五、中国海军的"自封锁政策"

自一八九四年中日甲午战争之后，中国已无海防可言，直到国民政府成立之后，新的造舰计划才开始进行，日寇即向我作第二次的大侵略战，假使能给予中国以十年至十五年的时间，来扩充我国的海上防御武力，再以今日我们海军抗战的精神，抗战于海上，则中国海军必然地可以予敌方舰队以可能的严重打击。

我国海岸线，东北起于鸭绿江口，西南迄于东京湾，长达二千八百海里。在抗战以前，仅有四万吨左右的海军，且多半又是逾龄舰艇，以这个弱小的力量，来对抗一个占世界海军第三位的日本海军，当然不是敌手。因此东方的海盗得跨海而来侵扰，海上运输，敌前登陆，深入我长江内湖，皆不感威胁与困难，这实为中国国防上的致命伤。

这东方海盗自以为它的海军对中国处于绝对的优势，对我抗战既无需海上比武，只以封锁政策即可使我屈服。敌人平田大胆说过："汕头、厦门、宁波、上海、海州、青岛、烟台、天津等中国海港，如配备以少数军舰，立即可加以封锁……如此以台湾海峡、九州西南诸岛、朝鲜海峡为内线；南洋诸岛、小笠原群岛、北海诸列岛为外线，在海上造一种棚栏，配备以精锐舰艇，则至中国之封锁，完全可以实行。"这可以说明上述所谓敌方对我的封锁手段，是在战前早已决定。它以为封锁中国是轻而易举而又能收到宏效的方策，它也以为海军封锁中国沿海，陆军进攻中国内地，即可以收速战速决的战果。但它的战略中并没有预想到中国海军的"反封锁政策"，更梦想不到中国海军的反封锁"自封锁政策"的威力。

所谓"自封锁（Self Blockade）政策"，我国过去海军也曾用过一次，在甲申之役，法舰进攻闽江，当时曾在魁岐上下，筑过一道封锁线，横断河流，防范法舰上溯，这一道封锁线的障碍，一直到了民国十一年，才把它完全解除。自封锁政策在历史上也有许多例子，如一八三六年俄国因为国内的叛乱，通告封锁自己的西加西亚（Circassia）的海岸；一八六一年美国内战时，联邦政府把载满石头的船只沉没在查礼斯敦（Charlesten），阻止船只的进出。这些封锁，虽不能说海上的封锁，但总是合于海战的自封锁政策。这次我国抗战，因未有适应的海军力拒敌于海外，但我海军不能束手无策，等待敌人把守门户升堂入室。故在抗战开始，即预定"自封锁政策"以对付敌人的"封锁政策"。"八一三"沪战初起，即自封锁港口，第一封锁线为黄浦江，因战场之逐次西移。在长江方面的江阴、下关、大通、安庆、马当、武穴，在珠江方面的虎门，皆为武汉会战以前的强固封锁线。武汉会战以后，长江上游、汉水、荆河、湘江和洞庭湖各处，广东的西江与潮江，浙江的甬江和温州港口，福建的闽江，江西的赣江，前后皆为我封锁。敌人原想利用其优势海军，先封锁我沿海，再溯江突进,在华中取南京,攻武汉,犯四川;在华南入西江,犯云贵,企图断我西南的国际路线,替军队杀开一条血路,使我们迅速屈服。但是结果,这东方海盗的毒辣计划,没有一次不是给我们海军的"自封锁政策"所击破。

我们的自封锁政策实施,或谓这似乎有违反第三国的条约上的权利,但依国际法的通则,只有本国的人民,才有领海及内河航行权,并且在国家领域安全必要的时候,这些条约上的权利不能不受限制,何况日寇对我的侵略与非法的封锁。当然,我们有权实行自己的封锁。

说起"自封锁政策",我们先要知道封锁的实施方法计有三种:仅凭交战国一纸宣言,就构成封锁的行为,封锁是为纸上封锁;以陆军力来切断敌陆上给养的运输的封锁,是为大陆封锁;以海军力来断绝敌港一切海道的封锁,是为海上封锁。海上封锁在性质上,大略可分为两种:一种是广义的封锁,即是制海权争夺,破坏敌国交通路线,使其窒息以死的封锁;一种是狭义的封锁,即是自封锁,使敌人不能接近我的海岸港道,断绝或阻碍敌方在我水道交通,使其对我进攻无法进展。所谓纸上封锁,自无实效,如要封锁具有实效,便非出海军力来执行不可。至于补助封锁的手段,则于木石封锁、沉船封锁、水雷封锁、潜艇封锁。"八一三"战起,我国因海军力相差过远,根本不能对敌施行海上的封锁,不得不退思其次,利用港湾河川形势,实行"自封锁",即用沉船封锁、木石封锁和水雷封锁,至于潜艇我们是没有的,自然不能利用潜艇封锁。抗战四周年以来,我海军自封锁的战略的进展,先由沉船封锁、木石封锁,进入水雷封锁。武汉大会战之后,水雷封锁的区域日益扩大,海军布雷队的活动范围亦随之扩张。因此,水雷封锁战术亦有变化,可以说先由水雷防御战,在各战区及其附近封锁水道,以用阻截敌人的前进,拖延敌人进攻的时间。可是到了现阶段,我们一面利用"水雷防御战",同时又增加"水雷游击战",是防御进攻兼用的新封锁战术。这种新封锁的战略与其战术,在世界战争中是罕见的,我们实施以来已经大大的成功了。现在我们海军战略,是以发挥水雷封锁为中心,全国各战区,凡是于水道的地方,莫不有我海军布雷队和海军游击队的踪迹。中国海军在这次世界大战中,正运用其抗战中新生的力量,继续不断地协同陆空,来利用毁灭敌人的优势海军以开辟进攻路线的毒辣迷梦。

日寇对我非法封锁的最大目的，除了破坏我军事上交通的便利，就是要断绝我国抗战资源的输入与民主国家的援助。但自全面抗战展开以后，我们的西南和西北国际交通路线已建设成功，它在我沿海封锁，已不能收其预期的效果。不过，我们要注意一点，就是在日寇北进或南进中，和英美、苏联任何一国开战时，则它对于中国海的封锁，就有很大的功用。如A、B、C、D、S反日阵线欲达到包围这东方的海盗，那在战略上就要先打破日寇对中国的封锁。同时中国要乘机反攻，中国的自封锁政策必然要改变对日的封锁。到了这个太平洋A、B、C、D、S反日封锁时，中国虽无舰队对日执行海上的封锁，但我们确信中国对日水雷封锁战必能担任一大部分的任务。我们也敢相信，在太平洋围剿这东方海盗的时候，我们海岸的布雷队和水雷游击队必能控制若干的海面和重要的水道。

六、美国维护"海上自由"

东方海盗日本之封锁中国，不独侵犯中国海上的自由，甚至中国的领海、领江的自由，亦全为这海盗所剥夺。西方的海盗纳粹国家，现在利用其水雷、潜艇和海上袭击舰，破坏英美民主国家的海上自由，并以不顾人道的方法夺取制海权。这种违法的侵略行为，正与东方海盗的日本相呼应。

在前次世界大战中，英国封锁了北海，使德国不能获得海外接济，于是德国大喊海上自由。到了德国宣布无限制的潜艇政策，英国乃大喊海上自由，同时美国船只因受德国潜艇击沉，也大喊海上自由。但是，当时各国都要求海上自由，而各国又都以封锁和袭击政策来妨碍对方的海上自由。到了大战停止，和会成立，美总统威尔逊即主张："不问平时战时，通航在领海外的海洋，有绝对的自由。"由这海洋自由论，演变而主张："通商封锁的禁止；海上禁制品条例的废止；公海私有财产之不可侵犯。"但遭英国的反对。于是，美国在军缩会议中乃主张："海洋自由的捷径，端在建造使任何国家无对美和平通商加以何等干涉的有力海军。"因此，由反对海上封锁，而争求海上自由，由要求海上自由，而竞争扩张海军，由竞争扩张海军，进而争取制海权，由争取制海权，乃再演这次世界的大战，于是海上自由问题越变越难解决了。

世界上最坚持海洋自由的无过于美国。美国为了维护海洋自由，曾经战争三次：一为一七九八年[1]，一为一八一二年[2]，一为一九一七年[3]。因为坚持海洋自由，原是美国开国以来的传统原则，第三任总统杰克逊曾说："我政府当以自力维护海洋自由，决不妥协。"到现任总统罗斯福还是这样主张。今年六月间的炉边闲话已坚决的说明："一切的自由，皆有赖于海洋的自由……美洲的历史……皆与海洋自由有难解难分的关系。"而最近的"罗邱宣言"，亦揭示海洋自由。九月十一日，罗总统对德意警告广播的（时），对于维护海洋自由则更为露骨，他先说："余已命令海军于发现轴心国船只出现于美国所防御之海面时，即行开炮射击，不论所付之代价如何，吾人必将保持此等防御海面上之商务。任何暴戾行为或威胁恫吓，均不能阻止吾人保持国防上之两大堡垒，此两大堡垒为何？一即吾人积极的以物资供给希特勒之敌人；一即吾人在公海上之航运自由是也。海上自由政策对大西洋、太平洋以及其他任何大洋均可同样通用。一九四一年之无限制潜艇战为一侵略之行动，无异向美国挑衅。现美海空军已大举出动，在大西洋广阔之海面上巡逻，以担负保持美国海上自由之任务。"继着又说："海上自由政策之意义，即谓任何国家无权使远离陆地战场以外之大洋上成为其他国家进行商务之危险地带。希特勒现已着手利用暴力夺取制海权，已属显然，其行动直将国际法以及人道每一遗迹一旦一扫而光之，美国人民对之已不复再有错觉。德国之现政府对于条约国际法与夫对中立国及人道上之公正态度，无尊重之心……"罗总统的结论是：武力报复，不可避免，虽有任何牺牲，亦所不惜。因此，美国为维护海上自由，最后必诉诸战争。

近数月来，美国船只，自货船以至军舰，连续为纳粹国家的袭击或击沉。五月廿一日，美轮"罗宾穆尔"号在南大西洋中之被德潜艇击沉，这为德国破坏美国海洋自由的开端。九月四日，美驱逐舰"克瑞尔"号之被德潜艇袭击；九月七日，美轮"航海"号在红海又被炸沉；九月十一日，货船"蒙大拿"号，复在格林兰附近被击沉；九月廿一日，美"星"号又在冰岛近海被击沉没；九月廿七日，油船"怀特"号在巴西南哥口外复遭同样命运；十月十

---

〔1〕因法国截捕美国商船而引发的美法之间的海上战争。
〔2〕美国为确保民族独立、国家主权及企图向外扩张而与英国进行的战争，亦称"美英战争"。
〔3〕第一次世界大战期间，美国海军因为协约国商船护航而与德国海军在大西洋发生的海上战争。

日，货船"里赫"号由非洲返美途中，十月十六日客船"冒险"号在冰岛外，又货船"西阿玛歌索尔"号行经大西洋中，先后全被击沉；十月十八日，驱逐舰"克尔内"号在冰岛以西复被鱼雷命中；十月廿九日，油船"萨利那"号在冰岛以内被鱼雷袭击；十月卅日，驱逐舰"罗朋詹姆斯"号在冰岛以西复被鱼雷击沉。德国这种恣意任性，肆行其无限制的潜艇政策，它对于国际法公海自由的原则，当然不在它的眼中，这种破坏海洋自由，比较以前要求海洋支配权为尤甚。所以罗总统的坚持海洋自由，它的意义不仅是反对像过去名义上的统治海洋，而且是抵抗事实上对于海洋的控制。这次世界大战爆发，美国虽于三日内宣告中立，禁运军火，但后来这种态度完全转变。在战争开始的第一个月内，美国会便进行修改中立法的禁运军火条款，采现购自运的办法，以军火供给英国。到了去年六月法国屈服后，美国更输送英国以急迫需要的物资。九月中，又与英国成立协定，转让驱逐舰五十艘，租用它八个重要海军根据地。今年三月，国会复通过军火租借法案。今美国国会修改中立法，武装商轮的法案，迅将完成。最近更连续高呼海洋航行的自由，要使民主国家兵工厂的军需物资，能充分地安全地输送到大西洋、太平洋及其他大洋的口岸。故当美轮开始运油赴海参崴时，暴日百般的恫吓，而美国沉着应付，毫不动容，且将首批运油船的名称、油量、航期以及路线一一公布，即无异明告东方海盗语勿侵犯美国在太平洋上航行的自由。

从这次大战现阶段的情形看，美国与侵略国家彼此都已演成骑虎之势，但美国无论如何，必以全力贯彻海洋自由的政策。美国今日主要的使命，在以军火物资供给中、英、苏和其他反侵略国家，这一使命的负荷，必以维护海上交通与自由运输为先决条件。而它所藉以贯彻其海洋自由政策的武器是什么呢？无疑的是它拥有强大无敌的舰队，可以两洋作战，可以应付东西海盗。我们深信任何轴心国家，如要破坏海洋自由，美国必决与一战。

七、结论

国际公法原是为了解决国际间的纠纷而设的，可是这次的大战，轴心国家只恃强权，不讲公理，所以战争发生不久，海上封锁的把戏，又搬上战场来重演了，使海洋自由比前次大战更遭遇严重的威胁。所以海上封锁政策在目前尚

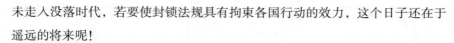

未走入没落时代，若要使封锁法规具有拘束各国行动的效力，这个日子还在于遥远的将来呢！

海上自由问题的前途如何？在战争期中，只有海军力方能解决，国际法上的任何条文都不能发生效力，外交上的任何辞令也不能得到合理的解决。海上自由问题演变到现在，仍然只能等待美国的最后权力来确定它的意义。

海洋自由虽为美国的国策，亦为今日反侵略国家的命脉。就目前的事实而论，美国援助之军火与物资，必须安渡重洋，始能达到中、英、苏诸国，所以关于海洋自由的理想与事实不独为美国所关切，尤其是被侵略国家更觉切身利益，愿意努力维护。

中国因无维护海上自由的海军，故自抗战以来，东方的海盗得对我施行非法海上封锁，断绝我出海之路。倘非有西北和西南大陆的国际路线，则暴日海军对我封锁，必予中国抗战前途以重大的打击。国际战争，变化无穷，凡我国人，切勿过于信赖大陆的国际路线，即可永保外来物资不断的输入。尤其是切勿以驱敌下海，即认为抗战胜利。盖中国一日不能打破敌人海上的封锁，则中国的领海、领江仍非我有，虽得保存一片大陆，亦不过一笼中之鸟，为人所制。故中国一日不能得到海上的自由，则中国仍不能求生存于世界，在今日美国坚持海洋自由，中国更当努力维护，以求达到中国的海上自由，因为海上自由是今后中国求生存的先决条件。

育才第一[1] 兼言

一、未来的战争，还得海陆空并重

首先我们且说得远一些：假使世界上文化愈趋发展，人们的思想更进于细密，而结果还是没有一种非常巧妙的机构，相当有力的组织，使战争不至由文化的发展，科学的进步而更造成惨酷的悲剧。那么，不论战争的理论，变到如何深奥，攻防的战术，演至如何"闪击"，抗搏的武器，臻达如何新奇，这人类矛盾的演开，在攻防两方面，依然是脱不出天然环境的利用和各种兵力的配合，以期达到战果，完成战略上的企求。也可以用"因地制宜"与"善合所长"八个字概括起来。

所谓天然环境，简单地说，上面是太空，下面是海陆，明日的科学必然精进，对自然环境采取攻势，设法利用环境，计求趋避环境，甚至于改变环境。但是自然环境之本质，依然会存在。譬如：飞艇、飞机等航空器材之对高不可测的太空，船舰、潜艇等航海工具之对深不着底的瀚海，车辆、机件等陆上装备之对广无边际的原野。人力或更进而至于可移山倒海，化海为空。但这自然环境的本质，海洋、陆地、太空，不能说有一天会三缺一，它们对人类的束缚和阻碍，只能会减轻与趋避而已。所以将来所谓更进步的科学化战争，还得有海军、陆军、空军来做骨干，至其形式和装配及作战的技术，自不与今日相同。那时，攻防两造，还是孜孜于如何使自己便利和达到，而使对方难于获得和形成。越山过岭，跨海腾空。

---

[1] 此文发表于《海军建设月刊》1941年第2卷第9期。

至于各种武力的配合，当然是指海陆空三种力量的如何适宜的配合，及恰当的运用。这其实也可以说，因为有了自然环境的缘故，地球上除了太空是天生成无处不有外，海陆是错杂着，高山河川是罗列着。假使在一个战役中，希望完全运用一种武力以求蒇事，那么除非是很古旧的，很狭小的斗争外，已经很不可能，那又何况一次战争。所以在未来的战争中，海陆空三军非但要存在，并且还要并行的相互为用。

即使很有人，在这较上次大战又演进了三十多年的今天战争中，看得希特勒的闪击战眼红，觉得马其诺、斯太林防线也都终被攻破，欧洲若干国家于短期内都改变了颜色，马上以为机械化兵团是惟一无二的至宝，大叫坦克第一！再看到戈林的空中舰队在英伦三岛上空满天飞，降落伞兵于克里特岛建功，又连忙醉心于享格尔斯，以为狮子将会不能再以舰队而求存，叹着海军是落伍了！而在德国本身倒还是埋头苦干，竭尽力量，努力于巨舰潜艇的建造。希特勒究竟是深受着苦楚，面对着困难，不像若干患近视症和趋炎病者。自然环境在战争中，还和十八世纪时，是差不了多少，他明白这宽仅廿二浬的"银带子"这一次已经救了英国，更说不定会因而缢死德国，他将梦想着倘使自己不是这样的海军弱势，又是如何一个结果呢！

在我们国内，虽然四年多抗战中因为海防力量太悬殊，而致牵动全线的战局，不得不转进数百公里；因为江防力量太薄弱，没有法子积极的掌握，不得不放弃了内部运输的便利；更因为海岸被封锁，使生活日困，新生武力减速完成长育。种种惨痛与艰难，可以说不论在军事经济，不管是政府人民都已深受，然而光看着地图发呆，报纸发呆，说什么"陆主海从""弃海扬空"的倒也不乏人在。这种优陆厚空，偏废侧重的说素，其固执和缺陷。与夫国防力是海陆空三军鼎足而立的机构，在本刊中已经有很多尽详的论述，深明的剖释，而且也是定论，此地已经毋庸再谈。目前的问题是如何的准备，如何的企划，如何的使企划由完美严密的理想，变成坚实辉煌的事实。

二、培植优秀人才，当为第一要着

本来军力是一种物质和精神的混合体，它既然需要物力，也更不能缺少人力。在海军这兵种里，也脱不出这铁律。称得起一个坚强有力的舰队，决不是徒有若干大口径重吨位的舰艇，和准备充足、设备完善的根据地即可以算完事，因为前者都是没有灵魂的无机体，都是死物质，不会生出威力，不能形成价值。它必须要有体力健、训练精的优秀官员、士兵和准备充足、设施完善的人才教育机构，才能认为全美。因为后者方是有精神的活机构，一种超乎物质的力量。只有这二者的合并，方不致徒有外表，空有虚名。

有时因为纵横的历史地理关系，或者国家经济及国防军需工业，尚在不充裕，不发达的景况之下，在海军的物质上，不能够一步就和敌对者并驾齐驱，同样的造成巨大的舰队，仅能就自己港湾上有利的特点，战略地位攻防的长处，采用以少制多，避实就虚的侧面攻击，利用较小型舰艇，换取巨大代价。则其物质上，既已无可奈何的失去均势，欲求弥补缺陷，胜敌一筹，惟有致力于精神上的特殊锻炼，以冀人力挽救物力之不足。处于此种情形之下，培植优秀人才，当为第一要着，而"精神胜于物质"更当奉为圭臬。

在海军这兵种中，不必去等三四万吨的主力舰，或需十余年经营的根据地，即以海军前哨之驱逐舰及其他小型高速舰艇而言，不论分工到如何程度；究竟钢板是一块块炼铸的，从下水到编役，至少也得一个月，它们决不能像蓉克斯厂[1]、波尔的厂可以每月完成一二千架飞机。德国在凡尔赛和约束缚下，秘密的整军，几乎是用同样的努力致力于海陆空三种武备的扩充，而海军究竟要多候时日。英国宁可去签订其有史以来实际上丧失国权，等于战败的协约，放弃了西大西洋上的据点，去换取五十艘老驱逐舰，也言明舰艇的完成是较费时日。日本自从一九三六年，声言不受伦敦海约的束缚起，即令偷偷摸摸，在造船坞上围起电网，讳莫如深的赶着五年计划，其内容也只是六艘主力舰，二艘航空母舰，四艘重巡洋舰，六艘轻巡洋舰及十九艘远洋潜艇等等舰艇。美国为了本身的安全，竭全力以期完成两洋舰队，也得要一九四六年方有成望。在在都可言明海军这兵种，在物质上是较其他兵种，虽然能持久，也得要晚成！

和物质的建设同一性质，海军在精神上，人力的培植也是不易。十年树木，百年树人。在海军中的军官、士兵和技术人才言，其中或许十年的时日，可以造就一个能谈得到经历的士兵而已。造成战舰，要无数吨铆钉，逐一铆钉

---

〔1〕即德国蓉克斯飞机与发动机制造厂，1895 年由雨果·蓉克斯创立。

上去，但要培植运用这战舰的人员，也要无数量的时日，逐一秒钟去学习。有人说，一条现代的主力舰，就是二十世纪各种科学结晶的汇汇，那么不必去谈什么惊涛骇浪，千钧一发，更或炮击的命中，战术的运用，仅仅只要能认识运用上面的各种机件，也就决不像六个月的短期野外训练，就可和敌人对阵的陆军士官，如此容易。我们眼看着一批一批从加拿大训练返英服务的空中战士，他们短时期中训练完成，升空作战。而服务于商船或军舰的士兵水手，就非得召集自幼生长水乡，习于渔业的人员不可。美国海军学校把期限缩短了半年，但是大家立刻又觉得二年半的教育，所训练的"敏捷美"（Midshipman）[1]是不是能够担当责任，对职务真能敏捷美呢？所以海军这兵种，诚然要较其他兵种，在物质上需不断持久的努力，要较为长时间的建设，而在人才上，则更要缜密的训练与培植，更非要用时方想到，开开短期训练班，可以达到万一的。

榉木、檀木是不易成长的，它不能像杨木、杉木一样，一年数载而成荫，但是，坚纵强横也决不是杨木、杉木可以比拟。有人说空军力量只能称霸一年，陆军力量可以逞强十载，而海军威力要维持一个世纪，其原委也可以说是海军具有这物质和精神的两种特质。

三、不论官员士兵，我们实在太珍贵稀少

我们必定需要海军，我们要急起，竭全力以建设海军。这不但是这次战争中给了我们的深切教训，而自然的环境也无时不在告诉着我们，二千八百浬海岸，四三，三〇〇平方公里岛屿，假使不是自己去利用，便是被利用。我们不能太健忘了，不能太自己菲薄了，我们要记得，不过一个多世纪以前，东亚海上的霸权是落在渤海之滨，东方洋面上飘过美丽的黄龙海军旗。除非我们的敌人，其海军武力，因太平洋对岸国家的摧毁，深沉到海渊，我们没有海上武力，还会有未来的懊悔。过去海军物质上的建设，因为这次战争的关系，老朽的已经净尽了，其实也应该净尽了，前面是需要我们去建设一个簇新的物质。我们不讳言，我们国家因为过去纵的历史关系，和现在及以后经济和国防军需工业的不能一步登天，这未来的新海军物质建设，不能立刻是堂堂的大舰

---

〔1〕海军军官学校学员。

队。它一定是仔细考虑着战略地位赋予的长处，采取侧面攻击的防御，从一面预备斗争，一面慢慢把握斗争中，逐步成长起来。前面已经说过，这物质上的缺陷，要在精神上弥补。和物质建设平行，或更重要的海军建设，那便是精神的建设。海军人才的培植，在敌人今日尚未退出我们国土，海岸依然被封锁之际，固然海军物质建设，尚只能从事于周密的设计工作，但这较物质建设更为重要，较物质建设更为艰难的精神建设，人才的培植，是应该，而且正当其时，唯恐不及的努力肇始，奋力实做起来。

过去我国的海军舰艇是朽旧的，吨位的数量也少得太可怜！可是过去我国的海军官兵并不朽旧，不论体力、智力、技术，他们至少是在水平线上，他们不能有些地方和其他国家的军官士兵比拟，其缘故是我们没有适当的环境去培植他，我们没有，我们简直没有同样的物质，使他们能够发扬出潜在之力，去和他们比较，他们硬是被淹没得终其一生而无闻，不能一显身手。我们不必远引中日海战若干管带的壮烈英武，多少士兵的雄伟事迹。且听听敌人此次战争，不时的广播吧！他们说，江阴的战斗是壮烈的，因为陆军巧妙的迂回而成了大功，马当的争夺是泣鬼神的，由于武士道的精神而占取。的确，每次有海军官兵参加作战的斗争，都使敌人认为是真正逢到恶战，江阴在九十多架敌机爆击下，工作如故。马当不少穿海军制服的青年军官与士兵与阵地同亡！我国海军，在人力方面，经过这次战争，已增多了经验。但是最大的缺陷，也是太少了，和舰艇吨位一样少得可怜！

诚然，我们不远的祖宗，有过强有力的海军，也有过强有力海军的主要因素：大量优秀的海军人才。可是中日海战埋葬了舰队，也埋葬了优秀的军官士兵。仇恨永远沉在黄海深渊，后人没有承接那伟大教训。深沉的舰体与枯骨，只是发锈和减蚀，并没有随着时日，在中国海发出了芽，开出了花，荣荣的繁殖起来。整整近一个世纪了，物质建设是在东另西碎，七凑八合的情形下，像杂拌几样的汇成，人力培植也是你分我割，鸡零狗碎地沿续着命脉而已。中日战败，所付与的大代价，竟使海军没有因此而受刺激，偶尔几位深明远见，忧国之士的主张，也在对西太后的献媚手段下，被湮没了。颐和园瓦砾场上，让风雨吹打的几根盘龙石柱，对我们海军人士，将兴如何的感叹！

我们自中日海战后，对海军军官的培植反而慢慢冷淡下来，派遣到欧美以求深造的人非但减少，而且有一度时间竟遭英国的拒绝和冷淡，即使有不少抱着雄图大志，在国外刻苦的研究了若干年，可是返国后，没有适当的工作做，不能贡献所长，有的老死塌下白费了一番当年的教育，有的不得不因生活而从事文学和翻译等工作，根本放弃了本行。从清末到民初的十多年中，情形也差不了许多，南北虽然有水师学堂，有海军学校，但人数是很少的，每一期毕业都不过三四十人，假使有一班人毕业，而人数竟有八十多名，那么这一班人就会有一特殊的绰号，认为是了不起。在这少数的海军人中，有很多结果是成了今日有名的文学家、会计家，甚至于京戏家。这不少人才，他们被当时的环境，被迫而改行，可是结果还是峥嵘头角。假使在海军中能有好好的培植，岂不更有所成。自民初以后，军阀的内争绵连，他们不过把海军当幌子，好像不谈一谈，不能像样，所以谈不上统一，谁高兴谁有势力，他就可以训练。在名义上全国南北也有数个海军学校，结果是不免受政治影响而不能自主独立。一直至民十六年以后，海军部成立才有一些秩序。

至于海军士兵，因为他们究竟不像陆军一样短期可成，年纪较大的，他们实在对海有了迷恋，过惯了海上生活，就这样把一生花费在上面。他们可以说是值得我们尊敬的一种人，试问他们的帆布袋，从这船搬到那船，在波涛中被海风吹白了头发，究竟又得到了什么？我们知道海军的阶级，不论官兵，升擢是多不容易呀，有谁能说出，像陆军一样，由行伍而为上将的。不，不要说得这样高，海军中要由士兵升到准尉官，都是难乎其难的，到现在我们还可以在船上找到娓娓善谈，细述掌故的老中上士，脸上的风尘可以表明他们的老健。很多舰艇的来历很多海军将官的轶事，都藏在他们的记忆里。你说，假使陆军中有这种继续服役的人，他们是怎样？年轻的水兵很多是练营出身的，因为自民元以后，南北也都有水兵练营，他们训练的期间都很长，因为海是不宽恕人的，只有驯良的技术才得生存。数目也不多，实在是决不够用的！

现在我们没有法子，对我们海军现有的军官士兵，提出一个确实的数目，但是在军官方面，不论现役与否，只要还活着的，我信不会超出三千人。达将官阶级的高级军官数目，不会多过二位数，校官阶级的中级干部约在六百之内，其余的二千多人就要连近数年来努力增加的，甚至于新毕业的见习生都要算在内了。海军士兵，连陆战队在内，经过了这一次战争的壮烈牺牲，把分配到担任他项部门工作的也计在内，或有不到万人的数目。在这里我们可以用英国"胡特"号沉没时，死亡官员士兵一千四百余名来作对比，美国预备把海军军官由七千五百六十二名增为一万二千七百六十名，士兵由十九万一千名扩至二十三万二千甚至三十万，来作对比，更以前次凡尔赛和约限制德国可有海军官兵一万五千人作对比，我们得到一个要紧的结论，不论海军官员士兵，我们实在是太珍贵稀少了！

四、海军官兵，必具条件的苛刻

我国素以地大物博，人力雄厚见称的，全国青年及壮年的人数，应该也有一个可观的成数。而且我国滨海之省份几占全数三分之一强，对于海，能有习惯的，数目亦宜较多，似乎海军人员决不会是太困难的。关于这海军人员之兵源问题，若在士兵方面，或者较军官易于解决。求诸过去历史，山东一带的沿海人民，就曾创造出我国海军士兵的伟绩。他们体格是坚实的，心地又非常敦厚，若能再习惯于水上生活，可称是非常理想。至于浙闽苏粤沿海一带人民，体力似乎稍逊，但是因为渔业关系，这种和海洋搏斗的精神，风帆驾驶的技术是素有训练的。这若干省份，实在都好像湖南、安徽之于陆军一样。我们若再想到全世界航业上都有我们水手操作于其间，那么，只需真的政府有计划、有决心，有计划在东亚创立强大海军，有决心造成水上长城。登高一呼，他们是都可以纷纷投到祖国的怀抱，或者在沿海义勇的集中起来，听命训练。总之，在海军人才这伟大建筑里，每一颗沙粒是完美的，也决不怕数量不够。真实的问题，倒在三合土中水泥等成分的难得。海军军官实际上似乎在量上要比士兵难得，在质上较士兵更难于训练。

一个海军军官，因为在其职务上之需要，不论在体力、智力及道德上，都要有超过水平线的要求。以体力言，海军在平时，生活是始终在水上。海，在无风无浪时，也许是够有诗意的，但一旦天地变色，狂风巨浪向舰船袭击的时候，舰体立刻颠沛波动，危机四伏，黑茫茫不知何处是岸。那时倘使是一个体力很健而未习海上生活者，他在船上不言工作，他已经觉得过不去，何况还要冒着风涛，应付种种事变呢！船只的安危，每每都在千钧一发之际，处置得得时和得当，便是惟一的要素。假使没有强韧的体力，坚固的心力，足够抵抗过自然的凶暴，那么只有毁灭是在前面等候着。军舰每每又因求高速，所以都舰身狭窄，在波涛中更起伏得利害。再因为目的是作战，一切空间以武备为主，生活的起居等等都是非常狭小经济的。谈到饮食，更因不能多带，而且不能像陆上的新鲜，设无丰足的健康，亦不克对抗。至于环境的多变，虽不若空军的冬夏无常，但是赤道带上的酷热，北极圈内的严寒，决不能说你怕，你就不去。我们看到描写海上冒险的小说，谈到被迫飘浮到的荒岛，这种可怕的天气和危险，那么只有你自己的体力来决定命运而已。假使一日作战，那么体力是战争的条件，对海军可说最为恰切。那时，整个舰队都是在紧张的气氛之下，双方都知道用不着一个钟头，海面上就只会飘浮着胜利者。大口径炮散布者烈火、爆炸、死亡和覆没，但在指挥塔、驾驶台、炮塔、轮机舱、锅炉舱，不论已经情况惨烈到何种程度，依然要支持着，一丝不苟的直到死神光临。体力在此时，便决定哪一方面葬身到深渊。而粮食的缺乏，水的无着，飘浮袭击，便是残留下的一部分舰船的命运。但这还是说巨型的水面舰艇而言，假使是驱逐舰和潜水艇，那么其情况的困难，更为臻至顶点。当潜艇被迫不能上浮水面，或者受伤深沉水底时，空气是被珍贵的享用，以支持时间。分明只有千分之一获救的希望，还要献出最后的体力及心力，以求全艇能重见天日。至于号称海军中工人阶段的驱逐舰，其生活情形，更可由下面的一段译文表露其一部：

"八位或十位的官员，吃住于一个铁箱，而睡于一个等于一辆出差汽车之大的舱内的箱背上。司令官则有较宽敞的地方，然而当驶入海洋时，他只住在舰桥上，有空才进餐，而睡眠在舵轮间的靠壁床上，连衣服都不脱。枪炮、鱼雷、深水炸弹、探照灯以及机器占了炮装留下的余地。……倘使波涛汹涌，所有舱门俱用启封闭，由通风器抽入新鲜空气。烹调成为不可能，人员握着生命线才能在甲板上走……"

所以海军官员在体力方面，不能弱于空军人员，凡是空军人员所需要具备的体力条件，海军也需要，只除潜艇人员和空军稍有不同而已。更有进者，空军人员服务时精神紧张之时间短，续航力最大之航空机，不过是用小时计算，海军舰艇则由出动到接战、战完及返航，时间又奚止十倍。负航空上责任之军官，由于一己体力之不济，牺牲兵员不多，机数亦微，而若同一相似之海军军官，则其责任所系，又何其巨大。且海军带有半外交性质，为军官者，若远在他国，即代表国家，故体态仪表亦为附带之条件。常有人见海校招生简章，上载有"面不麻""五官端正"等条，以为挑剔何其苛严，竟以"又不是招女婿"议之。而其实在之义，则在有关国体，不能目为太过。

近年来，于高唱航空救国声中，每每见主持人员，叹我国青年体力之不够，能合标准者百不得一，认为空军建军之大问题。在海军方面，因为每次招生人数少，而且尚未脍炙人口，好像不感到海军青年之难得。但若一旦需求时，立刻能成主持者苦痛之一。我们试一看，靠沿海驶行之商船上，青年乘客，稍遇有风浪之处，能坐立如常，依然大嚼者，又有几人。又何况海军军官除强健之体力外，更要求精密之智力！在海军舰艇上，因各种机件，莫不应用科学上之最新技巧，及最深之学理。故不谈再求改进，重要能运用自如，已非科学基础完备、智力高超者不为功。在舰上服务，不论航海、枪炮、鱼雷、轮机均依赖准确之数学计算。对数非五位不能有用，角度更要求到秒的分数，所谓差之毫厘，失之千里，即可以解说，为什么有的船会目的地是天津而驶到台湾去。体力本来已经难到了十分之三四青年，现在又加上这一个限制！尤其在我们的国家情形，运动健将是习惯于和书本背驰的，每每功课较好，又多是白面书生，看到水便怕的。但是学科考试在海军军官，又决不是体格检查合格以后的虚样文章。关于这一点实没有夸张其辞之处，就是在欧美也不免同样之感的。

海军人的习性是较沉静的，和他每天接触的海一样，光明坦白，不愿兴风作浪，闷着心理的苦楚，向技术学识方面去求安慰。虽然我们没有海军大学的高级研究处所，但个别的研究是风行的。不论在航海、炮术、轮机等技术上的探讨，战略战术、机械等理论上的精研，差不多是自己培养着自己的一贯作风。国内有关海军的书籍太少了，刊物也不多，这成为非常艰苦的工作。但生活尚安定，过去光荣的历史，和学术的兴趣，尚吸引了他们，向着本行努力，站在本身岗位的，是占非常的多数。若有一部分离开军籍，也大致在商船服务，参加了海军辅助方面的工作。所以国家给他们特设的研究院虽没有，特殊再求上进的机会固不多，除了若干年海军学校的基本培植外，他们因职务关系，在陆地，在舰艇，只有随着年月，增进经历，但究竟尚有所长，最低也能维持住过去的已习智识。

至于德育上，我们并不是抄老文章，一谈就是三育并重，或者把海军军人，就描写得如何十全十美，不能有丝毫之瑕。实在凡是人数众多所成之机构，而各个人又至关整个机构安危之时，此种道德上之力，每每能演出光明灿烂的史实，磅礴大地，照耀古今。尤其是做军官的，在独当一面，时机殆危时，成仁取义，发扬国格，都要看这道义力的是否丰盛而定。否则徒有体力，空有智力，亦能更败坏大局。

由于上述海军军官需求的严格，便能想到训练的重要；更由于我国海军人才的稀少，便能想到培育的更为不能稍缓。在建设海军人才的命题上看，也宜分为造就海军人才和培育海军人才两大着重点。前者是如何造成新人，增加量的数目；后者是怎样培养旧有，增加质的浓度。这两点我们都要详细讨论和立刻实行的，因为我们都缺乏！

五、如何培植新人才

要造就海军新人才，当然惟一的办法，是鼓励全国的海军热，使每一个有为的青年，觉得效命于祖国的最前线，是最光荣的。海洋里充满着多少宝藏，亟待我们去享用和保护，海洋是怎样的妩媚而富有诗意，它使人养成广大的胸襟，同时海洋又是多么恶险而充着英雄气味，正合青年长风破浪的口味。青年能踏入海军之门，便表示他们是真正健全的人！使青年们觉得，海军将是青年们希望漫游大洋，考察珍奇，冒险立业和保卫祖国的理想职业。海军史上的名将史实，我们也应该宣扬，国家也要特别提示，使青年们脑中深印着。这不但可使他们对海军英雄加以崇拜，即将来踏入海军后，也可生出道德上的作用。

像欧美各国的海军协会，当然是需要而且更要扩大的，它至少在每一个大都市成立分会，担负着指导、推进、鼓动上述海军热的风气。在协会里有专门的研究，供政府采纳，有非常普遍的宣传，使人人生出兴味。四百多人，要成为种子，每一颗独立开花，要造成四百万的庞大机构。它首先是推动社会风气的白热，使青年都要想，而且企想踏进门来。再推动并督促海军，使他不能懈怠也不敢懈怠。星星之火，可以燎原。高达百呎，围数合抱的大树，还不是发源于可以握没的微粒种子！

海军教育机关，自然要及时地扩充。在军官养成方面，视技术上的需要，分科设立学校。科学根底可以稍差的部门，不妨把资历及水准放低些。又为节省普通科学基础的教育，视要求可以由高中毕业，大学毕业的学生青年中甄拔之，然后予以专门的技术训练。至于学理的高深研究，宜随着经验再召回深造。英国对于海军教育上的设施，因为传统，及不少年间的经验是很足我们效法的。

在最近，固然海军学校招生的数目已经较多，但是因为有沦陷区，不能每省都像内地一样的数目，无可疑义的，这不能算是使我们认为满意。当局方面，经济不够充裕，不能照理想扩充，这也是事实。但是我们不能即任其如此，要拿出破釜沉舟的决心，一面竭力唤起社会注意，一面力请政府注意。为什么位在渝市的国立商船学校，每次招生数目总在二百名左右，而海军学校在贵州某地不能招这样多？难道一国的航运事业，没有武力来保护着，可能"和平"的发展么？真是使局外人觉得相当迷惘！依照世界上航运事业发达的国家和海权强大的国家来看，它们是莫不将商船划归为海军辅助舰队的。不论商船的建造和商船上的人员，即使是私人经营也得受海军部节制。较大的船只在平时，船上主脑的人员很多是海军退伍军官。一到战时，更充满着必需的炮术人员。美国最近为了护航和商船武装问题，就已经集中了不少海军军官和士兵，待命出动。我们当然不能再固步自封，他人之长也该当取些。

在海军兵源方面，前面已说过，量和质方面，似乎都不如军官来得严重，但是力量是要集中的，钢铁要锻炼的。假使一任其自生自灭，那不过散失了事，锈完了事。于沿海各省县，比较人民习于水上作业较多的，和港湾形势学要的，那么苏联红色海军的海军军管区等，似乎陆军的征兵制度值得仿行。凡是沿海的渔民及壮丁，只要是适龄的，在兵役的年龄内，他可以志愿为海军兵，由海军管区特别训练，成为现役水兵和后备水兵，一旦动员时一样的分批参加作战。

海军兵士的教育机关，我国一向是附属的，规模都不大。应该依照地理上形势，和兵源分配的稀疏在沿海适当的地方，设立专门的海军士兵学校，分科训练。因为海军有技术上的需要，训练要长久些，设备经费和规模自较陆军士兵的情形为大。

要谈建设海军，水兵是最基础、最重要的一环，也是一件迫不可缓的事。目前沿海地区沦陷或受威胁部分，几占全国十之八九，想立刻做当然有事实上的困难，可是预先的筹备与计划，及整个水兵教育的方案，正可利用这时候，组织研究的机构，尽善尽美的从长考虑，等到一天环境上可能，立刻可以施行，随时再视实行的困难和结果予以校正。

由于上面所谈，新海军人才的教育，我们便已经看到需要多少已成的海军人，命其筹划设计，和担任士兵的教育。再看到海军因为过去四十多年的空误时日，和海军这次战争中的清结，在这个转辗的枢纽，承先启后，其工作是如何繁重，其工作是如何艰巨。应该在这个时候，凡是已成的海军人，决没有一个不被罗列，没有一个不忙于竭尽才智，兴味盎然的奋力工作着。或者由政府再予以高深的教育，派遣国外作为来日海军建设时的基干，正在拼命地规摩着人家的长处。

六、怎样处置已成人才

海军已成人才的培植，也可以说是目前环境下"一石二鸟"的处置，因为一方面可以解决海军人在现况下的种种问题，同时也是未来海军人才建设中基础工作第一步的实行。不论是军官和士兵，因为抗战的关系，虽然是分散到各部门去了，但是幸亏他们都是集中在"抗战中国"。同时他们的内心，可以绝对的说，都想重为本行努力的。所以现环境下海军官兵的培植问题及善美处置，更较前节所讨论的问题，为切实际，为势在必行，同样我们也得分成军官及士兵两部分言。

已成的海军军官，因为总数不多，而且占大多数差不多又是近数年来培育的青年初级军官，所以应该把重心放在这一方面。这一部分人，是承先启后的主要负责者，其使命特大，责任特重。每一个军官都是一颗种子，将来的希望都在这种子上寄托，所以这种子的培育，得格外健全。

首先要把这一部分青年军官划分成未来的技术方面和教育方面的人员而言。在技术方面，这时候正有最好的机会，大西洋英德海战正在开演，称雄一世纪的海上霸王，这是它本身求生存的时候，每一条舰艇，每一个作战机构，一定是充分的企划着，执行着，务使发出最高的能率和力量。这种对付神出鬼没，以科学精进见称的德国海军，其行动是决非平时的演习可比。又何况平时一次演习，要花费不少财力，及舰炮等的耗蚀，而它们都不愿意的。在海军中，因为海战牺牲之巨，和交战国的谨慎出之，真正的战役，次数是可数的，做了一生海军军官，未经作战，不是不可能的事。所以为了获得这种不能多得的技术和实战经验，政府应该，政府正宜，不惜有形的经济等微末问题，选派大量优秀青年军官，赴英见习。他们在战舰上，不一定要地位高，应该同样的作战。这虽然在它们舰上多占了位置，但也决不能说得不偿失。我国青年海军军官，倘使能这样在炮声机影、硝烟铁血的实战经历下，战神手指中漏出若干来，他们在未来我们的海军中，将有多么巨大的贡献，这决不是今日所化的若干金钱所能算清的吧！

在过去数年，或者因为他种关系，拥有这种武备的国家，会加以拒绝而认为不可能，但现在可不同了。世界上民主国家——包括了二个海军国，已经在彼此生存的关系上携手，昔日在海约会场上勾心斗角的主角，居然高唱百年合作，互用其唯恐不机密的根据地。A、B、C、D集团在军事上的合作，已经是事实的今日，怎能同日而语？并且远东洋面的战争，对于我们更有特殊的意义，我们的海军青年军官，能够在新的武备中，参加香港、新加坡、斐律宾的保卫战，台湾海峡、对马海峡、轻津海峡的歼灭战，海参崴、关岛、马尼剌的潜艇战，他们接受了这种赐予。假使有朝一日，中国海的波涛汹涌，与溶化的新结晶，接触到旧日曾经经历过的水气，其发挥的力量，谁都估计？真的，这个时候，我们相信，只要政府能向英美二海军国磋商，要容纳若干青年海军军官在二洋参与实战，决不是空中盖阁的空想！

除了一部分的青年军官，借此机会参加实战外，在国内，无论如何要设立像海军大学一类的较深教育机关，来容纳另一部分青年军官。谁都知道，无论学习什么，假使不常接触的话，便会随着时日生疏，尤其是科学及技术方面的东西。抗战到了今日，海军舰艇牺牲殆尽，他们既然没有机会从事于实际技能的精进，为什么不在这时候，加以理论上的训练。海军的科目是繁杂的，理论是无止境的，并且似乎我国一向就没有海军参谋方面的训练机构，我们无法实际谈兵，但这种性质的纸上谈兵是可能的，是必需的。

战史已经给我们伟大的教训，我们且看日俄的对马海战，为什么第二太平洋舰队会全军覆没，被东乡提督打得落花流水。虽然士兵及国内的革命思潮是一个主因，但是舰队的官员，有一部分是帆樯时代的人物，他们已经被科学的精进显得落伍，试问怎能叫他们指挥自如呢?

再拿我们自己的中日海战来看，引用客卿，并不是好事，琅威理对我海军固然也有些建树，但其给予吾人的教训也不可不谓不大。丁汝昌以淮军骑将，率领水师，虽然他本身尚有胆识，但面对着科学，不懂就是不懂，免不了失败。假使现在我们把一批青年海军军官，荒废在不关他们本身的事务上，不能予以必需的学理、参谋等，目前能够办得到的训练，那么将来，或则不免引用外人，不免引用其他兵种军人，或即使引用习过海军而没有受过训练的，其结果还是换汤不换药，说明我们没有承受了先人的宝贵教训!

七、海军的他种技术人才

海军里所包括的技术人才很多，不论电讯、兵工、医药、军需、机械、筑港等等，除了海军学校及另设的专科训练班，所训练的技术人才外，需求人才极多，这个自然和其他部门有关，但是也得要海军方面人把他预先计划在内，可以借其他部门已经训练成的基础学识和技能，稍加对于海军上的特殊需要，便可以成为我用了。

航空在海军里也是特殊技术的一部，在过去我国有海军航空处，但是范围不大，海军的航空处及兵力，微不足道。关于这一点，在我国建军时，恐必有一番考虑，究竟是不是划到空军方面去，换句话说，即是陆军机和海军机是否统归空军部门去统辖。这问题自然是一个专门的题目，非既习海军又懂空军的人论列不可。同时欧美海军对于这问题的处置也值得我们作为参考，必须看客观的事实情形，作慎重的考虑，不能随便决定，造成以后调动不灵，互相隔膜的结果。这问题可以说和以后我国的商船应如何统制一样，会引起激烈的讨论，海军人才必须有尽详的参考和决定性的论断才行。

最后，对于海军人才问题，作者认为问题甚大，牵涉甚广，非要有专门研究者详为讨论不可，本文参考资料不足，只能称为漫谈，作者希望能达到抛砖引玉的效果!

三十年双十节脱稿于柳州

中国的太平洋[1]

——论我国策之基点　　胡秋原[2]

一、中国也是一海洋国家

老罗斯福说，二十世纪是太平洋时代。我们生当二十世纪，可说是太平洋时代之人，而以空间而论，太平洋正在我们的大门之前。许多人以为，中国是一大陆国家，其实中国国境线的二分之一在太平洋岸，中国也是一个海洋国家。我们生于太平洋时代，又为太平洋国家，自不能不注视太平洋，不能不以太平洋的安危为己任。我们一切国防外交政策，不能不以太平洋为出发点。

这点是非常明白，然这一事实为许多人所忽视，外国谈太平洋问题的人，以为太平洋问题只是所谓列强政治之一部分，这是无怪其然的，因为过去中国在太平洋上没有发言权，仅是一争夺的对象，但可怪国人亦每以傀儡自待，□□到太平洋问题，以为只是一列强争霸的问题，或者只是一日美矛盾的问题。甚至于有人将这一关系中国存亡的问题看作一个帝国主义的冲突问题，而这一冲突，中国还应该不管。他们反对帝国主义，可是结果失去自己的立场。

这些认识是必须纠正的，须知我们是太平洋的国家，太平洋的每个波浪，每一个岛屿，每一个矿山，每一条船只，都与我们有切肤的关系。太平洋事无

---

〔1〕此文发表于《海军杂志》1942年第14卷第12期。

〔2〕胡秋原（1910—2004），原名胡业崇，笔名未明、石明、冰禅。著名史学家、政论家和文学家。先后毕业于国立武昌大学、复旦大学，主编《武汉评论》。后任上海大学教授、上海东亚书局编辑、同济大学教授、《文化批判》《思索月刊》总编辑、福建《国民日报》社长等职。抗战爆发后主张抗战，任国民政府国防最高委员会机要秘书。1942年任《中央日报》主笔。1949年去香港，任《香港时报》主笔。1951年去台湾，历任台湾师范大学、政战学校教授、"中央研究院"近代史研究员等职。

大小，我们都得问：假如今天没有力量问，也要准备明天问。为什么？因为我们是太平洋人，太平洋国，太平洋的事，都是我们分内之事，不要以为太平洋问题是列强问题，而甘以傀儡鱼肉自居。我们须以太平洋主人的地位，树立中国之太平洋的国策。

二、制海洋者即制世界

"谁控制海洋，谁控制世界。"

这一句，过去正确，今天正确，明天还是正确的。一部世界史，大部分是海权争夺的历史，只有海权确定之后，一个斗争才算确定。希腊波斯之争，罗马迦太基之争说明这个事实，十字军之东征，亦是以海权争夺为背景。以后俄罗斯与瑞典，英国与荷兰，英国与西班牙，英国与法国之战，所争者都是海。第一次世界大战是海权之争，而今天东亚的问题，实质上也是一个海权之争。

或者有人以为今天空军发达，世界争霸在空而不在海。其实空军离开海陆军，无论有如何威力，不能发生决定的战斗效果。空军可以补充海陆军，但不能代替海陆军。在此次欧战中，德国压倒的空军并不能打破英海权。须知德国空军其作用如潜艇一样，只是企图消耗英国海军取得英德海军之均势的。不了解这一点，就不会了解德国之战略。

何以制海洋就能制世界呢？这便是因为，今天世界没有任何一片大陆，任何一个洲能够自给自足。本来海洋底并不长任何东西，除了鱼和盐，东西都生在陆地上。在过去，人类可以自给自足，甚至可以老死不相往来，中国闭关数千年并不觉什么缺乏。但在现代，在工业时代，就不行了，工业资源分配不匀。今天不独没有一国自足，也没有一洲能够离开其他大陆自给自足，无论美洲亚洲，都不能闭关自足，而大陆与大陆之间，要通过海。因此，就需要海上交通。因此，必须争海口，争海权，争海上交通线的把握。因此，谁能控制海洋，就能控制经济的生命。除非上帝重新将地球加以改造，使每一块大陆，资源分配均匀，那么，海权的优势就可能颠覆。德国要求资源自给，除非它能颠覆英美海权，它就不能达到这个目的。因此，一个单纯大陆国家，没有海，终难永久生存。没有海权，只能雌伏，不能雄飞。

什么叫做海权呢？我以为这包括三个要素：一是海口，二是海上运输力，即船只，三是海上战斗力，即是保护或进攻前两者的。

因此，一个大陆国家要想立国，第一步必须取得海口以通海岸。例如，俄国原是一个大陆国家，自大彼得以来，以出海及取得不冻海口为基本国策，这是稍知西洋史及国际政治者之常识，经数百年之努力，俄国取得波罗的海、黑海以及北太平洋的出口。取得海口和保障海口——这是自大彼得到斯大林一贯政策的背景，也是决定苏联全般动向的一个线索。我们如果详细研究俄国为海口而奋斗的历史，我们应该得什么教训呢？我国本是一大陆而兼海洋的国家，我们有很长的海岸线，我们有无数良好的港口。我们无须寻求海口，我们只是要保护固有海口并保障这些海口与外界的自由交通而已，我们不求制人，但不能为人所制，这是非常明白的。

三、太平洋是世界之枢纽

控制海洋即控制世界，是一般的真理。但今天控制一个大西洋或地中海还未必即能控制世界。唯有太平洋真是世界的枢纽，谁能独霸太平洋，谁能征服世界。为什么呢？

（一）太平洋人口占全人类四分之三，中国、苏联、日本、美国及美洲、澳洲、马来群岛，以及印度以东，都是太平洋的区域，即以中国而论，占全人类四分之一，这是一个何等的力量，何等的生产力和购买力，何等伟大的战斗力！

（二）太平洋资源最富。太平洋沟通三大洲，严格来说，世界上惟有太平洋自给自足。欧洲、非洲无论农业、工业资源，都是不能自给自足的，尤其重要的，现代工业的若干资源，如鎢，如锑（中国占世界第一位），如橡皮（全在南洋），如金鸡纳霜（荷印年产二十三万吨，占世界第二位），只存在于太平洋，或百分之七十以上在太平洋，煤油的大部分也在太平洋。没有太平洋，现代文明势将窒息。

（三）太平洋是控制世界的战略据点。太平洋是世界海权的中心，假使世界上有一野心家能控制太平洋，即可以控制世界。控制了夏威夷，可以封锁美国，控制了鄂霍次克及日本海，可以封锁苏联，控制了新加坡，可以封锁欧洲和非洲。而除了亚洲较能自给以外，其他各洲均不能支持其工业，终将窒息而死，或被征服而亡。

由此可见太平洋之重要，也可见不能让任何国家独霸，然而今天竟有一个野心的日本，企图独霸了太平洋了。

然而要独霸太平洋，必先控制中国。太平洋是世界的大动脉，而中国正是心脏与咽喉。因为中国虽有太平洋最广大的人口与资源，又与南洋接近，从中国可以抵抗独霸太平洋的企图。即使南洋为一国所征服，只要中国能够独立，其霸权亦如建在沙上。所以日寇为了独霸太平洋一定要侵略中国。然而，中国既不可征服，则任何国家亦不能独霸太平洋，而中国对世界责任之重大，亦在于此。

四、中日战争之太平洋意义

中国不单本土在太平洋上且处于关键的地位，而且有一千一百（万）华侨民，处于南洋群岛。这一带的岛屿，在资源及战略意义上仅次于中国大陆，中国和南洋是太平洋的两大要地。而这两个地方对于中国而论，是不能分开的。南洋是中国所开辟的，无论过去现在和将来，和我们有不可分离的关系。

太平洋的重要既如此，而我们在太平洋的重要又如此，则我们的外交政策自应以太平洋为中心，而我们的国防政策亦必以太平洋为中心。我们的太平洋政策势必归于二点：

（一）保护我国沿海之安全；

（二）树立太平洋的均势不使任何国家能独霸太平洋。

我们并不要控制世界，也不要控制太平洋。但我们既立国于太平洋，太平洋是我们的"生命面"，我们必须使太平洋对我们公开，也对世界公开，我们最低限度，必须使太平洋为我们之福而不为我们之祸。我们不能不要求海口安全以求自立，不能容许太平洋为任何国家独占，威胁我们的生存。

总之，确保太平洋对我们的安全，我们在太平洋的自由应该是我们首先最大的国策。我不是说，我们在其他方面的国防不关重要，而是假使能确保这两点，中国即永远立于不败之地。

而这两点不独是中国的生存问题，也是一切太平洋的国家所共同需要的。因为控制太平洋即可控制全世界，而控制中国即可征服太平洋。

只有日本的政策，恰恰是——

（一）征服中国以征服太平洋；

（二）征服太平洋以征服世界。

日本的全部政策和军事计划是由此设计的，日本的大陆政策及其海洋政策不是两个东西，而是一个东西。

日寇的政策自然根本荒谬，因为它不知道中国是不可征服的。但日寇懂得海洋重要。它第一步计划是控制中国海口，保障它侵入大陆的交通线。敌人占了台湾及朝鲜之日，我们的国防便已受严重的威胁了。第二步计划是解决中国。它的全部战略，是想以其陆军击破中国战斗力，而以其海军切断中国与外界交通，同时保障它自己和外界的交通的。如果这计划成功，即以中国大陆为根据地，向南太平洋发展，以控制整个太平洋。如果这个计划受到外来干涉，他亦预备夺取南洋，转而略取中国，"七七"以来，日本就在进行这个战略。他之占领上海和海南岛，日汪条约之所以特别重视"华南特定岛屿"，目的即在于此。不过它的侵略已为中国抗战打败，而其海上的活动也正受英美沉默然而有力的反攻。时至今日，敌人计划可说业已中途失败！

我们的太平洋政策与敌人太平洋政策根本不能相容，这便是中日必战的原因。所谓太平洋问题就是太平洋政策谁胜谁的问题。我们的政策是自卫的，其他国家也需要的，而敌人的政策是侵略的，危害其他国家的。所以太平洋问题又是一个世界问题。因此日寇不仅是中国的死敌，也是世界之公敌，必须中国政策战胜，太平洋问题才能解决。我们所谓抗战到底，就是要战到中国太平洋政策胜利为止。因为必须如此，中国才能生存，太平洋以及全世界才能安定。

中国是太平洋上最大之国。我们对太平洋所负责任之重大，实在不下于美国，必须有一个独立强盛的中国，才能安定太平洋。而中国的抗战，就是一个安定太平洋的战争——向使没有中国抗战，今日的马来与荷印恐怕早在日寇大炮之下了。我们在太平洋有重大义务，我们已在履行我们的义务了。我们在太平洋有事关生死的重大权利，这权利必须保全。除非自甘愧偭或自甘暴弃，我们断不能对我们存亡问题"中立"，不能对天然的权利义务回避。

五、要雄飞于我们的太平洋上

最近蒋委员长有两大指示，即抗战必达最后胜利，建国必达国防绝对安全。什么叫做最后胜利与国防安全呢？我们不仅站在大陆立场来看这个问题，而且要站在太平洋的立场来看这两句话。

所谓最后胜利者，不单是日寇退出中国领土而已，而且必须是日寇太平洋政策终止的意思。假如敌人退出中国而将军队集中朝鲜或安南，这还说不上最后胜利，因为敌人仍可随时进入国境。说到国防安全，尤其不能离开太平洋的安全，就北太平洋而论，朝鲜一日不能独立，不特华北不能安全，即海参崴亦在包围之中，更不要说葫芦岛和大沽口了。台湾和海南岛是我们东南的两扇大门，自不能不问。还有南洋也是关系我们立国要地。蒋委员长说得好，敌人之南进，是我国建国梦想之致命伤；又说，南洋是我国防生命线，是我一千万侨胞的第二祖国。国防的安全，不仅需要充分军备，足以保障我们的国境，并且还要足以维护整个太平洋的安全，太平洋一日不安，我们的国防也一日不安。由此可见，我们是如何任重而道远了。

要保障太平洋的安全，除了必须巩固海防发展陆空军以外，当然不外两方面的工作：一是独力完成这个任务；二是合力完成这个任务。说到独力，我们必须建设海军，至少等于日寇现有海军力量。除了日寇以外，亦无人扰乱太平洋；说到合力，即建立太平洋集体安全制度，凡太平洋国家共同参加，在共同谅解之下实行裁军及废止国防以外之设防。现在日寇代管地之设防尤其应该取消。和这并行的，太平洋各民族之自治问题，必须认真考虑。

太平洋的安全能够保持，世界和平也得到大部分的保障了，这一天的任务，大部分也在中国身上。为了完成我们的任务，我们首先应该树立我们的太平洋的意识，要由大陆向海洋开拓我们的国运。

祖国的儿女们，你们在太平洋时代，是太平洋人，太平洋是属于你们的，你们的志愿与事业是要在太平洋砥柱中流，要在太平洋乘风破浪！太平洋的波浪，和我们呼吸息息相通。我们的太平洋啊，我们要保护太平洋的太平，我们要雄飞于我们的太平洋上！

（三十年四月七日《外交季刊》）（编者按：此文作于太平洋战前，但所论深刻，足资深省，故予转载）

如何建设中国之海上国防[1]

——为《世界兵学》杂志发刊 "国防特辑"而作　　陈绍宽

现在的时代，要保障国家安全独立，和民族生存发展，必须充实国防，要增强本身国际地位，和维持世界永久和平，尤须充实国防，已成为不可磨灭的至论。我国这次抗战的目的，对内则求国家民族之自由独立，对外则谋太平洋及世界之永久和平。经过此次大战之经验，并秉承国父的垂训，与总裁的昭示，我国朝野人士，想已莫不感觉到国防为何等的重要，是现在对于国人之向来漠视国防一层，已可不必焦虑，但所须讨论者，为我国实需要如何的国防。

总裁在第二届国民参政会第一次大会开幕日的训词中曾指示云："我们必须正视世界森严的现实，应接受抗战中的痛苦教训，以建设绝对安全之国防为第一目标。"我国东部、南部一带滨海，北方以及西南、西北毗连大陆，在原则上我国领海、领土、领空三方面的控制权有同等重要性，自须建立三位一体的国防。然严格地来说，我国海疆形势，北起鸭绿江大东沟，南迄广东北仑河，海岸线绵亘七省，大小岛屿遍布，腹部更有江河流域。自十九世纪中叶以来，环海交通发达，不复可以闭关自守，又遇到清末内政窳败，军备不修，自道光二十二年《南京条约》起，继之以咸丰八年开始丧失内河航行权，同治十三年断送了琉球群岛，光绪十一年中国于战事胜利中而放弃了安南，光绪十二年缅甸亦脱离了藩属的关系，至光绪二十一年又失去了台湾全岛与澎湖群岛。综观百年以来，一部伤心痛史，外患纷乘，神州失色，归根结底，皆因我国海上未曾设防，遂致外人挟其坚甲利兵，任便由汪洋巨海中侵入。当时，国

---

〔1〕此文发表于《世界兵学》1943年第2卷第5期。

父怵目时艰，虑尯至之无日，曾于民族主义第五讲中大声疾呼曰："因为我们的海陆军和各险要的地方，没有预备国防，外国随时可以冲入，随时可以亡中国。"又于致陈英士先生书中说："中国之海军，合全国之大小战舰不能过百只，设不幸有外侮，则中国危矣。"这实在是洞烛几先，绝不是危言耸听。敌人掀起"九一八"的狂潮，利用海上通路，向我大事侵略，就是因为我们的海防尚未巩固，想乘此以逞其由征服中国而征服世界的野心。幸赖我海陆空军将士英勇抵抗，节节阻击，使其泥足深陷。而敌人不度德，不量力，穷兵黩武，又发动太平洋战争，虽然初期略有所得，而现在则日暮途穷，崩溃在即。这固然是因为它多行不义必自毙，而盟国坚强的海上武力加以严重的打击，实为其致命伤。我国以弱小的海军力量，虽能达到阻塞战、游击战、持久战、消耗战，及最后予以歼灭的目的，惟我国倘使有雄厚的海军，则盟国的海军不必劳师远征，可由我们为之代劳。就是退一步说，假使我国海军足以自卫，则敌人有所忌惮，未必敢轻率地向我寻仇，更何敢向世界挑战？所以居今日而言，中国之国防建设，不只是海陆空三方面都须顾到，而捍卫边疆，巩固海防，实尤为当务之急。国父在所著的《国防十年计划书》中，即将海防列为首要，总裁于民国十七年"咸宁"军舰举行下水典礼时，主张十五年内建立六十万吨海军，在训词中亦曾郑重的指示说："要挽回国家的权力，必须建设很大的海军，使我们中华民国，成为世界上一等海军国。"于此可见海军比陆空军尤为重要，不可不有充足力量，以担任国防的第一线。

海军发展的阻碍

世界潮流的澎湃，和国际情势的演变，已达极点。海军为我国立国所必不可缺乏的要素，应早注意到，然而迄今海军犹未能发达者，其中原因，固不一而足，但其症结所在，大概不外几种阻力，似应有所纠正。兹试列举之如下：

一、民族保守的特性。中华民族爱好和平，数千年来，自给自足，熙来攘往，不求向外发展，前代政府，甚至对于人民出洋，谓为不安本分之人，悬为厉禁，以致国人对于海洋兴趣，极其淡薄，因之海外情形之如何发展，亦不加以研究。此种趋势，不予革除，如何能立足于兹弱肉强食的世界。

二、陆主海从主义。中国自古以来，如周之猃狁，秦汉之匈奴，五胡乱华，唐之回纥吐蕃，宋徽钦北狩，元清入主华夏，历代外患，几皆在大陆方面，所以秦筑长城，汉平西域，其功绩在历史中传诵不朽。而戚继光所创造的海塘碉堡，则成为麟角凤毛，未为后人所注重。此种陈旧的思想，在海上风云变化万状的今日，如仍存留而不予祛除，实在是大时代的落伍者。

三、优空制海偏见。自从空军势力发达，交战国家，尽量利用空军，争取战果，遂不免使一般短视者创为空军万能，海军时代业经过去之说。第从整个战略而论，空军诚属补助海军作战的新利器，但不能代替海军所能执行的任务，而且空军如欲活动于海外，须赖海军力量为之缩短距离，更赖海军运输为之接济，有海军与空军的合作，而后攻击力加强。如中途岛所罗门等战役，美国以海空军协同动作，予敌人严重的打击，即其明证。反之，如有雄厚的海军把握海权，敌人的空军力量就是优越，亦难以取胜。如此次欧战之初，希特勒纵横无敌，终不能将其大军飞渡英吉利海峡，亦是很显然的事实也。

四、海军建设费用问题。海军造舰造械，建立军港及各种设备，自然是需款甚巨，因此一般人心理中，以为建设陆军与空军，须费较省，而收效亦速，同样地可以抗敌。此种见解，实未曾就我国之地理形势上，及国际情形上全盘着想，并可说是自甘放弃海权，引狼入室。要知道国防建设，是为国家树立长治久安之计的，在现代立体战争中，海陆空军之为国家支柱，能够使其屹立不摇，正好比鼎足而三，缺一不可。且海军舰艇之寿命最长，一艘战斗舰，至少可用二三十年，一艘潜水艇，至少亦可用十余年之久。若飞机之寿命则只拿可能用多少小时计算，就是陆军之精锐部队，其效用亦只可保持十余年。故海军建设，表面上虽似最费，而实际上乃最经济。再则海防设备，系绝对的为维持国家之生命线的武器，断不能因经费支绌而弃置不顾。况以我国之富源丰厚，建军之款，若是分期筹措，绝非毫无办法。德国于第一次欧战后，马克跌落，等于废纸，而能设法抵制《凡尔赛条约》所规定的十万吨海军限度，苦心孤诣，造成一万吨袖珍战舰三艘，其造价每吨即合英金三七五镑，一万吨合三,七五〇,〇〇〇镑。若以当时一镑合中国币制十五元计算，每艘即需五千六百二十五万元。嗣后并挣脱条约的束缚，陆续建造三万五千吨及二万六千吨的战斗舰各两艘，如果希特勒未于一九三九年发动暴虐的战争，则十年而后，德国海军不知要发展至何程度。即英国于第一次欧战，虽然是战胜的国家，当时经济亦极拮据，而在战事方殷的时候，仍能进行建造四万二千吨的战斗巡洋舰一艘，战后又于甚短期间，造成三万四千吨左右的战斗舰二艘，设使不受华盛顿条约的影响，则"英皇佐治第五"级的战斗舰，也就早已造成。且英国苟非于前次战胜后，仍不惜巨资，亟亟扩充海军，则此次希特勒的铁骑，恐已侵入英伦三岛。我国辛亥革命而后，财政固属困难，但因军阀内讧不已，一切国防设备，皆置之度外，所以毫无进步。如能不事内争，而一心建设，大海军纵令不能一蹴而成，而铢积寸累，二十年间，当已大有可观。中国疆土幅员辽阔，地无尽藏，人力物力，为世界冠，倘能齐一步骤，努力进行，任何困难，都能打破。国父于拟就《国防十年计划纲目》时，又曾明白的指示说："予鉴察世界大势，及本国国情，而中国欲为世界一大强国，及免重受各国兵力侵略，则须努力扩张军备建设也。若国民与政府，一心一德实行之，则中国富强，如反掌之易也。"总裁于民国十八年"永绥"军舰举行下水典礼时，亦曾训示说："希望大家同心同德，一致起来，建设新的中国，新的海军。"可见以我国的国力，苟欲实现兴建海军计划，绝不至如挟泰山以超北海，为不可能之事，只要急起直追，自强不息，则逐步进展，水到渠成，不难指日而与各海军强国并驾齐驱。

五、少数畛域之见。一般军事专家，非不知海防为国防的重要之一环，但为个人立场起见，难免除本身所属的方面外，不乐于为其他部门鼓吹。实则为整个国防计，海陆空三位一体，分工合作，互相关联，有协同一致以争取优胜的必要。美国前任海军部军务部长普拉德上将曾说："空军是海军舰队不可缺的部分，须永远与海军合作，不论战时平时，都要参加一切运动，然后我们就有了一个核心。"前次欧战后，英国有少数分子持缩减海军经费，以扩充空军之说者，空军少校何鲁谟兹即著论称："军事鼓吹，须具有高尚眼光，应以人民幸福如何保障，国家防卫如何巩固为主旨，合海陆空三种军备，作通盘筹划。海军为防卫国家基本武力，此种漠视海军含有毒性之鼓吹，实足以妨害国家福利与安宁。"两氏之言论，足以代表外国战略家的深谋远虑之一班，可资借镜。

以上数端，不过略举其大概，吾国建军伊始，必须除去心理障碍，而后物质建设，乃能畅利进行，日趋发展。

612

建军的标准

一国之军备设施，必须视其环境情形，国防需要，随时代而演进。论者或谓我国既非岛国，又无侵略野心，有小海军或飞机、潜艇即可。此种不关痛痒，不求实际的观念，岂能适用于今日我国所需要的海上之防务。我国海岸线之长，并不亚于世界上最大的岛国，平时绥靖江海，维持水上治安，战时控制海权，抵御外侮，海军负担至为重大。加以不平等条约取消，外国兵舰撤退，我海军于保护航业渔业，及慰问海外侨胞外，尚须保护那些寄居或来往于我国沿江沿海的外国侨民，并于接待外国时来访问之军舰外，尚须常派军舰至友邦聘问。而此次战事结束后，我国将为维护世界永久和平的四大支柱之一，没有强大的海军，就不能成为一等强国，如何而能与列强并肩，如何而能成为太平洋上的安定力。英国议会访华团议员泰弗亚氏云："本人深信唯有充分武力，才能保持将来的和平。中国在东方，英国在西方，应团结一致，为实现大同世界的理想而努力。"英外相艾登于缔结中英新约时亦称："今后中英两自由民族，在和平确保之后，将为东西共享自由繁荣与和平之世界监护人。"凡此种种，岂小海军所能担当一切，又岂飞机、潜艇所能办到的？更就战术上说，主力舰仍为现代海军中负有决定性作用的武器，驱逐舰则为主力舰之屏蔽，巡洋舰则为舰队之耳目。珍珠港一役，敌人的目的，即在消灭美国之主力舰队；中途岛一役，美国倘有优势的主力舰参加作战，则敌人的舰队，必已全军覆没，片甲不回。尤其是世界大战中，护航队运输接济为持久作战的命脉，护航队必须巡洋舰与驱逐舰为之保护，更赖战斗舰与飞机母舰为之遥为声援，故谓战斗舰可以作废，此说亦绝对不能成立。总之，我们必须遵照国父的国防计划，对于海军各项建设，应求其一一见诸实施，才可以有副总裁建国必须达到国防绝对安全的期望。惟兹事体大，固非瞬息之间，可以完全达到目的，即英美之强盛，亦非一朝一夕之功，要在分期进行，先后衔接，勿令一曝十寒，则行远自迩，登高自卑。虽前途之工作极为艰巨，而有恒为成功之本，只要坚持不懈，贯彻始终，自不难登中国于富强之域也。

海军建设关系之重要[1]　　陈绍宽

　　吾国国民革命，及抗建国策，均为贯彻自由平等目的起见。然自由贵在自强，自强系于自力，欲实现国际地位之平等，必先谋国防力量之均等。世界上海防薄弱之国家，每为帝国主义者所压迫，失其自由平等精神。即吾国从前受不平等条约束缚，暴日且肆行侵略，酿成五年余东亚之空前战祸，至今未已，亦以我海防力不足之故。是以吾国新建设方略，国防实为核心。顾国防合体，集中于军事、经济、文化，而军事主力，分属于海陆空。建军方针，则基于我国地理形势、历史传统精神、环境对峙状况与世界军备潮流，在国防上足资自卫为准则。吾国海线绵长，防区广大，既须有强大之海军力，方足内维江海治安，外杜强邻窥伺。况太平洋为我国门户，门户不牢，外患乃浸及于堂奥，领海内江以外，保护太平洋门户，尤宜扩展海军实力，维护东亚永久和平全局。国父所著《国防十年计划纲目》中，发展海陆空军各项计划，分立平列，一破前此陆主海从之错误观念，其中对于兴办海军军港，建造海军舰艇，训练海军规划，组织海军标准，操演海军攻守战术等，均列入国防要务，早已明示吾人以海军建设之重要。至撰战后太平洋问题序，又云："太平洋问题，关我中华民族之生存，国家之运命，争太平洋之海权，即争太平洋之门户权，人方以我为争，我岂能置之不知不问！"此时第一次欧战甫经闭幕，暴日正在攫取太平洋代管岛之际，国父高瞻远瞩，逆料暴日囊括东亚野心，太平洋未来战祸之不可幸免，故特大声疾呼，儆告国人，预为海军新建设之一切准备。无如一般民

---

[1] 此文发表于《海军杂志》1943年第15卷第12期。

众，未知国防大计，视海军消长若秦越之肥瘠。海军方面，鉴于国事日棘，引为隐忧，迭次提出新建设方案。"九一八"国难发生后，复经筹拟国防上海军治标计划，而政府以经费支绌，亦未有建军决心，迄未获允实施。"七七"战事突起，我海军历年刻苦经营积镏累寸之建设，极为有限，其实力缺乏无可讳言。第以此次抗战为国家民族生死存亡关头，仍复拼其全力，与敌周旋，五年余浴血奋斗之结果，海军不惜任何壮烈牺牲，损失自巨。但在吾国各战区中，封锁主要水道，阻断敌方交通，运用游击策略，毁灭敌军舰船，炮台水雷，层层控制，已取得暴日重大代价，达成消耗战、持久战使命，固为中外所公认。我海军战时实力，远逊暴日，乃能出奇制敌，屡奏效果。倘于未战前积极建设，军力充实，暴日知我海防有备，或戢其侵略阴谋，未敢发难。即使日寇冒险尝试，我海军势均力敌，至少可拒于门户之外。且全军精神早经总动员，更济以相当物质，则敌寇崩溃之现象，已无俟于今日，何至旷日持久，敌寇尚有百计挣扎，避越雷区，向我各战区进兵接济，四出袭扰，使我受深巨创痛。矧太平洋战局，不特与我国家民族运命有关，即为全世界盟国成败所系。我国既列入盟国阵线，假令我海军新建设早日成功，则太平洋战事爆发之初，我亦能分负作战任务，不必专赖英美，而我国距离密迩，调遣便利，平时布置易臻完密，战时增援亦较迅速，不至辗转需时，初期应付不及，香港、新加坡、缅甸、荷属印度[1]、菲律宾等处，先后尽入敌手，至今尚相持不下，予敌以苟延残喘之机会。究之暴日横行东亚，及吾国不能早获胜利，太平洋战局不能即行奠定原因，皆中国不建设海军之自贻伊戚。国父在天有知，亦当抱不幸而言中之隐痛。今则盟国为我全国抗战精诚所感动，敌寇虽未肃清，而英美已废除不平等条约，且与我签订平等互惠新约，我国自清末迄今百年来不自由平等之奇耻大辱，一旦湔除，自属抗战收获之光荣历史。但国民倘专以此为单纯权利问题，则又涉片面之见解。法律上权利义务之关系，本同时而发生，新约中外国军舰行驶特权、内河航行权与外籍引水人特权等，一律撤销。吾国之江海主权既经收回，即须完全由我负保护治安之义务。海军方面，更宜扩充实力，加强设备，以尽此艰巨责任。我海军力量本不雄厚，再经数年之抗战牺

---

〔1〕今印度尼西亚。

牲，所余无几，从对内对外两方面观察，建设均不容缓。而敌寇崩溃期近，战局告终，吾国沿江沿海各地，受累年兵燹影响，失业日多，水上寇氛，更须加意防范。关于绥靖江海之军事建设，首应积极进行，以树国防之基础，而杜外人之口实。是则海军建设，无论战时平时，均立于主要地位。在此欧亚战事期中，国内国外资源，悉感困难，大规模之建设，尚属有待，但于准备复员筹划建军之际，尽可依照国策，预定建设方针步骤，而战事结束时所必需之海军一切设施，此时即宜缜密设计，估列经费，默察国防现势。外海方面，须设立南北中三区舰队，内江方面，须设立长江、珠江两舰队，另组练习舰队，共六舰队。此外因太平洋情势变迁，盟国合作精神，日趋接近，我国除依照自卫主旨配置军力外，战后以国际义务之需要，兼负有保障东亚永久和平，尊重太平洋均势责任，海军建设计划，较前更宜扩大。而海军建设事业进展之程度，与国家经济力，有密切之联络，则可审度缓急，分期实施。论者不察，或谓吾国重在自卫，小海军即可应付，又有以海军建设需费过巨，不若陆空军之轻而易举，不妨暂视为缓图，此种论调，实不啻漠视国防，阻挠国策。各国海军力竞争日烈，美国系大陆国，且抱和平国策，但为国家安全起见，亦须注意海军建设，控制东西两海洋，最近防御德意日，海军仍在积极推扩之中。其他国家，亦莫不勾心斗角，力求制胜。海疆保守，须有充分力量，能战而后能守，本为我国军学家要诀。我无进取之心，安能禁人无进犯之举，中日作战效训，即其明证。吾国为滨海国家，海防紧要，断非小海军所能胜任，无强大之海军，即非健全之国防，无健全之国防，即非巩固之国家。民国十七年五中全会，蒋委员长提出军事整理方案，主张根据国防计划，建设新海军，并于同年八月"咸宁"军舰下水时，又云："要挽回国家权力，预计十年内，建设六十万吨海军"，可见海军新建设之重要。至建军经费，何一不需巨款，岂独海军。任何建设事业，须察其关系是否重要，不容计及建设费之巨细，与建设工作之难易。民国七年，国父在三河坝阵地，与委员长论及实业计划问题，谓"日本人口土地，均少于中国八倍至十倍，日本八年或十年所完成的工作，将来我国只要一年或二年就可完成"，斯言固为实业计划而发，举一反三，洵足为藉口国家财力不给缓办海军建设者之药石。夫以暴日弹丸黑子之区，建设海军曾几何年，竟与英美争衡，其所耗海军费，乃又如此浩大。我国幅员辽广，人口繁多，海军经费数额，不但方（较）之暴日及诸列强，判若霄壤，即比诸土耳其、希腊等小海军国，亦属不逮。经此严重教训，而犹不努力建设，畏难却顾，置国防重心于不问，靡特未明国父国防计划之精义，抑且有乖知难行易道教之本旨。综而言之，吾国今日所处地位，对内则为国家争独立，为民族竞生存，对外则为世界维正义，为人类造和平。全国水道之安宁，太平洋全局之稳定，胥为我应尽之义务，与当然之责任。为促成革命主义计，为实践抗建国策计，为我国家民族及全世界自由平等前途计，海军建设关系之重要性，洵如天经地义之不可移易也。

从开罗会议论恢复中国海疆[1]　　郭寿生

一、开罗会议的重要声明

十一月一日，中美英苏四国联合宣言发表以后，更加强了盟国的团结，增进了对轴心的攻势。十一月下旬，我们复获读中美英三国在开罗会议的公报，议定对日本的处分。我们认为这个会议，在国际上是等于彻底解决远东问题的一个会议，在中国方面是恢复中国故有海疆的一个保证。

开罗会议，除在军事方面，决定了我们对日共同作战全盘的计划，在政治方面，申明了我们对日作战整体的目标之外，其有关于中国切身利害的重要声明，可节录如下：

"三国之宗旨，在剥夺日本自从一九一四年第一次世界大战开始后在太平洋上所夺得或占领之一切岛屿，在使日本所窃取于中国之领土，例如东北四省、台湾、澎湖群岛等，归还中华民国。其他日本以武力或贪欲所攫取之土地，亦务将日本驱逐出境，决定在相当时期，使朝鲜自由独立。"

二、日寇侵略中国海疆之经过

日寇侵略别国的领土，是由一八七九年并吞琉球群岛开始，日寇侵占中国海疆也是由攫取琉球群岛开始。在没有分析日寇攫取中国海疆之前，我们要先知道日本的土地形势。我们站在中国的地位来讲，在东海以外，远远有一弯弓形的大小的列岛，露在太平洋面上的，就是我们的敌国——日本。这些大小岛

---

〔1〕此文发表于《海军杂志》1944年第16卷第7期。

屿，就叫做日本列岛。中有本州、四国、九州和北海道四个大岛。北海道的北面，又有细长的库页岛。这些岛屿接连的成一条曲线，和亚洲大陆相拱抱成了日本海；北海道的东北，像弓形的地方，与千岛群岛相连，一直到库页岛的南端，而成个鄂霍次克海；南方从九州的西南和琉球群岛相连，直到台湾澎湖列岛成了我国的东海；又联带亚洲大陆的朝鲜半岛，和我国山东半岛及辽东半岛之间，成了黄海。

日本的"领土"，就是日本列岛、朝鲜半岛、台湾、澎湖群岛和南太平洋委任统治地组织成功的。不过在它的领土当中，只日本列岛是自己的祖产，其余如琉球群岛原是中国的藩属，朝鲜半岛原来也是我国的属国土地，台湾与澎湖更是我们的领土，至于南洋诸岛，是国联委托它代管的，都被日寇逐渐侵略去的。

我国海疆之丧失，当以琉球群岛被日侵占为开端。甲午战争，我国失败，在马关签订和约，割让台湾、澎湖群岛，并许日本船在长江自由航行，这是日寇第二次侵占中国的海疆，同时也是中国海权最重大的丧失。

甲午战后，日寇的势力已侵入了朝鲜，到了日俄战争，日寇又得胜利，日俄订立条约，俄国承认日本在朝鲜的特殊利益，俄国让出旅顺、大连的租借权，俄割让南库页岛与日本。又向清廷订立条约，除接收俄国让给它的旅顺、大连之外，又要求取得安东到奉天的军用铁路权。因此，日寇就开始向我东北侵略。这次日俄战争，俄国虽然失败，但所受最大损失的，是我北部的海疆——旅顺、大连和渤海的海权。

日寇自中日、日俄两次战争胜利以后，侵略的野心，也就格外的扩大。在民国纪元前二年，不客气的合并了朝鲜，此后就不断地夺我东三省的利权。到民国三年（一九一四年）第一次世界大战发生，日寇便乘欧洲各国不暇注意远东，又不断地来侵略我们。民国四年逼我签订二十一条件，"九一八"又强占我们的东北土地。它还不放松，在二十六年七月卢沟桥事变，竟发动在华北和上海两面，实行侵略大战，随即侵占我沿海各重要港湾岛屿，封锁我整个的海岸，并侵占我海南岛，及南中国海一带的岛屿，更藉台湾为南进根据地，进占越南、香港、新加坡、马来、缅甸、斐律宾和南洋群岛，与英美荷三国对敌了。

三、东北台湾澎湖等在我国防上的重要性

我国过去海疆的形势，北起鞑靼海峡，南逾麻六甲海峡，原可控大洋以图自强，无如百年以来，列强纷纷择肥据要，藩篱尽撤。香港、九龙、琉球、越南、缅甸、澳门失之于先，台湾、澎湖、旅顺、大连、胶州湾、广州湾、威海卫受制于后，沿海形势，零落不完，海权受制于人，以致暴日来侵，无法防御，沿海精华地区，丧失殆尽。到了现在，可说我国海疆由东北以至南部，完全在日寇控制之下。我们鉴往知来，恢复海疆，实为抗战中的重要工作之一。

值此开罗会议之后，我们于今日而谈论恢复我国海疆，即为未来海权建设计，我们必须有两种信心：第一，同盟国家必获得最后的胜利；第二，在民族自决国际平等及经济合作之原则下，规复我国过去不平等条约下所丧失的领土，以维持我国领土之完整，及主权之独立，如东北、台湾、澎湖、琉球等地自应归还我国，否则我国海疆不能收回，国防实无建设可能。

我们为什么要抗战，就是要恢复我们所丧失的领土。恢复东北、台湾、澎湖等地，即以保障我们领土的完整，所以东北、台湾、澎湖等地在我国防上是非常重要的，今将它在我国防上的重要性分述如下，才知道开罗会议的结果，是与我国未来海权之建立是极有关系的。

东三省在国防上为我东北的锁钥，华北的外卫，尤以其南端的旅顺、大连，扼渤海的门户，北有南满铁道直通沈阳，西距塘沽水程不过二百浬，南部自辽东半岛最南端的老铁山至山东半岛最北端的蓬莱阁，其间相距仅九十公里，故就水陆交通的地位言，旅顺港实为渤海海防区域中最适宜的地点，就防御的形势言，旅顺位辽东半岛最南端，东南有山东半岛为其外线屏障，敌舰侵入，洵非易事。当甲午战后，日寇要求占领旅顺、大连，而发生三国联合干涉还辽之事，当时德政府电致驻英俄法三公使训令有云："旅顺口如果变成北洋的直布罗陀，则将使中国至少将中国北部与其京师，成为日本的保护地方。"日寇之所以能包围朝鲜，一举而占领东北，控制华北，莫不以旅顺大连为其出发点。次就与商港的联系言，华北现在的商港，以天津、大连为首要。天津为河港，泥沙淤积，海船不能直入，故未来必须建立北方大港。北方大港在滦河口距旅顺只一百六十浬，为渤海西岸距旅顺最近的港口，大连距旅顺只五十公里，铁道直达，为我国"九一八"以前最大的出超港，一九三四年贸易总额达八万万元，

占东北总贸易额百分之七十五，故就与商港的联系而论，未来北方大港及大连的繁荣，东北、华北经济事业的发展，旅顺军港实具绝大的保护功能。

就台湾的形势讲，位东海的中心，介黄海与南海之间，握我国海疆的中枢。在军事上、交通上、经济上以及地理上均具有极大的价值。不仅掌握中国的门墙，抑且控制整个西太平洋的大局，中国若无台湾，则无海防可言。按台湾西距香港三百五十浬，距福建沿海只一百二十浬，南距斐律宾只六十五浬，北距上海四百三十五浬，距日本长崎六百三十五浬，益以北之琉球群岛，西之澎湖列岛，整个中国的东部海疆在它的控制之中。一九一二年华盛顿会议时，美国务卿休士即曾指出："日本拥有台湾，无异伸开两脚立于中国的大门，日本海军，活像两支铁腕，紧扼门户开放政策的关键。"我国重要之经济文化重心，悉在东部长江流域，自台湾澎湖为日寇所夺，南下南洋，西向欧洲，东向美洲的交通，均须假道于日本的势力之下，而日寇的南进，亦莫不以此为根据地。故台湾澎湖之得失，其与中国南洋及整个太平洋的安危，实具极大的决定力量。

琉球群岛，遥对我国江浙两省，散布于台湾东北，北接日本列岛，绵延如带，适当亚洲大陆基础的边缘，为东海与太平洋的界限。群岛多系山岛及珊瑚礁，在经济上虽无多大价值，但可利用之以为潜艇及空军根据地；且冲绳北端的天运港，港湾良好，可为海军贮水蓄煤之所，大岛北部之名濑，亦可停泊轻型舰队。就地位言，群岛乃我国东部海疆的第一重门户，如与台湾澎湖及舟山群岛相呼应，可以确保东海的安全。反之，琉球群岛如为敌国所有，于此设立海军封锁线，则足以隔断东海与太平洋的交通。

四、由抗战求恢复中国海疆

国父曾昭示我们："我们的国策，对内为巩固统一，对外为取消不平等条约和收复我们的失地，使中国在国际地位上得到平等，进而扶助世界上各弱小民族，共同创造大同世界。"我们应遵照这个国策，求在抗战胜利后，甚至在抗战进行中，应毅然决然把这国策迅速实行起来，取消不平等条约，收复东北、台湾、澎湖、琉球，以及"九一八"以后为暴日所攫取的土地，以实现我们领土的完整，和扶助朝鲜、越南等弱小民族独立，来减少国际的争端，来解决远东的问题，和削弱敌人对我海防的威胁作用。

考这次太平洋战争的远因，即为中国失去朝鲜、琉球群岛、台湾、澎湖群岛的必然因果。设以上各岛不为日寇所夺，即令日寇有征服世界的野心，安从实施其术。故为彻底解决远东问题，为今后世界永久和平计，必须将暴日所占之土地，复归中国，藉以保护中国领土的完整，维护和平重力的均衡，然后始能求世界和平于永久。今开罗会议虽已宣示了中美英三国对日作战的决心，并宣示了中美英三国没有拓展领土的意思，三国对于日寇作战的目的，在于制止和惩罚它侵略的行为。日寇必须退出此次侵略战所攫夺的区域，必须退出它在第一次世界大战开始后在太平洋上所取得的岛屿，更必须归还中国的失地，恢复朝鲜的独立。我们欣慰着国父所昭示国策之实施，蒋委员长外交政策的实现。更表示欣慰的，即这个划时期的会议，已给予我们收复海疆的一个保证。惟是日寇的势力仍甚强大，它的海军仍在负隅，我们的失地仍在敌人手里，我们的海疆仍在敌方海军控制之中。故中国之光复旧物，收回东北、台湾、澎湖、琉球及所有的失地，必须于此次太平洋战争中得之，更必须求于抗战胜利中得之。

建设新国防问题的商榷[1]　叶可钰[2]

　　我们屋子的四面，如果有了高墙和坚固的门户，那便有"犬咬不惊"，"鼠窃不虞"的安谧了。而国家的四境呢？一定也要有坚强的海陆空军来防卫，才可防止野心家的侵略，这种国家的防卫，便叫做国防。

　　领土与邻国相连接，那边界的陆路，便需要陆军来驻防，至于沿海、港湾、岛屿和沿江，便需要海军的舰队来防守。无论领土和领海的上面，都是叫做领空，便需要空军的实力来担任这浩浩长空的防务，才能完成陆防、海防、江防、空防四要素，完成了这四要素，才算是完全的国防，才能防止野心家的侵略，才能保持世界和平的真谛。

　　所谓国防，就是静态的国家总动员，并非为着准备作战，才说到国防，就是国泰民安的时候，也不容废弛了国防。我们从前陆防虽有一百五十万以上的陆军（据民国十四年临时执政的报告）尚以缺乏重兵器，致难施展其威力，就是海防也为着军舰凋零，要塞陈旧，加以不平等条约束缚的结果，沿海良港，多半被外人侵占，通常口岸，外舰纷屯，所设海防，殆已破碎。总之我国信赖

---

　　〔1〕此文发表于《海军杂志》1944年第16卷第8期。

　　〔2〕叶可钰（1988—1980），烟台海军学校第十七届毕业生。毕业后历任枪炮官、航海官、副长、舰长、鱼雷营副长、练习舰队副官、马当炮台台长、川江漂雷队队长、长江中游布雷游击队副总队长、马尾海军练营营长等职。曾赴日本留学，参加监造"平海"巡洋舰。1949年加入中国共产党。建国后历任中国人民解放军海军第七舰队副司令员、舟山基地副司令员、东海舰队副司令员等职。

国际公法，对于前次欧战以后的国际联合会[1]，及凯洛格非战公约[2]，尤其认为是足以保障国家的安全。但事实来证明，那任何和平的条约，都不足以阻止野心家的侵略。所以现在大家以为维护民族的生存，领土的完整，促进世界的和平，觉得有建设新国防的必要。

所谓建设新国防当然是充实海陆空军的实力。陆军方面，从前只要步、骑、炮、工、辎五兵种的充实。现代还需要机械化部队等，以加强这五兵种的性能和威力，因其迅速性与坚韧性远过于前也。不过现代所需要的各种重兵器，其价值都比从前的轻兵器超过甚多，因此需要了大量的财力，才能得到美满的配备。而海军呢？于清季同治时代，左宗棠、沈葆桢、李鸿章等诸先贤，知道海军是国防的要务，才创南北洋舰队以保海疆，而固吾圉；一面鉴于英法等国的海军，皆有庞大的组织，不欲自行菲薄，也创设了海军衙门，以综理海政。过了三十多年，倭寇乘着清廷昏聩，停购船炮，又取建设海军的专款，以建园囿，便挑了朝鲜的暇隙，来造成甲午的国耻，因其舰的质量和炮的火力较我为优，侥幸战胜了我保卫沿海的海军，清朝的海军从此便一蹶不振了。民国以来，军阀割据，虽谋扩展，收效亦微，惟我国民革命军北伐时，龙潭一役，海军击破军阀的主力，促成一统，颇建殊勋。至民国十七年以还，更搏节饷糈，把上下共同艰苦得来的有限财力，先后建造"咸宁"等十七舰，改造"中山"舰等十二舰，连同逾龄的旧舰，一共五十七艘，合计不过四万四千零三十八吨。抗战七年来，就是把这五十余艘的舰艇，来同拥有比我雄厚二十倍以上之海军实力的倭寇作战，虽能造成江阴、田家镇、武汉……之壮烈战绩，实为指挥得宜，将士用命所致，为求国家安全计，防务巩固计，自应赶速建设，以充实力！

我国海疆广大，南北约有七千八百里之长，东西约有九千里之广，全国边界，十分之六是陆路，十分之四是滨海。陆路和英、法、苏三国领土接连的地方，大概都有天然山脉和河流来分界，也天然地把那些山脉和河流，做我国半面的屏障。小部分的陆路——约占边界十分之二，和苏日两国接壤的地

---

[1] 即"国际联盟"，1920年1月根据巴黎和会通过的《国联盟约》成立，总部设于日内瓦，1946年4月解散。

[2] 即《白里安—凯洛格公约》。

方，没有山脉河流做分界，就不得不用人为境界，这些地方最须陆防。所谓十分之四的滨海地方，便叫做沿海，世界各独立国为保护渔业航业和国防起见，都有"领海的防卫"，领海以内有完整的主权，有雄厚的海军，别国不得侵犯。现在各国领海界限，虽未有新的确定，但依习惯上自有相当的范围。我国的领海，在辽东和山东两半岛间的为渤海，外面就是黄海；长江口以南，到台湾海峡的叫东海，多岛屿、港湾；台湾海峡以南，叫南海，范围最大。以上四海，也叫做四大海区，海岸线延长，超过一万公里以上，跨有粤、闽、浙、沪、苏、青岛、鲁、冀、辽等省市和威海卫行政区。这样辽阔的门户——绵长的海岸线，如无强厚的海军来防守，好像开门揖盗，沿海各省随时均有受敌威胁之虞。前面所说四防之中，厥以海防为目前最严重的问题，所以国父实业计划对于全国海岸——由高丽界之安东，至越南界之钦州，共有三十一个海港之计划。总裁在"咸宁"军舰举行下水典礼之日，即已训示我们说："欲挽回国家威权，非积极建设海军不可，从今以后，在十年以内，应建设六十万吨以上之海军舰队。"可见建设海军的重要，早为元首所注意，自应在此最后胜利快要来临的时候，赶速筹款，以拥护我元首建设海军的主张。

至于此次欧战，德国于吞并法和对英已得初步胜利的时候，原可长驱以入英伦，幸得英国有了坚强的海军，德国知了困难，便掉头东向侵苏，于此益信海军之重要！因为英国的海军，在世界各国里，原是首屈一指的，约在民国十五年间，我国军舰只有四十余艘，英国军舰的数量，已多过我国十五倍以上。现在英国海军中含有各种军舰，如战斗舰、战斗巡洋舰、巡洋舰、驱逐舰、潜水艇、鱼雷快艇、扫海舰、装甲海防舰、航空母舰、潜水母舰、炮舰、浅水炮舰、运输舰、医院舰等等。为今之计，我国宜先后建造同样舰种分布于北方、东方、南方三大港（依照实业计划的三大港），担任这一万数千公里的海防。一面于海岸要隘，增设暗炮台，岛屿罗列的地方，则设浮炮台以助防御，并复兴各地造船厂以应建造。但是凡此种种皆须于敌人总退却后方能着手。目前最急的厥为储才、筹款、制造三要务！

所谓储才，应将海军学校扩为海军军官学校，内设航海、轮机、炮术、水雷、飞行、潜艇、制造、军医、军需、电讯等科，招收初中毕业或略知游泳者，予以严格的训练；一面参照英国水兵团的组织，把原有练营改为海军士兵训练团，内设航海、轮机、要塞、布雷、电讯、信号、看护等队。

所谓筹款，应就海军节之日，发动各省各县献金建设新国防运动，各地遍设献金台，以供爱国人士的输捐；一面注意宣传，唤起民众对海防的认识，以收初步筹款之效；第二便是发动一省十舰的运动；第三是发行建设海军公债；第四是发行建设海军奖券；第五是请中央增加海军建设的专款，如由财政部将食盐每斤附加海军建设费五角或一元，为数轻微，在人民身上，并不觉得怎样，而集腋成裘，在国家月有五百万元至一千万元以上之收入，也是一种开源的办法。

所谓制造，便是在长江上游找个水道交通便利，而且安全的地方，即行设厂，赶制鱼雷快艇、水上飞机、海岸炮、要塞炮、舰炮、内河适用的小型舰艇，军舰里的各项配件，以及枪炮的子弹（据外人调查，前次欧战时单就英法二国所耗的炮弹，总数已在六万万颗以上，是以制足子弹亦属要务）。这样，方才可以适应时代的急需，以谋将来领海权的巩固。

海军之建设，既属重要，而空军之建设亦不容缓，尤其是海军方面更不容不有空军以配合作战，此次欧战伊始，德国连续轰炸伦敦的时候，英国已感严重的困难，设了警钟，准备于必要时鸣钟示警，以便退离伦敦，危急的情形，可以想见。自纳粹的魔手转向苏联以后，英国便有积极准备的机会，近来英国乃得把更大的轰炸力来答复那侵略之魔——把汉堡等德国的重要地方变做焦土，使纳粹受到更严重的恐怖，而引起他们部队厌战的动机，以及义国无条件的投降，都是有着空军配合作战得到效果的明证。反观我国空军原是萌芽时代，从前除一部分在海军马江飞机制造处等工厂自制外，大多向英美各国定造。民国二十六年以前，所发表的我国运输、轰炸、驱逐、战斗等机全国总数只有三百多架，怎样能够应付这洋洋数千里之战场，和保卫全国一千一百余万平方公里之领土，所以现在我们同胞，要厉行节约，把所剩下的财力来贡献国家，以便添造各项飞机，成立强有力的空军，方才可以巩固我国领空权，方才可以于现代立体的战争中出奇制胜。

孙子说："善守者藏于九地之下，善攻者动于九天之上，故能自保而全胜也。"这学说不但在此火器发达时代还能适合，好像距今二千五百多年以前——春秋时代的孙武先生预知二千五百多年的今日，需要藏于九地之下的潜水艇，以资防守我绵长的海岸线，需要动于九天之上的驱逐机，以攻击侵略者的轰炸机，而争取胜利，虽然在今日我国飞机与潜水艇，尚均未充实，大海军更未能立刻办到的时候，幸有充实火器的盟友来分工合作，并肩对敌作战，尤其在我功盖环宇的最高统帅国府蒋主席领导之下，使我们不独对"抗战必胜"抱有坚确地信心，而且相信胜利之后，必定积极地来建设新海军和空军，完成这新国防的使命，以巩固沿海的门户，树立长治久安之基，那么世界真正的和平，才能保持到久远哩！

海洋与中国的命运[1] 何博元[2]

过去的中国，因不曾争取海洋而失败，未来的中国，须设法争取海洋，才能在世界上生存。

我中华民族，建国迄今，已历五千余年，雄踞东亚，为世界上唯一有悠久光荣历史和独立自主的国家，将来有极伟大的命运。中国的命运，不但关系亚洲，并且关系全世界的安危。盖中国有全球五分之一的人口，仅聚于十一分之一的土地。过去中国因衰弱备受帝国主义的割宰，致亚洲缺少了一伟大的安定力，将来若是中国问题，不能做中华民族的公意，去合理地解决，则世界上仍未能得到真正的和平。

中华民族是顺着天然的地势，由西而东，由北而南，向沿海一带发展。我们的祖先，发祥于黄河流域，到长江流域，与珠江流域，并远及中南半岛，和南洋群岛。

我们民族顺着天然地势的发展，无论是由西而东，或是从北到南，都遇着了海洋，而且早在战国时代，就见诸史册。海洋是天赐的宝库，可惜我们对这宝库，始终未曾利用。隋炀帝的开河，除了穷奢极欲外，并没有表示出对于海洋有进取之心。在历史上我国声威最盛，版图最广的当无过于汉唐元三代，当时有雄才大略的君主，都曾努力去争取海洋。虽然他们因不曾研究方法，以致东征失败，七下南洋，以不能后继，致功败垂成。但他们争取海洋之眼光，是

高远的，向海洋发展的思想是正确的。谁能争取海洋，便成世界上的强国。否则，不但受不到海洋之赐，还要怀璧亡身。拿破仑失败了，威廉第二失败了，现在希特勒又快要失败了！

郑和下南洋，当时的动机，或者是搜索前明皇帝，但是结果意外树立了我们在南洋数百年的基业。可惜以后便没有继续这样壮举，现在当地人士，还景仰我们过去的光荣。前清"海天""海圻"军舰，在英造成，曾使纪泽亲自升旗时，华侨和英人，均曾对之寄以无限的希望，以为我们的国家，有经营海军，争取海洋的觉悟和决心。如果那时努力发展，何尝不能进行湔雪国耻，收复国权！谁又料到朝野对于海军认识不足，虽有左李沈诸公的惨淡经营，无奈当时阻梗横生，功败垂成，因此百余年来，四万万同胞，只得在帝国主义炮舰政策之下，过着被压迫的生活。

我国版图，在前清康熙全盛时代，东既淹有远达吉黑边疆海滨以至朝鲜、琉球、澎湖、台湾、中南半岛等地，绵延万余里的海岸线。岛屿交错，星罗棋布，生成是拱卫本土的屏障和门户，真有金城汤池之险，是拥有世界上最好的形势（英法德俄——等欧洲国家固不必说，美国也是一样，外国没有这许多的屏障）。清廷昏愚，不知经营，始则藩属任人宰割（如琉球事件，清廷答日本，以琉球非我本土以图卸责），继则将国土拱手送人（如中法甲申战役，海军击毙法提督孤拔，陆军在凉山镇南关大捷，而清廷反割安南以求和），尽启门户（将各海口租割与人），若非国父提倡革命，颠覆清廷，则吾人早已为他人之奴隶。将来我们对于失地，亟应努力收复，金瓯版图，不容或缺，否则影响国家生存，所以我们应争取海洋和外围的屏障。

现在抗战之必胜利，建国之必成功，中华民族之必复兴，要皆为毫无疑义，而须我们全民尽力以赴不可或懈者。新中国政治经济和国防三体合一的国家建设，其重心不可忽略海洋。这并不是武断之言，从过去看，已知海洋的重要，即在这次抗战中，我国的海岸，完全为敌人所利用，一方面窒息了我们的进出口，一方面又作为侵略我国大动脉，坦克、大炮、飞机，源源输来，这不是一个万古难忘的残酷教训吗？

再看将来，以经济立场上说，我国以农立国，出产丰富，除供销本国外，输出必巨，将来工业建设，机械及原料，多由国外输入，而制品亦须输出，我们将与世界上每一个国家，每一个地方发生贸易关系，除苏联外，其余大部以海运为主。假如我们不能争取海洋，不但得不到经济上的利益，且有些输入的必需品，也有受人随时控制的危险。再说海中物产丰富，食盐是国防重要资源，如无大量产额，不但许多工业无从进行，甚至民生食用，也大受影响。故不仅为运输计还要为资源计，我们应努力争取海洋。

再次在政治立场上说，我国海外有许多的华侨，应设法保护，使之不受外人压迫。但是华侨是散在海外各地，我们要保护华侨，便要使我们的政治力量能达到海外，也就是非争取海洋不可。

最后论到我们的国防，尤需要争取海洋。明清以来，敌人几全由海上向我们进攻，不平等条约，哪一条不是在敌人炮舰威胁下签订的？要想没有从海上来的威胁，只有学英美国家，建设海军争取海权。我国拥有很长的海岸线和许多的岛屿港湾，如永久落于敌人之手，则我们便会遭受到致命的打击。现在，沿海失地，沦陷于敌，即台湾、澎湖、琉球仍握在敌手，我们若一天不收复这些失地，便一天得不到安全的保障，敌人有随时向我们炮击轰炸的可能。沿海地方，都在敌舰射程，敌机轰炸距离之□，即让我们有世界第一的空军和陆军，我们如不能争取海洋，结果仍会为敌人所屈，如现时德国一样。

海洋是我们的命运的象征，我们的生命线和国防线之所在，为了全民族的生存和安全计，我们应努力争取海洋！

论建设中国新海军[1] 梁序昭[2]

颜露尔上将的旧日参谋詹布立斯中校，近在美国海军《前进》杂志发表帮助中国建设海军的建议，七月二十七日重庆《自由西报》的社论，予以热烈的赞许，并表示中国必须有强大的海军，以求自卫，并资以与太平洋上的友邦共同负起责任，以维护永久的和平。这可说是确为适合时势要□，而切中肯綮的言论。综观数十年来，友邦人士之建议帮助中国建设海军者，似尚以詹布立斯中校为第一人，而我国社会舆论之对于建设强大海军，予以诚恳赞助者，亦尚以此次重庆《自由西报》之社论为第一次。兹姑不论詹布立斯中校所拟议的建设之轮廓，是否足敷中国之国防的需要，但其盛意友情，溢于言表，殊为可感。《自由西报》之社论中所说："中国人民在此次战争中所得的苦痛教训，很明白的指示他们关于建设一个强大海军，实最为当务之急，战后须以万分的热诚努力迈进"的一段话，其意义实与民国十年总理所著《国防十年计划大纲》的要旨，和总裁历次注重国防的昭示，隐相符合。总理之《国防十年计划大纲》，列为六十二目，条分缕析，严密周详，足证海军之建设，绝不亚于陆空军的重要。总裁于三十年元旦《告全国军民书》中曾说："没有国防，就没有国家，因之整个国家的建设，实际就是国防建设。"又于国民参政会第五次大会开幕训词中曾谓："没有健全的国防，就没有行宪立国的基础。"而在第二届

---

〔1〕此文发表于《海军杂志》1944年第17卷第3期。

〔2〕梁序昭（1904—1978），福建福州人，烟台海军学校第十七届毕业生。毕业后历任舰队副官、艇长、舰长、舰队司令等职。随国民党军队退往台湾后，历任海军总司令部第五署署长、海军舰艇训练司令、两栖部队司令、海军总司令、"国防部"副部长等职。

五中全会所提出的军事整理方案中，总裁即已早有根据国防计划，建设新海军的主张。要之，我中华民国为亚洲的大国，又为太平洋上的主要国家之一，海岸绵长，港湾岛屿，纷歧繁杂，腹部又有江湖流域，当然是，苟无强大的海军，纵有实力雄厚的陆军与空军，亦尚不能认为国防业已健全，更不够说国防已达到绝对安全的地步。世界上除掉没有海口的国家，如瑞士、阿富汗、玻利维亚、阿比西利亚等诸国，才不要海军外，大概国无大小，莫不视其力所能及，而对于海军皆有相当的建设。我国地大物博，得天独厚，有无限之潜伏的经济力量，若谓将来无力建设强大的海军，似乎是一种过虑。而况海军不是纯粹属于消费性的，它对于国家经济的进益，间接的可以贡献之处甚多，兹以篇幅所限，在本文内不复赘论。

至于《自由西报》所论的五点："第一，美国可以帮助我们训练必要的海军人员；第二，它可以帮助我们在中国建设造船厂；第三，它可供给中国技术人才以资协助；第四，它可对中国予以经济的帮助；第五，它可于美国造船厂中为中国建造军舰。"关于第一点，我国现已派有海军员生在美国海军练习，是它已在开始帮助。这种帮助，此后当然希望其能够格外加强。第二点与第三点，同系属于技术人才问题。我国海军有八十年的历史，物质的设备，人才的造就，固已具有规模。不过现在海军科学，日益昌明，旁谘博采，聘用客卿，藉资臂助，此在总理《国防十年计划》之第四十一目，聘请列强军事专门人员来华担任各项教练一节中，已显示许可。其第四点所说经济的帮助，则在合理与纯属友谊的协助之下，当无不可见诸实施。关于第五点，在美国造船厂中为中国建造军舰一项，我国于战后当然以加强自造为原则，并照第二点所说，可聘用友邦技术人才辅助进行。但为事半功倍计，同时在外国订造，自为情势所须要。以美国造船之优越的能力，对于我们造船的进行，当不难给以帮助。

至因时间的关系，我们希望海军的建设，能够早日发展，则根据租借法案的制度，由美国在可能的范围内，拨给若干艘适用的正规军舰与中国，或以其过剩的船只，转让中国若干艘。美国如真正决定予吾人以帮助，当然在事实上，不至何困难。惟此种舰只之员兵配置问题，因中国海军对于人才，已早有相当的训练，将来尚不至无人管理，可不必劳烦友邦多数的人员。

再论到英国方面，它与中国海军已有多年接近的历史，其海军力量亦将有余，倘对中国寄予同样的友好，自亦所欢迎也。

附：

建设中国新海军

（译重庆《自由西报》三三年七月二七日社论）

颜露尔上将之昔日的参谋，威廉·詹布立斯中校约一星期前，在美国之非官方而具有权威的《海军前进》杂志上，发表美国应即刻帮助中国发展海军，而据说甚得美国海军人士之好评的一种建议，自然是为中国人民所衷心赞同的。在十九世纪之后一时期，中国海军在满清政府之下建设的力量，并不亚于日本，实际上且觉较日本海军为强（译者按：当时我国军舰之炮力及速力均不如敌人）。但是，至一八九四——一八九五年的中日战争以后，中国海军之发展，几已完全停顿。中华民国成立以后，添造了少数舰只，但皆系小型巡洋舰与炮舰之类，对于中国海军力量并未增加许多。所以按具体的说，在此次中日战争爆发以前，中国与世界大海军国相较，可谓等于没有海军。

过去七年所遭遇的事件，已十足证明在对日作战中，中国之缺乏强大的海军，是她处于最为重大不利之地位的一种。当战事暴作之际，她感觉到，无须说对敌在海上采取攻势作战，即对于数千哩之海岸线，要想加以防御，亦绝对不能。因此她遂不能阻止日军从海岸登陆，而容其对中国大陆作有效的海军封锁。中国人民在此次战争中所得的苦痛教训，很明白的，指示他们，关于建设一个强大海军，实最为当务之急，战后须以万分的热诚努力迈进。

虽然，建设一个强大的海军，不是一件容易的事。除须要庞大的经费外，还要专门技术与必要的造船材料及各种设备。中国之重建海军，不用说，将有赖于友邦的协助，特别是美国方面，她在过去的两年半期间，充分的表显她的造船能力，可谓无匹。论到建设中国新海军，至少有五条途径可由美国予以帮助。第一，美国可以帮助我们训练必要的海军人员；第二，她可以帮助我们在中国建设造船厂；第三，她可以供给技术人才于中国以资协助；第四，她可对中国予以经济的帮助；第五，她可于美国造船厂中为中国建造军舰。

建设中国新海军，关于时间这一项要素，须得加以考虑。为使此项计划及早开始实施，中国应与美国洽商，一俟和平恢复，即根据租借制度，以限定的数量将某种美国军舰转让于中国。再则因中国之海军人员不敷应用，此等转让之舰只，可在某一期限内，配置美国的海军官员与士兵。当然在每艘舰上也得配有中国的官员与士兵，俾获得必要的训练与经验，以期能够于适当的时期内，代替美国僚友之地位，此项办法及上文所说的五点，亦可适用于英国方面，因为我们相信，英国政府必将乐意以我们所期望于美国者，予我们以同样的助力。

关于这一层，我们愿顺为指出，在帮助中国发展一个强大海军，美国与英国可以毋庸怀有疑惧。盖纵有英美之全力合作与协助，中国至少亦须有数十年之不断的努力，始能完成一个相当强大的海军。所以，若说中国将与美国和英国作海军的竞争，那是不可想象的事。更进一层说，中国人民是爱好和平的民族，绝不会想用他们的海军去作侵略的企图。中国所需要的是，须有一个强有力的海军足以防卫她的长海岸线，以抗御外来的侵略。轴心国之武装解除，虽将保障于未来之多年内，太平洋可以安然无事，但是外来侵略的威胁，断不能永远的根绝。中国所需要的海军之大小，将视民主国家能保持轴心国家不复为害之效力而定。无论如何，中国之需要强大海军是十分明显的，因为中国是太平洋主要国家之一，她必须有一种力量不但希望能以自卫，且须尽其责任与邻邦共同维护和平也。

中国国防政策与海军建设^[1] 郭寿生

一、中国国防政策

我们研究国父国防计划大纲，首先的是"国防方针"。我们知道，国防方针是产生于国防思想，各国各有其国防思想，及因其环境的不同，而各有其国防方针。英国与美国不同，美国与苏联不同，推而至于德日各国亦各相异。三民主义为我国防思想的根源，国防方针，自须以此思想为依据，所以它是自卫的，不是侵略的。第一步应以"抵御各国侵略"（大纲第四十四项）及"收回一切丧失疆土及租借地、租界、割让地"（大纲第四十二项），使国家完全得到自由独立。

"国防政策"为实现国防方针的手段与方案，它是随时代环境而变更的，故大纲第二项定有"国防之方针与国防政策"。国防政策包括政治政策、经济政策、文化政策和军事政策。因为军事为国防上最重要的一环，所以政治、经济、文化诸部门均要和军事配合而并进。更就国防趋势看，军事在国防上，不论平时战时，皆居首位，即所谓"军事第一"。因为国防建设，是为准备战争，而军事力量又为综合战争的支柱，没有军事力量的撑持，则政治、经济、文化等亦将无从展布。

国父的国防计划，原拟假以十年的期间来完成其重要建设的，故大纲中定有"完成十年国防重要建设计划一览表"的第四十六一项，不过以科学落后、国防基础薄弱的我国，欲使其变为世界一等强国，则非十年所可奏效，于十年

---

〔1〕此文发表于《海军杂志》1944年第17卷第4期。

之后，还须继续努力建设。因为世界各国的国防建设，有进无止，倘若我国国防建设自甘落后，那就无从保障国家的安全了。所以国父在大纲的第五项中又定有"制定永远国防政策"。

抗战建国纲领中已经指示"我国国防政策，基于民族主义，以达到巩固的国防，以维护中国的独立与世界和平为目的，经不带丝毫侵略色彩，人不犯我，我不犯人，只抵抗一切对我的侵略，以维护国家生存，并收回一切丧失疆土，以维护国家的权利"。这个纲领所规定的我国国防政策，是遵照国父的国防计划书纲目而规定的，我们必须有明确的认识。我们因为过去国防力量的薄弱，所以在这次抗战之初，未能迎头击破敌人，弄至整个海岸为敌封锁，半壁河山沦于夷狄。尤以我们国家的环境强邻逼处，海疆辽阔，更非积极从事于高度国防的建设不可。于此我要提出一说的，就是我国今后的国防建设，应以发展陆军或海军或空军为主体呢？过去有人主张取"陆主海从"政策，也有人主张采取"海主陆从"政策，也有人主张"救国只要空军"。我以为这些主张，都是各执一见，不能适合我国的情势。我的主张，今后中国的国防，应采取"海陆空并重"政策。因为中国有一千一百十七万三千五百五十八方公里的土地，必须建设有庞大的陆军，准备击破敌人于国境之外；又有八千五百海里的海岸线（岛屿在内），亦须以列强海岸为标准，建设强有力的海岸，准备击破敌舰队于领海之外；空军为最新锐的兵种，又为海陆军不可少的助手，亦须建设优势的空军，准备击灭敌机队于领空之外。我国具有一个海陆天然形势的国家，要想达到健全国防的地位，海陆空军三种军备，没有一种可以漠视，或是可以落后的。我们今后的国策应永远以国防准备充实建设为要件。总裁说过："没有国防，即没有国家"，又说："建国必须达到国防绝对安全"，这就是指示给我们以建国必须制定永远国防政策，以国防准备充实建设为立国的政策。今后我们应确认"国防第一"，"国防至上"，一面秉承总裁的昭示，发扬国父的国防计划，一面发挥海陆空三军一体的力量来实行它。而建设高度的国防，战胜当前的敌人，预防将来的敌人，使中国成为一世界至进步至庄严至富强至康乐的国家。

二、中国国防对象

我国先哲有一句话说："无敌国外患者国恒亡！"这句话的意思，不仅在昭示国人要朝夕惕励，而在军事的目光看来，就是说一个国家，必须看准对象，就是要确认其假想敌，而使其国防建设有所依据。因为，每个国家的国策与其国防政策，没有不根据利益相冲突且各不相容的假想敌而来的。海军政策是根据国防政策而生的，因为国防政策是根据假想敌而来，海军政策自然亦是针对着假想敌的海军政策了。海军一切建设，无不根据对方的，换句话说，就是设法建立超过对方海军的力量，至少要与对方的海军力量相等。

与我国关系最密切的是日本，它是一个岛国，自明治维新以后，已走上了资本主义的途径，中国一向是它的侵略对象，四十余年前中日战争它从中国掠夺朝鲜、台湾、澎湖群岛，取得了它的大陆政策的海陆两方的踏脚石，终于一九三七年企图以武力来灭亡中国。它又是大海军主义的国家，战前它之宣布废除华府条约，就是要想独霸太平洋上的明确表现。它的南进政策是以海洋为目标，利用海军的力量，向中国及南洋等地扩张，而以闽、粤、海南岛、越南、泰国、斐律宾、荷印、海峡殖民地、印度、澳洲等地为侵略对象，因而也叫做海洋政策，就是它的海军政策。

日本的侵略，是以海军为前导的。如果没有海军，它的陆军空军岂能飞渡？所以我们必须针对着日本这一点，在国防上要建设自卫的海军。我们海军的政策，至少要力足以抵抗敌人的力量于领海之外的，海上的敌人势力被阻，领海得以完整，那末领土和领空便容易保全了。

我们确信这次大战，日本必至失败。太平洋战争结束之后，为根绝未来战祸起见，当然要解除日本侵略国的武装。我们在战后除因自卫与维持本国治安必须保持一定力量的军备外，其还须建立国际武力，以供国际安全机构作为制裁侵略，祛除战争，维护国际的安宁与秩序之用。因此，我们在国防上应有两种对象：一为中国的对象，一为国际共同的对象。国际共同的对象，就是有碍和破坏世界和平的侵略者。单说中国的对象，就是由海上向我侵入的敌人，这种敌人向我侵略的可能性为最大。展开太平洋形势地图一看，我国立国于太平洋之上，敌人进侵中国海岸的可能路向有三：一由南洋方面进入南海，二由太平洋正面进入东海，三由日本海方面进入黄海。可是敌人进侵的来路虽只如此，以现在舰队的活动力而论，中国的海岸线并不算长，因此敌人即使来自某一方面，而中国沿海全线，实随处有被袭的可能，所以战后中国国防的建设必须注重海防。总裁已经昭示我们："南洋是我国防生命线，是我一千万侨胞的第二祖国。我国防的安全，不仅需要充分军备足以保障我国境，并且还要足以维护整个太平洋的安全，太平洋一日不安，我国国防也一日不安。"因此，我们必须预防敌人由太平洋向我侵略，我国国策应以太平洋政策为我国防的政策，应以把握黄海、东海、南海及南洋的制海权为我国海军的政策。这种政策的实施，第一要使我们的领海达到绝对的安全，以防任何敌人再利用太平洋以侵略我国，以封锁我国际通路及进出海洋的自由。第二必须建立海军，以树立太平洋的永久和平，同时维护我国际的运输贸易与保障海外侨胞的安全。

三、建设海军与国防

有一些人常在诅咒着说："海洋时代已经过去……海洋竞争是时代的落伍者。"又有一些人不了解海军的性能而更武断地说："海军无用"，"在现代空军发展之下，海军已等于零。"这种说法，实等于自暴自弃，欲自外于海洋竞争，其流毒所至，实足以消灭中华民族制海的雄心，而继续蠖屈于为海所制的可怜的地位。

中国这一次民族战争，谁也知道是为了要建立三民主义的独立、平等、自由的中国。这个国家的将来必定要在太平洋上发展，空前的文明而不是远远地去回避大洋，这是显而易见的。几千年来，我们的祖宗从崑仑山移殖到东南，从高原发展到滨海。而我们的敌人偏要从海上遮断我们的出路，要独霸太平洋西岸而自为主人翁，要把我们逼回内地去重过农业经济时代的生活。我们呢？为要反抗敌人想要给我们安排的运命而斗争，为要争取工业文明的前途和海洋的出路而作战。如果我们早就准备放弃海洋，那末这一次轰轰烈烈的民族抗战，自始就大可不拼；我们如果甘以内陆国自居，岂不是敌人求之不得的事么？

二十年前的世界，没有优空的国家，只有优陆和优海。今天因空军的发达，于是使海陆军的构成和使用，都起了质的变化，我们承认空军之能改变世界强国的面目，其意义仅止于此。而患近视眼光者，以为空军为决定强弱的中心力量，这种思想起源于杜黑，而受其害的为意大利，正如马其诺设防思想之害了法国一样。然而意大利和法国的失败，我们原不能归咎于杜黑与马其诺，而应归咎于接受杜黑与马其诺思想的过度强调与夸张其一偏之见，而忽略国防问题的全面。

正确的战争思想，我们还应推重鲁登道夫，他说战争者是国力的竞赛。因为战争为国力的竞赛，所以国防建设问题不在优空优陆或优海，而在如何去培养平时的国力，使卫和养的问题能减少其矛盾至最低限度而造成统一发展的倾向。从历史上看，优海的国家能以保持霸权于三百年而不堕者，就是英国。至于优陆的国家如俄如法如德，没有保持优势过五十年的。观这次欧战的法国，曾举世推为第一个空军国，然给新兴的德国空军屈服了，而德国强大的空军反为英美的空军屈服了。一个国家一时有了千万架飞机便落伍了，用之无效，弃之可惜，这是空军国家的弱点。若论一般军舰可以二三十年，故在陆海空军中，海军寿命最长，陆军次之，空军又次之。所以我们可以说，以海军立国的，其强可以维持长久。中国有很长的海岸线，有优美的岛屿和港湾，而且近一百年来的外力都是从海上侵入的，那末，今后应求发展海军，以培养国力，并御外侮，这才算是百年大计的国防观。

海军的价值，不仅在效力的长久，同时在平日和战时，海军也有其独特的性能与特殊的任务，非陆军空军所能胜任的。海军平日的任务，为保护渔业和航业，协助海外贸易的发展，保护侨民，控制领海。海军战时的任务，在攻击与防守封锁洋面，协同陆空军作战，凡此特殊的任务，不问其在平时或战时，都只有海军才能担负，而非陆空军所能代替的。尤其是我国现在已是列在世界四强之一，我们负有维持世界和平与安定太平洋的责任，同时还要加重维持本国领海及国内水上治安的责任，因此，我们可以明白了海军的任务所在，我们也就明白了海军在中国国防上所处的地位是怎样了。

国父在世，盱衡世界危局，引为中国隐忧，在民族主义第五讲，对于列强海军战斗力比较，反复申论，深以我国国防力不足为虑。所著《国防十年计划书》纲目中，发展海陆空军各项计划，分立平列，一破前此陆主海从的错误观点。其中对于海军各项建设，均列入国防要务，早已明示我们以海军建设的重要。总裁于民国八年曾手订建设新海军六十万吨的数目，约当那时日本海军三分之二的实力，预定十五年内完成。但因国家多故，是项计划，终未实现。倘若这个新海军计划能够早日完成，或竟成一半，那么这次对日抗战一开始的时候，我敢说战局的发展必完全改观。进一步说，中国如果早已建设有庞大的海军，那么太平洋最后的胜利，就不要等着英美的大海军来办了。总裁又曾指示给我们以建设新的中国必须建设新的海军的意旨，所以今后如果建军的话，海军也应该和陆军空军及其他各部门的国防建设同时并进，由建军而建国，由建国而复兴我们的民族，进而保持世界永久的和平。

中国海军建设论[1]　　魏济民[2]

　　建军理论之树立，一方面固须参证世界军备建设的趋势，实际上则仍需根据本身实力，邻邦情势，以为立论的出发点。海陆空军建设的后先，则又须依据国防地理经济战略等条件为转移。而在此建军设计之初，为国家百年大计着想，对于中国是否具备建设海军之条件，与是否适于向海发展，实值吾人热烈之讨论与研究。

一

　　首先，我们必须认识海权时代是否仍然存在。倘若海权时代已成过去，我们仍在高呼建设海权，则只是徒耗国帑，毫无裨益于国家。主议废弃海军或提倡海军过时论者，强调"威尔士亲王"号之沉没，珍珠港之被袭，克里特岛之攻占诸役，用证海权时代之寿终正寝，认为今世已不是海权时代。固然，在上述诸役中空军曾发挥相当威力，但是仅以战果之得失，遽证某一军种在作战中有无存在的价值，则似嫌过火。

　　"威尔士亲王"号在太平洋战争揭幕时，固然是英国的新锐战舰，但它的设计却远在二次大战以前，对防空的设备还未臻完善，并且缺乏海军航空队的

---

　　〔1〕此文发表于《海军杂志》1944年第17卷第4期。

　　〔2〕魏济民（1907—?）马尾海军学校第五届航海班毕业，长期在海军中任职。抗战前曾任"赴美接舰参战学兵总队"副总队长、海军舰队指挥部参谋长等职。抗战后出任青岛海军军官学校校长。1949年2月"重庆"巡洋舰起义后，海军总司令桂永清以海校也有学生策动起义为由，将魏济民扣押，于厦门撤退前押往台湾马公。1952年获释后任联合国代表团顾问。六十年代初任驻委内瑞拉大使等职，退职后移居美国。

协同（海军航空队与战舰之协同，与陆空协同或兵种间之协同毫无二致），暴露于敌机轮流果敢进袭之下，达二小时之久，装备已处劣势，众寡之势又复悬殊，战斗之成果自然不能遽断为海军不敌空军。因为若照另一个战例，在一九四二年十月圣大克卢斯之役，美国战斗舰一艘击落日机六十余架，另击伤廿四架，本身毫无损伤，则亦不足以证海军之必胜空军。珍珠港一役，美国海军受奇袭，沉伤军舰八十余艘，其主因在于防空火力未能发生作用，等于将一堆钢铁陈列在港中，听候轰炸，更不足以说明海军之不中用。

克里特岛之役，德国以压倒数量之空军，对付十余艘之英地中海舰队，原算不得是个势均力敌的海空战，充其量亦仅是以众胜寡的一个战例。相反的，英国本土舰队亦曾以压倒数量的优势，在开战之初突破德国空军的轰炸封锁，在挪威强行登陆，获得成功。大规模势均力敌的海空战，此次大战尚未获睹，小规模的接触则有之。在马尔他岛曾经有过六艘快艇与六架鱼雷轰炸机交锋，结果艇沉一艘，机落三架，表面上虽是快艇获得胜利，然而英国海军驾驶操纵的灵活，却是致胜的主因。所以也不足以断定舰艇对空之必占优势。

除开战术上的例证不谈，在战略上则我们所见的仍不能打倒"制海者制世界"的名言至理。

这次世界大战，联合国濒于危境者屡。在一九四三年以前，陆空军均屈居于纳粹之下，中流砥柱，挽狂澜于既倒，还是有赖于联合国的海军及其海上霸权。一九四〇年法国屈服以后，英伦危在旦夕，当时若无大西洋的护航，将军需品源源不绝的由美运英以支持这抵抗侵略的堡垒，则英伦之战是否能转危为安，英伦今日是否能雄峙为进攻欧洲的司令塔，确是疑问。

紧接着联合国的第二个大危机发生于纳粹攻苏之战，德军指向莫斯科，势如破竹，联合国阵营黯然失色。当时苏军之所以能坚持固守，一方面固在士气之旺盛，主要的还在英美能由北冰洋海上，冒重重的危险与苏联以抵抗侵略所必要的军火接济。今日苏军之敢于猛烈反攻，追奔逐北，亦复是依靠海上有大量支援作为进兵的后盾。

北非大捷为联合国转败为胜的第一个转捩点。继之以第二战场之开辟，奠定了欧局胜利之基础。此两役无一不系海权在握，登陆不发生困难，与水上补给畅通无阻。这样方能使百万大军按照计划逐步前进。

在这次大战中，海军虽曾为挽救危局的主力，但竟未被我国军事家所重视，主要的是因海战缺乏像陆空军那样眩人耳目的战法。因为联合国的海军已经是海上无敌，所以除了一二幕驱逐纳粹海上劫掠船的表演外，几乎是无声无响顺利地进行着七大洋上的护航工作。过去英美海军虽然沉重地应付着潜艇战争，但那只等于捉迷藏样的哑剧，比闪电战的叱咤风云，当然是精彩远逊，而不会为人们所注意。实际上，护航工作正代表了海权的控制，这一点却极少有人了解。英美能够控制海权，所以尽管海军护航遭受艰险，可是吞吐军品的港口却始终未受过变动。我国的情形则恰恰相反。以港口的迁移来对付敌人海军的活动，由上海逐渐移到香港、海防、仰光，而至现在的孟买、卡拉齐。这里面所包含的迁移费、设置仓栈、开发内运交通等等费用，十倍于建设一个对敌的海上武力。固然，这笔用款也不乏开发边地的功用，但那确是附带进行的工作而已。

总之，在此次大战中，海权之重要性，不仅没有减少，反处处显示其潜在的威力。所以中国及时建设海上武力不仅不是开倒车，而却是为国家民族求国防上长治久安迫切的要求。

二

海权与地理的关系是分不开的。打开中国地图，我们可以看到由呼伦到巴安的一线，天然将中国划成地理上两个截然不同的地区。在这条线之西北，姑名之为西北区，其东南为东南区。东南沿海，地当太平洋大动脉之心脏，实欧、美、非三大洲海路之咽喉。中国若海权丧失，则不但西南国际路线难以发展，便是建国资本宝库之东北，与国家精华所在之东南亦难以保存，并且一切接水之区将尽为敌人侵略之桥梁。海岸受封锁，国际运输被窒息，民族有被迫退回农业社会的危机。此次抗战如此大规模的动荡转移，实足令我们永远牢记缺乏制海力量的苦痛。

除了上述的地理条件以外，影响一个海权发展的因素，尚有自然的配置，人民的性质，和政府的指导等等。

天赋我国以数多而水深的港口，实为力量及财富之源。又有内河水道与广大流域，供给国内商业的发展，和大量侨胞与海外的经营供国外贸易的伸张，并且渔民海员的数量与其冒险具有军事性的气质，在在均可以造成中国成为海权国的条件。法国考尔白当政时曾将生产者和商人组成一支有力的军队，在活跃的指导下，力求商业的胜利，把海员和国外商业组织起来，并以一个具有坚实基础之海军来援他们，卒成法兰西殖民帝国之伟业。我们只需政府及社会中坚有识之士，认清列强由陆而海以趋富强之演进史，遵循国父以海港为中心以发展实业计划的遗训，打破人为和心理上闭关自守的见解，则去贫致富，成为太平洋上保障和平的稳定力量，最多亦不过是十数年的事而已。

三

控制海权之工具厥为海上武力，所谓海上武力实不限于海面或水中之舰艇，海上飞行之飞机，同为占领海洋之武器，亦为海上武器之一部，其理至明。

德舰"俾士麦"号追逐之役，首先发觉其潜逃者为盟方陆上飞机，继与接触者为格林兰之巡洋舰，向其攻击者为战斗舰。及其再次逃避，复为舰上飞机所觅得，受伤后复被兔脱，最后侦得者乃为海岸航空队之飞船，遂由战斗舰、巡洋舰、驱逐舰围而攻之，战舰之大炮使其惨伤，巡洋舰之鱼雷使其沉没。是为海上各种武器用以维护海权之一例。若就整个武力使用言，则海军又不过是武力中之一部而已，现代战争之最高原则为合三军为一军，合三力为一力。若仅各就所及之一隅各自为战，则战局既不完整，武器亦蹈分力之弊。所以使用武力必须联合运用海陆空军，而建设国军更须齐头并进。中国战后的领海及岛屿，当然不能靠别人来保护，海外的侨胞当然不能仰别人鼻息而生存，台湾的控制与侨胞的慰护都是必须有海军才能负担得起的任务。

海军建设为国家建设之一部，而且是国家建设最高表现之一部。这里面关系着整个国家的教育、经济和政治有无健全适当的发展，人民是否受有海洋思想的灌输，学术上是否有科学技术研究的风气，工业上是否有制钢造机的工业基础，政治指导上是否认识海权、陆权、空权的不可代替，海陆空军军力不可偏废的理论。所以提倡建设现代化陆军，建设大空军和建设新海军从根着想仍是需要国家一切上轨道，先富国而后自能强兵。

至于国内有些人持海军建设费太贵以为缓建海军的理由，则实是对于军备建设尚乏研究的论调。因为军备建设根本就是费钱的，而且一个军种建设费的昂贵与否并不是以一只军舰、一辆战车或一架飞机的造价来作对比，而必须以其继军力之建设费与其维持费、补充费之总和来衡量。若以成品造价来比较，除却B-29飞机一架需费二百万美元，不能引以为例之外，目前P-40飞机一架约需十万美元，B-24飞机一架约需廿四万美元，B-25飞机一架约需五十五万美元。姑以上述飞机各一架计，总需八十九万美金。此款可以造得卅吨重的战车九辆，可以造得军舰七百五十吨。假使我们各乘以五百倍，则一千五百架的飞机将与四千五百辆卅吨的战车，及卅七万五千吨的军舰同价。此种数量的军力，若依照军事眼光来看，在作战时则第一线之飞机可得四百架，第一线之战车可得一千五百辆，第一线之海军可得廿五万吨。上列的数字，就担负中国国防全般的分配上来讲，陆空军军力无疑是不够的，而以第一线廿五万吨的守势海军，照克劳塞维次用兵的优势率原则来讲，则至少可以牵制敌人五十万吨海军而有余。假使战后远东方面海上局势不有重大的变化，则这一个数量也许可以维持中国近海的安全于一时。

基于以上总军力对比上，我们看出海军的需费最小，不是最贵，也不是超出国家财力、国民负担以外的要求。倘将维持补充等问题计算在内，则军舰更远较飞机、战车的问题来得简单。

上述一切只是就表面观察建设海陆空军之比较，基本问题仍在重工业之能否自己建立。欧美各国以造舰工业为一切重工业之母，只要造船工业可以树立，则一通百通，其他航空工业、机械工业等等都可以连带建立。中国将来虽不一定先从造船工业着手，但重工业之奠基，则可断言必须俟海运开通方能办。目前普通一个钢铁厂的机器，即非有海运不能解决其运输问题。因此建立海权，保障海运，必成为建国最重要工作之一，而建立海军以控制海权则更为天经地义的必需条件。

关于中国应建立何等样的海军，兵力应有多少，海防线应如何布置，港塞位置应建何处，第一须看战后国际局势之如何，与将来可能之演变，及海军战术与武器方面之演进，事涉国防机密，我们仅能就原则上指出中国将来需要一个足以保障中国沿海安全的海军，其内容大概以潜水艇与轻型舰艇为中心，配以一部的海军航空队，掩护舰队之上空并为其耳目。德国以卅万吨海军牵制盟国数百万吨海军的战略，是值得我们研究的。

中国国防应采的政策
与怎样建设新海军^[1] 　郭寿生

一、今后国防应采的政策

在现在的时代，要保障国家的安全独立和民族的生存发展，必须充实国防；要增强国家的国际地位，和维持世界的永久和平，尤须充实国防，这已成为不可磨灭的至论。我国这次抗战的目的，对内则求国家民族的自由独立，对外则谋太平洋和世界的永久和平。经过这一次大战的经验和教训，我国朝野人士，想已莫不感觉到国防为何等的重要。但要建设国防，首须确定"国防政策"。

我们研究国父国防计划大纲，首先的是"国防方针"。我们知道：国防方针是产生于国防思想，各国各有其国防思想，又因其环境的不同，而各有其国防方针，英国与美国不同，美国与苏联不同，推而至于其它各国亦各相异。"三民主义"为我国防思想的根源，国防方针自须以这思想为依据，所以它是自卫的而不是侵略的。第一步应以"抵御各国侵略"（大纲第四十四项）和"收回一切丧失疆土及租借地、租界、割让地"（大纲第四十二项），使中国完全得到自由独立。

"国防政策"为实现国防方针的手段与方案，它是随时代环境而变更的，故大纲第二项定有"国防之方针与国防政策"。国防政策，包括政治政策、经济政策、文化政策和军事政策，因为军事为国防上最重要的一环，所谓政治、经济、文化诸部门都要和军事配合而并进。更就国防趋势看，军事在国防上，不论平时战时皆居首位。所谓政治、经济、文化等倘若没有军事力量的支持则

---

〔1〕此文发表于《新海军》1946年第1期。

均将无从展布。

国父的国防计划，原拟假以十年的期间来完成其重要建设的，故大纲中定有"完成十年国防重要建设计划一览表"的第四十六一项，不过以科学落后和国防基础薄弱的我国，欲使其变为世界一等强国，则非十年所可奏效，于十年之后，还须继续努力建设，因为世界各国的国防建设是有进无止，倘若我国国防建设自甘落后，那就无从保障国家的安全了。所以，国父在大纲的第五项中又定有"制定永远国防政策"。

在抗战建国纲领中已经指示"我国国防政策，基于民族主义，以达到巩固的国防，以维护中国的独立与世界和平为目的，绝不带丝毫侵略色彩。人不犯我，我不犯人，抵抗一切对我的侵略，以维护国家生存并收回一切丧失疆土，以维护国家的权利。"这个纲领所规定的我国国防政策，是遵照国父的国防计划书纲目而规定的，我们必须有明确的认识，我们因为过去国防力量的薄弱，所以在这次抗战之初，未能迎头击破敌人于海外，弄至整个海岸为敌封锁，半壁河山沦于夷狄，若非艰苦卓绝的奋斗，和盟邦的协助，哪有最后胜利的获得。今后我们国家的环境，虽削弱了日本，还有强邻逼处，又因旅顺、大连、台湾、澎湖的收复，海疆益见辽阔，更非积极从事于高度国防的建设不可。

唯是我国今后的国防建设，应以发展陆军或海军或空军为主体呢？过去有人主张采取"陆主海从"政策，也有人主张采取"海主陆从"政策，也有人主张"优空主义"。我以为这些主张，都是由于一时的现象和片面的观察所驱使，不能适合我国的情势。我们的主张，今后中国的国防，应采取"海陆空并重"政策，因为中国有一千一百十七万三千五百五十八方公里的土地，必须建设有庞大的陆军，准备击破侵略者于国境之外。又有八千五百海里的海岸线（台湾澎湖未计在内），亦须以列强海军为标准，建设强有力的海军，准备击破侵略者的舰队于领海之外。空军为最新锐的兵种，又为海陆军不可少的助手，亦须建设优势的空军，准备击灭侵略者的机队于领空之外。我国具有一个海陆天然形势的国家，要想达到健全国防的地位，海陆空军三种军备，没有一种可以漠视，或是可以落后的，我们今后的国策应永远以国防准备充实建设为要件。

蒋主席说过："我们必须正视世界森严的现实，并接受抗战中的痛苦教训，以建设绝对安全之国防为第一目标"。这就是指示给我们以建国必须制定永远国防政策以国防准备充实建设为立国的政策。今后我们应观察我国的新环境和侵略者的野心，而确定我们的国防政策。一面秉承蒋主席的昭示，发扬国父的国防计划；一面发挥海陆空三军一体的力量来实行它，而建设高度的国防，保卫我们的国家，谨防将来的侵略者，使中国成为一世界至进步、至庄严、至富强、至康乐的民主国家。

二、中国是不是需要海军

在没有谈到建设新海军的主题以前，我们应先研究一下我们中国是不是需要海军？我们把中国地图打开一看，就晓得中国的形势，一半是靠着海，这个海疆的长度，从安东起，一直到越南交界止，一共二千五百海里，所有沿岸岛屿有三千三百三十八个，它的海岸线有六千海里，折合二万华里，台湾和澎湖还未计算在内，统共算起来，有八千五百海里，就是二万八千华里，这样漫长的海岸线，统统是中国的海上藩篱，但在过去，我们并没有把这藩篱建立起来。我们还有横贯各省长江大河，单就长江来说，由吴淞至汉口，五百八十海里，汉口至宜昌三百六十海里，宜昌至重庆三百六十海里，重庆以上且不要说，只说这一段可以通航中号舰船的水路，已经是一千三百海里，珠江虽然没有长江那么长，但是河汊支流很多，如北江、东江、西江的通航的路线也很长。我们中国百年来受不平等条约的束缚，外国军舰可以任意在我们内河航驶，我们丧失了许多主权，现在这种的锁链虽已脱掉，但是整个的江防还没有建立起来。

我们明白了我国海疆和长江的形势，一定会联想到，照着这样长的海岸，这样多的岛屿，这样长的长江、珠江，要谋一个保卫防守的方法，是要靠着什么力量呢？这非常明显地告诉我们，除了用强大的海军力量以配合陆军、空军，是没有别的方法可以巩固的，我们在这里，就得到一个答案，就是说我们要巩固我们的海防江防，非建设新海军不可。

我们再就海军的任务来说：在战时，当然要把握住制海权，这种制海权能够操在我们手里，可以使侵略者没有法子施展海军力量来向我们领海内和领土上侵犯，此外移转军队，运输军用品等等也都是战时的要务。再进一步说：截击敌人运输交通，封锁敌人港口，毁除敌人舰队，毁除敌国领土领海以内的许多海军设施，肃清海上敌人潜艇的力量，掩护陆军登陆，检查中立国的船只，更是战时海军的重要任务。还有保护海上交通，使商业工业发达，资源不至阻滞，这也都靠着海军的力量。至于平时，维持沿海沿江的水上治安，剿除盗匪，保护渔业航业，保护各岛屿的居民，宣慰各地方的侨民。宣慰侨民，是使侨民对于祖国发生深刻的观念，保护侨民，可以使侨居国外的许多侨胞不至给他们居留地的政府人民的欺侮，这都是海军的应有的任务。还有测量全国江海水道航线，使全国交通利便。就国际礼仪方面说，代表国家访问或是回访外国，以及国际间一切礼节的执行，没有一种不是海军的事情。说起海军的任务是相当的重大，我们要达到上述的任务更非建设新海军不可。

我国经过了几十年的革命奋斗，八年下来的反侵略战争，解除了不平等条约的束缚，获得了最后的光荣胜利。我们国际的地位愈是提高，处理国际上的事情也随着增多。我们负有维持世界永久和平的责任，这种重大的责任，加在我们的肩膀上，我们应该要怎样去担起这个责任。我们既然是四强之一，那么国际上的许多责任，我们也应该负担着四分之一，我们要想担负这四分之一的责任，我们一定要有四分之一的国际全海军力量来使用，才能负起这四分之一的责任。

蒋主席顾问拉铁摩尔氏在纽约演说云："中国今日已排除万难，一跃而为列强之一员，亦即为四强之一。过去各国原视中国为半殖民地，而今日则中国不仅为四强之一，抑且为太平洋上之领导国家。"最近美总统杜鲁门所作美国对华政策声明中曾有"中国向和平团结之道路迈进之际，美国准备加以协助，建立其军事体制能以克尽中国对本国及对国际所负维持和平秩序之责任。"美海军部长福莱斯特尔致书众议院议长雷朋称："根据国家利益与良知而考虑，美国实应帮助中国维持一支海军，而该项海军，可能对维持太平洋上和平有巨大贡献。"由此看来，中国为自卫和安民计是需要海军，进一步说为维护世界永久和平计，更需要中国有强盛的海军。没有强大的海军，就不能成为一等强国，如何而能与列强并肩，如何而能成为太平洋上的安定力。所以，我们要实现海军的责任，要完成绝对安全的国防，要想中国获得真正的平等自由，做一个独立自存的国家，则非遵照上述国防政策与国父《国防十年计划》逐步进展，与陆空军同时完成国家三大实力不可。

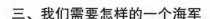

三、我们需要怎样的一个海军

我们就国防政策上着想，中国必须建设新海军。再就中国海疆的形势和长江、珠江流域的情况，战时平时海军的任务和今后维持太平洋和平的责任，都认为中国必须建设新海军。但我们需要怎样的一个海军，很值得研究。论者或谓我国既非岛国又没有侵略野心，有了小海军或飞机潜艇等即可，这种不关痛痒和不求实际的观念，岂能适用于今日我国所需要的海上的防务和海军所应负的责任？我国自一八九四至一八九五年的中日战争以后，海军的发展，几已完全停顿。民国成立以后，添造了少数舰只，但皆系小型巡洋舰和炮舰之类，对于中国海军力量并未增加许多。所以按具体地说，在这次中日战争爆发以前，中国和世界大海军国相较，可谓等于没有海军。

过去八年抗战所遭遇的事件，已十足证明在对日作战中，中国之缺乏强大的海军，乃处于最为重大不利的地位。当战事爆发之际，我们感觉到，无须说对敌在海上采取攻势作战，即对于八千五百海里的海岸线，要想加以防御，亦绝对不能。因此，我们不能阻止日军从海岸线登陆，而容其对我国大陆作有效的海岸封锁。我们在这次战争中所得的苦痛教训，很明白的指示我们，关于建设一个强大海军，实最为当务之急，今后须以万分的热诚努力迈进。

或谓日本既已降服，日本的海军已不能存在，和平会议所订条约，绝不能再许其武装以危害东亚和平。其他列强，中国的盟邦，可有理由推测其不至向中国侵略，这当然是中国所希望的而极为欢迎的。不过因此遂认为中国可无须且不必建立强有力的海军，则于事实上所需求的恐尚未能适合。古语云："兵可百年不用，不可一日不备。"一个爱好和平的自由独立之国家，最低的限度，自卫的力量是必须有的。中国是东亚的大国，不但是海岸线绵长，港湾纷布，而且大陆以外之属岛繁多，内部又有广远之江湖流域，加以失去五十年的旅大、台湾与澎湖群岛，又回到祖国的怀抱，若只限于建设一支小规模的海军，则这种力量，欲用以保障全部安全，恐不免要捉襟见肘。况且中国又是太平洋上的主要国家之一，还须要保有能够贡献国际的武力，与各爱好和平国家合作，才能维护将来太平洋上的永久安宁与秩序，以推而至于世界的永久和平。美国要拥有七洋的海军，英国要于看到它的国旗的地方，都用海军去保护。美英为极欲维持世界永久和平的国家，故皆拥有庞大的海军，可见凡讲自卫以至共卫，由互助以求共存，皆未可缺乏强有力的海军。

或谓中国建设强大的海军，将与美国和英国作海军的竞争，而虑其有统治东亚或全球的野心，成为侵略的国家，那是不可想象的事。因为中国纵有美英之全力合作与协助，至少亦须有数十年之不断努力，始能完成一个相当强大的海军。而且中国数千年来传统的和哲学的思想，皆是反对侵略主义，是则中国之能建设强大海军，是于世界绝对无害，而实是有益的。我国人民实是爱好和平的民族，绝不会想用我们的海军去作侵略的企图，我们所需要的是，须有一个强有力的海军足以防卫我们很长的海岸线，以抗御外来的侵略。解除轴心国之武装，虽可予太平洋之和平提供保障，但是外来侵略的威胁，除非世界大同断不能永远的根绝。我们所需要的海军之大小，将视民主国家能保持轴心国家不复为害之效力和视察我们国家之环境情形而定。无论如何，我国之需要强大海军是十分明显的，因为我国是太平洋主要国家之一，我们必须有一种力量不但希望能以自卫，且须尽我们的责任与邻邦共同维护远东以至世界的和平。

四、如何建设新海军

我们已经知道要建设绝对安全的国防，必须建设新海军。但在建设新海军的准备工作上必首先须注意以下的几种条件：

第一，新海军建设必须有一个建设的中心力量和一个健全的组织基础，而后对于全国海军行政及军令事宜，有专责分司其事，才能展布新海军建设的计划和增强新海军建设的效率。

第二，新海军建设必须先有一个详密的建设计划，每年建设的进程须有一定的步骤，一定的预算。

第三，新海军建设必有一定充足的经费，这笔经费应由国家确定之。新海军建设预算，则由海军的建设当局召集专家议定，至于经费怎样筹拨，这是国家财政当局的责任。

上述的几种条件具备之后，其次就要注意到怎样建设新海军。我们现在把建设新海军的主要事项分述如左：

第一划分海防区。中国沿海，照笔者的意见大概可以分做四个海防区：第一区由安东起，沿岸向西顺推，经过辽宁河北，一直到了山东半岛东北角的成山头；第二区由成山头一直向南部沿岸延伸，以至江苏的长江口为止；第三区，从长江口以南，一直到汕头为止，包括台湾、澎湖列岛；第四区由汕头以南，一直到了越南边界，包括海南岛、东沙、西沙、南沙和团沙群岛。海防区划分之后，则对于设港、造舰，和新海军的组织编制，均可按步进展。

第二是训练人才。因为海军的任务特殊，所以海军的学识也是特殊，军舰构造，航海术科、枪炮、鱼雷、水雷、新兵器等，都是高深特殊专门科学，所以培育官兵很不容易。普通学科，大概可以分做航海、枪炮、鱼雷、水雷、轮机、通信、电务、造舰、造械、海军航空。至于军需、军医等部门，尚未计在内。至于作战指挥部门，那就要有大学训练。战术、战略、军法等等的研究也是很重要的。如能将青年员兵学生多派往美英受训或聘用客卿，帮助我们训练必要的海军人员，以备分配于海军各机关和新舰艇，则对于新海军的建设，当可以事半功倍之效。今后我国海军的任务，非仅担任本国沿海沿江的治安，还负有维持太平洋和平的责任，为了履行这个责任，我们需要相当多的舰艇，我们更需要大量的员兵，所以要建设新海军，首先要训练新海军的人才。

第三是水上建设，就是舰队建设。有的主张，建设中国新海军，只需设备几队护航驱逐舰，若干大型驱潜舰，大队鱼雷快艇，几艘修理舰和若干拖船，及相当数量的内河炮舰，这于中国沿海及内河执行我海军的任务固不无小补，但是若以此为建设中国新海军的初步计划，则似觉不敷尚巨。若以之为巩固中国国防的海军，自然相差更远。若以之作为贡献国际的武力和与各爱好和平国家来维护太平洋以至于世界的和平，则更不足道。要知道海军军备，是整个的，自最大的主力舰[1]、航空母舰、巡洋舰以至最小的潜艇和鱼雷快艇，有互相联系的作用，有互相支持的效力，没有一种可以偏废的。主力舰在这次世界大战中仍为负有决定性作用的武器，驱逐舰则为主力舰的屏蔽，巡洋舰则为舰队的耳目。珍珠港一役，敌人的目的，即在消灭美国的主力舰队。中途岛一役，美国倘有优势的主力舰参加作战，则日本的舰队必已全军覆没。尤其是在这次大战中，护航队运输接济，为持久作战的命脉。护航队必须巡洋舰与驱逐舰为之保护，更赖主力舰与航空母舰为之遥为声援。故谓主力舰可以作废，这

---

〔1〕指战列舰。

是一个问题。我们建设新海军的重要部分，当然是舰队，舰队的实力，在质和量方面都要并重的。但建设新海军究以哪一种性质为适宜，值得予以特别的研究。以主力舰为主呢？以航空母舰为主呢？抑以巡洋舰、驱逐舰、潜水艇的混合舰队为主呢？我们不能不有所决定。唯海军的进步日新月异，决定之时须慎为选择，且须使它有极大的伸缩性方可。我国重建海军应以卫国为主要对象，它应是防御性的，而决不是侵略性的。故我国建设舰队的重心，不是在主力舰，而是在航空母舰、巡洋舰、驱逐舰乃至潜水艇。我国海军的任务，不是在控制远洋，而是在保卫近海。在太平洋彼岸的我国盟邦美国，已负有使太平洋永远和平的任务，我们海军的任务，就在太平洋西岸协助这个任务。为履行这个任务，和配备在沿海四个海防区所需要舰队，我们至少约需一百万吨以至一百五十万吨的舰艇，还有长江、珠江、黑龙江三个流域，也应该各设一个舰队，这种舰队因为是在内江工作，构造和海舰不同，譬如川江过滩，速率须十五海里，才能够上进，并且一定要配三个舵，才没有危险；又因为江面窄和水道浅的缘故，所以船身一定要短小些，吃水还要浅，才能合用。此外还要设置练习舰队和测量舰队也需要很多的舰艇。

第四是岸上建设。岸上建设的主要部分，就是开辟军港。军港一定要港道深浅适宜，当然冬天还要不结冰就是不冻的港。港面还要宽广，前面可以建筑要塞，后面陆上交通便利，如天然河汉、运河、铁路、电台、造船场船坞、码头、碇位、浮椿、贮油库、给水、给碳等等设备。因为军港司令，负有镇守防区、制械、造船、供给军火、粮食，以及筹备出师备战一切供应的责任，需要大量的人员和相当的设备。此外还有水陆机场、防空防潜设备，都是要举办的。还有要港，就是次等的军港，以补助军港的效用。潜艇根据地、航空站、学校练营、兵器库、粮秣装备厂库等等，都应该以次举办。

或谓建设新海军经费浩大，一时似非国家财力所能应付，然这倒可以不必过虑的。分期建设，循序渐进，何患不能企及成功的境地？我国既系战胜的国家，又系地大物博，得天独厚，有无尽的生产力和经济力，又何可妄自菲薄？况且前文所说的护渔、慰侨、护航以发展海上贸易等要政，皆系财利的源泉，这就是表示海军之在平时，不是纯粹消耗性的工具，对于建设所需的费用，不愁无所补偿。至于列强的造舰造械，要皆以能够自造为原则，比较的自觉轻而易举。所以谈到新海军建设，同时尤须极力提倡科学，注重重工业、炼钢、造舰、造炮，以及制造飞机等等，务须皆以能够自造为依归，绝不是单靠他国的赠售即为已足。总之，我们必须遵照国父的国防计划，对于海军建设各项，应求其一一见诸实施，以有副蒋主席建国必须达到国防绝对安全的期望。

最后我们还要认识今天已经到了海军建设抬头的时代，因为这个时代具有以下诸特征的：第一是民族统一与自觉心的强健，第二是国防第一观念的普遍发达。其次，我们认为现在也已有了建设海军的适当环境，而这种环境实具有以下诸特征：第一，所有一切不平等条约皆已取消；第二，失去五十年的台湾、澎湖群岛又回到祖国的怀抱，海上各领域的收回；第三，从前我们要建设强有力的海军，敌人不能容许，现在我们正在解除日本海军的武装，这层障碍已根本的予以扫除；第四，是海外侨胞年来所表现的对于抗战的热忱和助力，使国人了然于护侨问题的逼切；第五，美国政府海军当局，正在积极援助我国建设新海军以维持太平洋的和平。这些条件眼前都已水到渠成，看来似不稀罕，然而按诸近代本国历史，却显见前无其俦。这便是建设中国新海军的绝好机会，再不容任其错过。所以今后之建设国防，海军也应该和陆军空军及其他各部门的国防建设同时并进，由建军而建国，由建国而复兴我们的民族，进而保持世界永久的和平。

新海军建设计划的研讨[1] 郭寿生

中国真正从事海军的建设，只能算在清末那一次，这头一次的海军建设，其实只想仿效，只想做些表面上的工夫。清廷皇室当权的人根本就是一班昏庸，一些大臣中虽有懂得海军的，但是权力有限，而又受阻于极顽固的封建势力。有的人认为海军洋船机器这一类东西，就是用"夷变夏"，都是异端，这是当时一般士大夫对海军的观念。至于民众，不知不识，更不发生什么作用了。

自中英、中法几次战争之后，把中国的纸老虎戳穿，觉得外国的强盛全恃海军，故而就亦建设海军。可惜当时建设海军，根本没有什么具体的研究和详细的计划，因此甲午一战，把所有小规模的海军都毁灭，此后就再谈不到建设了。

海军建设不是一件轻易的工作，它需长久安定的时间，详密的计划，确定的政策，巨大的经费，又需要一个中心的力量，更需要国民对于海军的认识。这些条件，在前清和民国以来都不具备，因此海军建设，便于失败了。

在抗战以前，我国海军仅有四万余吨的舰艇，且大部分已超过舰龄，早应废弃，若与世界大海军国相较，可谓等于没有海军。过去八年抗战所遭遇的事件，已十足证明在对日作战中，中国之缺乏强大海军乃处于最为重大不利的地位。我们在这次战争中所得的苦痛教训，很明白地指示我们，关于建设一个强大海军，实最为当务之急。今就新海军建设计划作详细的研讨分述如下：

---

[1] 此文发表于《新海军》1946年第2期。

一、海军政策之厘订

我国具有一个海陆天然形势的国家，要想达到健全国防的地位，海陆空三种军备俱应并重。我们今后的国策，应"永远以国防准备充实建设为要件"。但我国国防的安全，不仅需要充分军备足以保障我国境，并且还要足以维护整个太平洋的安全。太平洋一日不安，我国国防也一日不安。因此，我们必须预防敌人由太平洋向我侵略，我国国策应以"太平洋政策为我国防的政策"，应以"把握黄海、东海、南海的制海权为我海军的政策"。这种政策的实施：第一，要使我们的领海达到绝对的安全，以防任何敌人再利用太平洋以侵略我国，以封锁我国际通路及进出海洋的自由；第二，必须建立新海军，以树立太平洋的永久和平，同时维护我国际的运输贸易与保障海外侨胞的安全。

我们海军的政策，固然要依据以上所定，但以战后远东的形势，我国的环境，我国的国情，我国的财力，我国的国防重工业基础，均不能立即建设强大的海军。而目前海军的政策："当先致力于沿海沿江的水上治安，剿除盗匪，保护渔业航业，宣慰各地侨民，还有测量全国江海水道航线，使全国交通便利"，而战后所获得日本的小舰艇和美国英国所让与我国的舰艇，亦只能供作上述的任务。至于要达到我们领海绝对的安全，维持太平洋永久的和平，维护我国际的运输贸易与保障我海外侨胞的安全，即须依照国策，拟具详细计划，分期进行大海军的建设，以求实现我海军的整个政策。

二、海军军制问题

陆海空军的增强，其意义不特是各个部门的发展，而是整个国防力的增强。从运用方面看，各军的性能要求适如其量的发展，抑此扬彼或优此弃彼，都是不了解"统一性国防"的内容，因为陆海空是国防的三种范畴，正如立体里面的三个向度一般，去"长"或"阔"或"高"则不成其为立体，同样去"海"或"空"或"陆"则不成其为国防。所以我们相信在更生的形势下的陆海空的统一前途是非常光明而伟大的，海军不但不应被缩小，而且要立刻建设起来。因为它是建军程序中鼎力的部门之一，又是"统一性国防"内容不可或缺的因素。

中国陆海空统一性的基础，在精神上是以国父创造的三民主义为其最高的指导原则，操典第一条开宗明义"国民革命军以实现三民主义，求得我中国之自由平等为目的，凡有侵略我领土与主权及妨碍我主权之推行者，须全力防制而歼灭之，以完成我军人惟一的使命"。这样伟大的历史任务的规定，在古今中外的兵律中构成一种特色。其次在技术上，我们是以中华民族的固有能力为基础而直接应用世界最进步的科学成果。但最基本的而且最重要的乃是将中国的陆海空军统属于一个最高的军事机构的"国防部"。把陆海空军平衡的组织起来，把整个军事体系，由精神到物质，彻头彻尾，表里如一的给以新生命，这才算得三军一体，一律健全的"统一的军事力量"，这才能建立健全的国防。海军的任务在国防上本来最繁重，海军的一切章则制度，也有其特殊的风格，而与陆空军不同。但"海军的军制应与陆空的军制处于并立的地位"，然后中国新海军的建设才容易成功。

三、军区划分与军港要港之选建

我们检讨过去帝国主义和日本侵占我们海疆的事实，惩前毖后，我们对于海军建设所决定的海军政策和思患预防，要先计划我们的"海权中心区域"。

今后理想的海权中心区域，应为军事、政治、经济、文化、交通等中心区域的总汇，方使之得有安全的保障。依过去海上敌人进侵的路向，而对于沿海各地的防御，尤需得有平衡的分配，就此观点而论，我国海防，显可分做四大海军区：

（一）华北海军区。北自朝鲜交界，南至山东以至江苏北部之海岸，包括辽东半岛、山东半岛及渤海、黄海的全部，吉黑江防在内。这一军区的建立，使我广大富裕的东北及华北，得其天然的屏障。

（二）华中海军区。北自江苏南部，南至闽浙交界之海岸，东至琉球群岛，包括崇明岛、舟山群岛、长江江防在内，为我首都南京、华东、华中及长江流域的外卫。

（三）闽台海军区。北自福建北部，南至闽粤交界之海岸，包括台湾、澎湖群岛，控制东南海面及台湾海峡，保卫我国进出太平洋的要区。

（四）华南海军区。自广东东部海岸，西至越南交界之东京湾，珠江江防在内，并包括海南岛及南海的东沙、西沙、南沙和团沙诸群岛，为珠江流域及华南的屏障。

各海军区内，必须建立主要的军港，以供舰队驻防，并易于统率与指挥。考察世界各国重要军港地点的选择，不外四大条件：一、港阔水深之不冻港；二、对内对外交通之便利；三、形势不太暴露，亦不太隐蔽；四、与商港易于联系。根据这四大条件，我们可于四大海军区中，选择其军港和要港如左：

（一）华北海军区。应以青岛、葫芦岛为重要军港，威海卫、大东港、连云港及同江为要港。

（二）华中海军区。应以淞沪或象山为首要军港，定海、三门湾、台州湾、温州湾、南京、汉口、重庆为要港。

（三）闽台海军区。应以厦门、高雄为首要军港，马尾、三都澳、澎湖、基隆为要港。

（四）华南海军区。在香港未收回以前，应以广州之黄埔及榆林、三亚港为首要军港，汕头、广州湾、海口、北海为要港。

国父在建国方略的物质建设中，将中国沿海的海港，详细规划，哪里为军港，哪里为商港，哪里为渔业港，其着眼点完全在国防。我们今日建设海军，必须参照国父遗教，将沿海重要港湾建设起来。

四、造舰计划与舰队之编成

关于造舰计划，当依照海军政策，选造各种舰艇，规定先后程序，分期建造。在中国重工业设备未臻完善之前，有的军舰可向外国定造，应派技术员工前往监造实习，每种舰艇造成之后，则在本国海军或民营造船所，照样自行建造，以求达到完全国产为目的。

依上述海军政策，当先成立足以维持我江海治安的舰队，则造舰的初步计划，当先选造轻型的舰种。至于成立外海大舰队，则须选造重型的舰种，按各海军区需要的缓急，而定造舰的程序与各海军区舰队之编成。

五、教育与训练

建设新海军在在需用人才，过去我国海军人才，实在觉得太少，目前全国海军官兵，合计不过三万余人，若照现有人员，分配于美英让与我国的小型舰艇，已不敷应用。将来施行新军制，划分海军区，成立各舰队，建巩军港、要港、要塞和其他各种建设，更觉缺乏人才。所以培育海军人才，实为建设新海军的先决问题。而自这次世界大战之后，海军战略战术武器日新月异，培育人才非旦夕所能成功，故海军各种专门学校，均须及时设立，并遴派优秀员生分赴欧美各国肄业专科养成高深学术。训练士兵之练营，且当从事扩充，以便将来购造舰艇成立大舰队时，有干练官兵可用，其应进行的计划如下：

（一）积极训练海军官兵，就原有海军学校及海军练营予以扩充。应于首都和近海的适当地点，作为校址及练兵所，且应集中训练，以求统一精练。

（二）当筹设海军大学，聘请国外海军将官来华造就海军参谋人才、高级技术人才，且宜积极培养，以应扩充海军之需。

（三）海军学校校长，应请最高军事长官或最高海军长官兼任，并由海军中遴选才学兼优、品行端正、富有教育经验之高级官员专任教育长，负责管理校务及训育。海军学校教官宜尽量充实，除聘请外国海军专家教授外，应调任曾在国外留学而有教授天才之海军军官为各术科教官，并请国内有名之教授，担任数理、国文、史地等教育，提高待遇，才能容纳干才。

（四）招考海军学生，每次招生，应向全国各教育中心区及海外华侨教育区，考选品学体格优秀之初中、高中毕业生或有同等学历之青年，施以严格的海军教育，即可于短时间内，养成海军干才，以应新海军的急需。

（五）应规定海军征兵募兵制度，由各海军区，征集壮丁或招募壮丁，先入海军练营训练，再经过练习舰队实习，而后始可分派于各舰艇服务。

（六）参照英美海军陆战队之训练与配备，将原有海军陆战队加以整训，并就各军区，增编陆战队，加以严格训练，方足分配应用。

（七）选派海军学员留学美英，以求深造。

（八）在美英让与我国各舰种中，先抽选若干艘成立练习舰队，以应员兵学生实地训练之用。

（九）建设海军，不可徒具形式，必须注重军人精神教育，有了独特精神，才能造不世的功绩。中国海军须惨淡经营，从艰难困苦中长成，必须养成智、仁、勇、信、严的武德，以及精神重于物质的信心，蔚为中国新海军的特殊风格，尤须尽量灌输三民主义，使海军变成民主政治的有力部队。

（十）设立海军编译委员会，编辑海军教科书及其他应用图书等，以应海军教育训练之用。

（十一）设立海军研究院，专事研究海军学术，尤其对于海军各种兵器之发明与改造。凡与海军有关之各种文化工业机关或研究所，更应随时与其联络，共同研讨，俾收事半功倍之效。

六、人事及兵役之确立

过去海军对于人事方面多沿旧习，未尝讲究，不知人事不讲，即跟着腐化。尤以军衡、铨叙之权在过去亦为少数人所把持，致许多优秀者无法升进，狡猾者则谄媚求荣，损人利己，以求幸进；忠实者则守分度日敷衍从事，这种恶习惯影响全军军风纪与海军之进步。至于兵役之规定，虽有法规，但亦未能确立，其害匪浅。现在新海军建设伊始，对于人事及兵役应重新调整加以规定。

（一）整理人事，首重海军军人资格的规定，以避免因人事的纠纷而影响新海军的基础，其规定的大要如下：1.学历完全，自入学至现在均在海军服务，其年龄与职级相称者，列为海军正规军人，年轻力富堪以造就者得准补修。2.学历虽属完全，而年龄与阶级不相称者，或脱离军籍已久者，列为海军后备役。3.志愿投效海军受某特种技能之训练者为海军志愿队。上列三类的海军军人，同为海军人员中的主要分子，仅有服务场合的限制与晋级办法的不同，其他机会均属均等。英美现在海军中的员兵即有百分之九十为后备队。

（二）按照资历、学历将员兵编组为正规与后备二类，其审查资历、学历办法：1.调铨叙应前海总部及其他机关已有存案之海军军官佐履历予以审查。2.临时投效的海军军官佐应由现在服务机关的最高长官证明其资历、学历并须由在役海军军人与其同期或同事者二人以上代其证明。3.士兵出身及服务经过由各保送的部队机关长官负责审查。

（三）重行核定官阶，所有员兵晋级应按海军法规办理，似宜以公平合理之办法予以审查，其有特殊技能或功绩者例外。其次脱离军籍的军官佐及潜逃或开革的士兵自亦拟予收录，但不能照原来阶级任用，其有特殊技能与学识者另订办法。

（四）各级员兵应支配以年龄，倘逾规定年龄，尚无升转的机会，则当加以津贴以奋发其精神。升转方法可用考核，察其历来劳绩，如其年龄已大，仍无法升转，则调入陆上机关服务，彼对于行政自有相当的认识，且军界行政非政界可比，似有军事学识者对于舰队及军事机关的交接尤易融合。倘其才学低劣不堪升转与调任，则加一级退伍，并允其领赡养金之外可另谋生计。

又员兵年龄已届退伍期限者给予赡养金外亦可许其另谋他就，不然，则退伍者为生活关系常不引退，细揣其故，缘海军员兵每月所得薪饷仅足维持生活，家无余积，且一生为国勤劳，奔走于惊涛骇浪之中，青年时期对于家庭幸福完全牺牲，故对于退伍员兵应从优体恤。这样，则舰队员兵，皆年富力强，全军有蓬勃之气。

（五）应划分权限与专任职守，要海军组织的健全与避免人事的纠纷，贵有权限分明，有权限则有秩序，有秩序则纪律不乱，理事者方能行其职守；倘权限不分，则一人的脑力精神有限，总揽全权难免有顾此失彼之弊，诚非所宜。故用人者必专其责，使展其权与能，苟有不能尽职者则科以相当的处分，俾有所顾虑。这样，则办事迅速，工作效率增加，人人有所遵守，全军无废弛之病。

（六）关于国民兵制，必须运用于海军方面。我国兵役法早已颁布，国民兵役制度已实行，那么凡及龄壮丁，视其气质，或听其兴趣，令其一部分入伍海军，造就伟大的海军人力基础。必须使中国青年，容易入海军之门，并且养成崇拜海军的心理，然后中国新海军的建设才容易成功。

七、供应修造问题

在新海军军制成立，各海军区划定，与各军舰成立之后，对于军港、要港供给站之设备，乃是一个极复杂而需要高度行政配合以及注意到极细微事情的问题。食料、服装、燃料、军火、积存备用的部分、用具以及各种特殊设备，均须足量。在平时对于舰队及各机关之供应当统筹计划，使足敷用；在于战时，要在适宜时间内保持舰队的战斗效率。今欲解决军港要港供给站之设备，应按照我国海军建设情况，采取美英海军供给站之设备，以资借镜。

其次，造舰场、工厂之制度设备，先就海军江南造船所、青岛造船所、闽台造船所、黄埔造船所、大沽造船所，采取英美海军造船及其海军工厂之制度与设备，以求改良，并求充实其内容。至于另辟新地，设立新造船厂，亦大有考虑之必要。

再次关于造兵场之制度设备之研究，亦属重要。因为一国民族，适逢今日科学武器竞争的时代至为可怖！在列强各国固早知欲谋民族的生存，非有充分的自卫武力不可，于是于前次大战后聚全国专家的心思脑力，用尽科学的结晶，从事于军备的扩张，武器的改善。彼有发明，此又有抵御发明的发明，新陈迭出，循环不已。时至今日已趋于原子能时代，一切武器均将起革命。以论我国过去鲜知民族生存之理，不求武力自卫之方，是以科学落后，日言国防，日言抗敌，乃以多数肉体和精锐的武器相持，可以侥幸取胜于一隅一时，实不足以作大规模的持久战。根本之计，宜积极发达科学工业，以求兵器的进化和新武器的发明。

目前应求设立海军兵工厂，聘请外国技师监制舰炮、高射炮、机关枪、炮弹、水雷、鱼雷、深水炸弹以及舰上应用的各种仪器，循序而进，务于最短期间能完成强有力的海军战备。

八、军需问题

我国海军缔造以来，初则清廷挪动海军专款，以供娱乐建筑颐和园，继则民初军阀专政，罔识大计，任海军方面之若何建议，充耳不闻，一误再误，致无伟大建设，胜利迄今仍无一定的预算和建设费。以这样最低微的经费怎样能谈到新海军建设？今日欲求海军建设，必有一定充足的经费，这笔经费应由国家确定之。因为海军重新建设，非仅扩充一部分设备，自须有较巨的军费。欲使海军舰队完整，力量充足，断非一般所想象之易，亦非急时方图救，事过即善忘。进行建设之际，必先有缜密的计划，预定的时间，确指的经费。依照步骤，限期奏功。第一，政府须抱决心；第二，民众须尽力赞助，且不止有决心与赞助，宜把海军建设经费，定为法案。就是说先由海军的建设当局，召集专家议定造成预算，提请政府审核，而定为不移之法案，以求系统的政策，有一定的程序，持以毅力，一贯进行，所有建设方案，先后衔接，期在必成。

或谓海军建设，需款较巨，非若陆空军之轻而易举，始则袭陈旧的腔套，而曰陆主海从，继又效管蠡的窥测而曰优空弃海。此种见解，实未曾就我国的地理形势上，及国际情形上全盘着想，无异自甘放弃海权，引狼入室。要知道国防建设，是为国家树立长治久安之计的，在现代的立体战争中，海陆空军之为国家支柱，能够使其屹立不摇，正如此鼎足而三，缺一不可。且海军舰艇的寿命最长，一艘战斗舰，至少可用二三十年；一艘潜水艇，至少可用十余年之久；若飞机的寿命，则只可拿能用多少时计算；就是陆军的精锐部队，其效用亦只可保十余年。故海军建设，表面上虽似最贵，而实际上乃最经济。再则海防设备，系绝对的为维持国家的生命线的武器，断不能因经费支绌而弃置不顾或视为缓举。美国史汀生氏在参议院外交委员会曾披露意见，谓"国家即使贫困，亦不能不力加振作，起而造舰"。斯言洵可为藉口国家财力不足缓办海军建设者的药石。因为建设海军，虽然用钱很多，但是这一笔的款，国家是省不了，因为到了国家被侵略，民族受压迫来打仗的时候，用钱更大，并且还要损失。我国幅员辽阔，地无尽藏，今后地尽其力，物尽其用，工业发达，航业扩充，农林水利，凡百俱举，又何患不能企及美国的繁荣？海军军费，分期建设，又何患不能筹措？而况海军保护航运，保护渔业，宣慰侨胞，皆是属于生产的，绝非单纯消耗的。至于建设海军经费怎样筹拨，是属于国家财政当局的责任，我们不妨举出几个筹款的办法如左：

（一）由缩编陆军节省经费移一部分为海军建设费。

（二）发行海军建设公债，由海内外同胞认购。

（三）渔业税项下划分百分之几，作为海军建设费。因为护渔是海军的责任，海军能够建设起来，即所以增加护渔的力量，其直接受利益的是在渔民身上。渔业发达，鱼量增加，一般社会均受其益。

（四）航商营业税项下划分百分之几作为海军建设费。因为护航也是海军的责任，海军能够建设起来，即所以增加护航的力量，其直接受利益的是在航商本身。航业发达，交通便利，贸易兴盛，非仅增加国家经济力，民众亦均受其利益。

（五）由政府创办海军建设储金或民众发起新海军建设献金。

（六）向海外侨胞募捐。

（七）有关江海税收项下或其他关系税收项下划分百分之几作为海军建设费。

九、海事之管理

海事之管理，包括商航、护渔、水道测量、海洋气象引水等。

战争离不开交通，越是现代化的战争，越要依赖交通，水上交通在现代战争中是占着非常重要的地位，所以水上主要交通工具的船舶，在平时要有合理的管理，到了战时才易于统制，以便利军事运输，以增强海军力量，以争取战争胜利。美国管理商航，于一九二八年早已制定商船队法，规定船舶局所造的船只，应供本国之用；其造船厂计划，以能改装辅助巡洋舰为基准，实行"寓兵舰于商船"的政策，以便战时改归军用，扩大海军。这次大战，美国海军尤得力于商船改为航空母舰、运输舰以击败日本。英国实行水上交通工具统制，早在第一次世界大战，当时英国被征作军事用及军需品运输用的船只，达到全国总数的百分之五十六。德国的潜艇战，大逞凶焰，把协商国的军舰击沉了八十万零三千吨，商船的损失达一千三百万吨之多，但英国的海上交通，自始至终，依然健全。当时英国的首相路易乔治在议会中大放厥词，他说："战胜的道路，战胜的保障，战胜的绝对保证，第一是'船舶'！第二是'船舶'！第三是'船舶'！"这话是很有道理的。

就拿这次世界大战而论，一九四〇年五六月间，有名的敦刻尔克大退却，英国动员了全部的船只，在大队敌机袭击之下，费了十昼夜的工夫，居然把被德国军队困在海峡一带的百万大军抢救出险。这种成绩，就是英国政府平时对于水上交通动员筹划周到，实施敏捷，统制船舶得宜的明证。

海军武力的构成，除舰队、基地、航空兵之外，即为商船。商船在战时不但担任舰队的补给，且可配备武装用为奇袭舰。我国在战前对于商船的建造，商航的管理向无严密管制，抗战之后，所有商船或改换国籍，或自行沉没，或停避长江上游，或被敌利用，形成没有组织动员的状态。今后航业重建，凡吨数在二百吨以上的商船，必须经国防部海军机构指定建造材料，审定船图，预留战时装置雷炮、飞机和其他武装的地位。至其型式的划一，舱位的设计，吃水的深浅，皆须预为计算，以备战时改为补助航空母舰、运输舰等之用。各种船只营业之航线地区，亦须由国防部予以原则上的指示，平时详细登记调查，以便战时动员利用及转移航线并集中护航之用。但在平时商船与民航事业属于全国性的，不能由海军完全统制，而必须由海军最高机构与有关部门会同管理，以求推进。

其次，就是护渔问题。百年来中国沿海的渔权，政府无力争取与保持，中国的广大渔民，政府无力保护与协助，于是渔民无力谋生，相率流为海盗，一面毁坏了民族的重要产业，一面扰乱了沿海的安全秩序，对于国防民生损害之巨是难以数字估计的。这个责任，全在政府，无法推卸的。事实上，不仅渔权的保障与渔民的保护两件大事，必须也只有政府来做，即如渔港的建设，渔业区的划分与渔场的范围，对于渔民的组织渔业的整理与沿海盗氛的清除，应由海军与渔业部门协同计划推行，否则各自为政支离零碎，步调既不一致，原则又相矛盾，或相抵消，或相重复，力量既多浪费，效率自然减少。根据这个观点，我们主张，海军对于海军巡防业务不须集中处理，而应由各海军区分别负责，以该区中的舰艇配赋海军陆战队以肃清沿海盗氛，而不必另设海岸巡防机构处理。渔业方面则由各海军区与各渔业区管理渔政的机构作有计划的渔民调查与渔业开辟，兹拟沿海分为五大渔业区与四海军区相配合，每渔业区分为若干大渔场，依照国父建国方略建设渔业港如左：

华北渔业区：分为辽东、辽西、津海、烟龙、劳城、连云港六大渔场，设立安东、海洋岛、秦皇岛、龙口、石岛湾、新洋港六渔业港。

江浙渔业区：分为东海、舟山、温台三大渔场，设立吕四、长涂、石浦三大渔业港。

闽台渔业区：分为闽海、台湾、漳澳三大渔场，设立霞浦、湄州港、汕尾、基隆、台中、高雄六渔业港。

广海渔业区：分为粤海、钦雷、南海三大渔场，设立西江口、海安、榆林港三大渔业港。

华北区中以烟台为管理的中心，江浙区中以上海为管理的中心，闽台区中以厦门为管理的中心，广海区中以广州为管理的中心，而由各海军区协同组织管理，平时推造发展，筹措外洋渔业的开辟，战时动员统制，以作警哨补助舰艇之用。

海道测量亦为新海军建设计划中极重要之一门。前清道咸间，订立五口通商条约，当时沿海水路从未测过，外国船舶来华，均视为畏途，惟英国首先派遣军舰，在我所开放各口，沿海岸线，测量绘图，嗣后各国相继傚尤，藉口我国没有技术人才，佥认此测绘水道图，事关航路安全，不特不许我政府干涉，甚且各国舰艇，在各港口工作时，照会我各地方大员，须加意保护，并许其一切的便利，这是过去丧失海权的陈迹。到了民国十年，由海军部设立海道测量局，并依据国际领水公约，圈划沿海领水界线图，呈经海军部，提交当时国会审定在案。依国际公法的规定，以海岸潮落时，自身向外推出三英里为领海，凡孤悬海外的岛屿，则以环岛三英里为界，这种划定海界，乃援照万国公约领水条例所规定，由各国自行圈定。至于勘量之法，则依照地形的凹凸，以三英里的量度环之，遇有突出的地方，有两处对峙，则于两地的极点，划一线以接连之，由此平行推出三英里。至于海臂海湾和相类似的地方，一律依这办法勘划，认为领海；其大陆与岛相隔，或岛与岛各距三英里之外有澳泊者，亦圈而推出之。海界既划定，海权有所归。但对于领海境域内，应负航行安全的责任，如绘制水道图，设浮标、灯塔、灯船等。至于国防的建设，商埠各港的建筑，江河港口的疏浚，无一非从测量着手。所以，水路测量，事关建国建军，至深且巨，今后新海军建设，对于海道测量的规划：

第一，应疏浚测量各军港、要港和重要商港；

第二，应疏浚测量各次要商港、渔业港和海岸要塞的滩岸水道；

第三，应测量领海和岛屿礁沙区的航道；

第四，应测量所有内河内湖能通汽船的航道；

第五，应疏浚内河内湖航道，破除滩险。

以上规划应于最短期间求其完成，以应建国建军的需要。

海洋气象对于海军平时战时均有密切的关系，我国战前对于海洋气象观测设备，仅有东沙岛观象台一所，而无全国性的计划，将来必须组设气象委员会，与有关部门协同设立沿海气象观测网，随时发布气象情报以利平时海空之航行，至战时则担任沿海对空的监视并供给海军、空军和本国作战所需的一切气象预报。

十、海军航空问题

由这次世界大战中，可以看出影响海军战术和造舰计划的主要因子，为空军的成长。在这次战争中决定各个战争以及最后胜利的途径的影响上，空军的力量是很大的。空军力量的成长造成了一件事情：空军给世界产生了所需要的在三种作战因素——海军、陆军与空军——中间的最大限度的合作。因为空军现在是衔接海军与陆军的连锁。在未来战争将要继续从海、陆、空三方面来战斗着，在理论以外的实际可能性就是：将来的战争将要沿着同路线而作战，没有任何一种武备是能独立获得战果的。

不论空军怎样地超过了海军的无上的威力，它无法冲破封锁的压力——海军的一个有效办法——并且也无法禁止运输给养到有海军势力的国度里去。这次战争的许多事件即是以作证，潜水艇也仍然继续在受敌人空军控制的海里以相当大的力量活跃着。

但是主要的是这个事实，即在空军未成长以前，我们就认识出空军对海军是一个主要的臂助，空军是海军舰队不可缺少的部分，须永远与海军合作。空军并未将海军的崇高地位换掉，飞机却是把海军的工作增繁了，同时也简单化了。今日海军舰只作战，除了应付海上的攻击并且还要对付空中的爆炸，所以它的工作是繁难多了。海军原为保护本土与海上交通的安全，以免被敌人攻击，但其本身又须避免炸弹、炮弹和鱼雷的攻击。在另一方面海军的监视区域，因为有飞机的侦察，面积增加得极大，所以海军的工作又简单化了。

海军飞机的性能和陆军飞机不同，如一九四〇年英国飞机袭击意大利大兰多军港，重创意国主力舰、巡洋舰，完全由海军飞机袭击，此非陆军飞机所能为力。美国之向日本进攻取得最后胜利，尤得力于海军的航空母舰与海军航空队，故英美海军航空，均划归海部管辖，以便指挥作战。查美国海军部设有航空设计处、航空人事处、航空训练处和航空管理处等，英国之海军航空队，完全由海军部管理，于一九三九年五月廿日起即独立存在，将所有属于航空母舰或其他军舰上面的飞机管理权，一律归其掌握。

我国建军方针中，蒋主席已有训示："空军根本不能脱离陆海军而独立，无论海主陆从或陆主海从，空军是要配合于陆海军之中的"。故今后新海军建设必须包含强大的航空队，已属毫无疑义。惟新海军初期建设，未能即时建造航空母舰，可不必为其它舰上搭载之数架飞机而另增海军一个兵种，可利用一部陆上基地的飞机和人员交由海军训练指挥较为合理，同时派海军人员赴美英或现有空军中受飞行和技术训练，先奠立海军航空基础，不断继续充实飞机数量，培育海军航空和机械人才，于设立外海大舰队开始建造航空母舰时，再成立强大的海军航空队成为海军兵种之一，非仅以掩护舰队护卫、护航和护渔，且足以充实民主国家维持远东和平的力量。

十一、如何提高国民对海军之认识

我们立国于大陆而一面濒海，计有八千五百海里的海岸线，到了中日战事爆发的时候，海水竟变成了中国的敌人。我们对于浩浩海水不能利用，而敌人却把倾国之师蹂躏我国土，竟达八年之久，这是何等的不幸！

在甲午战前，中国是世界第三四等的海军国家，然因腐败的满清政府完全抹杀了海军的进步性，十年不置新舰，其结果在质的和战斗力方面，不免落后，于是甲午初试，即败于日本，全师瓦解。自甲午以后，五十余年来，在外人经济压迫的重累中，内部割据纷争的局势下，更无一些复兴的朕兆：中国成为一个没有海军的国家了！在这时期中，政府不注意海军，人民也不注意海军，即连海军里面的人士，也都不乏有人怀疑着自己的责任。我们旅行在海外的人们，走遍世界各国，也难得发现我们战舰的踪迹。相反的，倒是在我们自己国度的内海里随处都可看到侵略者的魔手。在骄奢淫逸，耀武扬威的外舰附近，偶尔看到我们自己的超过舰龄旧式小型的舰艇，真令人怒忿填膺，伤心万状。在这样情景下，谁还能相信，我们还有所谓海防。我们的门户，几十年来，一直都是大开着，任着人家铁蹄的侵入，毋怪外人一向对于我国海军，便有"池子里的玩具"之讥。我们的敌人——倭寇，在战前是看不起英美的海军，更是从不把我们的海军放在眼里，当为一个对手。当然，这些原因，也决非一朝一夕所造成，我们全国人民对于海军，一向不了解，忽视、漠视。在这次抗日战争中，我们海军的大部都牺牲掉了，但那一段孤苦支撑着，以寡敌众，以弱敌强，光荣的成绩，的确无愧于国人所给与的崇高的敬意与荣誉。但在一般国民的思想里，随着抗战结束，对于海军更是遗忘了，更是轻视了，甚至还有少份人，以为我国不需要侵略别人，所以我国也就不需要海军，这的确不能不认为是建国前途的一个严重的现象。我们必须指出，过分忽视海军，这是部一个极谬误而幼稚的思想，而且我们更要相信，新兴的中国，必需而且一定会建立一支强大的海军。为着不要再走上我们的前人走过的错误的路，我们每一个国民都有深切认识海军的必要。

打开世界近代史看，可以发现就是一部海军势力兴替史，从葡萄牙、荷兰、西班牙、不列颠、日本一直到这次大战的美洲合众国，更使我们明白海军的重要性。固然，廿世纪以来，由于航空术的发明与迅速的发展，似乎是给战争史上来一个革新，"无空防即无国防"，几年来各地喊得镇天价响，各国的扩充空军，也拼命着不遗余力，但即使在这样的情况下，海军也依然不减少其重要性，不仅一直到现在，还没有能夺去它的地位。将来，我们仍可相信，还不失为是国防上的一个不可或缺的势力。因为海、陆、空军，在无论什么条件下，只有互相辅助，才能发挥出最大的效用。单独的使用，总是各有所短，各有所长的，并不是可以互相代替。有了陆军和空军，便不需要海军了？所以今后世界上的国家，无论是一个岛国或是一个大陆国家，均须恃其海军为生存的保障。而且在科学日益昌盛的时代中，随着新式武器的发明，原子能的运用，速度、破坏和防御力量的增大，我们知道海军还有着光明而长远的前途的，海军在国防上更是会永远站在很重要的地位的。

为着我们祖国前途的百年大计，建设中国新海军，不仅是必要的，而且也是刻不容缓的工作。倘若有人说："将来中国，也永不会变成侵略的国家，似乎我们也便不需要强大的海军，来做侵略的工具。"这种说法，似是而非，还只是不成熟的思想。当然，我们是永久爱好和平的国家，决不会去侵略世界上弱小的民族，我们会是世界上和平的保障者，但这种保障，是需要实力为后盾的。百年来，历史的教训告诉我们，"和平不是没有武备的国家所能企求的"，唯其我们酷爱和平，更不能不加强我们自己保障和平的实力，为着来日我们自己国家的领土和主权的完整，更当迎头赶上建设我国的新海军。

以上所述的事实，可见我们大家以后更不要太看轻海军的价值。即进一步而言，我们大家都要有海军建设的认识，更进而促成建设运动的实行。在中国的财政状况看来，欲一举告成，废百业而专务一事，当然是绝对不可能的。但中国如不建设一个强有力的庞大海军，就非时常受外人侵略的不可。今后以中国的土地富源，人民的物力来建造一个庞大的海军，照比例的看法，一定是可能的。战后一切新的力量在蕴藏中发挥出来，以前视为绝不可能的事，后将为极易举的事，以全国的人才物力一致以赴，这一定有一个光辉伟大的前途。无论如何，中国人民是要贡献所有的力量，逐渐的以恒久不变的决心，去建造国家生命线的海军。

我们对于国防的海军应有的认识既如以上述，但在新海军建设中，将如何提高国人对于海军的认识，当施行左列计划：

（一）发行有关海军各种刊物，确立并普及建设新海军必要的理论，介绍世界海军发展的理论与实际，讨论本国海防的过去、现在与将来；研究海军实用的学术，促进海内外同胞对于海外事业的合作，报导革命新海军的动态，和发扬三民主义的新海军精神。

（二）应仿照英美等国，每年举行一"海军周"，将军舰分别停泊各港口，供市民公开参观，引起一般青年对海军发生兴趣。

（三）请教育部将全国公民教育的课本，增加海军常识，使青年学生均能认识海军。

（四）在各省市县乡村开海军巡回展览会，使全国民众认识海军。

（五）尽量利用并联络有关全国性的报纸杂志和华侨现有出版物为新海军建设鼓吹，然后再以之徐徐灌输海军新知识，和中国国防必需建设新海军的重要。

（六）利用并联络有关全国性的各省市广播电台，代为广播海军新闻并宣传新海军建设的重要。

（七）我国海军与海员航业团体，并渔民和渔业团体，尚无何种联系，必需利用海军建设促进会或联欢会的种种组织，与其结合，以加强宣传力量，并树立海军与海运与沿海渔民合作的基础，促进新海军的建设。

（八）考列强各国国防机关及海军当局在争取建军预算案时，每次必先在国会中事先有所布置，甚至还有所谓海军委员会的特殊组织，其故无他，盖深知这种直接抉择国事的国会，对于海军建军则具有莫大的决定作用，所以在国民大会将行召开的今日，也应该朝这方面及早加紧努力，以求全国民众重视并襄助新海军的建设。

新军制与新海军^[1] 许 功

一、中国海军的新生机

中央为树立我国现代军制，并谋军事与行政之密切联系起见，已于五月三十一日，正式明令成立国防部，从此具有悠久历史的军事委员会与军政部，已完成其神圣抗战使命，而光荣结束。

国防部无疑义地将为我国军制上划时代的改革，论者认为此新机构之特色，除得以发挥"权能划分"（即军权属于政府，军部只管能的部分，军部并无军权，而只有军事行政权）和"计划执行分开"的优点外，同时在组织方面，一扫过去复杂、庞大和畸形发展之弊，其中尤以海军，非但与陆空军并设司令部，且由参谋总长陈诚兼任总司令，足证中央重建海权之决心，象征中国海军光明的新生机。

二、不能制海必为海制

美海军评论家马罕氏曾说："不能制海者，必为海制"，证诸第二次大战，益觉此言不谬。

大战初期，德军挟其雷霆万钧之势，席卷欧陆。英法联军几于"敦刻尔刻"一役，全军覆没。纳粹正可乘胜直趋英伦三岛，迫使英国屈服。无奈希魔自惭海军力薄，不敢轻渡英伦海峡。乃避重就轻，入侵苏联，英国得以养精蓄锐，奠下反攻基础。迨美国参战，开辟第二战场。德国以海防尽失，坐待盟军

---

〔1〕此文发表于《新海军》1946年第2期。

登陆诺曼第，遥与东线苏军呼应，直捣柏林，卒使德国无条件投降。由此可知：以德国陆军空军之强，能拔苏联千百城池，深入数千里，而不能渡一英伦海峡。这完全说明德国的失败，应归咎于海军的不强。

日寇在太平洋战争中的失败，若说仅由两颗原子弹和苏联参战，也未免太简单。谁都知道：当去岁八月日皇接收波茨坦宣言时，它在南洋、缅、越、台、韩，尤其我东北九省[1]，还保有相当雄厚的陆军，满可孤注一掷，与盟军决一雌雄。其所以缺乏勇气，乃其海军已荡然无存；美国自一九四三年十一月登陆布肯维尔岛起，即采取跳蛙式之战略，即占领其所必须利用的海岛，而对其所不需用的许多设防坚固的海岛，则弃之不顾，完成越岛进攻的目的。然此种战略，极具危险性。因兵力分散、孤立，易为敌人围困。而美海军卒以压倒优势，完成此艰巨任务，致令敌人各基地间的交通路线，皆被切断，各据点统统陷于孤立无援的地位。比如琉球群岛被占后，其本土与台、韩间的交通，即完全陷入停顿状态。因为那时日寇既无一支强大护航队，足以掩护通过封锁线，而且商船亦早已被毁殆尽。如继续顽抗，也不过使盟军海上利刃，更深入其本土，刺入其心脏而已。反之，若日寇海军力量坚强，必能阻止盟国海上进攻，则其陆军尚能继续苦撑恶斗，虽然最后胜利必属于我同盟国，而日本之败，决不如此之速而且惨。因此盖棺定论，日本此次失败的责任，无疑义地，也应落在海军的肩上。

我国在抗战期间，所得到的悲惨教训，是因为没有海军，沿海各省相继沦陷，使抗战阵营，被迫局促于西南大后方，在崇山峻岭环抱的山国里，支持极窘困艰苦的局面。假如抗战之初，我们也具有相当强大的海军，在海上保持一条航线，那一定能像英、苏一样源源得到美国及其他盟国的物质援助，减轻自身负担，以我全国军民抗战精神的坚强，必可提早击败日寇，获得最后胜利。

我国军事学家杨杰将军，在其《军事与国防》一书中说："国防政策是求全的，缺少一个螺丝钉都不行，国防政策，是要求平均发展的，一环的弱，会形成全体的弱，一环畸形的发展，也会使整个国防，变成怪物"。这说明要达

---

〔1〕1945年抗日战争胜利后，国民政府曾决定将东北地区划为9个行省，即辽宁省、安东省、辽北省、吉林省、松江省、合江省、黑龙江省、嫩江省和兴安省。

成国防上理想的境地，必须建立一个海陆空三元并立的国防体系。我国自甲午一役，使国人整个丧失海权自信心，造成由"海不能防"到"海不必防"一般错误观念，使我国蒙受弱国耻辱，沦入次殖民地的地位。

三、我们需要大海军

回顾过去，我们要痛定思痛，认清已往海军未立，致国门洞开，遭敌侵略；更认清今日世界，已非一切国际约章，可以换取和平。我们具有八千五百海里的海岸线（台湾澎湖未计在内），和沿海无数优越错综的港湾；更具有无尽量的天然宝藏，和四万万五千万艰苦耐劳的民众。我们实在有力量去建设大海军，只要我们有勇气，有信心，有计划，那一定能将口号变为行动，理想成为事实。

振兴海权，国父在世之日，早已注意及之，曾谓"争太平洋之海权，即争太平洋之门户权，人方以我为争，我岂可置之不知不问"，故在其所著《国防十年纲要》中，将海军列为国防建设之首要。蒋主席继承国父遗志，于每次指示国防计划，或军事整理方案时，亦重视海军建设，比如十七年"咸宁"军舰下水时，即宣示"要挽回国家权力，预计十年后建设六十万吨海军"，因此，建设海军，实为遵循国父遗教和蒋主席训示。

在新海军建设的各种问题上，最主要的，是如何建造舰艇和如何培养人才。

舰艇建造，是需要重工业的。在战后工业凋敝的我国，势不能一蹴而具宏大的规模。所幸盟国愿为我新海军建设尽最大助力，最近除英国赠舰即由我留英受训海军学员驾驶回国外，美国参院海委会已于四月十一日正式授权杜鲁门总统，以海军舰船及他型船只二百七十一艘，拨于我国。其预定拨给之船只，包括护航驱逐舰六艘、扫雷舰二十四艘及各种登陆舰、油船、驱潜艇、平底船等多艘。虽然其中未包括战斗舰和航空母舰等等重型舰只，但这些亦是构成一支强大舰队不可缺少的。如果我们能妥为应用，无论训练或防卫，必能发生很大的效果。譬如日寇投降后，其在我国海面所敷设的水雷和障碍物，正可利用扫雷舰，彻底加以清除，畅通沿海交通。现在青岛美海军更以登陆艇赠送我国作为训练之用。

建设海军，必须健全造船机构，现在政府正积极改善江南造船所，使之扩大。最近又在沪设立国营中央造船公司，厂址经行政院划定吴淞附近土地一千公亩，不日即可兴工。并悉美国为发展我造船工业，将贷款二千万美元，美加两国并愿将若干船厂之全部售予我国。此种愿望，如成事实，即我国造船事业，前途必大可乐观。

四、把幼苗变成乔木

我们如将舰船看作海军躯壳，那么，人才可说是海军的灵魂。

日前周参谋长宪章，于接见中央社记者时，曾就我国新海军建设问题，发表谈话：以为"今后计划，应以人才为主。因人才培育，实为我海军建设基础。倘人才不得解决，而欲建立海军，其情形一如吾人在沙滩上鸠工兴建高楼大厦，墙基永远不固。"这足以说明人才培育的重要。

我国海军人才，战后更形贫乏，因原有者，多在抗战期中凋零；其在后方训练者，复乏海上经验。然育才乃百年大计，欲使之繁荣滋长，颇非易事。一个健全的海员，不但要思想正确，而且要具备现代海军的新知识、新技术。以及时时追求真理的科学精神。我国海军一向疲弱不振，主要原因，不在量少，而在质的欠优。过去固不乏忠勇壮烈的将士，为国家民族建立殊勋，留下光荣史迹，但亦有深受封建思想余毒的时代落伍者，存着军阀派系观念，排除异己，自倨自尊，甚且贪婪、腐败、颓废、堕落，以至上行下效，把整个海军界，弄得乌烟瘴气。所幸这些不长进的分子，早已给时代齿轮遗弃了。现在正是新生机的开始，犹如春来苗萌。只看我们怎样去灌溉，去培育。使它渐渐滋长，渐渐繁荣，而至于枝干并茂的乔木，作为有用的栋梁之才。

海军当局对于人才培育，最近有几种措施：（一）充实训练机构：凡是训练基层干部的机构，现在当局正以最大的努力，充实其内部。一面提高教育素质（如最近自美学成返国之青年海军军官等均分别派往服务），一面加强训练课程，庶于最短期间，训练出一批有用的人才；（二）考选留英特种学兵，以吸收海军先进国之海军知识；（三）征求人才，当局除积极培育新人才外，并公开征求旧有海军耆宿，凡正式海校出身，从未参加敌伪组织者，均可声请登记备用。

五、一面读书一面训练

现在，让我们看看美国海军的优秀干部，是怎样培育出来的？

美国海军，平时训练干部的机关，是设在安那波立斯的海军学校。除了学习航舰、驾驶、枪炮、机械、军械、军需，以及高级算学四年外，还需要在舰上实习两个暑假。一九二六年海军当局并开始在各大学中设立准备军官训练营二十七个单位，受训者，一面读大学，一面选修海军中所需的功课。迨第二次大战爆发，海军需人甚亟，乃自一九四三年六月起，更在各大学设立海军预备队。它和准备军官训练营所不同的，是经严格身心检查合格的海军入伍生，然后再指派到各大学去学习规定的课程，他们至少是初中毕业生。最初学习数学、理化、英文、历史、海军组织等基本功课，如成绩特殊优良，再学专门训练。训练完竣，即分发船上服务。因此，美国青年在受教育的时候，就同时接受海军训练，培养了海军意识。致每一海员，都具有丰富的现代知识。

我国教育制度，过去只重理论，而缺乏实践性。假如建设海军，能自根本做起，从教育入手，小学鼓励儿童游泳，使其养成爱水、爱海的习惯。中学、大学则仿照美国设置海军课程，使其接受海军训练。那人才会不知不觉中培育出来。据悉美国为积极援助我海军建设，决派海军顾问团来华，其任务将与陆军顾问团相同，着重于指导技术与训练。此种盛情，可说比赠舰还要重大，因为在我们正感觉人才缺乏的今日，将来一定能得到最好与最新颖的技术指导，让我们海军，走向现代化的理想地步。

六、有志青年，到海上去！

建设新海军，我们要具最大信心。美国现在拥有比英国还要强大的舰队，可是回顾百七十年以前，和我国目前海军情形不相上下。当时既无巨量舰船，亦无优秀干部，更无充裕经费。其所凭藉惟一的成功要诀，乃其创办者，所具的信心。他们相信无海防即无国防，相信海军属于整个国家，更相信以他们的坚忍和毅力，必能达到理想。因此不怕挫折，不怕任何压力，更不因任何地域或党派，左右其理想。这样，才上下一心，继续开来。久而久之每一个海军官兵，便养成了刚毅果敢的人格，严肃的精神，良好的纪律，和他们一致推崇爱戴的领袖，自然而合理的服从指挥与同僚合作，这样才不论在大队中或小组中，均可发挥最有效的作战能力。我们在今日艰苦的环境里，尤应具备此种信心，青年以献身海洋，乘长风，破万里浪为荣，社会尊重海员，蔚成风气，使全国同胞都具备了"海洋意识"。同时政府当局提倡航海事业，罗致专家学者，以科学精神，时时自求进步，我国新海军建设前途，必能因新军制的确立与人才济济，而光明，而远大。

要塞舰队观与中国海军[1]　　金龙灵[2]

一

要塞舰队与存在舰队，同为海军战略术语之一。在观念上，彼此绝对对立；在行为上，彼此各走极端。前者抑舰队为其附庸，舰队之存在，仅为用以保卫要塞。后者视要塞为舰队补给站，要塞之为用，仅为便利舰队休息与补给。无论其为要塞舰队观或存在舰队观，在要塞与舰队两者间，其关系出主入奴，均有所主从轻重。

二

自甲午之战至"九二三"江阴之战，中国海军，循要塞舰队之途径而行，虽历次战役均显示同一之结果，敌人均采以陆军登陆拊要塞之背，先陷要塞及舰队之方式，惟舰队应自要塞之桎梏下予以解放，发挥其固有机能之说，则论者鲜及之。

史实如次：

甲午之战，如以个别战役论，舰队演出并不坏，如丰岛之役，中国："济远""广乙""操江"等三舰，总吨位仅仅四,三〇五吨；速率："济远"一二.五浬，"广乙"一〇浬，"操江"九浬；炮备：八吋炮三门，六吋炮一门，四吋七炮三门，六斤火炮四门，一六斤钢炮二门，一三斤钢炮一门，雷管及装甲均

---

〔1〕此文发表于《中国海军》1947年第1期。
〔2〕金龙灵，电雷学校第一届轮机专业毕业，后在海军中任职。

无。日本："吉野""浪速""秋津洲"等三舰，总吨位一一，〇〇〇吨；速率："吉野"二三浬，"浪速"一五浬，"秋津洲"一九浬；炮备：十吋炮二门，六吋炮十四门，四吋七炮十四门，六磅炮二门，三磅炮三十二门，雷管十三，都有装甲，且先控制黄海而取得主动。但会战结果除"广乙"过小，"操江"太旧，根本不能作战，一沉一虏外，"济远"单刀赴会，虽受重伤，仍能驶回旅顺。日舰"吉野""浪速"亦伤损有差。

黄海之役，中国舰队大小计十艘，总吨数三一，三四五吨，平均速率约十一浬，多未备雷管及装甲。日本舰队大小计十二艘，总吨数三九，四八七吨，平均速率约十六浬，均备有雷管及装甲。开战之初，中国舰队颇占优势，终以速率火力远逊于日本舰队，而又多属逾龄旧式舰艇，鏖战既久，遂转趋劣势。

即至旅顺保卫战，舰队负责保卫海面，炮台陆军统领不纳舰队之请，派得力部队驻扎金州，以防敌截断炮台后路，复拒绝舰队自守后路之建议。迨日军自貔子窝登陆，先陷金州，继下大连。陆营将领均先期逃遁，旅顺港防顿空舰队遂陷于绝地。

日军攻威海，先以陆军登陆荣成及成山头，自背面来攻，中国陆军先期退却，威海两岸及其附近刘公岛、黄岛、日岛等炮台均由陆军管理，守台之兵，亦皆逃散，不旋踵而陆路全陷敌手，仅余海军苦战，计自一月十八日至二月十二日，海军伤亡枕藉，"舰沉人尽"（丁汝昌语），弹罄援绝，然终无补战局。

"九二三"江阴之役，中国海军在江阴建立"江阴封锁线"，而以"平海""宁海""逸仙""应瑞"等舰在封锁线后为第一线巩卫。日本海军虽未溯江而上，但"九二三"之役，中国舰队大部却毁于敌空军。十二月一日，敌陆军部队进迫江阴县城，江防总司令部后移，海军岸上员兵亦于二日先后离澄，要塞陷落，舰队亦撤退。

三

从上述诸战役之检讨，深感：

（一）要塞舰队观，深入人心，尤以陆军为然，这一观念表现在国防计划上，从而表现在运用舰队的观念与目的上，认为国防云云，不过是海岸要塞的别名，只要守牢要塞，国防即可巩固，舰队只好用来帮助要塞防御，用它的炮火去支援要塞。所以在整个甲午战争的过程中，丰岛之战，是因为护航而起，黄海中国舰队最初的目的，仍企求避免决战，在回航旅顺的途中，日本舰队突然出现，才打了起来。故严格地说，都属于遭遇战仍不能算是有计划的决战。嗣后中国舰队即奉命协助要塞，防守旅顺、威海，除了敌人打到身边来，始终没有再出海过。这是说：中国军事首长，把舰队当作要塞来运用，更明白一点说：中国军事首长固执于要塞国防的观念，认为守牢要塞，国防即可无虞，为了达成这一目的起见，不惜抑舰队为要塞之附庸，以巩卫要塞。

（二）"九二三"江阴之役，从舰队行动所指示之迹象，推测当局运用舰队的观念与目的，用舰队支持要塞的企图，尤为显而易见。

（三）要塞本身并不能阻止敌国的入侵，主要的课题，只在于掩护舰队，保证其补给，协助其活动。换言之，要塞只能以便利（舰队的）攻击来协助防守，其主作用（战略的意义）属于攻势。舰队以攻击为手段而其主作用则属于守势。但是军事当局把这种关系倒置，反攻为守，故其结果，把自己圈在要塞舰队的死圈子里，使要塞及舰队均得不到正常合理的运用。

（四）要塞与舰队虽攻守异势，但相生相成，故要塞管理，欧美国家多划归海军，独中国异是。以要塞指挥舰队，外不能加入，内不能知己，更难期其按照舰艇性能作适当之运用。何况旅顺、威海两役，要塞守将都已事先逃走，未收要塞之利，先蒙要塞之害，更不能利用要塞掩护自己的舰队，攻击敌人的舰队，反拱手让敌。

（五）战略思想，在原则上不受时空限制，赋有不变性。战略之运用，则随时代而异，主要是科学的发展而有所不同。海军战略，以安全第一为原则，此一原则，则帆船时代自异轮船时代，海洋世纪自异与航空世纪，在航空发达的今日，而一成不变执着于要塞舰队观，认为舰队只要托庇于要塞，即可以获得安全。如"九二三"之役，此自不能不说是海军当局的错误，犯了认识不清的毛病。

四

目前中国海军正在复兴建设途中，我们固不相信当局仍然抱残守一，执着于要塞舰队观，但似亦无倾向于存在舰队观的趋势，否则要塞及港口似不宜划归陆军管理。海军航空，造舰造兵以及训练纲领，似均应惩前毖后，作一通盘筹划！

论海军建设^{〔1〕}　李　海

一、从经济观点论海军建设

人类日常生活中的经济基础，是许多社会体相中的最基层建筑，它的变动很容易影响到上层的社会意识。海军的发展自然与社会经济的发展有极密切的关系。我国在春秋战国以前是原始的农业经济社会，在这种社会里，人与人间除了必要的衣食住行的原料品交换外，再也不容易发生其他商业上的关系，整个社会是笼罩在固步自封的霾雾里，所以在这种社会里的海军，是极易被人忽略轻视的。我们翻开上古史，确难找出关于海军或海战的长篇记载。自秦汉以降至于鸦片战争，这一阶段中国的社会经济是已慢慢地蜕化到农业与小商业资本交互进展的时代，所以对海军的记叙，就有颇为精彩的几页，如刘仁轨击败倭寇海军于朝鲜白江口和郑和七次的下西洋扬威国外。但这晨星般的插曲，与其说是当时注重海事，毋宁视为皇朝扩展威望的点缀，海军实在尚没有到必然发展的时候。鸦片战争以后，中国的社会经济便起了急遽的变化，因为自家的机械生产尚未能开始，而海禁却从此大开，洋货充斥各通商口岸，这时的社会经济是操纵在买办阶级手里。广州的十三行，以当时中国对外贸易的总额来说，它所占的比例数之大，与今日美国进出口银行之规范不相轩轾，它是买办们的大本营。这时的海军依靠向外订购舰船而组织起来的，坚船利炮都是购自德英等国，就是驾驶轮机人才也有借用碧眼儿者。中国在表面上似乎拥有相当吨位的海军，但这只是瓶中鲜花，经不起严格的考验。甲午一役，中国海军便如秋风残

---

〔1〕此文发表于《中国海军》1947年第3期。

叶，一卷之下不知去向了。以后这数十年中，中国的社会经济一直没有走上合理发展的坦途，海军便也没有"再兴"的机会了。更可惜的是抗战胜利以来，国事动荡，工商凋敝，海军建设工作，困难重重。然而，我们可以断言，这是否极泰来的前奏，政府不是在推行着民生主义的经济政策吗？社会人士不是也以此督促政府吗？只要政治常轨能够切实地铺放来，万人共仰的民生主义经济便不难建立起来。在这肥沃的大平原上，海军便会以为国防为民生的簇新姿态出现了。

二、从政治观点论海军建设

海军建设不是一蹴可成，我们试看英美日各国的强大海军，都是花了百年以上的时光与天文数字的物力精力积聚而成，这都与当时的政治情形密切相关。在明治维新以前，日本海军毫无规模可言，自一八六八年以后，全国上下立宪行宪，其根本国策固有可议之处，但当时的政治逐渐从封建幕府的环子里步向政治正轨，其民主内含虽极有限，然其修明安定之情况，确为日本史上前所未见。由此影响到工商经济社会各方面的长足进展，奠定了战前日本海军的强大基础。西班牙的无敌舰队也是在政清人和下产生的，英国的海军与政治的关系更为明显，西班牙的无敌舰队就是消灭在英国圣主女王伊利萨伯在位政治最为修明的时候。回看我们中国的海军，在历史上有声有色的记载，前面所说的白江口歼敌，那时正是史家素所称道的"贞观之治"前后。宣抚南洋，也是在明朝黄金时代的成祖之世。至清代道光之后，中国政治封建割据的色彩加浓：江南各省因为"自保"居然能与外国树立外交关系暂时与北京脱离瓜葛；沿海各省的督抚，各自都有几艘足以点缀门面的军舰。海军的完整性、独立性，就在这种政治情形下被肢解了。甲午之役为日人所虏的"广丙"，且由粤督出面要求送还，其最大的理由就是该舰为广东所有，与清廷无关系。难怪外人说甲午之战是李鸿章个人与日本作战了。民国成立以来，战乱相乘，几无宁日，政治窳劣，经济困窘，所以中国也一直没有足以御侮自卫海军。抗战胜利，此种情形虽仍继续存在，然而我们的前途，确是光明在望了，那便是中华民国宪法的产生。虽然暗夜依旧是黑漆一团，东方却在发出鱼肚白的曙光。我们想起美国制宪前后政治社会的混乱情形，更有理由相信我们国家政治的前途会慢慢地步入正轨。我们希望在政治转机之后，能怀育出一支强大的海军来。

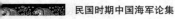

三、从国际现势论海军建设

海军能否有正当的发展，其主要条件可以分为自然环境与人为环境两方面。自然环境就是指海岸线与港湾而言，一个先天缺乏海岸线与优良港湾的国家，正似一个儿童他生来就没有一架坚硬的骨骼。如匈牙利和玻利维亚，他们生来就缺少建立海军的根本条件。人为的环境在国内方面说，就是指政治、经济、社会各方面的情形而言。国际形势亦为决定海军发展的重要因素。我们知道日本的海军是在国际援助之下建设起来的。因为英国慑于帝俄在我国东三省内外蒙及新疆等地的野心，颇想培养训练一位足以平衡远东势力的国际警察，日本便是当时一个好对象。英日同盟就在这种要求下于一九〇二年签订生效，这无异是日俄战争的接触剂。在英人鼓动与援助下偷袭旅顺大连，极顺利地毁灭了帝俄远东的舰队，日本海军也就在战火中与援助下强大了。我们要是不健忘的话，第一次世界大战的爆发虽由于塞奥的交恶，但我们何尝不可说是英德海军竞争的必然结果呢？当时德国惊人的造舰计划，确使称为海上霸王的英国枕席不安，因为这种计划的实现，英国不但不能保持绝对优势的海军，而单是德国海军的吨位便可驾乎英人之上了。因此欧战不久也就爆发，德国的海军虽然逃不了英人的掌握，这正是说明了当时的国际情形，极端不利于德人的大规模造舰计划。抗战前我国海军所遭遇的命运也极与此相似，拥有百万吨海军的日本，就一直把太平洋视为帝国的内湖，不愿意让中国有一支足以自卫御侮的海军存在。卧榻之侧不容他人鼾睡，这样我们的海军自无余地可资发展了。抗战胜利后，此种阻碍，已去得三干四净，同时因为珍珠港的被偷袭，使美国花了两三年的工夫才能重整海军阵容。"威尔斯亲王"号沉没，新加坡的沦陷，使英国海军在远东连防守的局面也难维持，因此英美海军的战略家和具有远见的政治家、外交家们，都彻底地领悟到，倘使当时中国有足以自卫的海军，这一连串不幸事情的发生，可以减低到几乎不可能的限度。由于这种觉悟逐渐普遍，汇成一股正大舆论，英"震旦""伏波"等舰的赠予，最近杜鲁门手令将二七一艘舰船移交中国，一再说明了目前的国际环境，是极有利我们海军的整建工作。我们全国上下应该奋起迈进，把握这个空前的大好时机。

四、从海军本身的观点论海军建设

海军的构成要素是人员与军舰，此两种要素相关的意识形态便是海军内部的组织，这种组织正如人体生理的结构，它有极神秘的生机和性命，它的构成状态可以决定整个中华民国海军的前途和命运。海军在中国的肇始固然为时甚早，而真正记载海军编制的专页则付阙如，就在汉唐明清诸代，中国幅员大增的时候也大多有事则举，无事则罢，海军在兵制上既无固定的地位，其编制、训练、管理、组织等自然更谈不到了。有清一代，李鸿章一手划办南北洋舰队，虽设有海军提督以资统领，但当时沿海各省的督抚，都握有极大的政治经济权力，可以自由购买舰艇，驻泊各省的舰只也多归其指挥，这时的海军似乎有了一个系统的组织，究其实仍然涣散无序，极难找出首脑中枢的部分。辛亥革命，海军树起民主大纛于长江武汉一带，是海军史上光明灿烂的一页，但因为中国社会政治经济各方面正从封建制度里蜕化着，军阀倒戈火并之时，反映在海军方面也就是朝秦暮楚无一贯兀立中流的作风。北伐成功，国民政府奠都南京，海军部遂由海军署扩张而成立，经过这几年的奋斗，海军才算有了独立统一完整的机构。抗战胜利，海军又进入了另一新阶段，现在无论哪一个海军官佐士兵莫不认为今后海军人员必须大团结。我们实在可以庆幸，并以此自惕，以后海军的建设定可寄予无上的希望了。

试论海军军官教育改制[1]　　李　海

一

　　江南初春，煦煦的东风微微地拂过原野，大地上的花草树木正孵育着嫩芽幼蕾，人们的脸上心里也怀着活泼泼、笑微微的生机与希望，这象征着八年多困苦抗战的残冬已经过去了，我们的国运就此走向光明康庄的大道上迈进，迈进！国家应兴应革事体真是千头万绪，但如陈总长[2]说国家好比一落房子，不管里面如何堂皇富丽，雕栋画檐，总得有一坚实牢固的高墙厚壁来护卫着，这高墙厚壁就是国防。我们要想国家能够保护领土完整，主权独立，能与世界诸强周旋于讲强权不顾公理的国际上，我们就得有巩固厚韧的新国防。号称科学昌明的二十世纪，尽管原子弹的威力一炸之下降服了远东的暴日，尽管有人估计细菌毒素的利用可以毁灭整个人类的半数，尽管有人相信火箭炮成了空前未有的杀人魔王，尽管有人推测宇宙线的研究如何使原子弹逊色，但国防最基本的条件依然脱离不了称为万物之灵的人。我们要想有足以抵御外侮的新国防，我们便应该先作育一批能精熟运用国防利器的新国防人。中华民国海军军官学校就在这种大前提下应运诞生了。

　　提起海军军官学校我们便联想到过去的海军学校与乎整个的海军军官士兵教育制度。过去的海军学校是仿英国的幼年制，入学年龄是规定十四岁，入学学资则高小毕业即可参加入学考试，受训时间是八年又四个月。在这八年又

---

　　〔1〕此文发表于《中国海军》1947年第4、5合期。
　　〔2〕当时陈诚任国防部参谋总长。

四个月中往往有二年以上的时间分发在舰上实习，毕业后才正式以少尉军官应用，又抽选成绩优良的送往英国皇家海军学校或其他海军先进国家作高深攻习。分科方面则有航海和轮机二科，航海兼习鱼雷、枪炮等种专门战技，轮机有时又有造船班的创设，这是过去海军学校招考、训练、分科、任用的鸟瞰。现在海军军官学校采取的是美国轮机兼习学制，入学考试限高中毕业，或同等学力（历）之学校毕业者，年龄十八岁至二十二岁，在学时间四年，每年暑期派赴各舰过海上生活或工厂实习厂课，毕业后见习半年再以少尉军官应用。至留学机会当看彼时情形而定。由此看来前后两种制度不管在招考、训练、分科各方面都判然有别。笔者欲试从此种种分别中有所论列，冀读者不吝指正。

二

在不久以前，当代军事学家杨杰将军虽发表其完形论的国防主张，他说国防应是整个的有机体，缺一颗似乎无关紧要的螺旋钉都足以妨碍有系统的国防计划。在海军说这种情形尤为明显，因为海军的战斗单位是能够单独防御作战的军舰，军舰最足以代表完形论的国防主张的缩影，因为它是最完整的机械有机体，那么我们便觉得过去英国幼年制海军军官教育分科制度的危险。在此种教育制度下所产生的舰上人才绝不混淆地划分为轮机和航海两种，假使一艘军舰在风浪滔天的大海中进行着猛烈的海战，我们很难断言敌人的炮火就不会把我们舰上的舱面工作人员一下炸光，万一这种情形发生，这完璧无瑕的军舰因人员分配的无法调整而陷于局部瘫痪而至于失去战斗能力，因为舱里的轮机人员欲想越俎代庖也是无能为力的。他们在学识技术各方面都有很大的分野，怎么能桃僵李代呢，那不就是说这艘军舰只有浮而待沉或束手受降了，我们为什么不假想设使这舰上的舱里舱面人员不管在轮机、航海、枪炮、修械各方面都有相当的基础学识与技术，使得在这可能发生的情形下避免那无为和不快意的自我壮烈牺牲？现在海军军官学校采取的航轮兼习的学制，在这方面至少希望能收到完善的弥补。航轮兼习制度在美国已实行历有想当年所，依据种种事实的证明，它确能给我们以满意的收获，并且我们可以进一步就栽培独当一方的指挥人才方面说，航轮兼习制度也比航轮分科制度来得适合。因为军舰的指挥人才对军舰本身与作战防御性能有关的通讯、雷达、罗远、轮机、航海、舱

（枪）炮、损害管制、飞潜各方面都应当有广泛渊博的常识，正如陆军的高级指挥将领虽然其出处可以不同，但要想对大部队有如意若定的指挥，他对步、骑、炮、工、辎以及机械化部队、航空伞兵等各种兵的性能都要有相当透彻的了解，不然的话，所令非所能或所行非所令的情形自必难免。过去的海校教育，一方面使具有优越指挥作战天才的许多轮机人员白白地牺牲在舱里无指挥权的限制下，他一方面一心一意训练成的指挥人才又因为舱里、舱面的判若鸿沟，无形中沦陷去舰上的大部分指挥区域。这两种过去认为无法补偿的严重损失，在航轮兼习的美制教育可以说是收之桑榆了。我们都知道，在第二次世界大战中，把美国太平洋舰队从海底下抢救出水的五星上将尼米兹氏就在第一次世界大战时担任过"峨嵋"号军舰的轮机长，若尼氏生在中国或英国，那将不正是尼氏本身的不幸，同时日本的海军也要多延其时日了。

三

国防的计划与发展和自然地理的条件有着极密切的关系。英国之有荣耀的皇家海军历史和德意志之有称雄欧陆的陆军传统，正说明了那希特勒有袖珍主力舰也驶不出此海半步，哪管英国有多少摩托化的装甲师团要非美法的援助也休想在诺曼底登（陆）一样地受自然地理条件的限制。依这种逻辑所得来的结论，中国应该是陆海空军三位一体兼顾并重地发展才对。但在建设新国防的今日，社会上所给我们的呼声是这样：陆军是已具有宏远的基础，空军虽然在中国萌芽不久，经过七八年的奋斗却也粗具规模，拥有二千多年若断若续的历史和得自造物者赋予的绵长沿海岸线优良港湾的中国海军，竟是连头绪都没有。所谓海军有没有基础者也并不是说有了几艘巡洋主力之类的军舰就可算数，最主要的应该是全国人民的脑海中对海军都有一种深刻明白的认识与概念。我们说陆军有基础不是说他们有美化的配备或新接收的日本枪械，而是整个陆军的编制教育作用运用管理学术各方面在社会上有着印象上的潜在力量，这一点在空军尤为明著。我们再看远一点吧——在第一次世界大战后，德国军备的受限制几乎连维持治安的力量都感不足，但曾经几时希特勒竟撕毁凡尔赛和约，进驻禁卫军于莱茵河流域，并奥吞捷闪击波兰，掀起第二次世界大战。在战争初期，其叱咤风云，气盖欧陆，使英法联军节节败退的那种神气，我们只有归功于德国社会深潜力量的存在。德国海军也是一样地在北海一带使英人纠尽脑汁，更好像美国的儿童竟能都将其糖果、零钱建造"亚美利加儿童"号军舰那么样地在社会中植着深深的根蒂，海军才能说是有了基础。在海军本身也应该有系统地建立起海军灵魂所寄托的海军学术。我们提起这两个问题，便回忆过去海军宣传工作的不够和海军人员乏少社会科学基础，致使由近代科学的进步与资本主义经济社会制度所孕育的现代海军。在中国，竟无法在社会科学这块沃土上建立起海军学术，这种过失的罪过，我们可以说大体上都由过去海军（教）育所造成的。我们已说过过去海军学校入学考试的报告资格在学历方面只求高小毕业，虽然有不少是初中毕业乃至高中肄业的来投考，但从小学或初中所得来写作能力的国文基础和足供此后自修的社会科学常识，已经是极其贫乏脆弱，更何况在八年四个月在学中，学校方面所给予的这类课程几乎是没有，甚至于有时连普通的书报杂志也严禁学生去涉猎。这种先天贫血后天不给营养的情形，要想产生中国的马won或李次曼，那是缘木求鱼，断无此事了。就是能写较为清顺的海洋文学和建军呼声之类的宣传文章，也极凤毛麟角，绝不多见的。在社会上对海军的印象是淡薄而至于没有，负有宣达使命的新闻记者对海军的报导文章，他们就很少提笔去写，就是各报纸仅有的海军零星消息又每每是大错特错的（如把海军军官学校改为中国海军大学）。在海军学术界，截至目下止，不但没有一两本专门精辟的巨著，就是海军人员不能不知道有关于中国海军史这方面有系统的像样著作当属少见（吾师郭寿生氏正从事于中国海军史著作），要改进补救这种遗憾。海军军官教育之改招高中毕业生真是一针见血的治本办法，因为只有这样才能提高一般的写作与著述能力。假如更参考过去空军军官学校对大学肄业生年龄在二十五岁以下，体格及格得免去笔试入学之办法，在各大学招生，那又是欲穷千里目，更上一层楼的高明措施了。

四

在英国海军部，据历年来皇家海军学校招收学生之年龄与将来对海军贡献大小之统计，其结果认为，十四岁入学的学生比十六岁入学的学生对海军的贡献为大。英人所以一直采取幼年制海军军官教育制度，这也是主要原因。在中国至少在目下的情形可不能这样，因为在中国现在社会情形下，每办一件事，就应考虑到用某种办法是最经济的，所谓最经济的办法就是以最小的代价能收到最大的效果。过去海校的八年又四个月的长期教育时间与现在的四年制的时间相比较，不管在人力、财力两方面都是很不经济的。在人力方面说，今日的中国海军正是极度地闹着人荒的时候，八年的抗战在重庆招收的学生不上千人，而当时现役的官员也有许多经不起此长期炉火的淘炼渐渐离开海军界，在这剩下的几千多人干部中，又有许多是体格衰弱无能为力的，以这戋戋之数来谈海军建设是谈何容易。可见在现阶段的海军是如何的需要增加新细胞和注射新血球。倘若海军军官教育制度仍采旧制，那是无异把建设新海军工作的时间拉后了四年多，因为建设新海军最主要、最根本的还是人力问题应先行解决。我们试想想，美国赠送的二百七十一艘舰艇与乎日本赔偿我们的舰艇，要能好好地加以利用的话，在这些舰上所要用的干部就要几千人了，我们还等得了八年吗？在经济方面说，国家的财政每年都是赤字，海军的浩繁费用在平时本来给国家只是负担，现在海军军官学校每位学生每年由公家发给的衣服、用具、书籍，每月的伙食、零用，再加上学校行政费、设备费等，每位学生每年至少要负担一千万元之谱，倘以四年的时间累积计算，这节省下来的款项也是将近天文数字的数目，这在国家财政极度短绌的时候，总也是一种抽薪的办法。何况节省费用并不会在科学水准方面现（显）得低落呢！

五

中国海军不能发展的原因甚多，眼光短浅的都以为要归咎于中日甲午之战，因为丰岛、旅顺、威海卫诸海战把李鸿章数十年苦心孤诣经营的北洋舰队打得落花流水，这样中国海军便一直被日本海军监视之下，失去发展机会了。实在这不过是皮毛之见。海军是社会的一环，现代海军更是十八世纪产业革命后资本主义发展科学昌明的社会结晶品，中日甲午之战中国海军的失败，只是我国当时的工商业发展程度、社会经济组织状况、政治情形处处不如日本的必然结果。正因为海军是社会的一环，过去中国社会压根儿是呈半封建状态，所以海军也有其门罗主义。海军军官教育更没有统一过，就在抗战前，青岛海校、广东黄埔海校和马尾海校不但各有创立背境（景），在必须划一的军事教育制度就有着极明显的不同，由这不同的教育环境中所栽培出来的人才，在处事作风方面，为人思想方面就不免有着判然的分别。在中国门户师生偏见本极根深蒂固，再加上野心家的利用和当局的歧视，就渐渐发现了系统与派别了。这种内部力量的自我消耗，确实也是中国海军不振的主要原因之一。造成这原因的原因则为海军军官教育制度的不统一，这一度的回[1]海军军官学校在招收学生人数方面是按照全国各省人口的多寡有一定比例的数额，由各省府选送初试及格学生到南京由海总部加以复试，再依据程（度）高低决定录取人数。这么一来，省籍的纠纷自然而然就可以避免了。同时学校又只有一个，将来更不会有门户之分的，难怪桂总司令[2]说，这一期招来进（校）的学生是胜利后统一的第一期，他们将象征着海军的统一，象征着新海军的诞生了。

现在海军军官学校已由沪迁往青岛，在沪原有校址创立海军机械学校，今年海军军官学校与新立海军机械学校同时分区招考新生业已通告，其录取名额照各省人口比例定额加倍，凡有志参加海军的青年，不要失此良机。这是新海军最高的学府，这是新海军建设的基石，我们希望每一个进入海军学校的青年要勤勉求学，学得所用；每一个由海军学校毕业的青年，更要奋发进取，为建设中国新海军而努力！

---

〔1〕原文如此。
〔2〕海军总司令桂永清。

从美国拨船想到清末的戡乱海军[1] 北 城

清朝末年到处都是值得今日警戒的故事。

当同光中兴的时候，在光绪三年（一八七七）九月把中国第一条由怡和洋行一八七六年二月所建，上海吴淞间的铁路十英里，以二十八万五千两购得，以大部铁轨车辆运掷台湾的打狗港，并将车头投到黄浦江，这已成为周知的愚昧事体。这件事之前，对太平军"内战"的尾期，曾国藩订好了七艘洋轮助战，战事一停，他便转手售出，洋人与洋器的利用，只是为了"以夷制华"。十分显然，尤妙的，是在天津条约之后，还在夜郎自大，最初曾想到"将此船分赏各国，不索原价。"

一八六三年一月，即洪秀全自杀的前一年，曾国藩为了"剿贼"，不能不于陆地使用洋将洋兵之外，海军也购进了洋炮，由一位流氓爱尔兰人税官赫德，及上海的总税务司助战洋人李泰国，保荐英人阿斯本为海军总司令，十六日签订了条约十三条。大意为"中国用阿斯本为海军总司令，兼管外国建筑或用外人驾驶之船只，期为四年"，"阿斯本执行李泰国交来皇帝之谕旨，不理任何机关传来之命令，凡李泰国认为不满者，并可拒绝传递。""李应即日另行文支领各员薪俸工食各船经费等银两，足敷四年之用，刻下在英国姑以所置各船及各兵器等件替为盾押。"以千万两约定这七艘洋船在是年秋来华，但迟了一年，"剿贼"已告段落了。

但在朝野，那时不能不有所企望。洋税务司李泰国为了购船与总理各国事

---

〔1〕此文发表于《正论》1947年第4期。

务衙门的大臣们并不和协，是年七月重作商谈，恭亲王奏道："所立合同，欲由阿斯本专主，不肯听命于中国，臣等因向李泰国再四驳诘，始据议定由中国送派武职大员作为该师船之汉总统，阿斯本作为帮同总统，以四年为定，用兵地方，听督抚节制调遣。阿斯本由总理衙门发给剳谕，俾有管带之权。此项兵船，随时挑选中国人上船学习。"李泰国那时除领了八十万两购船费外，又在上海借银十二万两，英国借银十五万两，共为一百〇七万两，其购买之船，计为兵船七只，趸船一只，雇用各国武官兵丁水手六百余人，每月需银十万两。后来议定由李包办，统给银七万五千两。曾国藩等人为了"戡乱"，也就不能不一一答应。

本是利用外人，以夷制夷，今则以夷制华。在老外交家的眼光中，对于代建海军，尚有成分不自然。李鸿章给曾国藩的信上说：

"此项兵船，五月内到沪，专指为协剿金陵、九洑洲之用，而金陵克复，便成废物，其缠绕需索，将无已时，有大害而未必小利。"（函稿）

李鸿章又在给包围金陵的曾国荃的信上说：

"英人锐气剿洗九洑洲金陵老巢，以擅大利。""市大名……吾丈乘其未到攻夺此隘，亦免得无数口舌矣。"

李鸿章另外给左宗棠的信中尤其说得具体：

"李泰国所购英国兵轮……秋初将驶金陵助剿，贼势实衰，十年老巢，乃必藉外人以收功后患将不可知，此事定议于两年以前，今昔时势小异，恭邸欲罢不能，须累我江洋各关长久赔累矣。"

阿斯本在洪秀全自杀前率舰到了上海，迟了几个月。他听说原定章程已然修改，便也毫不客气，当真像一位"海军总司令"似的，率队北上，扎烟台，自入北京与李泰国及恭亲王兑账。那时中国的计划是以"统带巡湖营提督衔记名总兵蔡国祐堪统七船，副将衔盛永清等七人各堪管一船，兵弁配用楚勇，一二年内驶行长江后，再参用浙闽粤人出洋巡哨。"总署的办法呢，则是并不同意"中国师船与轮船同泊一处，毋庸添募水勇"的意见。曾国藩认为是时局面已变，不如早为之谋，疏而远之，视彼七船者，在可有可无之数，既不与之同泊，亦不复言统辖，以中国之大，区区一百七万之船价，每年九十万之用款，视之直轻为秋毫，了不介意或竟将此船分赏各国，不索原价，亦足使李泰

691

国失其所特，而折其气也。

正当中国方面议而不决的时候，阿斯本捧出英使卜鲁斯出来表示，如不使用，即应解散兵弁。这位"海军总司令"怕兵船落于上海外国流氓之手，危险太多。那时英国的政治环境不佳，他们这几只船为美国南方独立诸省，或日本反对外人的藩后所得，都会增加不利，"船炮一并驶回英国"，则正可保全实力。当时并又请出美国使臣蒲安臣来调停，法廷中枢也认为"与其贻患于将来，不若请裁于今日"，双方决定，船炮驶回英国，之后"变卖之价，交还中国。"

清廷这一次的负担除购船费外，海关支付舰队的经费月凡七万五千两，起自八月，终于十月，共二十二万五千两，连前共一百二十九万五千两。洋兵未为中国服务一日，但又发给九个月薪工银十六万二千两，归国经费二十一万三千两，又用了白银三十七万五千两，总计为一百四十五万七千两，约英镑五十万，而终于一无所得。

聪明的英国人，那时的中国内战挑拨者，得了一笔钱之后，才由英使交还银二十一万三千两（只有原订五分之一的价钱）作为变价之款。总理衙门另赏阿斯本白银一万两，由变卖价款内支拨，本想"分赏"的念头虽未实现，且有二十万的收获，便不由得大方了一下，乃使阿斯本"该使臣惊愕之余继以感激"了。至于经手此事的李泰国，因此而受革退，却给了他一笔优厚的奖金。

清廷的上谕在脸肿充胖子的阿Q精神之下，还在自慰道：

"此项薪工经费等项，虽靡费较多，然此后每岁省近百万，且免日后另有无厌之请，办理颇为决绝，亦欲以折服外国虚骄之气。"

最初洋人的协助对象是太平天国，而不是清廷。太平军中若干洋枪子弹均由外船私运接济。于是"购买外洋船炮为今日第一要务"，以为"二三月间，即可训练精熟，先以火轮兵船扫清江面，即以炸炮火箭等器用攻坚城，逆贼断不能守。费银不过数十万两，丑类之歼，计日可待，与现在之老师糜饷，奏功无期者功相万也。"一八六一年（咸丰十一年）时，代理总务司赫德建议整顿洋药（鸦片）秘银，先由关税内筹拨巨款，然后由洋药项下拨还。其费用为买枪炮子弹及大中小军舰、煤炭等共银八十一万余两，雇用外国官弁水兵共银四十八万两，挑选演习官兵一万名，又轮船十只，用中国水手八百余名，以三月计，约银三十万两。总理衙门大臣以为用款太多，赫德又上一单减到八十万两，恰好这时为攻战受伤的海关洋总税务司李泰国，这位自称"余之地位，系为外人工作，非为中国政府之下属"的英人，携了一批中国民脂民膏，计"粤海关筹二十万两，闽海关十五万两，上海关二十万两，劳崇光添十万两，赫德再加上十五万元，共为八十万两"。又硬借了若干，才回国去，但以没有正式照会英国政府进行困难。但为制造中国内乱，屠杀中国人民，这批军舰终于办妥运来。

洋人的骄傲随在中国的参加屠杀而日有升长，当华德在上海附近战败太平军之后，巡抚薛焕奏道："臣窃窥华德，今日渐觉志满气骄，隐然以常胜军为己所部，进以自为主持，每遇出队，不能如官军之令下即行，大有不受羁勒之意，且每战必求重赏，欲壑亦未易盈。"恭亲王奏曰："华德自署衔名，具禀专呈军机处……其禀内多系自叙功绩，末复请假微权，俾得调兵自便，即此已见其桀骜不驯之气，尚未消除。"华德官为副将，尚未薙发易服，朝廷以为不受钤束。一八六二年秋华德伤死，李鸿章不敢接管，乃以副将白齐文为副，李藉英人之力，搬了一位英人戈登为帅，这是后话不表。

再说那是买洋船已受了刺激，北方三口通商大臣崇厚误信外人之言，新购了朽坏的商船"吧吡"及"威林密"代替兵船，李鸿章为了华德要代管，曾告曾国藩道：

"华德面称外国人非中国所能知所能管，渠自调力能代表，所有轮船四只，费用既省，运调甚灵，职是故也。今抚台若将威林密吧吡等船责成我管，听你调度，包管无人敢于掣肘等脱。鸿章窃思委员老实者多不中用，伶俐者又好赚钱，且船主非洋人不能，我辈尚不能提调洋人，委员何能提调？"

又称：

"外国人管辖中国人，骚扰不免，宁波较松江尤甚，彼自不肯分散，不肯约束，我法亦有所不行。"

白齐文因垂涎南京金银财宝丰富自愿助攻，曾国藩答覆道："事机倘顺，收复金陵，则城中货财，白军不得大肆掳掠，须一一查封，以一半解京，余一半各军匀分，白军酌多一倍亦可。若不严禁抢掠，则分财之时，必起各军互斗。"后来索性拒绝了洋人，由曾剃头所部造成"金陵一座空城……妇孺怨诅，当局固无如何，后习难竟厥施，似须百年，方冀复归。"（李鸿章致郭嵩焘书）

"九洑洲下关各赔垒似非轮舟炸炮，所得遽破。鄙人尝载用兵之道，在人而不在器，忠逆（李秀成）之攻金陵官营，亦有炸炮，亦雇洋人。在内官军并不因此而震骇，舍尔亦还以炸炮御之，彼亦不因此而动。左帅以四十余斤之炸弹，打入龙游城内，贼亦不甚慌。顷水师在金柱关抢贼船百余号，内有洋人，一律乞降免死。然则洋人洋器亦会有见惯不惊之一日也。"

这一些矛盾心理的发展，使把洋船购到又售出去，以为戡乱剿贼有些成就，即便夜郎自大了，其实自己残死自己又有什么好处。拖到外力干涉之时，又想起筹办海防，还不是照旧要筹款买船。注定了是一个崩溃的局面，是任何人也不能有所挽救。中兴名将曾国藩的海军设施，只是其中一个小小的插曲。

（四月底杜鲁门拨剩余船只二七一艘于中国之日写完）

建设新中国与建设新海军[1]　　陶涤亚[2]

　　"建国必先建军"这是大家已经熟知的口号，建军必须建设海军，这是今日大家应有的认识。

　　我们中国人因为中华民族几千年来立国于大陆，对于大陆以外的事物，向不注意，更不重视，大家都没有海洋观念。中国古书上虽然说过，"四海之内皆兄弟也"一句话，但是我们的所谓"四海"从来没有超越中国的范围，就和我们的所谓"天下"只是代表整个国内区域的名词一样。因此，唐玄奘取经于印度的故事，在中国变成了一部充满妖魔鬼怪的"西游记"，郑和出使南洋的外交史，在中国变成了"镜花缘"的传奇。这种没有海洋观念的闭关思想，近百年来使我们的民族和国家吃了空前的大亏，自鸦片战争到甲午战争，自甲午战争到八国联军，自八国联军到"七七"抗战，这一大串的外患史，无不是和海洋有关系，也无不是因为我们没有海洋观念，以致疏忽海防所造成。

　　记得十七年国民政府奠都南京的时候，高瞻远瞩的蒋主席，便有重建海军的决心，曾手订建设新海军六十万吨的计划，约当那时日本海军三分之二的兵力，预定十五年内完成。后因国家变乱频仍，这个计划，始终没有实现。假若这个计划早日实现，或者有二分之一的完成，我们抗战以后的局势一定大不相

---

　　〔1〕此文发表于《海校校刊》1948年第1卷第2、3期。
　　〔2〕陶涤亚（1912—），湖北汉阳人，原名光汉，字复初，中央军事政治学校武汉分校第六期步科毕业，历任参谋、营长、团长、第三厅科长、中央海军训练团政治部主任、青岛海军军官学校训导处处长、海军总司令部政工处处长等职。赴台后，历任"国防部"总政治部设计指导委员、总政治部第二组组长、"国家建设委员会"计划委员等职。擅长写作，曾创办《碰报》《半月文摘》，担任《扫荡报》主笔。晚年接掌五圣山，"传承洪门正统"。

同，胜利的获得时间一定可以提前，国家人民所受的灾难与损失，也比减少许多。只因我们没有控制领海的力量，任敌舰长驱直入，所以使抗战局势拖延至八年之久，这种血的教训，我们要每个中国人都是应该永远牢记的。

鉴往知来，惩前恐后，我们漠视海洋的观念应该赶快矫正，我们建国建军的眼光应该赶快改变，大家切不要以为我们不是海权国家，便对海军建设不感兴趣，世界历史的发展，和世界战争的教训，都在告诉我们：一个国家没有海防就是没有国防。德国在两次世界大战中，都是因为没有控制海洋的力量而失败，日本由甲午战争时树立远东海权而兴起，又由太平洋战争中海权为美国所摧毁而投降。固然德日的兴败，还有最基本的因素——即侵略与反侵略的斗争，但纯就军事观点去看，海军对于决定胜败，确有极大的影响。因此，我们今日要建设一个强大的新中国，在日本投降后的亚洲，负起维护整个世界和平的责任，必须大家都有海洋观念，必须建设新海军，才能顺应时代需要，完成时代使命。

建设新海军，自然不是一件简单的事情，第一需要庞大的武力和财力，第二需要大批的优秀人才。过去中国海军的建设，一直没有进展，主要的就是因为受了物力财力和人力的限制，所以虽有计划迄难实施。现在建设新海军，客观条件和过去已经完全两样，就物力和财力方面讲，因了中国八年的伟大抗战，使世界各民主国家——尤其是美英盟友认识了中国在亚洲地位的重要，他们都愿意帮助中国的海军建设，以防止日本海盗的再起，并共维太平洋的安全。美国政府决定以剩余的海军舰船二七一艘交与中国以后，即不断以舰船移交过来，最近英国也在赠我舰艇。虽然这些舰艇都是小型的，但在构成新海军的基础上，盟友已给我们解除了物力和财力上不少的困难。其次就人力方面讲，不但美英的海军训练机关都有我国的海军官兵前往受训，而且美国特别派遣了许多海军官兵，运送了许多海军器材到中国来协助我们建设新海军。今日纪念成立一周年的海军军官学校，便是美国协助建设新海军的产物。所以，现在建设新海军的客观条件，真可说是空前的良好，只要我们自己有深切的认识，热诚的努力，新海军的建立，并不是一件怎样困难的事情。

所谓深切的认识，和热诚的努力，应该分开两方面讲：在我们海军官兵方面必须认识本身责任的重大，良机可一而不可再，大家要立定脚跟，挺起胸腔，在惨淡经营中埋头学习，努力迈进，使自己成为新中国的新战士，新时代的新力量，不但技术要新，头脑也要新。甲午战争以前，中国海军徒具"船坚炮利"的形式，缺少卫国保民的精神，结果一败涂地，应该引为前车之鉴。在我全国国民方面，必须认识海洋与国家安全的密切关系，再不能漠视海洋，而要养成向海洋发展和崇拜海军的心理，群策群力，帮助新海军的建设，确认建国必先建军，建军必须建设海军，是颠扑不破的真理。必须如此，我们的新海军建设才能顺利完成，才不会辜负盟友助我的盛情和对我的期待。

德国兵学专家BAROEZ说过这么几句关于海军建设的话："要兴海军，并不是下一决心，拨一笔款，说从今我们便有海军便成海军国了。必须使人先习水性，见海水不以为可畏而以为可爱，视海为家。换句话说，必先使人有了海军的心情（NAVY MISDED），才能够把海军真正建立起来。"这些话，对于从事建设新海军的我们，很有用处。

从海与中国说到未来中国
海防发展应有的趋势[1]

——为纪念校庆而作　周望德

一、海与中国

打开地图一看，太平洋西岸最惹人注目的堂堂大国，不容讳言的该是这负有四千多年光荣的历史，对世界和平最有贡献的中华民国吧！她有北自鸭绿江口，南迄北仑河口，绵长二万余公里的民族生命线——海岸线；她有大大小小三千三百三十八岛屿，为她生存作屏障；她有滨海最肥沃，最繁荣的河山。不信，请看一个有趣的统计吧：如果从黑龙江的瑗珲到云南腾冲划一条直线，东南沿海面积四百万方公里，占全国百分之三十六，聚有四万万四千万之众的人口，占全国百分之九十六，从此你可以看出海对于中华民国的关系了！这是我们祖宗传留给我们一份最宝贵，最丰富的遗产，值得我们珍视她，爱惜她。

海洋是自然赋与人类的一条最广阔，最便捷底公路，也是文明国家竞相活动的乐园，勇敢青年冒险的家乡（交通性）。然而在以前国人的眼中，向视海洋为畏途，望之却步，"望洋兴叹"一句成语，足以道破国人对海的屈服，就是好大喜功如秦始皇、唐太宗、元世祖者流，间也曾想到要向海外发展（元初曾发兵东征日本遇大风折返，可为代表），但一经阻难，也就算了。其他庸才懦弱的统治者，更无论了。他们只要"四海臣服，普天同庆"做一个四海之内的小皇帝便足了，至于如何向海外去发展，在一般统治者的脑海中，更是梦也未曾梦到。

然而中华民族毕竟是世界上最能坚忍，最富毅力的民族。今日，我们在各

---

〔1〕此文发表于《海校校刊》1948年第1卷第2、3期。

地的侨胞，数在千万以上，南洋、荷印的繁荣还不是我侨胞冒险飘海，辛苦经营，血汗的结晶。美洲大陆远在一二万年以前，就有蒙古种自阿留申群岛（From island to island），或泛独木舟，渡白令海峡开发了，何待于一四九二年十月十二日哥伦布发现新大陆冒名顶功呢？郑和七下南洋，扬国威于蛮荒，其丰功伟绩，该当与麦哲伦争光吧！今日，只要人可到达的地方，哪一处没有我们侨胞的踪迹？哪一处没有炎黄子孙的英影？

不要只说海在大陆意识中国人的活动中，未曾担当过重要的任务。相反地，我们对海竟有一段深长的渊源呢。祖先替我们写下了这一页光荣奋斗的历史，能就此中止吗？能让其轻轻地在我们手中玷污吗？

二、建起新海军，挺战太平洋！

太平洋是世界上最大最深的海洋。说大，它的面积等于地球表面积的三分之一，中国十六倍，美国二十二倍；说深，它的平均深度在四千三十公尺，过于印度洋之三千九百公尺，大西洋之三千三百三十公尺，菲律宾深沟深度竟达一〇，七九三公尺，就是世界最高峰的埃佛拉斯峰[1]的八，八四〇公尺也是望尘莫及呢！

太平洋区域有着无尽的宝藏，南洋的石油、橡胶、奎宁，马尼剌的麻，马来的锡，澳大地的棉花、羊毛，莫不是国防必需的资源。美国在正常状态下，五分之二的军需品，是从太平洋上来的。此次大战以后，就是号称得天独厚的美国人，也深深地认识到东南亚和南太平洋对于美国物资供应的重要性，太平洋的丰富的宝藏与中国的地大物博，正相得益彰。上帝似乎有意地要在太平洋西岸安排一个酷爱和平正义的中华民国，来为他维持公道，为自然保证真理。

中国虽然是太平洋西岸的泱泱大邦，但是我们对太平洋的实在关系，微纱得太可怜了，可以说是绝了缘。我们虽是老早就有海军，远在春秋战国的时候，我国就有了舟师（楼船），然而，近百十年来，我们之受祸最深为患最烈的，正是在海上吃人家的亏！

我们曾与日本同时竞建新海军，结果，我们是全军覆没了。果然我国在某

---

〔1〕即珠穆朗玛峰。

种客观的条件上与地理上的位置，远不如日本的优越——或许这也是日本能成为主要海权国家的一个原因——地理上分明告诉我们，半圈的（Iron Ring）自日本、琉球经台湾（在战前）而菲律宾完全将中国囚锁在浅海的樊笼中，永无机会问津太平洋，逐鹿太平洋，但一向传统视海为畏途的恶观念，确是一个不可忽视底主要因素。

如果说人类历史活动的中心从大陆而沿海，附属海而大洋的话，那么，中华民族将活动于大洋的千载难逢之机会，已经到来了。……我们在战胜之际，我们鼓兴，我们建军，雄视三洋，屏障四海，保卫疆土，巩固和平……我们要把握时机，建立坚强的海防，为世界和平做保姆。我们无野心要成为太平洋的主人翁，使太平洋成为我们的内湖，但维护太平洋的永久太平，国际间的永久安全，却是我们不可旁贷的职责，我们要建起新海军，挺战太平洋！

三、未来海防的趋势

或许有人会说：随着飞机、原子弹的发明，海军的黄金时代已经过去了！我们不否认，现代空军具有的威力与极大的攻击力，谁有空军谁就占便宜。但不敢说，谁有空军，谁就稳操胜算。杜黑（Dohet）空军万能论的盲目崇拜者，妄想以"武力的经济使用"实现其统一世界的迷梦，在这次大战中，已经被粉碎了。血的教训，该是不容强辩的吧？现代的海军，是指配有空军海军，远非三十年前可比了。空军战略价值大大提高，依旧是不能决定战争。海战仍得由海军来作主要的决定，正像陆战的仍得由陆军来决定一样。空军的飞机，只不过是一种有效的攻击武器罢了。

海陆空军同是国防组织的一环，相辅相成，决不可相代替的。随着科学的进步，新武器的发明，已使战争向三度空间发展了。新武器原子弹的应用，其破坏性之大，决不容许国防集中一点一线的存在，他必将分散得更分散，上天入地，分配到整个空间；空中，水下，莫不是主要的战场。未来的海军武器、舰艇都将起极大的变化，十六吋大炮，四万五千吨级的主力舰说不定将成废物，代之而起是无数小型轻快的潜水艇。水机母舰或将代替航空母舰，担任起活动机场的任务（按：水机母舰与航空母舰最大的分别，是前者飞机起飞时由弹射器或先用曳重机吊放水面，所以其体积与吨位只关系于其搭载量而不影响其作战活动距离；航空母舰的飞机是由甲板滑走升空，必须具有充分的跑道与舰身的稳定性，因此其建造费与维持费也大，同是一艘的牺牲，当较水机母舰为严重了。并且因航空母舰的体积大，故其危险性亦大），请别笑为痴人说梦吧！未来海军的趋势可逆料的：一是航空化，二是潜水化，三是袖珍化（Pocketization恕我杜撰这个字），必将被证明为铁定的事实。

在今日中国科学技术工业各种条件落后的情形下，我们要建设坚强的海防，良非易易。诚如蒋百里先生说，我们建军要以一个钱作两个钱用。我们在庆祝校庆之余，更应当认清当前国家付与我们责任的艰巨，时代付与我们的伟大之使命，我们要迎头赶上，决不能仰人鼻息，依人篱下，我们要把握住潮流之所趋，迎合着未来的时代，努力建军，为太平洋保太平，为全世界争安全！

（三月三十日脱稿于学生总队）

中国海防地理新观^{〔1〕}　孙道远

国防上最弱的一环

中国自鸦片战败，一直到清末，所有在东南苦心建立的一点海防要隘，可谓丧失殆尽。因此直到抗战胜利的前夕，中国海岸虽从东北的鸭绿江口，以至于南方的白龙尾港，全长一万三千五百余里，而竟找不出一个已经现代化的军事基地。所以号称东方惟一古国的中国，近一世纪来，完全是沉睡在东亚的大陆上，坐看外来的侵略势力，通进国门，束手无策。以致演成了中国近百年丧权辱国的历史。

中国偏居远东，其"西北"有丛山隔阻落后的少数游牧民族的侵扰；"东南"有巨川大海为天堑，寄身其中，向以"天朝大国"自居。国之兴衰，端视"内政"之得失，所谓"国防"仅是现代传人的新名词。当环邻无敌之际，何防之有？可是时至现代，世界已因工业发达而缩小，海洋变成人类自由活动的乐园，太空已为人类自由飞行的航道，谁敢武断地说：今日中国东至长白山，西至帕米尔，南至喜马拉雅山的绵长的国界线上没有敌人的进来？绵延的东南海岸线上没有敌人敢登陆呢！

由于近代强邻不断地对我们生存加紧的威胁，我们已深深的警觉，今日"国防"不是一个聊以自慰的名词，必须迅速而很具体地把它建立起来，才可以解除威胁，安定自己。然而在现阶段的中国，要考虑到先从何着手，究竟是陆防呢？空防呢？海防呢？实际上我们陆海空三者俱需建立，不能说孰先孰

---

〔1〕此文发表于《中国海军》1949年第2卷第1、2合期。

后，应该齐头并进，才可赶上时代的需要。

抗战胜利后我们重新建设海军，又接收了日本的军舰，不禁令人回想到甲午战败；与日本接收我国舰队的对照，因之联想起目前中国海防问题。兹姑就地理上所见，将中国整个海防分为内外两线，重新作一番检讨。

中国海岸防线（内防线）

我们试展开中国地图，北从东北的鸭绿江口起，一直沿海岸向南看到越南毗界的北仑江口止，形似一半圆，长达八千余公里，全海岸共分为黄海、渤海、东海、南海四区。黄海岸有旅顺、大连、烟台、威海卫、青岛、连云等港；渤海岸有营口、葫芦岛、秦皇岛、天津、大沽等港；东海岸有上海、鄞县、定海、镇海、象山、三门、永嘉、三都、福州、厦门等港；南海岸有汕头、香港、黄埔、中山、广州湾、北海等港，都是形势良好，可以建为商港或军港。如由北而南，将各点连贯起来，可以结成一道中国海岸防线。因其位于中国海内，也可以称为内防线。其中已经营为军港者计有旅顺、威海卫、青岛、吴淞、马尾、黄埔及香港七处。惜雄居辽东半岛之南端的旅顺军港，战后苏联从日人手中取去，迄未交还。而位居山东半岛北岸的威海卫及烟台区，与旅大遥遥相对，向称中国黄渤两海的锁钥，又相继撤守。此外，割租英国的香港与九龙，以及葡租的澳门，曾为并肩作战的友邦，胜利已四个年头，尚无归还中国之意。这都是目前中国海岸防线上的大缺陷。所以我们巡视今日中国海防的内线，还是一条荆棘丛生而又残缺不全的虚线。今后怎样积极的把它整理而充实起来？这是今日国人应该注意的中国海防上第一个课题。

中国海洋防线（外防线）

从中国海岸再向海洋展望，自甲午战败，台湾及琉球群岛与澎湖列岛割让日本以还，这一片广漠的领海，便无国人问津。虽然南海中尚有硕果仅存的海南岛，大有可为，但是烽火连年，内顾不及，何遑远图呢？胜利以来，所谓中国"东南二目"（台湾与海南岛）皆归返祖国，尤其是"东目"台湾，已经日人现代化经营，如再加开发，将必□为中国海上的皇宫。现在台湾与海南岛政府都已改设省治，以□奠东南海疆之两大堡垒。我们对这两个地位应予深切注意。

先看台湾吧！自一八九五年割与日本以后，这状如芭蕉叶而拥有一万三千方哩的台湾，不但是属于日本帝国的一环，并定为日本南部的门户。其位置适居由长崎（日本）、上海、香港、马尼剌（斐律宾）所连成的四边形的中心，而与福建省只隔一条台湾海峡，东去就是渺茫无际的太平洋。境东山脉纵列，与海岸平行，缺少良港，其主要的军港是北部的基隆与南部澎湖列岛上的马公，形势都很险峻，可泊巨舰！尤其是马公军港山岳环抱，规模宏大，日人并建有最新式的空军根据地，所以日人常谓："要把马公变成第二香港"。

由台湾向东北伸长，便是一八七九年割与日本的大琉球群岛，环列在中国东海之东部的边缘，直与日本的九州相连。所谓大琉球群岛系由先岛群岛、冲绳群岛与萨南诸岛通合而成的，冲绳群岛居其中，亦为其中之最大者，上有著名的都市那霸，为大琉球群岛中军事与政治的柱石。这次太平洋大战中，美军就先登陆冲绳岛，以截断日本与台湾的联系。从国内向台湾眺望，环列在其东北部的大琉球群岛，形若台湾的左臂，而垂挂其在西南端的澎湖列岛，形似台湾的右臂，左右呼应灵便，而又当着中国海洋间的要冲，不但可环卫到全部的中国内海，并且可抵御太平洋上任何西来的狂风骇浪。

从台湾的右臂澎湖列岛再向南伸展，便可触到无人重视的流落在南海中的东沙群岛，它适介于"东南二目"之间，不但可为二者呼应的桥梁，并与马公、香港及海南岛北部的清澜港相通，可以构成南海中两个三角形合成的一个四边形的阵线，而它却是四边形阵线上最东的一点，可当南海东部的前哨。

由这个前哨再向南进展，就可踏上与台湾具有同样重要性的海南岛。这一座现在睡眠状态的自然堡垒，是拥有四万一千五百余方公里的橙形的海岛。西临越南，东控斐律宾，南望南洋，北隔琼州海峡与雷州半岛对峙，适当东京湾与中国海的要冲，其形势特具有国防的价值。所以太平洋军事地理作者蒋震华先生曾喻谓："中国的佐世保"。因其握欧亚交通的孔道，不但可能成为南中国海的堡垒，并在香港和马尼剌所构成的三角阵线中居于核心的地位。全岛港湾纷岐，河流交错，崇山峻岭，天险独多，其特具有军事价值的港口：第一要首推南部的榆林港。此港可分为内外二港，由外港到内港，水道狭隘，形势险峻，如稍加人工开凿，便可停泊巨舰。在日本没有占领过此港以前，一九〇五年日俄战役，俄国波罗的海舰队就曾一度停碇在此。其次为其北部的清澜港，此港离海有十五里长的港口，水深形险，乃天成的军港。南北二港相距仅约五百六十余里，如筑以铁道，则呼应灵便，即可握有全岛交通的重心，更增高其战略的地位。

海南岛是南海中的柱石，也是两广的屏障，位于该岛正前面的西沙群岛相距约二百余里，却是它的前卫；另有位于其南的南沙群岛也可为它最南的前哨。然而屏障西沙群岛的还是其附近的普拉泰斯群岛[1]。惜此岛地近法属的越南，早已落其手中，如把海南岛、西沙群岛及普拉泰斯群岛连成一气，便是一个稳固的三角形阵线，凡是来往南洋及欧亚间的海空航道，无有逃脱这个三角阵线以外的。所以我们说："海南岛是南中国海疆的锁钥"，是一点不为过分的。

然而北起大琉球群岛，南迄普拉泰斯群岛，这一串列岛虽可形成一道中国海疆东缘的长城，惟惜居此两端的大琉球群岛与普拉泰斯群岛，现在尚在友邦的手中，未能归到祖国的怀抱里。在对日本和约尚未构成的前夕，我们理应设法收回这块失地，以巩固我们的海上长城。

目前中国海防部署

总观今日中国海疆，北起鸭绿江口，南迄北仑河口，长达一万余公里，绵延七个省；东起台湾，南至南西沙群岛，领海之阔计达四万余方公里。拥有大小岛三千四百余个（见桂总司令三十六年八月一日报告），内除黄渤两海凹入内陆外，其余东南两海的东缘几全部凸露于是太平洋上。不建立内外两条稳固的海防线，以保卫这广漠的领海，随时可遭遇到外力的威胁。然窥察目前中国海防部署的现状，虽已于沪、青、左营及黄埔设置四个基地，并于沿海沿江等地成立若干巡防处，但其中除基隆与马公两处是为巡防台省及沿海外，其余多是就原有中国海口要塞及长江防区要塞而建立的，还说不上是现代化的基地。

所以，中国目前海防的部署还是侧重于"保陆安内"，而疏于"海防"；如再从薄弱不全的点状分布的基地上看，目前力还不胜构成海防的阵线，网护到全部广漠的领海，尤其关系中国东北与华北整个安危的辽东与山东两个半岛，今日在苏共控制之下，虽有青岛、长山岛的设防，但因黄渤两海的门户已

---

〔1〕即我国东沙群岛。

失，依然是风雨满楼。于此可见，设防"外线"更重于"内线"的设防，内如辽东与山东的两大半岛，外至台湾与海南岛，确是中国海防上内外两副大门，也可以说是中国整个海防内外两线的基干。所以今日要谈规复"东北"，必须先要收复东北之两大半岛；要想稳定"东南"，必须积极建设东南之二目（台湾与海南岛）。

后 记

民国时期的期刊是我们观察那个时代社会状况的重要窗口。在动荡的岁月里，海军始终扮演着特殊角色，必然被纳入民国期刊的记录中，成为民国历史的珍贵沉淀。

在三十多年的海军史教学与研究中，我们积累了丰富的史料，其中民国期刊是极其重要的一类，把这些期刊中有关海军建设的论文整理出版，不仅为海军史研究提供了较为准确、翔实的佐证，而且包含着极有价值的理论观点，是海军学术史研究不可或缺的第一手资料。

本文集历时八年编辑完成，收录了论述中国海军问题的文章97篇。这些文章是从百余种民国期刊中精选出来的，反映了民国海军建设的方方面面。

本文集的出版，得到了各方的大力支持，中国甲午战争博物院的领导和同事给予了诸多帮助和指导，山东画报出版社的怀志霄编辑付出了艰辛努力，对此，我们表示崇高的敬意和衷心的感谢！

由于我们水平有限，在本书的注释、校订过程中难免存在疏漏，万望读者批评指正！

编者

2023年10月于山东威海